Michael Metten

Corporate Governance

Michael Metten

Corporate Governance

Eine aktienrechtliche und
institutionenökonomische Analyse
der Leitungsmaxime
von Aktiengesellschaften

Mit einem Geleitwort von Prof. Dr. Jürgen Weigand

GABLER

RESEARCH

Bibliografische Information der Deutschen Nationalbibliothek
Die Deutsche Nationalbibliothek verzeichnet diese Publikation in der
Deutschen Nationalbibliografie; detaillierte bibliografische Daten sind im Internet über
<http://dnb.d-nb.de> abrufbar.

Dissertation Wissenschaftliche Hochschule für Unternehmensführung (WHU)
– Otto-Beisheim-Hochschule, Vallendar, 2009

1. Auflage 2010

Lektorat: Ute Wrasmann | Stefanie Loyal

Gabler Verlag ist eine Marke von Springer Fachmedien.
Springer Fachmedien ist Teil der Fachverlagsgruppe Springer Science+Business Media.
www.gabler.de

Umschlaggestaltung: KünkelLopka Medienentwicklung, Heidelberg
Gedruckt auf säurefreiem und chlorfrei gebleichtem Papier
Printed in Germany

ISBN 978-3-8349-2216-8

Gaudio parentibus et pietate!

Geleitwort

Im Zuge der Internationalisierung der Kapitalmärkte haben sich deutsche Aktiengesellschaften im letzten Jahrzehnt mehr und mehr auf den Shareholder Value als maßgebliche Zielgröße für die Unternehmenssteuerung konzentriert. Der traditionelle Corporate Governance-Ansatz in Kontinentaleuropa im Allgemeinen und in Deutschland im Besonderen ist jedoch nicht auf die Kapitaleigentümer und deren „Unternehmensinteresse" beschränkt. Vielmehr werden in der Regel auch die Interessen anderer Gruppen (Stakeholder) explizit (z.B. Mitbestimmung in Deutschland) oder implizit (informelles Konsensmodell wie in den Niederlanden) berücksichtigt. Die anhaltende Diskussion über Corporate Governance, Aktionärsinteressen, Managementethik und Nachhaltigkeit bietet vor dem Hintergrund der weltweiten Finanz- und Wirtschaftskrise den Anlass, etwas grundsätzlicher über das Unternehmensinteresse nachzudenken.

Michael Metten leistet mit seiner Dissertation an der Schnittstelle zwischen Ökonomie und Recht einen außerordentlich wichtigen, weil (auf-)klärenden Beitrag zu dieser Diskussion. Die Arbeit verdeutlicht, dass ordnungsgemäße Corporate Governance in Deutschland unter dem gesellschaftsrechtlichen Diktum des Unternehmensinteresses verstanden werden muss. Das aktienbasierte Unternehmen ist demnach weit mehr als eine „Wertschöpfungsveranstaltung", die durch „Zusammenwirken von Anteilseignern, Arbeitnehmern und Unternehmensführung" stattfindet, und die ein „schwer zu definierendes Bündel von Partikularinteressen" darstellt. Vielmehr handelt es sich um „eine rechtlich geordnete Verfassung" nach den Vorgaben von Aktienrecht, Mitbestimmungsrecht, Kapitalmarktrecht, Wettbewerbsrecht und Insolvenzrecht. Diese Verfassung besitzt eine verbindliche und justitiable Leitungs- und Handlungsmaxime: das Unternehmensinteresse.

In seinem materiellen Kern meint das Unternehmensinteresse die *langfristige* Rentabilitätsorientierung und Bestandserhaltung. Hierbei geht es um die „langfristige Gewinnmaximierung, die von einzelnen Aktionärsinteressen losgelöst ist". In anderen Worten: Der Shareholder Value-Ansatz ist als Unterziel nur dann mit dieser Leitungs- und Handlungsmaxime vereinbar, wenn es um die langfristige Maximierung geht und Aktionärsinteressen zugunsten anderer Aspekte relativiert werden. Eine an Quartalsergebnissen ausgerichtete Maximierung – wie sie sich sehr oft im angelsächsischen Corporate Governance System findet – ist somit mit dem deutschen Gesellschaftsrecht nicht vereinbar. Herr Metten verweist darauf, dass sich trotz der vielfältigen Diskussionen zum Deutschen Corporate Governance Kodex und der Übernahme einiger Elemente des angelsächsischen Systems von Gesetzgeberseite kein grundlegender Systemwandel, insbesondere nicht mit Blick auf das Unternehmensinteresse, andeutet. Eine Annäherung zwischen Shareholder Value-Maximierung und Unternehmensinteresse könnte aber über die *Managemententlohnung* entstehen – aber nur dann, wenn die gesetzten Anreize auf die *lange* Frist wirken. Der Forschungsbeitrag von Michael Metten könnte nicht aktueller sein. Ich wünsche diesem Buch daher insbesondere sehr viele Leser aus Wirtschaftspraxis und Politik.

Prof. Dr. Jürgen Weigand

Vorwort

„Der Fall Mannesmann hat eklatante Schwächen offensichtlich gemacht. (…) Dazu gehört vor allem die Frage, wie denn der vage Begriff des 'Unternehmensinteresses' im deutschen Recht definiert ist. (…) Da die Richter nicht klären konnten, wie es um 'Untreue' und 'Unternehmensinteresse' bestellt ist, sollte es der Gesetzgeber schnellstens tun. Das muss die Lehre aus dem Mannesmann-Prozess sein."[1] Dieser Auszug aus dem Kommentar einer deutschen Tageszeitung zum Ausgang des Mannesmann-Prozesses vor dem Landgericht Düsseldorf weckte an einem regnerischen Novembertag in St. Gallen mein Interesse. Er warf für mich die Fragen auf: Was verbirgt sich hinter dem vagen Begriff „Unternehmensinteresse"? In wessen Interesse ist eigentlich eine Aktiengesellschaft zu leiten?

Insbesondere im Zuge der wenige Monate später beginnenden weltweiten Finanzkrise gewinnen derartige Fragestellungen zunehmend an Bedeutung. Bundespräsident HORST KÖHLER beispielsweise geißelte in seiner vierten Berliner Rede die kurzfristige Renditemaximierung und die Missachtung der grundgesetzlichen Sozialpflicht des Eigentums als eine der zentralen Ursachen der Finanzkrise. Trotz aller Missstände unterstreiche die Krise, deren Ausgang das 21. Jahrhundert prägen könne, den Wert der Sozialen Marktwirtschaft: „Sie ist mehr als eine Wirtschaftsordnung. Sie ist eine Werteordnung. Sie vereinigt Freiheit und Verantwortung zum Nutzen aller. Gegen diese Kultur wurde verstoßen."[2] Selbst die jüngst erschienene Sozialenzyklika „Caritas in veritate" formuliert vor dem Hintergrund der Finanzkrise ähnliche Gedanken: „Eine der größten Gefahren ist sicher die, dass das Unternehmen fast ausschließlich gegenüber den Investoren verantwortlich ist und so letztendlich an Bedeutung für die Gesellschaft einbüßt."[3] Zugleich wachse aber auch das Bewusstsein für die Notwendigkeit einer weiterreichenden sozialen Verantwortung des Unternehmens. Bei der Führung des Unternehmens dürften nicht alleine die Interessen der Eigentümer Beachtung finden. Die derzeitigen internationalen wirtschaftlichen Dynamiken mit ihren schwerwiegenden Verzerrungen und Missständen erforderten es, dass sich das Verständnis des Unternehmens tiefgreifend verändern müsse. Unternehmensberater ROLAND BERGER verweist in diesem Zusammenhang und in Anbetracht der Orientierungslosigkeit in Unternehmen und Gesellschaft auf die Bedeutung des Unternehmensinteresses. Über Jahrzehnte habe sich die Unsitte eingeschlichen, dass einzelne Manager und Aufsichts-

---

[1] Die Welt vom 30. November 2006, „Ein Fall fürs Parlament", S. 1.
[2] Köhler (2009), S. 5.
[3] Benedikt XVI. (2009), S. 90.

räte sich so verhalten, „als gingen sie nicht mit Mitteln um, die andere ihnen anvertraut haben. (…) Ein Grund (hierfür) liegt sicher darin, dass in Deutschland der Begriff 'Unternehmensinteresse' nicht definiert ist."[4]

Aktueller denn je stellen sich somit die im Mannesmann-Prozess aufgeworfenen Fragen: Ist das Unternehmensinteresse womöglich nur das allzu gefällige Ergebnis von Sonntagsreden, oder verfügt die deutsche Rechtsordnung über eine entsprechende Handlungs- und Leitungsmaxime? Welche Implikationen ergeben sich daraus für die Unternehmenspraxis? Fernab sozialethischer Ziel- und Wunschvorstellungen versuche ich, auf diese Fragen aus rechtlicher und ökonomischer Sicht innerhalb des Bezugsrahmens des deutschen Corporate Governance-Systems belastbare Antworten zu finden.

Inzwischen wird „Mannesmann" häufig als Synonym für eine neue Ära gebraucht, in der klar ist, dass auch Entscheidungen von Vorständen und Aufsichtsräten in Millionenhöhen keinen rechtsfreien Raum darstellen, sondern dass das Unternehmensinteresse im Vordergrund zu stehen habe.[5] Inwieweit das in der deutschen Rechtsordnung fest verankerte Unternehmensinteresse in Zukunft verstärkt von Bedeutung sein wird, hängt nicht zuletzt von der Stringenz in der höchstrichterlichen Rechtsprechung ab, vor allem aber von dem Bemühen der Unternehmen, die Inhalte des Deutschen Corporate Governance Kodex stärker zu normieren und in der Unternehmensführung umzusetzen. Es sind die handelnden Akteure der Wirtschaft, die für die Funktionsfähigkeit unseres marktwirtschaftlichen Systems Verantwortung tragen, und nicht allein der Gesetzgeber. Der Verfassungsrechtler UDO DI FABIO mahnt uns daher zu Recht: „Wenn wir uns einem marktwirtschaftlichen System anvertrauen, weil wir darin die beste Institution zur Sicherung der Freiheit sehen, dann müssen wir politisch klug damit umgehen, es nicht deformieren, sondern nutzen. (…) Es müssen allgemein anerkannte Institutionen existieren, die die Freiheitsidee und die Lebenspraxis der Menschen fest und kompatibel verbinden."[6] Zur Ausgestaltung dieser Institutionen soll diese Arbeit aus ökonomischer und rechtlicher Sicht einen Beitrag leisten.

Für die Möglichkeit, in diesem fakultätenübergreifenden Thema promovieren zu dürfen, gilt mein aufrichtiger Dank Herrn Prof. Dr. Jürgen Weigand. Während des gesamten Promotionsprozesses habe ich eine hervorragende Betreuung erfahren. Bedanken möchte ich mich zudem beim Rektor der WHU, Herrn Prof. Dr. Michael Frenkel, für

---

[4] Die Welt vom 02. Januar 2007, „Der Aufsichtsrat hat zu wenig Rechte", S. 10.
[5] Vgl. Handelsblatt vom 22. Dezember 2005, „Rechtsanwalt Binz: 'Positive erzieherische Botschaft'", S. 26.
[6] Di Fabio (2005), S. 274 f.

die Beratung und Begleitung bei der Themen- und Lehrstuhlfindung. Für die Übernahme des Zweitgutachtens danke ich Herrn Prof. Dr. Thomas Hutzschenreuter.

Ein besonderes Dankeschön gilt Herrn Prof. Dr. Knut Werner Lange, Universität Bayreuth, für die Diskussion der gesellschaftsrechtlichen Aspekte meiner Dissertation. Danken möchte ich darüber hinaus Frau Christel Metke für das professionelle Lektorat sowie Claudia Lux, die mir häufig terminlich den Rücken freigehalten hat. Der Dank meines Herzens gilt Juliana Gawlik für ihre Begleitung auf meinem Weg.

Ganz besonders danke ich meinen Eltern, die mich während meines Studiums und meiner Promotion in jeder Hinsicht unterstützt haben. Ihnen möchte ich in Freude und Dankbarkeit diese Arbeit widmen.

Dr. Michael Metten

Inhaltsverzeichnis

Abbildungsverzeichnis   XXI

Tabellenverzeichnis   XXIII

Abkürzungsverzeichnis   XXV

Symbolverzeichnis   XXIX

1. Einleitung   **1**

   1.1 Problemstellung und Zielsetzung   1

   1.2 Vorgehensweise   3

2. Theorie der Corporate Governance   **7**

   2.1 Begriff und Inhalt von Unternehmensverfassung und Corporate Governance   7

   2.2 Interessengruppen einer Aktiengesellschaft   12

      2.2.1 Interessenträger im Unternehmen   13

         2.2.1.1 Eigenkapitalgeber   13

         2.2.1.2 Arbeitnehmer   16

      2.2.2 Interessenträger am Unternehmen   17

         2.2.2.1 Fremdkapitalgeber   17

         2.2.2.2 Kunden und Lieferanten   19

         2.2.2.3 Staat und Gesellschaft   20

   2.3 Gestaltungsprinzipien von Corporate Governance-Systemen   21

   2.4 Elemente und Effizienz von Corporate Governance-Systemen   22

   2.5 Idealtypische Corporate Governance-Systeme   25

      2.5.1 Outsider-System   25

2.5.2 Insider-System   26

2.6 Die institutionenökonomische Perspektive der Corporate Governance   28

2.6.1 Theorie der Verfügungsrechte   29

2.6.1.1 Annahmen und Erkenntnisinteresse   29

2.6.1.2 Kernaussagen   32

2.6.1.3 Vertragstheorie der Corporate Governance   34

2.6.2 Transaktionskostentheorie   37

2.6.2.1 Annahmen und Erkenntnisinteresse   37

2.6.2.2 Kernaussagen   39

2.6.2.3 Corporate Governance als Funktion von Transaktionskosten   41

2.6.3 Agenturtheorie   43

2.6.3.1 Annahmen und Erkenntnisinteresse   43

2.6.3.2 Kernaussagen   45

2.6.3.3 Corporate Governance als Prinzipal-Agenten-Problem   47

3. Das Unternehmensinteresse als gesellschaftsrechtliche Norm   **57**

3.1 Das Unternehmen als Interessenträger   58

3.1.1 Die konstituierenden Elemente des Unternehmens   59

3.1.2 Der rechtliche Unternehmensbegriff   61

3.1.3 Der rechtliche Interessenbegriff auf Unternehmensebene   65

3.2 Gesellschaftszweck und Gesellschaftsinteresse   69

3.3 Das Unternehmensinteresse als Leitungsmaxime – Begründungsansätze innerhalb des geltenden Rechts   76

3.3.1 Unternehmensinteresse kraft Fortgeltung des § 70 AktG 1937   79

3.3.2 Unternehmensinteresse kraft verfassungsrechtlicher Normen   81

3.3.3 Unternehmensinteresse kraft aktienrechtlicher Normen   84

3.3.4 Unternehmensinteresse kraft unternehmerischer Mitbestimmung   92

3.3.5 Zwischenfazit   96

3.4 Das Unternehmensinteresse in der Judikatur   97

3.5 Konzeptionen zur inhaltlichen Ausgestaltung des Unternehmensinteresses   101

3.5.1 Die pluralistische Konzeption des Unternehmensinteresses   101

3.5.2 Materieller Inhalt des Unternehmensinteresses   108

3.5.2.1 Rentabilität   108

3.5.2.1.1 (Eigen-)Kapitalrentabilität   110

3.5.2.1.2 Unternehmenskapitalrentabilität   113

3.5.2.2 Bestandserhaltung   120

3.5.3 Die prozessuale Dimension des Unternehmensinteresses   126

3.5.3.1 Verfahrenskriterien   127

Exkurs: Leitungsbefugnis und Sorgfaltspflicht im Kontext der Business Judgment Rule und des § 93 Abs. 1 Satz 2 AktG   128

3.5.3.2 Verfahrenskontrolle   136

3.5.4 Zwischenfazit: Das Unternehmensinteresse als Kombination materieller und prozessualer Elemente   138

3.6 Die Prüfung des materiellen Unternehmensinteresses   139

3.7 Das Unternehmensinteresse im Deutschen Corporate Governance Kodex   145

3.8 Das Unternehmensinteresse im Kontext der Europäischen Aktiengesellschaft   149

3.9 Fazit   151

4. Das Shareholder Value-Konzept   **155**

4.1 Definition und Berechnung des Shareholder Value   156

4.2 Die theoretische Basis des Shareholder Value-Konzeptes in der modernen
    Kapitalmarkttheorie   159

4.3 Strategische Implikationen   162

4.4 Ökonomische Bewertung des Shareholder Value-Konzeptes   165

    4.4.1 Modelltheoretische Kritik   165

    4.4.2 Inhaltliche Kritik   166

        4.4.2.1 Interessenmonismus und die Bedeutung impliziter Verträge   168

        4.4.2.2 Die Kapitalmarktorientierung und ihre Prämissen   170

        4.4.2.3 Kurzfristige Handlungsorientierung   173

    4.4.3 Fazit   174

**5. Corporate Governance zwischen Shareholder Value und aktienrechtlicher
Zielkonzeption   177**

5.1 Interessengewichtung in der Unternehmensverfassung – eine institutionen-
    ökonomische Analyse   177

    5.1.1 Shareholderorientierte Corporate Governance   177

    5.1.2 Stakeholderorientierte Corporate Governance   184

    5.1.3 Corporate Governance als Verfassungsvertrag   188

5.2 Das deutsche Corporate Governance-System   193

    5.2.1 Systemelemente   194

    5.2.2 Das Finanzsystem im Wandel   201

        5.2.2.1 Bankbasiertes Finanzsystem   202

        5.2.2.2 Marktbasiertes Finanzsystem   205

        5.2.2.3 Konsequenzen für das Corporate Governance-System   207

5.3 Shareholder Value und die aktienrechtliche Zielkonzeption   217

5.3.1 Shareholder Value und das Gesellschaftsinteresse 217

Exkurs: Der Grad der Risikoneigung von Vorstandsentscheidungen im Kontext des Aktienrechts 220

5.3.2 Shareholder Value und das Unternehmensinteresse 223

5.4 Empirische Befunde zur Bindung an Unternehmensinteresse und Shareholder Value 229

5.5 Einzelaspekte zur Annäherung von Shareholder Value und aktienrechtlicher Zielkonzeption 231

5.5.1 Satzungsmäßige Steuerungsmöglichkeiten 232

5.5.2 Gestaltung der Managemententlohnung 235

5.5.2.1 Rechtlicher Rahmen der Vorstandsvergütung 236

5.5.2.2 Ökonomische Parameter von Aktienoptionsprogrammen 241

5.5.3 Gestaltung der Organstrukturierung 252

5.6 Fazit 254

6. Unternehmensinteresse und Interessenunabhängigkeit der Aufsichtsratsmitglieder 259

6.1 Die Funktionen des Aufsichtsrates 260

6.1.1 Der Aufsichtsrat als Überwachungsgremium 260

Exkurs: Struktur der Aufsichtsratsvergütung 267

6.1.2 Der Aufsichtsrat als Interessenausgleichsgremium 270

6.1.3 Der Aufsichtsrat als Beratungsgremium 275

6.1.4 Zwischenfazit 279

6.2 Das Unternehmensinteresse als Handlungs- und Kontrollmaxime des Aufsichtsrats 280

6.3 Die Interessenunabhängigkeit der Aufsichtsratsmitglieder und die aktienrechtlichen Regelungen bei Interessenkonflikten 283

6.3.1 Generalklauseln für Interessenkonflikte   283

    6.3.1.1 Aktienrechtliche Regelungen   284

    6.3.1.2 Regelungen des Deutscher Corporate Governance Kodex   287

6.3.2 Unternehmensinterne Ursachen von Interessenkonflikten   289

    6.3.2.1 Arbeitnehmervertreter im Aufsichtsrat   289

    6.3.2.2 Wechsel von Vorstandsmitgliedern in den Aufsichtsrat   293

6.3.3 Unternehmensexterne Ursachen von Interessenkonflikten   296

    6.3.3.1 Aufsichtsratstätigkeit in mehreren Unternehmen   296

    6.3.3.2 Mandate bei Wettbewerbsunternehmen   298

    6.3.3.3 Bankenvertreter im Aufsichtsrat   300

    6.3.3.4 Interessenkonflikte bei Unternehmensübernahmen   301

6.3.4 Zwischenfazit   302

6.4 Empirische Analyse der Interessenunabhängigkeit   304

6.4.1 Methodik   306

6.4.2 Kriterien der Interessenunabhängigkeit   309

    6.4.2.1 Kriterien des Deutschen Corporate Governance Kodex   309

    6.4.2.2 Kriterien der EC Recommendation   313

    6.4.2.3 Gegenüberstellung der Kriterien   319

6.4.3 Resultate   322

    6.4.3.1 Erfüllung der Kriterien des Deutschen Corporate Governance Kodex   325

    6.4.3.2 Erfüllung der Kriterien der EC Recommendation   329

    6.4.3.3 Zwischenfazit   334

6.4.4 Unabhängigkeit von Aufsichtsratsmitgliedern im internationalen Vergleich   335

6.5 Fazit   340

7. Thesenförmige Zusammenfassung   **345**

Anhang   351

Literaturverzeichnis   381

Rechtsprechungsverzeichnis   427

Nachwort   431

Abbildungsverzeichnis

Abbildung 1: Aufbau der Untersuchung   5

Abbildung 2: Traditionelle Sichtweise des Verhältnisses der Gesellschaft zum
              Unternehmen   61

Abbildung 3: Die Identifikation von Unternehmen und juristischer Person   63

Abbildung 4: Das Unternehmensinteresse als interessenpluralistische
              Konzeption   106

Abbildung 5: Prüfschema Unternehmensinteresse   141

Abbildung 6: Shareholder Value-Netzwerk   165

Abbildung 7: Konvergenz von Corporate Governance-Systemen   211

Abbildung 8: Strategische Ausrichtung der DAX-Unternehmen in den
              Geschäftsjahren 2002 und 2007   230

Abbildung 9: Auftragsbeziehungen in einer Aktiengesellschaft   261

Abbildung 10: Das Summenmodell der Humankapitalbewertung   362

Abbildung 11: Saarbrücker Formel   363

Tabellenverzeichnis

Tabelle 1:   Kriterien DCGK vs. EC   321

Tabelle 2:   Resultate DCGK vs. EC   322

Tabelle 3:   Anzahl der erfüllten DCGK-Kriterien   323

Tabelle 4:   Anzahl der erfüllten EC-Kriterien   323

Tabelle 5:   Kontingenztabelle   324

Tabelle 6:   Resultate DCGK-1   325

Tabelle 7:   Resultate DCGK-2   326

Tabelle 8:   Resultate DCGK-3   326

Tabelle 9:   Resultate DCGK-4   327

Tabelle 10:   Resultate DCGK-5   327

Tabelle 11:   Resultate DCGK-6   328

Tabelle 12:   Resultate EC-1   329

Tabelle 13:   Resultate EC-2   330

Tabelle 14:   Resultate EC-3   330

Tabelle 15:   Resultate EC-4   331

Tabelle 16:   Resultate EC-5   331

Tabelle 17:   Resultate EC-8   332

Tabelle 18:   Resultate EC-9   333

Tabelle 19:   Resultate EC-10   333

Tabelle 20:   Vergleich Resultate EC-Kriterien DAX vs. S&P/MIB   336

Tabelle 21:   Vergleich Resultate EC-Einzelkriterien DAX vs. S&P/MIB   338

Abkürzungsverzeichnis

AG	Aktiengesellschaft
AktG	Aktiengesetz
APT	Arbitrage Pricing Model
Art.	Artikel
BAG	Bundesarbeitsgericht
BAGE	Entscheidungen des Bundesarbeitsgerichts
BetrVG	Betriebsverfassungsgesetz
Beratungsf.	Beratungsfunktion
BGB	Bürgerliches Gesetzbuch
BGH	Bundesgerichtshof
BGHSt	Entscheidungen des Bundesgerichtshofes in Strafsachen
BGHZ	Entscheidungen des Bundesgerichtshofes in Zivilsachen
BilMoG	Gesetz zur Modernisierung des Bilanzrechts
BKartA	Bundeskartellamt
Bs.	Beschluss
BVerfG	Bundesverfassungsgericht
BVerfGE	Entscheidungen des Bundesverfassungsgerichts
bVG	Besonderes Verhandlungsgremium
CAPM	Capital Asset Pricing Model
CEO	Chief Executive Officer
DAX	Deutscher Aktienindex
DCGK	Deutscher Corporate Governance Kodex
DERO	Discounted Equity Risk Option
DrittelbG	Gesetz über die Drittelbeteiligung der Arbeitnehmer im Aufsichts-rat
EC	Commission of the European Communities
EU	Europäische Union
EZB	Europäische Zentralbank

FCF	Free Cash-Flow
Fn.	Fußnote
FS	Fundstelle
GG	Grundgesetz
GmbH	Gesellschaft mit beschränkter Haftung
GmbHG	Gesetz betreffend die Gesellschaften mit beschränkter Haftung
GoB	Grundsätze ordnungsgemäßer Buchführung
GoÜ	Grundsätze ordnungsgemäßer Überwachung
GWB	Gesetz gegen Wettbewerbsbeschränkung
HCPM	Human Capital Pricing Model
HGB	Handelsgesetzbuch
IAS	International Accounting Standards
IASCF	International Accounting Standards Committee Foundation
IFRS	International Financial Reporting Standards
iVm.	in Verbindung mit
i.w.S.	im weiteren Sinne
KapAEG	Kapitalaufnahmeerleichterungsgesetz
KGaA	Kommanditgesellschaft auf Aktien
KonTraG	Gesetz zur Kontrolle und Transparenz im Unternehmensbereich
langfr.	langfristig
Lief.	Lieferanten
LSE	London Stock Exchange
LTI	Long-Term Incentives
MIB	Milano Borsa
MitbestG	Gesetz über die Mitbestimmung der Arbeitnehmer
NJW	Neue Juristische Wochenschrift
OLG	Oberlandesgericht
Plc.	Public limited company

ROE	Return on Equity
ROHG	Reichs-Oberhandelsgericht
Rn.	Randnummer
S&P	Standard & Poor's
SARs	Stock Appreciation Rights
SE	Societas Europaea
SE-VO	EG-Verordnung 2157/2001 des Rates vom 08. Oktober 2001 über das Statut der Europäischen Gesellschaft (SE)
SEAG	Gesetz zur Ausführung der EG-Verordnung 2157/2001 des Rates vom 08. Oktober 2001 über das Statut der Europäischen Gesellschaft (SE)
SEBG	Gesetz über die Beteiligung der Arbeitnehmer in einer Europäischen Gesellschaft
SEEG	Gesetz zur Einführung der Europäischen Gesellschaft
StGB	Strafgesetzbuch
Tab.	Tabelle
TransPuG	Transparenz- und Publizitätsgesetz
U.	Unternehmen
UMAG	Gesetz zur Unternehmensintegrität und Modernisierung des Anfechtungsrechts
Urt.	Urteil
US-GAAP	United States Generally Accepted Accounting Priciples
Vorb.	Vorbemerkung
VorstAG	Gesetzes zur Angemessenheit der Vorstandsvergütungen
VorstOG	Gesetz über die Offenlegung der Vorstandsvergütungen
WM	Zeitschrift für Wirtschafts- und Bankrecht
WpHG	Gesetz über den Wertpapierhandel
WpÜG	Wertpapiererwerbs- und Übernahmegesetz
ZIP	Zeitschrift für Wirtschaftsrecht

Symbolverzeichnis

β	ß-Faktor des unternehmensspezifischen Risikos (systematisches Risiko)
β_{HK}	Risikoaufschlag für qualifizierte Humankapitalträger
b_i	Durchschnittliche Betriebszugehörigkeit einer Mitarbeitergruppe i
D	Ausweisbereich
E	Erwartungswert
E_{HK}	Erträge der Humankapitalinvestition
EK^F	Marktwert des Eigenkapitals
FCF	Free Cash-Flow
FK	Marktwert des Fremdkapitals
FTE	Anzahl der Mitarbeiter in Vollzeitbeschäftigung
GK	Marktwert des Gesamtkapitals
HC	Wert des Humankapitals
i	risikoloser Zinssatz
i_{HK}	risikoloser Zinssatz (Rendite unqualifizierter Mitarbeiter)
k_{EK}	Eigenkapitalkosten
k_{FK}	Fremdkapitalkosten
K_{HK}	Kosten der Humankapitalinvestition
l_i	Branchenübliches Durchschnittsgehalt der Gruppe i
m	Funktion der Informationsausweisstrategie
M_i	Motivationsindex der Gruppe i
N	Nichtausweisbereich
nbV	Marktwert des nicht betriebsnotwendigen Vermögens
P	Unternehmenswert
π	Unsicherer Wert des Unternehmens

PE_i	Personalentwicklungskosten der Gruppe i
$r_{HK,m}$	Rendite qualifizierter und unqualifizierter Mitarbeiter
r_m	Rendite des Marktportfolios
s	Steuervorteil der Femdfinanzierung
τ	Zeitindex
t	Zeitindex
T	Totalperiode
TV^{WACC}	Terminal Value
V^F	Unternehmenswert
w_i	Wissensrelevanzzeit
WACC	Weighted Average Cost of Capital
Y	Information

1. Einleitung

1.1 Problemstellung und Zielsetzung

Kaum ein anderer Wirtschaftsstrafprozess hat in Deutschland je so viel Aufmerksamkeit auf sich gezogen wie der Prozess gegen Organmitglieder und leitende Angestellte der Mannesmann AG nach der Übernahme durch Vodafone Airtouch Plc. im Februar 2000. Eher beiläufig verweist die Staatsanwaltschaft in der Anklageschrift darauf, dass sich die Mitglieder des Aufsichtsratspräsidiums nicht am Unternehmensinteresse der Mannesmann AG orientiert hätten.[1] Diesen Aspekt greift der Bundesgerichtshof in seinem Revisionsurteil auf und manifestiert den unbestimmten Rechtsbegriff des Unternehmensinteresses als Richtschnur für Entscheidungen von Vorstand und Aufsichtsrat.[2]

Zu den aktienrechtlichen und ökonomischen Grundproblemen zählt die Frage, an welchen Zielen der Vorstand seine Leitungstätigkeit auszurichten hat. Diese Frage hat in der wissenschaftlichen Diskussion zu allen Zeiten zu kontroversen Auseinandersetzungen geführt. Das Unternehmensinteresse als Schnittstelle zwischen Gesellschaftsrecht und Unternehmensführung ist seit fast einhundert Jahren Gegenstand der wissenschaftlichen Diskussion. Insbesondere jedoch mit Aufkommen des Shareholder Value-Konzeptes in der zweiten Hälfte der 1980er Jahre hat die Debatte an Lebendigkeit und rechtsökonomischer Rationalität gewonnen. Während der Verweis auf die rechtsdogmatischen Grundlagen des Aktienrechts Ermüdungserscheinungen zeigte, schien über fast zwei Jahrzehnte hinweg, die Prädominanz des Shareholder Value-Konzeptes unerschütterlich gegeben.[3] Vor allem durch die BGH-Entscheidung im Mannesmann-Prozess im Dezember 2005 rückte der „schillernde Begriff"[4] des aktienrechtlichen Unternehmensinteresses langsam wieder in den Fokus der Betrachtung.

Da eine interdisziplinäre Diskussion in den letzten beiden Jahrzehnten nur sehr begrenzt stattgefunden hat, haben sich in Bezug auf die Leitungsmaxime in Deutschland juristische und ökonomische Parallelwelten entwickelt. Eine umfassende Untersuchung der juristischen Aspekte, basierend auf dem Unternehmensinteresse unter Einbeziehung der aktuellen Rechtsprechung, sowie der ökonomischen Aspekte unter Bezugnahme auf die Neue Institutionenökonomik liegt für die Verhaltensmaxime von Vorstand und Aufsichtsrat bisher nicht vor. Die gegenwärtigen wirtschafts- und

---

[1] Vgl. Hüffer (2003), S. 20.
[2] Vgl. BGHSt 50, 331 (335, 338).
[3] Vgl. Hommelhoff (2000), S. 104; Fleischer (2007), § 76 Rn. 27.
[4] Mülbert (1997), S. 42.

rechtswissenschaftlichen Vorarbeiten fokussieren lediglich auf Teilaspekte. Diese Lücke zu schließen und eine Verbindung zwischen der juristischen und ökonomischen Betrachtungsweise herzustellen ist das Ziel dieser Arbeit.

In der rechtswissenschaftlichen Diskussion wurde der Begriff des Unternehmensinteresses mitunter durch eine kaum mehr zu entwirrende Meinungsvielfalt, die von der Verabsolutierung des Unternehmensinteresses bis hin zu interessenpluralistischen Begründungsansätzen reicht, überlagert und teilweise verdunkelt wurde. Daher stellt sich zunächst die Frage, was sich hinter diesem unbestimmten Rechtsbegriff verbirgt und welche Implikationen sich daraus für die Unternehmensleitung und Unternehmensaufsicht ergeben. Da eine interessenpluralistische Unternehmensführung ohne klare Leitlinie tendenziell die Gefahr birgt, die Verantwortung des Vorstandes aufzulösen, gilt es, ein besonderes Augenmerk auf die inhaltliche Ausgestaltung des Unternehmensinteresses zu legen.

Aufgrund der zunehmenden Integration und Deregulierung der weltweiten Finanzmärkte und des damit verbundenen Wandels in Deutschland vom bankbasierten zum marktbasierten Finanzsystem nimmt auch die Kapitalmarktorientierung der deutschen Unternehmen stark zu.[5] Die Bedeutung des Shareholder Value-Ansatzes für die Unternehmensführung resultiert vor allem aus dem Wandel der Kapitalmärkte und hat die Interessen der Anteilseigner in den Mittelpunkt der Corporate Governance-Debatte gerückt.[6] Im Gegensatz zum Aktienrecht, das das Unternehmen als überindividuell verfassten Zweck in den Mittelpunkt stellt – so viel sei hier vorweggenommen –, orientiert sich der Shareholder Value-Ansatz an dem auf portfoliotheoretischer Basis agierenden Kapitalmarktteilnehmer. In Anbetracht dessen gilt es zu analysieren, inwieweit die aktienrechtliche Zielkonzeption im Einklang mit den Bedingungen des Shareholder Value-Ansatzes steht. Dies führt zu folgenden Fragestellungen: Welchen Einfluss hat aus institutionen-ökonomischer Sicht der Wandel des Finanzsystems auf die Ausgestaltung der Corporate Governance? Inwieweit lässt sich der Shareholder Value-Ansatz mit den Leitmaximen des deutschen Aktienrechts vereinbaren und welche Modifikationen würden zu einer Konvergenz führen?

Die Unabhängigkeit des Aufsichtsrates ist eine zentrale Voraussetzung für eine am Unternehmensinteresse ausgerichteten Überwachung des Vorstandes. Für eine effektive Überwachungstätigkeit müssen sich die Aufsichtsratsmitglieder deshalb ausschließlich vom Wohl des Unternehmens leiten lassen.[7] In der deutschen Unternehmensverfassung kommen dem Aufsichtsrat neben der Überwachungsfunktion mit der Interes-

---

[5] Vgl. Sachverständigenrat (2005), S. 457.
[6] Vgl. Hirsch-Kreinsen (1999), S. 327; Assmann (2003), S. 8.
[7] Vgl. Oetker (2003), S. 272.

senausgleichs- und Beratungsfunktion jedoch noch zwei weitere Funktionen zu. Diese drei Funktionen stellen mitunter stark divergierende Anforderungen an die Aufsichtsratsmitglieder und können infolgedessen zu widerstreitenden Interessen führen. Diese Problematik hat in den letzten Jahren in der Literatur nur zeitweilig Beachtung gefunden.[8] Umso mehr stellt sich die Frage, wie unabhängig deutsche Aufsichtsratsmitglieder im internationalen Vergleich sind, um eine dem Unternehmensinteresse verpflichtete Kontrolle des Vorstandes durchführen zu können.

1.2 Vorgehensweise

Im Anschluss an die Einführung in die Problemstellung folgt in Kapitel 2 ein Überblick über die für die weiteren Betrachtungen notwendigen theoretischen Grundlagen der Unternehmensverfassung. Inhaltlich und methodisch ist das Thema Corporate Governance in die Theorie der Unternehmung eingebettet. Neben der definitorischen Eingrenzung der Unternehmensverfassung und der Darstellung der unternehmensverfassungsrelevanten Interessen steht insbesondere die Beschreibung der Ansätze der Neuen Institutionenökonomik im Vordergrund dieses Kapitels.

Der Begriff des Unternehmensinteresses wird in der rechtswissenschaftlichen Literatur seit der Lehre RATHENAUS vom „Unternehmen an sich" aus dem Jahre 1917 in vielfältigen Beiträgen kontrovers diskutiert. Trotz dieser intensiven Diskussion ist der Inhalt des Begriffes jedoch erst in seinen Umrissen näher konturiert worden.[9] In Kapitel 3 wird der aktuelle Stand der gesellschaftsrechtsdogmatischen Diskussion, insbesondere unter Berücksichtigung der jüngsten Entwicklungen in der Judikatur, skizziert. Da im Rahmen dieser Arbeit ausschließlich mitbestimmte Aktiengesellschaften betrachtet werden, ist neben verfassungsrechtlichen Begründungsansätzen insbesondere der aktien- und mitbestimmungsrechtliche Rahmen von Bedeutung. Nach der Darstellung der zentralen Begründungsansätze für die Legitimation des Unternehmensinteresses als gesellschaftsrechtliche Leitungsmaxime liegt der Schwerpunkt der Ausführungen auf der Herleitung, Darstellung und Weiterentwicklung von Konzeptionen zur inhaltlichen Ausgestaltung und Prüfung des Unternehmensinteresses. Das Kapitel schließt mit einer Analyse der Regelungen des Deutschen Corporate Governance Kodex hinsichtlich des Unternehmensinteresses sowie dessen Funktion im Kontext der Europäischen Aktiengesellschaft (SE). Im Kern geht es um die Frage des Ermessensspielraums des Vorstandes beim Ausgleich der Interessen von Aktionären, Arbeitnehmern und sonstigen am Unternehmen interessierten Bezugsgruppen.

---

[8] Vgl. Marsch-Barner (1999), S. 626; Kremer (2008), S. 263.
[9] Vgl. Werder (2008a), S. 107.

Der Shareholder Value-Ansatz hat in der wirtschaftswissenschaftlichen Literatur eine intensive Diskussion hervorgerufen. Welche Prämissen der modernen Kapitalmarkttheorie diesem Konzept zugrunde liegen und welche Strategieimplikationen es nach sich zieht, wird als Ausgangspunkt für die weiteren Betrachtungen in Kapitel 4 erörtert.

In Kapitel 5 werden Bedeutung und Konsequenzen des Shareholder Value-Ansatzes für die Corporate Governance diskutiert. Für den ökonomischen Teil der Analyse wird auf Basis der Neuen Institutionenökonomik die Bedeutung der Shareholder und der Stakeholder für eine funktionsfähige und effiziente Corporate Governance analysiert. Im Anschluss an die modelltheoretische Analyse der Interessengewichtung in der Corporate Governance wird untersucht, welche Konsequenzen die Veränderungen von Rahmenbedingungen und hier insbesondere die des Kapitalmarktwandels auf die konkrete Ausgestaltung der Unternehmensverfassung in Deutschland haben. Da sich der Shareholder Value-Ansatz an Anlegern orientiert, die auf portfoliotheoretischer Basis agieren, ergeben sich grundlegende Differenzen zum Aktienrecht, das die Gesellschaft[10] als überindividuell verfassten Zweck in den Mittelpunkt des unternehmerischen Handelns stellt.[11] Kernpunkt des juristischen Teils der Analyse ist daher die Frage: Welche Implikationen ergeben sich aus den in Kapitel 3 analysierten gesellschaftsrechtlichen Normen konkret für die Unternehmensführung von Aktiengesellschaften? Nach der Betrachtung empirischer Befunde zur Bindungswirkung des Shareholder Value-Ansatzes sowie der Orientierung am Unternehmensinteresse auf Basis der Jahresabschlusspublikationen der DAX-30-Unternehmen in den Jahren 2002 und 2007 schließt das Kapitel mit einer Erörterung ökonomischer und satzungsmäßiger Steuerungsmöglichkeiten, die zu einer Annäherung von Shareholder Value-Ansatz und aktienrechtlicher Zielkonzeption führen können.

Da gemäß dem Deutschen Corporate Governance Kodex nicht nur der Vorstand, sondern auch der Aufsichtsrat dem Unternehmensinteresse verpflichtet ist, werden in Kapitel 6 die Ergebnisse der im Rahmen dieser Arbeit durchgeführten empirischen Studie vorgestellt und analysiert. In dieser Studie wird die Interessenunabhängigkeit eines jeden der 598 Aufsichtsratsmitglieder der DAX-30-Unternehmen anhand der Kriterien des Deutschen Corporate Governance Kodexes sowie der Kriterien der Empfehlungen

---

[10] Im wirtschaftsrechtlichen Sinne bezeichnet „Gesellschaft" entweder die Gesamtheit der sie bildenden Gesellschafter (Personengesellschaft) oder aber ein eigenständiges Rechtssubjekt, das rechtsfähig als juristische Person Trägerin von Rechten und Pflichten sein kann (Kapitalgesellschaft). Vgl. Müssig (2003), S. 378.

[11] Vgl. Mülbert (1997), S. 131.

der Europäischen Kommission[12] untersucht. Diese Querschnittanalyse erfolgt aus der Perspektive eines Investors, der anhand der öffentlich verfügbaren Informationen seitens des Unternehmens verifiziert, inwieweit die Unabhängigkeitskriterien der Corporate Governance Kodizes Anwendung finden. Die Empfehlungen der Europäischen Kommission dienen dabei als internationaler Vergleichsmaßstab.

Mit einer thesenförmigen Zusammenfassung bietet Kapitel 7 einen abschließenden Überblick über die zentralen Ergebnisse der Arbeit. In Abbildung 1 ist der gewählte Untersuchungsaufbau nochmals zusammenfassend dargestellt.

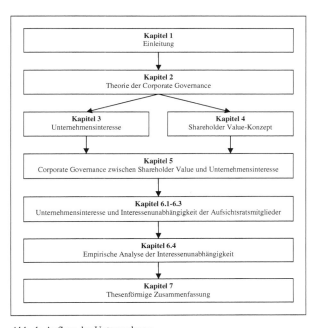

Abb. 1: Aufbau der Untersuchung

[12] Vgl. Europäische Kommission (2005), Anhang II, S. 63.

2. Theorie der Corporate Governance

Die Fragestellungen der Corporate Governance berühren eine Vielzahl unterschiedlicher wissenschaftlicher Disziplinen. Im Mittelpunkt stehen dabei vor allem gesellschaftsrechtliche und institutionenökonomische Aspekte. Erst seit Mitte der 1990er Jahre werden diese Fragestellungen in Deutschland unter dem Stichwort „Corporate Governance" diskutiert. Inwieweit der Begriff „Corporate Governance" inhaltlich deckungsgleich mit dem traditionellen Verständnis der Unternehmensverfassung ist, gilt es einleitend zu betrachten. Welche Interessengruppen für die Aktiengesellschaft von Bedeutung und welche Prinzipien und Elemente für die effiziente Gestaltung von Corporate Governance-Systemen zu berücksichtigen sind, ist Gegenstand der Kapitel 2.2 bis 2.5. Dieses Kapitel schließt mit der Beschreibung der Ansätze der Neuen Institutionenökonomik.

2.1 Begriff und Inhalt von Unternehmensverfassung und Corporate Governance

Die Unternehmensverfassung bildet die Basis für die institutionelle Betrachtung der Unternehmensführung.[19] Sie ist eine Art Grundgesetz des Unternehmens, das den Ordnungsrahmen für sämtliche Aktivitäten des Unternehmens sowie der rechtlich an das Unternehmen gebundenen Akteure definiert.

In struktureller Hinsicht weist die Unternehmensverfassung Analogien zur Staatsverfassung auf.[20] Aus diesem Grunde ist es sinnvoll, einen Blick auf die staatsrechtliche Vorprägung des Begriffs und das Verfassungsverständnis zu werfen: Eine Staatsverfassung dient der bewusst gestalteten, dauerhaften Regelung von Verhaltensweisen der Bürger eines Staates.[21] „Von Verfassung kann (...) erst dann die Rede sein, wenn die urwüchsigen Kräfte des gesellschaftlichen Lebens ihres elementaren Charakters entkleidet und ihre Wirksamkeit, vor allem aber ihre Auseinandersetzung in ein geordnetes, d.h. vor allem: in ein gewaltloses Verfahren gebannt sind."[22] Unter einer Verfassung ist somit ein rechtswirksames System von Grundnormen zu verstehen, „das die Grundfragen des Bestandes (Existenzzweck, Veränderungs- und Auflösungsmodalitäten), der Zugehörigkeit (Mitgliedschaftsbedingungen), der unentziehbaren Grundrechte aller Beteiligten (Freiheits-, Teilnahme-, Sozial- und Klagerechte), der Organisation

---

[19] Vgl. Macharzina (2003), S. 133.
[20] Vgl. Bleicher (1994), S. 289; Macharzina (2003), S. 135; Witte (1978), S. 331.
[21] Vgl. Ipsen (2006), S. 269; Hauschildt (2001), S. 8.
[22] Krüger (1961), S. 72.

(Organe und ihre Befugnisse, Wahl- und Kontrollverfahren) und der Verantwortlichkeiten (Haftung) einer Institution regelt"[23].

In Anknüpfung an den Inhalt einer Staatsverfassung bilden „die Grundrechte und -pflichten der (Unternehmens-) Mitglieder sowie die Grundstruktur der (Unternehmens-) Organe und die Grundstruktur der (Unternehmens-) Ziele"[24] die zentralen Elemente einer Unternehmensverfassung. Maßgeblich für die Unternehmensverfassung sind somit der Regelungscharakter, die Normativität sowie die bewusste Bindung des Verhaltens.[25] Vor diesem Hintergrund definiert SCHEWE die Unternehmensverfassung wie folgt: „Unter einer Unternehmensverfassung wird die Menge aller gesetzlichen und bewusst gesetzten Regelmechanismen verstanden, die das Verhältnis des Unternehmens bzw. seiner Repräsentanten gegenüber den relevanten Interaktionsgruppen bestimmen."[26] Der Begriff der Unternehmensverfassung wird in der Literatur jedoch unterschiedlich weit gefasst. Charakteristisches Merkmal der meisten Definitionen der Unternehmensverfassung ist es, dass „die Verhaltensweisen 'jenseits' der Marktbeziehung erfasst, also von der einzelnen, vertraglich geregelten do-ut-des-Beziehung des Leistungsaustausches und des Leistungsentgeltes abstrahiert"[27] und die Ausgestaltung der institutionellen Regelungen zum Inhalt hat. Im Gegensatz zum angloamerikanischen Rechtskreis ist die Unternehmensverfassung in Deutschland gesetzlich verankert.

Die Unternehmensverfassung hat sich mit zwei grundlegenden Fragen auseinanderzusetzen:[28] der Legitimations- und der Organisationsfrage. Bei der Legitimationsfrage geht es um die potentiell verfassungsrelevanten Interessen, die das Unternehmen konstituieren sollen.[29] Diese Frage bezieht sich somit auf die Größe und den Einfluss des Kreises derer, die ihre Interessen in die Zielsetzung und Politik des Unternehmens einbringen können. Formal kann – je nach Ausgestaltung der Legitimationsbasis – zwischen interessenmonistischen, interessendualistischen und interessenpluralistischen Unternehmensverfassungen unterschieden werden. Aufgabe der Unternehmensverfassung ist es, die Verteilung der Kompetenz zur Festlegung der unternehmerischen Zielsetzung sowie den Zugang der Interessengruppen zu den Leitungs- und Kontrollorganen des Unternehmens zu regeln.[30] Gegenstand des Organisationsproblems ist die Fra-

---

[23] Ulrich/Fluri (1992), S. 74. Vgl. auch Hungenberg/Wulf (2006), S. 72.
[24] Chmielewicz (1993), Sp. 4400.
[25] Vgl. Hauschildt (2001), S. 8.
[26] Schewe (2005), S. 9.
[27] Hauschildt (2001), S. 8.
[28] Vgl. Steinmann (1969), S. 1 f.; Hungenberg/Wulf (2006), S. 72.
[29] Vgl. Gerum (1992b), Sp. 2481.
[30] Vgl. Macharzina (2003), S. 136; Steinmann/Gerum (1983), S. 171.

ge, welche institutionellen Vorkehrungen dazu geeignet sind, die Unternehmensaktivitäten auf die verfassungskonstituierenden Interessen auszurichten.[31] In dieser Hinsicht wirkt die Unternehmensverfassung strukturbildend. Sie gibt dem sozialen System „Unternehmen" eine Rahmenordnung und wirkt somit verhaltensbeeinflussend auf alle mit dem Unternehmen in Interaktion stehenden Personen.[32, 33] Da die Unternehmensverfassung weitreichende Konsequenzen für die Funktionsfähigkeit des Unternehmens hat, ist ihre Gestaltung eine grundlegende unternehmerische Entscheidung, insbesondere bei der Gründung und Restrukturierung von Unternehmen.

Im Gegensatz zur Unternehmensphilosophie, die vom Unternehmen frei gestaltet werden kann, ist die Unternehmensverfassung in ihrer Gestaltung an die gesetzlichen Regelungen – insbesondere die des Gesellschafts-, Arbeits- und Mitbestimmungsrechts, des Wettbewerbs-, Kapitalmarkt- und Verbraucherschutzrechts – ebenso gebunden wie an kollektivvertragliche Vereinbarungen in Form von Firmentarifverträgen, Betriebsvereinbarungen und privatautonomen Rechtssetzungen.[34] Innerhalb dieses rechtlichen Rahmens kann die unternehmensindividuelle Verfassung ausgestaltet werden, um die vom Gesetzgeber offen gelassenen Rechtslücken zu schließen.[35] Dabei wird das dem Gesetz zugrunde liegende Arrangement von Institution und Kompetenzen durch prozessorientierte Verfassungselemente ergänzt.[36] Die Unternehmensverfassung wird als Gesellschaftervertrag oder als Satzung schriftlich dokumentiert und muss für Kapitalgesellschaften notariell beurkundet und beim Handelsregister hinterlegt werden. Eine Änderung der Unternehmensverfassung erfolgt nur bei gravierenden Anlässen und erfordert einen Gesellschafterbeschluss, der strengen Formvorschriften unterliegt.[37] Durch ihren grundlegenden Charakter muss die Unternehmensverfassung mittels konkretisierenden Ergänzungen auf die operative Ebene heruntergebrochen werden.[38] Dazu können Geschäftsordnungen, Organisationspläne, interne Anweisungen etc. in Ergänzung der Satzung erlassen werden.

---

[31] Vgl. Göbel (2002), S. 218; Macharzina (2003), S. 136; Steinmann/Gerum (1983), S. 171.

[32] Vgl. Hutzschenreuter (1998), S. 85; Picot/Schuller (2001), S. 81; Hungenberg/Wulf (2006), S. 72.

[33] Hutzschenreuter definiert das Unternehmen als „ein sozio-ökonomisches System, das als planvoll organisierte Wirtschaftseinheit Güter und Dienstleistungen erstellt und gegenüber Dritten verwertet". Hutzschenreuter (2007), S. 6. Der Begriffsbestandteil „sozio" nimmt dabei Bezug auf die Tatsache, dass im Unternehmen Menschen miteinander interagieren, während „ökonomisch" auf das Wirtschaftlichkeitsprinzip abzielt. Vgl. Hutzschenreuter (2007), S. 6 f.

[34] Vgl. Göbel (2002), S. 218; Gerum (1992b), Sp. 2481; Gerum (1995), S. 123 ff.; Hungenberg/Wulf (2006), S. 72; Picot (1981), S. 160 f.

[35] Vgl. Hutzschenreuter (1998), S. 59; Schewe (2005), S. 10 f.

[36] Vgl. Witte (1978), S. 337.

[37] Vgl. Macharzina (2003), S. 135; Witte (1978), S. 337; Hamel (2004), S. 465 f.

[38] Vgl. Hamel (2004), S. 465.

Seit Mitte der 1990er Jahre findet der angelsächsische Begriff „Corporate Governance" verstärkt Eingang in die deutsche Fachliteratur.[39] Die Globalisierung des Wettbewerbs, grenzüberschreitende Fusionen, feindliche Übernahmen und spektakuläre Unternehmenskrisen haben dazu beigetragen, dass sich die Corporate Governance von Unternehmen und insbesondere Aktiengesellschaften in den vergangenen Jahren eines großen wissenschaftlichen Interesses erfreut.[40] Aber was bedeutet Corporate Governance? Der englische Terminus lässt sich nicht direkt ins Deutsche übersetzen. Häufig wird für die deutsche Übersetzung der Begriff der Unternehmensverfassung verwendet.[41] Diese Übersetzung erfasst jedoch aufgrund der einseitigen Fokussierung auf die rechtlichen Gegebenheiten nicht alle Facetten des englischen Terminus.[42, 43] Während die Unternehmensverfassung durch die Festlegung von Informations- und Entscheidungsrechten der verschiedenen Akteure primär die Binnenordnung des Unternehmens betrifft, werden im Rahmen der Corporate Governance verstärkt Fragen der rechtlichen und faktischen Einbindung des Unternehmens in sein Umfeld diskutiert.[44] Corporate Governance muss somit immer in Bezug zu den für das Unternehmen relevanten Märkten, insbesondere dem Kapitalmarkt, und den rechtlichen Rahmenbedingungen gesehen werden.[45]

In der Literatur gibt es eine Vielzahl unterschiedlicher inhaltlicher Definitionen von Corporate Governance, innerhalb derer zwischen einer engen Definition und einer weiten Definition von Corporate Governance differenziert wird. Die zentrale und für alle Definitionen maßgebliche Aufgabe der Corporate Governance besteht gemäß WITT darin, eine Kontrolle der Unternehmensleitung durch die verschiedenen Interessengruppen des Unternehmens zu ermöglichen.[46]

---

[39] Der Begriff „Corporate Governance" ist in Anlehnung an den Begriff „Governance Structure" von Williamson entstanden. Governance Structure beschreibt die Zuordnung von Transaktionen zu bestimmten Beherrschungs- und Überwachungssystemen. Vgl. Williamson (1985), S. 2, 298; Göbel (2002), S. 218; Werder (2008b), S. 1; Wentges (2002), S. 37.

[40] Vgl. Müller-Stewens/Lechner (2003), S. 495 f.; Werder (2008a), S. 14; Witt (2003), S. 2 f.

[41] In der Literatur sind vielfältige deutsche Übersetzungen für „Corporate Governance" zu finden: „Organisation der Leitung", „Organisation der Unternehmensführung", „angemessene Unternehmensorganisation", „Leitungsstruktur des Unternehmens", „Spitzenverfassung", „Unternehmensführung- und kontrolle", „Herrschafts- und Verwaltungsstruktur". Vgl. Witt (2003), S. 1; Werder (2008a), S. 13; Lutter (2001), S. 225; Hucke (2003), S. 73; Lohse (2005), S. 27.

[42] Vgl. Wentges (2002), S. 72; Schmidt, R./Weiß (2003), S. 110.

[43] Diese Differenzierung zwischen Unternehmensverfassung und Corporate Governance wird vereinzelt abgelehnt und die Begriffe synonym verwendet. Vgl. Gerum (2004a), S. 11.

[44] Vgl. Werder (2003), S. 4; Hauschildt (2001), S. 8; Hungenberg/Wulf (2006), S. 86.

[45] Vgl. Brammer (2001), S. 96; Hopt (2003), S. 32; Titzrath (1997), S. 32; Wentges (2002), S. 72; Grundmann/Mülbert (2001), S. 216.

[46] Vgl. Witt (2002), S. 41; Ebenso Cadbury (2002), S. 1.

In der angelsächsischen Literatur, die von einer engen Definition geprägt ist, liegt der Fokus auf der Trennung von Eigentum und Kontrolle sowie auf Regelungen, die gewährleisten, dass Manager sich im Sinne der Anteilseigner[47] verhalten. Somit geht es im Kern um ein Problem, das bereits SMITH 1776 in seinem berühmten Werk „An Inquiry into the Nature and Causes of the Wealth of Nations" wie folgt beschrieben hat: „The directors of such [joint stock] companies, however, being the managers rather of other people's money than of their own, it cannot well be expected, that they should watch over it with the same anxious vigilance with which the partners in a private co-partnery frequently watch over their own. (…) Negligence and profusion, therefore, must always prevail, more or less, in the management of the affairs of such a company."[48] Die daraus folgenden Konsequenzen für die Corporate Governance werden in der Definition von SHLEIFER/VISHNY, die insbesondere für die amerikanische Perspektive charakteristisch ist, deutlich: „Corporate Governance deals with the ways in which suppliers of finance to corporations assure themselves of getting a return on their investment."[49] Eine inhaltlich ähnliche Definition liefert MAYER: „Corporate Governance is concerned with ways of bringing the interests and objectives of the two parties (investors and managers) into line and ensuring that firms are run for the benefit of investors."[50] Diese Definitionen stehen in der Tradition der empirischen Untersuchungen von BERLE/MEANS (1932) über die dysfunktionalen Wirkungen der Trennung von Eigentum und Verfügungsmacht.[51] Sie legen darüber hinaus bereits a priori fest, was das Ziel einer Unternehmung ist und in wessen Interesse grundsätzlich zu entscheiden ist.[52]

In der kontinentaleuropäischen wie japanischen Literatur und zunehmend auch in der angelsächsischen Literatur stehen hingegen diese Prämissen im Fokus der Diskussion selbst und sind nicht a priori festgelegt. Die Vertreter der weiten Definition von Corporate Governance gehen davon aus, dass die Interessen aller Stakeholder zu berücksichtigen sind, um zunächst einen maximalen Überschuss zu erwirtschaften und anschließend geeignete Mechanismen zur Verteilung dieses Überschusses auf die Stakeholder zu finden.[53] Dementsprechend definiert TIROLE Corporate Governance wie folgt: „I will, perhaps unconventionally for an economist, define corporate governance

---

[47] Da der Fokus dieser Arbeit auf Aktiengesellschaften liegt, werden die Begriffe „Anteilseiger", „Eigenkapitalgeber", „Aktionär" und „Shareholder" im Folgenden synonym verwendet.
[48] Smith (1776), S. 700 [im Nachdruck von 1937].
[49] Shleifer/Vishy (1997), S. 737.
[50] Mayer (1997), S. 154.
[51] Vgl. Werder (2003), S. 4; Tirole (2006), S. 15.
[52] Vgl. Schmidt, R./Weiß (2003), S. 110.
[53] Vgl. Schwalbach/Schwerk (2006), S. 3; Witt (2002), S. 42.

as the design of institutions that induce or force management to internalize the welfare of stakeholders."[54] Corporate Governance wird somit in der weiten Definition von SCHMIDT/WEIß in Anlehnung an ZINGALES (1998) als „die Verteilung der Möglichkeiten, Einfluss auf die Entstehung und die Verteilung der Renten[55] zu nehmen, die eine Unternehmung auf ihren Märkten durch den Einsatz von diversen Ressourcen erzielen kann"[56] verstanden.

Dieser Arbeit liegt die weite Definition von Corporate Governance zugrunde. Infolgedessen ist nicht nur das Verhältnis zwischen Shareholdern und Management von Bedeutung, sondern auch das zu den unternehmensverfassungsrelevanten Interessengruppen des Unternehmens. Diese werden in Kapitel 2.2 näher betrachtet.

2.2 Interessengruppen einer Aktiengesellschaft

Welche Art von Corporate Governance-Problemen als Folge unvollständiger Verträge konkret in der Ausgestaltung von Corporate Governance-Systemen zu beachten sind, hängt im Sinne der in Kapitel 2.1 aufgeworfenen Legitimationsfrage grundlegend von den in die Analyse einbezogenen Bezugsgruppen sowie den ihnen unterstellten Verhaltensannahmen ab.[57] Das Unternehmen stellt einen Ort dar, an dem die Interessen unterschiedlicher Gruppen zusammentreffen.[58] Gemäß der Definition FREEMANS, auf den der Stakeholder-Ansatz zurückgeht, sind dies „any group or individual who can affect or is affected by the achievement of the firm's objectives"[59] bzw. „without whose support the organization would cease to exist"[60].[61] Das Spektrum der Interessengruppen reicht nach dieser sehr weiten Definition von den Anteilseignern über Mitarbeiter, Kunden, Staat, Verbraucherschutzorganisationen bis hin zu Konkurrenten und politischen Parteien.[62, 63]

Für die nachfolgenden Betrachtungen soll jedoch der Kreis der Interessengruppen einer Aktiengesellschaft in Anlehnung an CYERT/MARCH (1963) auf Personen und

---

[54] Tirole (2001), S. 4.
[55] Zu den Begriffen der ökonomischen Rente vgl. Migrom/Roberts (1992), S. 269 ff.
[56] Schmidt, R./Weiß (2003), S. 110.
[57] Vgl. Gerum (2004b), S. 226; Werder (2003), S. 7.
[58] Vgl. Schewe (2005), S. 24.
[59] Freeman (1984), S. 46.
[60] Freeman (1984), S. 31.
[61] Der Begriff „Stakeholder" wurde Anfang der 1960er Jahre geprägt und geht laut Freeman auf Arbeiten von Dorscher und Stewart am Stanford Research Institute zurück. Vgl. Freeman (1983), S. 32 f.
[62] Vgl. Freeman (1984), S. 55.
[63] Wie Freeman ausdrücklich erwähnt, zählt nach seinem Verständnis selbst eine Terroristengruppe zu den Stakeholdern, falls sie strategischen Einfluss auf das Management nehmen kann. Vgl. Freeman (1984), S. 53.

Gruppen beschränkt werden, die eine vertragliche oder gesetzliche Bindung und einen daraus resultierenden materiellen oder immateriellen Anspruch („Stake") gegen das Unternehmen haben.[64] Diese Personengruppe wird mittlerweile auch in der deutschsprachigen Literatur als Stakeholder bezeichnet.[65] Der Begriff umfasst in dieser engen Definition somit ausschließlich Personen, die „in irgendeiner Weise etwas in das Unternehmen investiert haben und deshalb ein persönliches Verlustrisiko eingegangen sind"[66]. In Anlehnung an die Differenzierung von SEMLER/SPINDLER wird zwischen Interessenträger im Unternehmen und Interessenträger am Unternehmen unterschieden.[67] Die verschiedenen Interessengruppen stehen in unterschiedlichen vertraglichen Verhältnissen zum Unternehmen und verfolgen möglicherweise unterschiedliche Ziele. Im Folgenden werden die Interessen und Ziele der an einer Aktiengesellschaft beteiligten Interessengruppen näher analysiert.

2.2.1 Interessenträger im Unternehmen

Zu den Interessenträgern im Unternehmen zählen die Anteilseigner wie die Arbeitnehmer, da sie die zentralen Beiträge erbringen, die das Unternehmen ausmachen.[68] Daher gehören sie auch gemäß der engen Definition zur Gruppe der Stakeholder.

2.2.1.1 Eigenkapitalgeber

„Das Eigenkapital umfasst die der Unternehmung von ihren Eigentümern ohne zeitliche Begrenzung zur Verfügung gestellten Mittel, die dem Unternehmen durch Zuführung von außen oder durch Verzicht auf Gewinnausschüttung von innen zufließen."[69] Mit dem Eigenkapital haftet das Unternehmen für Verpflichtungen gegenüber Dritten.[70] Im Gegensatz zu den Fremdkapitalgebern, die über einen vertraglich vereinbarten, vom Unternehmensergebnis unabhängigen Zinsanspruch verfügen und vorrangig bedient werden, steht den Eigenkapitalgebern ausschließlich ein residualer Gewinnanspruch zu.[71] Residualansprüche sind die Folge unternehmerischen Handelns in einer

---

[64] Vgl. Cyert/March (1963), S. 26 ff.; Hungenberg/Wulf (2006), S. 54 f.; Kieser/Walgenbach (2003), S. 12.

[65] Synonym zur englischen Bezeichnung „Stakeholder" werden in der deutschsprachigen Literatur wie auch in dieser Arbeit die Bezeichnungen Interessengruppe oder Anspruchsgruppe verwendet. Vgl. Witt (2003), S. 6; Wentges (2002), S. 91; Göbel (2006), S. 113; Schmidt, R./Weiß (2003), S. 110.

[66] Göbel (2006), S. 113.

[67] Vgl. Semler/Spindler (2004), Vorb. Rn. 85 ff. Siehe hierzu auch Kapitel 3.5.1.

[68] Vgl. Semler/Spindler (2004), Vorb. Rn. 86.

[69] Coenenberg (2003a), S. 257.

[70] Vgl. Kramer (2000), S. 48; Perridon/Steiner (2007), S. 347.

[71] Vgl. Zantow (2004), S. 14; Drukarczyk (2003), S. 262 f.; Chmielewicz (1993), Sp. 4407 f.

Welt mit unvollkommener Information.[72] Aufgrund der rechtlich unbefristeten Kapitalüberlassung kann das Eigenkapital dauerhaft zur Finanzierung der unternehmerischen Aktivitäten eingesetzt werden. Dies ermöglicht es dem Unternehmen, flexibel auf sich bietende Chancen zu reagieren, insbesondere bei risikoreichen Investitionen, für die sonst kaum Fremdkapital zu beschaffen wäre.[73] Eigenkapital dient somit der effizienten Allokation von Risiken.[74] Zudem hat das gesamte Eigenkapital des Unternehmens eine Verlustausgleichsfunktion. Infolge seiner rein erfolgsabhängigen Vergütung stellt es einen Puffer dar, der eventuelle Verluste auffängt.[75]

Im Gegensatz zur verfügungsrechtlichen Stellung von Einzelunternehmern entspricht das Eigenkapitaleigentum des Aktionärs juristisch nicht dem Eigentum am Unternehmen.[76, 77] Der Aktionär besitzt im juristischen Sinne „gesellschaftsrechtlich vermitteltes Eigentum"[78] am Unternehmensvermögen, verbrieft in Aktien, jedoch kein Sacheigentum, und kann somit die mit dem Eigentum rechtlich verbundenen Verfügungsrechte nicht unmittelbar nutzen, sondern nur mittelbar über die Gesellschaftsorgane.[79] Genutzt werden kann somit nur der Vermögenswert.[80] Dies entspricht bei genauer Betrachtung auch der ökonomischen Perspektive, da die verschiedenen Produktionsfaktoren, die in einem Unternehmen zum Zwecke der Leistungserstellung kombiniert werden, von verschiedenen Personen oder Gruppen stammen.[81] Demzufolge „gehören" weder das im Unternehmen eingesetzte Fremdkapital noch die Mitarbeiter den Aktionären.[82] Anteile am Eigenkapital einer Aktiengesellschaft, verbrieft in Form von Aktien, verleihen ihren Eigentümern hingegen das Recht auf einen residualen Anteil am Ergebnis des Unternehmens, das Stimmrecht bei Hauptversammlungen sowie das

---

[72] Vgl. Picot/Dietl/Franck (2005), S. 247.

[73] Vgl. Baetge/Kirsch/Thiele (2007), S. 472; Coenenberg et al. (2007), S. 387.

[74] Vgl. Ahrweiler/Börner (2003), S. 10.

[75] Vgl. Baetge/Kirsch/Thiele (2007), S. 472.

[76] Vgl. Göbel (2002), S. 225 f.; Witt (2002), S. 42; Ebenroth/Koos (1995), S. 3; Kalweit (2000), S. 17; Schmidt, R. (2007b), S. 73; Wagner (1997), S. 480.

[77] „Anders als der Unternehmer-Eigentümer vermag der Anteilseigner mit seinem Eigentum nur mittelbar zu wirken; die vermögensrechtliche Haftung für die wirtschaftlichen Folgen von Fehlentscheidungen ergreift ihn nicht als Person, sondern sie bezieht sich auf einen eingegrenzten Teil seiner Vermögenssphäre. (…) Für die Vielzahl der Anteilseigner bedeutet das Anteilseigentum typischerweise mehr Kapitalanlage als Grundlage unternehmerischer Betätigung, die sie mit ihrer Person verbinden." BVerfGE 50, 290 (348).

[78] BVerfGE 50, 290 (342). Vgl. auch BVerfGE 14, 263 (276); 25, 371 (407).

[79] Vgl. Ebenroth/Koos (1995), S. 3; Wagner (1997), S. 480. Eine umfassende Darstellung findet sich bei Drukarczyk/ Honold/Schüler (1996).

[80] Vgl. Wieland (1996), Art. 14 Rn. 41.

[81] Vgl. Witt (2002), S. 42; Kalweit (2000), S. 17 f.

[82] Dieser Argumentation folgend wird der in Kapitel 2.6.1 erläuterten Vertragstheorie ein Unternehmen weniger als eine eigene Institution angesehen, die jemandem gehört, sondern als ein Bündel von Verträgen. Vgl. Fama (1980).

Recht auf einen entsprechenden Anteil am Unternehmensvermögen im Falle der Auflösung oder Zerschlagung des Unternehmens.[83] Aktionäre sind somit an der Maximierung des Wertes ihres Anteilsbesitzes am Unternehmen interessiert.[84] Vom Unternehmen fordern sie folglich mindestens die Kapitalerhaltung und eine am Marktrisiko sowie dem spezifischen Unternehmensrisiko orientierte Rendite.[85]

Die konkreten Interessen und Ziele der Aktionäre können sehr verschieden sein, so dass RAISCH nur mit Blick auf die Anteilseignerseite bereits von einer „interessenpluralistischen Veranstaltung"[86] spricht.[87] Die Gruppe der Aktionäre kann sich sowohl aus privaten als auch aus institutionellen Kapitalgebern wie Banken, Investmentfonds, Private-Equity-Gesellschaften oder auch der öffentlichen Hand zusammensetzen. Konflikte innerhalb dieser Gruppe treten oftmals zwischen Groß- und Kleinaktionären auf. Während Kleinaktionäre häufig ein Dividendeninteresse haben, versuchen Großaktionäre eher die Gewinne zu thesaurieren und ihren Einfluss auf das Unternehmen geltend zu machen.[88] Mit diesen Erwerbsinteressen gehen entsprechend unterschiedliche zeitliche Anlagehorizonte und Risikoneigungen einher. Eine weitere Konfliktlinie innerhalb der Gruppe der Eigenkapitalgeber zeichnet sich ab, wenn eine Bank, die Anteile am Eigenkapital des Unternehmens besitzt, zugleich Kreditbeziehungen zum Unternehmen unterhält.[89] Daraus resultieren in der Regel unterschiedliche Risikopräferenzen, die zu Konflikten im Hinblick auf die Thesaurierung von erwirtschafteten Gewinnen führen können. Die Eigenkapitalgeberinteressen reichen somit von der Dividendenmaximierung des Vermögensanlegers über struktur- und ordnungspolitische Interessen des Staates bis hin zur größtmöglichen Einflussnahme auf die strategischen Entscheidungen des Unternehmens und den Erhalt von Überkreuzbeteiligungen.[90] Allen Eigenkapitalgebern gemein ist das Interesse, das Unternehmen vor Krisen zu bewahren und hohe Gewinne zu erwirtschaften. Den Anteilseignern stehen gemäß § 7

---

[83] Vgl. Witt (2003), S. 6 f.; Depenheuer (1999), S. 1697.

[84] Vgl. Hutzschenreuter (1998), S. 12.

[85] Zur Berechnung dieser Rendite siehe Kapitel 4.

[86] Raisch (1976), S. 348.

[87] Wiedemann beispielsweise klassifiziert die Interessen der Eigenkapitalgeber in Verwaltungsinteressen Bestands- und Ertragsinteressen, Informations- und Kontrollinteressen sowie Liquiditätsinteressen. Vgl. Wiedemann (1980), S. 489. Hefermehl/Semler bestreiten gar die Existenz eines homogenen Aktionärsinteresses. Vgl. Hefermehl/Semler (2004), Vorb. § 76 Rn. 4.

[88] Vgl. Krämer (2002), S. 41; Hauschildt (2001), S. 17; Schilling (1997), S. 379; Schewe (2005), S. 41; Koch (1983), S. 32.

[89] Vgl. Schewe (2005), S. 42.

[90] Vgl. Wiedemann (1980), S. 489; Krämer (2002), S. 41; Raiser/Veil (2006), S. 126.

Abs. 1 MitbestG in mitbestimmten Aktiengesellschaften[91] die Hälfte der Aufsichtsratssitze zu.

2.2.1.2 Arbeitnehmer

Durch den Arbeitsvertrag verpflichtet sich der einzelne Arbeitnehmer, seine Arbeitskraft dem Unternehmen gegen Entgelt zur Verfügung zu stellen. Für das Unternehmen ist die Arbeitsleistung der Arbeitnehmer eine zentrale Voraussetzung für seine Existenz und Wettbewerbsfähigkeit.[92, 93] Daraus lassen sich folgende Interessenberührungspunkte ableiten: Eine positive wirtschaftliche Entwicklung des Unternehmens erhöht die Sicherheit der Arbeitsplätze und lässt bessere Arbeitgeberleistungen erwarten.[94] Hohe Löhne ziehen zudem gute Arbeitskräfte an und steigern die Arbeitnehmerleistungen. Durch zu hohe Lohnabschlüsse insbesondere in wirtschaftlich rezessiven Zeiten kann jedoch die Existenz des Unternehmens gefährdet werden. Um die Verwirklichung ihrer materiellen Interessen zu erreichen, sind Arbeitnehmer somit an der Rentabilität des Unternehmens interessiert.[95] Konflikte zwischen den Anteilseignern und den Arbeitnehmern ergeben sich jedoch bei der Einschätzung der optimalen Lohnhöhe und somit bei der Verteilung der erwirtschafteten Wertschöpfung.

Neben den materiellen Interessen der Arbeitnehmer umfassen die immateriellen Interessen ein sehr weites Spektrum, das von der Förderung der beruflichen Aus- und Weiterbildung über ein angenehmes Arbeitsumfeld bis hin zu Entfaltungs- und Handlungsspielräumen, die die Selbstverwirklichung ermöglichen, reicht.

Interessenkonflikte innerhalb der Arbeitnehmerschaft können entstehen zwischen Gewerkschaftsmitgliedern und nicht gewerkschaftlich organisierten Arbeitnehmern sowie zwischen Arbeitern, Angestellten und leitenden Angestellten im Hinblick auf eine unterschiedliche Risikoneigung und divergierende Zeithorizonte der Beschäftigung.[96] Insbesondere, wenn die Schließung bestimmter Betriebsteile in Erwägung gezogen wird, verschärfen sich diese Konflikte.

---

[91] Gemäß § 1 Abs. 1 MitbestG erstreckt sich der Geltungsbereich des MitbestG auf alle Unternehmen, die in der Regel mehr als 2.000 Mitarbeiter beschäftigen und in den Rechtsformen einer Aktiengesellschaft, einer Kommanditgesellschaft auf Aktien, einer Gesellschaft mit beschränkter Haftung oder einer Genossenschaft betrieben werden.

[92] Vgl. Jürgenmeyer (1984), S. 64.

[93] Das Bundesverfassungsgericht führt hierzu in einem Urteil aus: „Das von den Gesellschaften betriebene Unternehmen umfasst sowohl Gesellschaftsmitglieder als auch Nicht-Mitglieder; erst das freiwillige Zusammenwirken beider gewährleistet das Erreichen des Gesellschaftszwecks." BVerfGE 50, 290 (355f.).

[94] Vgl. Jürgenmeyer (1984), S. 64.

[95] Vgl. Schilling (1997), S. 379; Krämer (2002), S. 42.

[96] Vgl. Schewe (2005), S. 44; Raiser/Veil (2006), S. 126.

Die Ansprüche und Rechte von Arbeitnehmern wie auch von Arbeitgebern werden sowohl in individuellen Arbeitsverträgen als auch kollektivvertraglich durch Tarifverträge und das geltende Arbeitsrecht geregelt. Da Arbeits- und Tarifverträge Kündigungsklauseln und teilweise auch Öffnungsklauseln für Betriebsvereinbarungen enthalten, garantieren arbeitsrechtliche Regelungen dem einzelnen Arbeitnehmer weder den unbefristeten Erhalt des Arbeitsplatzes noch die Weiterzahlung des vereinbarten Arbeitsentgeltes, so dass alle Arbeitnehmer ein Arbeitsplatz- und Einkommensrisiko tragen.[97]

Zur Wahrung ihrer Interessen besetzen die Arbeitnehmer in mitbestimmten Aktiengesellschaften gemäß § 7 Abs. 1 MitbestG die Hälfte der Aufsichtsratsmandate. Des Weiteren schreibt der Gesetzgeber vor, dass ein Teil der Aufsichtsratssitze, die den Arbeitnehmern zustehen, mit Gewerkschaftsvertretern zu besetzen sind.[98] Somit wird einer externen Gruppe, in diesem Falle den im Betrieb vertretenen Gewerkschaften, eine Interessenvertretungskompetenz eingeräumt.[99]

2.2.2 Interessenträger am Unternehmen

Zu den Interessenträgern am Unternehmen zählt eine Vielzahl von Personen und Institutionen, die durch explizite oder implizite Verträge mit dem Unternehmen verbunden und an der optimalen Entwicklung des Unternehmens interessiert sind. Nachfolgend sollen insbesondere die Interessengruppen der Fremdkapitalgeber, der Kunden und Lieferanten sowie öffentlicher Institutionen betrachtet werden.

2.2.2.1 Fremdkapitalgeber

Fremdkapitalgeber verfügen über einen festen, vertraglich a priori vereinbarten, vom Unternehmensergebnis unabhängigen Zinsanspruch und werden somit gegenüber Eigenkapitalgebern vorrangig bedient.[100] Sie sind primär an der Erfüllung ihres Anspruchs auf die fristgerechte Zahlung der vereinbarten Kreditzinsen sowie die Kapitalrückzahlung am Ende der Laufzeit interessiert.

Da Fremdkapitalgeber im Rahmen der Haftung nur an Verlusten, nicht aber an Gewinnen beteiligt sind, Eigenkapitalgeber hingegen sowohl an Verlusten als auch an Gewinnen, partizipieren diese Interessengruppen in unterschiedlichem Maße am Risi-

---

[97] Vgl. Witt (2002), S. 43.

[98] Gemäß § 7 Abs. 2 MitbestG sind in Unternehmen mit bis zu 20.000 Mitarbeitern zwei Aufsichtsratssitze der Arbeitnehmer mit Gewerkschaftsvertretern zu besetzen, in Unternehmen mit mehr als 20.000 Mitarbeitern sind es drei Gewerkschaftsvertreter.

[99] Vgl. Schewe (2005), S. 281.

[100] Vgl. Zantow (2004), S. 14; Drukarczyk (2003), S. 262f.

ko des Unternehmens.[101] Daraus resultiert gemäß den Überlegungen von JEN-SEN/MECKLING folgendes Anreizproblem:[102] Die Eigenkapitalgeber eines verschuldeten Unternehmens, das keine Gewinne erwirtschaftet, verfügen insbesondere in konjunkturell schlechten Zeiten und bei drohender Bestandsgefährdung über Anreize, besonders riskante Investitionen zu tätigen und Hochrisikopositionen einzugehen (Excessive Risk Taking).[103] Falls diese riskanten Projekte erfolgreich sind, können die Fremdkapitalgeber im Rahmen des Zins- und Tilgungsdienstes bedient werden und die Eigenkapitalgeber erhalten die Überschüsse. Falls diese riskanten Projekte scheitern, führt dies jedoch dazu, dass die Kredite weder verzinst noch zurückgezahlt werden können, so dass den Fremdkapitalgebern ein Vermögensschaden entsteht. Obwohl die Residualansprüche der Eigenkapitalgeber ebenfalls wertlos sind, hat sich deren Situation nicht weiter verschlechtert, da das Unternehmen bereits in der Ausgangssituation keine Gewinne erwirtschaftete. Aus dieser modellhaften Betrachtung lässt sich folgern, dass Fremdkapitalgeber risikoaverser sind als Eigenkapitalgeber und ihr Interesse darin besteht, dass das Unternehmen während der Kapitalüberlassung wettbewerbs- und zahlungsfähig bleibt. Zwischen Gläubigern und Eigenkapitalgebern kann sich demzufolge ein Zielkonflikt hinsichtlich der Unternehmenspolitik ergeben, wenn etwa die Fremdkapitalgeber eine auf Wachstum und nicht auf Wertsteigerung ausgerichtete Unternehmenspolitik anstreben, da durch Wachstum im Rahmen der Außenfinanzierung die Kreditvolumina gesteigert werden können.[104]

Die Interessen der Gläubiger sind durch eine Vielzahl von Rechtsnormen geschützt.[105] Da über die Bestimmungen des Gläubigerschutzes hinaus vom Gesetzgeber keine besondere Schutzbedürftigkeit der Gläubiger gesehen wird, ist eine institutionelle Berücksichtigung ihrer Interessen in den Organen der Aktiengesellschaft, insbesondere im Aufsichtsrat, unterblieben. Eine Beteiligung der Gläubiger im Aufsichtsrat findet vielmehr auf freiwilliger Basis statt: So werden beispielsweise Bankenvertreter entweder in ihrer Funktion als Fremdkapitalgeber oder in der Doppelfunktion als Gläubiger und Aktionär in den Aufsichtsrat gewählt.[106]

---

[101] Vgl. Witt (2002), S. 44.
[102] Vgl. Jensen/Meckling (1976), S. 339 ff.; Witt (2003), S. 8 f.; Kuhner (2005), S. 13. Für eine detaillierte Darstellung der einzelnen Effekte vgl. Perridon/Steiner (2007), S. 526 f.; Franke/Hax (2004), S. 438.
[103] Diese Strategie der Eigenkapitalgeber wird von Kuhner sehr plastisch als ein Pokerspiel beschrieben, bei dem sie über hohe Anreize verfügen „alles auf eine Karte zusetzen". Kuhner (2005), S. 13.
[104] Vgl. Hutzschenreuter (1998), S. 14.
[105] Für einen ausführlichen Überblick vgl. Wiedemann (1980), S. 513 ff.
[106] Vgl. Koch (1983), S. 44.

2.2.2.2 Kunden und Lieferanten

Da Konsum die Voraussetzung für die Notwendigkeit von Arbeit ist und Arbeit zugleich die Voraussetzung von Konsum, sind die Interessen von Konsumenten und Produzenten wechselseitig aufeinander bezogen und bilden eine elementare Grundrelation wirtschaftlichen Handelns.[107] Das primäre Interesse der Kunden besteht darin, ihren Konsumnutzen zu maximieren. Sie erwarten von den Unternehmen, dass sie dafür bedarfsorientierte Produkte und Dienstleistungen bei einem definierten Qualitätsniveau zu möglichst geringen Preisen anbieten.[108] Kunden haben a priori keine Präferenzen, von welchem Unternehmen sie ihre Waren und Dienstleistungen beziehen, und kein Interesse am langfristigen Überleben eines bestimmten Unternehmens.[109] Vielmehr haben sie ein Interesse an einem funktionierenden Wettbewerb auf dem Produktmarkt, der möglichst friktionsfrei Angebot und Nachfrage zu den daraus resultierenden Marktpreisen zum Ausgleich bringt. Dieser Wettbewerb erfordert jedoch, dass ineffiziente Unternehmen aus dem Markt ausscheiden. Infolgedessen haben Kunden theoretisch kein Interesse am Fortbestand eines bestimmten Unternehmens.

Das Interesse der Kunden bezieht sich ausschließlich auf die Leistungen des Unternehmens. Einzuschränken ist diese Aussage, falls spezifische Investitionen getätigt wurden und eine transaktionskostensenkende Vertrauensbeziehung aufgebaut wurde oder markenpolitische oder soziale Erwägungen Bestandteil der Kaufentscheidung sind.[110] Für das Unternehmen hingegen ist die Ausrichtung der Unternehmenspolitik auf die Schaffung von Kundennutzen ein zentraler Erfolgsfaktor.[111] Kunden sind jedoch gemäß der engeren Definition keine Stakeholder des Unternehmens, da sie keine Ansprüche an das Unternehmen haben.[112] Vielmehr treffen sie eine Kaufentscheidung und die daraus resultierenden schuldrechtlichen Ansprüche sind weitestgehend gesetzlich geregelt und einklagbar. Die Ansprüche der Kunden sind daher nicht mit denen der Interessenträger im Unternehmen gleichzustellen.

Lieferanten sind in erster Linie an einer ordnungsgemäßen Erfüllung der Vertragsbeziehung interessiert. Im Rahmen ihrer Stellung als Gläubiger ist es für sie von zentraler Bedeutung, ihre monetäre Forderung bei Fälligkeit zu erhalten. Somit erwarten sie von dem von ihnen belieferten Unternehmen für die Dauer der Lieferbeziehung ausreichende Liquidität. Inwiefern Lieferanten nach Beendigung der Lieferbeziehung ein

---

[107] Vgl. Gerum (2004b), S. 227.
[108] Vgl. Hahn/Hungenberg (2001), S. 12; Steinmann (1969), S. 179.
[109] Vgl. Witt (2002), S. 45; Malik (2008), S. 64.
[110] Siehe hinsichtlich der Transaktionskostentheorie auch Kapitel 2.6.1.
[111] Vgl. Hutzschenreuter (1998), S. 14; Malik (2004), S. 155.
[112] Vgl. Malik (2008), S. 161; Göbel (2006), S. 113.

Interesse am Fortbestand eines bestimmten Unternehmens haben, ist davon abhängig, in welchem Maße – wie im Falle der Kunden – spezifische Investitionen getätigt wurden und eine transaktionskostensenkende Vertrauensbeziehung aufgebaut wurde. Aufgrund spezifischer Investitionen kann es in Form eines Hold-up-Problems[113] zu einem Interessenkonflikt zwischen Lieferant und Unternehmen kommen. Vergleichbar der Argumentation bezüglich der Stellung von Kunden sind auch Lieferanten keine Stakeholder im Sinne der engeren Definition.

2.2.2.3 Staat und Gesellschaft

Eine Vielzahl von öffentlichen Institutionen wie Gemeinden, Städte, andere Gebietskörperschaften oder der Fiskus haben ein Interesse an Unternehmen. Staat und Gesellschaft schaffen die rechtlichen und kulturellen Grundlagen für das ökonomische Handeln und erwarten dafür Gegenleistungen in Form von Steuern und anderen Beiträgen. Da Unternehmen Arbeitsplätze zur Verfügung stellen und einen Großteil der staatlichen Steuereinnahmen generieren, die die Grundlage staatlichen Handelns darstellen, ist der Staat daran interessiert, die Wettbewerbsfähigkeit der Unternehmen langfristig zu erhalten und zu fördern.[114] Das Interesse des Staates bezieht sich dabei jedoch nicht auf ein bestimmtes Unternehmen, sondern vielmehr auf die Gesamtheit der Unternehmen eines Landes. Interessenkonflikte zwischen Unternehmen und Staat können neben der angemessenen Höhe der Unternehmenssteuern und Beiträge auch bezüglich wirtschaftsrechtlicher Normen entstehen, wie beispielsweise denen des Wettbewerbs- oder Arbeitsrechts, entstehen, die den Handlungsspielraum von Unternehmen einschränken.[115] Staat und Gesellschaft sind zudem an einer ökologischen Unternehmenspolitik interessiert, die möglichst wenige negative externe Effekte nach sich zieht.[116, 117]

Die Beachtung des öffentlichen Interesses wird in der Literatur mitunter als das eigentliche Kernelement des Stakeholder-Managements betrachtet.[118] Als öffentliche Interessen gelten „verallgemeinerungsfähige Anliegen, die prinzipiell jedermann vertritt,

---

[113] Als Hold-up wird die Ex-post-Aneignung der Quasi-Rente des Transaktionspartners mit der größeren spezifischen Investition bezeichnet. Vgl. Richter/Furubotn (2003), S. 589. Siehe hierzu auch Kapitel 2.6.2.
[114] Vgl. Witt (2003), S. 10; Hutzschenreuter (1998), S. 15.
[115] Vgl. Jürgenmeyer (1984), S. 66.
[116] Vgl. Hutzschenreuter (1998), S. 14.
[117] Externe Effekte liegen vor, wenn das Nutzenniveau eines Individuums bzw. einer Organisation durch die Handlungen eines anderen Individuums bzw. einer Organisation verändert wird, ohne dass eine Kompensation für diese Nutzenveränderung erfolgt. Vgl. Hutzschenreuter (1998), S. 32; Richter/Furubotn (2003), S. 109.
[118] Vgl. Hill (1996), S. 416; Göbel (2006), S. 118.

20

weil sie dem Wohl der Allgemeinheit dienen"[119]. Diese Anliegen werden sowohl von Personen oder Gruppen vorgetragen, die nicht für sich selbst, sondern für andere sprechen, als auch von Kunden, Investoren und Mitarbeitern, die diese neben ihren privaten Interessen mitvertreten, da sie selbst immer Teil der Gesellschaft sind. Die Gesellschaft ist somit kein Stakeholder, sondern vielmehr ein „Ort der unternehmensethischen Legitimation"[120], an dem „ein Diskurs über die öffentlichen Interessen geführt wird, die dann von Stakeholdern konkretisiert und an die Unternehmen herangetragen werden"[121]. Indem die Stakeholder ihre Ansprüche an das Unternehmen öffentlich geltend machen, stellen sie diese hinsichtlich ihrer Legitimität und allgemeinen Anerkennungswürdigkeit zur allgemeinen Diskussion. Infolgedessen ist die Gesellschaft bzw. die kritische Öffentlichkeit nicht nur Adressat, sondern auch eine Instanz der Unternehmensverantwortung.[122]

2.3 Gestaltungsprinzipien von Corporate Governance-Systemen

Die Stakeholder stehen, wie in Kapitel 2.2 dargelegt, in unterschiedlichen vertraglichen Verhältnissen zum Unternehmen und verfolgen teilweise divergierende Ziele. Da zudem zwischen den Interessengruppen unterschiedliche Erwartungen über die zukünftige Umweltentwicklung und Informationsasymmetrien herrschen, die vollständige Verträge ex ante unmöglich und freie Verhandlungen ex post ineffizient machen, wird der Interessenausgleich durch Corporate Governance-Systeme notwendig.[123] Ausgehend von dieser Problematik ergeben sich die folgenden vier grundlegenden Gestaltungsprinzipien der Corporate Governance:[124]

(1) Durch die *Gewaltenteilung* werden Verfügungsrechte auf mehrere Akteure verteilt. Das Konzept der Gewaltenteilung hat GALBRAITH (1956) weiterentwickelt und unter der Bezeichnung „Gegengewichtsprinzip" (Prinzip der gegengewichtigen Mächte) auf Unternehmen übertragen. Auf diese Weise wird Machtmonopolen entgegengewirkt, die zur eigennützigen Ausschöpfung von Opportunismusoptionen missbraucht werden könnten, und ein System von „Checks and Balances" mit einer gegengewichtigen Machtordnung installiert. Ein Beispiel dafür stellt in deutschen Aktiengesellschaften die Aufteilung der Unternehmensleitungskompetenz auf Vorstand und Aufsichtsrat dar.

---

[119] Göbel (2006), S. 118.
[120] Ulrich (2008), S. 485.
[121] Göbel (2006), S. 119.
[122] Vgl. Göbel (2006), S. 119.
[123] Vgl. Witt (2003), S. 2.
[124] Die Ausführungen folgen Werder (2003), S. 14 f.

(2) Um die Informationsasymmetrie zwischen den verschiedenen Anspruchsgruppen eines Unternehmens abzuschwächen, bildet die *Transparenz* der Unternehmensaktivitäten durch Governance-Regelungen das zweite Gestaltungsprinzip. Sie wird dabei neben den unternehmensindividuellen Verfassungselementen durch die Offenlegungsvorschriften des Publizitäts-, Kapitalmarkt- und Arbeitsrechts gefördert. Je transparenter das Unternehmen einschließlich seiner Austauschprozesse ist, desto stärker trägt dies zur Bildung von Vertrauen in die Integrität der Unternehmensleitung und anderer relevanter Akteure bei.

(3) Das dritte Gestaltungsprinzip von Corporate Governance-Systemen ist die *Motivation der Akteure* zu wertorientiertem Verhalten. Diesbezügliche Governance-Regelungen können an die verschiedenen Faktoren der intrinsischen und extrinsischen Motivation anknüpfen. Neben der leistungsabhängigen Vergütung in positiver Hinsicht wirken auch die Haftungsregelungen des Zivil- und Strafrechts in negativer Hinsicht einem vertrags- und gesetzeswidrigen opportunistischen Verhalten einzelner Akteure oder Anspruchsgruppen entgegen. Letztlich dürfen die verschiedenen Bezugsgruppen in ihrem faktischen Handeln nicht auseinanderstreben, vielmehr muss ihr Handeln integrativ motiviert sein.[125]

(4) Des Weiteren muss ein Corporate Governance-System sowohl ein Mindestmaß an *Stabilität* als auch eine hinreichende *Flexibilität* aufweisen, um in stabilisierenden Grenzen auf Veränderungen der Umweltbedingungen reagieren zu können.[126] Das Prinzip der Stabilität basiert auf dem Bestreben, das System in einer Ruheposition zu halten, um eine langfristige Einschätzung der agierenden Interessengruppen vornehmen zu können und die Unruhe des akuten Kräftespiels durch Rahmenregelungen zu begrenzen. Corporate Governance-Systeme sollen somit nicht Interessenkonflikte vermeiden oder verdrängen, sondern in geordnetem Ablauf ermöglichen und einen Interessenausgleich herbeiführen.[127]

2.4 Elemente und Effizienz von Corporate Governance-Systemen

Gemäß den vorausgegangenen Ausführungen gibt es vielfältige Möglichkeiten für die Ausgestaltung von Corporate Governance-Systemen. Unter ökonomischen Gesichtspunkten stellt sich die Frage, wann derartige Regelungen einen Effizienzvorteil für das Unternehmen mit sich bringen bzw. wann es notwendig ist, sich in bestimmten Situa-

---

[125] Vgl. Clemens (1984), S. 74 f.
[126] Vgl. Clemens (1984), S. 75.
[127] Vgl. Witte (1978), S. 332.

tionen auf derartige Verfassungsregelungen zurückziehen zu können.[128] Im Kern geht es um die Setzung möglichst optimaler Rahmenbedingungen für effiziente unternehmerische Entscheidungen.[129]

Corporate Governance-Systeme bestehen innerhalb des durch die Gestaltungsprinzipien aufgespannten Rahmens aus unterschiedlichen rechtlichen und faktischen Elementen, welche unterschiedliche Ausprägungen annehmen können.[130, 131] Die wichtigsten rechtlichen Systemelemente sind die Strukturmerkmale einer monistischen oder dualistischen Verfassung (Board- oder Aufsichtsratssystem), einer direktorialen oder kollegialen Leitungsorganisation (CEO oder Vorstand) sowie die Verankerung von Arbeitnehmermitbestimmung.[132] Insbesondere hinsichtlich der Mitbestimmung von Arbeitnehmern existieren sehr unterschiedliche Ausprägungen, die von der Partizipation durch Mitbestimmung und Ausübung externen Drucks über den Arbeitsmarkt bis hin zu Streiks reichen. Weitere rechtliche Systemelemente bilden die primäre Ausrichtung von Unternehmenspublizität und Jahresabschlussprüfung, die nach dem aktionärsorientierten Marktwertprinzip (US-GAAP oder IFRS) oder dem gläubigerschützenden Vorsichtsprinzip (HGB) erfolgen kann, sowie die Ausgestaltung des jeweiligen Unternehmenssteuersystems.

Die faktischen Systemelemente umfassen insbesondere die Ausrichtung des Finanzsystems (bankbasiert oder kapitalmarktorientiert). Indikatoren dafür sind die Rolle der Banken (Universalbank- oder Trennungsprinzip), die Kapitalstruktur der Unternehmen (Verhältnis von Eigen- und Fremdkapital), die Finanzierungsinstrumente der Unternehmen, die Existenz personeller Verflechtungen zwischen den Unternehmen (Interlocking Directorates) sowie die Aktionärsstruktur (Anteilskonzentrationen oder Streubesitz). Die jeweilige Kombination dieser Elemente führt zu spezifischen Arrangements institutioneller Regelungen und Gegebenheiten des Marktes, die die Möglichkeiten zur Einflussnahme durch die Stakeholder auf das Unternehmensgeschehen bestimmen.[133]

Die ökonomische Effizienz von Corporate Governance-Systemen hängt in entscheidendem Maße von der Konsistenz des Systems ab, da die einzelnen Elemente zueinander komplementär sind.[134, 135]

---

[128] Vgl. Hauschildt (2001), S. 21; Schewe (2005), S. 14; Middelmann (2004), S. 109.

[129] Vgl. Grundmann/Mülbert (2001), S. 215.

[130] Vgl. Schmidt, R./Weiß (2003), S. 120; Werder (2003), S. 17.

[131] Neben den rechtlichen und faktischen Elementen sind u.a. auch soziokulturelle Faktoren von Bedeutung, auf die in dieser Arbeit jedoch nicht explizit eingegangen werden kann. Vgl. dazu Wentges (2002), S. 72

[132] Diese Ausführungen folgen Werder (2003), S. 18.

[133] Vgl. Werder (2003), S. 17; Weimer/Pape (1999), S. 161 f.

[134] Die Ausführungen folgen Schmidt, R. (2003), S. 7 f.; Hackethal/Schmidt, R. (2000), S. 58; Schmidt, R./Weiß (2003), S. 120 f.

Komplementarität ist eine Eigenschaft von Beziehungen zwischen Elementen eines Systems, während Konsistenz eine Eigenschaft der Ausprägungen der Elemente eines Systems und damit letztlich auch des Systems selbst darstellt. Die unterschiedlichen und scheinbar widersprüchlichen Elemente eines Systems sind dann komplementär zueinander, wenn diese Ausprägungen oder Werte annehmen können, so dass sich die positiven Effekte gegenseitig verstärken und die negativen Effekte gegenseitig abschwächen.[136] Corporate Governance ist in diesem Sinne ein System aus komplementären Elementen. Komplementarität bezeichnet somit grundsätzlich ein Potenzial. Die Definition der Komplementarität setzt jedoch nicht voraus, dass dieses Potenzial genutzt wird. Dieses hingegen erfasst der Begriff der Konsistenz. Konsistenz liegt vor, wenn die Elemente eines Systems letztlich die Werte annehmen, die zueinander passen und damit das Potenzial der Komplementarität ausnutzen. Für die Funktionsfähigkeit und die Qualität eines Systems kommt es darauf an, dass die Ausprägungen der komplementären Merkmale entsprechend aufeinander abgestimmt sind.[137] Konsistenz und Komplementarität bilden die grundlegenden Funktionsbedingungen von Corporate Governance-Systemen.

Wie effizient die einzelnen Elemente für eine Interessengruppe sind, hängt davon ab, über welche anderen Governance-Elemente diese Gruppe verfügt, wie diese genutzt werden könnten und wie diese letztlich genutzt werden. Bezüglich der Gestaltung von Corporate Governance-Systemen besteht das Interesse der Stakeholder folglich darin, über eine Kombination von Elementen zu verfügen, die sich zum einen hinsichtlich der möglichen Einflussnahme auf das Management und zum anderen im Verteilungswettbewerb mit anderen Stakeholdern gegenseitig in ihrer Effizienz verstärken.

Die Effizienzbeurteilung und Bewertung von Governance-Systemen erfolgt in Bezug auf ihre zwei wesentlichen Aufgaben:[138] Die erste Aufgabe besteht darin, die Effizienz der Unternehmensführung sicherzustellen, d.h. die Erwirtschaftung eines größtmöglichen Überschusses aus den eingesetzten Ressourcen zu erzielen. Sie bezieht sich also auf die Höhe der Renten, die zur Verteilung an alle Stakeholder zur Verfügung stehen.

---

[135] Das Konzept von Komplementarität und Konsistenz entstammt der Mikrotheorie und speziell der Produktionstheorie. Vgl. Hackethal/Schmidt, R. (2000), S. 59 sowie vertiefend Milgrom/Roberts (1995); Fudenberg/Tirole (1991).

[136] Beispielsweise kann man sich vorstellen, dass es einen aktiven Markt für Unternehmenskontrolle gibt, d.h. feindliche Übernahmen häufig sind oder zumindest oft versucht werden, gleichzeitig aber das Management durch Gesetze auf eine Stakeholder-Orientierung festgelegt ist. In diesem Falle würde die Ausprägung der Elemente sich gegenseitig behindern. Vgl. Schmidt, R. (2007a), S. 47.

[137] Ein konsistentes System bilden beispielsweise folgende Elemente: Aktionärsorientierung, Ausrichtung des Managements auf den Shareholder Value, Schutz der Arbeitnehmer durch flexible Arbeitsmärkte, Schutz der Kreditgeber durch geringe und kurzfristige Kreditvergabe, funktionierender und informationseffizienter Kapitalmarkt etc. Vgl. Schmidt, R. (2007a), S. 47 f.

[138] Witt (2003), S. 2.

Die zweite zentrale Aufgabe der Corporate Governance ist es, für eine geeignete Verteilung des Faktoreinkommens und der erwirtschafteten Überschüsse auf die Stakeholder des Unternehmens zu sorgen. Da die Verteilung der Verfügungsrechte gemäß des Coase-Theorems[139] einen Einfluss auf die Effizienz der Ressourcenallokation hat, falls Transaktionskosten und Informationsasymmetrien existieren, können die Funktionen der Effizienzsicherung und der Verteilung von Überschüssen im Rahmen einer Theorie der Corporate Governance nicht losgelöst voneinander betrachtet werden.[140]

2.5 Idealtypische Corporate Governance-Systeme

In der Realität lassen sich mitunter prototypische Kombinationen der in Kapitel 2.4 dargestellten Elemente identifizieren, die als idealtypische Corporate Governance-Systeme grundlegende Alternativen im Umgang mit Corporate Governance-Problemen skizzieren. Gemäß der Klassifikation von FRANKS/MAYER (1995) stellen das Outsider- und Insider-System derartige Prototypen dar. Bei beiden Systemen handelt es sich im Sinne der Ausführungen in Kapitel 2.4 um konsistente Systeme, die positive ökonomische Effekte zur Folge haben.[141]

2.5.1 Outsider-System

Corporate Governance-Systeme können mit der internen Kontrolle durch Unternehmensorgane und der externen Kontrolle durch Märkte auf zwei unterschiedliche Mechanismen zurückgreifen.[142] Charakteristisch für Outsider-Systeme der Corporate Governance ist, dass die wesentlichen Steuerungsimpulse von Märkten ausgehen und somit letztlich von Personen, die dem Unternehmen als Marktpartner gegenüberstehen.[143] Unter Informationsaspekten können diese Personen als „Outsider" bezeichnet werden. Die Funktionsfähigkeit von Outsider-Systemen basiert auf Marktmechanismen.[144] Durch das freie Spiel der Marktkräfte von Angebot und Nachfrage erfolgt eine Koordination der unterschiedlichen Interessen. Da es allen Marktteilnehmern jederzeit möglich ist, die Austauschbeziehung zu beenden, die sog. Exit-Option, werden Outsi-

---

[139] Das Coase-Theorem in seiner starken Form besteht in der Behauptung, dass in einer Welt ohne Transaktionskosten die ursprüngliche Verteilung der Verfügungsrechte und damit das Problem externer Effekte für die gesamtwirtschaftliche Pareto-Effizienz irrelevant sind. In einer solchen Welt wird so lange verhandelt, bis alle Pareto-Ineffizienzen beseitigt sind. Vgl. Coase (1960); Richter/Furubotn (2003), S. 144.

[140] Vgl. Witt (2003), S. 2.

[141] Vgl. Schmidt, R./Weiß (2003), S. 121.

[142] Vgl. Werder (2003), S. 12.

[143] Vgl. Schmidt, R. (2007c), S. 321.

[144] Die Ausführungen folgen Werder (2003), S. 12 f.; Schmidt, R./Weiß (2003), S. 121.

der-Systeme auch als Exit-geprägte Corporate Governance-Systeme bezeichnet.[145] In Outsider-Systemen übt keine der Interessengruppe aktiv direkten Einfluss auf die Entscheidung des Managements aus. Das Verhalten des Managements wird primär durch die Exit-Option am „Market for Corporate Control"[146] gesteuert. Unbefriedigende Leistungen des Managements werden durch die idealtypische Sequenz von Aktienverkäufen, Kursrückgängen, Verschlechterung der Finanzierungsbedingungen, feindliche Übernahme und Auswechslung des Managements sanktioniert. Somit wirkt der Kapitalmarkt disziplinierend auf die Gestaltung der Handlungsspielräume des Managements.[147] Outsider-Systeme weisen infolgedessen eine interessenmonistische und Shareholder-orientierte Ausrichtung auf. Damit diese Form der Kontrolle funktioniert, muss der Kapitalmarkt unter anderem in einem hohen Maße informationseffizient sein. Die Marktkontrolle als Governance-Mechanismus ist allerdings keineswegs auf den Markt für Eigenkapital beschränkt. Exit-Optionen im Sinne von HIRSCHMAN (1974) stehen vielmehr allen Stakeholdern auf den jeweils für sie relevanten Märkten offen. Das Outsider-System ist insofern konsistent, als die Exit-Optionen aller Interessengruppen als Mittel des Selbstschutzes sich gegenseitig verstärken. Wenn Eigen- und Fremdkapitalgeber ihre Interessen durch Deinvestitionen schützen können, ist es effizient, wenn auch die Mitarbeiter durch das Verlassen des Unternehmens ihre Interessen wahrnehmen können, falls sie die Kooperation mit einem Unternehmen nicht mehr als für sie vorteilhaft bewerten, und vice versa.[148] Der Markt für Unternehmenskontrolle und die Verhaltenssteuerung des Managements funktionieren effizienter, wenn alle Interessengruppen über Marktoptionen verfügen und diese zur Durchsetzung ihrer Interessen berücksichtigen, als wenn einzelne Gruppen ihre Interessen durch direkten Einfluss und Widerspruch zu sichern versuchen. Somit sind für ein funktionierendes Outsider-System klare und reaktionsfähige Entscheidungsstrukturen charakteristisch.

2.5.2 Insider-System

Insider- und Outsider-Systeme beruhen auf zwei verschiedenen Optionen, über die Transaktionspartner grundsätzlich verfügen, um ihre Interessen wahrzunehmen: „Exit"

---

[145] Vgl. Hirschman (1974), S. 18 ff.

[146] Das Konzept eines „Marktes für Unternehmenskontrolle" (Market for Corporate Control) geht auf Manne (1965) zurück. Siehe hierzu auch Kapitel 2.6.3.3.

[147] Vgl. Picot/Kaulmann (1985), S. 959.

[148] Ein schwacher Kündigungsschutz (hire and fire) und keine Beteiligung der Arbeitnehmer an den Unternehmensentscheidungen stärken den externen Arbeitsmarkt und seine Flexibilität. Vgl. Gerum (2004b), S. 293.

und „Voice".[149] Sie können entweder im Rahmen des skizzierten Outsider-Systems die Austauschbeziehung verlassen (Exit) oder innerhalb eines idealtypischen Insider-Systems „ihre Stimme erheben und auf diese Weise Einfluss auf das Verhalten ihrer Transaktionspartner zu nehmen versuchen (Voice)"[150].

In Insider-Systemen sind die Interessen verschiedener Gruppen entscheidungsrelevant, die aktiv Einfluss auf die Unternehmenspolitik nehmen. Sowohl die Repräsentanten dieser Gruppen als auch die einzelnen Gruppenmitglieder sind „Insider", da sie eng und dauerhaft mit dem Unternehmen verbunden sind und somit über Informationen verfügen, die außenstehenden Personen und dem Kapitalmarkt nicht zur Verfügung stehen und auch nicht zur Verfügung stehen könnten.[151] Ein prototypisches Beispiel für eine derartige Einflussnahme ist der Aufsichtsrat, in dessen Informations- und Kontrollrechten die Möglichkeit zum organisationsinternen Widerspruch gegen die Aktivitäten des Vorstandes institutionalisiert wird.[152] Voice-Maßnahmen sind sowohl innerhalb des Unternehmens, beispielsweise durch Aktionärsentscheidungen bei Hauptversammlungen oder Mitbestimmungsrechte, als auch außerhalb des Unternehmens durch Verbraucherkampagnen etc. möglich.[153] Ein Insider-System ist gemäß SCHMIDT/WEIß konsistent, wenn es die Funktionsfähigkeit des Voice-Mechanismus nicht für eine Gruppe aufhebt, sofern eine andere Gruppe ihre Interessen darüber vertritt.[154] Uneingeschränkte Marktoptionen, die es einzelnen Stakeholdern oder insbesondere auch den Shareholdern erlauben würden, sich über Abwanderung und Abwanderungsdrohungen zu schützen, sind demzufolge mit dem Funktionsprinzip des Insider-Systems unvereinbar.

Aufgrund der divergierenden Interessen der in Kapitel 2.2 beschriebenen Bezugsgruppen des Unternehmens bedarf es gemeinsamer Zielvorstellungen für das Unternehmen, um bei grundlegenden Entscheidungen das Management kontrollieren zu können. Für die Funktionsfähigkeit des Insider-Systems wäre es problematisch, wenn sich Konflikte, die es zwischen einflussreichen Interessengruppen in einem Unternehmen gibt, prägend und möglicherweise destabilisierend auf die Geschäftspolitik des Unternehmens auswirken würden. Eine Geschäftsführung, die wie der Vorstand einer deutschen Aktiengesellschaft nicht direkt von den Aktionären beispielsweise mittels Exit-Optionen kontrolliert wird, sondern von einem pluralistisch besetzten Aufsichtsrat ernannt und

---

[149] Für detaillierte Ausführungen zu den idealtypischen Kontrollphilosophien „Exit" und „Voice" vgl. Hirschman (1974), Thompson/Wright (1995), Gerum (1998), Nooteboom (1999).
[150] Werder (2003), S. 13.
[151] Vgl. Schmidt, R. (2007c), S. 321.
[152] Vgl. Gerum (2004a), S. 12.
[153] Vgl. Werder (2003), S. 13.
[154] Vgl. Schmidt, R./Weiß (2003), S. 121 f.

überwacht wird, dürfte sich wesentlich stärker einem möglichen gemeinsamen Interesse von Shareholdern und Stakeholdern gebunden fühlen. Diese institutionelle Ausgestaltung des Insider-Systems senkt die Anreize für den Vorstand, die Stakeholder durch opportunistisches Verhalten zu schädigen. Mittels dieser Voice-Option im Rahmen von Insider-Systemen versuchen die verschiedenen Anspruchsgruppen ihre jeweiligen Ansprüche auf Renten[155] und Quasirenten zu schützen. Sofern dies gelingt, motiviert es die Stakeholder zu ökonomisch wertvollen unternehmensspezifischen Investitionen.

2.6 Die institutionenökonomische Perspektive der Corporate Governance

Im Mittelpunkt der Neuen Institutionenökonomik[156] steht die Analyse von Institutionen, die den Rahmen für ökonomische Austauschbeziehungen bilden. Das Ziel der Institutionenanalyse ist es, die Struktur von Institutionen, die Verhaltenswirkungen der agierenden Individuen und Gruppen sowie die Effizienz und den Wandel von ökonomischen Institutionen zu erklären.[157] Was jedoch sind ökonomische Institutionen? Der Begriff der Institutionen ist sehr vielschichtig und wird in der Literatur nicht einheitlich definiert.[158] Die beiden folgenden Definitionen sollen für die weiteren Betrachtungen dieser Arbeit als Grundlage dienen. RICHTER/FURUBOTN definieren eine Institution „als ein System von Normen einschließlich ihrer Garantieinstrumente (die 'Spielregeln'), deren Zweck es ist, das individuelle Verhalten in eine bestimmte Richtung zu steuern. Sie kann formgebunden (formal) oder formungebunden (informell), selbstdurchsetzend oder durch äußeren Zwang garantiert sein"[159]. Etwas detaillierter und konkreter ist die Definition von OSTROM: „Institutionen lassen sich definieren als die Menge von Funktionsregeln, die man braucht, um festzulegen, wer für Entscheidungen in einem bestimmten Bereich in Frage kommt, welche Handlungen statthaft oder eingeschränkt sind, welche Aggregationsregeln verwendet werden, welche Verfahren eingehalten werden müssen, welche Information geliefert oder nicht geliefert werden muss, und welche Entgelte den einzelnen entsprechend ihren Handlungen zugebilligt werden."[160] Im Vergleich mit den in Kapitel 2.1 dargestellten Definitionen von Unternehmensverfassung und Corporate Governance sind gewisse Parallelen er-

---

[155] Eine genaue Definition der Begriffe „Rente" und „Quasirente" findet sich in Kapitel 2.6.2.2.

[156] Als Begründer der Neuen Institutionenökonomik gilt Coase aufgrund seiner 1937 veröffentlichten Arbeit „The Nature of the Firm", wobei der Begriff selber von Williamson stammt. Vgl. Williamson (1975), S. 1.

[157] Vgl. Ebers/Gotsch (2002), S. 199.

[158] Für einen Überblick vgl. Wentges (2002), S. 18 ff.

[159] Richter/Furubotn (2003), S. 582.

[160] Ostrom (1990), S. 51.

kennbar.[161] Insofern stellt die Neue Institutionenökonomik ein Instrumentarium zur Bewertung von Corporate Governance-Systemen zur Verfügung, mittels dessen deren ökonomische Effizienz analysiert werden kann.

Mit der Fokussierung auf Institutionen rückt der Vertrag zwischen Kooperationspartnern, in dem die zu erbringenden Leistungen und Gegenleistungen beschrieben werden, in das Blickfeld der Neuen Institutionenökonomik.[162] Infolgedessen bewegen sich gemäß WILLIAMSON die Wirtschaftswissenschaften zunehmend „in the direction of being a science of contract, as against a science of choice"[163].[164] Charakteristisch für die Neue Institutionenökonomik ist daher die stärkere Betonung juristischer und administrativer Tatbestände.[165] Die Neue Institutionenökonomik bietet kein einheitliches Theoriekonzept, sondern besteht aus mehreren methodologisch verwandten Ansätzen, die sich gegenseitig überlappen, ergänzen und aufeinander beziehen, zum Teil aber auch unterscheiden.[166]

Im Gegensatz zu neoklassischen Modellen geht die Neue Institutionenökonomik von folgenden Annahmen zum menschlichen Verhalten aus: Individuelle Nutzenmaximierung, begrenzte Rationalität und opportunistisches Verhalten beschreiben und leiten das Handeln der Akteure.[167] Den Kern der Neuen Institutionenökonomik bilden die Theorie der Verfügungsrechte (Kapitel 2.6.1), die Transaktionskostentheorie (Kapitel 2.6.2) sowie die Agenturtheorie (Kapitel 2.6.3).[168]

2.6.1 Theorie der Verfügungsrechte

2.6.1.1 Annahmen und Erkenntnisinteresse

Die Theorie der Verfügungsrechte[169] versucht, die Auswirkungen unterschiedlicher juristischer Regelsetzungen auf das ökonomische Verhalten der beteiligten Individuen zu erklären.[170] Ausgangspunkt ist dabei die Überlegung, dass sich der Wert eines Gutes nicht allein aus den physischen Eigenschaften, sondern aus den Verfügungsrechten

---

[161] Vgl. Schewe (2005), S. 48.
[162] Vgl. Wentges (2002), S. 21.
[163] Williamson (1998), S. 36.
[164] Williamson greift hierbei einen Grundgedanken Buchanans auf. Vgl. Buchanan (1975), S. 229.
[165] Vgl. Hahn/Hungenberg (2001), S. 40; Wentges (2002), S. 21.
[166] Vgl. Picot/Dietl/Franck (2005), S. 46; Göbel (2002), S. 60.
[167] Vgl. Richter/Furubotn (2003), S. 3 ff.; Picot/Dietl/Franck (2005), S. 46 f.; Schewe (2005), S. 49 f.
[168] Vgl. Ebers/Gotsch (2002), S. 199; Göbel (2002), S. 60; Picot/Dietl/Franck (2005), S. 46 .
[169] Die Theorie der Verfügungsrechte wurde Mitte der 60er Jahre entwickelt. Zu den Begründern zählen insbesondere Alchian (1961; 1965); Demsetz (1964; 1967); Alchian/Demsetz (1972). Anregungen und Bausteine für die Theorie bilden insbesondere Transaktionskostenbetrachtungen von Coase (1937) sowie das Konzept der Nutzenmaximierung durch Becker (1976).
[170] Vgl. Bleicher (1994), S. 298; Schewe (2005), S. 50; Gerum (1992a), Sp. 2116 ff.

(Property Rights)[171], die mit dem Gut verbunden sind, ergibt.[172] Unter dem Terminus Verfügungsrechte werden „gesellschaftlich anerkannte Rechte der Verfügung über materielle und immaterielle Dinge sowie Leistungspflichten aus schuldrechtlichen Beziehungen oder analogen Verhältnissen"[173] subsumiert, die sich mittels folgender vier Einzelrechte vollständig spezifizieren lassen:[174] (1) das Recht, ein Gut zu nutzen (usus); (2) das Recht, das Gut hinsichtlich Form und Substanz zu verändern (abusus); (3) das Recht, sich entstandene Gewinne anzueignen bzw. Verluste zu tragen (usus fructus); (4) das Recht, das Gut zu veräußern und den Liquidationserlös einzunehmen. Verfügungsrechte legen somit fest, in welcher Weise ihr Inhaber legitimiert ist, über die Ressourcen zu verfügen, an denen er die Rechte innehat.[175]

Eng verwandt mit dem Begriff des Verfügungsrechts ist der Eigentumsbegriff. Wenngleich das Eigentumsrecht ein ausschließliches Recht ist, d.h. dass Dritte ausgeschlossen werden können, ist es dennoch kein uneingeschränktes Recht, sondern immer den im institutionellen Kontext geltenden Regelungen, insbesondere dem staatlich gesetzten Recht, untergeordnet.[176] Wirtschaftliche Güter können im Sinne der Theorie der Verfügungsrechte als Bündel von Rechten aufgefasst werden.[177] Demzufolge ist der Wert eines Gutes ceteris paribus von dem Bündel der Verfügungsrechte abhängig, die in einer Transaktion übertragen werden können. Wenn infolge staatlicher Eingriffe oder sonstiger Veränderungen des institutionellen Kontextes der Inhalt der Verfügungsrechte verändert wird, ändert sich sowohl für den Eigentümer als auch für den potentiellen Käufer der Wert des Gutes.[178] Je stärker die Nutzungsmöglichkeiten einer Ressource institutionell eingeschränkt oder auf verschiedene Individuen und Gruppen verteilt sind, desto „verdünnter" sind die Verfügungsrechte an einer Ressource.[179] Andererseits muss der Staat für einen Ordnungsrahmen sorgen, der den Schutz des Eigentums und der Vertragsfreiheit garantiert.[180] Der Erwerb von Verfügungsrechten und

---

[171] Der angelsächsische Begriff der Property Rights wird in der deutschsprachigen, im Falle einer Übersetzung in der Regel mit „Verfügungsrechte" übersetzt. Übersetzungen von Property Rights mit „Eigentumsrechte", „Besitzrechte" oder „Vermögensrechte" empfiehlt sich nicht, da diese Begriffe im deutschen Sprachgebrauch vornehmlich juristisch geprägt sind und dadurch inhaltlich zu eng gefasst sind. Vgl. Gerum (1992a), Sp. 2119.

[172] Vgl. Picot/Dietl/Franck (2005), S. 46; Schewe (2005), S. 50.

[173] Richter/Furubotn (2003), S. 594.

[174] Vgl. Alchian/Demsetz (1972), S. 783; Ridder-Aab (1980), S. 40; Furubotn/Pejovich (1972), S. 1140; Picot/Schuller (2001), S. 83.

[175] Vgl. Ebers/Gotsch (2002), S. 200.

[176] Vgl. Richter/Furubotn (2003), S. 90; Wentges (2002), S. 23.

[177] Vgl. Gerum (1992a), Sp. 2119.

[178] Vgl. Richter/Furubotn (2003), S. 90 f.

[179] Vgl. Furbuton/Prejovich (1972), S. 1140; Ebers/Gotsch (2002), S. 201; Picot/Dietl/Franck (2005), S. 46.

[180] Vgl. Weizsäcker (1984), S. 144.

deren Durchsetzung sind in der Regel mit Kosten verbunden. Diese Kosten, wie beispielsweise die Informations-, Verhandlungs- und Vertragskosten beim Kauf eines Gutes, werden als Transaktionskosten[181] bezeichnet.[182]

Der Theorie der Verfügungsrechte liegt des Weiteren das Konzept des methodologischen Individualismus zugrunde. Dieses Konzept geht davon aus, dass Kollektive, wie beispielsweise Unternehmen oder auch der Staat, sich nicht wie Individuen verhalten, sondern komplexe Gebilde darstellen, die durch das Handeln vieler Einzelpersonen mit unterschiedlichen und vielfältigen Präferenzen und Zielen geprägt werden.[183, 184] Eine Theorie zum Verhalten von Organisationen muss daher mit ihren Erklärungsmustern bei den Ansichten und Verhaltensformen der Einzelpersonen ansetzen, deren Handlungen die zu untersuchenden Erscheinungen erst entstehen lassen. Darauf aufbauend unterstellt die Theorie der Verfügungsrechte, dass jeder Akteur gemäß seiner individuellen Nutzenfunktion seinen Nutzen zu maximieren versucht.[185] Dazu wird angenommen, dass jeder Akteur den Beitrag verschiedener Ressourcen zum Nettonutzen eindeutig bewerten kann. Konsequenterweise untersucht die Theorie der Verfügungsrechte ausschließlich das Handeln von Individuen und nicht das von Kollektiven.[186]

Mit dem dargestellten Konzept der Verfügungsrechte, der Annahmen des methodologischen Individualismus sowie der Annahme, dass die Spezifizierung, Übertragung und Durchsetzung von Verfügungsrechten Transaktionskosten verursachen, grenzt sich die Theorie der Verfügungsrechte kritisch von den Annahmen der traditionell neoklassischen Modelle ab.[187] Sie verfolgt primär zwei Erkenntnisinteressen: Zum einen analysiert sie, welche Auswirkungen die Gestaltung und Verteilung von Verfügungsrechten auf das Verhalten ökonomischer Akteure haben, und fragt zum anderen, wie sich die Entstehung von Verfügungsrechten, ihre Verteilung und ihr Wandel erklären lassen.[188]

---

[181] Im Gegensatz zur Transaktionskostentheorie wird im Rahmen der Theorie der Verfügungsrechte eine sehr enge Definition der Transaktionskosten verwendet. Siehe hierzu Kapitel 2.6.2.

[182] Vgl. Ebers/Gotsch (2002), S. 201.

[183] Vgl. Richter/Furubotn (2003), S. 3; Wentges (2002), S. 24.

[184] Das dem methodologischen Individualismus zugrunde liegende Menschenbild wird knapp und präzise durch das von Meckling (1976) und Brunner/Meckling (1977) entwickelte REMM-Modell charakterisiert: „Resourceful, Evaluating, Maximizing Man". Das zentrale Kriterium stellt die umfassende Nutzenmaximierung dar, die sowohl für monetäre wie für nicht monetäre Güter offen ist. Vgl. Gerum (1992a), Sp. 2119.

[185] Vgl. Ebers/Gotsch (2002), S. 200.

[186] Vgl. Gerum (1992a), Sp. 2120.

[187] Vgl. Wentges (2002), S. 24; Ebers/Gotsch (2002), S. 200.

[188] Vgl. Ebers/Gotsch (2002), S. 200.

2.6.1.2 Kernaussagen

„It is common to see the firm characterized by the power to settle issues by fiat, by authority, or by disciplinary action superior to that available in conventional market. This is delusion. The firm does not own all its inputs. It has no power of fiat, no authority, no disciplinary action any different in the slightest degree from ordinary market contracting between any two people."[189] ALCHIAN/DEMSETZ rekonstruieren das Unternehmen in der Tradition der liberalen Theorie als ein System von ständig zur Disposition stehenden Individualverträgen. Der Grund für den Abschluss der Verträge liegt in den Vorteilen der Spezialisierung in einem Team und den dabei auftretenden Synergieeffekten.[190, 191]

Sowohl die Verfügungsrechtsstruktur als auch die Transaktionskosten bieten Anreize und setzen Beschränkungen für das Verhalten und die Allokationsentscheidung der Akteure.[192] Bei gegebenen institutionellen Rahmenbedingungen werden Akteure, so die Kernaussage der Verfügungsrechtstheorie, die Struktur der Verfügungsrechte etablieren und jene Form der Ressourcennutzung wählen, die ihren Nettonutzen maximieren. Dies impliziert folgende Thesen: (1) Je mehr Verfügungsrechte ein Akteur an einer Ressource hält, desto umfassender kann er sie nutzen, und desto größer ist ceteris paribus der aus ihr erzielbare Nettonutzen. (2) Je höher hingegen die Transaktionskosten der Bestimmung, Übertragung und Durchsetzung der Verfügungsrechte an einer Ressource sind, desto geringer ist ceteris paribus der aus der Ressource erzielbare Nettonutzen.

Aufgrund institutioneller Regelungen kann es zu einer Einschränkung der Verfügungsrechte kommen. Problematisch ist dies, wenn diese Einschränkung nicht über den Preis der Verfügungsrechte kompensiert wird.[193] Die Transaktionskosten erhöhen sich und es entstehen externe Effekte, d.h. sämtliche Kosten und Nutzen der Ressourcennutzung können nicht verursachergerecht zugeteilt werden. Somit führen die Verdünnung von Verfügungsrechten und die Existenz von Transaktionskosten dazu, dass mit höherer Wahrscheinlichkeit externe Effekte auftreten und sich dadurch letztlich eine suboptimale Faktorallokation ergibt. Unter dem Gesichtspunkt der Allokationseffizienz sollten dem Akteur, der die Verfügungsrechte an einer Ressource besitzt, alle

---

[189] Alchian/Demsetz (1972), S. 777.

[190] Vgl. Gerum (2004a), S. 18.

[191] Auf die detaillierten Aspekte zur Teamproduktion insbesondere der Motivations- und Koordinationsproblematik soll in dieser Arbeit nicht näher eingegangen werden. Vgl. hierfür Alchian/Demsetz (1972), S. 779 ff.

[192] Die weiteren Ausführungen dieses Abschnitts folgen Ebers/Gotsch (2002), S. 201 ff.

[193] Vgl. Schewe (2005), S. 50.

positiven und negativen Effekte zukommen, die sich aus der Nutzung der Ressource ergeben. Denn nur dann kann erwartet werden, dass der Verfügungsrechtsinhaber alle aus der Nutzung erwachsenden Konsequenzen in seine Entscheidung über die Ressourcennutzung einbezieht. Können hingegen nicht alle Verfügungsrechte vollständig zugewiesen werden, sind externe Effekte die Folge.[194, 195]

Das Problem der Spezifikation der individuellen Verfügungsrechte hängt somit unmittelbar mit dem Problem der Internalisierung von Externalitäten zusammen.[196] Daraus wird die Maxime abgeleitet, dass nur die uneingeschränkte Nutzung der Verfügungsrechte, d.h. die Einheit von Risiko, Verfügungsmacht und Partizipation am Erfolg, die Effizienz eines Verfügungsrechtssystems garantiert.[197] Notwendige Bedingungen für die Internalisierung externer Effekte sind unter anderem die hinreichend klare Spezifikation der Verfügungsrechte sowie die Freiheit, diese zu tauschen.[198] Ein Verbot der Anpassung von Verfügungsrechten, die fortan Gegenstand von Transaktionen sein können, verhindert die Internalisierung von externen Kosten und Nutzen.[199] Die Akteure sind im Sinne ihrer Nettonutzenmaximierung daran interessiert, Verfügungsrechtsstrukturen zu etablieren, die zur Internalisierung externer Effekte beitragen, wenn der Nutzen der Internalisierung deren Kosten übersteigt. Allein die Existenz von Externalitäten impliziert daher gemäß EBERS/GOTSCH noch nicht, dass Faktorallokationen ineffizient sind.[200]

Die Struktur von Verfügungsrechten hängt jedoch nicht allein von der jeweils realisierbaren Allokationseffizienz ab, sondern auch von den Transaktionskosten, die sich aus der Bestimmung und Durchsetzung der Verfügungsrechte in Bezug auf das Wertesystem einer Gesellschaft, das Vertragsrecht, die Effizienz der Strafverfolgungsbehörden sowie die Gerichtsbarkeit ergeben.[201] Im Rahmen der Verfügungsrechtstheorie ist diejenige Verfügungsrechtsstruktur effizient, bei der die Summe aus Transaktionskosten und den durch externe Effekte hervorgerufenen Wohlfahrtsverlusten minimiert wird.[202] Die Verfügungsrechte sind daher so zu verteilen, dass – wo immer die Transaktionskosten dies erlauben – möglichst vollständige Rechtebündel mit der Nutzung

---

[194] Vgl. Richter/Furubotn (2003), S. 109.

[195] Des Weiteren hat Coase gezeigt, dass in einer Welt ohne Transaktionskosten ebenfalls keine externen Effekte auftreten, da sie über den Markt eliminiert werden. Somit wären, sofern keine Transaktionskosten existieren, alle vollständigen Verfügungsrechtsverteilungen gleich effizient. Vgl. Coase (1960), S. 8 ff.; Picot/Dietl/Franck (2005), S. 48.

[196] Vgl. Varian (1987), S. 546.

[197] Vgl. Picot/Michaelis (1984), S. 256.

[198] Vgl. Richter/Furubotn (2003), S. 110.

[199] Vgl. Demsetz (1967), S. 349.

[200] Vgl. Ebers/Gotsch (2002), S. 201 ff.

[201] Vgl. De Alessi (1990), S. 5 f.; Demsetz (1967), S. 350.

[202] Vgl. Bleicher (1994), S. 297; Picot/Dietl/Franck (2005), S. 49.

ökonomischer Ressourcen verbunden und dem Handelnden zugeordnet sind.[203] Im Rahmen ökonomischer Analysen sind daher gemäß FURUBOTN stets die rechtlichen, gesellschaftlichen und sonstigen Beschränkungen zu betrachten, und zwar mit Blick darauf, „welche Änderungen vorgenommen werden sollten, um die Hindernisse aus dem Wege zu räumen, die einer effizienten Leistung im Wege stehen"[204].

Die Kritik an der Theorie der Verfügungsrechte bezieht sich insbesondere auf die Probleme der Konzeptionalisierung und Operationalisierung der zentralen theoretischen Konzepte. Zudem stößt die Annahme des methodologischen Individualismus auf Kritik, dessen Grenzen deutlich werden, wenn beispielsweise Rahmeninstitutionen wie die Unternehmensverfassung aus individuellen Tauschakten rekonstruiert werden, obwohl diese Tauschakte bereits verbindliche überindividuelle Normensysteme voraussetzen.[205] Als problematisch wird ferner der Transaktionskostenbegriff hinsichtlich seiner Unabhängigkeit als Beurteilungsmaßstab und seiner Operationalität angesehen.

2.6.1.3 Vertragstheorie der Corporate Governance

Die Corporate Governance von Unternehmen soll, wie in Kapitel 2.4 beschrieben, eine möglichst wirtschaftliche Steuerung des Einsatzes der Produktionsfaktoren im Unternehmen führen. Somit kann die effiziente Gestaltung der Corporate Governance als Problem der Verteilung von Verfügungsrechten aufgefasst werden.[206] Auf Basis der Theorie der Verfügungsrechte soll in diesem Kapitel die Effizienz der Corporate Governance unter Berücksichtigung der zugrunde liegenden Verfügungsrechtsstrukturen des klassischen Eigentümer-Unternehmens[207] sowie der Publikumsgesellschaft analysiert werden.

Die Institutionalisierung der Corporate Governance wird insbesondere durch den Gesetzgeber bestimmt, der prägend auf die Verfügungsrechtsstrukturen an unternehmensbezogenen Ressourcen Einfluss nimmt.[208] Er definiert zum einen bestimmte Bündel von Verfügungsrechten an unternehmensbezogenen Ressourcen, zwischen denen die potentiellen Nutzer vor dem Hintergrund ihres Nutzenkalküls wählen können, welches Verfügungsrechtsbündel sie nutzen möchten.[209] Die Rechtsformen der Unter-

---

[203] Vgl. Picot/Dietl/Franck (2005), S. 54.

[204] Furubotn (1999), S. 190 f.

[205] Vgl. Gerum (1992a), Sp. 2123 f.; Furubotn/Pejovich (1972), S. 1140; Demsetz (1967), S. 350; Steinmann/Schreyögg/Dütthorn (1983), S. 21.

[206] Vgl. Bleicher (1994), S. 302.

[207] Im Sinne der „Classical Firm". Vgl. Alchian/Demsetz (1972), S. 783.

[208] Vgl. Schewe (2005), S. 52. Für empirische Analysen zur Verteilung von Verfügungsrechten vgl. auch Schreyögg/Steinmann (1981), S. 536 ff.; Picot/Michaelis (1984), S. 256 ff.

[209] Vgl. Schewe (2005), S. 52.

nehmen stellen somit Verteilungstypen von Verfügungsrechten dar.[210] Zum anderen legt der Gesetzgeber aufgrund politischer und somit nicht ökonomisch determinierter Erwägungen Einschränkungen an Verfügungsrechten fest.

Bei der klassischen eigentümerkontrollierten Unternehmung hat der Unternehmenseigentümer Leitung und Kontrolle inne und besitzt alle Verfügungsrechte am Vermögen des Unternehmens. Somit sind alle Verfügungsrechte gemäß der Definition von FURUBOTN/PEJOVICH hinsichtlich Koordination, Veränderung von Ressourcen, Gewinnaneignung, Verlustübernahme und Veräußerung in seiner Hand konzentriert.[211] Der Unternehmer ist darauf spezialisiert, die vereinbarten Leistungsbeiträge bestmöglich zu koordinieren und an wechselnde Situationen anzupassen.[212] Bei dieser Unternehmensform entstehen auf der Leitungsebene keine Transaktionskosten bei der Durchführung von Kontrolltätigkeiten.[213] Der Eigentümer verfolgt seine individuellen monetären und nicht-monetären Ziele. Bei funktionierendem Wettbewerb verfügt er daher über große ökonomische Anreize, seine Ressourcen möglichst effizient einzusetzen, da Nutzen und Schäden seiner Entscheidungen sich unmittelbar auf sein Einkommen auswirken.[214] In diesem Falle besteht eine weitgehende Übereinstimmung zwischen der Nutzenmaximierung und der in der neoklassischen Unternehmenstheorie unterstellten Gewinnmaximierung. Infolge der nicht vorhandenen bzw. sehr geringen Transaktionskosten und der daraus resultierenden Effizienzvorteile, besteht die effizienteste Form der Corporate Governance in einer möglichst weitgehenden Annäherung an dieses Modell.[215]

Für die Publikumsgesellschaft hingegen ist die idealtypische Trennung von Eigentum und Kontrolle charakteristisch. Die Residualansprüche der Anteilseigner sind bei Publikumsgesellschaften in Aktienform verbrieft und daher beliebig teilbar sowie auf Sekundärmärkten handelbar.[216] Aufgrund der vom Gesetzgeber kodifizierten Strukturen einer Aktiengesellschaft kommt es zu einer Verdünnung der Verfügungsrechte. So besitzen die Kapitaleigner die Rechte am Ertrag sowie das Übertragungsrecht, während das Management über die Nutzungs- und Änderungsrechte an den Ressourcen des Unternehmens verfügt. Dies hat gemäß der Theorie der Verfügungsrechte zur Folge, dass im Vergleich zur Verfügungsrechtstruktur von Eigentümer-Unternehmungen

---

[210] Vgl. Hauschildt (2001), S. 10.
[211] Vgl. Furubotn/Pejovich (1972), S. 1140; Alchian/Demsetz (1972), S. 783; Picot/Michaelis (1984), S. 256.
[212] Vgl. Picot (1981), S. 164.
[213] Vgl. Picot/Schuller (2001), S. 87.
[214] Vgl. Picot (1981), S. 164; Ebers/Gotsch (2002), S. 206.
[215] Vgl. Picot/Schuller (2001), S. 87; Schanz (1983), S. 263.
[216] Vgl. Picot/Dietl/Franck (2005), S. 248.

bei der Publikumsgesellschaft höhere Transaktionskosten anfallen, da den Eigentümern Kosten für die Steuerung und Kontrolle des Managements entstehen.[217] Durch die prohibitiv hohen Transaktionskosten für die Kontrolle des Managements entstehen Handlungsspielräume, die diskretionär ausgenutzt werden können.[218] Gemindert wird diese Gefahr für die Shareholder durch den Wettbewerb auf dem Absatzmarkt, die Möglichkeit, Aktien zu verkaufen, und die Karrierekonkurrenz innerhalb des Managements.[219] Im Falle eines eingeschränkten Wettbewerbs auf dem Absatzmarkt, sehr breiter Kapitalstreuung bei einem informationsschwachen Kapitalmarkt, eines ungenügenden Angebots an Führungskräften und einer inadäquaten Unternehmensorganisation führt die beschriebene Verfügungsrechtsstruktur zu deutlichen Effizienzverlusten.[220, 221]

Die klassischen Verfügungsrechte des Aktionärs, wie das Stimmrecht, das Recht auf Residualeinkommen und das Veräußerungsrecht, unterliegen einer Vielzahl einzelfallbezogener Beschränkungen. Diese beziehen sich zum einen auf die kapitalmarktbezogenen und zum anderen auf die arbeitsmarktbezogenen Verfügungsrechte.[222] Die kapitalmarktbezogenen Verfügungsrechte werden beispielsweise durch Stimmrechtsbeschränkungen, durch vinkulierte Aktien, deren Stimmrecht nur mit Zustimmung der Unternehmensleitung auf den Erwerber übergeht, durch die Begebung von Vorzugsaktien, die dem Aktionär im Vergleich zu den Stammaktien einen besonderen Anspruch auf Dividende, Stimmrecht oder Bezugsrecht einräumen, oder durch Beschränkungen bei der Stimmrechtsvertretung etc. eingeschränkt.

Einschränkungen der arbeitsmarktbezogenen Verfügungsrechte, die vor dem Hintergrund der Theorie der Verfügungsrechte zu Effizienzverlusten führen, resultieren aus der Arbeitnehmermitbestimmung, die PICOT/DIETL/FRANCK als „die institutionelle, durch Gesetz vorgeschriebene Teilhabe der Arbeitnehmer an betrieblichen und unternehmerischen Entscheidungen"[223] definieren.[224] Infolge der Vorbereitung, Durchführung und Kontrolle der Tätigkeiten der Mitbestimmungsorgane entstehen Transaktionskosten. Gemäß der Argumentation von JENSEN/MECKLING ist allein die Tatsache,

---

[217] Vgl. Ebers/Gotsch (2002), S. 206.

[218] Vgl. Picot/Schuller (2001), S. 88.

[219] Vgl. Picot (1981), S. 166; Ridder-Aab (1980), S. 70 ff.

[220] Vgl. Picot (1981), S. 167; Wolf (2003), S. 265; Williamson (1975), S. 132 ff.

[221] Mit dem Problem, wie bei einer Trennung von Eigentum und Verfügungsmacht die Interessen der Aktionäre gewahrt bleiben, hat sich die Agenturtheorie befasst. Siehe hierzu ausführlich Kapitel 2.6.3.

[222] Vgl. Hauschildt (2001), S. 10; Wenger (1993), Sp. 4503 ff.

[223] Picot/Dietl/Franck (1999), S. 258.

[224] Art und Umfang der Arbeitnehmermitbestimmung werden durch das Betriebsverfassungsgesetz von 1952/1972, das Mitbestimmungsgesetz von 1976 sowie das Montanmitbestimmungsgesetz von 1951 geregelt.

dass der Gesetzgeber die Mitbestimmung einführen und definieren muss, ein Indiz für Ineffizienz, da andernfalls die handelnden Akteure von sich aus freiwillig entsprechende Regelungen vereinbaren würden.[225] Die gesetzliche Mitbestimmung schränkt somit die individuelle Vertragsfreiheit ein und schmälert die Kapitalverfügungsrechte. Diesbezüglich gibt SCHEWE zu bedenken, ob eine derartige Einschränkung der Verfügungsrechte nicht implizit bereits im Kaufpreis der Ressource enthalten sei, da sich der Erwerber zum Zeitpunkt des Kaufes über die Einschränkungen bewusst sei.[226] Zusammenfassend lässt sich sagen, dass die Verfügungsrechtstheorie die Analyse des Einflusses von Verfügungsrechten auf die Nutzung unternehmensspezifischer Ressourcen ermöglicht und somit als zentrale Basis für die Erklärung der ökonomischen Konsequenzen dient. In der Realität gestaltet sich eine derartige Analyse jedoch als äußerst schwierig, da die direkte Zuordnung der ökonomischen Konsequenzen einzelner Verfügungsrechtseinschränkungen im Regelfall nicht möglich ist.[227] Die Thesen der Theorie wurden in der Vergangenheit wiederholt und mit widersprüchlichen Befunden empirisch analysiert.[228]

2.6.2 Transaktionskostentheorie

2.6.2.1 Annahmen und Erkenntnisinteresse

Während in der Verfügungsrechtstheorie die Gestaltung und Verteilung von Verfügungsrechten analysiert wird, gelten Verfügungsrechtsstrukturen in der Transaktionskostentheorie[229] als nicht näher zu betrachtende Randbedingungen.[230] Im Rahmen der Transaktionskostentheorie steht die einzelne Transaktion im Fokus der Analyse. Ausgangspunkt bilden die vielfältigen Austauschbeziehungen zwischen den spezialisierten Akteuren einer arbeitsteiligen Wirtschaft. Die Transaktionskostentheorie versucht zu erklären, welche Arten von Transaktionen in welchen institutionellen Arrangements am effizientesten abgewickelt und organisiert werden können.[231] Unter einer Transaktion ist eine Aktivität zu verstehen, in der ein Gut oder eine Leistung über eine technisch trennbare Schnittstelle hinweg übertragen wird.[232] RICHTER/FURUBOTN haben den Begriff der Transaktion, der die physische Ressourcenübertragung hervorhebt, um

---

[225] Vgl. Jensen/Meckling (1979), S. 496 ff.
[226] Vgl. Schewe (2005), S. 55.
[227] Für eine vertiefende Darstellung vgl. Schewe (2005), S. 55 f.
[228] Vgl. Picot (1981), S. 167; Ebers/Gotsch (2002), S. 206.
[229] Die Transaktionskostentheorie basiert auf einer Arbeit von Coase (1937) und wurde insbesondere von Williamson (1975; 1985) geprägt und weiterentwickelt.
[230] Vgl. Picot/Dietl/Franck (2005), S. 56 f.
[231] Vgl. Williamson (1985), S. 41.
[232] Vgl. Williamson (1990), S. 1.

die Übertragung von Verfügungsrechten erweitert.[233] Hinsichtlich der institutionellen Arrangements, in denen sich der Güter- und Leistungsaustausch vollzieht, wird zwischen Markt und Hierarchie unterschieden. Das Effizienzkriterium bilden dabei die Transaktionskosten. Diese entstehen, wie in Kapitel 2.6.1.1 erläutert, bei der Bestimmung, Übertragung und Durchsetzung von Verfügungsrechten für einen bestimmten Leistungsaustausch.[234] Für die Transaktionskostentheorie ist folgende Erkenntnis von COASE aus dem Jahre 1937 grundlegend: „The main reason why it is profitable to establish a firm would seem to be that there is a cost of using the price mechanism. The most obvious cost of 'organising' production through the price mechanism is that of discovering what the relevant prices are."[235] Folglich ist einerseits die Nutzung des Marktes als Koordinationsmechanismus nicht kostenfrei, andererseits kann das Unternehmen selbst ein kostengünstigeres Koordinationsinstrument darstellen.[236]

Die Transaktionskostentheorie unterscheidet dabei zwischen Ex-ante- und Ex-post-Transaktionskosten.[237] Die Ex-ante-Transaktionskosten umfassen die Kosten der Leistungen, die zum Abschluss einer vertraglichen Beziehung führen, insbesondere also Informations-, Verhandlungs- und Vertragskosten. Die Ex-post-Transaktionskosten hingegen beinhalten die Kosten, die für die Absicherung, Durchsetzung und eventuelle Anpassung der vertraglichen Vereinbarungen entstehen, wie die Kosten der Überwachung und Absicherung der Einhaltung der Vereinbarungen, die Kosten der Lösung von Konflikten über die Interpretation und Erfüllung von Verträgen sowie die Kosten von Nachverhandlungen. Transaktionskosten lassen sich somit als jene Kosten beschreiben, die beim Betreiben eines Wirtschaftssystems entstehen, wobei die Informationskosten den Hauptanteil ausmachen.[238] Im Gegensatz zur Theorie der Verfügungsrechte sowie der Agenturtheorie stehen im Rahmen der Transaktionskostentheorie die Ex-post-Transaktionskosten im Fokus der Betrachtung.

Das Erkenntnisinteresse der Transaktionskostentheorie besteht darin, Eigenschaften von Transaktionen zu ermitteln, die die kostengünstige Zuordnung von Transaktionen zu bestimmten Beherrschungs- und Überwachungssystemen (Governance Structure) erlaubt.[239] Dies wird in der Aussage von WILLIAMSON deutlich: „Transaction cost economics regards the firm not as a production function but as a governance structure."[240]

---

[233] Vgl. Richter/Furubotn (2003), S. 592.
[234] Vgl. Schewe (2005), S. 60.
[235] Coase (1937), S. 390.
[236] Vgl. Gerum (1988), S. 28.
[237] Vgl. Williamson (1985), S. 20 ff.; Kieser/Walgenbach (2003), S. 52; Ebers/Gotsch (2002), S. 225 f.
[238] Vgl. Richter/Furubotn (2003), S. 85.
[239] Vgl. Wentges (2002), S. 37.
[240] Williamson (1998), S. 37.

Der Transaktionskostentheorie liegen drei Annahmen hinsichtlich des Verhaltens der Akteure zugrunde.[241] Zum einen wird den Akteuren begrenzte Rationalität unterstellt. Es wird davon ausgegangen, dass die Akteure zwar beabsichtigen, rational zu handeln, was ihnen jedoch nur unvollkommen gelingt, da sie nur über begrenzte Informationen verfügen und ihre Informationsverarbeitungskapazität beschränkt ist.[242] Des Weiteren wird von einem opportunistischen Verhalten der Akteure ausgegangen. Darunter wird verstanden, dass die Transaktionspartner bei der Gestaltung ihrer Austauschbeziehung ihr Eigeninteresse im Sinne der individuellen Nutzenmaximierung verfolgen und dabei auch mit der „Verfolgung des Eigeninteresses unter Zuhilfenahme von List"[243], mit Täuschung und Lüge zu rechnen ist.[244] Dabei wird zwischen dem opportunistischen Handeln *vor* Vertragsschluss (Adverse Selection), bei dem der Akteur entscheidungsrelevante Informationen zurückhält, und dem opportunistischen Verhalten *nach* Vertragsabschluss (Moral Hazard) unterschieden, bei dem der Akteur zu Lasten des Vertragspartners vom Vertrag abweicht. Das Risiko derartigen Verhaltens besteht jedoch nur, wenn dieses nicht direkt beobachtbar ist. Als dritte Annahme wird den Akteuren Risikoneutralität unterstellt.[245] Aus den dargestellten Verhaltensannahmen folgt, dass die Akteure bei der Abwicklung einer Transaktion sowohl mit Informations- als auch mit Opportunismusproblemen konfrontiert werden können, die den Nettonutzen der Transaktion schmälern.[246] Daher bedarf es institutioneller Regelungen, die jedoch unterschiedlich effizient sein können.

2.6.2.2 Kernaussagen

Die Höhe der Kosten, die für eine Transaktion anfallen, wird nach WILLIAMSON durch das Ausmaß transaktionsspezifischer Investitionen und der Unsicherheit sowie durch die Häufigkeit der Transaktion determiniert.[247] Transaktionsspezifische Investitionen liegen vor, wenn für die Erstellung bestimmter Güter und Leistungen mehr oder weniger spezialisierte Inputfaktoren verwendet werden.[248] Dadurch lassen sich häufig Produktionskostenersparnisse erzielen. Gleichzeitig können solche Investitionen in Folge der aus ihnen resultierenden Abhängigkeit auch die Ursache höherer Transaktionskosten darstellen: Da, nachdem die transaktionsspezifischen Investitionen getätigt wurden,

---

[241] Vgl. Williamson (1990), S. 20.
[242] Vgl. Ebers/Gotsch (2002), S. 226.
[243] Williamson (1990), S. 54.
[244] Vgl. Richter/Furubotn (2003), S. 5 f.
[245] Vgl. Williamson (1985), S. 388 ff.; Ebers/Gotsch (2002), S. 227.
[246] Vgl. Ebers/Gotsch (2002), S. 226.
[247] Vgl. Williamson (1985), S. 52 ff.
[248] Dieses Kapitel folgt Kieser/Walgenbach (2003), S. 52 ff.; Ebers/Gotsch (2002), S. 228 ff.

der Transaktionspartner nur unter Inkaufnahme schlechterer Bedingungen gewechselt werden kann, begründen spezifische Investitionen eine Abhängigkeit zwischen den Transaktionspartnern. Können die Transaktionen, für die die spezifischen Inputfaktoren verwendet werden, nicht wie geplant realisiert werden, entstehen Erlöseinbußen in Höhe der Quasi-Rente[249], d.h. eine Erlösdifferenz zur nächstbesten Verwendung der Inputfaktoren, sowie Mehrkosten in Form von Nachverhandlungskosten. Demzufolge steigen die Opportunitätskosten der Auflösung der Austauschbeziehung mit dem Ausmaß der transaktionsspezifischen Investitionen und das Interesse der Transaktionspartner an einer dauerhaften Austauschbeziehung wächst. Dies wiederum erhöht den Anreiz, die der Austauschbeziehung zu Grunde liegenden Konditionen explizit oder implizit nachzuverhandeln, um die eigene Position zu verbessern. Die Vereinbarung und die Anwendung von institutionellen Regelungen, die das annahmegemäße opportunistische Verhalten verhindern oder einschränken sollen, verursachen gleichfalls Transaktionskosten. Letztlich sind die Kostenwirkungen transaktionsspezifischer Investitionen nicht eindeutig. Einerseits sinken ceteris paribus die Produktionskosten pro Transaktion, andererseits steigen die Transaktionskosten tendenziell. Für die weiteren Ausführungen in dieser Arbeit sind insbesondere die Investitionen in spezifisches Humankapital von Interesse.

Des Weiteren erhöht die angenommene Unsicherheit die Kosten einer Transaktion. WILLIAMSON unterscheidet diesbezüglich zwischen parametrischer Unsicherheit, d.h. der Unsicherheit über die situativen Bedingungen der Transaktion und der zukünftigen Entwicklung, und der Verhaltensunsicherheit, die sich aus der Möglichkeit opportunistischen Verhaltens der Transaktionspartner ergibt.[250] Da mit wachsender Unsicherheit von den Transaktionspartnern mehr Eventualitäten berücksichtigt werden müssen und sich im Laufe der Beziehung die Bedingungen verändern können, die ex post den Wunsch nach Änderungen auslösen, steigen sowohl die Ex-ante- als auch die Ex-post-Transaktionskosten. Unsicherheit hat jedoch keinen Einfluss auf die Produktionskosten.

Je häufiger identische Transaktionen abgewickelt werden, desto eher entstehen ceteris paribus Skalen- und Synergieeffekte. Dies führt sowohl zu sinkenden Produktionskosten als auch zu sinkenden Transaktionskosten pro durchgeführte Transaktion.

---

[249] Der Begriff der Quasi-Rente geht zurück auf Marshall (1936). In Anlehnung an Klein/Crawford/Alchian definieren Richter/Furubotn die „Quasi-Rente eines Vermögensteils als den Überschuss seines Wertes über den (durch Verkauf wieder) einbringbaren Wert, d.h. über seinen Wert in der nächstbesten Verwendung für einen anderen Benutzer". Richter/Furubotn (2003), S. 589. Zu den Begriffen Rente und Quasi-Rente vgl. auch Klein/Crawford/Alchian (1978), S. 289 und Migrom/Roberts (1992), S. 269 ff.

[250] Vgl. Williamson (1985), S. 57 ff.

Aus diesen Überlegungen ergibt sich folgende Kernaussage der Transaktionskostentheorie: Eine Transaktion kann unter den getroffenen Verhaltensannahmen umso effizienter organisiert und abgewickelt werden, je besser die Charakteristika des institutionellen Arrangements den Anforderungen entsprechen, die sich aus den Charakteristika der abzuwickelnden Transaktion ergebenden. Falls Transaktionen nicht mit besonderer Unsicherheit oder spezifischen Investitionen verbunden sind, stellt der Markt aufgrund seiner Anreizintensität und der Wirksamkeit des Konkurrenzmechanismus das effektivste institutionelle Arrangement dar. Mit zunehmender Unsicherheit und transaktionsspezifischen Investitionen werden langfristige, kontingente Verträge mit Sicherungsklauseln und letztlich die unternehmensinterne Abwicklung bzw. Leistungserstellung vorteilhaft. Gemäß der Darstellung ARROWS können sehr hohe Transaktionskosten sogar den Austausch von Gütern und Leistungen völlig verhindern und zu Marktversagen führen.[251]

Die Transaktionskostentheorie begründet somit, warum es vorteilhaft ist, bestimmte Arten von Transaktionen in spezifischen institutionellen Arrangements abzuwickeln und zu organisieren. Kritiker werfen der Transaktionskostentheorie zum einen mangelnde Operationalisierbarkeit vor, da sich die Kosten wirtschaftlicher Transaktionen nicht eindeutig messen ließen.[252] Zum anderen steht insbesondere die Opportunismusannahme in der Kritik, da sich menschliches Handeln nicht darauf reduzieren lasse.[253] Des Weiteren habe die Transaktionskostentheorie noch kein analytisches Instrumentarium entwickelt, welches ermögliche, die Vielfalt und Differenziertheit von Austauschbeziehungen in befriedigender Weise abzubilden.[254]

2.6.2.3 Corporate Governance als Funktion von Transaktionskosten

Für die ökonomische Analyse der Corporate Governance ist die Transaktionskostentheorie in zweierlei Hinsicht von Bedeutung. Zum einen gibt sie Hinweise auf die Grenzen gesetzlicher Corporate Governance-Regelungen: Transaktionen, die unter dem Regelwerk solcher gesetzlicher Vorgaben stattfinden, sind ökonomisch nur dann als effizient zu bezeichnen, wenn die durch sie verursachten Transaktionskosten niedriger sind als im Falle der Koordination über den Markt.[255] Im Hinblick auf die gesetzliche Mitbestimmung führt dies beispielsweise zu folgenden Effekten: Die gesetzliche Mitbestimmung erhöht innerhalb des Unternehmens die Transaktionskosten der Koor

---

[251] Vgl. Arrow (1969), S. 48 f.
[252] Vgl. Williamson (1985), S. 391.
[253] Vgl. Goshal/Moran (1996); Noorderhaven (1996).
[254] Vgl. Frese (1992), S. 207 f.; Williamson (1985), S. 392 f.; Alchian/Woodward (1988), S. 76.
[255] Vgl. Schewe (2005), S. 61.

dination von Aktivitäten und Entscheidungen.[256] Unter einigen Vertretern der Transaktionskostentheorie gilt die gesetzliche Mitbestimmung daher als ineffizient, da sie die Vertragsfreiheit einschränke und damit die Suche nach der situationsbedingt jeweils kostengünstigsten Organisationsform verhindere.[257] Der Ineffizienzthese stehen die Kostenvorteile gegenüber, die aus der gesetzlichen Internalisierung von Arbeitnehmerinteressen in die Entscheidungsprozesse des Unternehmens resultieren.[258] Transaktionskosten werden sowohl im Bereich der ansonsten auf mehreren Ebenen periodisch wiederkehrenden Verhandlungen eingespart als auch bei der Errichtung von Mitbestimmungsinstitutionen. Wenn jedoch die Transaktionskosten marktlicher Institutionen zur Generierung von Problemlösungen nicht höher sind als die der gesetzlich geregelten Mitbestimmung, ist diese ineffizient.

Zum anderen sind die Ansätze der Transaktionskostentheorie hinsichtlich transaktionsspezifischer Investitionen für die Corporate Governance von zentraler Bedeutung. WILLIAMSON unterscheidet sechs verschiedene Formen transaktionsspezifischer Investitionen, zu denen neben standortspezifischen, anlagenspezifischen, abnehmerspezifischen und terminspezifischen Investitionen, Investitionen in die Reputation auch Investitionen in spezifisches Humankapital zählen.[259] Zu den letzteren zählen beispielsweise das Erwerb spezieller Kenntnisse und Fertigkeiten, die im Unternehmen sehr wichtig, anderweitig aber nicht direkt einsetzbar sind, die Erarbeitung von „Sozialkapital"[260] unter den Kollegen, das bei einem Unternehmenswechsel nicht transferierbar ist, eine Wohnsitzverlagerung oder die aus dem Prinzip der Senioritätsentlohnung[261] erwachsenden Lohnansprüche.[262] Mit dem Ausmaß dieser Investitionen wächst die Bindung der Arbeitnehmer an einen speziellen Arbeitgeber. Je genauer die Kenntnisse und Fähigkeiten des Arbeitnehmers auf die Anforderungen des Unternehmens abgestimmt sind, desto effizienter gestaltet sich die Transaktionsbeziehung zwischen Arbeitgeber und Arbeitnehmer. Das Unternehmen ist also daran interessiert, dass die Ar-

---

[256] Vgl. Weizsäcker (1984), S. 147.

[257] Vgl. Gerum (1992b), Sp. 2490.

[258] Vgl. Michaelis/Picot (1987), S. 101 f.; Gerum (1988), S. 30; Gerum/Steinmann (1984), S. 93 f.; Brinkmann/Kübler (1981), S. 685 f.

[259] Vgl. Williamson (1991), S. 281.

[260] Sozialkapital umfasst gemäß der Definition Bechtels alle Merkmale, die „das soziale Zusammensein der Individuen in der Zivilgesellschaft beziehungsweise in einer gesellschaftlichen Einheit konstituieren, beispielsweise Vertrauen, Mitgefühl, Gemeinschaftsgeist und Gemeinsinn (...)". Bechtel (2006), S. 31.

[261] Im Rahmen der Senioritätsentlohnung werden Arbeitnehmer zu Beginn ihres Arbeitsverhältnisses unterhalb ihrer Produktivität entlohnt. Mit zunehmendem Alter steigt die Entlohnung an, so dass sie – sofern das Arbeitsverhältnis nicht abgebrochen wird – am Ende des Arbeitsverhältnisses in dem Ausmaß die Produktivität des Arbeitnehmers übersteigt, in dem sie zu Beginn zu niedrig war.

[262] Vgl. Bechtel (2006), S. 29 ff.; Göbel (2002), S. 231.

beitnehmer ex ante spezifische Investitionen tätigen, enge Bindungen eingehen und dadurch den Unternehmenswert steigern.[263] Ex post, wenn die Investitionen „versunken" sind, kann es hingegen im Interesse des Arbeitgebers sein, sich im Sinne eines Hold-up zu verhalten, d.h. die Arbeitnehmer um ihre Quasi-Rente zu bringen. Da die Arbeitnehmer dies häufig antizipieren, würden sie ohne entsprechende und glaubhafte Corporate Governance-Regelungen nur in begrenztem Ausmaß spezifische Investitionen tätigen. Vor diesem Hintergrund muss die Corporate Governance eines Unternehmens so gestaltet sein, dass sie den Arbeitnehmern wirksame Einflussrechte gewährt, die es ihnen erlauben, ihre Interessen zu wahren und somit die Hold-up-Gefahr zu reduzieren.

Somit können Unternehmen im Rahmen der Transaktionskostentheorie als ein spezielles Beherrschungs- und Überwachungssystem zur effizienten, transaktionskostenminimalen Lösung des Hold-up-Problems aufgefasst werden.[264]

2.6.3 Agenturtheorie

2.6.3.1 Annahmen und Erkenntnisinteresse

Eng verwandt mit der Transaktionskostentheorie ist der Ansatz der Agenturtheorie[265]. Während die Transaktionskostentheorie ganz allgemein Leistungsbeziehungen zwischen ökonomischen Akteuren betrachtet, stehen im Mittelpunkt der Agenturtheorie die Leistungsbeziehungen zwischen Auftraggeber und Auftragnehmer.[266] Diese Theorie beschreibt das klassische Delegationsmodell.[267] Der Agenturtheorie liegt somit eine vertragstheoretische Betrachtung von Unternehmen zugrunde.[268] Ein Auftraggeber (Prinzipal) überträgt zur Realisierung seiner Interessen bestimmte Aufgaben und Entscheidungskompetenzen auf Basis eines Vertrages an einen Auftragnehmer (Agenten), der für seine Leistungen eine Vergütung erhält. Konstitutiv für das Vorliegen einer solchen Prinzipal-Agenten-Beziehung ist, dass die Handlungen des Auftragnehmers nicht nur sein eignes Wohlergehen, sondern auch das Nutzenniveau des Auftraggebers beeinflussen.[269] Zielsetzung des Vertrages ist es, den Auftragnehmer in eine Situation zu bringen, in der es für ihn auch nach Vertragsabschluss rational ist, im Sinne des

---

[263] Vgl. Schmidt, R./Weiß (2003), S. 118.

[264] Vgl. Wentges (2002), S. 48.

[265] Als Begründer der Agenturtheorie gelten Jensen/Meckling (1976).

[266] Vgl. Picot/Dietl/Franck (2005), S. 72.

[267] Vgl. Berle/Means (1932).

[268] Insofern ist die Agenturtheorie eine Konkretisierung der Theorie der Verfügungsrechte. Vgl. Bleicher (1994), S. 300; Kieser/Walgenbach (2003), S. 49.

[269] Vgl. Hartmann-Wendels (1992), Sp. 72; Picot/Dietl/Franck (2005), S. 72.

Auftraggebers zu handeln. Die Aufgabe des Auftragnehmers besteht sodann darin, nach Vertragsabschluss eine Handlung aus einer Menge möglicher Handlungen auszuwählen, die die Wohlfahrt des Auftraggebers erhöht.[270] Beispiele für derartige Prinzipal-Agenten-Beziehungen sind die Beziehungen zwischen Arbeitgeber und Arbeitnehmer, Aktionär und Vorstand, Fremdkapitalgeber und Geschäftsleitung oder zwischen Aufsichtsrat und Vorstand. Dabei können sich zwischen denselben Akteuren mehrere Prinzipal-Agenten-Beziehungen überlappen.[271]

Die Annahmen der Agenturtheorie hinsichtlich des Verhaltens der Akteure entsprechen weitestgehend denen der Transaktionskostentheorie.[272] Demzufolge werden sowohl begrenzte Rationalität als auch individuelle Nutzenmaximierung und opportunistisches Verhalten angenommen. Über die Transaktionskostentheorie hinausgehend trifft die Agenturtheorie folgende Annahmen über die Risikoneigung der Akteure: Dem Prinzipal wird Risikoneutralität, dem Agenten hingegen Risikoaversion unterstellt.[273] Ein Interessenkonflikt zwischen Prinzipal und Agenten resultiert daraus, dass die Handlungen des Agenten zwar den Erfolg der Tätigkeit im Sinne stochastischer Dominanz positiv beeinflussen, d.h. höherwertige Handlungen für den Prinzipal unter sonst gleichen Bedingungen vorteilhaft sind, dem Agenten höherwertige Handlungen aber gleichzeitig ein höheres Arbeitsleid aufbürden, welches dieser zu vermeiden sucht.[274]

Von zentraler Bedeutung für die Aussagen der Agenturtheorie ist die angenommene ungleiche Informationsverteilung zwischen den Vertragspartnern.[275] Dem Agenten wird ein Informationsvorsprung hinsichtlich der sachlichen Bearbeitung der ihm übertragenen Aufgaben unterstellt (Hidden Information). Weiterhin besteht ein Informationsdefizit des Prinzipals in Bezug auf das eigeninteressierte Verhalten des Agenten (Hidden Action). Dieses Informationsdefizit ergibt sich aus der mangelnden Beobachtbarkeit der Handlungssituationen, Absichten und Aktivitäten des Agenten. Dass der Prinzipal das Ergebnis der Tätigkeit des Agenten nicht unmittelbar kontrollieren und nicht über alle Informationen verfügen kann, inwieweit das Ergebnis der Leistung des Agenten oder aber Umwelteinflüssen zuzurechnen ist, erschwert eine Effizienzkontrolle des Agenten erheblich. In Anbetracht der unterstellten individuellen Nutzenmaximierung ist mit Zielkonflikten zwischen den Vertragspartnern zu rechnen. Der

---

[270] Vgl. Winter (2003), S. 337.
[271] Siehe hierzu beispielsweise Kapitel 6.1.1.
[272] Vgl. Picot/Dietl/Franck (2005), S. 74; Gedenk (1998), S. 24.
[273] Vgl. Ebers/Gotsch (2002), S. 211.
[274] Vgl. Winter (2003), S. 338.
[275] Die Ausführungen dieses Absatzes folgen Richter/Furubotn (2003), S. 174; Ebers/Gotsch (2002), S. 211.

Prinzipal ist an einer effizienten Erfüllung der übertragenen Aufgaben gemäß seinen Zielvorgaben interessiert, während sich der Agent nur an seinem persönlichen Nutzenkalkül orientiert, in dessen Rahmen die Nachteile des eigenen Leistungsbeitrages wie Arbeitsleid, Zeitverlust, Kosten etc. gegen die Vorteile wie Vergütung, Karriere, sozialer Status etc. abgewogen werden.[276] Da der Agent nur dann eine für den Prinzipal optimale Leistung erbringt, wenn diese mit seinen eigenen Interessen vereinbar ist, sind entsprechende Konflikte zu erwarten.

Die Agenturtheorie beurteilt die Effizienz alternativer Ausgestaltungen von Agenturbeziehungen anhand der entstehenden Agency Costs. Unter Agency Costs wird die in Kosten ausgedrückte Differenz zwischen einer Leistung durch einen Agenten bei vollständiger Information beider Vertragspartner einerseits, der sog. First-Best-Solution, und der Leistung bei ungleicher Informationsverteilung andererseits verstanden.[277] Agency Costs setzen sich gemäß JENSEN/MECKLING aus den Steuerungs- und Kontrollkosten des Prinzipals, den Garantiekosten, die die Kosten des Agenten für sein Versprechen, nicht gegen die Interessen des Prinzipals zu verstoßen, umfassen sowie den Residualkosten zusammen, die aus dem Wohlfahrtsverlust infolge der Leistung des Agenten resultieren, die das mögliche Nutzenmaximum des Prinzipals verfehlt.[278] Je niedriger die Agency Costs sind, desto effizienter ist die zugrunde liegende Organisation des Agenturverhältnisses. Das Ziel ist daher eine pareto-optimale Situation zwischen Prinzipal und Agent.[279]

Das Erkenntnisinteresse der Agenturtheorie besteht darin, die vertragliche Beziehung zwischen Auftraggeber und Auftragnehmer unter den Annahmen ungleicher Informationsverteilung und Unsicherheit sowie unter Berücksichtigung der angenommenen Risikoverteilung zu analysieren und Mechanismen abzuleiten, mittels derer sich die Probleme von Auftragsbeziehungen effizient handhaben lassen.[280]

2.6.3.2 Kernaussagen

Agenturprobleme sind die Folge der Interessenunterschiede und ungleichen Informationsverteilung zwischen Agent und Prinzipal. Daher ist es aus Sicht der Agenturtheorie notwendig, Maßnahmen zum Schutz des Prinzipals vor einer Schädigung durch den

---

[276] Vgl. Hartmann-Wendels (1992), Sp. 72 f.
[277] Vgl. Ebers/Gotsch (2002), S. 212.
[278] Vgl. Jensen/Meckling (1976), S. 308.
[279] Vgl. Bleicher (1994), S. 300.
[280] Vgl. Ebers/Gotsch (2002), S. 209.

Agenten zu ergreifen.[281] Dem Prinzipal stehen im Rahmen der Agenturtheorie dazu drei Instrumente zur Verfügung:[282]

(1) Die Disziplinierung des Agenten kann mittels direkter Verhaltenssteuerung erfolgen. Dabei werden Verhaltensnormen vertraglich vereinbart, deren Einhaltung kontrolliert und deren Verletzung sanktioniert wird. Eine solche Art der Verhaltenssteuerung wird in der Agenturtheorie nur für begrenzt realisierbar erachtet, da die Formulierung entsprechender Verhaltensnormen ein hohes Maß an Informationen auf Seiten des Prinzipals voraussetzt und bei komplexen und unstrukturierten Aufgaben kaum möglich ist.

(2) Die Verbesserung des Informationssystems stellt ein weiteres Instrument zur Disziplinierung des Agenten dar. Durch die Ausweitung der Rechenschaftspflichten des Agenten kann der Prinzipal sein Wissen über dessen Leistungsverhalten und Handlungssituation vermehren. Dadurch wird der Handlungsbereich des Agenten transparenter und es reduzieren sich für den Agenten die Möglichkeiten zur Täuschung oder opportunistischen Ausnutzung der Situation. Die Beurteilung des Agenten in einer spezifischen Situation setzt wiederum ein hohes Maß an Wissen über die Situation und die Handlungsoptionen voraus, so dass eine Disziplinierung des Agenten auch mit diesen Instrumenten in der Realität kaum möglich ist. Da es nicht unmittelbar im Interesse des Agenten liegt, für mehr Transparenz durch verbesserte Informationen zu sorgen, bedarf es zusätzlicher Anreize.

(3) Die Beteiligung des Agenten am Ergebnis stellt daher im Rahmen der Agenturtheorie das wirksamste Instrument zu seiner Disziplinierung dar. Dabei wird vor Vertragserfüllung ein Anreizsystem vereinbart, das das Verhalten des Agenten auf die Interessen des Prinzipals ausrichten oder gar in völlige Übereinstimmung bringen soll. Da bei ergebnisorientierten Verträgen die Erträge für beide Parteien von den gleichen Leistungen abhängen, ist dieses Instrument geeignet, die Zielkonflikte zwischen Prinzipal und Agenten zu reduzieren. Neben der Anreizwirkung ist bei der Gestaltung ergebnisorientierter Verträge als zweite Gestaltungsgröße die Risikoverteilung zu berücksichtigen.[283] Denn sofern das Ergebnis nicht auf einen messbaren Leistungsbeitrag des Agenten, sondern auf Umweltfaktoren zurückzuführen ist, erhält die Vertragssituation für den Agenten einen ungewissen Ausgang, ergebnisorientierte Verträge verlieren ihre Steuerungsfunktion und der Umfang der erwarteten Vergütung wird für den

---

[281] Vgl. Nippa/Grigoleit (2006), S. 4; Shleifer/Vishny (1997), S. 737.

[282] Vgl. Eisenhardt (1989), S. 60 f.; Kieser/Walgenbach (2003), S. 50 f.; Ebers/Gotsch (2002), S. 214; Gedenk (1998), S. 24.

[283] Die weiteren Ausführungen folgen Ebers/Gotsch (2002), S. 214 f.; Hartmann-Wendels (1992), Sp. 74.

Agenten unberechenbar und risikoreich. Aufgrund der angenommenen Risikoaversion des Agenten, wird dieser eine entsprechend hohe Risikoprämie für das aus den Umweltfaktoren resultierende Vergütungsrisiko fordern. Dies hätte zur Folge, dass sich die Vertragskonditionen des Prinzipals verschlechtern. Eine gleichzeitige Optimierung der Risikoverteilung und der Anreizsteuerung ist nicht möglich. In Anbetracht der angenommenen Risikoneutralität des Agenten würde eine optimale Risikoverteilung voraussetzen, dass der Prinzipal das gesamte Risiko trägt und der Agent eine feste Vergütung erhält. Dies würde jedoch die Anreizsteuerung vollständig außer Kraft setzen. Die optimale Gestaltung von ergebnisorientierten Verträgen führt somit zu einem Dilemma, das sich lediglich durch Kompromisse zwischen beiden Vertragsparteien hinsichtlich der Verteilung des Risikos und der Ergebnisse lösen lässt.

Die Kritik an der Agenturtheorie bezieht sich insbesondere darauf, dass Vertragsprobleme einseitig aus der Sicht des Prinzipals analysiert würden und ein mögliches opportunistisches Verhalten seitens des Prinzipals außer Acht gelassen würde.[284] Darüber hinaus vernachlässige die Agenturtheorie die Bedeutung eines Regulativs von außen, etwa in Form staatlicher Rechtsetzung oder Kollektivvertragssystemen. Ein weiterer Einwand bezieht sich auf die Ex-ante-Perspektive, die alle Schwierigkeiten, die sich bei der Vertragserfüllung selbst ergeben, vernachlässige. Demzufolge sei die Agenturtheorie umso weniger anwendbar, je komplexer eine empirische Vertragssituation sei und je mehr Probleme sich bei der Vertragserfüllung ergäben. Des Weiteren berücksichtige die Agenturtheorie Multi-Agenten-Modelle ebenso wie dauerhafte Agenturbeziehungen mit mehrfachen Vertragsbeziehungen nicht ausreichend.[285]

2.6.3.3 Corporate Governance als Prinzipal-Agenten-Problem

Die Trennung von Eigentum und Kontrolle ist charakteristisch für Aktiengesellschaften. Jede Teilung von Verfügungsrechten schafft die Basis für Agenturprobleme. Im Rahmen der Agenturtheorie wird daher insbesondere das Problem der Trennung von Eigentum und Kontrolle untersucht, die zur Folge hat, dass Manager von Aktiengesellschaften ihre eigenen Interessen verfolgen und nicht im Sinne der Aktionäre handeln. Die Anteilseigner delegieren Entscheidungsbefugnisse, da sie möglicherweise nicht über ein ausreichendes Fachwissen verfügen, um das Unternehmen zu leiten, oder da die gemeinschaftliche Führung durch zahlreiche Eigentümer zu große Koordinationsprobleme aufwirft, so dass eine vertikale Arbeitsteilung zwingend erforderlich ist.[286]

---

[284] Vgl. Perrow (1986), S. 14 f.; Gedenk (1998), S. 25.
[285] Vgl. Fama (1980), S. 304; Arrow (1985), S. 46 ff.
[286] Vgl. Picot/Michaelis (1984), S. 256.

Dadurch ist es den Aktionären möglich, sich am Wirtschaftsgeschehen zu beteiligen, ohne selbst Unternehmer sein oder spezifische Fähigkeiten einbringen zu müssen. Ein zentraler Vorteil von Aktiengesellschaften besteht darin, dass die Investoren durch die Teilung des Eigentums in viele kleine Einheiten ihr Haftungsrisiko nach dem eigenen Nutzenkalkül beschränken können. Gleichzeitig ermöglicht diese Tatsache Aktiengesellschaften, Risikokapital in einem Maße aufzunehmen, wie es Unternehmen mit anderen Rechtsformen im Allgemeinen nicht möglich ist.[287]

Ein wichtiger Ansatzpunkt zur Disziplinierung und Optimierung des Managerverhaltens besteht nach der Agenturtheorie in der Anreizwirkung ergebnisabhängiger Vergütungssysteme. Die verschiedenen Varianten reichen von der Erfolgsbeteiligung, wie der Gewinn-, Ertrags- und Leistungsbeteiligung, bis hin zur Kapitalbeteiligung in Form von Belegschaftsaktien, stillen Beteiligungen etc.[288] In der Unternehmensrealität weisen erfolgsabhängige Vergütungssysteme jedoch eine eher geringe Anbindung an Erfolgsgrößen des Unternehmens und eine noch geringere Bindung an die tatsächlichen Leistungen des einzelnen Managers auf, so dass die zentralen Erfolgskriterien die Managementvergütung nur moderat beeinflussen.[289] Hinsichtlich der Ausgestaltung von Vergütungssystemen für Vorstände von Akteingesellschaften sei an dieser Stelle auf Kapitel 5.5.2 verwiesen.

Ein weiterer organisatorischer Ansatz zur Disziplinierung des Managements ist gemäß der Agenturtheorie die Kontrolle der Unternehmensleitung durch ein Kontrollorgan. Die primäre Aufgabe eines solchen Gremiums ist die Überwachung der Geschäftsführung des Vorstandes durch die Auswahl, Bestellung und Entlassung des Vorstandes, die Feststellung des Jahresabschlusses sowie die Bestimmung zustimmungspflichtiger Geschäfte.[290] Durch die Einführung eines institutionalisierten Kontrollgremiums entsteht eine zweistufige Prinzipal-Agenten-Beziehung.[291] Auf der ersten Stufe sind die Aktionäre Prinzipal gegenüber dem Aufsichtsgremium. Es bestehen gemäß den zuvor dargelegten Annahmen Informationsasymmetrien und Interessenkonflikte zwischen den Mitgliedern des Aufsichtsgremiums und den Anteilseignern. Die Mitglieder des Aufsichtsgremiums halten selbst nicht notwendigerweise Eigenkapital des Unternehmens und können über Anreize verfügen, mit der Unternehmensleitung zu kooperieren und somit die Aktionäre zu schädigen.[292] Auf der zweiten Stufe steht das Aufsichts-

---

[287] Vgl. Haid (2001), S. 194.

[288] Vgl. Ebers/Gotsch (2002), S. 216.

[289] Vgl. Gedenk (1998), S. 30 ff.; Albers/Krafft (1996), S. 1395 ff.; Evers (1995), Sp. 302 f.

[290] Vgl. §§ 84, 111 Abs. 1 AktG. Die Überwachung der nachgeordneten Führungskräfte gehört hingegen zu den Aufgaben des Vorstandes. Vgl. Roth/Wörle (2004), S. 566.

[291] Siehe hierzu ausführlich Kapitel 6.1.1.

[292] Siehe hierzu auch Kapitel 6.3.

gremium der Unternehmensleitung als Prinzipal gegenüber. Diese Beziehung ist stark durch die vorliegende Informationsasymmetrie geprägt, da die Mitglieder des Aufsichtsratsgremiums die Informationen von der Unternehmensleitung selbst erhalten, so dass eine wirkungsvolle Überwachung bereits durch Selektion und Manipulation der Informationsbasis seitens der Unternehmensleitung verhindert werden kann.[293] Die Kontrolle des Vorstandes erfolgt ex ante primär über den Katalog „zustimmungspflichtiger Geschäfte" gemäß § 111 Abs. 4 AktG. Da es dem Aufsichtsgremium in der Regel nur begrenzt möglich ist, das erzielte Unternehmensergebnis verursachergerecht allen relevanten Einflussfaktoren sowie der Leistung einzelner Manager zuzurechnen, ist die Ex-post-Kontrolle stark eingeschränkt.[294] Die Kontrolleffizienz des Aufsichtsgremiums hängt letztlich von dessen Zusammensetzung, der fachlichen Eignung und Interessenunabhängigkeit der Mitglieder ab.

In einer Publikumsgesellschaft mit breit gestreutem Aktienbesitz treten hinsichtlich der Kontrolle des Managements zusätzliche Probleme auf, da die Kontrolle des Vorstandes für die Aktionäre mit Agency Costs verbunden ist. Der Anreiz für den Kleinaktionär, Ressourcen für eine effiziente Kontrolle aufzubringen, ist eher gering, weil die individuellen Kosten der Kontrolle den Nutzenzuwachs in der Regel überschreiten.[295] Wenn jedoch ein Aktionär Ressourcen zur Kontrolle einsetzt, profitieren davon auch alle anderen Aktionäre, so dass eine klassische Free-Rider-Problematik entsteht. Gemäß SHLEIFER/VISHNY ist in Anbetracht der hohen Kosten bei Publikumsgesellschaften mit breit gestreutem Aktienbesitz eine Kontrolle nur durch Bündelung von Aktionärsinteressen möglich.[296, 297]

Die These vom schwindenden Einfluss der Eigentümer in Kapitalgesellschaften mit breiter Aktienstreuung ist der Ausgangspunkt einer kontroversen Debatte in der Literatur und zahlreicher empirischer Studien. In Anlehnung an die Studie von BERLE/MEANS (1932), die zu dem Ergebnis kam, dass die größten amerikanischen Unternehmen zu 50 % nicht von den Eigentümern, sondern von Managern kontrolliert werden, kam PROSS (1965) für Deutschland zu dem Ergebnis, dass der Managerkontrolle

---

[293] Witt (2002), S. 53.

[294] Vgl. Ebers/Gotsch (2002), S. 218.

[295] Vgl. Schreyögg/Steinmann (1981), S. 535; Picot/Michaelis (1984), S. 259.

[296] Vgl. Shleifer/Vishny (1997), S. 753.

[297] Steinmann/Schreyögg/Dütthorn wenden grundsätzlich gegen die Anwendung der Agenturtheorie auf Publikumsgesellschaften ein, dass in Gesellschaften mit vielen Kleinaktionären keine Individualverträge zwischen den Aktionären und Managern bestünden und insbesondere nicht jeder Aktionär entsprechend seinem Nutzenkalkül die Managementverträge kündigen könne. Vgl. Steinmann/Schreyögg/Dütthorn (1983), S. 19. Dieser Argumentation ist entgegenzusetzen, dass Kleinaktionären vor dem Kauf ihrer Anteile bekannt ist, dass sie nicht allein Verträge im Einzelnen mit Managern aushandeln, abschließen und kündigen können. Vgl. Picot/Michaelis (1984), S. 257.

zwar eine bedeutsame, aber keine dominante Rolle zukomme. Zu einem anderen Ergebnis kam die Studie von THONET/POENSGEN (1979), nach der managerkontrollierte Unternehmen eine kleine Minderheit mit abnehmender Tendenz darstellen. Während STEINMANN/SCHREYÖGG/DÜTTHORN (1983) und BAYHURST/FEY/SCHREYÖGG (1994) ermittelten hingegen, dass bei Betrachtung der 300 bzw. 350 größten deutschen Unternehmen mit 57 % bzw. 61 % die Managerkontrolle deutlich dominiere und dies im Zeitablauf relativ konstant. Insbesondere die beiden letzt genannten Studien wurden vor allem von PICOT/MICHAELIS (1984) und SCHMITZ (1988) für ihre methodische Konzeption scharf kritisiert.

Hinsichtlich der Auswirkungen der Anteilseignerkonzentration auf den Unternehmenswert ergibt sich ebenfalls ein uneinheitliches Bild.[298] Vor allem ist strittig, ob die Existenz von Großaktionären zur Disziplinierung des Managements und damit zur Steigerung des Unternehmenswertes beiträgt. So zeigen SHLEIFER/VISHNY (1997) für amerikanische Unternehmen, dass ein konzentrierter Anteilsbesitz den Unternehmenswert erhöht, weil Manager besser überwacht und die Agency Costs in diesem Kontext besser als in Publikumsgesellschaften mit weit gestreutem Aktienbesitz gesenkt werden können. Für deutsche Unternehmen stellen LEHMANN/WEIGAND generell einen negativen Zusammenhang zwischen der Konzentration des Anteilseignerbesitzes und der Rentabilität fest. Bei börsennotierten Unternehmen und langen Betrachtungszeiträumen gibt es hingegen einen positiven Zusammenhang.[299]

In Bezug auf die Mitbestimmung sind laut Agenturtheorie zwei gegenläufige Effekte von Bedeutung.[300] Einerseits stellt die Mitbestimmung eine weitere Form der Kontrolle des Managements dar. Andererseits steigen die Agency Costs dadurch, weil verschiedene Interessengruppen im Aufsichtsgremium vertreten sind, deren Interessen oftmals im Widerspruch zueinander stehen. Falls diese Interessenkonflikte zwischen den verschiedenen Mitgliedern des Aufsichtsgremiums stark ausgeprägt sind, besteht die Gefahr eines Kontrollvakuums, das von den Agenten, in diesem Falle dem Management, zu ihren eigenen Gunsten ausgenutzt werden kann. Ein solches Szenario würde zu einer Schwächung des Corporate Governance-Systems führen.

Die Disziplinierung des Managements muss der Agenturtheorie zufolge nicht zwingend über organisatorische Regelungen erfolgen. Eine Alternative hierzu bilden die Mechanismen des Arbeitsmarktes, des Marktes für Unternehmenskontrolle, des Kapi-

---

[298] Vgl. Witt (2003), S. 35 f.
[299] Vgl. Lehmann/Weigand (2000), S. 174 f.
[300] Vgl. Pistor (2003), S. 162.

talmarktes und des Gütermarktes.[301] Für die Analyse der Kontrolle durch den Arbeitsmarkt gilt es zunächst, die Verteilung des Risikos innerhalb der Aktiengesellschaft zu
betrachten. In der vielbeachteten Arbeit „Agency Problems and the Theory of the
Firm" versucht FAMA zu erklären, warum Aktiengesellschaften trotz der für sie typischen Trennung von Aktienbesitz und Management eine überlebensfähige Unternehmensform darstellen. FAMA nimmt dabei Bezug auf die von JENSEN/MECKLING entwickelte Sichtweise von Unternehmen als Vertragsnetzwerke[302] und kritisiert, dass sie in
ihrer Analyse zu stark auf die Vorstellung eines Unternehmers fokussieren und dementsprechend die Disziplinierung des Managements in erster Linie den Anteilseignern
überlassen. FAMA argumentiert diesbezüglich: „However, ownership of capital should
not be confused with ownership of the firm. Each factor is owned by somebody. The
firm is just the set of contracts covering the way inputs are jointed to create outputs
and the way receipts from outputs are shared among inputs. In this 'nexus of contracts'
perspective, ownership of the firm is an irrelevant concept."[303] Demzufolge obliegt die
Kontrolle über Unternehmensentscheidungen nicht automatisch den Aktionären. Die
Unternehmensform der Aktiengesellschaft erlaube vielmehr, zwischen den Funktionen
Management und Risiko zu trennen, so dass sich die Manager auf ihre Rolle als Ent-
scheidungsträger konzentrieren können und die Aktionäre darauf, das von ihnen getragene Risiko durch Diversifikation zu reduzieren, ohne Managementfunktionen wahrnehmen zu müssen.

Im Rahmen der Agenturtheorie stellt sich nun die Frage, wie die Manager geeignet
diszipliniert werden können, wenn die Aktionäre das Risiko tragen. Diese Funktion
wird laut FAMA in erster Linie ausgeübt von "managerial labor markets, both within
and outside of the firm, with assistance from the panoply of internal and external
monitoring devices that evolve to stimulate the ongoing efficiency of the corporate
form, and with the market for outside takeovers providing discipline of last resort"[304].
Unter der Voraussetzung eines effizienten Arbeitsmarktes für Manager stehen diese in
ständiger Konkurrenz zu Managern auf dem organisationsinternen wie externen Arbeitsmarkt.[305] Dass die Arbeitskraft des Managers einer ständigen Bewertung durch
den Markt unterliegt, die sich im Angebotspreis der Arbeitskraft ausdrückt, führt dazu,

---

[301] Vgl. Fama (1980); Picot/Michaelis (1984); Fama/Jensen (1983); Hucke (2003), S. 82. Die Ausführungen dieses Abschnitts folgen Wentges (2002), S. 34 f., 68.
[302] Jensen/Meckling definieren Unternehmen im Sinne der Agenturtheorie als "simply legal fictions
which serve as a nexus for a set of contracting relationships among individuals". [Fußnote zu legal
fictions: "By legal fiction we mean the artificial construct under the law which allows certain organizations to be treated as individuals"]. Jensen/Meckling (1976), S. 310.
[303] Fama (1980), S. 290.
[304] Fama (1980), S. 295.
[305] Vgl. Furubotn/Pejovich (1972), S. 1150 f.; Fama (1980), S. 289.

51

dass Manager ein hohes Interesse am Erfolg des Unternehmens haben.[306] Die Qualität eines einzelnen Managers ist in der Realität jedoch nur schwer beobachtbar und ein Managerwechsel häufig nur schwer durchsetzbar, so dass ein Versagen des Managerarbeitsmarktes leicht möglich ist und hinsichtlich der Wirksamkeit dieser Kontrolle Zweifel anzumelden sind.[307] Der organisationsinterne Managermarkt entfaltet seine Funktion dadurch, dass die einzelnen Agenten in einem Leitungsorgan sich gegenseitig überwachen und dadurch die Agency Costs senken.[308]

Mit dem Markt für Unternehmenskontrolle verweist FAMA auf einen weiteren Disziplinierungsmechanismus. Unter Rückgriff auf den Verfügungsrechtsansatz entwickelte MANNE (1965) das Konzept eines Marktes für Unternehmenskontrolle (Market for Corporate Control). Bei diesem Markt handelt es sich um einen besonderen Teil des Kapitalmarktes, auf dem Verfügungsrechte über Unternehmen, Betriebsstätten oder größere Eigentumsanteile gehandelt werden.[309, 310] Die eigentliche Transaktion an diesem Markt besteht in der Übertragung von Verfügungsrechten an den in einem Unternehmen zusammengefassten Produktionsfaktoren und Marktfähigkeiten. Auf diesem Markt konkurrieren verschiedenen Managementteams um die Steuerung einzelner Gesellschaften. Die disziplinierende Wirkung beruht auf der Annahme MANNES, dass eine hohe positive Korrelation zwischen der Effizienz des Managements eines Unternehmens und dem Marktpreis der Eigentumsanteile an diesem besteht.[311] Ineffiziente Managementleistungen führen von Aktienverkäufen und Kursrückgängen bis hin zu feindlichen Übernahmen. Da Manager infolge von Unternehmensübernahmen, die selbst gegen den Willen der Manager des akquirierten Unternehmens vollzogen werden können, mit Nachteilen in Form von Reputationsverlusten, Verlust von Kontrollbefugnissen oder der Beendigung des Beschäftigungsverhältnisses rechnen müssen, wirkt die vom Markt für Unternehmenskontrolle ausgehende Drohung einer Übernahme disziplinierend auf das eigeninteressierte Verhalten der Manager. Eine zentrale Rolle in diesem Mechanismus zur Disziplinierung des Managements spielt der Marktwert des Unternehmens: Von ihm hängt es ab, wie schwer oder leicht ein Übernahmeversuch ist. Der Marktwert stellt zugleich die Zielgröße der Aktionäre dar. Wären Ak-

---

[306] Die weiteren Ausführungen dieses Kapitels folgen Richter/Furubotn (2003), S. 421 ff. und Ebers/ Gotsch (2002), S. 218 ff.

[307] Vgl. Evers (1995), S. 301 f.; Ballwieser/Schmidt, R. (1981), S. 673.

[308] Vgl. Fama (1980), S. 293.

[309] Vgl. Dutzi (2005), S. 16.

[310] Der Markt für Unternehmenskontrolle bildet aus Sicht der Corporate Governance eine Schnittstelle zwischen dem Kapitalmarkt und dem Markt für Managementleistungen. In diesem Sinne wird im Gegensatz zum Kapitalmarkt die Steuerung und Überwachung weniger durch die Aktionäre als vielmehr durch andere Manager ausgeübt. Vgl. Dutzi (2005), S. 16; Weimer/Pape (1999), S. 163.

[311] Vgl. Manne (1965), S. 112.

tionäre hingegen an einer anderen Zielgröße interessiert, wären nicht diejenigen Unternehmen die geeigneten Übernahmekandidaten, bei denen das Management die Aktionärsinteressen am meisten verfehlt.[312] Unternehmensübernahmen gehen mitunter mit sehr hohen Transaktionskosten einher, so dass die Wirkung von Drohungen abgemildert wird.

Die dargestellte Wirkungsweise des Marktes für Unternehmenskontrolle bezieht sich primär auf die Prinzipal-Agenten-Beziehung innerhalb des zu übernehmenden Unternehmens. Studien zeigen, dass die Wirkung des Marktes für Unternehmenskontrolle für das übernehmende Unternehmen relativiert werden muss, da in der Mehrzahl der Übernahmen die Anteilseigner der übernehmenden Unternehmung Renditeeinbußen hinnehmen mussten, während die Anteilseigner des akquirierten Unternehmens einen Gewinn aus der Übernahme erzielten.[313] Insbesondere das Management des übernehmenden Unternehmens zieht einen Nutzen aus der Übernahme etwa in Form von höheren Vergütungen aufgrund der Umsatzsteigerung, mehr Prestige oder Karrierevorteilen. Somit entfaltet der Markt für Unternehmenskontrolle hinsichtlich der Managementdisziplinierung unterschiedliche Wirkung für akquirierte und akquirierende Unternehmen. Zudem zeigen die Ergebnisse der Studie von GUGLER ET AL. (2003), in der durch den Vergleich der Performance von fusionierenden und nicht fusionierenden Unternehmen einer Kontrollgruppe der Effekt von Fusionen untersucht wird, dass Fusionen in Kontinentaleuropa im Durchschnitt nicht mit Steigerungen der Profitabilität einhergehen. Für Deutschland gelten grundsätzlich ähnliche Aussagen, wenngleich Fusionen hier etwas profitabler sind.

Eng verwandt mit dem Markt für Unternehmenskontrollen ist der Kapitalmarkt, der ebenfalls disziplinierend auf das Managerverhalten wirkt. Auf dem Kapitalmarkt bewerben sich Manager verschiedener Unternehmen um das Kapital der Anleger.[314] Unter der Voraussetzung eines informationseffizienten Kapitalmarktes haben unbefriedigende Managementleistungen in Form von schlechten Geschäftsergebnissen Aktienverkäufe und sinkende Aktienkurse zur Folge.[315] Kursrückgänge führen zu einer Verschlechterung der Kredit- und Finanzierungsmöglichkeiten des Unternehmens und reduzieren die finanziellen Handlungsmöglichkeiten des Managements und damit des Unternehmens.[316] Dieser Sanktionsmechanismus wirkt jedoch so lange nicht, wie Kapital auf andere Weise bereitgestellt werden kann, beispielsweise durch Selbstfinanzie-

---

[312] Vgl. Ballwieser/Schmidt, R. (1981), S. 672.
[313] Für einen ausführlichen Überblick über die relevanten Studien vgl. Ebers/Gotsch (2002), S. 220.
[314] Vgl. Picot/Dietl/Franck (2005), S. 259
[315] Zur Darstellung der Informationseffizienz des Aktienmarktes siehe Kapitel 4.4.2.2.
[316] Vgl. Furubotn/Pejovich (1972), S. 1150; Picot/Michaelis (1984), S. 263.

rung.[317] Allerdings wurde die Selbstfinanzierungshypothese unter anderem von DEM-SETZ widerlegt, da Selbstfinanzierungsmittel in der Regel nur in begrenztem Maße zur Verfügung stehen, so dass insbesondere bei der Finanzierung größerer Projekte Unternehmen auf die Außenfinanzierung angewiesen sind.[318] Jedoch nicht nur die verschlechterten Bedingungen für die Eigenkapitalbeschaffung wirken disziplinierend, sondern auch ein hoher Verschuldungsgrad fördert die Kontrolle des Managements: Je höher die Verschuldung des Unternehmens, desto größer sind die laufenden Auszahlungsverpflichtungen. Dies führt zu sinkenden Agency Costs, da die Auszahlungsverpflichtungen den Cash-Flow belasten, der sonst für andere Zwecke ohne direkte Kontrollmöglichkeiten durch die Aktionäre hätte verwendet werden können.[319] Zudem entfaltet ein hoher Verschuldungsgrad eine Signalwirkung auf dem Kapitalmarkt, da die Banken und Institutionen, die vor der Kreditgewährung das Unternehmen geprüft haben, dieses für kreditwürdig erachtet haben. Dieses Signal kann eine positive Wirkung auf die Eigenkapitalaufnahme haben. Andererseits hat ein hoher Verschuldungsgrad ein erhöhtes Konkursrisiko zur Folge und verringert die Flexibilität des Unternehmens, schnell auf neue Marktchancen reagieren zu können, und verursacht somit höhere Kapitalkosten.[320] Die disziplinierende Wirkung des Kapitalmarktes kann nach PI-COT/MICHAELIS durch die Ergebnisse empirischer Studien bestätigt werden, die in einer vergleichenden Gegenüberstellung von manager- und eigentümerkontrollierten Unternehmungen keine signifikanten Unterschiede in der Effizienz feststellen konnten.[321] Insbesondere die letzten beiden Aspekte verdeutlichen, dass der Aktienkurs für Manager von Bedeutung ist, da sie sich bei sinkenden Kursen der ständigen Bedrohung durch Außenfinanzierungsmöglichkeiten sowie durch Übernahmen ausgesetzt sehen, woraus für sie in der Regel Entmachtung und Entlassung resultieren.[322]

Des Weiteren wirkt der Gütermarkt disziplinierend auf das Verhalten der Manager. Agiert ein Unternehmen in einem Gütermarkt mit vollständiger Konkurrenz, so hat es definitionsgemäß keinen Einfluss auf den Marktpreis. Hohe Gewinne lassen sich in diesem Fall nur über eine Reduktion der Kosten erzielen. Verallgemeinernd lässt sich somit sagen: Je intensiver der Wettbewerb auf dem Gütermarkt, desto größer ist der Kostendruck und Manager sind umso weniger in der Lage, eigene Zielsetzungen zu

---

[317] Vgl. Berle (1954), S. 35 ff.; Picot/Michaelis (1984), S. 263.
[318] Vgl. Demsetz (1968), S. 804.
[319] Vgl. Jensen (1986), S. 324; Witt (2002), S. 49.
[320] Vgl. Witt (2002), S. 49; Jensen/Meckling (1976), S. 339 ff.
[321] Für einen Überblick über die Studien vgl. Picot/Michaelis (1984), S. 264; Schreyögg/Steinmann (1981), S. 536 ff.
[322] Vgl. Picot/Michaelis (1984), S. 264.

verfolgen.[323, 324] Demzufolge hängen die Anreiz- und Kontrollwirkungen des Gütermarktes von der Struktur des Marktes ab.[325]

Die Neue Institutionenökonomik bietet mit der Theorie der Verfügungsrechte, der Transaktionskostentheorie sowie der Agenturtheorie eine Vielzahl von Erklärungsansätzen und Wirkungszusammenhängen zur Analyse von Corporate Governance-Modellen. Auf dieser theoretischen Basis werden in Kapitel 5 die Interessengewichtung innerhalb der Unternehmensverfassung analysiert und entsprechende Gestaltungsempfehlungen abgeleitet.

---

[323] Vgl. Fama (1980), S. 289; Picot/Michaelis (1984), S. 264 f.; Williamson (1974), S. 2 f.

[324] Gemäß dem Branchenstrukturmodell Porters hängt die Ausprägung der Wettbewerbsintensität von einer Vielzahl von Einzelfaktoren ab, die sich unter die folgenden fünf Wettbewerbskräfte subsumieren lassen: Rivalität unter den gegenwärtigen im Markt tätigen Unternehmen, Bedrohung durch neue Konkurrenten, Bedrohung durch Substitutionsprodukte, Verhandlungsmacht der Abnehmer und Verhandlungsmacht der Lieferanten. Vgl. Porter (1980), S. 47 ff.

[325] Vgl. Hutzschenreuter (1998), S. 47.

3. Das Unternehmensinteresse als gesellschaftsrechtliche Norm

In einem Unternehmen trifft, wie in Kapitel 2.2 dargestellt, eine Vielzahl von Interessen aufeinander. In wessen Interesse jedoch ist die Aktiengesellschaft[326] zu leiten? Die Regelungen der Corporate Governance können die Möglichkeiten opportunistischen Verhaltens zwar eindämmen und institutionelle Regelungen für die Interesseneinbringung gestalten, aber nicht alle Konfliktfälle zwischen den Interessengruppen im Vorfeld lösen. Erforderlich ist daher eine übergeordnete Leitmaxime, die dem Vorstand und Aufsichtsrat eine Handlungsorientierung bietet.[327]

Seit der zweiten industriellen Revolution, in deren Zuge Großunternehmen von nationaler Bedeutung in Deutschland entstanden sind, wird die Frage nach der Leitmaxime des Aktienrechts nicht mehr selbstverständlich mit dem Verweis auf die Interessen der Anteilseigner beantwortet.[328] In der rechtswissenschaftlichen Literatur wird als Maßstab für eine ordnungsgemäße Corporate Governance immer häufiger das Unternehmensinteresse genannt, an dem sich die Organe der Aktiengesellschaft zu orientieren hätten.[329] Eine derartige Leitmaxime ist nicht nur Grundlage für die Auslegung des geltenden Rechts, sondern prägt gleichermaßen dessen Fortentwicklung.[330]

Die rechtsdogmatische Diskussion des Unternehmensinteresses hatte einen ersten Höhepunkt mit dem Inkrafttreten des Aktiengesetzes im Jahr 1965. Dogmengeschichtlich wirkte zu diesem Zeitpunkt insbesondere der Theorienstreit der Weimarer Republik über das „Unternehmen an sich" sowie Fragen der Fortgeltung einzelner Normen des Aktiengesetzes von 1937 nach.[331] Die Debatte der späten siebziger und frühen achtziger Jahre war geprägt vom Mitbestimmungsgesetz von 1976 und seinen Auswirkungen auf das Aktienrecht. Besondere Beachtung erfuhr der „schillernde Begriff"[332] des Unternehmensinteresses zuletzt im Mannesmann-Prozess durch die Entscheidung des Bundesgerichtshofes vom 21. Dezember 2005, in der dieser das Unternehmensinteresse als verbindliche Richtlinie bei unternehmerischen Entscheidungen festschrieb.[333] Jedoch nicht nur in der höchstrichterlichen Rechtsprechung findet der Begriff des Un-

---

[326] Gegenstand dieser Arbeit sind ausschließlich mitbestimmte Aktiengesellschaften.

[327] Vgl. Werder (2003), S. 11.

[328] Vgl. Kuhner (2004), S. 244 f.

[329] Vgl. Großmann (1980), S. 87 f.; Unternehmensrechtskommission (Bundesministerium der Justiz) (1980), S. 139 ff.; Raisch (1976); Brinkmann (1983); Jürgenmeyer (1984); Koch (1983); Raiser (1980); Krämer (2002), S. 27 ff.; Kuhner (2004), S. 244 ff.; Laske (1979), S. 173 ff.; Wollburg (2004), S. 647; Teubner (1985); Semler (1999), S. 16; Junge (1978), S. 556; Raiser/Veil (2006), S. 24; Werder (2008a), S. 108 f.

[330] Vgl. Kuhner (2004), S. 245.

[331] Vgl. Fleischer (2007), § 76 Rn. 26. Siehe hierzu ausführlich Kapitel 3.1.2 und Kapitel 3.3.1.

[332] Mülbert (1997), S. 142.

[333] Vgl. BGHSt 50, 331 (338). Siehe hierzu auch Anhang B.

ternehmensinteresses derzeit zunehmend Beachtung, auch in den Formulierungen des Deutschen Corporate Governance Kodexes wird er als kodifizierte Leitungsmaxime für Vorstand und Aufsichtsrat von Aktiengesellschaften verwendet. Das Unternehmensinteresse als Leitmaxime ist in der rechtswissenschaftlichen Literatur jedoch nicht unumstritten.[334] Da ein einheitlicher Gebrauch dieses Begriffes nicht zu beobachten ist, soll in diesem Kapitel in einer rechtswissenschaftlichen Analyse der Frage nachgegangen werden, was sich hinter diesem unbestimmten Rechtsbegriff verbirgt und welche Implikationen sich daraus für die Unternehmensleitung und Unternehmensaufsicht ergeben.

Dazu werden zunächst die Wortbestandteile des Begriffes definiert und darauf aufbauend die Begründungsansätze im geltenden Recht sowie die Bedeutung des Unternehmensinteresses in der Rechtsprechung analysiert. Den Schwerpunkt dieses Kapitels bildet die Auseinandersetzung mit den inhaltlichen Aspekten des Unternehmensinteresses. Abschließend wird das Unternehmensinteresse im Kontext des Deutschen Corporate Governance Kodex (DCGK) und der Europäischen Aktiengesellschaft (SE) betrachtet.

3.1 Das Unternehmen als Interessenträger

Der Begriff „Unternehmen" wird in einer Vielzahl von Gesetzen des privaten und öffentlichen Rechts verwendet und muss dort zunächst teleologisch in Bezug auf Sinn und Zweck der jeweiligen Vorschriften abgegrenzt werden.[335] Innerhalb des Aktiengesetzes existiert keine einheitliche Begriffsdefinition und ist daher auch hier als zweckbezogener Begriff zu verstehen.[336, 337] Von einer genaueren Unternehmensdefinition hat der Gesetzgeber im Regierungsentwurf zu § 15 AktG wegen der hohen praktischen Relevanz bewusst abgesehen.[338] Eine rechtlich relevante Unternehmensdefinition muss eine ausreichende und maßgebliche Charakterisierung der rechtlichen Normierung der Konstitution der juristischen Person beinhalten.[339] Mit dem Unternehmensbegriff gehen hinsichtlich der inhaltlichen Bestimmung des Unternehmensinteresses zentrale

---

[334] Vgl. Mülbert (1997), S. 156; Zöllner (1984), S. 252; Fleischer (2007), § 76 Rn. 27 f.

[335] Vgl. Kübler/Assmann (2006), S. 39; Schmidt, K. (2002), S. 935 f.; Krämer (2002), S. 30; Schmidt-Leithoff (1989), S. 130; Schmidt, K. (1999), S. 64.

[336] Vgl. BGHZ 69, 334 (335 f.); 36, 91 (103); Schmidt-Leithoff (1989), S. 48; Eisenhardt (2005), S. 488.

[337] Selbst das Arbeitsrecht kennt keine eigene Definition für das Unternehmen, es setzt sie voraus. Vgl. Fitting et al. (2008), § 1 Rn. 58 ff.

[338] Vgl. Kropff (1965b), S. 1285; BGHZ 69, 334 (335); Eisenhardt (2005), S. 488; Bolsenkötter (1967), S. 1098.

[339] Vgl. Mertens (1996), S. 21.

Prämissen einher, so dass eine intensivere Betrachtung dieses Begriffes notwendig ist. Das mitunter stark divergierende Verständnis des Unternehmensinteresses hat nicht zuletzt seine Ursache in unterschiedlichen und teilweise stark ideologisch geprägten Unternehmensdefinitionen.

Die zentralen Fragen für die nachfolgenden Betrachtungen lauten: Was sind die konstituierenden Elemente eines Unternehmens? Was ist die Rechtsnatur des Unternehmens? Diese ist eine der zentralen Fragen des Unternehmensrechts. Dabei ist zunächst zu klären, ob das Unternehmen ein eigenes Rechtssubjekt ist oder ein Rechtsobjekt und somit nur Gegenstand des Rechtsverkehrs. Letzteres hätte unter anderem zur Folge, dass das Unternehmen zwar einen Bezugspunkt für Interessen darstellt, selbst aber nicht Interessenträger ist.[340]

3.1.1 Die konstituierenden Elemente des Unternehmens

Die Aktiengesellschaft als Organisationseinheit der Anteilseigner ist eine gesetzlich eindeutig verfasste und durch die Satzung auf das inhaltlich festgelegte Ziel ausgerichtete Rechtspersönlichkeit.[341] Ein Wechsel innerhalb des Kreises der Anteilseigner hat keinen Einfluss auf das Bestehen der juristischen Person.[342, 343] Neben den Anteilseignern oder einer Anteilseignergemeinschaft, die die Finanzierung bereitstellen, bedarf es für den Einsatz der bereitgestellten Ressourcen Menschen, die mit ihnen neue Werte schaffen.

Die Anteilseignergemeinschaft ist Trägerin der Ressourcen und Trägerin von Finanzierung, Schulden und Haftung und wird infolgedessen als „Werte- und Haftungsträgerin"[344] bezeichnet. Die Transformation der erworbenen Güter und Leistung im Unternehmen erfolgt durch die Mitarbeiter des Unternehmens. Insofern vollziehen diese die Leistungserstellung. Folgerichtig bezeichnet SEMLER sie als „Leistungsträger"[345]. Die Belegschaft ist dabei eine rechtlich organisierte Gemeinschaft, die mit dem Betriebsrat und anderen Vertretungsgremien in mitbestimmten Aktiengesellschaften über eigene Organe verfügt. Ebenso wie der Anteilseignerverband ist der Mitarbeiterver-

---

[340] Vgl. Semler (1995), S. 304; Jürgenmeyer (1984), S. 146.

[341] Die Ausführungen folgen Semler (1995), S. 300 ff.

[342] Vgl. BVerfG (2000) NJW, S. 129 f.

[343] Infolgedessen wurde die Aktiengesellschaft vor Einführung des Aktiengesetzes in Ermangelung aktienrechtlicher Regelungen als Aktienverein bezeichnet. Anwendung fanden die ergänzenden Vorschriften des Vereinsrechts. Exemplarisch sei auf die §§ 30, 31 BGB verwiesen.

[344] Semler (1995), S. 301.

[345] Semler (1995), S. 301.

band unabhängig von Mitgliederwechseln. Korporationsrechtlich ist die Belegschaft jedoch als nicht rechtsfähiger Verein zu klassifizieren.[346]

Das Zusammenwirken von Ressourcen und Mitarbeitern bedarf jedoch der organisatorischen und führungstechnischen Steuerung durch einen „Unternehmer".[347] Ausgehend vom Begriff des „Unternehmers" definiert VON NELL-BREUNING das Unternehmen als „alles und nur das, was zum Herrschaftsbereich eines unternehmerischen Willens gehört"[348]. „Unternehmer ist, wer mit ökonomischer Zielsetzung die Produktionsfaktoren kombiniert und zur Kooperation führt; in ausgezeichnetem Sinn ist Unternehmer, wer dies nicht in traditioneller Weise tut, sondern schöpferisch neuartige, effizientere Kombinationen ersinnt und verwirklicht."[349] Nach dieser Definition können sowohl Anteilseigner als auch angestellte Manager oder sogar eine Mehrzahl angestellter Manager „Unternehmer" sein. Ohne einen derartigen Führungsträger bilden nach Auffassung SEMMLERS die Werte- und Haftungsträger sowie die Leistungsträger noch kein Unternehmen. Erst durch das Zusammenwirken von Werte- und Haftungsträger, Leistungsträger und Führungsträger konstituieren sich Unternehmen, die im Sinne KÖHLERS als „Wertschöpfungsveranstaltung"[350] bezeichnet werden können. Während Werte- und Haftungsträger entweder natürliche oder juristische Personen sein können, müssen die Leistungs- und Führungsträger notwendigerweise natürliche Personen sein. Ein derartiges Unternehmensverständnis wird sowohl durch die höchstrichterliche Rechtsprechung des Bundesgerichtshofes, der im VEBA/Gelsenberg-Urteil auf die Erkennbarkeit eines unternehmerischen Willens sowie das Vorhandensein der Beeinflussungschancen für die Erfüllung des Unternehmensbegriffes abstellt, als auch durch die ständige Rechtsprechung des Bundesverfassungsgerichtes untermauert.[351, 352] Ex-

---

[346] Da die Belegschaft nicht über Vermögen verfügt, kann sie u.a. nicht als Gesellschaft klassifiziert werden. Die Binnenverfassung der Belegschaft ist hinreichend durch das BetrVG geordnet. Nach heutiger Auffassung sind auf den nicht rechtsfähigen Verein trotz des entgegenstehenden Wortlauts des § 54 BGB primär vereinsrechtliche Grundsätze anzuwenden. Vgl. Semler (1995), S. 303.

[347] Vgl. Kunze (1980), S. 105; Nell-Breuning (1967), S. 50.

[348] Nell-Breuning (1967), S. 57.

[349] Nell-Breuning (1967), S. 58.

[350] Köhler (1956), S. 141

[351] Vgl. BGHZ 69, 334 (337 f.); Lutter/Timm (1978), S. 838; Emmerich/Sonnenschein (1997), S. 28.

[352] Der BGH hatte in diesem Urteil zu entscheiden, unter welchen Voraussetzungen einem Gesellschafter die Unternehmensqualität im Sinne des § 15 AktG zuzuerkennen ist. Als Unternehmen sieht der BGH „jeden Gesellschafter an, bei dem zu seiner Beteiligung an der Gesellschaft wirtschaftliche Interessenbindungen außerhalb der Gesellschaft hinzukommen, die stark genug sind, die ernste Besorgnis zu begründen, der Gesellschafter könne um ihretwillen seinen Einfluss zum Nachteil der Gesellschaft geltend machen. (...) Unternehmensqualität besitzt ein Gesellschafter, der nicht nur in der Gesellschaft, sondern auch außerhalb der Gesellschaft unternehmerische Interessen verfolgt." Emmerich/Sonnenschein (1997), S. 28. Dieser Spruchpraxis haben sich mittlerweile auch das Bundesarbeitsgericht, das Bundessozialgericht sowie weitere Gerichte angeschlossen.

emplarisch sei an dieser Stelle auf das Mitbestimmungsurteil verwiesen, in dem das Gericht „die Kooperation und Integration aller im Unternehmen tätigen Kräfte, deren Kapitaleinsatz und Arbeit (als) Voraussetzung der Existenz und Wirksamkeit des Unternehmens"[353] bezeichnet. Weitere Akteure bzw. Elemente sind für die Gründung eines Unternehmens im Kontext des Aktiengesetzes nicht notwendig.

3.1.2 Der rechtliche Unternehmensbegriff

Das Zusammenwirken von Anteilseignern, Arbeitnehmern und Unternehmensführung ist konstituierend für Unternehmen und Voraussetzung für deren Existenz und Wirksamkeit. Vor diesem Hintergrund kann das Unternehmen als Wirkungseinheit bzw. Wertschöpfungsveranstaltung verstanden werden.

Der traditionellen Sichtweise zufolge – die vom handelsrechtlichen Unternehmensbegriff[354] ausgeht – wird das Unternehmen als Rechtsobjekt aufgefasst. Das Unternehmen ist demnach vom Unternehmensträger, der Gesellschaft, wie in Abbildung 2 dargestellt, zu trennen.[355] Die Gesellschaft ist als Unternehmensträger das für das Unternehmen maßgebliche Rechtssubjekt und ist entsprechend Träger aller Rechte und Pflichten des Unternehmens.[356] Diesem Ansatz zufolge muss jedes Unternehmen als Rechtsobjekt ein Rechtssubjekt zum Träger haben. Sofern das Unternehmen nur als Rechtsobjekt verstanden wird, kann es nicht selbst Interessenträger sein, sondern nur Interessengegenstand, also Bezugspunkt eines Interesses, denn es wird von seinen Trägern nicht gebildet, sondern nur betrieben.

Abb. 2: Traditionelle Sichtweise des Verhältnisses der Gesellschaft zum Unternehmen

Seit Beginn des 19. Jahrhunderts sind erste Versuche zu beobachten, dem Unternehmen selbst eine eigene Rechtspersönlichkeit zuzuerkennen. Diese Ansätze konnten

---

[353] BVerfGE 50, 290 (365).
[354] Das handelsrechtliche Unternehmensverständnis wird im Gesetzestext mit den Worten „Erwerbsgeschäft", beispielsweise in §§ 112, 1822 Nr. 3 BGB oder „Handelsgeschäft" in §§ 22 ff. HGB umrissen. Vgl. hierzu ausführlich Schmidt, K. (1999), S. 65.
[355] Krämer (2002), S. 31; Schmidt, K. (1999), S. 79 ff.; Clemens (1984), S. 38.
[356] Vgl. Nell-Breuning (1967), S. 52 f.; Schmidt, K. (1999), S. 81.

sich jedoch zunächst nicht durchsetzen. Erst seit den zwanziger Jahren des 20. Jahrhunderts wurde zunehmend die Theorie vom „Unternehmen an sich" diskutiert. Der Begriff wurde von HAUSSMANN geprägt, wenngleich RATHENAU fälschlicherweise häufig als Urheber der Theorie genannt wird.[357] In seiner Schrift „Vom Aktienwesen" gibt RATHENAU (1917) einige der zentralen Vorstellungen wieder:[358] „Die Großunternehmung ist heute überhaupt nicht mehr lediglich ein Gebilde privatrechtlicher Interessen, sie ist vielmehr, sowohl einzeln wie in ihrer Gesamtzahl, ein nationalwirtschaftlicher, der Gesamtheit angehöriger Faktor, der zwar aus seiner Herkunft (…) noch die privatrechtlichen Züge des reinen Erwerbsunternehmens trägt, während er längst und in steigendem Maße öffentlichen Interessen dienstbar geworden ist und hierdurch sich ein neues Daseinsrecht geschaffen hat."[359] Dieser Theorie zufolge haben sich im Laufe der Jahre Unternehmen so weit verselbständigt, dass sie sich schließlich mehr an ihrer wirtschaftlichen und sozialen Bedeutung ausrichten als an dem Interesse der Aktionäre.[360] So führt beispielsweise NETTER, einer der führenden Juristen der damaligen Zeit, hinsichtlich der Aktionärsinteressen aus: „Das Unternehmen tritt in seiner wirtschaftlichen und sozialen Funktion und damit in seiner Bedeutung als Rechtsträger entscheidend hervor. Dies bedingt die Beschränkung des kapitalmäßigen Einflusses zugunsten des Unternehmens. Das juristisch-technische Mittel, um dies zu erzielen, ist die Stabilisierung der Verwaltungsmacht."[361] In Bezug auf das Unternehmensinteresse ist insbesondere die weitgehende Emanzipation des Interessensubjektes Unternehmen von den Interessen der Beteiligten prägend. Es wird dabei nicht einmal der Versuch unternommen, das Unternehmensinteresse aus der Aggregation der Einzelinteressen zu rekonstruieren.[362]

Die von Anfang an umstrittene Vorstellung vom „Unternehmen an sich" hat über Jahrzehnte hinweg viel Widerspruch hervorgerufen und wurde beispielsweise von TEUBNER „in das Gruselkabinett der Rechtsfiguren"[363] verbannt. Insbesondere die Tendenzen, „das Unternehmen von den in ihm zusammenwirkenden Menschen zu lösen und als eine sich selbst tragende und selbst genügende Institution zu verabsolutieren"[364], sind auf breite Kritik gestoßen. VON NELL-BREUNING kritisiert zudem, dass der tech-

---

[357] Vgl. hierzu ausführlich Haussmann (1928).
[358] Rathenau ging es in dieser Schrift vornehmlich darum, die Stellung der Verwaltung der Aktiengesellschaft und der Aktionärsmehrheit im Verhältnis zu den Minderheitsaktionären zu stärken. Vgl. Flume (1983), S. 37.
[359] Rathenau (1917), S. 38 f.
[360] Vgl. Koch (1983), S. 52; Krämer (2002), S. 33.
[361] Netter (1929), S. 59.
[362] Vgl. Kuhner (2004), S. 249.
[363] Teubner (1985), S. 170.
[364] Raiser (1976), S. 118.

nologisch-ökonomische Prozess des Unternehmens im Kontext des „Unternehmens an sich" zum Selbstzweck erhoben und die Bedarfsbefriedigung belanglos werde.[365] Dennoch hat diese Theorie rückblickend Anstöße gegeben, die einzelne Rechtsbegriffe geprägt haben. Das Gesellschaftsinteresse[366] beispielsweise hat sich infolge der Diskussion um den Gedanken herausgebildet, die Individualinteressen der Anteilseigner zu beschränken.[367] Auch namhafte Vertreter der frühen Wirtschaftswissenschaften konnten sich der Theorie nicht entziehen. So hat beispielsweise KEYNES den Begriff der „Selbstsozialisation von Großunternehmen" geprägt, der in der Diskussion um das „Unternehmen an sich" eine herausragende Rolle spielte.[368, 369] In der traditionsreichen Diskussion des Unternehmensinteresses scheinen immer wieder Aspekte der Theorie des „Unternehmens an sich" durch, so dass sie trotz aller Kritik und Polemisierungen bis heute einzelne Facetten des Unternehmensinteresses beeinflusst.

Im Laufe der Jahrzehnte gab es zahlreiche Auseinandersetzungen über die Rechtsnatur der Aktiengesellschaft, unter anderem geprägt von der auf FECHNER (1942) zurückgehenden Theorie vom Unternehmen als einem sozialen Verband, dem von RAISER (1969) entwickelten Begriff des Unternehmens als Organisation, der von FLUME (1980) vertretenen Auffassung, dass die Aktiengesellschaft als verfasstes Unternehmen zu begreifen ist und schließlich der Lehre SCHILLINGS (1980) vom Aktienunternehmen, das er ebenfalls als Identität von Gesellschaft und Unternehmen versteht.[370] Seit dem die traditionelle Sichtweise in Frage gestellt worden ist, gehen die Ansätze zur Herleitung einer rechtlich präzisen Unternehmensdefinition fast sternförmig auseinander. Einen komprimierten Überblick über die zentralen Aspekte der Diskussion der Rechtsnatur einer Aktiengesellschaft gibt Anhang A.

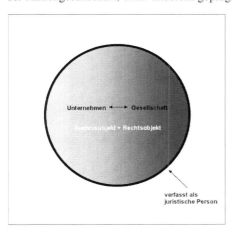

Abb. 3: Die Identifikation von Unternehmen und juristischer Person

---

[365] Vgl. Nell-Breuning (1967), S. 50 f.

[366] Für eine ausführliche Darstellung des Gesellschaftsinteresses siehe Kapitel 3.2.

[367] Vgl. Kuhner (2004), S. 249; Krämer (2002), S. 33.

[368] Vgl. Wagner (1997), S. 485.

[369] Müller-Erzbach ging noch einen Schritt weiter und wollte gar den Kleinaktionären das Stimmrecht im Eigeninteresse des Unternehmens entziehen. Vgl. Müller-Erzbach (1929), S. 27.

[370] Vgl. hierzu auch Semler (1995), S. 305.

Nach heutigem Verständnis wird das Unternehmen nicht mehr nur als Rechtsobjekt, sondern gleichfalls als Rechtssubjekt aufgefasst, wie Abbildung 3 verdeutlichen soll. FLUME zufolge ist „das Unternehmen als Rechtsgegenstand (…) Teil der als Aktiengesellschaft verfaßten Wirkungseinheit"[371]. Das Unternehmen, „in dem persönliche und sachliche Werte zu einer sozialen und wirtschaftlichen Einheit integriert sind"[372], ist ein interessenpluralistischer Organismus, auf den neben den Interessen der Anteilseigner insbesondere auch die Interessen der im Unternehmen Tätigen bezogen wird.[373] Somit wird entgegen der traditionellen Sichtweise, die die Gesellschaft als Träger des Unternehmens sieht, das seinerseits nur als gegenständliches Objekt fungiert, die soziale Realität in den Fokus der Betrachtung gerückt.[374] Wie FLUME ausführt, hat das Unternehmen sowohl die Qualitäten eines Rechtssubjektes als auch die eines Rechtsobjektes, wodurch die traditionelle Antithese von Unternehmen und Unternehmensträger aufgehoben wird.[375] Gegenüber der Gesellschaft stellt das Unternehmen den umfassenderen Verband dar, dessen Leitung und Kontrolle Vorstand und Aufsichtsrat obliegt.[376] Bei Unternehmen und Gesellschaft handelt es sich demzufolge nicht um zwei verschiedene Verbände, sondern um verschiedene Teile derselben Einheit, nämlich des als Aktiengesellschaft verfassten Unternehmens.[377, 378]

Aufbauend auf den Gedanken FLUMES sieht auch MERTENS die Rechtsfigur der juristischen Person als rechtliche und soziale Identität einer Aktiengesellschaft begründet. Die Rechtsfigur der juristischen Person wirke als „gestaltbildende und einheitsstiftende Struktur der sozialen Organisations- und Wirkungseinheit"[379]. Demzufolge seien „die Begriffe Unternehmen und Gesellschaft gleichbedeutend in dem Sinne, dass damit die in der juristischen Person inkorpierte, als Aktiengesellschaft verfasste, soziale

---

[371] Flume (1980), S. 18.
[372] Hefermehl/Spindler (2004), § 76 Rn. 56.
[373] Vgl. Hefermehl/Spindler (2004), § 76 Rn. 56.
[374] Vgl. Ott (1977), S. 36 ff.; Mertens (1996), § 76 Rn. 7.
[375] Vgl. Flume (1980), S. 18.
[376] Vgl. Krämer (2002), S. 79.
[377] Vgl. Krämer (2002), S. 193.
[378] Inwieweit eine solche Identifikation von Gesellschaft und Unternehmen auch bei anderen Rechtsformen gerechtfertigt ist, wurde nicht analysiert, da ausschließlich die Aktiengesellschaft Gegenstand dieser Arbeit ist.
In der Literatur werden mitunter Fallkonstellationen diskutiert, in denen das Unternehmen erhalten bleiben kann, obwohl sich die Gesellschaft auflöst und durch eine neue ersetzt wird. Das Gleiche gilt umgekehrt für Konstellationen, in denen das Unternehmen zugrunde geht, während die Gesellschaft erhalten bleibt. Diese Sachverhalte zeigen, dass Unternehmen und Gesellschaft nicht identisch sind, jedoch zwei Seiten einer Einheit, da weder die eine noch die andere unabhängig von der anderen ihren Zweck erfüllen kann. Des Weiteren ist nach Auffassung des Bundesverfassungsgerichts die Aktiengesellschaft als juristische Person in ihrem Bestand unabhängig von ihren Gesellschaftern. Vgl. BVerfG (2000) NJW, S. 129 f.; Raiser (1976), S. 111.
[379] Mertens (1996), § 76 Rn. 6.

und wirtschaftliche Zweck-, Handlungs- und Wirkungseinheit des Unternehmens selbst gemeint ist"[380]. Explizit festhalten möchte er am Prinzip der Selbständigkeit der juristischen Kategoriebildung. Demzufolge gibt es kein Eigeninteresse des Unternehmens, das letztlich der im Aktiengesetz verankerten Kompetenz der Anteilseigner zur Bestimmung und Veränderung des Unternehmensgegenstandes, zur Strukturierung und Umstrukturierung der organisatorischen und kapitalmäßigen Grundlagen und zur Auflösung des Unternehmens entzogen wäre.[381]

Unter einem Unternehmen ist insofern nicht ein Aktienunternehmen im Sinne SCHILLINGS als schwer zu definierendes Bündel von Partikularinteressen zu verstehen, sondern die rechtlich geordnete Verfassung der Aktiengesellschaft, die allerdings nicht nur an den Vorgaben des Aktienrechts, sondern auch denen des Mitbestimmungsrechts, des Kapitalmarktrechts, des Insolvenzrechts und des Wettbewerbsrechts orientiert ist.[382] In diesem Sinne wird im weiteren Verlauf dieser Arbeit der rechtliche Begriff des Unternehmens Anwendung finden. Die skizzierte Definition bildet den Ausgangspunkt des zunehmend an Bedeutung gewinnenden Unternehmensrechts.

3.1.3 Der rechtliche Interessenbegriff auf Unternehmensebene

Der Begriff „Interesse" wird häufig in der Umgangssprache verwendet und hat eine entsprechend weite Bedeutung. In der herkömmlichen Verwendung versteht man unter diesem dem Lateinischen[383] entstammenden Wort primär eine geistige „Anteilnahme (positive Bezogenheit) eines Subjekts an einem Gegenstand (an einem anderen Menschen, an einer Sache oder an einem Verhältnis)"[384] bzw. „Gefühlsdispositionen, gerichtet auf die Befriedigung jeglicher Art von Bedürfnissen und Wünschen, Begehrungen und Willenszielen"[385].[386] Das Interesse steht somit immer in einem Subjekt-Objekt-Verhältnis.[387] Demzufolge kann es weder subjekt- noch objektlose Interessen geben. Seit der Mitte des 18. Jahrhunderts ist das Wort zunehmend in den allgemeinen Sprachgebrauch übergangen und hat seinen zuvor ausschließlich rechtlichen Bezug verloren.

---

[380] Mertens (1996), § 76 Rn. 6.
[381] Vgl. Mertens (1996), § 76 Rn. 7.
[382] Vgl. Kort (2003), § 76 Rn. 40.
[383] Lateinisch: inter-esse = dabei sein, Anteil nehmen.
[384] Wolff/Bachof/Stober (1994), S. 339.
[385] Martens (1969), S. 173.
[386] Vgl. auch die Definition von Kraft (1963), S. 11: „Interesse ist (...) eine emotionelle oder auch willensmäßige, jedenfalls gedankliche Beziehung zwischen einer Person, dem Träger des Interesses und der außer ihm liegenden Welt, wobei die Beziehung durch den Träger des Interesses selbst, d.h. subjektiv hervorgerufen wird."
[387] Vgl. Jürgenmeyer (1984), S. 140.

Rechtliche Normierungen, so auch die des Gesellschafts- und Aktienrechts, sind grundsätzlich „als Versuch (zu) verstehen, unter kollidierenden Interessen einen brauchbaren Ausgleich zu schaffen oder zu ermöglichen"[388]. Insofern kann eine interessenanalytische Betrachtung einen wesentlichen Beitrag zum Verständnis des Rechts und seiner sachgerechten Anwendung leisten. Für die Begründung und inhaltliche Ausgestaltung des Unternehmensinteresses ist zunächst die Frage von Bedeutung, inwieweit eine Mehrheit von Personen Träger von Interessen sein kann.

Gemäß dem recht allgemeinen und umfassenden Ansatz von WOLFF/BACHOF/STOBER kann eine menschliche Gemeinschaften, insbesondere wenn es sich um eine verbandlich organisierte Wirkungs- und Ordnungseinheit handelt, Träger eigener Interessen, eines sog. „autonomen Verbandsinteresse(s)"[389], sein. Diesem Ansatz zufolge kann ein derartiges Interesse „nicht ohne die Interessen ihrer menschlichen Mitglieder bestehen"[390].[391] Das autonome Verbandsinteresse muss dabei jedoch nicht mit der Summe der Interessen der Mitglieder übereinstimmen, sondern vielmehr die Interessen der Mitglieder faktisch oder ideal integrieren.[392] Die Rechtstheorie trägt der sozialen Realität menschlicher Verbände Rechnung, indem sie sich vom streng individualistischen Ansatz löst und ihnen eigene, von den Interessen der einzelnen Mitglieder zu unterscheidende Interessen zuerkennt.[393] Das rechtlich relevante Verbandsinteresse ist dabei aus dem Zweck des Verbandes abzuleiten.[394]

Der Ansatz von WOLFF/BACHOF/STOBER bildet einen wichtigen Ausgangspunkt in der Diskussion der Nicht-Individualinteressen für die nachfolgende Herleitung des Unternehmensinteresses. JÜRGENMEYER greift diesen Ansatz auf und kommt zu dem Ergebnis, dass sich „das 'subjektive, tatsächliche Interesse einer Gemeinschaft', das sich 'aus einem komplizierten Wechselwirkungsprozeß' zwischen den tatsächlichen und angenommenen Interessen der Gemeinschaftsmitglieder und Organwalter ergibt, nicht ohne den Zweck dieser Gemeinschaft gedacht werden kann; denn die Interessen der Gemeinschaftsmitglieder und Organwalter sind vom Zweck der Gemeinschaft bestimmt"[395].[396] Dies trägt der Tatsache Rechnung, dass sich die Mitglieder der Gemein-

---

[388] Zöllner (1984), Einl. Rn. 104.

[389] Wolff/Bachof/Stober (1994), S. 340.

[390] Wolff/Bachof/Stober (1994), S. 340.

[391] Das Konzept von Wolff/Bachof/Stober bezog sich ursprünglich auf das „Öffentliche Interesse als Grundsatz des Verwaltungsrechts", lässt sich jedoch mit wenigen Modifikationen auf juristische Personen im Kontext des Unternehmensinteresses übertragen.

[392] Vgl. Jürgenmeyer (1984), S. 141.

[393] Vgl. Raiser (1976), S. 117.

[394] Vgl. Wolff/Bachof/Stober (1994), S. 340.

[395] Jürgenmeyer (1984), S. 143 f.

schaft zusammengeschlossen haben, weil sie ein oder auch mehrere gemeinsame Interessen haben und zum Zwecke der Verwirklichung dieser gemeinschaftlichen Interessen die Gesellschaft betreiben. Die Gesellschaftsinteressen und der Gesellschaftszweck bestimmen sich demnach gegenseitig.[397] Da dieser Wechselwirkungsprozess sich innerhalb der Gesellschaft vollzieht, für die der gemeinsame Zweck ein konstitutives Element ist, stellt der Verbandszweck eine Richtschnur dar, an der sich der Wechselwirkungsprozess zu orientieren hat.

Hinsichtlich des Unternehmensinteresses von Aktiengesellschaften gilt es nun der Frage nachzugehen, ob sich dieses Verständnis eines überindividuellen Interesses auch auf eine juristische Person übertragen lässt. Die juristische Person[398] ist nach KÜBLER/ASSMANN definiert als „eine Gesellschaft i.w.S. [399] (...), der das Gesetz Rechtsfähigkeit verliehen hat. Rechtsfähigkeit einer Organisation bedeutet, dass sie (...) selbstständiger Träger von Rechten, also ein Rechtssubjekt ist, das als eigener Zuwendungspunkt für Rechte und Pflichten dient".[400] Inwieweit juristische Personen Träger von Interessen sein können, war mitunter Gegenstand des seit dem 19. Jahrhundert ausgetragenen Theorienstreits über das Wesen der juristischen Person.[401] Die Beantwortung dieser Frage hängt nicht zuletzt davon ab, ob juristische Personen als bloße Zweck-

---

[396] Wolff/Bachof/Stober, auf die sich die zitierten Passagen beziehen, verwenden in diesem konkreten Zusammenhang „Gesellschaft" und „Gemeinschaft" synonym.

[397] Kraft führt diesbezüglich aus, dass in Bezug auf das menschliche Handeln zwischen Interesse und Zweck kein Unterschied bestehe. Vgl. Kraft (1963), S. 18 f.

[398] Die nachfolgenden Ausführungen beziehen sich ausschließlich auf juristische Personen des Privatrechts insbesondere im Gegensatz zu juristischen Personen des öffentlichen Rechts.

[399] Juristische Personen sind von Gesellschaften im engeren Sinne zu unterscheiden, welche auf der Grundlage persönlicher Verbundenheit errichtet werden und von der individuellen Zugehörigkeit ihrer Mitglieder abhängen. Vgl. Fock (2007), § 1 Rn. 8; Raiser/Veil (2006), S. 37.

[400] Kübler/Assmann (2006), S. 31 f.

[401] Die extremen Positionen dieses Theorienstreits lassen sich mit folgenden Gegensätzen vereinfacht darstellen: Die Fiktionstheorie, die auf von Savigny zurückgeht, referenziert bei ihrer Betrachtung der juristischen Person auf die Individuen, die hinter der jeweiligen Gesellschaft stehen, weil nur natürliche Personen berechtigt und verpflichtet werden können. Von Savigny deklariert demzufolge juristische Personen als „künstliche, durch bloße Fiction angenommene Subjecte" (Savigny (1840), S. 236). Infolgedessen geht dieser Ansatz von der Verschiedenheit von natürlicher und juristischer Personifikation aus. Das Wesen der Korporation besteht nach von Savigny darin, „dass das Subject der Rechte nicht in den einzelnen Mitgliedern (selbst nicht in allen Mitgliedern zusammengenommen) besteht, sondern in dem idealen Ganzen". Savigny (1840), S. 243. Mit Nachdruck wendet sich von Savigny gegen die immer wieder diskutierte Identifizierung der Korporation mit ihren Mitgliedern. Eine Erklärung dafür, dass auch menschliche Gemeinschaften Träger eigener Interessen sein können, versucht die „Theorie der realen Verbandspersönlichkeit", deren wichtigster Vertreter von Gierke (1902) war. Ausgehend von der sozialen Realität von Verbänden und der daraus abgeleiteten „Wesenhaftigkeit der Gemeinschaft" (Gierke (1902), S. 11) versteht die juristische Person als „ein Ganzes, dem eine reale Einheit innewohnt". Gierke (1902), S. 12. Die juristische Person ist dieser Theorie zufolge ein Organismus, der am sozialen und geschäftlichen Leben real teilnimmt. Demnach wäre es konsequent, einem Verband eine eigene Interessensubjektivität zuzuschreiben. Vgl. Gierke (1895), S. 470; Martens (1969), S. 179 f.; Hopt (1996), S. 17; Flume (1983), S. 9; Schmidt, K. (2002), S. 189; Kübler/Assmann (2006), S. 33.

schöpfungen verstanden werden oder aber als mit eigener Personalität ausgestattete Wesenseinheiten.[402]

Ansatzpunkte kann ein Blick in die verfassungsrechtliche Diskussion zur Grundrechtsfähigkeit juristischer Personen liefern. Nach Art. 19 Abs. 3 GG gelten die im Grundgesetz kodifizierten Grundrechte auch für inländische juristische Personen, sofern sie ihrem Wesen nach auf diese anwendbar sind.[403] Im Gegensatz zu natürlichen Personen ist bereits im Wortlaut ein eingeschränkter Anwendungsbereich angelegt.[404] Da juristische Personen keinen unmittelbaren Anteil an der allein personalistisch zu begreifenden Menschenwürde besitzen, können sie, wie HUBER ausführt, „unter grundrechtlichem Blickwinkel kein Selbstzweck sein, sondern nur Zweckschöpfung, um den hinter ihnen stehenden natürlichen Personen die Wahrnehmung bestimmter, häufig grundrechtlich geschützter Interessen zu ermöglichen"[405]. Somit existieren juristische Personen gemäß der Rechtsprechung des Bundesverfassungsgerichts folgend in der Formulierung DÜRINGS „um des Menschen Willen"[406] und sind letztlich Zweckschöpfungen.[407] Für die Grundrechtsfähigkeit von Personenzusammenschlüssen ist letztlich maßgebend, in welchem Maße sie der Entfaltung menschlicher Selbstbestimmung dienen.[408] Jedoch nicht nur auf der Ebene der Verfassung, sondern auch auf der des einfachen Rechts bedeutet die Rechtssubjektivität der juristischen Person ein Minus gegenüber der Rechtsfähigkeit des Menschen.[409]

Resümierend lässt sich die eingangs gestellte Frage, ob eine Mehrheit von Personen Träger von Interessen sein kann, sowohl allgemein als auch in Anwendung auf juristische Personen grundsätzlich bejahen. Aktiengesellschaften können somit selbst Interessenträger sein, da juristische Personen jedoch kein Selbstzweck sind, sondern eine Zweckschöpfung, ist deren Interesse als solches stets an den Verbandszweck und die Interessen der dahinter stehenden Mitglieder gebunden.[410]

Das Unternehmensinteresse ist daher ein gegenüber den Interessen der verschiedenen Unternehmensbeteiligten zu unterscheidendes, selbständiges Interesse. Träger des Un-

---

[402] Vgl. Rupp-v. Brünneck (1969), S. 349 ff.; Wiedemann (1980), S. 690 f.

[403] Existierte diese Norm nicht, wäre die Grundrechtsfähigkeit ausschließlich natürlichen Personen vorbehalten und der Verband müsste natürliche Personen eigens als Vertreter oder als Treuhänder legitimieren, die gebündelten Mitgliederinteressen wahrzunehmen. Vgl. Wiedemann (1980), S. 688; Dreher (1991), S. 353 f.

[404] Vgl. Huber (1999), S. 2239.

[405] Huber (1999), S. 2240.

[406] Düring (1977), Art. 19 Abs. 3 Rn. 1.

[407] Vgl. BVerfGE 75, 192 (196); Sachs (2007), S. 739; Schmidt, K. (2002), S. 214; Möllers (2003), S. 407. Einschränkend Fock (2007), § 1 Rn. 14.

[408] Demzufolge ist durchaus auf die Verbandsrealität abzustellen. Vgl. Kübler/Assmann (2006), S. 34.

[409] Vgl. Kübler/Assmann (2006), S. 34.

[410] Vgl. Semler (1995), S. 305.

ternehmensinteresses sind dabei weder die Anteilseigner, die Arbeitnehmer oder die Verwaltung noch der Unternehmensträger oder die juristische Person.[411] Den Träger des Unternehmensinteresses bezeichnet TEUBNER als „Corporate Actor", und meint damit „das auf seine gesellschaftliche Funktion und Leistungen ausgerichtete autonome Handlungssystem"[412] des Unternehmens. Er stellt damit im Gegensatz zur traditionellen Sichtweise auf das Unternehmen im zuvor definierten Sinne ab. Trotz der Rechtssubjektivität des Unternehmens und der damit verbundenen Eigenständigkeit des Unternehmensinteresses kann dieses nicht losgelöst von den Interessen der Beteiligten gesehen werden. Dies resultiert daraus, dass das Unternehmen – in Abgrenzung zur Lehre vom „Unternehmen an sich" – nicht als eine von den Mitgliedern losgelöste abstrakte Institution aufgefasst wird, sondern als Verband kooperierender Menschen.[413] Das Unternehmen ist, wie WIETHÖLTER es prägnant formuliert, „Bezugspunkt und Koordinationszentrum von Interessen"[414]. Das Unternehmen ist zwar Träger des Unternehmensinteresses, dieses Interesse kann jedoch nicht ohne die Interessen der Mitglieder bestehen. Es ist also kein Interesse im Sinne eines psychologischen Sachverhalts.[415] Demzufolge kann es sich nicht autonom von den Mitgliedern entwickeln, vielmehr müssen in diesem stets die Interessen der Mitglieder integriert sein.

3.2 Gesellschaftszweck und Gesellschaftsinteresse

Das sog. Gesellschaftsinteresse – oder allgemeiner formuliert das Verbandsinteresse – ist die engste Abgrenzung der Ziele und Zwecke einer Aktiengesellschaft.[416] Ihm liegt die traditionelle Sichtweise der in Kapitel 3.1.2 beschriebenen Trennung von Unternehmen und Unternehmensträger zugrunde, der zufolge der Unternehmensträger, d.h. die Gesellschaft, alleiniges Rechtssubjekt ist. Träger des Interesses ist somit die Gesellschaft als der verfasste Verband der Gesellschafter.[417] Gemäß der Definition ZÖLLNERS umfasst das Gesellschaftsinteresse alles, „was den Bestand, die Funktionsfähigkeit und die Aufgabenerfüllung des Verbandes im Hinblick auf den Zweck des Verbandes begünstigt und gewährleistet. Genaugenommen stellt es damit einen durch den Zweck des Verbandes umschriebenen Ausschnitt aus den Mitgliederinteressen dar"[418].[419] Aus der Tatsache, dass die Gesellschafter sich zusammengeschlossen haben,

---

[411] Vgl. Teubner (1985), S. 472.
[412] Teubner (1985), S. 472.
[413] Vgl. Krämer (2002), S. 106.
[414] Wiethölter (1961), S. 41 f.
[415] Vgl. Zöllner (1984), Einl. Rn. 106.
[416] Vgl. Kuhner (2004), S. 246; Zöllner (1984), Einl. Rn. 105.
[417] Vgl. Jürgenmeyer (1984), S. 128; Raiser (1976), S. 111.
[418] Zöllner (1984), Einl. Rn. 107.

weil sie ein oder auch mehrere gemeinsame Interessen verfolgen und zum Zwecke der Verwirklichung dieser gemeinschaftlichen Interessen die Gesellschaft betreiben, kann geschlossen werden, dass das Gesellschaftsinteresse und der Gesellschaftszweck sich gegenseitig bestimmen.[420] Der Gesellschaftszweck beschreibt somit den finalen Sinn des Zusammenschlusses.[421] Das Gesellschaftsinteresse sowie das darauf aufbauende Unternehmensinteresse ergeben sich somit aus dem Gesellschaftszweck als dem Bindeglied zwischen Gesellschaftern und der Grundlage für die Gesellschaft an sich.[422, 423] Es bildet das gemeinsame Ziel der Gesellschafter.

Im Rahmen des geltenden Gesellschaftsrechts wird häufig von den „Belangen der Gesellschaft", dem „Wohl der Gesellschaft" oder aber auch dem „Nachteil für die Gesellschaft" gesprochen.[424] Das Gesellschaftsinteresse gilt somit als anerkannte Generalklausel. Gemäß § 82 Abs. 2 AktG ist der Vorstand an die Bestimmungen der Satzung und damit an den verfassten Zweck des Verbandes gebunden.[425] Somit gilt das Gesellschaftsinteresse als eine „überindividuelle, von den konkreten Interessen der Verbandsmitglieder abgelöste und für alle Gesellschaftsorgane gleichermaßen verbindliche Leitmaxime"[426], die im Einzelfall „im Sinne der überindividuell aggregierten Anteilseignerinteressen zu entwickeln"[427] ist.[428, 429] Da auch innerhalb der Gesellschafter Interessenkonflikte existieren, ist das Gesellschaftsinteresse, wie KORT ausführt, „nicht von den Aktionärsinteressen wesensverschieden, sondern ist deren Summe, die allerdings aus Komponenten mit verschiedenen Vorzeichen zusammengesetzt sein kann. So verstanden ist ein Konflikt zwischen dem Gesellschaftsinteresse und dem Interesse einzelner Gesellschafter (stets) zugunsten des gemeinsamen Gesellschaftsinteresses zu lösen."[430] Das Aktionärsinteresse ist somit als ein aggregiertes Interessenbündel zu verstehen, innerhalb dessen die einzelnen Interessen nicht notwendigerweise

---

[419] Vgl. Hopt (1993), S. 535.

[420] Vgl. Kraft (1963), S. 18 f.

[421] Vgl. Krämer (2002), S. 47; Mülbert (1996), S. 155.

[422] Vgl. Jürgenmeyer (1984), S. 128 f.

[423] Diesbezüglich wird in der Literatur teilweise auch vom Unternehmensziel gesprochen. Dies ist insofern irreführend, als man nicht unbedingt von einer gesellschaftsrechtlichen Ebene auf die unternehmensrechtliche geschlossen werden kann.

[424] Vgl. Junge (1978), S. 552. Siehe hierzu auch u.a. §§ 117, 121 Abs. 1, 131 Abs. 3 Nr. 1, 308 Abs. 1 AktG; § 49 Abs. 2 GmbHG.

[425] Vgl. Mertens (1996) § 82 Rn 12 f.; Hüffer (2008) § 82 Rn 9; Schmidt, R./Spindler (1997), S. 535.

[426] Mülbert (1997), S. 141; Vgl. auch Wiedemann (1980), S. 338 f.

[427] Mülbert (1997), S. 141.

[428] Vgl. Wiedemann (1980), S. 627 f.; Kort (2003), § 76 Rn. 53.

[429] Begründet wird dies unter anderem mit dem Verweis auf die ständige Rechtsprechung des BGH und des Bundesverfassungsgerichts, der zufolge „die Belange aller Gesellschafter (…) nicht notwendig mit den Aktionärsinteressen identisch sein (müssen)". BVerfG (2000) NJW, S. 195. Vgl. BGHZ 119, 257 (261 f.); 12, 328 (333, 336); 149 (10, 15 ff.).

[430] Kort (2003), § 76 Rn. 53 (S. 92).

gleichgerichtet sind.[431] Zudem entspricht es nicht zwingend dem Interesse der Mehrheit der Gesellschafter.[432] Unterschiedliche Interessenlagen können, wie in Kapitel 2.2 angerissen, zwischen Mehrheits- und Minderheitsaktionären sowie zwischen reinen Finanzinvestoren und strategischen Investoren bestehen. Der Vorstand ist nach Auffassung MERTENS dazu verpflichtet, alle Aktionäre gleich zu behandeln und „Maßnahmen zu unterlassen, die (…) Auseinandersetzungen zwischen Aktionären in parteiischer Weise beeinflussen".[433].[434] Nach Auffassung HOPTS gilt dies nicht nur für die derzeitigen Aktionäre, sondern auch für künftige Aktionäre.[435] Das Gesellschaftsinteresse demgemäß in einer Publikumsgesellschaft allenfalls als ein hypothetisches Aktionärsinteresse ermittelt werden.[436]

Der inhaltliche Rahmen des Gesellschaftsinteresses wird durch das Sachziel bzw. synonym dem Unternehmensgegenstand und das Formalziel[437], den beiden Hauptelementen des Gesellschaftszwecks, konstituiert.[438] Das Sachziel ergibt sich aus dem Gesellschaftsvertrag bzw. der Satzung. Die Angabe des Sachziels ist nach § 23 Abs. 3 Nr. 2 AktG Pflichtbestandteil der Satzung einer Aktiengesellschaft. Die Aktiengesellschaft ist grundsätzlich zweckoffen und kann zu jedem gesetzlich zulässigen Zweck wirtschaftlicher oder nicht wirtschaftlicher Art gegründet werden.[439, 440] Das Sachziel bezeichnet die konkrete Tätigkeit, welche die Gesellschaft bzw. das von ihr betriebene Unternehmen auszuführen beabsichtigt.[441] Insbesondere Industrie- und Handelsunternehmen, die dem Aktiengesetz unterliegen, müssen die Art der Erzeugnisse und Waren genau spezifizieren. Der Vorstand darf einerseits keine Handlungen außerhalb dieses Bereiches vornehmen und muss andererseits das Sachziel aktiv durch Geschäftsführungsmaßnahmen ausfüllen.[442] Infolgedessen beschränkt die Satzung gegenständlich die Leitungsmacht des Vorstandes nach § 76 Abs. 1 AktG.[443] Die Festlegung des Unternehmensgegenstandes ist sowohl Leitlinie für die Geschäftsführung des Vorstan-

---

[431] Vgl. Bürgers/Israel (2008), § 76 Rn. 12.
[432] Vgl. Zöllner (1984), Einl. Rn. 106.
[433] Mertens (1996), § 76 Rn. 18.
[434] Vgl. BGHZ 21, 354 (357); Mertens (1996), § 93 Rn. 61.
[435] Vgl. Hopt (1993), S. 546.
[436] Vgl. Dreher (1991), S. 366 f.
[437] Zum Begriff „Formalziel" vgl. Großmann (1980), S. 16 f.
[438] Vgl. Kuhner (2004), S. 246 f.; Krämer (2002), S. 51 ff.; Jürgenmeyer (1984), S. 129; Großmann (1980) S. 19 ff.; Körber (2008), § 23 Rn. 28 f.
[439] Vgl. Schmidt, K. (2008), Einl. Rn. 2; Körber (2008), § 23 Rn. 28.
[440] Aus ökonomischer Sicht besteht der Zweck eines Unternehmens in der Transformation von Ressourcen in Nutzen. Vgl. Malik (2008), S. 148.
[441] Vgl. Großmann (1980), S. 15; Körber (2008), § 23 Rn. 28; BGHZ 102, 209 (213).
[442] Vgl. Seibt (2008), § 82 Rn. 13 (S. 935); Säcker (1989), S. 547; Semler/Spindler (2004), Vorb. Rn. 78.
[443] Zur Wechselwirkung von Satzung und Leitungsmacht des Vorstandes siehe auch Kapitel 5.5.1.

des als auch Kontrollinstrumentarium für den Aufsichtsrat.[444] Nach geltendem Recht kann der Unternehmensgegenstand jederzeit per Satzungsänderung durch den Beschluss der Hauptversammlung geändert werden.[445]

Da die im Sachziel beschriebene konkrete Tätigkeit in aller Regel jedoch kein Selbstzweck ist und das Unternehmen im Sinne KÖHLERS eine „Wertschöpfungsveranstaltung"[446], bedarf es eines Ziels, anhand dessen beurteilt werden kann, „ob die konkrete Tätigkeit zweckmäßig, vernünftig oder wirtschaftlich betrieben wird"[447]. Dieses Ziel wird in der Betriebswirtschaftslehre in Anlehnung an KOSIOL als Formalziel bezeichnet, da es unabhängig vom konkreten Inhalt der Tätigkeit ist.[448] Die inhaltliche Konkretisierung des Formalziels birgt jedoch einige Schwierigkeiten. Aus juristischer Perspektive ist die Bestimmung des Formalziels als Element des Verbandszwecks ein privatautonomer Wahlakt der Gründer oder einer satzungsändernden Mehrheit.[449] Fehlt es jedoch an der ausdrücklichen Festlegung, muss das Formalziel durch Auslegung der aktienrechtlichen Vorschriften ermittelt werden. Die fehlende Angabe des Formalziels begründet dann, nach Auffassung MÜLBERTS, „die Vermutung, dass die Gründer das Formalziel der normtypischen Aktiengesellschaft gewählt haben"[450].

Dass die Aktiengesellschaft im Zweifel darauf angelegt ist, Gewinne zu erzielen, ergibt sich aus zahlreichen Vorschriften des Aktiengesetzes. So indiziert beispielsweise die Berichtspflicht des § 90 Abs. 1 Nr. 2 AktG, dass der Vorstand für die Rentabilität[451] zu sorgen hat.[452] Dies setzt voraus, dass ein Periodenerfolg in Form eines Gewinns erzielt wird.[453] Des Weiteren deuten auch die Vorschriften der §§ 150, 300 AktG hinsichtlich der Bildung gesetzlicher Rücklagen daraufhin, dass der Gesetzgeber von der Gewinnerzielungsabsicht als Regelfall für die Aktiengesellschaft ausgeht.[454]

---

[444] Vgl. Säcker (1989), S. 556; Dreher (1991), S. 357.

[445] Vom Unternehmensgegenstand ist wie bereits dargelegt der Gesellschaftszweck streng zu unterscheiden, denn gemäß § 179 Abs. 2 AktG kann der Unternehmensgegenstand bzw. das Sachziel durch Satzungsänderung mit Mehrheitsbeschluss geändert werden, während nach herrschender Meinung eine Änderung des Gesellschaftszwecks nur mit Zustimmung aller Aktionäre möglich ist. Vgl. Körber (2008), § 23 Rn. 29.

[446] Köhler (1956), S. 141.

[447] Großmann (1980), S. 16. Vgl. auch Wiedemann (1974), S. 573.

[448] Vgl. Kosiol (1972), S. 223 f.; Großmann (1980), S. 16.

[449] Vgl. Mülbert (1997), S. 157 (Fn. 104).

[450] Mülbert (1997), S. 157 (Fn. 104).

[451] Dem Wortlaut des Gesetzes zufolge hat der Vorstand insbesondere für die Rentabilität des Eigenkapitals zu sorgen.

[452] Vgl. Krämer (2002), S. 48.

[453] Vgl. Schilling (1997), S. 375.

[454] Gewinnbringende Aktiengesellschaften müssen einen Teil ihrer Gewinne zur Risikovorsorge in die Rücklage einstellen. Da gewinnlose Aktiengesellschaften, die infolgedessen stärker gefährdet sind, dies nicht tun müssen, wäre diese Regelung – sofern der Gesetzgeber von der gewinnlosen Gesellschaft als Regelfall ausgeht – grotesk. Darüber hinaus wäre, wenn kein Formalziel in der Satzung

Letztlich setzt auch der Unternehmensgegenstand die Gewinnerzielung voraus, denn ohne wirtschaftlichen Erfolg wird die Gesellschaft nicht längerfristig in der Lage sein, das Sachziel zu verfolgen.[455] Das Formalziel der Gewinnerzielung gilt auch deshalb für jede Aktiengesellschaft – sofern die Gründer dies mit der Satzung nicht ausgeschlossen haben –, weil andernfalls die Entscheidung, ob Gewinn erzielt werden soll oder nicht, in das Belieben des Vorstandes gestellt wäre.[456] Zusammenfassend kann somit als Formalziel, sofern sich aus der Satzung nichts anderes ergibt, für Aktiengesellschaften die Gewinnerzielung angenommen werden.[457] Die Festlegung des Formalziels erfüllt im Gesellschaftsrecht zwei wichtige Funktionen.[458] Zum einen ermöglicht es die Konkretisierung des Gesellschaftsinteresses und definiert die Grenze, wann die Ausübung von Mitgliedschaftsrechten gesellschaftswidrig wird. Zum anderen bildet das Formalziel einen Maßstab für das Verhalten der Gesellschaftsorgane.

Was jedoch versteht das Aktiengesetz unter Gewinnerzielung? Das Gesellschaftsinteresse konkretisiert sich im Rahmen des Formalziels der Gewinnerzielung nach herrschender Meinung in einer langfristigen Gewinnmaximierung, die von den einzelnen Aktionärsinteressen losgelöst ist.[459] Der Grundsatz der Gewinnmaximierung ist nicht unumstritten, da er zum einen eine Konkretisierung suggeriert, die angesichts zahlreicher fließender Grenzen nicht besteht,[460] und zum anderen eine rigorose Kostenreduzierung unter Hintanstellung anderer Interessen voraussetzt.[461, 462] Des Weiteren ist zu berücksichtigen, dass sich nach herrschender Meinung der Begriff „Gewinn" im Aktiengesetz in Ermangelung anderer rechtlicher Definitionen auf die technisch-

---

festgelegt ist und vom Regelfall der gewinnlosen Aktiengesellschaft ausgegangen wird, die Entscheidung darüber, ob das Unternehmen Gewinn erzielen soll, in das Belieben des Vorstandes gestellt, während die Entscheidung über das Sachziel beim Satzungsgeber und somit bei den Gesellschaftern liegt. Dies wäre eine widersinnige Verteilung von Entscheidungsbefugnissen. Vgl. Semler (1996), S. 26; Krämer (2002), S. 48 f.

[455] Vgl. Junge (1978), S. 554; Schmidt-Leithoff (1989), S. 165; Semler (1996), S. 26; Semler/Spindler (2004), Vorb. Rn. 79.

[456] Vgl. Semler (1996), S. 26.

[457] Vgl. Hüffer (2008), § 82 Rn. 9; Seibt (2008), § 82 Rn. 12.

[458] Vgl. Wiedemann (1974), S. 573.

[459] Vgl. Mülbert (1997), S. 141; Kuhner (2004), S. 267; Groh (2000), S. 2156; Jürgenmeyer (1984), S. 172 ff.; Wiedemann (1980), S. 338 f., 626 f.; Paefgen (1982), S. 93; Henze (2000), S. 212. Ablehnend Rittner (1987), S. 144; Semler/Spindler (2004), Vorb. Rn. 80.

[460] Hefermehl/Spindler verweisen hier exemplarisch auf die divergierenden Begriffe des bilanzrechtlichen Gewinns, des kalkulatorischen Gewinns, des ökonomischen Gewinns und auf den nicht definierten zeitlichen Maßstab. Vgl. Hefermehl/Spindler (2004), § 76 Rn. 62.

[461] Vgl. Schilling (1997), S. 375; Schmidt-Leithoff (1989), S. 218.

[462] Mertens beispielsweise sieht den Vorstand nicht zu einer reinen Gewinnmaximierung verpflichtet. Vielmehr liege es im Rahmen des unternehmerischen Ermessens, wenn der Vorstand auch Ziele verfolgt, die darauf Rücksicht nehmen, dass der Betrieb wesentlicher Teil der sozialen und kulturellen Umwelt des Arbeitnehmers ist oder diesen an gesamtwirtschaftlichen Anforderungen ausrichtet. Vgl. Mertens (1996), § 76 Rn. 11.

rechnerische Größe des Bilanzrechenwerks bezieht. Damit beinhaltet die langfristige Gewinnmaximierung im Rahmen des Gesellschaftsinteresses einen Widerspruch, da der Gewinn bilanztechnisch nur für ein Jahr ermittelt wird und insofern höchstens einen Anhaltspunkt für die betriebswirtschaftliche Zielgröße Gewinnmaximierung bietet.[463] Einer langfristigen Zieldimension kann dadurch jedoch nicht Rechnung getragen werden. Entsprechend begründet nach herrschender Meinung § 58 Abs. 4 AktG keinen Anspruch auf Gewinnerzielung oder gar Gewinnmaximierung, sondern lediglich einen Anspruch auf den zur Verteilung bestimmten Teil des Bilanzgewinns bzw. auf die Herbeiführung eines Gewinnverwendungsbeschlusses.[464] Auch § 254 Abs. 1 AktG bringt hinsichtlich der Gewinndefinition keine weitergehende Klarheit, da diese Norm die Anfechtbarkeit von Gewinnverwendungsbeschlüssen regelt und sich somit wiederum auf den Bilanzgewinn bezieht, aber nicht vorgibt, wie, wann und unter welchen Umständen Gewinn überhaupt zu erzielen ist.[465, 466] Die Gewinnausschüttung stellt keinen Bestandteil des gesetzestypischen Formalziels der Aktiengesellschaft dar.[467] Einem möglichen Recht der Aktionäre auf Ausschüttung eines bestimmten Mindestgewinns bietet § 58 AktG in Verbindung mit § 254 Abs. 1 AktG, der die Möglichkeiten der Anfechtung stark begrenzt, Einhalt.[468] Das Aktienrecht geht dabei vom Grundsatz der „gläsernen, aber verschlossenen Taschen"[469] der Aktiengesellschaft aus. Ein Gewinnverwendungsbeschluss ist nur dann anfechtbar, wenn weniger als 4 % des Grundkapitals als Dividende ausgeschüttet werden.[470]

Die Höhe des auszuweisenden Gewinns wird zudem durch eine Vielzahl von aktien- und handelsrechtlichen Vorschriften beeinflusst.[471] So wird beispielsweise der Gewinn bereits bei der Bewertung der Bilanzpositionen durch die Bildung stiller Zwangsreserven, beispielsweise aufgrund des Niederstwertprinzips, geschmälert. Ebenfalls zwingend ist die Bildung von gesetzlichen Rücklagen gemäß § 150 AktG. Durch die Ausübung der handelsrechtlichen Ansatz- und Bewertungswahlrechte sowie aufgrund von

---

[463] Vgl. Hefermehl/Spindler (2004), § 76 Rn. 62.

[464] Vgl. Großmann (1980), S. 63 ff.; Hüffer (2008), § 58 Rn. 26.

[465] Vgl. Schmidt, R./Spindler (1997), S. 537; Hefermehl/Spindler (2004), § 76 Rn. 62.

[466] Die Funktion des § 254 Abs. 1 AktG besteht darin, die Fälle der Aktienrechtsgeschichte zu regeln, in denen die Aktionäre durch jahrelanges Vorenthalten der Dividende aus der Gesellschaft gedrängt werden sollten. Diese Norm verweist somit auf die Pflicht zur Berücksichtigung der Anlegerinteressen. Vgl. Schmidt, R./Spindler (1997), S. 537; Hefermehl/Spindler (2004), § 76 Rn. 62; Großmann (1980), S. 64 f.

[467] Vgl. Mülbert (1996), S. 159.

[468] Vgl. Mülbert (1997), S. 157.

[469] Dieser Grundsatz prägte die Diskussion zum Aktiengesetz von 1965 nachhaltig. Vgl. Kronstein/Claussen (1960), S. 136; Kübler/Assmann (2006), S. 241.

[470] Vgl. Mülbert (1996), S. 159; Mülbert (1997), S. 157.

[471] Für einen Überblick über die entsprechenden Rechtsgrundlagen vgl. Küting/Weber (2006), S. 40 ff.

Ermessensspielräumen wird über die Bildung stiller Reserven[472] entschieden und gemäß § 58 Abs. 2 AktG über die Bildung offener Rücklagen, die ebenfalls den Gewinn schmälern. Mit der Gewinnausweisung ist somit zwingend das weite Feld der Bilanzpolitik verbunden.[473]

Die Normen zur Gewinnermittlung und -verwendung lassen daher keinen eindeutigen Zielcharakter erkennen.[474] Es bleibt letztlich offen, was bei der Zielsetzung der Gewinnmaximierung maximiert werden soll. Ein zeitlicher Durchschnittsgewinn oder der Erwartungswert möglicher Gewinne in einer bestimmten Zeitperiode oder der Erwartungswert der möglichen zeitlichen Durchschnitte?[475] Zudem bleibt die mit dem Gewinn unzertrennlich verbundene Risikodimension unberücksichtigt.

Trotz dieser Schwierigkeiten darf jedoch nicht außer Acht gelassen werden, dass Kapitalgeber, die einer Aktiengesellschaft als Gründer oder in im Rahmen einer späteren Kapitalerhöhung Mittel zur Verfügung stellen, erwarten, dass ihr Kapital im Unternehmen wertbeständig erhalten und ein Gewinn erzielt wird, der mindestens die Realverzinsung und eine entsprechende Risikoprämie umfasst.[476] Die Erwartungen von Anlegern, die von einem Aktionär eine vorhandene Aktie erwerben sind im Wesentlichen deckungsgleich. Sowohl die Konjunkturentwicklung als auch Veränderungen der Branchenstruktur und der Wettbewerbsverhältnisse beeinflussen die Bedingungen, unter denen Eigenkapitalgeber bereit sind, Geld für die Finanzierung des Unternehmens zur Verfügung zu stellen. Diese Einflüsse müssen bei der Bemessung der Höhe des zu erzielenden Gewinns beachtet werden. Dennoch erwarten die Aktionäre – als die für das Gesellschaftsinteresse ausschließlich relevante Bezugsgruppe – eine unter diesen Bedingungen maximale Gewinnerzielung.

Auf Grund des langfristigen Charakters einer Vielzahl unternehmerischer Investitionen und Strategien ist ein langfristiger Bezugsrahmen für die Beurteilung der Angemessenheit des Gewinns zu wählen. Dies erlaubt es, auch solche Aufwendungen zu berücksichtigen, die kurzfristig das Ergebnis belasten, langfristig aber dem Erhalt oder der Verbesserung der Ertragskraft des Unternehmens dienen.

Resümierend lässt sich das Gesellschaftsinteresse als überindividuelles Verbandsinteresse des deutschen Aktienrechts charakterisieren. Die relevante Bezugsebene ist dabei ausschließlich die Gesellschafterebene. Auf dieser Ebene spiegeln sich im Gesellschaftsinteresse die überindividuell aggregierten Anteilseignerinteressen wider. Der

---

[472] Stille Reserven sind definiert als der Betrag, um den der Verkehrs- oder Teilwert eines Wirtschaftsgutes den Buchwert übersteigt. Vgl. Tipke/Lang (1998), § 9 Rn. 410.
[473] Vgl. Küting/Weber (2006), S. 31 ff.
[474] Vgl. Großmann (1980), S. 68.
[475] Vgl. Schmidt, R./Spindler (1997), S. 527.
[476] Vgl. Semler (1996), S. 28 f.

Inhalt des Gesellschaftsinteresses wird durch das Sachziel des Unternehmens sowie das Formalziel konkretisiert, das – sofern in der Satzung nichts anders festgeschrieben – in einer von den einzelnen Aktionärsinteressen losgelösten langfristigen Gewinnmaximierung besteht.

3.3 Das Unternehmensinteresse als Leitungsmaxime – Begründungsansätze innerhalb des geltenden Rechts

Das Gesellschaftsinteresse als normative Leitungsmaxime des deutschen Aktienrechts wurde schon früh als zu eng empfunden und im Rahmen der fortdauernden Entwicklung hin zu einem Unternehmensrecht durch das weitergehende Konzept des Unternehmensinteresses ersetzt.[477] Seit dem Ende des 2. Weltkriegs wurde in der Bundesrepublik mit wachsendem Nachdruck verlangt, das Gesellschaftsrecht als Unternehmensrecht zu verstehen und fortzuentwickeln.[478] Die Bundesregierung reagierte 1972, indem sie die sog. Unternehmensrechtskommission damit beauftragte, „die Rechtsfragen zu untersuchen, die sich aus der notwendigen Fortentwicklung des Gesellschaftsrechts zu einem umfassenden Unternehmensrecht ergeben"[479]. Das Gesellschaftsrecht sei „zu einem modernen, den wirtschaftlichen und sozialen Entwicklungen unserer Zeit gerecht werdenden Unternehmensrecht fortzuentwickeln"[480]. Dabei handele es sich allerdings um eine langfristige Aufgabe. Entsprechende Ansätze sind daraufhin sukzessive entwickelt worden und nach Auffassung RAISERS befand sich „das geltende Recht in Deutschland auf dem Weg vom Kaufmannsrecht zum Unternehmensrecht (…) und sei auf diesem Weg schon ein gutes Stück fortgeschritten (...), aber ein einheitlicher widerspruchsfreier Zustand (konnte) noch nicht wieder erreicht werden"[481].[482]

Die divergierenden inhaltlichen Ansätze des Gesellschafts- und Unternehmensrechts zeigen sich exemplarisch an der Herleitung der Herrschaftslegitimation. Im Gesellschaftsrecht werden die Herrschaft und somit letztlich auch das Recht zur Festsetzung von Zielen aus der Verbandsmitgliedschaft legitimiert. Verbandsmitglied ist nach positivem Gesellschaftsrecht, „wer den Verband mitbegründet hat oder wer durch Eintritt oder Rechtsnachfolge die Mitgliedschaft erworben hat"[483]. Der Verbandsbegriff ist in

---

[477] Vgl. Mülbert (1997), S. 142; Krämer (2002), S. 81; Hüffer (2003), S. 20; Kuhner (2004), S. 247.

[478] Vgl. Schmidt, K. (2002), S. 17; Raiser/Veil (2006), S. 18 ff.; Groh (2000), S. 2156; Laske (1979), S. 175; Krämer (2002), S. 191.

[479] Unternehmensrechtskommission (Bundesministerium der Justiz) (1980), S. 78.

[480] Deutscher Bundestag (1973), Drucksache 7/2172, S. 17.

[481] Raiser (1969), S. 166.

[482] Hinsichtlich der Entwicklungsfaktoren des Unternehmensrechts vgl. Raiser/Veil (2006), S. 19 f.

[483] Schmidt, K. (2002), S. 476 f.

diesem Rechtskontext ausschließlich durch gesellschaftsrechtliche Vertragsbestände definiert und nicht durch die Existenz einer sozialen Wirkungseinheit. Exakt diese Problematik bildet jedoch den Anknüpfungspunkt für das Unternehmensrecht, welches BALLERSTEDT „als Inbegriff der Rechtsnormen" definiert, „die das Unternehmen als sozialen Verband der in ihm durch Kapitalbeiträge oder personale Leistungen kooperierenden Rechtssubjekte und als Institution der Wirtschaftsverfassung betreffen"[484]. Ähnlicher Auffassung ist WIEDEMANN, der unter dem Unternehmensrecht die „Summe aller Rechtsnormen, die sich auf den sozialen Wirklichkeitsausschnitt 'Unternehmen' beziehen"[485] versteht.

Gesellschafts- und Unternehmensrecht stehen derzeit in einer Wechselwirkung zueinander. Unternehmensrechtliche Ansätze haben erheblichen Einfluss auf das Gesellschaftsrecht.[486] Derartige Überlegungen finden vielfach im Grenzbereich zwischen de lege lata und de lege ferenda statt.[487] In diesem Zusammenhang gelangt beispielsweise JUNGE zu der Erkenntnis: Wenngleich in den verschiedensten Normen des Gesellschaftsrechts wörtlich Bezug auf das „Wohl der Gesellschaft" genommen wird,[488] so ist „in all diesen Fällen meist das Unternehmen gemeint (...). Konflikt(e) (...) werden nicht so sehr im Blick auf die Gesellschafter gelöst, sondern im Sinne des Fortbestandes und der Funktionsfähigkeit des Unternehmens."[489] Der II. Zivilsenat des BGH verwendet daher in seinen jüngeren Entscheidungen wahlweise die Begriffe Unternehmens- und Gesellschaftsinteresse.[490, 491] Der BGH hat es bisher stets vermieden, die beiden Begriffe zu definieren und voneinander abzugrenzen, obwohl sie keineswegs gleichbedeutend sind.[492] Gemäß den Ausführungen HENZES, der von 1986 bis 2003 Richter des II. Zivilsenats war, stehen bei der Definition des Unternehmensinteresses

---

[484] Ballerstedt (1971), S. 484.
[485] Wiedemann (1975), S. 400.
[486] Vgl. Schmidt, K. (2002), S. 17.
[487] Vgl. Mülbert (1997), S. 145; Raiser/Veil (2006), S. 133.
[488] Siehe hierzu auch u.a. §§ 117, 121 Abs. 1, 131 Abs. 3 Nr. 1, 308 Abs. 1 AktG; § 49 Abs. 2 GmbHG.
[489] Junge (1978), S. 552.
[490] Unternehmensinteresse: BGHZ 62, 193 (197); 64, 325 (331); 83, 106 (121); 95, 330 (334 f.); 135, 244 (253 ff.); BGHSt 50, 331 (338). Interesse der Gesellschaft aus unternehmerischer Sicht: BGHZ 136, 133 (139); Sachliches unternehmerisches Interesse: BGHZ 125, 239 (241 ff.). Gesellschaftsinteresse: BGHZ 36, 296 (306); 71, 40 (44); 83, 319 (321); 125, 239 (241 f.); 136, 133 (139 f.). Vgl. auch Fleischer (2007), § 76 Rn. 27.
[491] Auch der Gesetzgeber verwendet die Begriffe Unternehmensinteresse und Gesellschaftsinteresse synonym. Vgl. exemplarisch die Regierungsbegründung zum UMAG, Deutscher Bundestag (2005), Drucksache 15/5092, S. 11.
[492] Vgl. Henze (2000), S. 212.

für den BGH Aktionäre – insbesondere die Minderheitsaktionäre – Gläubiger, Arbeitnehmer und die öffentlichen Interessen im Fokus der Rechtsauslegung.[493] Von elementarer Bedeutung für die Begriffsbestimmung des Unternehmensinteresses ist die in Kapitel 3.1 diskutierte Unternehmensdefinition. Infolge des Entwicklungsprozesses hin zu einem Unternehmensrecht wird das Gesellschaftsinteresse auf der Ebene des Unternehmens durch das Unternehmensinteresse ersetzt.[494] Genau genommen bildet das Gesellschaftsinteresse ein Teilinteresse des Unternehmensinteresses.[495] Im Vergleich zum Gesellschaftsinteresse besteht das Spezifische des Unternehmensinteresses in der Ausrichtung auf das Unternehmen als Bezugspunkt aller am Unternehmen beteiligten Stakeholder.[496]

Die Abstraktion vom Interesse der Gesellschafter „zugunsten des nach Inhalt und Grenzen weniger greifbaren Interessensubjektes 'Unternehmen' ist durchaus als ein deutscher Sonderweg anzusehen"[497]. Bereits das Reichs-Oberhandelsgericht (ROHG) nimmt in seinem Gutachten zur Aktiengesellschaft vom 31. März 1877 Bezug auf das Unternehmensinteresse.[498] Dazu hat neben der Prägung der deutschen Rechtskultur durch die idealistische Philosophie HEGELS (1821) und ihre Vorstellung von der Teleologie staatlicher und gesellschaftlicher Institutionen die frühe Einführung der Arbeitnehmermitbestimmung zu Beginn der Weimarer Republik beigetragen.[499] Weitere prägende Faktoren sind die gegenüber der Banken- und Innenfinanzierung eher nachrangige Rolle der Aktienfinanzierung, die Gemeinnutzideologie des nationalsozialistischen Staates sowie die korporatistischen Tendenzen der für die Wirtschaftsverfassung der Bundesrepublik recht einflussreichen Katholischen Soziallehre.

Da das Unternehmensinteresse als Richtschnur für das Handeln der Organe nicht nur auf rechtspolitischen Forderungen oder theoretischen Konstrukten beruhen kann, soll nachfolgend untersucht werden, inwiefern sich das Unternehmensinteresse konkret aus dem geltenden Recht begründen lässt.

---

[493] Vgl. Henze (2000), S. 212.

[494] Vgl. Krämer (2002), S. 81.

[495] Zur Herleitung des Unternehmensinteresses aus der Unternehmensdefinition Flumes vgl. insbesondere Rittner (1980a), S. 336 f. sowie Kapitel 3.3.3.

[496] Vgl. Schmidt, R./Spindler (1997), S. 542.

[497] Kuhner (2004), S. 247.

[498] Vgl. Reichs-Oberhandelsgericht (1877), S. 207 [im Abdruck von 1985].

[499] Vgl. Kuhner (2004), S. 247. Für einen Überblick über die historischen Faktoren vgl. Groh (2000), S. 2154 ff.

3.3.1 Unternehmensinteresse kraft Fortgeltung des § 70 AktG 1937

Eine erste Richtlinie für die Leitung von Aktiengesellschaften enthielt § 70 Abs. 1 AktG von 1937, wonach „der Vorstand (…) unter eigener Verantwortung die Gesellschaft so zu leiten (hat), wie das Wohl des Betriebes und seiner Gefolgschaft und der gemeinsame Nutzen von Volk und Reich es erfordern".[500] Die Vorschrift, die Interessen der Arbeitnehmer und die Gemeinwohlinteressen in die Kompetenzzuweisung des § 70 Abs. 1 AktG 1937 aufzunehmen, ist nicht spezifisch nationalsozialistisch Vorschrift, sondern bereits in der Weimarer Reichsversammlung gebräuchlich.[501] Durch diese Regelung wurde erstmalig der Rahmen des Gesellschaftsrechts durchbrochen und eine unternehmensrechtliche Richtlinie für die Ausübung der Leitung aufgestellt.[502] Dieser Paragraph spiegelt die zum Zeitpunkt der Entstehung gültige nationalsozialistische Maxime „Gemeinnutz geht vor Eigennutz"[503] wider und enthält in diesem Kontext eine ideologische Bedeutung.[504]

Im Rahmen der Novellierung des Aktiengesetzes im Jahre 1965 hat der Gesetzgeber sich nicht um eine Neuformulierung bemüht, sondern den Passus gestrichen.[505] Dennoch wird in der Literatur kontrovers über die Fortgeltung des § 70 Abs. 1 AktG 1937 in Form von § 76 Abs. 1 AktG 1965 diskutiert. Die Fortgeltung folgt nach Auffassung der Befürworter aus der Entstehungsgeschichte des § 76 Abs. 1 AktG 1965, die daher eingehender betrachtet werden soll.

Der Regierungsentwurf zu § 76 Abs. 1 AktG 1965 verweist zum einen darauf, dass dieser dem bisherigen Recht entspreche.[506] Zum anderen war in den Ausschussberatungen beantragt worden, die Fortgeltung des § 70 Abs. 1 AktG 1937 in leicht abgewandelter Form durch die Aufnahme der Bestimmung zu sichern, dass der Vorstand die Gesellschaft so zu leiten habe, wie das Wohl des Unternehmens, seiner Arbeitnehmer und der Aktionäre sowie das Wohl der Allgemeinheit es erfordern. Die Ausschussmehrheit verwarf jedoch diesen Antrag mit der Begründung, dass es sich dabei um eine Selbstverständlichkeit handele.[507] Des Weiteren begründet der Ausschuss sei-

---

[500] Vgl. Raisch (1976), 352 f.; Raiser (1980), S. 211; Kunze (1980), S. 120 f.; Schilling (1971), S. 168; Schilling (1980), S. 138; Kübler (1994), S. 163 f., 391 f.; Mertens (1996), § 76 Rn. 16. Weitere Nachweise bei Schmidt-Leithoff (1989), S. 9, Fn. 1.

[501] Vgl. Groh (200), S. 2156; Krämer (2002), S. 55.

[502] Vgl. Hefermehl (1974), § 76 Rn. 19.

[503] Diese Maxime war nach damaliger Auffassung zentraler Bestandteil des „das gesamte Leben des Volkes beherrschende, alles überragende, alles umfassende und daher von der Staatsführung in den Vordergrund gestellte Glaubensbekenntnis des Nationalsozialismus." Lammers (1934), S. 1297.

[504] Vgl. Krämer (2002), S. 55; Schmidt-Leithoff (1989), S. 26..

[505] Vgl. Schmidt, K. (2002), S. 805; Fleischer (2003), S. 131.

[506] Vgl. Kropff (1965a), Begründung Regierungsentwurf, S. 97.

[507] Vgl. Kropff (1965a), Ausschussbericht, S. 98.

ne Ablehnung damit, dass die gesetzliche Klausel trotz ihrer fehlenden „rechtliche(n) Substanz (...) keine selbständige Bedeutung"[508] habe und die Gefahr berge, dass ihr und der Reihenfolge der erwähnten Interessen gleichwohl „eine weitergehende Bedeutung beigemessen" werde. Im Regierungsentwurf heißt es lediglich, dass der Vorstand die Gesellschaft unter eigener Verantwortung zu leiten habe.[509] Weitgehende Einigkeit herrschte im Ausschuss darüber, dass die Tätigkeit der Aktiengesellschaft zwar auf Gewinnerzielung ausgerichtet sei, die Interessen der Allgemeinheit aber zu berücksichtigen habe.[510]

Es liegt daher nicht ganz fern, aus der Begründung des Referentenentwurfes und der Argumentation der Ausschussmehrheit zu schließen, dass § 70 Abs. 1 AktG 1937 weiterhin als Handlungsmaxime gilt und bei einer Entscheidungsfindung herangezogen werden kann.[511] Gegen die Annahme der Fortgeltung sprach sich als erster RITTNER aus. Er begründete dies damit, dass deutlicher als „in dem ersatzlosen Streichen einer Rechtsnorm (oder eines Rechtsnormteils) (...) der Gesetzgeber seinen Willen zur Änderung kaum manifestieren"[512] könne. Diese Äußerung bildet den Ausgangspunkt für eine kontroverse Diskussion, innerhalb der sich sowohl die Befürworter der Fortgeltung als auch deren Gegner jeweils auf einzelne Textpassagen des Referentenentwurfs und der Regierungsbegründung beziehen. Dies ist insofern nicht verwunderlich, als beide Quellen zusammen betrachtet durchaus in sich widersprüchlich sind.

Da die Ausschussmehrheit den Referentenentwurf unter anderem mit dem Verweis auf die Selbstverständlichkeit der Zielvorgaben abgelehnt hat, ist anzunehmen, dass der „historische" Gesetzgeber davon ausging, dass sich diese Selbstverständlichkeit infolge anderer gesetzlicher Normen oder Rechtsgrundsätze ergebe.[513, 514] Des Weiteren verblasst im Zeitablauf der Wille des „historischen" Gesetzgebers und somit wird in den nachfolgenden Kapiteln analysiert, inwiefern ein Unternehmensinteresse aus den Normen des geltenden Rechts begründet werden kann. In der Literatur und der Rechtsprechung wird mitunter die Auffassung vertreten, dass die aktienrechtliche Gemeinwohlklausel des § 70 Abs. 1 AktG 1937 als besondere Ausprägung der in Art. 14 Abs.

---

[508] Kropff (1965a), Ausschussbereicht, S. 98.

[509] Ein erneuter Antrag auf Ergänzung des § 76 Abs. 1 AktG wurde im Bundestag abgelehnt. Vgl. Deutscher Bundestag (1965), Stenographischer Bericht, 4/184, S. 9210 ff.

[510] Vgl. Kropff (1965a), Ausschussbericht, S. 98.

[511] Vgl. Mertens (1996), § 76 Rn. 32; Raisch (1976), S. 352 f.; Schilling (1971), S. 168 f.; Kübler/Assmann (2006), S. 182.

[512] Rittner (1971), S. 142.

[513] Vgl. Krämer (2002), S. 61; Fleischer (2003), S. 131; Schmidt-Leithoff (1989), S. 31 ff.

[514] In diesem Kontext folgert beispielsweise MÜLBERT, dass die Gesellschaft, wenn sie keinen über die Beachtung des geltenden Rechts hinausgehenden Bindungen unterliege, es ihm ungereimt erscheint, anzunehmen, „dass sich Vorstand und Aufsichtsrat bei ihrer Tätigkeit gleichwohl an der Zieltrias des § 70 Abs. 1 AktG 1937 zu orientieren habe". Mülbert (1997), S. 148.

2 GG statuierten Sozialpflichtigkeit des Eigentums Eingang in die Verfassung gefunden habe.[515] Aus der Entstehungsgeschichte selbst respektive den Absichten im Rahmen der Gesetzgebung können somit keine zweifelsfreien Rückschlüsse über die Fortgeltung des § 70 Abs. 1 AktG 1937 gezogen werden, wenngleich die Tendenzen zugunsten der Fortgeltung deutlich überwiegen und somit im Zweifelsfalle die Fortgeltung anzunehmen ist.[516]

3.3.2 Unternehmensinteresse kraft verfassungsrechtlicher Normen

Das Nichtbestehen einer aktienrechtlichen Gemeinwohlklausel kraft zweifelsfreier Fortgeltung des § 70 AktG 1937 bedeutet nicht, dass die Aktiengesellschaft bei der Verfolgung erwerbswirtschaftlicher Ziele keiner Sozialbindung unterliegt.[517] Der Regelungsgehalt dieses Paragraphen ist mit dem Inkrafttreten des Grundgesetzes durch eine „allgemeine Richtlinienbestimmung ähnlichen Inhalts"[518] aufgefangen worden, die für alle Unternehmen verbindlich sind. Gemäß Art. 14 Abs. 2 GG gilt: „Eigentum verpflichtet. Sein Gebrauch soll zugleich dem Wohl der Allgemeinheit dienen." Somit ist das Eigentum im Sinne des Grundgesetzes nicht als Recht isolierter Individuen geschützt, sondern gemeinschaftsgebunden.[519] Die im Grundgesetz verankerte Sozialbindung des Eigentums bildet demzufolge einen Ansatzpunkt für die Herleitung des Unternehmensinteresses.[520]

Das Unternehmen als wirtschaftliche und soziale Wirkungseinheit ist ein interessenpluralistischer Organismus, auf den neben den Interessen der Anteilseigner insbesondere auch die Interessen der im Unternehmen Tätigen bezogen sind.[521] Das Bundesverfassungsgericht nimmt im Rahmen seines Urteils zum Mitbestimmungsgesetz unter anderem auch Stellung zur verfassungsrechtlichen Betrachtung des Anteilseigentums. Danach kommt der Eigentumsgarantie im Gesamtgefüge der Grundrechte die Aufgabe zu, dem Träger des Grundrechts einen Freiheitsraum im vermögensrechtlichen Bereich zu sichern und ihm dadurch die eigenverantwortliche Gestaltung seines Lebens zu er-

---

[515] Vgl. BVerfGE 14, 263 (282); Großmann (1980), S. 161; Kübler/Assmann (2006), S. 182; Mertens (1996), § 76 Rn. 32.

[516] Vgl. Raiser/Veil (2006), S. 143; Fleischer (2001), S. 175; Roth (2001), S. 24. Ablehnend Dreher (1991), S. 355.

[517] Vgl. Hefermehl/Spindler (2004), § 76 Rn. 56; Dreher (1991), S. 355; Kind (2000), S. 568; BVerfGE 14, 263 (282).

[518] Rittner (1980b), S. 113.

[519] Vgl. Wieland (1996), Art. 14 Rn. 23.

[520] Vgl. Mertens (1996), § 76 Rn. 32; Raiser/Veil (2006), S. 143 f.; Semler (1995), S. 295; Schilling (1980), S. 138; Krämer (2002), S. 65; Henze (2000), S. 212. Ablehnend Mülbert (1997), S. 149 f.

[521] Vgl. Hefermehl (1974), § 76 Rn. 19.

möglichen.[522] Eingeschränkt wird dies, falls sich die Eigentumsobjekte nicht lediglich „innerhalb der Sphäre des Eigentümers" befinden – was im Falle des Unternehmens weitgehend zu verneinen ist –, „sondern Belange anderer Rechtsgenossen berühren, die auf die Nutzung des Eigentumsobjekts angewiesen sind. Unter dieser Voraussetzung umfasst das grundgesetzliche Gebot einer am Gemeinwohl orientierten Nutzung das Gebot der Rücksichtnahme auf den Nichteigentümer, der seinerseits der Nutzung des Eigentumsobjekts zu seiner Freiheitssicherung und verantwortlichen Lebensgestaltung bedarf."[523], wie das Bundesverfassungsgericht ausführt. Demzufolge ist jeder einzelne Anteilseigner wie auch die Gesamtheit der Aktionäre als personifizierende Aktiengesellschaft verpflichtet, die eigenen Rechte so auszuüben, dass durch die Verfolgung der erwerbswirtschaftlichen Ziele nicht die Interessen der Arbeitnehmer und der Allgemeinheit beeinträchtigt werden.[524] Mit der Bezugnahme auf die Nichteigentümer, die für ihre „Freiheitssicherung und verantwortliche Lebensgestaltung"[525] der Nutzung des Eigentumsobjekts bedürfen, grenzt das Bundesverfassungsgericht den Kreis derer ein, die durch diese verfassungsrechtliche Norm ihre Interessen geltend machen können. Innerhalb dieses Kreises befinden sich insbesondere die Mitarbeiter, denn „erst das freiwillige Zusammenwirken beider (Arbeitnehmer und Anteilseigner) gewährleistet das Erreichen des Gesellschaftszwecks"[526] sowie in abgeschwächtem Maße die Interessen der Allgemeinheit. „(Die) Kooperation und Integration aller im Unternehmen tätigen Kräfte, deren Kapitaleinsatz und Arbeit (ist) Voraussetzung der Existenz und der Wirksamkeit des Unternehmens."[527] Orientierungspunkt bildet hierbei, wie viel „Eigentumsnutzung und -verfügung innerhalb der Eigentümersphäre verbleiben"[528]. Unternehmen sind somit Teil einer gesamtwirtschaftlichen Ordnung und den durch diese Ordnung gebotenen sozialen Pflichten unterworfen.

Die Sozialbindung des Eigentums als rechtliche Grundlage des Unternehmensinteresses wird in der Literatur zum Teil mit Verweis auf die in Kapitel 3.1 und Anhang A geführte Diskussion hinsichtlich des Verhältnisses von Unternehmen und Gesellschaft abgelehnt. So würden sich die Rechtspflichten, die sich aus Art. 14 Abs. 2 GG ergeben, – mit dem Verweis auf die im Gesetzestext verwendete Begrifflichkeit des Eigentums – ausschließlich an die Gesellschaft richten.[529] Da die Sozialbindung des Eigen-

---

[522] Vgl. Schilling (1997), S. 379.
[523] BVerfGE 50, 290 (341). Vgl. auch BVerfGE 37, 132 (140).
[524] Vgl. BVerfGE 14, 263 (282); Ebenroth/Koos (1995), S. 5; Hefermehl/Spindler (2004), § 76 Rn. 56.
[525] BVerfGE 50, 290 (341).
[526] BVerfGE 50, 290 (356).
[527] BVerfGE 50, 290 (366).
[528] BVerfGE 50, 290 (341).
[529] Vgl. Mülbert (1997), S. 150.

tums gemäß dem Urteil des Bundesverfassungsgerichtes die Einbeziehung der Interessen der Nichteigentümer impliziert, bildet diese verfassungsrechtliche Norm vielmehr ein Bindeglied zwischen den Interessen der Gesellschafter und den Interessen anderer Bezugsgruppen.[530] Da diese Interessen auf der Ebene des Unternehmens im Sinne einer wirtschaftlichen und sozialen Wirkungseinheit zusammentreffen, lässt sich hieraus das Unternehmensinteresse ableiten.

Die Verpflichtung, das Unternehmen unter Berücksichtigung der Interessen der Arbeitnehmer und der Allgemeinheit zu leiten, richtet sich nicht nur an den Vorstand, sondern an alle Organe des Unternehmens.[531] Es kann jedoch kein eigenständiges Interesse eines Unternehmens als Interessenträger aus Art. 14 Abs. 2 GG abgeleitet werden, vielmehr ist es stets eng an die Interessen der Eigentümer sowie die der Allgemeinheit und der Arbeitnehmer gekoppelt.[532] Dabei darf jedoch nicht darüber hinweggesehen werden, dass die Weite des Gesetzestextes zwar einen allgemeingültigen Lösungsansatz beinhaltet, jedoch die Anwendung auf spezielle Einzelpflichten erschwert.[533] In der Literatur wird daher mitunter die Meinung vertreten, Art. 14 Abs. 2 GG stelle lediglich eine bedeutsame moralische Verpflichtung der Rechtsordnung dar.[534] Das Bundesverfassungsgericht geht diesbezüglich weiter und versteht ihn als „konkrete Anweisung für das Verhalten der Eigentümer"[535].[536] WIELAND interpretiert Art. 14 Abs. 2 GG gar als Grundpflicht, die unmittelbare Rechtspflichten begründet.[537, 538]

---

[530] Vgl. BVerfG (2000) NJW, S. 195.

[531] Vgl. hierzu – in einem anderen Kontext – Hefermehl/Spindler (2004), § 76 Rn. 54.

[532] Vgl. Hüffer (2008), § 76 Rn. 15; Goette (2000), S. 127.

[533] Nach Auffassung von Depenheuer sprechen Rechtsstaatsaspekte gar dafür, dass es einer Konkretisierung durch den Gesetzgeber bedarf und Art. 14 Abs. 2 GG „keinen subsumptionsfähigen verfassungsgestzlichen Tatbestand, wohl aber grundlegende Leitlinien an den Gesetzgeber zur verfassungsrechtlichen Eigentumsausgestaltung" beinhaltet. Depenheuer (1999) Art. 14 Rn. 223.

[534] Vgl. beispielsweise Hefermehl (1974), § 76 Rn. 25.

[535] BVerfGE 21, 73 (83).

[536] Für das Bundesverfassungsgericht ergeben sich folgende Funktionen: „Das Gebot sozialgerechter Nutzung ist (...) nicht nur eine Anweisung für das konkrete Verhalten des Eigentümers, sondern in erster Linie eine Richtschnur für den Gesetzgeber." BVerfGE 21, 73 (83). Adressaten sind somit sowohl Eigentümer als auch der Gesetzgeber. Letzterer hat bei der Abfassung inhalts- und schrankenbestimmender Normen, Art. 14 Abs. 1 Satz 2 GG, die das Eigentum betreffen sowie die Sozialgebundenheit aus Abs. 2 zu berücksichtigen. Derartige Gesetze stellen hinsichtlich ihres sozial bindenden Charakters eine Konkretisierung von Abs. 2 dar. Vgl. Mangoldt (1953) Art. 14, Rn. 2; Schmidt-Leithoff (1989), S. 176. Daher ist die ablehnende Haltung von v. Brünneck nicht nachvollziehbar, der die Auffassung vertritt, „die verbalen Bekenntnisse zur Verbindlichkeit des Art. 14 Abs. 2 GG bei Ipsen, v. Mangoldt und Huber hätten keine praktische Bedeutung. Das Plädoyer dieser Autoren für die rechtliche Wirksamkeit des Art. 14 Abs. 2 GG bliebe folgenlos." Brünneck (1984), S. 305 (Bezug nehmend auf Ipsen (1952), S. 85; Mangoldt (1953), Art 14 Rn. 2; Huber (1954), S. 14).

[537] Vgl. Wieland (1996), Art. 14 Rn. 82.

Die Eigentumsbindung muss jedoch stets verhältnismäßig sein.[539] Die inhaltliche Ausfüllung hat unter Bezugnahme auf die ständige Rechtsprechung grundsätzlich im Spannungsfeld zwischen Art. 14 Abs. 1 Satz 1 GG, der die Eigentumsfreiheit gewährleistet, und der Sozialbindung des Art. 14 Abs. 2 GG zu erfolgen, derzufolge der Gebrauch des Eigentums zugleich dem Wohle der Allgemeinheit zu dienen hat.[540] Der Gesetzgeber muss über das Gebot der Inhalts- und Schrankenbestimmung beiden Elementen in gleicher Weise Rechnung tragen.[541] Weder die Eigentumsfreiheit darf mehr als verhältnismäßig verkürzt werden noch die Sozialbindung unverhältnismäßig vernachlässigt. Vielmehr sind „die schutzwürdigen Interessen der Beteiligten in einen gerechten Ausgleich und ein ausgewogenes Verhältnis (zu) bringen".[542].[543] Die Eigentumsgarantie lässt somit weder eine die soziale Funktion eines Eigentumsobjekts missachtende Nutzung zu, noch rechtfertigt das Gebot einer sozialgerechten Eigentumsordnung eine übermäßige, durch die soziale Funktion nicht gebotene Begrenzung privatrechtlicher Befugnisse.[544] Die zuvor beschriebene Erweiterung der ökonomischen Legitimation der Unternehmensleitung durch eine „soziale Legitimation"[545] ist für größere Aktiengesellschaften nach Rechtsprechung des Bundesverfassungsgerichts verhältnismäßig und zumutbar.[546]

3.3.3 Unternehmensinteresse kraft aktienrechtlicher Normen

Obwohl im Aktiengesetz das Unternehmensinteresse nicht expressis verbis geregelt ist und der Begriff selbst nur eingeschränkt Erwähnung im Gesetzestext findet, bildet insbesondere § 76 Abs. 1 AktG den zentralen Bezugspunkt zur Begründung des Unternehmensinteresses. Durch ihn sind die zentralen Aussagen zur aktienrechtlichen Spitzenverfassung geregelt. Gemäß dieser Norm hat der Vorstand „unter eigener Verantwortung die Gesellschaft zu leiten". Dieser Paragraph bestimmt somit den Vorstand als notwendiges Leitungsorgan und regelt mit zwingender Wirkung dessen Leitungs-

---

[538] Wieland begründet dies sowohl mit dem Verweis auf Art. 1 Abs. 3 GG als auch unter Bezugnahme auf die Entstehungsgeschichte. Der Parlamentarische Rat hat der Grundpflicht einen eigenen Absatz gewidmet, um zu verdeutlichen, dass der Eigentümer nicht völlig frei verfahren kann, sondern das Eigentum so zu gebrauchen hat, dass es außer seinen eigenen Interessen zugleich auch dem Wohl der Allgemeinheit dient. Vgl. Wieland (1996), Art. 14 Rn. 82.

[539] Vgl. BVerfGE 50, 290 (341).

[540] Vgl. BVerfGE 21, 150 (155); BVerfGE 87, 114 (138); BVerfGE 101, 239 (258 f.).

[541] Vgl. Wieland (1996), Art. 14 Rn. 67.

[542] BVerfGE 37, 132 (140).

[543] Vgl. Krämer (2002), S. 76; BVerfGE 50, 290 (341).

[544] Vgl. Wieland (1996), Art. 14 Rn. 67; BVerfGE 37, 132 (140 f.).

[545] BVerfGE 50, 290 (365).

[546] Vgl. BVerfGE 50, 290 (365 f.).

kompetenz. Hinsichtlich der Leitungsverantwortung des Vorstandes sind in der Formulierung des § 76 Abs. 1 AktG verschiedene Aussagen enthalten.[547] Zunächst einmal impliziert die Formulierung, dass die Unternehmensleitung nicht fremdverantwortlich erfolgen darf. Des Weiteren beinhaltet diese Norm die Freiheit zum selbständigen und weisungsfreien Handeln nach eigenem Ermessen.[548] Die Komplexität von Unternehmensführungsentscheidungen führt häufig, wenn nicht sogar in der Regel dazu, dass nicht nur eine einzige Entscheidung angemessen erscheint. Dies gilt insbesondere bei Entscheidungen unter Unsicherheit. In solchen Situationen muss der Vorstand unternehmerisch und eigenverantwortlich Entscheidungen treffen, die ganz anders ausfallen können als die eines Wettbewerbers in der gleichen Situation, wodurch sie zu einem Wettbewerbsvorteil führen können.[549] Dazu benötigt der Vorstand einen großen unternehmerischen Ermessensspielraum.

Der Rechtsbegriff des unternehmerischen Ermessens beschreibt die Schnittstelle von Leitungsbefugnis und Sorgfaltspflicht. Diesbezüglich führt der BGH zuletzt in der ARAG/Garmenbeck-Entscheidung aus: Bei der Beurteilung ist zu berücksichtigen, „dass dem Vorstand bei der Leitung der Geschäfte des Gesellschaftsunternehmens ein weiter Handlungsspielraum zugebilligt werden muss, ohne den eine unternehmerische Tätigkeit schlechterdings nicht denkbar ist. Dazu gehört neben dem bewussten Eingehen geschäftlicher Risiken grundsätzlich auch die Gefahr von Fehlbeurteilungen und Fehleinschätzungen, der jeder Unternehmensleiter, mag er auch noch so verantwortungsbewusst handeln, ausgesetzt ist."[550] Bereits im Bayer-Urteil hat der BGH die dem Vorstand nach dem Aktiengesetz zukommende Freiheit betont, selber zu prüfen und zu entscheiden, wie die übernommenen Aufgaben am besten zu erfüllen sind.[551]

Begrenzt wird die unternehmerische Ermessensentscheidung durch die Organhaftung des § 93 AktG. Der gesellschaftsrechtlichen Organhaftung kommt dabei mit der Ausgleichs- und Steuerungsfunktion eine Doppelfunktion zu.[552] Diese Haftung soll einerseits durch die Ausgleichsfunktion sicherstellen, dass die Nachteile, die das Unternehmen durch schuldhafte Pflichtverletzung des Vorstandes erleidet, ausgeglichen werden. Andererseits soll sie die Organmitglieder durch die Steuerungsfunktion dazu anhalten, den ihnen obliegenden Pflichten nachzukommen. Im Rahmen der Steuerungsfunktion darf eine übersteigerte Haftung jedoch nicht die Initiative des Manage-

---

[547] Dieser Abschnitt folgt Kort (2003), § 76 Rn. 41 ff.; Seibt (2008), § 76 Rn. 10 ff.
[548] Vgl. Goette (2003), S. 756; Mertens (1996), § 76 Rn. 42; Fleischer (2007), § 76 Rn. 53.
[549] Vgl. Hopt (1999), § 93 Rn. 81.
[550] BGHZ 135, 244 (253).
[551] Vgl. BGHZ 64, 325 (327); Großmann (1980), S. 244; Dreher (1991), S. 376.
[552] Vgl. Lohse (2005), S. 37; Bürgers/Israel (2008), § 93 Rn. 2; Krieger/Sailer (2008), § 93 Rn. 5.

ments zulasten der Aktionäre und des Unternehmens lähmen.[553] Unternehmerische Risiken einzugehen, ist der unternehmerischen Tätigkeit immanent und birgt die Erfolgschancen, die Gewinnerwartungen zu erfüllen. In dieser impliziten Verpflichtung zur Gewinnerzielung kommen zudem die erweiterten Anforderungen an den Vorstand im Vergleich zu einem Treuhänder zum Ausdruck. Eine Risikoaversion des Vorstandes hätte zudem einen negativen volkswirtschaftlichen Allokationseffekt zur Folge.

Aus der Eigenverantwortlichkeit des Vorstandshandelns folgt somit, dass der Vorstand einen Ermessensspielraum besitzt, in dessen Rahmen er bewusst geschäftliche Risiken eingehen kann, die auch möglicherweise Fehleinschätzungen beinhalten.[554] Voraussetzung hierfür allerdings ist, wie es im Großkommentar zum Aktiengesetz formuliert ist, „ein von Verantwortung getragenes Verhalten, ein ausschließlich am Unternehmenswohl orientiertes unternehmerisches Handeln und eine sorgfältige Ermittlung der Entscheidungsgrundlage, d.h. eine angemessene Informationsbeschaffung"[555].[556] Das unternehmerische Ermessen beschreibt insofern die Schnittstelle von Leitungsbefugnis und Sorgfaltspflicht.[557]

Die Unabhängigkeit des Vorstandes wird durch die zwingende Funktionstrennung zwischen den Gesellschaftsorganen gesichert. Der Vorstand ist grundsätzlich weder direkt noch indirekt an die Weisungen der Hauptversammlung,[558] die eines Mehrheitsaktionärs oder gar eines einzelnen Aktionärs gebunden; er ist vielmehr weisungsunabhängig.[559] Auch der Aufsichtsrat kann dem Vorstand keine Weisungen erteilen. Lediglich gemäß § 111 Abs. 4 Satz 2 AktG und Art. 1 Nr. 9 TransPuG sind bestimmte Arten von Geschäften an die Zustimmung des Aufsichtsrates gebunden. Einen Katalog von zustimmungspflichtigen Geschäften sieht das Gesetz nicht vor. Da auch in diesem Falle der Aufsichtsrat lediglich ein Vetorecht hat, begründet auch § 111 Abs. 4 AktG kein Leitungsrecht des Aufsichtsrates gegenüber dem Vorstand. Der Paragraph besagt weiterhin, dass die Geschäftsführung nicht durch den Aufsichtsrat erfolgen darf. Ergo

---

[553] Vgl. Kübler/Assmann (2006), S. 208 f.

[554] Vgl. BGHZ 135, 244 (253).

[555] Kort (2003), § 76 Rn. 41.

[556] Zu den wesentlichen Aufgaben des Vorstandes zählen im Einzelnen die Konkretisierung der Unternehmensziele und die Festlegung der Strategien, mit denen diese Ziele erreicht werden sollen. Darüber hinaus muss der Vorstand durch die Etablierung einer zweckmäßigen Struktur aus Managementinstrumenten dafür sorgen, dass Implementierung seiner unternehmenspolitischen Vorstellungen erreicht wird. Nicht zuletzt gehört es zu den Kernaufgaben des Vorstandes als Spitzeneinheit der Unternehmenshierarchie die Einzelentscheidungen zu treffen, die nicht delegiert werden können. Vgl. Werder (2008a), S. 171 f.

[557] Vgl. Roth (2001), S. 8. Siehe hierzu ausführlich Kapitel 3.5.3.

[558] Eine Einschränkung ist lediglich in Bezug auf § 119 Abs. 2 AktG sowie § 121 AktG zu machen, wenn der Vorstand selbst eine Entscheidung der Hauptversammlung veranlasst hat. Vgl. Seibt (2008), § 76 Rn. 11.

[559] Vgl. Goette (2003), S. 756; Mertens (1996), § 76 Rn. 42; Fleischer (2007), § 76 Rn. 51.

können Aufsichtsrat und Hauptversammlung jenseits ihrer gesetzlichen Kompetenzen keinen rechtlich maßgeblichen Einfluss auf die Leitungsmacht des Vorstandes ausüben. Eine Einschränkung der Leitungsbefugnis des Vorstandes ergibt sich – wie bereits im Rahmen des Gesellschaftsinteresses in Kapitel 3.2 erörtert – aus der Bestimmung des Unternehmensgegenstandes der Aktiengesellschaft in der Satzung.[560] Je enger der Unternehmensgegenstand gefasst ist, umso stärker ist die Leitungsbefugnis des Vorstandes beschränkt.

Wie jedoch lässt sich das Unternehmenswohl in diesem Kontext als aktienrechtliches Unternehmensinteresse konkretisieren? Aus der Gesetzesbegründung, der aktienrechtlich relevanten Sozialbindung des Eigentums sowie dem Unternehmensrecht lassen sich folgende vier Punkte extrahieren:

(1) In der Gesetzesbegründung zu § 76 AktG heißt es, dass der Vorstand „die Belange der Aktionäre und der Arbeitnehmer zu berücksichtigen hat (...). Gleiches gilt für die Belange der Allgemeinheit. Gefährdet der Vorstand durch gesetzwidriges Verhalten das Gemeinwohl, so kann die Gesellschaft aufgelöst werden (§ 396)."[561] Im Wesentlichen verweist die Gesetzesbegründung somit, wie SCHMIDT ausführt, auf zwei Richtpunkte für die Selbstverantwortung des Vorstandes:[562] das Unternehmensinteresse und das Allgemeinwohl. Dies hat zur Folge, dass mit der Leitungsbefugnis gemäß § 76 Abs. 1 AktG dem Vorstand nicht das Recht eingeräumt wird, die Ziele des Unternehmens weitgehend selbst zu bestimmen.[563] Vielmehr hat der Vorstand seine Leitungstätigkeit an dem ihm vorgegebenen Unternehmensinteresse auszurichten, das er nicht eigenständig bestimmen kann.[564]

(2) Unabhängig von der mitunter umstrittenen Gesetzesbegründung ist die organisationsrechtliche Funktionstrennung des § 76 Abs. 1 AktG ein Bezugspunkt für die Sozialbindung des Eigentums im Sinne des Art. 14 Abs. 2 GG. Die Freiheit, die § 76 Abs. 1 AktG dem Vorstand durch die eigenverantwortliche Leitung sowie durch die organisationsrechtliche Funktionstrennung einräumt, findet ihre Begründung in der Sozialbindung des Eigentums.[565] Die klassische Bedeutung der Grundrechte liegt für den Bürger zunächst in ihrer Abwehrfunktion gegenüber dem Staat.[566] Nicht zuletzt das Bundesverfassungsgericht selbst sieht jedoch darüber hinaus in den Grundrechten „eine objektive Werteordnung, die als verfassungsrechtliche Grundentscheidung für alle

---

[560] Vgl. Kübler/Assmann (2006), S. 205; Kort (2003), § 76 Rn. 45; Fleischer (2007), § 76 Rn. 54.

[561] Kropff (1965a), Begründung Regierungsentwurf, S. 97.

[562] Vgl. Schmidt, K. (2002), S. 805.

[563] Vgl. Goette (2003), S. 756 f.; Kort (2003), § 76 Rn. 46.

[564] Vgl. Seibt (2008), § 76 Rn. 12; Kort (2003), § 76 Rn. 46.

[565] Vgl. Großmann (1980), S. 161.

[566] Vgl. BVerfGE 7, 198 (198).

Bereiche des Rechts gilt"[567]. Aus der objektiv-rechtlichen Funktion der Grundrechte ergibt sich also das Gebot der grundrechtskonformen Auslegung.[568] Somit werden die mangelnden inhaltlichen Vorgaben der organisationsrechtlichen Regelungen des § 76 Abs. 1 AktG mit der durch die Grundrechte vorgegebenen Werteordnung ausgeglichen.

Die Sozialbindung des Eigentums und das Sozialstaatsprinzip, das aus Art. 20 Abs. 2 und Art. 28 Abs. 2 GG abgeleitet wird, lassen es als begründet und insoweit auch selbstverständlich erscheinen, dem Vorstand gemäß § 76 Abs. 1 AktG die Möglichkeit einzuräumen, in freier Entscheidung auch andere Interessen als die der Aktionäre zu berücksichtigen.[569] Sowohl die Mediatisierung des Aktionärseinflusses im Aktiengesetz als auch die eigenverantwortliche Leitung durch den Vorstand stellen eine Inhalts- und Schrankenbestimmung des Eigentums der Aktionäre dar, die der Gesetzgeber durch die Organisationsregeln des § 76 Abs. 1 AktG verwirklicht.[570, 571] In der Ausgestaltung als zwingende Norm bildet dieser Paragraph nicht nur eine zweckmäßige Organisation der Aktiengesellschaft ab,[572] sondern ist eine Vorschrift, die auch dem öffentlichen Interesse Rechnung trägt.[573] Dass die Sozialbindung über organisationsrechtliche Regelungen verwirklicht werden kann, wird durch das Bundesverfassungsgericht bestätigt, demzufolge Organisation und Verfahren in aller Regel eine materielle Wirkung haben und es „seit jeher anerkannt (ist), dass auch (das) Organisations- und Verfahrensrecht unter den Geboten der materiellen Grundrechte steht"[574]. Somit scheint in der organisationsrechtlichen Funktionstrennung des § 76 Abs. 1 AktG die in Kapitel 3.3.2 hergeleitete und spezifizierte Sozialbindung des Grundsgesetzes als Begründungsansatz für das Unternehmensinteresse durch.[575] Unter der Geltung des

---

[567] BVerfGE 7, 198 (198).

[568] Vgl. Krämer (2002), S. 75.

[569] Vgl. Großmann (1980), S. 161; Krämer (2002), S. 73; Dreher (1991), S. 355; BVerfGE 50, 290 (350).

[570] Vgl. Kübler/Assmann (2006), S. 182; Großmann (1980), S. 161.

[571] Die materiellen Voraussetzungen von Inhalts- und Schrankenbestimmungen im Sinne von Art. 14 GG ergeben sich aus dem unlösbaren Zusammenhang, in dem die Bestandsgarantie des Art. 14 Abs. 1 Satz 1 GG, der Regelungsauftrag des Art. 14 Abs. 1 Satz 2 GG und die Sozialpflichtigkeit des Eigentums nach Art. 14 Abs. 2 GG stehen. Vgl. Wieland (1996), Art. 14 Rn. 79; BVerfGE 50, 290 (340).

[572] Die Funktionstrennung trägt dabei sowohl der mangelnden Sachkunde einer Vielzahl von Aktionären in Bezug auf die Geschäftsführung Rechnung als auch rationalen Erwägungen der Kleinaktionäre, ihre Kontrolle mittels der Exit-Option auszuüben. Siehe hierzu auch die Kapitel 2.5 und 5.2.

[573] Vgl. Krämer (2002), S. 73.

[574] BVerfGE 50, 290 (351 f.).

[575] Kehrseite der Sozialbindung ist jedoch, wie Kübler/Assmann im Rahmen der organisationsrechtlichen Funktionsrechnung zu Recht anfügen, dass durch die Berücksichtigung der Interessen der Arbeitnehmer wie der Allgemeinheit in der Regel keine Verschärfung der Kontrollmöglichkeiten des Vorstandes durch den Aufsichtsrat einhergeht, sondern eher eine Lockerung zu befürchten ist.

Grundgesetzes bedarf es daher keiner Fortgeltung des § 70 Abs. 1 AktG 1937, denn dessen Funktion ist durch die Grundsätze der Verfassung aufgefangen worden.

(3) In Anbetracht des Wortlautes des § 76 Abs. 1 AktG, in dem der Gesetzgeber explizit auf die „Gesellschaft" Bezug nimmt, vom Unternehmens- und nicht vom Gesellschaftsinteresse zu sprechen, mag zunächst verwundern. Zweifelsohne ist auch in erster Linie die Gesellschaft Gegenstand der Leitung. Gleichwohl ist die Leitung der Gesellschaft auch im Sinne der Leitung des Unternehmens zu verstehen.[576] FLEISCHER bezeichnet die Formulierung des Gesetzestextes gar „als wenig glückliche Wortwahl des Gesetzgebers"[577]. Eine solche Interpretation lässt sich auf verschiedenen Wegen begründen. Legt man ein Unternehmensverständnis zugrunde, wie es in Kapitel 3.1.2 in Anlehnung an FLUME und MERTENS erarbeitet wurde, ist gemäß dem Großkommentar zum Aktiengesetz „das Recht der Aktiengesellschaft auch Unternehmensrecht und dementsprechend der Vorstand nach § 76 Abs. 1 AktG berechtigt, aber auch verpflichtet, das Unternehmen, und nicht bloß die Gesellschaft, zu leiten"[578].

Doch selbst wenn das Unternehmen im Sinne der traditionellen Sichtweise als rechtlich geordnete Verfassung der Aktiengesellschaft versteht, die sich nicht nur an den Vorgaben des Aktiengesetzes, sondern auch an denen des Mitbestimmungsgesetzes, des Kapitalmarktrechts, des Insolvenzrechts und des Wettbewerbsrechts orientiert, befindet man sich in einem unternehmensrechtlichen Bezugsrahmen. Nach Auffassung von KORTS ist der Vorstand dazu verpflichtet, „Konflikte zwischen dem Gesellschaftsinteresse und dem Unternehmensinteresse im Sinne der Harmonisierung der beiden Interessen anzustreben. Die Wahrnehmung der Leitungsaufgabe des Vorstandes darf nicht auf eine ausschließliche Orientierung am Gesellschaftsinteresse als gebündelten Interessen der Aktionäre hinauslaufen. (…) Ein Verstoß gegen das Gebot der interessenpluralistischen Unternehmensführung kann zu einer Schadensersatzpflicht gemäß § 93 AktG führen."[579] Diese Auffassung deckt sich mit der Rechtsprechung des BGH, die ebenfalls von der „Verpflichtung der Gesellschaftsorgane auf das Wohl des Unternehmens"[580] ausgeht. In der ARAG/Garmenbeck-Entscheidung, in der der BGH neben der Schadenersatzpflicht von Vorstandsmitgliedern Stellung zum Verhältnis der Unternehmensorgane zueinander nimmt, prägt er den Begriff des „Gesell-

---

Denn dadurch steht es im Ermessen des Vorstandes, welchen miteinander konkurrierenden Interessen und Zielen er im Einzelfall den Vorrang gibt. Vgl. Kübler/Assmann (2006), S. 182.

[576] Vgl. Kort (2003), § 76 Rn. 39; Fleischer (2007), § 76 Rn. 5; Junge (1978), S. 556; Seibt (2003), § 76 Rn. 39; BGHZ 64, 325 (329).

[577] Fleischer (2007), § 76 Rn. 5.

[578] Kort (2003), § 76 Rn. 40.

[579] Kort (2003), § 76 Rn. 40.

[580] BGHZ 69, 334 (339).

schaftsunternehmens"[581], der ausschließlich in einem unternehmensrechtlichen Sinne zu verstehen ist.

Darüber hinaus ist zu beachten, dass das Aktienrecht explizit die Möglichkeiten der Aktionäre begrenzt, Einfluss auf die Aktivitäten der Aktiengesellschaft zu nehmen. Die Hauptversammlung ist lediglich in zwei Fällen zur Entscheidung über Fragen der Geschäftsführung berufen: wenn es der Vorstand gemäß § 119 Abs. 2 AktG verlangt oder wenn der Aufsichtsrat nach § 111 Abs. 4 Satz 3 AktG seine erforderliche Zustimmung verweigert. Selbst eine generelle Zuständigkeit der Hauptversammlung für die Gewinnverwendung folgt nicht aus § 58 AktG, da dieser stets Bezug auf die Regelungen der Satzung nimmt. Durch diese Regelungen versucht das Aktiengesetz den Einfluss der Aktionäre zu begrenzen. Der Aktionärseinfluss kann demzufolge nur mittelbar über das Unternehmensinteresse geltend gemacht werden.

Der Vorstand hat somit alle im Unternehmen zusammentreffenden Interessen, insbesondere die der Aktionäre, der Arbeitnehmer und der Öffentlichkeit, in der Weise zu berücksichtigen, wie er sie nach pflichtgemäßem Ermessen versteht.[582] Er ist weder berechtigt noch verpflichtet, ausschließlich im Interesse der Aktionäre zu handeln.[583] Vielmehr geht die Verantwortung des Vorstandes dahin, die verschiedenen Interessen im Sinne der aus dem Verfassungsrecht bekannten praktischen Konkordanz[584] gegeneinander abzuwägen und danach seine unternehmerische Entscheidung zu treffen.[585] In diesem Rahmen steht ihm ein autonomer Handlungsspielraum zu. Dabei besteht jedoch die Gefahr, dass der Vorstand – aufgrund der korrespondierenden Einschränkung der Kontroll- und Steuerungsmöglichkeiten durch die Aktionäre sowie in Ermangelung individueller Ansprüche der Arbeitnehmer – seinen eigenen Nutzen maximiert und dadurch sowohl die Eigenkapitalkosten erhöht, als auch die allokative Effizienz des Marktes beeinflusst.[586]

(4) Im Rahmen aktienrechtlicher Normen ergibt sich des Weiteren durch § 396 Abs. 1 Satz 1 AktG eine Bindung an das Gemeinwohl, der die Auflösung der Aktiengesellschaft im Falle der Gemeinwohlgefährdung vorsieht.[587] Diese Norm nimmt dabei Bezug auf die rechtlich geschützten Interessen der Öffentlichkeit.[588] Die Bezugnahme auf Einzelinteressen, wie beispielsweise die der Aktionäre oder der Gläubiger, ist in die-

---

[581] BGHZ 135, 244 (253).

[582] Vgl. Wiesner (2007), S. 196.

[583] Vgl. Hopt (2002a), S. 360; Hüffer (2008), § 76 Rn. 12.

[584] Siehe hierzu ausführlich Kapitel 3.5.3.1. Vgl. auch Hesse (1995), S. 28; BVerfGE 83, 130 (143).

[585] Vgl. Mertens (1996), § 76 Rn. 19; Kort (2003), § 76 Rn. 64; Wiesner (2007), S. 196; Hopt (2002a), S. 360; Hüffer (1997), S. 218.

[586] Vgl. Hopt (2002a), S. 360; Kübler/Assmann (2006), S. 182.

[587] Vgl. Kort (2003), § 76 Rn. 60.

[588] Vgl. Oetker (2008), §§ 396-398 Rn. 7; Hüffer (2008), § 396 Rn. 2.

sem Kontext nicht ausreichend. Abgedeckt ist hingegen die Gefährdung allgemeiner Interessen der Volkswirtschaft, wenngleich dies als Tatbestand nicht zwingend erforderlich ist. Eine allgemeinverbindliche Konkretisierung des Gemeinwohls ist wahrscheinlich nicht möglich. ZÖLLNER beispielsweise bezieht sich daher punktuell auf volkswirtschaftliche Interessen, die beeinträchtigt werden, wenn Unternehmen wiederholt gegen Vorschriften zum Schutz des Wettbewerbs verstoßen.[589] Zum anderen kann das Gemeinwohl auch im finanzwirtschaftlichen Bereich betroffen sein, beispielsweise durch fortlaufendes steuergesetzwidriges Verhalten. Die Interessen der Öffentlichkeit gelten als gefährdet, „wenn die Lage bei vernünftiger Prognose und ungehindertem Geschehensverlauf mit hinreichender Wahrscheinlichkeit in eine nachteilige Beeinträchtigung umzuschlagen droht"[590]. In der Regierungsbegründung zum Aktiengesetz heißt es knapp: „Gefährdet der Vorstand durch gesetzwidriges Verhalten das Gemeinwohl, so kann die Gesellschaft aufgelöst werden."[591] Nach herrschender Meinung kann eine Gefährdung des Gemeinwohls, die nicht auf einem gesetzwidrigen Verhalten beruht, eine Auflösung der Gesellschaft nicht rechtfertigen.[592] Daraus ergibt sich im geltenden Aktiengesetz eine direkte Bindung an das Gemeinwohl, wenngleich diese materiell stark begrenzt ist.

Der Begriff des Unternehmensinteresses selbst findet sich im Rahmen des geltenden Aktienrechts in § 312 Abs. 1 Satz 2 AktG, einer konzernrechtlichen Vorschrift, die im Rahmen des Abhängigkeitsberichtes verlangt, Maßnahmen und Rechtsgeschäfte aufzuführen, welche das abhängige Unternehmen „mit dem herrschenden Unternehmen oder einem mit ihm verbundenen Unternehmen oder auf Veranlassung oder im Interesse dieser Unternehmen vorgenommen hat". An anderer Stelle werden in ähnlichem Kontext die Formulierungen „Belange" bzw. „Wohl" des Unternehmens verwendet,[593] beispielsweise in § 308 Abs. 1 Satz 2 AktG, der den Vorstand eines herrschenden Unternehmens ermächtigt, dem Vorstand eines beherrschten Unternehmens für diesen nachteilige Weisungen zu erteilen, „wenn sie den Belangen des herrschenden Unternehmens (…) dienen". In diesem Zusammenhang wird in der Literatur vom Konzerninteresse[594] gesprochen, wenn darunter das Gesellschafts- oder Unternehmensinteresse

---

[589] Vgl. Zöllner (1985), § 396 Rn. 12.

[590] Oetker (2008), § 396-398 Rn. 7.

[591] Kropff (1965a), Begründung Regierungsentwurf, S. 97.

[592] Vgl. Spindler (2007), § 76 Rn. 82.

[593] Vgl. beispielsweise §§ 117, 121 Abs. 1, 131 Abs. 3 Nr. 1, 301 ff. AktG.

[594] Da es rechtlich keinen Konzernverband gibt, kann das Konzerninteresse nicht als Gesamtinteresse analog zum Verbandsinteresse bei der Einzelgesellschaft aufgefasst werden. Vgl. Zöllner (1984), Einl. Rn. 137 f.; Wiedemann (1980), S. 348. Ablehnend Koppensteiner (2004), § 308 Rn. 25.

des rechtsformneutral als herrschendes Unternehmen angesprochenen Rechtsträgers verstanden wird.[595] Ein weiterer aktienrechtlicher Bezugspunkt für das Unternehmensinteresse ergibt sich aus § 117 AktG, der das Vermögen der Gesellschaft sowie der Aktionäre gegen vorsätzlich herbeigeführte Schädigungen schützt. Im Kern geht es dabei um die Frage, unter welchen Voraussetzungen für eine Schädigung des Gesellschaftsvermögens gehaftet wird. Gemäß der Kommentierung von SCHALL ist dabei auf das Unternehmensinteresse als eigentliches Schutzgut abzustellen.[596] Folglich muss für eine vorsätzliche Zufügung von Vermögensschäden grundsätzlich gehaftet werden, wenn sie dem Unternehmensinteresse zuwiderlaufen.

3.3.4 Unternehmensinteresse kraft unternehmerischer Mitbestimmung

Der Gedanke einer Mitbestimmung der Arbeitnehmer im Sinne einer Beteiligung an wirtschaftlichen und sozialen Entscheidungen reicht in Deutschland bis in die Anfänge der Industrialisierung zurück.[597] Ziel der Mitbestimmung ist es, „eine Balance zwischen den beiden wichtigsten Produktionsfaktoren des Unternehmens (zu) schaffen: Kapital und Arbeit."[598] Mit der Mitbestimmung gehen zwei Partizipationswirkungen einher: Zum einen soll durch Einbeziehen der Arbeitnehmer in unternehmerische Entscheidungsabläufe der Informationsstand auf Seiten der Arbeitnehmer und des Vorstandes verbessert werden. Zum anderen sollen „Chancen zur Minderung der Fremdbestimmung und stärkeren Berücksichtigung der spezifischen Arbeitnehmerinteressen eröffnet werden"[599]. Das Inkrafttreten des Mitbestimmungsgesetzes am 04. Mai 1976 zog in diesem Kontext eine intensive Diskussion nach sich, in deren Mittelpunkt die Frage stand, wie sich die Institutionalisierung der quasiparitätischen Mitbestimmung auf Aufsichtsratsebene bei mitbestimmten Aktiengesellschaften hinsichtlich der von Vorstand und Aufsichtsrat zu verfolgenden Unternehmensziele auswirkt.[600, 601]

In der Literatur wird teilweise die Meinung vertreten, dass mit einer Unternehmensverfassung, die als Organ der Aktiengesellschaft einen quasiparitätisch mitbestimmten Aufsichtsrat kennt, eine ausschließlich auf die Aktionärsinteressen abzielende Corpo-

---

[595] Vgl. Hüffer (2008), § 308 Rn. 16; Zöllner (1984), Einl. Rn. 137 f.
[596] Vgl. Schall (2007), § 117 Rn. 6.
[597] Vgl. BVerfGE 50, 290 (294); Raiser/Veil (2006), S. 130 f.
[598] Buchheim (2001), S. 151.
[599] Werder (2004), S. 168.
[600] Vgl. Fleischer (2007), § 76 Rn. 26; Mülbert (1997), S. 150.
[601] Die Vorschriften des Mitbestimmungsgesetzes sind gemäß § 1 MitbestG auf Aktiengesellschaften anzuwenden, die im Regelfall mehr als 2.000 Arbeitnehmer beschäftigen und nicht unter die Montanmitbestimmung fallen.

rate Governance nicht vereinbar sei.[602] Die Mitwirkung der Arbeitnehmer im Aufsichtsrat hat die Wahrung der Interessen der Arbeitnehmer institutionalisiert.[603] Demzufolge stehen selbst die Vertreter der „reinen Lehre" vom Gesellschafterverband vor der Aufgabe, die unterschiedlichen Interessen zu gewichten. „Ausschließlichkeit oder auch nur der Vorrang von Aktionärsinteressen in der Aktiengesellschaft"[604] sind nach Auffassung HOPTS „nicht mehr zu rechtfertigen", und es sei daher zwingend zu einem unternehmensrechtlichen Verständnis der Aktiengesellschaft überzugehen.

Dieser Ansicht ist insofern zuzustimmen, als die Arbeitnehmervertreter im Aufsichtsrat nicht dem Gesellschafterverband angehören, haben diese im Bezug auf den Gesellschafterverband auch keine organschaftlichen Rechte oder Pflichten.[605] Die Arbeitnehmervertreter können mithin nicht ausschließlich auf das Gesellschaftsinteresse verpflichtet werden. An dieser Stelle sieht RAISER einen methodischen Ansatzpunkt zur Begründung des Unternehmensinteresses.[606] Auf Grund der Unmöglichkeit, die Arbeitnehmervertreter auf das Gesellschaftsinteresse zu verpflichten, darf die Verantwortlichkeit von Vorstand und Aufsichtsrat nicht zu einer „inhaltlich nicht präzisierten Phrase"[607] verkommen. Vielmehr müsse die Lücke, die durch die Untauglichkeit des Gesellschaftsinteresses als Verhaltensmaßstab entstanden ist, mit der Verpflichtung auf das Unternehmensinteresse geschlossen werden. Nur so könne eine „erfolgversprechende Integration und Kooperation"[608] zwischen Anteilseigner- und Arbeitnehmervertretern im Aufsichtsrat gelingen. Demzufolge impliziert das Mitbestimmungsgesetz einen Widerspruch zur ausschließlichen Orientierung am Gesellschaftsinteresse, andernfalls käme es zu einem unlösbaren Konflikt zwischen den materiellen Vorgaben und der prozessualen Ausgestaltung der Willensbildung.

Diese Auslegung ist nicht ganz unumstritten. Zentraler Ansatzpunkt für die Kritik ist die Tatsache, dass im Mitbestimmungsgesetz keine explizite Vorschrift existiert, die die verbandsrechtliche Zielkonzeption des Aktiengesetzes ändert.[609] Dies schließt jedoch eine konkludente Umformung der Aktiengesellschaft und der die Verwaltungstätigkeit leitenden Formalzielsetzung nicht aus, wie beispielsweise auch MÜLBERT darlegt, wobei er dennoch der Auffassung ist, dass sich dies aus dem organisatorisch-

---

[602] Vgl. Hopt (1993), S. 536; Semler (1995), S. 295; Schilling (1980), S. 114.
[603] Vgl. Semler (1995), S. 295; Raisch (1974), S. 363.
[604] Hopt (1993), S. 536.
[605] Vgl. BVerfGE 50, 290 (356 f.).
[606] Vgl. Raiser (1976), S. 114.
[607] Raiser (1976), S. 114.
[608] Raiser (1976), S. 114.
[609] Vgl. Krämer (2002), S. 63; Mülbert (1997), S.151.

prozeduralen Zuschnitt des Mitbestimmungsgesetzes kaum ableiten lässt.[610] Daraus folgt für MÜLBERT, dass der Gesetzgeber an der verbandsrechtlichen Konzeption nichts ändern will. Diese Kritik kann jedoch mit seinen eigenen Argumenten entkräftet werden: In der Begründung des Regierungsentwurfes wird nicht explizit Bezug auf die verbandsrechtliche Konzeption genommen. Also ist anzunehmen, dass der Gesetzgeber in Anbetracht der verfassungs- und aktienrechtrechtlichen Normen, wie sie in den vorausgegangenen Kapiteln dargelegt wurden, von einer interessenpluralistischen Zielkonzeption ausgeht. Das Ziel des Gesetzgebers war es, mit dem Mitbestimmungsgesetz „eine gleichberechtigte und gleichgewichtige Teilnahme von Anteilseignern und Arbeitnehmern an den Entscheidungsprozessen im Unternehmen"[611] einzuführen. Hätte der Gesetzgeber die Absicht gehabt, eine interessenmonistische Zielkonzeption zu verankern, die dem Grundgedanken der Mitbestimmung entgegenläuft, hätte er diese explizit geregelt, um allen anderen Tendenzen entgegenzuwirken. Dies ist jedoch nicht erfolgt. Vielmehr spricht das Bundesverfassungsgericht davon, dass die ökonomische Legitimation der Unternehmensleitung durch eine soziale Legitimation ergänzt worden sei, um die Existenz und Wirksamkeit der Unternehmen zu sichern.[612]

Gleichwohl darf nicht unberücksichtigt bleiben, dass der Gesetzgeber „die Mitbestimmung der Arbeitnehmer unter weitgehender Beibehaltung des geltenden Gesellschaftsrechts"[613] zu regeln beabsichtigte. Das Gesellschaftsrecht bleibt jedoch nur insoweit unberührt, als es vom Mitbestimmungsgesetz nicht eingeschränkt oder abgeändert wird. Hinsichtlich der erforderlichen Weiterentwicklung des Gesellschaftsrechts zu „einem modernen, den wirtschaftlichen und sozialen Entwicklungen unserer Zeit gerecht werdenden Unternehmensrecht"[614] verweist er auf die Unternehmensrechtskommission. Diese Auffassung teilt auch das Bundesverfassungsgericht, das eine Wirkung des Mitbestimmungsgesetzes, die über die aktienrechtliche und die verfassungsrechtliche Sozialbindung hinausgehet, verneint.[615] Die Bedeutung des Mitbestimmungsgesetzes für die Begründung des Unternehmensinteresses ist insofern eingeschränkt, als es nicht über die Argumentation der Kapitel 3.3.2 und 3.3.3 hinausgeht. Andererseits wird die interessenpluralistische Ausrichtung der Aktiengesellschaft im Mitbestimmungsgesetz verankert, so dass in Ergänzung der aktienrechtlichen Ausführungen

---

[610] Diese Einschätzung Mülberts ist nur im Gesamtkontext seiner Argumentation zu verstehen und zu werten, innerhalb der er an der traditionellen Sichtweise in Bezug auf das Verhältnis von Gesellschaft und Unternehmen festhält. Unternehmensrechtliche Entwicklungen finden keine Beachtung. Vgl. Mülbert (1997), S. 155 f. Vgl. für eine ähnliche Ansicht auch Paefgen (1982), S. 115.
[611] Deutscher Bundestag (1973), Drucksache 7/2172, S. 17.
[612] Vgl. BVerfGE 50, 290 (365 f.).
[613] Deutscher Bundestag (1973), Drucksache 7/2172, S. 17.
[614] Deutscher Bundestag (1973), Drucksache 7/2172, S. 17.
[615] Vgl. BVerfGE 50, 290 (343).

auch unter Bezugnahme auf das Mitbestimmungsgesetz die Ausschließlichkeit der Aktionärsinteressen nicht zu rechtfertigen ist.

Die §§ 27 Abs. 2 und 29 Abs. 2 Satz 1 MitbestG räumen den Anteilseignern in Pattsituationen organisationsrechtlich ein leichtes Übergewicht ein. Aus dieser Regelung eine vollständige Ablehnung des Unternehmensinteresses und die ausschließliche Berücksichtigung der Anteilseignerinteressen zu folgern, wäre verfehlt.[616] Diese Regelungen tragen vielmehr der Funktionsfähigkeit und zeitnahen Handlungsmöglichkeit des Aufsichtsrates Rechnung. Zudem lässt sich an der Tatsache, dass eine Interessenübergewichtung zugunsten der Anteilseigner nur in Pattsituationen zur Anwendung kommt, die grundsätzliche Geltung des Unternehmensinteresses ableiten. Das Bundesverfassungsgericht verweist in diesem Zusammenhang darauf, dass die Beschränkung der Rechte der Anteilseigner zum Zweck des Mitbestimmungsgesetzes in einem angemessenen Verhältnis stehen muss.[617] Dieses sei jedoch durch die Regelungen des Mitbestimmungsgesetzes nicht verletzt.[618]

Gemäß § 7 Abs. 2 MitbestG müssen einem Aufsichtsrat mindestens zwei Gewerkschaftsmitglieder der im Unternehmen vertretenen Gewerkschaften als Arbeitnehmervertreter angehören. Die Beteiligung von unternehmensfremden Gewerkschaftsmitgliedern war bei den Gesetzesberatungen besonders umstritten. Der Gesetzgeber ist letztlich der Auffassung der Mitbestimmungskommission gefolgt, dass eine Beschränkung der Vertreter der Arbeitnehmer auf unternehmensangehörige Personen nicht im Interesse der Arbeitnehmer liegt.[619] Vielmehr habe sich die Existenz externer Arbeitnehmervertreter zum Wohl des Unternehmens, insbesondere bei Konflikten zwischen kurz- und langfristigen Unternehmensinteressen, ausgewirkt.[620] Die Aufsichtsratstätigkeit von Gewerkschaftsmitgliedern wird vielfach damit begründet, dass durch die Einbringung der gewerkschaftlichen Vorstellungen in den Aufsichtsrat sichergestellt sein soll, dass die unternehmerischen Entscheidungen durch die Gewerkschaft mitgetragen werden.[621]

Rechtspolitisch ist der Zwang zur Wahl von Gewerkschaftsvertretern insofern zweifelhaft, als die Gefahr besteht, dass die Verhandlungen mit gewerkschaftlichen Überlegungen, die nicht mit dem originären Unternehmensinteresse deckungsgleich sind, belastet werden.[622] Um dieser Gefahr entgegenzuwirken, wurde im Rahmen der euro-

---

[616] Vgl. Mülbert (1997), S. 153.
[617] Vgl. BVerfGE 50, 290 (350).
[618] Vgl. BVerfGE 50, 290 (365 f.).
[619] Vgl. Deutscher Bundestag (1970), Drucksache 6/334, S. 106 f.; Henssler (2006), § 7 Rn. 51.
[620] Vgl. Deutscher Bundestag (1970), Drucksache 6/334, S. 107.
[621] Vgl. Henssler (2006), § 7 Rn. 79.
[622] Vgl. Henssler (2006), § 7 Rn. 56.

parechtlichen SE-Richtlinie die Belegschaftsautonomie fest verankert.[623] Der Vollständigkeit halber sei in diesem Zusammenhang auch auf den Wortlaut des § 2 Abs. 1 BetrVG hingewiesen, der Arbeitgeber und Arbeitnehmer auffordert, „zum Wohl der Arbeitnehmer und des Betriebs" zusammenzuarbeiten.

Somit bleibt festzuhalten, dass die Interessen der Arbeitnehmer infolge der organisationsrechtlichen Konzeption in die Entscheidungsfindung mit einzubeziehen sind und eine ausschließliche Orientierung am Gesellschafterinteresse mit dem Mitbestimmungsgesetz nicht vereinbar ist. Demzufolge impliziert die Einführung der Mitbestimmung keinen Funktionswandel des Unternehmens, sondern die stärkere institutionelle Absicherung der normativ vorgegebenen Pluralität der für die entscheidungsbefugten Organe maßgeblichen Unternehmensziele.[624] Insofern reicht zur Begründung des Unternehmensinteresses der Bezug auf das Mitbestimmungsgesetz nicht aus.[625] Es stellt jedoch eine wichtige Stütze für ein auf einem breiten Fundament ruhendes Konzept dar.

3.3.5 Zwischenfazit

Das Unternehmensinteresse als verbindliche Leitungsmaxime lässt sich im Rahmen des geltenden Rechts sowohl mittels verfassungsrechtlicher und aktienrechtlicher Normen als auch der unternehmerischen Mitbestimmung begründen.

Aus verfassungsrechtlicher Sicht bildet die Sozialbindung des Eigentums gemäß Art. 14 Abs. 2 GG den zentralen Ansatzpunkt für die Begründung des Unternehmensinteresses. Das Bundesverfassungsgericht hat diese Norm in seinem Mitbestimmungsurteil dahingehend konkretisiert, dass die Anteilseigner bei der Verfolgung ihrer erwerbswirtschaftlichen Ziele verpflichtet sind, die Interessen der Arbeitnehmer und der Allgemeinheit nicht zu beeinträchtigen. Hinsichtlich des intensiv diskutierten Verhältnisses von Unternehmen und Gesellschaft bildet die Sozialbindung des Eigentums eine feste Klammer, da sie die Gesellschafterebene mit den anderen Bezugsgruppen des Unternehmens verbindet.

Eine Begründung kraft Fortgeltung des § 70 Abs. 1 AktG von 1937 ist zu Recht umstritten. Denn aus der Entstehungsgeschichte des Aktiengesetzes von 1965 können keine zweifelsfreien Rückschlüsse über die Fortgeltung dieses Paragraphen gezogen werden. Vielmehr ist davon auszugehen, dass die aktienrechtliche Gemeinwohlklausel

---

[623] Siehe hierzu auch Kapitel 3.8 und Anhang D.
[624] Vgl. Kübler/Assmann (2006), S. 528; BVerfGE 50, 290 (350).
[625] Vgl. Krämer (2002), S. 82.

des § 70 Abs. 1 AktG 1937 als besondere Ausprägung der in Art. 14 Abs. 2 GG statuierten Sozialpflichtigkeit des Eigentums Eingang in die Verfassung gefunden hat. Ausgehend von § 76 Abs. 1 AktG hat der Vorstand die Gesellschaft unter eigener Verantwortung zu leiten. Eine Schranke dieser Ermessensausübung bildet aktienrechtlich das Unternehmensinteresse. Dieses geht sowohl aus der Gesetzesbegründung des § 76 Abs. 1 AktG als auch aus der aktienrechtlich relevanten Sozialbindung des Eigentums im Hinblick auf die Mediatisierung des Aktionärseinflusses sowie der eigenverantwortlichen Leitung durch den Vorstand hervor. Einen weiteren aktienrechtlich relevanten Begründungsansatz bildet die in Kapitel 3.1.2 dargelegte unternehmensrechtliche Theorie, in der von der Identifikation von Unternehmen und juristischer Person ausgegangen wird. Infolgedessen ist der Vorstand verpflichtet, das Unternehmen in seiner Gesamtheit zu leiten und nicht bloß die Gesellschaft. Der Vorstand ist weder berechtigt noch verpflichtet, ausschließlich im Interesse der Aktionäre zu handeln. Die Verantwortung des Vorstandes besteht vielmehr darin, die verschiedenen Interessen im Sinne der praktischen Konkordanz gegeneinander abzuwägen und auf dieser Basis die unternehmerischen Entscheidungen zu treffen.

Die Bedeutung des Mitbestimmungsgesetzes für die Begründung des Unternehmensinteresses liegt insbesondere in der Verankerung der interessenpluralistischen Ausrichtung der Aktiengesellschaft. Angesichts der organisationsrechtlichen Konzeption sind die Interessen der Arbeitnehmer in die unternehmerische Entscheidungsfindung mit einzubeziehen. Eine ausschließliche Orientierung am Gesellschaftsinteresse ist unzulässig. Die Einführung der Mitbestimmung führt jedoch zu keinem Funktionswandel des Unternehmens, sondern sichert vielmehr die bereits im Aktienrecht verankerte Interessenpluralität ab. Insofern kann das Unternehmensinteresse nicht ausschließlich durch das Mitbestimmungsgesetz begründet werden, das vielmehr eine weitere Facette des Unternehmensinteresses darstellt.

Abschließend bleibt festzuhalten, dass das Unternehmensinteresse als Verhaltensmaxime plausibel mit dem geltenden Recht begründet werden kann.

3.4 Das Unternehmensinteresse in der Judikatur

Sowohl das Bundesverfassungsgericht als auch der Bundesgerichtshof erkennen in ständiger Rechtsprechung das Unternehmensinteresse als Handlungsmaxime für Vorstand und Aufsichtsrat an.[626] Dies wird beispielsweise im Urteil des Bundesverfassungsgerichts vom 07. November 1972 zur Aufsichtsratsvergütung deutlich, in dem

---

[626] Vgl. Semler/Spindler (2004), Vorb. Rn. 84; Groh (2000), S. 2156; Mertens (1996), § 76 Rn. 23.

der Erste Senat ausführt: „Die Vertreter der Arbeitnehmer im Aufsichtsrat (können) nicht lediglich als Interessenvertreter der Arbeitnehmer angesehen werden. Sie haben ebenso wie die von den Anteilseignern entsandten Mitglieder des Aufsichtsrates die Interessen des Unternehmens wahrzunehmen."[627] Auf das Unternehmensinteresse als zentralen Bezugspunkt bei Interessenkonflikten stellt das Bundesverfassungsgericht auch im Mitbestimmungsurteil ab, demzufolge die Angehörigen der Vertretungsorgane von Arbeitgeberkoalitionen bei Tarifauseinandersetzungen, „ihre Funktionen ungeachtet etwaiger persönlicher Konflikte oder Interessenkonflikte im Interesse der Unternehmen wahrzunehmen"[628] haben. Das Bundesverfassungsgericht unterstreicht dadurch den normativen Charakter des Unternehmensinteresses und grenzt darüber hinaus den Kreis der relevanten Interessengruppen ein. So umfasse das Unternehmen sowohl Arbeitnehmer als auch Anteilseigner, denn „erst das freiwillige Zusammenwirken beider gewährleistet das Erreichen des Gesellschaftszwecks"[629]. In geringerem Maße sind zudem die Interessen der Allgemeinheit zu berücksichtigen.[630]

Der Bundesgerichtshof verweist im sog. Bayer-Urteil unter Bezugnahme auf den Beschluss des Bundesverfassungsgerichtes vom 07. November 1972 auf das Unternehmensinteresse als maßgebliche Bezugsgröße für Verschwiegenheitpflicht der Aufsichtsratsmitglieder.[631] Denn ein unbeschränktes Schweigegebot werde der Bedeutung des Aufsichtsratsamtes nicht gerecht.[632] So sei „das entscheidende Merkmal für die Beurteilung der Schweigepflicht (…) ein objektives, nämlich das Bedürfnis der Geheimhaltung im Interesse des Unternehmens."[633] Im Rahmen dieses Urteils klassifiziert der BGH das Unternehmensinteresse nicht nur als objektives Merkmal, sondern verpflichtet des Weiteren sowohl die Arbeitnehmervertreter als auch die Aufsichtsratsmitglieder der Anteilseignerseite auf das Unternehmensinteresse. Für beide Seiten sei das „Interesse des Unternehmens maßgebend, das sich vielfach, aber nicht immer, mit den Interessen der im Aufsichtsrat repräsentierten Gruppen decken wird"[634]. Demzufolge bildet das Unternehmensinteresse eine normative Richtschnur für das Handeln der Aufsichtsratsmitglieder, dem die einzelnen Aufsichtsratsmitglieder ihre spezifischen Gruppeninteressen unterzuordnen haben.[635]

---

[627] BVerfGE 34, 103 (112).
[628] BVerfGE 50, 290 (374).
[629] BVerfGE 50, 290 (356).
[630] Vgl. BVerfGE 50, 290 (341).
[631] Vgl. BGHZ 64, 325 (329).
[632] Vgl. Raisch (1976), S. 348.
[633] BGHZ 64, 325 (329).
[634] BGHZ 64, 325 (331).
[635] Vgl. Großmann (1980), S. 101.

Im sog. VEBA-Urteil nimmt der BGH explizit Bezug auf die Verpflichtung der Gesellschaftsorgane auf das Unternehmensinteresse als Verhaltensmaßstab. In der Entscheidung heißt es: „So schließt (...) die Verpflichtung der Gesellschaftsorgane auf das Wohl des Unternehmens es nicht aus, dass sie bei ihren Entscheidungen gesamtwirtschaftliche Gesichtspunkte und das Allgemeinwohl im Rahmen ihrer Verantwortlichkeit (§§ 91, 116) und der satzungsmäßigen Unternehmensziele angemessen mitberücksichtigen."[636]

Gemäß der ARAG/Garmenbeck-Entscheidung des BGH vom 21. April 1997 gilt das Unternehmensinteresse als Messlatte des unternehmerischen Ermessens. Infolgedessen soll eine Schadensersatzpflicht des Vorstandes dann in Betracht kommen, wenn die Grenzen, in denen sich „ein von Verantwortungsbewusstsein getragenes, ausschließlich am Unternehmenswohl orientiertes, auf sorgfältiger Ermittlung der Entscheidungsgrundlage beruhendes unternehmerisches Handeln bewegen muss, deutlich überschritten sind"[637]. Noch deutlicher wird die Ausrichtung der Leitungsorgane am Unternehmenswohl bei der Beschreibung des Entscheidungsermessens des Aufsichtsrats, das „allein dem Unternehmenswohl verpflichtet ist"[638]. In dieser Entscheidung stellt der BGH nicht nur grundsätzlich im Unternehmenswohl liegende Handlungen fest, wie die Geltendmachung von Schadensersatzansprüchen gegen Vorstandsmitglieder, sondern beschreibt zugleich die Ausnahmen, die ein Abweichen von diesem Grundsatz erlauben.[639]

Der BGH verwendet in seinen Entscheidungen jedoch nicht nur den Begriff des Unternehmensinteresses[640], sondern wahlweise auch den Terminus Gesellschaftsinteresse[641] oder gar beide Begriffe gleichzeitig[642].[643] Die Vernachlässigung der Unterscheidung beruht nach HENZE[644] darauf, dass sich „der BGH im Rahmen seiner Beurteilung nicht mit der Wertung abstrahierender Begriffe oder abstrakter Institutionen aufhält, sondern sofort die Interessen und Interessenten in den Blick nimmt, die von den jeweiligen Maßnahmen betroffen sind oder (...) berührt werden. Der BGH hat es bisher stets vermieden (...) das 'Unternehmens- bzw. Gesellschaftsinteresse' zu definieren."[645] Aus

---

[636] BGHZ 69, 334 (339).
[637] BGHZ 135, 244 (253).
[638] Vgl. BGHZ 135, 244 (255).
[639] Vgl. BGHZ 135, 244 (255 f.)
[640] Vgl. BGHZ 62, 193 (197); 64, 325 (329 ff.); 83, 106 (121); 95, 330 (334 f.); 135, 244 (253) BGHSt 50, 331 (338).
[641] Vgl. BGHZ 36, 296 (306); 71, 40 (44); 83, 319 (321); 125, 239 (241f.); 136, 133 (139 f.).
[642] Vgl. BGHZ 125, 239 (241 ff.); 135, 244 (255).
[643] Vgl. Fleischer (2003), S. 133.
[644] Henze war von 1986 bis 2003 Richter des II. Zivilsenats des BGH.
[645] Henze (2000), S. 212.

der ständigen Rechtsprechung jedoch eine willkürliche Verwendung der Begriffe „Unternehmen" und „Gesellschaft" abzuleiten, wäre verfehlt, wie unter anderem die zitierte Passage des VEBA-Urteils zeigt.[646] Sowohl die Ausführung HENZES als auch die Tatsache, dass der BGH im Rahmen des Bayer-Urteils das Unternehmensinteresse ausdrücklich als Verhaltensmaßstab gebraucht, ohne ihn näher zu definieren, unterstreichen die unternehmenspraktische Bedeutung, die der BGH diesem Verhaltensmaßstab beimisst.[647]

Besondere Beachtung erfuhr der Begriff des Unternehmensinteresses zuletzt im Mannesmann-Prozess durch das Revisionsurteil des BGH vom 21. Dezember 2005, in der dieser das Unternehmensinteresse als verbindliche Richtlinie bei unternehmerischen Entscheidungen festschrieb.[648] Im Rahmen dieses Prozesses hatte der Ditte Strafsenat des BGH über die Frage zu entscheiden, ob es mit den Pflichten des Aufsichtsrates vereinbar ist, ausscheidenden Vorstandsmitgliedern sog. nachträgliche freiwillige Anerkennungsprämien (Appreciation Awards)[649] für besondere Verdienste in der Vergangenheit und im Zusammenhang mit der Übernahme der Mannesmann AG zu zahlen. Ausgangspunkt der Argumentation ist die Erkenntnis, dass Aufsichtsrat und Vorstand gemäß § 93 Abs. 1 Satz 1 und § 116 Satz 1 AktG gehalten sind, alle Maßnahmen zu ergreifen, um den Vorteil der Gesellschaft zu wahren und Schaden von ihr abzuwenden.[650] Hinsichtlich der Entscheidungen über die inhaltliche Ausgestaltung der Vorstandsverträge sowie deren Bezüge unterliegen die Aufsichtsratsmitglieder einer „Vermögensbetreuungspflicht, die aus (...) der Stellung als Verwalter des (…) fremden Vermögens der Aktiengesellschaft folgt. Nach den Vorgaben des Aktienrechts müssen (...) (die Aufsichtsratsmitglieder) bei allen Vergütungsentscheidungen im Unternehmensinteresse (…) handeln, insbesondere den Vorteil der Gesellschaft wahren und Nachteile von ihr abwenden."[651] Der Aufsichtsrat ist, wie SÄCKER/BOESCHE es sehr pointiert formulieren, „nicht Gutsherr, sondern nur Gutsverwalter, der nicht selbstherrlich über fremdes Vermögen verfügen darf und sich zur Rechtfertigung seines eigenen Verhaltens nicht auf eine unbegrenzte privatautonome Entscheidungsfreiheit berufen

---

[646] Eine derartige Verwendung unterstellt beispielsweise Schmidt-Leithoff (1989), S. 59 ff.; Vgl. BGHZ 69, 334 (339).

[647] Vgl. Koch (1983), S. 23.

[648] Vgl. BGHSt 50, 331 (338). Siehe hierzu auch Anhang B.

[649] Appreciation Awards sind Vergütungen, die einem Vorstandsmitglied wegen besonders guter Leistungen zu einem Zeitpunkt gewährt werden, zu dem es die relevante Leistung bereits erbracht hat. Sie sind scharf von Abfindungsvereinbarungen zu trennen, denn Abfindungen werden dem Grundsatz nach vereinbart, um dem Vorstandsmitglied nach seiner Abberufung die aus dem Dienstvertrag bestehenden Ansprüche „abzukaufen". Vgl. Rönnau (2004), S. 119 f.

[650] Vgl. Spindler (2006), S. 349; BGHZ 21, 354 (357); 135, 244 (253); BGHSt 50, 331 (336).

[651] BGHSt 50, 331 (335). Vgl. hierzu auch BGHSt 47, 187 (200 f.). Bei der Begründung der Vermögensbetreuungspflicht nimmt der BGH Bezug auf § 266 Abs. 1 StGB.

kann"[652]. Die Maßstäbe der Vermögensverwaltung haben sich diesem Urteil zufolge allein am Unternehmensinteresse zu orientieren. Die Rechtsprechung des Dritten Strafsenats steht dabei im Einklang mit der im Aktienrecht maßgeblichen Rechtsprechung des II. Zivilsenats.[653] Die Bedeutung des Unternehmensinteresses wird vom BGH darüber hinaus verstärkt, in dem er im Rahmen der Urteilsbegründung die zum Teil im Schrifttum vertretene Auffassung, „das Unternehmensinteresse (…) sei (…) wegen der Besonderheiten des Aktienrechts ein unverbindlicher Leitgedanke, der lediglich die Abwägung aller relevanten Gesichtspunkte erfordere"[654], nachdrücklich zurückweist.

Die höchstrichterliche Rechtsprechung belegt somit, dass das Unternehmensinteresse trotz des relativ großen Ermessensspielraums, den es Vorstand und Aufsichtsrat gewährt, justitiabel ist und eine anerkannte Handlungsmaxime darstellt.[655]

3.5 Konzeptionen zur inhaltlichen Ausgestaltung des Unternehmensinteresses

Vorstand und Aufsichtsrat haben ihre Leitungstätigkeit nach geltendem Recht am Unternehmensinteresse auszurichten. Nach der rechtlichen Herleitung des Begriffs stellt sich nun die Frage, wie das Unternehmensinteresse inhaltlich auszufüllen ist.

3.5.1 Die pluralistische Konzeption des Unternehmensinteresses

Jedes Unternehmen agiert unter dem Einfluss einer Vielzahl von Einzelinteressen, und alle Interessenträger erwarten, dass ihre partikularen Interessen möglichst vorrangig beachtet werden. Daher stellt sich in Anlehnung an Kapitel 2.2 und in Ergänzung zu Kapitel 3.1.1 nun erneut die Frage, welche Interessen im Rahmen der Leitungsmaxime des Unternehmensinteresses zu berücksichtigen sind.

Die unterschiedlichen Interessen sind nicht isoliert zu betrachten, sondern stehen in Beziehung zueinander. SEMLER/SPINDLER differenzieren zwischen den Interessenträgern *im* Unternehmen und den Interessenträgern *am* Unternehmen.[656] Träger der unternehmensinternen Interessen sind die Aktionäre und Mitarbeiter, denn sie erbringen die Beiträge, die das Unternehmen ausmachen.[657] Rechtlich gliedern sich die unternehmensinternen Interessen in die gesellschaftsrechtlich vermittelten Interessen der

---

[652] Vgl. Säcker/Boesche (2006), S. 898.
[653] Vgl. BGHSt 50, 331 (336); Spindler (2006), S. 350; Fleischer (2006), S. 542.
[654] BGHSt 50, 331 (338).
[655] Vgl. Mertens (1996), § 76 Rn. 23.
[656] Die Ausführungen folgen Semler/Spindler (2004), Vorb. Rn. 85 ff.
[657] Vgl. BVerfGE 50, 290 (374); BGHZ 36, 296 (306 ff.).

Gesellschafter und in die mitbestimmungs- und arbeitsrechtlich vermittelten Interessen der Arbeitnehmer.[658, 659]

Diesen Interessen stehen die unternehmensexternen Interessen gegenüber. Träger von Interessen *am* Unternehmen sind eine Vielzahl von Personen und Institutionen, die im Rahmen ihrer eigenen Tätigkeit an der gedeihlichen Entwicklung des Unternehmens interessiert sind, wie beispielsweise Gläubiger, Kunden, Lieferanten oder öffentliche Institutionen. Die Allgemeinheit kann nur *am* Unternehmen interessiert sein. Ziel der Geschäftstätigkeit ist jedoch die Förderung der Interessen *im* Unternehmen.[660] Die erwähnten Interessen *am* Unternehmen hingegen beeinflussen die Leitungsmaxime für die Führung einer Aktiengesellschaft nicht direkt.[661] Sie sind vor allem bei der Anbahnung und der Durchführung einzelner Geschäfte zu berücksichtigen.

Nach der ständigen Rechtsprechung des Bundesverfassungsgerichtes ist für die Existenz und Wirksamkeit von Unternehmen „die Kooperation und Integration aller *im* [Hervorhebung durch den Verfasser] Unternehmen tätigen Kräfte"[662], namentlich der Kapital- und Arbeitseinsatz, von Bedeutung. Die Interessen der Aktionäre und Arbeitnehmer bilden somit die zentralen Bezugspunkte des Unternehmensinteresses. Der Vorstand ist weder berechtigt noch verpflichtet, sich bei der Erfüllung seiner Leitungsaufgabe allein von den Interessen einer der beiden Gruppen leiten zu lassen.[663] Eine exklusive Verpflichtung des Vorstandes auf die Interessen der Anteilseigner im Sinne einer interessenmonistischen Zielkonzeption ist allein schon aufgrund der Bestellung des Vorstandes durch einen mitbestimmten Aufsichtsrat sowie der Sozialbindung des Eigentums abzulehnen.[664] Darüber hinaus hat der Gesetzgeber dem Vorstand konkrete Aufgaben zugewiesen, die nicht (allein) dem Interesse der Anteilseigner entsprechen und deren Interessen im Extremfall sogar widersprechen können.[665]

Ein Verstoß gegen das Gebot der interessenpluralistischen Unternehmensführung kann nach herrschender Meinung zu einer Schadensersatzpflicht gemäß § 93 AktG füh-

---

[658] Vgl. Kort (2003), § 76 Rn. 64.

[659] Die mitunter diskutierten Interessen des Vorstandes haben keinen eigenen Stellenwert und werden unter die Interessen der Arbeitnehmer subsumiert. Vgl. Fastrich (2005), S. 150.

[660] Vgl. Semler/Spindler (2004), Vorb. Rn. 88; Hüffer (2008), § 76 Rn. 12.

[661] Vgl. Semler/Spindler (2004), Vorb. Rn. 89; Semler/Stengel (2003), S. 3.

[662] BVerfGE 50, 290 (365).

[663] Vgl. Hüffer (2008), § 76 Rn. 12; Kort (2003), § 76 Rn. 40; Fastrich (2005), S. 150.

[664] Vgl. BVerfGE 50, 290 (366); Kuhner (2004), S. 250; Seifert (2007), S. 263.

[665] Neben den Kapitalaufbringungs- und Kapitalerhaltungsvorschriften sind als spezielle, primär im Interesse Dritter wahrzunehmen Pflichten insbesondere die Publizitätspflichten nach AktG, HGB und WpHG sowie die Insolvenzantragspflicht zu nennen. Sofern der Vorstand aufgrund spezieller aktienrechtlicher Regelungen andere Interessen zu vertreten hat, sind anderweitige Hauptversammlungsbeschlüsse nichtig. Vgl. Roth (2001), S. 25.

ren.[666] Gegen eine ausschließliche Berücksichtigung der Aktionärsinteressen spricht zudem die Rechtsprechung des Bundesverfassungsgerichts: „Die eigenverantwortliche Nutzung des von den Anteilseignern zur Verfügung gestellten Kapitals ist dem Vertretungs- und Leitungsorgan übertragen (vgl. § 76 Abs. 1 AktG), dem dabei die Wahrung von Interessen aufgegeben ist, die nicht notwendig diejenigen der Anteilseigner sein müssen."[667] Infolgedessen ist das Unternehmensinteresse nicht mit dem Gesellschaftsinteresse identisch,[668] wie mitunter in der Literatur fälschlich dargestellt.[669] Vielmehr stellt das Unternehmensinteresse auf der Ebene des Unternehmens das dar, was auf der Gesellschaftsebene das Gesellschaftsinteresse ist.[670] Das Gesellschaftsinteresse ist somit ein Teilinteresse des Unternehmensinteresses.

Eine bestimmte Rangfolge zwischen den maßgeblichen Interessen der Anteilseigner und der Arbeitnehmer gibt es nicht.[671] Des Weiteren muss sich die Aktiengesellschaft „in die Interessen der Gesamtwirtschaft und der Allgemeinheit einfügen"[672], wie es im Ausschussbericht zur Novellierung des Aktiengesetzes im Jahr 1965 heißt. Vom Grundsatz her ist dieses Verständnis nicht zu kritisieren, im Hinblick auf die konkrete und justitiable Ausgestaltung wurde diese Schwerpunktsetzung des Ausschussberichtes jedoch nicht in die Regierungsbegründung übernommen. Die Interessen der Allgemeinheit treten in der konkreten Interessenabwägung jedoch hinter die Interessen *im* Unternehmen zurück, sofern sie nicht in zwingenden gesetzlichen Vorgaben ihren Niederschlag gefunden haben.[673] Infolgedessen nimmt die Gesetzesbegründung hinsichtlich des Regelungsgehaltes von § 396 Abs. 1 AktG ausschließlich Bezug auf gesetzwidriges Verhalten des Vorstandes, das zu einer Gefährdung des Gemeinwohls führen kann.[674] Der Gesetzgeber räumt Unternehmen, unabhängig von ihrer Größe und gesamtwirtschaftlichen Bedeutung, ein hohes Maß an unternehmerischer Freiheit

---

[666] Vgl. Kropff (1965a), Begründung Regierungsentwurf, S. 97, Ausschussbericht, S. 97; Kort (2003), § 76, Rn. 40.

[667] BVerfGE 50, 290 (343).

[668] Reich/Lewerenz führen dazu aus: „Schon vor Schaffung der unterschiedlichen Mitbestimmungsregelungen war gesellschaftsrechtliches Gemeingut, dass das Unternehmensinteresse als Handlungsrahmen für die Gesellschaftsorgane nicht mit dem Gesellschaftsinteresse im Sinne der Mehrheit oder Gesamtheit des in ihr vereinigten Kapitals identisch ist. Neben dem (...) Unternehmensinteresse hatten die Gesellschaftsorgane unstreitig die teils gleichgerichteten, teils entgegengesetzten Interessen der Aktionäre, der Arbeitnehmer und der Allgemeinheit zu berücksichtigen." Reich/Lewerenz (1976), S. 356.

[669] Vgl. Rittner (1976), S. 368 f. Für weitere Nachweise vgl. Krämer (2002), S. 87.

[670] Vgl. Schilling (1980), S. 144.

[671] Vgl. Hüffer (2008), § 76 Rn. 12; Schmidt, K. (2002), S. 805; Dreher (1991), S. 365. Ablehnend Kort (2003), § 76 Rn. 64.

[672] Kropff (1965a), Ausschussbericht, S. 98.

[673] Vgl. Kort (2003), § 76 Rn. 60; Hefermehl (1974), § 76 Rn. 27.

[674] Vgl. Kropff (1965a), Begründung Regierungsentwurf, S. 97. Siehe auch die Ausführungen zu § 396 AktG in Kapitel 3.3.3.

ein.[675] Dies nimmt das Bundesverfassungsgericht im Feldmühle-Urteil zum Anlass, die Unternehmen auf die „insbesondere in Art. 14 Abs. 2 GG (…) statuierte Verantwortlichkeit gegenüber dem Gemeinwohl"[676] zu verweisen. Es ist die Aufgabe des Gesetzgebers, seine Vorstellungen über das zu beachtende Gemeinwohl in bindende materielle Gesetzesvorschriften zu kleiden, die von allen Unternehmen zu beachten sind.[677] Um die recht diffusen Begriffe des „Gemeinwohls" und des „Wohls der Allgemeinheit" – mit Ausnahme der durch das Bundesverfassungsgericht konkretisierten Sozialbindung des Eigentums – präziser zu fassen, bedarf es einer entsprechenden Interessenabwägung innerhalb des demokratischen Gesetzgebungsverfahrens.[678] Solange die Begrifflichkeiten seitens des Gesetzgebers nicht klar definiert sind, d.h. in rechtlich handhabbaren Regeln materiell konkretisiert und in justitiablen Verfahren durchsetzbar sind, erweist sich die Einbeziehung der gesellschaftlichen und volkswirtschaftlichen Verantwortung in die Entscheidungsfindung im Unternehmen als beinahe unüberwindbares Hindernis.[679, 680]

Infolgedessen begründen die Gesetze sowie die richterliche Rechtsfortentwicklung die dem Unternehmen obliegende Gemeinwohlbeachtung, begrenzen sie aber zugleich. Die Organe des Unternehmens sind nicht verpflichtet, ein öffentliches Interesse zu verfolgen, wenn dies nicht in Gesetzen konkretisiert ist. In Bezug auf das Gemeinwohl ergeben sich somit keine direkten Pflichten im Rahmen des Unternehmensinteresses.[681, 682] Jede andere Regelung würde den Vorstand zu einem Organ machen, der

---

[675] Vgl. BVerfGE 14, 263 (282). Vgl. auch BVerfGE 50, 290 (366).

[676] BVerfGE 14, 263 (282).

[677] Vgl. Semler (1995), S. 299.

[678] Der Gesetzgeber beabsichtigt, eine Politisierung des Unternehmensinteresses bewusst zu vermeiden, und hat es daher vor politischen Zielvorgaben freigehalten. Vgl. Schmidt, K. (2002), S. 805.

[679] Vgl. Sachverständigenrat (2007), S. 426 f.; Schmidt, K. (2002), S. 805; Semler (1996), S. 38 f.

[680] Zur Illustration dieser Problematik mag das Beispiel einer Bank dienen, die durch die Vergabe eines Kredits an ein mittelständisches Unternehmen dessen Insolvenz oder den Abbau von Arbeitsplätzen vermeiden kann. Diese Ziele liegen in der gesellschaftlichen Verantwortung der Bank, allerdings dürfen dabei mögliche Zielkonflikte nicht übersehen werden. Denn das Kapital, das bereit gestellt wird, um Arbeitsplätze zu erhalten, steht der Bank nicht als Eigenkapital zur Verfügung, um eine Insolvenz abzuwenden oder um zusätzliche Kredite zu vergeben. Im Konfliktfall müssen Prioritäten gesetzt werden. Selbst wenn die gesellschaftliche Verantwortung im Erhalt der Arbeitsplätze gesehen wird, bleibt die Frage, ob nicht die durch einen Arbeitsplatzabbau bewirkte Kostenersparnis und Gewinneinbehaltung Mittel freisetzen würde, deren Einsatz an anderer Stelle, etwa zur Unterlegung eines Kredites für ein mittelständisches Unternehmen, letztlich mehr Arbeitsplätze schafft als zunächst unmittelbar verloren gehen. Eine derartige Allokationsentscheidung ist auf Unternehmensebene nicht möglich und muss den Marktkräften überlassen bleiben. Vgl. Sachverständigenrat (2007), S. 426.

[681] Vgl. Mertens (1996), § 76 Rn. 23, 32; Semler (1996), S. 38 f.; Hopt (1993), S. 537; Semler/Spindler (2004), Vorb. § 76 Rn. 89; Spindler (2007), § 116 Rn. 25.

[682] Eine ausschließliche Verfolgung „öffentlicher Interessen" zulasten der Interessen der Arbeitnehmer und Anteilseigner im Rahmen des Unternehmensinteresses kann den Organen eines Unternehmens sogar verwehrt werden. Vgl. Semler (1996), S. 39.

nicht in erster Linie die Aufgabe hat, ein Unternehmen mit autonomer Zielsetzung zu leiten, sondern öffentliche Interessen durchzusetzen.[683] Die notwendige Koordinierung der Unternehmensführung mit den gesamtwirtschaftlichen Bedürfnissen ist Aufgabe der Wirtschaftsordnung.[684]

Inwieweit die Entscheidungen des Unternehmens die Sphäre Dritter berühren und ob deren Interessen mittels der Sozialbindung des Eigentums im Unternehmensinteresse zu berücksichtigen sind, ist davon abhängig, in welchem Maße es zu einer Einschränkung der „Freiheitssicherung und der verantwortlichen Lebensgestaltung"[685] kommt. Da das Bundesverfassungsgericht jedoch sehr hohe Maßstäbe definiert hat, ist dies – mit Ausnahme der Berücksichtigung der Arbeitnehmerinteressen – in der Regel nicht gegeben. Eine darüber hinausgehende angemessene Berücksichtigung von Interessen des Gemeinwesens, bestimmter Verbände, Gruppen oder einzelner Personen ist möglich, die Leitungsorgane sind dazu jedoch nicht verpflichtet.[686]

Das Gemeinwohl findet im Unternehmensinteresse vor allem indirekt Berücksichtigung. Da die Sozialbindung des Eigentums als verfassungsrechtliche Norm einen Teil der Basis darstellt, die das Unternehmensinteresse begründet, ist diesem stets die Gemeinwohlbindung immanent. Das Gemeinwohl wird somit in der Formulierung HOPTS vor allem „durch das Zusammenwirken der Organe im rechtlich verfassten Aktienunternehmen verwirklicht und geschützt"[687]. Die Kompetenz des Vorstandes, das Unternehmen in eigener Verantwortung zu leiten, schließt die Berechtigung ein, das Gemeinwohl im Rahmen seiner Entscheidungen zu beachten.[688] Auch die erwerbswirtschaftliche Zielsetzung der Gesellschaft hindert den Vorstand nicht, dem sozialen Gebot des Gemeinwohls Rechnung zu tragen, selbst wenn dadurch die Vermögensinteressen der Aktionäre geschmälert werden. In dieser Kompetenz des Vorstandes kommt somit das Gebot der sozialen Verantwortung zur Geltung.

Die Berücksichtigung weiterer Interessen, wie die der Kunden, Lieferanten und Gläubiger, kann im Einzelfall für den Unternehmenserfolg geboten sein. Das Unternehmen muss jedoch nicht im Hinblick auf eine zusätzliche Sicherung dieser Interessen geführt werden, da sie bereits durch umfassende gesetzliche Vorkehrungen geschützt sind, die die Unternehmen per Gesetz zu beachten und zu befolgen haben.[689] Hinsichtlich des

---

[683] Vgl. Spindler (2007), § 116 Rn. 26.

[684] Vgl. Zöllner (1984), Einl. Rn. 121.

[685] BVerfGE 50, 290 (341).

[686] Vgl. Mertens (1996), § 76 Rn. 32; Spindler (2007), § 76 Rn. 82. Zur Vereinbarkeit derartiger Interessen mit der Rentabilitätsorientierung siehe auch Kapitel 3.5.2.1.2.

[687] Hopt (1993), S. 537.

[688] Vgl. Spindler (2007), § 76 Rn. 82.

[689] Vgl. Semler/Spindler (2004), Vorb. § 76 Rn. 89.

Unternehmensinteresses sind ausschließlich die Interessengruppen zu berücksichtigen, die das Unternehmen konstituieren. Die dazu einschlägige höchstrichterliche Rechtsprechung des Bundesverfassungsgerichtes ist dahingehend zu interpretieren, dass sich dies auf die Anteilseigner und Arbeitnehmer beschränkt.[690] Infolgedessen kann einschränkend von einer interessendualistischen Konzeption des Unternehmensinteresses gesprochen werden, da zwingend nur zwei Mindestinteressen zu berücksichtigen sind. Das Interesse der Allgemeinheit entfaltet ihre Wirkung stets indirekt über die Sozialbindung des Eigentums und das geltende Rechtssystem, in dem das Unternehmen selbst verortet ist. Es bildet somit, wie Abbildung 4 verdeutlichen soll, einen indirekten Bezugsrahmen, der mittels gesetzlicher Regelungen sowohl für das Unternehmen als auch für die Aktionäre und Arbeitnehmer von Bedeutung ist und damit auch elementar der für die Funktionsfähigkeit der Wirtschaftsordnung. Die Interessen von Gläubigern, Kunden und Lieferanten sind zur Definition des Unternehmensinteresses hingegen nicht zwingend heranzuziehen.[691] Wohl aber ist es zulässig das Unternehmen unter Berücksichtigung dieser Faktoren zu führen. In Kapitel 3.1.1 wurde als weiteres konstituierendes Element die Bedeutung des Führungsträgers, d.h. im Kontext der Aktiengesellschaft die des Vorstandes, thematisiert. Da im Hinblick auf das Unternehmensinteresse der Vorstand jedoch selber Träger der Entscheidung ist, können seine Interessen, die – wie in Kapitel 2.6.3.3 gezeigt – deutlich von denen der Anteilseigner und Arbeitnehmer differieren können, nicht normativ berücksichtigt werden.[692]

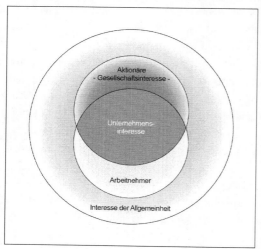

Abb. 4: Das Unternehmensinteresse als interessenpluralistische Konzeption

Das Unternehmensinteresse ist nach herrschender Meinung als das die unterschiedlichen Interessengruppen zusammenfassende, aber mit dem Interesse keiner Gruppe

---

[690] Vgl. BVerfGE 50, 290 (365).
[691] Vgl. Semler (1996), S. 39.
[692] Vgl. Mertens (1996), § 93 Rn. 61; Hopt (1993), S. 541.

identische Integrationsmittel zu verstehen.[693] WIEDEMANN bezeichnet es demzufolge als „normativen Schmelztiegel"[694]. Entscheidend ist also stets das Gesamtinteresse des Unternehmens.[695] Die Verpflichtung auf das Unternehmensinteresse führt für die Gesellschaftsorgane zu der Konsequenz, die Interessen der am Unternehmen Beteiligten zu einem verhältnismäßigen Ausgleich zu bringen.[696] Das Unternehmensinteresse setzt sich infolgedessen aus der Abwägung der Interessen der Anteilseigner an der Gewinnerzielung und Substanzerhaltung sowie der Interessen der Arbeitnehmer an der Erhaltung ihrer Arbeitsplätze, einer angemessenen Entlohnung und humanen Arbeitsbedingungen sowie einer Vielzahl weiterer Interessen zusammen.[697]

Neben der Feststellung der relevanten Interessen liegt der Fokus der Ermessensentscheidung auf der Auswahl einer innerhalb der Bandbreite dieser Interessen liegenden Entscheidung. Nur selten kann ein Interesse Alleingeltung beansprucht werden. Als Sachwalter der Interessen aller Beteiligten muss nach Auffassung ROTHS „der Vorstand zwischen den verschiedenen Interessen ausgleichend wirken, gegenüber allen Sonder- und Einzelinteressen seine überlegene Stellung wahren und das Gesamtinteresse durchsetzen"[698]. Das Unternehmensinteresse stellt somit „einen sinnvollen Mittelweg zwischen den (…) Konzepten des Shareholder- und des Stakeholder-Ansatzes"[699] dar. Wenngleich der Vorstand verpflichtet ist die Interessen der Anteilseigner, der Arbeitnehmer und der Allgemeinheit zu berücksichtigen, kann im Umkehrschluss ein Verstoß gegen die Interessen Einzelner nicht per se ermessensfehlerhaft sein.[700] Exemplarisch sei an dieser Stelle auf die Entlassung von Arbeitnehmern, die Ausschüttung einer geringeren Dividende an die Anteilseigner sowie den Verzicht auf eine stark gewinnorientierte Geschäftsführung verwiesen. Würden derartige Entscheidungen als ermessensfehlerhaft gewertet, wäre das Unternehmen faktisch nicht mehr zu leiten. Daher bedarf es einer materiellen Ausgestaltung des Unternehmensinteresses, die Orientierungspunkte für die Entscheidungen des Vorstandes und damit klar definierte Grenzen der Ermessensentscheidung bietet.

Resümierend ist festzuhalten, dass der Vorstand hinsichtlich der Anteilseigner- und Arbeitnehmerinteressen zu einer interessendualistischen Unternehmensführung verpflichtet ist. Diese Interessen bilden die Mindestinteressen, die zur Definition des Un-

---

[693] Vgl. Jürgenmeyer (1984), S. 96; Laske (1979), S. 182.

[694] Wiedemann (1980), S. 626.

[695] Vgl. Dreher (1991), S. 365.

[696] Vgl. Semler (1980), S. 60; Jürgenmeyer (1984), S. 96; Kunze (1980), S. 117.

[697] Vgl. Schilling (1980), S. 144.

[698] Roth (2001), S. 26.

[699] Werder (2008a), S. 108.

[700] Vgl. Roth (2001), S. 26.

ternehmensinteresses heranzuziehen sind. Darüber hinausgehend ist der Vorstand berechtigt, aber nicht verpflichtet, im Sinne einer interessenpluralistischen Unternehmensführung auch die Interessen weiterer Stakeholder zu berücksichtigen.

3.5.2 Materieller Inhalt des Unternehmensinteresses

Wenngleich der Vorstand gemäß § 76 Abs. 1 AktG seine Leitungsaufgabe unter eigener Verantwortung ausübt, ist er dabei jedoch nicht völlig frei, sondern hat sich am Unternehmensinteresse als aktienrechtliche Leitungsmaxime zu orientieren. Im Rahmen der bereits zitierten Rechtsprechung wird das Unternehmensinteresse vom BGH als „objektives Merkmal"[701] bezeichnet. Nach herrschender Meinung wird die Pflicht des Vorstandes darin gesehen, für den Bestand und eine dauerhafte Rentabilität des Unternehmens zu sorgen.[702] Ohne die Sicherstellung einer soliden wirtschaftlichen Basis kann ein Unternehmen nicht überleben, was weder im Interesse der Aktionäre noch dem der Arbeitnehmer liegt.[703] Eine Überschreitung des so konkretisierten Unternehmensinteresses im Rahmen der ermessenstypischen Interessenabwägung ist unzulässig.[704] Demzufolge stellt das Unternehmensinteresse eine Schranke in der Ermessensausübung des Vorstandes dar.[705] In diesem Kapitel werden die materiellen Inhaltskomponenten des Unternehmensinteresses konkretisiert. Der Fokus der Analyse liegt insbesondere auf dem ökonomischen Inhalt.

3.5.2.1 Rentabilität

Die Rentabilitätsorientierung ergibt sich formal aus dem Wortlaut des § 90 Abs. 1 AktG, wonach der Vorstand dem Aufsichtsrat über die Rentabilität der Gesellschaft berichten muss. Einen weiteren rechtlichen Ausgangspunkt bietet § 91 Abs. 2 AktG, der den Vorstand zur Einrichtung eines Überwachungssystems für bestandsgefährdende Risiken verpflichtet.[706] Der Bestand des Unternehmens hängt wiederum von der langfristigen Rentabilität des Unternehmens ab. Diese ist somit existenziell für den Fortbestand eines Unternehmens und liegt nicht nur im Interesse der Anteilseigner, sondern auch der Arbeitnehmer, der Allgemeinheit und aller Stakeholder.

---

[701] BGHZ 64, 325 (329).
[702] Vgl. Hüffer (2008), § 76 Rn. 13; Mertens (1996), § 76 Rn. 22; Wiesner (2007), S. 197; Fleischer (2001), S. 173; Schilling (1997), S. 379; Junge (1978), S. 554 f.; Semler (1996), S. 27 ff.; Goette (2000), S. 127; Jürgenmeyer (1984), S. 103; OLG Hamm (1995), AG, S. 514. Siehe hierzu auch Kapitel 3.2.
[703] Vgl. Hefermehl/Spindler (2004), § 76 Rn. 60; Krämer (2002), S. 98.
[704] Vgl. Hüffer (2008), § 76 Rn. 13.
[705] Vgl. BGHZ 135, 244 (253); Mertens (1996), § 76 Rn. 22; Hüffer (2008), § 76 Rn. 13.
[706] Vgl. Hefermehl/Spindler (2004), § 76 Rn. 61.

Eine erwerbswirtschaftlich tätige Aktiengesellschaft ist, sofern die Satzung nichts anderes regelt, auf Gewinnerzielung angelegt. Der in der Satzung festgelegte Gegenstand des Unternehmens dient dazu als Mittler. Daraus resultiert die Verpflichtung des Vorstandes die Gewinnerzielung zu gewährleisten.[707] Hierunter ist im Kontext des Unternehmensinteresses keine strikte Maximierung der Gewinnziele der Aktionäre zu verstehen.[708] Mit dauerhafter Rentabilität ist im Sinne des § 76 Abs. 1 AktG „die Fähigkeit zur 'angemessenen' Gewinnerzielung bezeichnet"[709]. Was jedoch unter „angemessen" zu verstehen ist, wird in der Literatur mitunter kontrovers diskutiert.[710] Nach Auffassung von HÜFFER und SEMLER/SPINDLER umfasst die angemessene Gewinnerzielung mindestens folgende drei Elemente:[711] (1) substanzielle Kapitalerhaltung; (2) marktkonforme Verzinsung des investierten Kapitals; (3) Risikoprämie für das mit der unternehmerischen Investition verbundene Risiko. Diese Inhaltsbestimmung trägt dem in der Praxis – im Gegensatz zu theoretischen Modellen – vorherrschenden Problem Rechnung, dass eine Bestimmung des Gewinnmaximums als konkrete Zielgröße kaum möglich ist, und definiert letztlich ein Gewinnminimum.[712]

Nur bei einer angemessenen Gewinnerzielung sind Kapitalgeber zur Finanzierung des Unternehmens bereit.[713] Eine dauerhafte Rentabilität ist zudem die Voraussetzung für die Erhaltung von Arbeitsplätzen und die notwendige Entwicklung konkurrenzfähiger Produkte. Einzelwirtschaftlich betrachtet ist die Rentabilitätsorientierung ein wichtiger Parameter für die Beurteilung unternehmerischer Maßnahmen. Aus gesamtwirtschaftlicher Perspektive führt sie zur effizientesten Kapitalallokation und erfüllt somit eine unverzichtbare volkswirtschaftliche Funktion.[714] Sie gewährleistet, dass Unternehmen ihre Produkte und Dienstleistungen qualitativ und quantitativ an den Bedürfnissen der Verbraucher ausrichten. Infolgedessen führt die Rentabilitätsorientierung dazu, dass Unternehmen wettbewerbsfähig bleiben und in der Lage sind, Innovationen zu schaffen und sich veränderten Verhältnissen anzupassen. Eine nachhaltige Gewinnerzielung ist darüber hinaus Voraussetzung für konstante Steuereinnahmen des Staates. Des Weiteren geht mit dem Interesse an dauerhafter Rentabilität der Aktiengesellschaft

---

[707] Vgl. Semler (1980), S. 52 ff.; Großmann (1980), S. 86; Semler/Spindler (2004), Vorb. Rn. 79; Junge (1978), S. 554.

[708] Vgl. Werder (1998), S. 78.

[709] Hüffer (2003), S. 22.

[710] Vgl. Rittner (1971), S. 153 f.; Großmann (1980), 61 ff.

[711] Vgl. Hüffer (2003), S. 22; Semler/Spindler (2004), Vorb. Rn. 80. Ähnlich auch Mertens (1996), § 76 Rn. 22.

[712] Malik ist mit Blick auf die Unternehmenspraxis gar der Überzeugung, dass ein „so verstandenes Gewinnminimum (...) meistens erheblich höher (liegt), als die meisten sich unter einem (Gewinn-) Maximum vorstellen können". Malik (2008), S. 180.

[713] Vgl. Semler/Spindler (2004), Vorb. § 79.

[714] Vgl. Junge (1978), S. 555; Krämer (2002), S. 98; Jürgenmeyer (1984), S. 101.

zugleich das Interesse der Gesellschaft an der Vermeidung der Existenz dauerhaft unrentabel wirtschaftender Einheiten einher.[715] Insofern gibt es eine Parallele zwischen dem Unternehmensinteresse und dem Gemeinwohlinteresse. Somit lässt sich auch das Interesse der Allgemeinheit in der langfristigen Rentabilitätsorientierung verdichten.

Die Rentabilitätsorientierung spiegelt jedoch nicht nur die Interessen der Anteilseigner und der Allgemeinheit wider, sondern auch die der Arbeitnehmer, wie aus dem Gutachten der Mitbestimmungskommission des Deutschen Bundestages hervorgeht: „Die Anhörungen der Arbeitnehmervertreter in den Aufsichtsräten sowohl im Montan-Bereich als auch im Bereich des Betriebsverfassungsgesetzes haben eindeutig gezeigt, dass weder bei den unternehmensinternen Arbeitnehmervertretern noch bei den Gewerkschaften die Absicht besteht, das Rentabilitätsprinzip aufzugeben. Die unternehmensinternen Arbeitnehmervertreter waren übereinstimmend daran interessiert, die Leistungsfähigkeit ihrer Unternehmen zu erhalten und zu verbessern."[716] Rentabilität liegt demzufolge auch im Interesse der Arbeitnehmer. Nicht gedeckt durch das Unternehmensinteresse sind hingegen die persönlichen Interessen Einzelner, sondern grundsätzlich nur die gebündelten Interessen einer Anspruchsgruppe.[717] In diesem Sinne konkretisiert auch der Gesetzgeber das Unternehmensinteresse erstmalig in der Regierungsbegründung zum Gesetz zur Unternehmensintegrität und Modernisierung des Anfechtungsrechts (UMAG) unter Verweis auf eine „langfristige Ertragsstärkung und Wettbewerbsfähigkeit des Unternehmens"[718].

Da der Begriff der Rentabilität zunächst sehr allgemein gehalten ist, gilt es nachfolgend zu betrachten, wie der Rentabilitätsbegriff im Kontext des Unternehmensinteresses konkret auszufüllen ist.

3.5.2.1.1 (Eigen-)Kapitalrentabilität

Der Rentabilitätsbegriff im klassischen Sinne bezieht sich auf den erzielten Jahresüberschuss und setzt diesen ins Verhältnis zum eingesetzten Kapital bzw. dem erwirtschafteten Umsatz. Im Gegensatz zu absoluten Erfolgsgrößen wird bei relativen Erfolgskennzahlen wie der Rentabilität eine Beziehung zum Mitteleinsatz hergestellt. Die Rentabilität zeigt somit, in welcher Höhe sich das Kapital innerhalb einer Abrechnungsperiode verzinst hat. Dem Rentabilitätsbegriff muss jedoch stets eine konkrete

---

[715] Vgl. Kort (2003), § 76 Rn. 60; Hüffer (2008), § 76 Rn. 13.
[716] Deutscher Bundestag (1970), Drucksache 6/334, S. 42.
[717] Vgl. Semler/Stengel (2003), S. 3.
[718] Deutscher Bundestag (2005), Regierungsbegründung, Drucksache 15/5092, S. 11.

Bezugsgröße zugeordnet werden. Dafür kommen grundsätzlich sowohl verschiedene Kapitalbegriffe als auch der erwirtschaftete Umsatz in Betracht.

In der juristischen Literatur wird der Rentabilitätsbegriff im Rahmen der materiellen Konkretisierung des Unternehmensinteresses häufig jedoch nicht näher spezifiziert. Dies ist unter anderem dadurch zu erklären, dass die Begriffe keineswegs eindeutig und einheitlich verwendet werden.[719] Um dem Unternehmensinteresse in seiner Funktion als Leitungsmaxime gerecht zu werden, bedarf es einer präzisen ökonomischen Inhaltsbestimmung.

In Anbetracht des Wortlautes des § 90 Abs. 1 Satz 1 Nr. 2 AktG sowie im Hinblick auf die Aktionäre als Interessengruppe *im* Unternehmen muss aus juristischer Sicht im Rahmen des Unternehmensinteresses auf die Eigenkapitalrentabilität abgestellt werden. Diese Kennzahl setzt den Jahresüberschuss bzw. Jahresfehlbetrag in Beziehung zum Eigenkapital und bringt somit die Verzinsung (Dividende und Thesaurierung, jedoch ohne Berücksichtigung von Kurs- bzw. Wertveränderungen der Aktie) des von den Anteilseignern investierten Kapitals zum Ausdruck.[720] Dies ist auch ökonomisch sinnvoll, da die Eigenkapitalrentabilität insbesondere für Anleger von Risikokapital die entscheidende Kennzahl ist und die Eigenkapitalbeschaffung der Unternehmen dadurch in hohem Maße beeinflusst. Für die Beurteilung von Unternehmen in Bezug auf die Fähigkeit, Gewinne zu erzielen, zu investieren und Risiken zu tragen, ist die Eigenkapitalrentabilität somit von großer Bedeutung. Infolgedessen stellt die Eigenkapitalrentabilität im Rahmen der ökonomischen Bilanzanalyse den gebräuchlichsten Maßstab zur Rentabilitätsbeurteilung dar.[721]

Eine Erhöhung der Eigenkapitalrentabilität kann durch folgende Faktoren erreicht werden: (1) höhere Umsatzrentabilität; (2) höhere Gesamtkapitalumschlag und (3) eine niedrigere Eigenkapitalquote. Die Höhe der Eigenkapitalrentabilität wird nicht zuletzt durch das Verhältnis von Eigen- zu Fremdkapital mitbestimmt. Die Abhängigkeit der Rentabilität des Eigenkapitals von der Fremdkapitalquote wird als Leverage-Effekt bezeichnet.[722] Durch die Substitution von Eigenkapital durch billigeres Fremdkapital lässt sich die Eigenkapitalrentabilität steigern.[723] Allerdings geht mit der steigenden Rendite auch ein Risikozuwachs einher, der dazu führen kann, dass die Zinsforderungen der Gläubiger ab einem bestimmten Punkt aufgrund des veränderten Verschul-

---

[719] Vgl. Macharzina (2003), S. 188.
[720] Vgl. Baetge/Kirsch/Thiele (2004), S. 356; Küting/Weber (2006), S. 308.
[721] Vgl. Küting/Weber (2006), S. 308.
[722] Vgl. hierzu ausführlich Küting/Weber (2006), S. 308 ff.; Perridon/Steiner (2007), S. 482 ff.; Kramer (2000), S. 50 f.; Zantow (2004), S. 396 f.
[723] Dies gilt, sofern die Gesamtkapitalrentabilität größer ist als der Fremdkapitalzinssatz.

dungsgrades drastisch steigen.[724] Die mit dem Leverage-Effekt einhergehende Steigerung der Eigenkapitalrentabilität wird mit einer Erhöhung des unternehmerischen Risikos erkauft.[725]

Um den Einfluss des Verschuldungsgrades auf die Kapitalrentabilität zu eliminieren, ist aus ökonomischer Sicht die Gesamtkapitalrentabilität von Interesse. Sie berechnet sich aus der Summe von Jahresüberschuss und Fremdkapitalzinsen dividiert durch die Summe aus Eigen- und Fremdkapital.[726] Die Gesamtkapitalrentabilität zeigt die Ertragskraft des Unternehmens unabhängig von der Höhe des Verschuldungsgrades und gibt die interne Verzinsung des im Betrieb eingesetzten Kapitals wieder. Im zwischenbetrieblichen Vergleich ist die Gesamtkapitalrentabilität ein zuverlässigerer Erfolgsindikator als die Eigenkapitalrentabilität. Während Letztere ausschließlich die Perspektive der Eigenkapitalgeber widerspiegelt, bildet die Gesamtkapitalrentabilität stärker die Unternehmensperspektive ab und stellt die aus Sicht aller Kapitalgeber relevante Messgröße dar.

Letztlich bildet die Gesamtkapitalrentabilität den materiellen Inhalt des Unternehmensinteresses weder besser noch schlechter ab als die Eigenkapitalrentabilität. Aus betriebswirtschaftlicher Sicht stellt sie aufgrund der Unabhängigkeit vom Verschuldungsgrad zwar das geeignetere Rentabilitätsmaß auf Unternehmensebene dar. Aus juristischer Sicht steht ihr jedoch zum einen der Wortlaut des § 90 Abs. 1 Satz 1 Nr. 2 AktG entgegen, zum anderen spiegelt sie nicht zuletzt die nicht unternehmensverfassungsrelevanten Interessen der Fremdkapitalgeber wider.

An dieser Stelle bleibt zunächst festzuhalten, dass die Rentabilitätsorientierung als zentrale Komponente des materiellen Inhalts des Unternehmensinteresses zu verstehen ist. Jedoch keine der klassischen Rentabilitätskennzahlen bildet eine effektive Zielgröße des Unternehmensinteresses. Die Gesamtkapitalrentabilität bildet die Interessen nicht unternehmensverfassungsrelevanter Interessengruppen ab, während die Eigenkapitalrentabilität durch eine Veränderung der Kapitalstruktur manipulierbar ist. Unter Abwägung der juristischen und ökonomischen Aspekte stellt die Eigenkapitalrentabilität bei Beachtung der Veränderung des Verschuldungsgrades die effektivere Zielgröße dar.

---

[724] Vgl. Coenenberg (2003b), S. 592.
[725] Vgl. Wöhe/Döring (2008), S. 909.
[726] Durch die Addition von Fremdkapitalzinsen zum Jahreserfolg soll zum Ausdruck gebracht werden, welche Rendite ein Unternehmen erwirtschaftet hätte, wenn sämtliche Kapitalteile Eigenkapital gewesen wären. Sonderprobleme ergeben sich dennoch bei der Berücksichtigung von Leasing, Mieten und unverzinslichem Fremdkapital. Vgl. Küting/Weber (2006), S. 304.

3.5.2.1.2 Unternehmenskapitalrentabilität

Im Rahmen der materiellen Bestimmung des Unternehmensinteresses wird in der juristischen Literatur darauf verwiesen, dass die dauerhafte Rentabilität von der Gewinnmaximierung zu unterscheiden ist.[727] Eine derartige Differenzierung ist aus ökonomischer Sicht jedoch zunächst nicht nachvollziehbar. Denn die Erzielung maximaler Rentabilität im rein analytischen Sinne dieser Kennzahl bedingt ceteris paribus das Ziel der Gewinnmaximierung.[728] Insofern ist die in der juristischen Literatur vorgenommene Unterscheidung zwischen Gewinnmaximierung und Rentabilitätsorientierung zunächst inhaltlich nicht korrekt.

Welche Überlegungen liegen jedoch dieser juristischen Unterscheidung zwischen Gewinnmaximierung und Renditeorientierung zugrunde? Der Grundsatz der Gewinnmaximierung ist mit dem Unternehmensinteresse nicht vereinbar, da er per definitionem keine anderen Interessen und Maßstäbe als die der höchsten Gewinnerzielung zulässt.[729] Dies setzt eine rigorose und kompromisslose Kostenreduzierung unter Hintanstellung anderer Interessen voraus.[730] Der Vorstand ist jedoch – wie die rechtliche Herleitung des Unternehmensinteresses gezeigt hat – weder zur reinen Gewinnmaximierung verpflichtet, noch ist ihm diese erlaubt. Die Gewinnmaximierung ist, wie in Kapitel 3.2 dargelegt, Ausfluss des Gesellschaftsinteresses. Von ihr profitieren nahezu ausschließlich die Gesellschafter.[731] Das Unternehmensinteresse ist hingegen auf die Berücksichtigung der gleichrangigen Interessen von Anteilseignern und Arbeitnehmern sowie der nachrangigen Berücksichtigung der Interessen der Allgemeinheit ausgerichtet. Die Konkretisierung des materiellen Inhalts von Unternehmens- und Gesellschaftsinteresse macht die Unterschiede dieser beiden Ansätze deutlich.

Ein Rentabilitätsbegriff, in dem sich das Unternehmensinteresse widerspiegelt, darf sich daher nicht ausschließlich am eingesetzten Eigenkapital orientieren, sondern muss auch, dem interessenpluralistischen Grundverständnis folgend, das eingesetzte Humankapital berücksichtigen. Die Bezugsgröße einer solchen Rentabilitätskennziffer muss sich konsequenterweise aus den zwei verschiedenen Arten des eingebrachten

---

[727] Vgl. stellvertretend Hefermehl/Spindler (2004), § 76 Rn. 62; Hüffer (2008), § 76 Rn. 14; Spindler (2007), § 111 Rn. 28.

[728] Vgl. Peridon/Steiner (2002), S. 13; Hax (1963), S. 340 ff.

[729] Statt Gewinnmaximierung wird gerade bei mittel- und langfristiger Betrachtung etwas gefälliger von Gewinnoptimierung gesprochen, was jedoch in der grundsätzlichen Zielsetzung keine Unterschiede mit sich bringt. Vgl. Schilling (1997), S. 375; Schmidt-Leithoff (1989), S. 217.

[730] Vgl. Schilling (1997), S. 375; Schmidt-Leithoff (1989), S. 218.

[731] Hierbei ist zu beachten, dass das Gesellschaftsinteresse an sich gemäß der Definition in Kapitel 3.2 nicht mit der Summe einheitlicher Aktionärsinteressen gleichzusetzen ist, sondern vielmehr einen Kompromiss zwischen den in Kapitel 2.2.1.1 beschriebenen Interessen der lang- und kurzfristig orientierten Anleger sowie der Spekulanten und Sparern darstellt. Vgl. Schilling (1997), S. 379.

Kapitals zusammensetzen: Eigen- und Humankapital.[732] Für die ökonomische Konkretisierung des materiellen Inhalts des Unternehmensinteresses ist daher ein derartiges Rentabilitätsverständnis zugrunde zu legen, das nachfolgend als „Unternehmenskapitalrentabilität" bezeichnet wird.

Die Begrifflichkeit des Unternehmenskapitals orientiert sich dabei an dem in Kapitel 3.1.2 hergeleiteten Unternehmensbegriff sowie der sich aus dem geltenden Recht ergebenden interessenpluralistischen Unternehmenskonzeption. Verlässt man einmal die Ebene der konkreten Definition der Kapitalrentabilität und betrachtet die allgemeine ökonomische Rentabilitätsdefinition, so zeigt sich, dass die Kapitalrentabilität nur einen Teilaspekt darstellt. WÖHE/DÖRING beispielsweise leiten den allgemeinen Rentabilitätsbegriff aus dem wirtschaftlichen Erfolg eines Unternehmens her, der als „die Differenz zwischen bewertetem Ertrag und bewertetem Einsatz der Produktionsfaktoren"[733] definiert ist. Für die Berechnung der Rentabilität ist der periodisierte wirtschaftliche Erfolg ins Verhältnis zu dem jeweiligen Produktionsfaktor zu setzen. Auch COENENBERG definiert Rentabilität allgemein als eine „Beziehungszahl, bei der eine Ergebnisgröße zu einer dieses Ergebnis maßgebend bestimmenden Einflussgröße in Relation gesetzt wird."[734] Oder wie GRÄFER es formuliert: „Die Rentabilität wird durch eine Beziehungszahl gemessen, die eine den Erfolg darstellende Größe zu einer anderen Größe in Relation setzt, von der vermutet wird, dass sie wesentlich zur Erzielung des Erfolgs beigetragen hat."[735]

Seit GUTENBERG hat sich als Basisparadigma die Vorstellung durchgesetzt, dass der betriebswirtschaftliche Leistungsprozess in einer Kombination von Faktoren besteht.[736] Produktionsfaktor im klassischen Sinne ist nicht nur das Kapital, sondern auch die Arbeit.[737, 738] Nicht der Eigenkapitaleinsatz der Aktionäre allein führt zur Existenz des Unternehmens. Erst durch die unternehmerisch gesteuerte Verbindung von Kapital, das die Aktionäre zur Verfügung stellen, und von Arbeitsleistungen, die von den

---

[732] Die Allgemeinheit als dritte relevante Bezugsgruppe findet hier keine Berücksichtigung, da die von ihr zur Verfügung gestellten Leistungen in der Regel nicht unternehmensspezifisch sind. Siehe auch Kapitel 3.5.1.
[733] Wöhe/Döring (2002), S. 46.
[734] Coenenberg (2003a), S. 1040.
[735] Gräfer (2005), S. 90.
[736] Vgl. Gutenberg (1979), S. 2 ff.
[737] Vgl. Samuelson/Nordhaus (2001), S. 9.
[738] Der dritte klassische Produktionsfaktor Boden ist in diesem Kontext nicht direkt relevant und soll daher nicht näher behandelt werden, zumal eine entsprechend ausreichende Kapitalausstattung den Erwerb des Produktionsfaktors Boden ermöglicht. Gutenberg unterscheidet zudem zwischen den Elementarfaktoren (Werkstoffe, Betriebsmittel, objektbezogene Arbeitsleistung) und den originär dispositiven Faktoren (Geschäftsleitung und daraus abgeleitet Organisation und Planung).

Mitarbeitern erbracht werden, entsteht das Unternehmen.[739] Nach Auffassung von SCHOLZ/STEIN/BECHTEL setzt sich der Wert eines Unternehmens aus dem finanziellen und physischen Kapital, dem Humankapital sowie dem organisationalen und dem Beziehungskapital zusammen.[740] Auch im Sinne GRÄFERS ist davon auszugehen, dass die Mitarbeiterleistung eine Größe darstellt, die wesentlich zur Erzielung des Erfolgs beiträgt. Der kontinuierliche Wandel von der Industrie- zur Dienstleistungs- und Wissensgesellschaft, die Globalisierung und die dadurch zunehmende Wettbewerbsintensität erfordern von den Unternehmen eine hohe Anpassungsfähigkeit und Flexibilität.[741] Insbesondere in wissensintensiven Unternehmen stellt das Humankapital einen zentralen Wettbewerbsvorteil und nicht zuletzt den größten immateriellen Vermögenswert dar.[742]

Humankapital beschreibt dabei in Anlehnung an den klassischen Kapitalbegriff der Betriebswirtschaftslehre den Beitrag der Mitarbeiter zur Wertschaffung im Unternehmen.[743] In der Literatur wird unter Humankapital das dem Unternehmen dauerhaft zur Verfügung stehende, in den Mitarbeitern repräsentierte menschliche Leistungspotential verstanden.[744] Der Begriff stellt auf das zukünftige Nutzenpotential der Mitarbeiter ab. Die Mitarbeiter erbringen für das Unternehmen einen nachweisbaren Nutzen, indem sie dessen für die Wertsteigerung relevanten Werttreiber im Sinne der Nutzenoptimierung gestalten und entwickeln.[745] Dem Humankapitalansatz liegt dabei folgende Kausalitätskette zugrunde:[746] Die Qualität des Arbeitsangebots eines Beschäftigten wird durch Investitionen in das individuelle Humankapital bestimmt. Eine Person investiert in der Gegenwart unter Inkaufnahme von Zeit und Kosten in seine Bildung und Ausbildung. Während der Investitionsphase muss sie Ausbildungskosten tragen und auf potentielle Erträge verzichten. Diese Investitionen sollen sich für sie in zukünftigen Perioden durch höhere monetäre Rückflüsse rentieren. Der Vorteilhaftigkeitsmaßstab für die Rentabilität einer Humankapitalinvestition ist die Steigerung der Erträge aus seinem Beschäftigungsverhältnis während der Erwerbsphase durch einen höheren Bestand an Humankapital.[747]

---

[739] Vgl. Semler (1996), S. 33. Siehe hierzu auch Kapitel 3.1.1.

[740] Vgl. Scholz/Stein/Bechtel (2004), S. 23 f.

[741] Vgl. Weiss/Sterzel (2007), S. 24.

[742] Vgl. Bender/Röhling (2001), S. 27; Becker/Labucay/Rieger (2007), S. 38; Schmeisser (2007), S. 5.

[743] Vgl. Becker/Labucay/Rieger (2007), S. 38; Weiss/Sterzel (2007), S. 24 ff.; Wucknitz (2002), S. 23.

[744] Vgl. Schoenfeld (1993), Sp. 890; Wucknitz (2002), S. 29.

[745] Vgl. Wucknitz (2002), S. 27.

[746] Vgl. Rissiek (1998), S. 14.

[747] Für empirische Ergebnisse zum Kausalzusammenhang des Humankapitalansatzes sowie zur Rentabilität von Humankapitalinvestitionen vgl. die Nachweise bei Rissiek (1998), S. 14.

Das Humankapital stellt neben dem Finanz-, Material- und den immateriellen Vermögenswerten einen zentralen Bestandteil des Untennehmenswertes dar.[748] Auf makroökonomischer Ebene stellt das Humankapital den volkswirtschaftlichen Kapitalstock an Leistungsvermögen dar.[749] Investitionen können als Konsumverzicht der Gegenwart sowohl in Sach- als auch in Humankapital vorgenommen werden. Beide Kapitalarten als Investitionsgut in der Zukunft mehrperiodig nutzen und müssen unter Umständen im Zeitablauf in ihrem Wert abgeschrieben werden. Daraus resultiert, „daß die Bildung von Humankapital mit Sachkapital um den Einsatz und die Verwendung von Ressourcen in der Volkswirtschaft konkurrieren und die beiden Faktoren bezüglich der Produktion von Gütern untereinander in einer wettbewerblichen Rivalitätsbeziehung stehen"[750].

Angesichts der stetig zunehmenden Bedeutung sind auch in der wirtschaftswissenschaftlichen Literatur seit einiger Zeit vermehrt Ansätze zu beobachten, das Humankapital mengen- und wertmäßig so zu erfassen, zu bewerten und zu steuern, wie es zur Erreichung der Unternehmensziele erforderlich ist.[751] Die Bedeutung der ökonomischen Messung und Bewertung von Humankapitalressourcen leitet sich einerseits aus den Informationspflichten und -wünschen interner und externer Stakeholder ab und ist andererseits Voraussetzung für eine zielorientierte Unternehmenssteuerung.[752] Insbesondere vor dem Hintergrund der geänderten Rechnungslegungsvorschriften nach IFRS, der Bonitätsprüfung nach Basel II und der Risikoeinschätzung gemäß § 91 Abs. 2 AktG (KonTraG) kommt der Bewertung des Humanvermögens in der Bilanz eine gesteigerte Bedeutung zu, da nicht zuletzt die Investoren an den Finanzmärkten den Wert der Humankapitalressourcen in ihre Investitionsentscheidungen einbeziehen wollen.[753] Dazu werden derzeit in der wirtschaftswissenschaftlichen Diskussion insbesondere die sog. Saarbrücker Formel sowie das Human Capital Pricing Model, die in ihren Grundzügen in Anhang C dargestellt sind, diskutiert.

Der Wert des Humankapitals ist „ein das künftige Unternehmensschicksal wesentlich determinierender Faktor"[754]. Die Effizienz des Humankapitaleinsatzes lässt sich mittels der Humankapitalrentabilität ermitteln. Für die Berechnung der Humankapitalrentabilität muss das Humankapital bewertet werden. Das dementsprechend quantifizierte

---

[748] Vgl. Wucknitz (2002), S. 31; Kittner (1997), S. 2288.

[749] Vgl. Becker/Labucay/Rieger (2007), S. 38.

[750] Rissiek (1998), S. 19.

[751] Die erste wirtschaftswissenschaftliche Auseinandersetzung mit der Bedeutung des Humankapitals geht auf Likert (1967) zurück. Für einen Überblick über die neueren Ansätze vgl. Becker/Labucay/Rieger (2007), S. 38; Scholz (2007), S. 25 ff.

[752] Vgl. Becker/Labucay/Rieger (2007), S. 41.

[753] Vgl. Wucknitz (2002), S. 107 ff.

[754] Kittner (1997), S. 2288.

Humankapital bildet im Rahmen der Humankapitalrentabilität die Bezugsgröße, zu der der erwirtschaftete Jahresüberschuss ins Verhältnis gesetzt wird. Eine exakte Berechnung der Humankapitalrentabilität ist bis dato aufgrund der sich noch in Entwicklung befindlichen Bewertungsmodelle nur näherungsweise möglich.

Investitionen in Humankapital führen langfristig zu Wertbeiträgen und kollidieren in der Regel mit kurzfristigen Erfolgszielen.[755] Kurzfristig orientierte Humankapitalinvestitionen führen dazu, dass „zu einem späteren Zeitpunkt umso mehr Zeit (und Kapital) benötigt (wird), um fehlendes Wissen, Engagement oder Führungsqualität wieder aufzubauen beziehungsweise neu zu erwerben"[756]. Die Beiträge des Humankapitals und damit die der Mitarbeiter zum Unternehmenswert sind daher langfristiger Natur. Investitionen in Humankapital sind sinnvoll, solange die interne Verzinsung der Humankapitalinvestition[757] höher ist als der Marktzinssatz und als der interne Zinssatz einer Sachkapitalinvestition.[758]

Um der juristischen Unternehmensdefinition, die von der gleichrangigen Behandlung der Faktoren Arbeit und Kapital ausgeht, zu entsprechen – und nicht zuletzt auch der traditionellen betriebswirtschaftlichen Perspektive des Transformationsprozesses im Sinne GUTENBERGS – ist neben der bilanzanalytischen Kennzahl der Eigenkapitalrentabilität auch das Konstrukt der Humankapitalrentabilität in die operativen und strategischen Entscheidungen der Unternehmensführung einzubeziehen. Beide Komponenten zusammen sind Bestandteil der Unternehmenskapitalrentabilität. Human- und Eigenkapitalrentabilität sind jedoch keine unabhängigen Größen, sondern bedingen sich gegenseitig. So wirken sich beispielsweise Investitionen in das Humankapital als Kosten indirekt über den erwirtschafteten Jahresüberschuss auf die residuale Eigenkapitalrentabilität aus. Um den materiellen Inhalt des Unternehmensinteresses hinreichend zu berücksichtigen, sollten Unternehmensentscheidungen – neben den in den nachfolgenden Kapiteln beschriebenen Kriterien – grundsätzlich auf diese beiden Rentabilitätskennzahlen hin ausgerichtet werden. Da bei Entscheidung nicht zwei sich mitunter wechselseitig bedingende Kennzahlen zugleich maximiert werden können, bedarf es einer entsprechenden Priorisierung. Die Humankapitalgeber verfügen im Gegensatz zu den Anteilseignern über nichtresiduale Einkommensbestandteile, daher ist die Eigen-

---

[755] Vgl. Weiss/Sterzel (2007), S. 27 f.

[756] Weiss/Sterzel (2007), S. 28.

[757] $$\sum_{t=1}^{n} E_{HK,t}(1+i)^{-t} = \sum_{t=0}^{n-1} K_{HK,t}(1+i)^{-t}$$

mit $E_{HK,t}$ = Erträge der Humankapitalinvestition; $K_{HK,t}$ = Kosten der Humankapitalinvestition; i = Marktzinssatz

[758] Vgl. Rissiek (1998), S. 42 f.

kapitalrentabilität im Rahmen der Unternehmenskapitalrentabilität unter der Nebenbedingung der Humankapitalrentabilität zu maximieren. Eine kurzfristige Maximierung der Eigenkapitalrentabilität zulasten des Humankapitals ist ausgeschlossen. Die Interessen der Arbeitnehmer werden nicht zuletzt durch die in den nachfolgenden Kapiteln genannten Kriterien abgesichert.

Die Rentabilitätsorientierung hat im Hinblick auf das Unternehmensinteresse neben den quantifizierbaren Kosten und Leistungen, die sich dem Zahlenwerk des Rechnungswesens entnehmen lassen, sowie den mittels der Humankapitalbewertungsmodelle ermittelten Werte eine Vielzahl von qualitativen Veränderungen zu berücksichtigen, die sich in den einzelnen Perioden ergeben und sich gar nicht oder zunächst nur sehr schwer quantifizieren lassen. Diese finden keinen direkten Niederschlag in der Rentabilitätsberechnung, obwohl sie bei unternehmerischen Entscheidungen nicht unbeachtet bleiben.[759] Derartige qualitative Gesichtspunkte werden in der Literatur unter dem Begriff der „gesellschaftlichen" bzw. „sozialen Rentabilität" zu erfassen versucht.[760] Aus ihnen können sich Ziele und Maßnahmen ergeben, wie die Ausgestaltung der betrieblichen Arbeitsbedingungen, die darauf Rücksicht nimmt, dass der Betrieb wesentlicher Teil der sozialen und kulturellen Umwelt des Arbeitnehmers ist, dem Lehrstellenangebot ohne eigenen Bedarf, der Förderung von Wissenschaft und Kunst durch Stipendien und Spenden etc.[761] Trotz ihrer mangelnden Quantifizierbarkeit können solche Maßnahmen zu langfristigen Vorteilen für das Unternehmen führen. Demzufolge kann die wirtschaftliche Rentabilität nicht als alleinige Orientierungsmarke für unternehmerisches Handeln zum Wohle des Unternehmens verstanden werden. Denn Unternehmen können nicht nur als ein Gebilde rein erwerbswirtschaftlicher Interessen angesehen werden, sondern sind längst zu einer „sozialen Veranstaltung ersten Ranges"[762] geworden.[763] Derartige Aspekte sind insbesondere für die langfristige Entwicklung des Unternehmens von Bedeutung. Eine im Gegensatz dazu „konsequente Gewinnmaximierung bei jedem einzelnen Geschäft kann zur vorzeitigen Beendigung des Unternehmens führen"[764], wie PERRIDON/STEINER es formulieren. Eine langfristige Rentabilitätsorientierung setzt somit die Vorgabe eines langfristigen, klar definierten Planungshorizonts voraus. Für die sich aus den unterschiedlichen Fristigkeiten ergebenden Interessen sei an dieser Stelle auf Kapitel 5.5 verwiesen.

---

[759] Vgl. Jügenmeyer (1984), S. 103; Spindler (2007), § 116 Rn. 29.
[760] Vgl. Krämer (2002), S. 100; Jügenmeyer (1984), S. 102; Junge (1978), S. 555.
[761] Vgl. Mertens (1996), § 76 Rn. 11.
[762] Rittner (1971), S. 158.
[763] Vgl. Jügenmeyer (1984), S. 103.
[764] Perridon/Steiner (2007), S. 12.

In diesem Kontext zeigt sich sehr deutlich, dass das Unternehmensinteresse eine unabdingbare Notwendigkeit im Aktienrecht darstellt. Denn nach herrschender Meinung handelt der Vorstand – in Folge des im geltenden Recht verankerten Unternehmensinteresses im Gegensatz zur Gewinnmaximierung – nicht pflichtwidrig, „wenn er zu Lasten sonst erzielbarer Gewinne Sozialleistungen an die Belegschaft erbringt oder das Unternehmen mit anderen sozialen Kosten belastet (freiwillige Mehraufwendungen für Umweltschutz, Sponsoring kultureller Veranstaltungen, Spenden, Stipendien (…) usw.)"[765], solange es Lage und Leistungskraft des Unternehmens zulassen.[766] Denn als Teil der Gesamtgesellschaft eröffnet sich der Aktiengesellschaft eine breite Kompetenz zu gesellschaftspolitischen Handlungen.[767] Bei Gewährung freiwilliger Zuwendungen verfügt der Vorstand somit über einen Ermessensspielraum, jedoch nicht über einen unbegrenzten Freiraum.[768] Er hat sich sowohl an dem unternehmensbezogenen Gebot der Angemessenheit als auch an der langfristigen Sicherung der Rentabilität zu orientieren.[769] So hat der Vorstand beispielsweise im Einzelfall abzuwägen, ob und inwieweit er den Arbeitnehmern bestimmte freiwillige, aber sozial erwünschte Leistungen zukommen lässt, durch die zwangsläufig der Bilanzgewinn verringert wird, oder ob er einen höheren Bilanzgewinn feststellt und einen Teil des Jahresüberschusses für Investitionen verwendet oder in Rücklagen einstellt, was zur Stärkung des Unternehmens führt und wodurch Arbeitsplätze gesichert werden.[770] Letztlich müssen freiwillige Zuwendungen stets zum Nutzen des Unternehmens erfolgen, denn sowohl Vorstand als auch Aufsichtsrat sind Verwalter fremden Vermögens und können nicht „nach Gutsherrenart" über das Vermögen entscheiden.[771] Das Interesse am Unternehmenserfolg darf allerdings nicht gegenüber der Verfolgung anderer Ziele unangemessen zurücktreten. Handlungen, die hingegen nicht vom Unternehmensinteresse gedeckt sind, insbesondere solche, die primär die Interessen von Organmitgliedern zum Inhalt

---

[765] Hüffer (2008), § 76 Rn.14.

[766] Vgl. BGHSt 47, 187 (196); Hefermehl/Spindler (2004), § 76 Rn. 62; Semler/Spindler (2004), Vorb. Rn. 81; Zöllner (1984), Einl. Rn. 123; Seibt (2008), § 76 Rn. 13; Dreher (1991), S. 355.

[767] Vgl. Dreher (1991), S. 355.

[768] Der BGH gibt dazu folgenden Orientierungsmaßstab: „Je loser die Verbindung zwischen dem Geförderten und dem Unternehmensgegenstand, desto enger ist der Handlungsspielraum des Vorstands und desto größer sind die Anforderungen an die interne Publizität." BGHSt 47, 187 (196).

[769] Die Beurteilung, ob die Leitungsentscheidung des Vorstandes noch im Rahmen des Ermessens liegt, hat dabei stets aus der ex-ante-Sicht zu erfolgen, und nicht aus der ex-post-Perspektive. Vgl. Seibt (2008), § 76 Rn. 51.

[770] Vgl. Spindler (2007), § 76 Rn. 84.

[771] Vgl. BGHSt 47, 187 (196), 50, 331 (339). Bei Spenden besteht ein solcher Nutzen, etwa die Sicherung dauerhafter Rentabilität dadurch, dass sich das Unternehmen als sog. „Good Corporate Citizen" darstellt. Vgl. Rönnau (2004), S. 120.

haben, sind pflichtwidrig.[772] SPINDLER sieht in der Nichtbeachtung sozialer Belange gar einen wichtigen Grund für die Abberufung von Vorstandsmitgliedern durch den Aufsichtsrat nach § 84 Abs. 3 AktG.[773]

Die Rentabilitätsorientierung als materielle Konkretisierung des Unternehmensinteresses darf den vorherigen Ausführungen entsprechend nicht als kurzfristige Gewinnmaximierung missverstanden werden, sondern ist vielmehr als eine langfristige Daueraufgabe der Unternehmensführung zu verstehen.[774] Die Höhe des mindestens auszuweisenden Gewinns hat sich an den von HÜFFER und SEMLER/SPINDLER beschriebenen Kriterien zu orientieren, um über eine Kapitalbasis zu verfügen, die auch in Zukunft ein erfolgreiches Agieren am Markt ermöglicht.[775] Der Unternehmenskapitalrentabilität liegt somit nicht ein auf die Vergangenheit gerichtetes Renditeverständnis zugrunde, sondern sie ist an der zukünftigen Entwicklung des Unternehmens ausgerichtet.

Zusammenfassend lässt sich daher sagen, dass die wirtschaftliche Rentabilität – insbesondere in Abgrenzung zur Gewinnmaximierung im Sinne des Gesellschaftsinteresses – eine zentrale inhaltliche Komponente darstellt, an der sich das unternehmerische Verhalten im Sinne des Unternehmensinteresses zu orientieren hat. Eine Konkretisierung erfährt sie im Konstrukt der Unternehmenskapitalrentabilität, in die die Eigenkapitalrentabilität unter Berücksichtigung des Leverage-Effektes sowie als Nebenbedingung die Humankapitalrentabilität einfließen. Ein derartiges Renditeverständnis umfasst neben den quantifizierbaren Kosten und Leistungen auch qualitative Elemente. Von zentraler Bedeutung ist die Fokussierung der Unternehmensführung auf die dauerhafte Rentabilität, denn in dieser spiegelt sich eine Vielzahl der relevanten Interessen wider.

3.5.2.2 Bestandserhaltung

Neben der Rentabilitätsorientierung wird in der Literatur als zweite Inhaltskomponente die Bestandserhaltung angeführt.[776] Zwischen diesen beiden Aspekten besteht ein kausaler Zusammenhang, denn „der Bestand der in der Rechtsform der Aktiengesellschaft

---

[772] Vgl. Fastrich (2005), S. 150.

[773] Im Umkehrschluss ergibt sich aus der Sozialbindung jedoch weder für den einzelnen Arbeitnehmer noch für die Belegschaft, vertreten durch den Betriebsrat, ein unmittelbarer Rechtsanspruch gegen die Gesellschaft. Vgl. Spindler (2007), § 76 Rn. 85.

[774] Vgl. Junge (1978), S. 555.

[775] Vgl. Hüffer (2003), S. 22; Semler/Spindler (2004), Vorb. Rn. 80; Malik (2008), S. 180.

[776] Vgl. Hüffer (2008), § 76 Rn. 13; Mertens (1996), § 76 Rn. 22; Wiesner (2007), S. 197; Schilling (1997), S. 379; Raisch (1976), S. 349; Junge (1978), S. 554 f.; Semler (1996), S. 27 ff.; Goette (2000), S. 127; OLG Hamm (1995), AG, S. 514.

verfassten Wirtschaftseinheit ist nur dann gewährleistet, wenn sie rentabel arbeitet"[777].
Somit ergibt sich im Regelfall aus der Pflicht des Vorstandes, die dauerhafte Rentabilität der Aktiengesellschaft sicherzustellen, zugleich der Fortbestand des Unternehmens als Handlungsziel. Fraglich ist jedoch, ob die Bestandserhaltung im Rahmen des Unternehmensinteresses eine eigenständige Zielkomponente darstellt.

Die Befürworter eines solchen Ansatzes argumentieren, dass die Erhaltung des Unternehmens dem gemeinsamen Grund- oder Mindestinteresse aller am Unternehmen Beteiligten entspreche, denn vom Fortbestand des Unternehmens hänge zumindest auf Dauer auch die Befriedigung ihrer eigenen Interessen ab.[778] Der Begriff der Bestandserhaltung bedarf jedoch zunächst einer differenzierteren Betrachtung. Darunter wird die Erhaltung des Kapitals, der rechtlichen Selbständigkeit sowie der wirtschaftlichen Selbständigkeit verstanden, die es im Einzelnen näher zu betrachten gilt:[779]

(1) Unter Bestandserhaltung versteht RAISCH beispielsweise die langfristige Kapitalerhaltung als Minimum des Rentabilitätsziels.[780] Diesem Verständnis zufolge ist sie ein Teilziel der zuvor beschriebenen Rentabilitätsorientierung und damit unumstrittener Bestandteil des Unternehmensinteresses. Die Kapitalerhaltung schlägt sich in der Aktiengesellschaft betragsmäßig mindestens im Grundkapital, in der gesetzlichen Rücklage, in den Kapitalrücklagen nach § 272 Abs. 2 Nr. 1 bis 3 HGB und in weiteren gesetzlich gebundenen Rücklagen wie beispielsweise den Rücklagen für eigene Aktien nach § 272 Abs. 4 HGB nieder.[781] Hinsichtlich des Begriffes der Kapitalerhaltung ist zwischen der nominellen und der realen Kapitalerhaltung zu unterscheiden. In der Handels- und Steuerbilanz kommt infolge des Anschaffungskostenprinzips die nominelle Kapitalerhaltung zur Anwendung.[782] Wird die allgemeine Kaufkraftveränderung berücksichtigt und die Kapitalerhaltung somit nicht statisch, sondern dynamisch im Sinne der realen Kapitalerhaltung verstanden, hat sie auch eine angemessene Verzinsung zu beinhalten und nähert sich stark dem Rentabilitätsprinzip an. Eine so verstan-

---

[777] Mertens (1996), § 76 Rn. 22.

[778] Vgl. Raisch (1976), S. 349; Raiser (1976), S. 109; Mertens (1996), § 76 Rn. 22.

[779] Vgl. Krämer (2002), S. 102 ff.

[780] Vgl. Raisch (1976), S. 361.

[781] Vgl. Müller (2004), S. 625.

[782] Bei der Handels- und Steuerbilanz wird die Auffassung zugrunde gelegt, die Leistungsfähigkeit eines Betriebes sei gewahrt, wenn das nominelle Endkapital von Periode zu Periode konstant bleibt. Das Nominalkapital stellt dabei den Gegenwert der Vermögensgegenstände, bewertet auf der Grundlage der wirtschaftlichen Verhältnisse zum Zeitpunkt der Einlage (Anschaffungskosten) zuzüglich der entnahmefähigen, aber nicht entnommenen Gewinne. Die reale Kapitalerhaltung setzt zudem voraus, dass die Kaufkraft des Endkapitals der des Anfangkapitals entspricht. Die reale Kapitalerhaltung trägt somit der allgemeinen Geldentwertung durch die Einführung eines Kaufkraftindexes Rechnung. Sie entspricht jedoch nicht dem für die Handels- und Steuerbilanz erforderlichen Anschaffungskostenprinzip. Vgl. Wiedemann (1980), S. 626; Kunher (2005b), S. 19; Wöhe/Döring (2002), S. 1078 f.

dene Kapitalerhaltung markiert das Gewinnminimum, das notwendig ist, um den von den Aktionären zur Verfügung gestellten Produktionsfaktor Kapital zu erhalten. Dieser Ansatz nähert sich auch dem Konzept der wirtschaftlichen Substanzerhaltung an.[783] Im Gegensatz zu den Normen der Bilanzierung ist im Kontext des Unternehmensinteresses respektive der zu berücksichtigen Interessen eine Orientierung an der realen Kapitalerhaltung sinnvoll.[784] Hiervon abzugrenzen ist die Erhaltung des gesamten Unternehmens im Hinblick auf seine rechtliche und wirtschaftliche Selbständigkeit. Die Kapitalerhaltung des Unternehmens ist stets im Interesse aller Interessengruppen und markiert demzufolge einen zentralen Ansatzpunkt für die materielle Ausgestaltung des Unternehmensinteresses.[785] Eine rechtliche Begründung erfährt die Kapitalerhaltung durch den im Rahmen des Gesetzes zur Kontrolle und Transparenz im Unternehmensbereich (KonTraG) neu eingeführten § 91 Abs. 2 AktG, der dem Vorstand die Verantwortung für die Bestandssicherung auferlegt, durch die Kapitalerhaltungsvorschriften des § 57 AktG sowie durch die in § 93 Abs. 1 und 3 AktG neu konkretisierte Sorgfaltspflicht und Verantwortlichkeit der Vorstandsmitglieder, die letztlich eine Ersatzpflicht für den der Gesellschaft zugefügten Schaden auslösen.[786] Auch der BGH verweist in ständiger Rechtsprechung auf die Vermögenserhaltungspflicht der Organmitglieder.[787]

(2) Wird aus dem Minimalziel der Kapitalerhaltung hingegen auch die Erhaltung des Unternehmens selbst im Sinne einer rechtlichen Selbständigkeit abgeleitet, so ist dies anders zu bewerten. Unter dem Begriff der rechtlichen Selbständigkeit ist dabei jedoch nicht die Erhaltung einer bestimmten Rechtsform, sondern die Sicherung des Bestandes des Unternehmens als rechtlich selbständige Leistungseinheit zu verstehen.[788] Eine derartige Ausgestaltung des Unternehmensinteresses erscheint mit Blick auf die Grund- und Mindestinteressen der Beteiligten bedenklich, beispielsweise wenn die Eigenkapitalgeber ihr Kapital einer anderen Verwendung zuführen möchten. In diesem

---

[783] Nach diesem Konzept liegt der Maßstab zur Unternehmenserhaltung nicht in einer Geldsumme, sondern in einer Gütermenge. Diese liegt nur dann vor, wenn bei konstantem Fremdkapitaleinsatz die mengenmäßige Vermögenssubstanz am Periodenende gleich der am Periodenanfang ist. Innerhalb dieses Ansatzes wird zwischen reproduktiver und qualifizierter Substanzerhaltung unterschieden. Ein im Rahmen dieses Konzeptes ermittelter Gewinn setzt sich aus den Komponenten des Schein- und Umsatzgewinns zusammen. Das Konzept ist jedoch in Teilen mit dem Problem der Nachprüfbarkeit behaftet. Vgl. Wöhe/Döring (2002), S. 873, 1079 f.

[784] Zu begründen ist dies mit Verweis auf die Sorgfaltspflicht des Vorstandes gemäß § 93 Abs. 1 Satz 1 AktG, derzufolge der Vorstand die „Sorgfalt eines ordentlichen und gewissenhaften Geschäftsleiters anzuwenden" hat. Im Rahmen dieser Sorgfaltspflicht hat der Vorstand auch die Auswirkungen der Inflation in seinen Entscheidungen zu beachten. Vgl. auch Mertens (1996), § 76 Rn. 22.

[785] Vgl. Schmidt, R. (2007a), S. 35.

[786] Vgl. Merkt (2003), S. 130 f.; Hopt (1999), § 93 Rn. 82; Goette (2003), S. 752.

[787] Vgl. stellvertretend BGHSt 50, 331 (338 f.).

[788] Zur rechtlichen Definition von abhängigen Unternehmen vgl. §§ 15 ff. AktG.

Falle existiert seitens der verkaufswilligen Anteilseigner explizit kein Interesse mehr an der rechtlichen Selbständigkeit des Unternehmens.[789] Die Problematik einer derartigen Interessenlage im Hinblick auf das Unternehmensinteresse zeigt sich schon, wie JÜRGENMEYER darlegt, bei einem einzelnen Gesellschafter, der seine Gesellschaftsanteile an einen Interessenten verkaufen möchte, dabei jedoch gewärtigen muss, dass Letzterer durch den Kauf der Anteile einen beherrschenden Einfluss auf das Unternehmen ausüben kann.[790] Bereits in dieser Fallkonstellation laufen die Interessen des noch an der Gesellschaft beteiligten, verkaufswilligen Gesellschafters und das vermeintliche Unternehmensinteresse an der Verhinderung eines beherrschenden Einflusses auseinander. Darüber hinaus ist zu berücksichtigen, dass es nicht in den die Aufgabenbereich des Vorstandes oder des Aufsichtsrates fällt, über die Zusammensetzung des Aktionärskreises zu entscheiden, und dass der einzelne Kapitalgeber frei in seiner Anlageentscheidung ist.[791] Das im Jahre 2001 in Kraft getretene Wertpapiererwerbs- und Übernahmegesetz (WpÜG) verpflichtet den Vorstand gemäß § 33 Abs. 1 WpÜG auch bei Übernahmen zur Neutralität.[792] Selbst feindliche Übernahmen muss er nicht zu verhindern suchen.

Auch aus Sicht der Arbeitnehmer kann es von Interesse sein, die rechtliche Selbständigkeit des Unternehmens aufzugeben, wenn dadurch beispielsweise bei Unternehmen mit einer geringen Eigenkapitalquote in Zeiten schlechter Ertragssituation gefährdete Arbeitsplätze gesichert werden können.[793] Ebenso können unter Umständen neue Aufgaben und Ziele infolge veränderter Marksituationen die Aufgabe der rechtlichen Selbständigkeit und die Eingliederung in einen größeren Unternehmensverbund notwendig machen. Weitere Fallkonstellationen dieser Art sind im Rahmen des Unternehmenswachstums und seiner Finanzierung denkbar und in der Realität zu beobachten.

Die rechtliche Selbständigkeit ist somit kein Eigenwert an sich.[794] Sie ist zudem mit § 83 Abs. 1 Satz 1 AktG unvereinbar, der dem Wortlaut zufolge den Vorstand gemäß seiner Geschäftsführungsbefugnis auch ohne vorherigen Hauptversammlungsbeschluss berechtigt, Unternehmensverträge zu schließen, die kraft eines zustimmenden Hauptversammlungsbeschlusses zur Liquidation oder jedenfalls zur Konzernierung des Un-

---

[789] Vgl. Laske (1979), S. 191; Jürgenmeyer (1984), S. 108; Hopt (1993), S. 538.

[790] Vgl. Jürgenmeyer (1984), S. 108; Laske (1979), S. 190.

[791] Vgl. Hopt (1993), S. 538; Unternehmensrechtskommission (Bundesministerium der Justiz) (1980), S. 145 ff.; Mertens (1996), § 76 Rn. 26.

[792] Gemäß § 33 Abs. 1 Satz 2 und Abs. 2 WpÜG kann jedoch die Hauptversammlung den Vorstand von dieser Neutralitätspflicht befreien.

[793] Vgl. Jürgenmeyer (1984), S. 108 f.

[794] Vgl. Krämer (2002), S. 103; Jürgenmeyer (1984), S. 108; Zöllner (1984), Einl. Rn. 130.

ternehmens führen.[795] Auch im Kontext des Wertpapiererwerbs- und Übernahmegesetzes scheint die rechtliche Selbständigkeit nicht schützenswert. Somit zeigt sich, dass das „Unternehmen an sich", wie es in Anhang A.1 diskutiert wird, nicht schutzwürdig sein kann.[796] Die rechtliche Selbständigkeit kann im Einzelfall im Unternehmensinteresse liegen, bildet jedoch keine hinreichende Bedingung für eine Verhaltensmaxime. Eine verallgemeinernde Aussage ist daher nicht möglich.

(3) Diese Argumentation gilt auch für die mitunter in der Literatur diskutierte Wahrung der wirtschaftlichen Selbständigkeit.[797] Darüber hinaus sind Situationen denkbar, in denen das Aufgeben der wirtschaftlichen Eigenständigkeit des Unternehmens positiv zu bewerten ist, ohne dass den Interessengruppen hieraus Nachteile erwachsen. Demzufolge muss es dem Vorstand in Verbindung mit dem Aufsichtsrat gestattet sein, die wirtschaftliche Selbständigkeit aufzugeben, wenn dadurch eine langfristige Steigerung der Ertragskraft und eine erhöhte Sicherheit der Arbeitsplätze erreicht werden kann.[798] Deutlich wird dies zudem in den kodifizierten Rechten der Arbeitnehmer bei Betriebsänderung. So hat der Betriebsrat in einem solchen Falle im Sinne des § 111 Satz 2 BetrVG sowohl umfangreiche Informations- und Anhörungsrechte als auch gemäß §§ 112, 113 BetrVG maßgebliche Mitwirkungs- und Mitbestimmungsrechte bei der Frage des Interessenausgleichs und der Erstellung eines Sozialplans. Die geplante Betriebsänderung selbst kann er jedoch nicht verhindern.[799] Etwaige rechtliche Normen würden zudem eine unverhältnismäßige Einschränkung der Eigentumsfreiheit der Aktionäre im Sinne des Art. 14 Abs. 1 Satz 1 GG darstellen. Inwieweit die Aufrechterhaltung der wirtschaftlichen Selbständigkeit im Interesse des Unternehmens liegt, muss im Einzelfall beurteilt werden.

Nach der häufig zitierten Definition von BALLERSTEDT sind Unternehmen im Kontext des Unternehmensrechts „auf Dauer angelegte Vereinigungen personeller Kräfte und sachlicher Mittel zu einem wirtschaftlichen Zweck im Interesse der Erzielung einer durch Teilnahme am Marktverkehr zu realisierenden materiellen Wertschöpfung"[800]. Voraussetzung für den Fortbestand des Unternehmens ist somit, dass alle Interessengruppen bereit sind, in Beziehungen mit dem Unternehmen zu bleiben bzw. zu treten.[801] In Anbetracht der vorigen Ausführungen ist die Erhaltung der rechtlichen und wirtschaftlichen Selbständigkeit des Unternehmens nicht grundlegend im Interesse

---

[795] Vgl. Mülbert (1997), S. 168; Hüffer (2008), § 83 Rn. 3.
[796] Vgl. Zöllner (1984), Einl. Rn. 130.
[797] Vgl. Laske (1979), S. 191; Krämer (2002), S. 104; Jürgenmeyer (1984), S. 109.
[798] Vgl. Laske (1979), S. 191.
[799] Vgl. Jürgenmeyer (1984), S. 110.
[800] Ballerstedt (1977), S. 22; zustimmend Mertens (1996), § 76 Rn. 6; Raiser/Veil (2006), S. 21.
[801] Vgl. Hutzschenreuter (1998), S. 19.

aller Beteiligten. Dieser Argumentation zufolge sollte eine so konkretisierte Bestands-erhaltung nicht zwingender materieller Bestandteil des Unternehmensinteresses sein. Selbst die Zielsetzung, den im Unternehmen tätigen Personenkreis zu erhalten, ist aus ökonomischer Perspektive dysfunktional. Eine so verstandene Verpflichtung zur Be-standserhaltung wäre volkswirtschaftlich ineffizient und würde somit gegen das Inte-resse der Allgemeinheit verstoßen. In diesem Falle müsste ein in die Krise geratenes Unternehmen mit vollem Personalbestand bis zum Konkurs fortgeführt werden. Da-durch würde der wirtschaftliche Strukturwandel nachhaltig und mit hohen gesamtwirt-schaftlichen Kosten gehemmt.[802] Um letztlich die Funktionsfähigkeit der Wettbe-werbsordnung zu erhalten – worin eine der zentralen Zielsetzungen des deutschen Wirtschaftsrechts besteht – dürfen Unternehmen nicht um jeden Preis erhalten wer-den.[803] Gesamtwirtschaftlich betrachtet ist es unerlässlich, sowohl Kapital als auch Arbeit in ihrer jeweils produktivsten Verwendung einzusetzen.

Eine Erhaltung von einzelnen Wirtschaftseinheiten um ihrer selbst Willen ist in der Regel offenkundig für keine der Interessengruppen sinnvoll. In Bezug auf die rechtli-che und wirtschaftliche Selbständigkeit kann es im Interesse aller Bezugsgruppen lie-gen, diese aufzugeben. Aus der Erhaltung der rechtlichen und wirtschaftlichen Selb-ständigkeit kann rechtlich keine allgemeine Verhaltenspflicht für Vorstands- oder Auf-sichtsratsmitglieder gefolgert werden. Eine entsprechende Abwägung hat im Einzelfall unter Bezugnahme auf das Gesamtinteresse des Unternehmens und nicht auf eine ein-zelne Interessengruppe zu erfolgen. Eine in der realen Kapitalerhaltung konkretisierte Bestandserhaltung stellt hingegen einen materiellen Bestandteil des Unternehmensin-teresses dar, da diese zwangsläufig im Interesse aller Beteiligten liegt.

Bestandserhaltung und Rentabilitätsorientierung sind zwei gleichwertige Bestandteile der materiellen Konkretisierung des Unternehmensinteresses, die kausal miteinander verbunden sind. Das Kriterium der Bestandserhaltung – im Sinne der realen Kapitaler-haltung – wird erfüllt, wenn das Unternehmen mindestens einen Gewinn erwirtschaf-tet, der die Wertveränderung des Kapitalstocks infolge der Inflation ausgleicht. Die Bestandserhaltung stellt somit eine absolute Größe dar, die die Untergrenze des mate-riellen Inhalts des Unternehmensinteresses definiert. Die langfristige Rentabilitätsori-entierung im zuvor definierten Sinne der Unternehmenskapitalrentabilität ist dagegen eine relative Größe. Sie definiert in Abgrenzung zur kurzfristigen Gewinnmaximie-rung im Sinne des Gesellschaftsinteresses die Obergrenze des Unternehmensinteres-ses.

---

[802] Vgl. Mülbert (1997), S. 169.
[803] Vgl. Wagner (1988), S. 228.

3.5.3 Die prozessuale Dimension des Unternehmensinteresses

Rentabilität und Bestandserhaltung bilden nur ein sehr grobes Raster.[804] Daher ist in der Literatur der Versuch unternommen worden, das Unternehmensinteresse als einen bestimmten Prozess der Entscheidungsfindung zu begreifen.[805] Im Rahmen der prozessualen Konzeptionen wird das Unternehmensinteresse als Resultat eines Prozesses der Interessenvergemeinschaftung mit normierender Kraft verstanden.[806] Wenn man das Unternehmensinteresse als Resultante der relevanten Interessen versteht, bedarf es insbesondere eines geordneten Verfahrens, bei dem die Interessen gewichtet und institutionalisiert werden.[807]

Der Prozess der Interessenvergemeinschaftung im Sinne LASKES erfolgt nicht in einem einmaligen Akt der Zielbestimmung, sondern muss stets erneut nach der gleichen Verfassung ablaufen: „In dieser Verfassung des Interessenvergemeinschaftungsprozesses manifestiert sich das Unternehmensinteresse."[808] Ein derartiger Prozess erfordere die permanente Ein- und Austrittsentscheidungen sowie mögliche Veränderungen in den Beteiligungsmotiven. Als Bedingung für eine solche Verfassung sei die Bestimmung handlungsleitender Normen in einer Weise zu konkretisieren, die die aufgestellten Geltungsansprüche argumentationszugänglich machten und die Argumentation selbst vernünftig und insbesondere verzerrungsfrei ablaufen lassen.[809] Dies habe zur Konsequenz, dass Normen und daraus abgeleitete Handlungsanweisungen dann als gerechtfertigt angesehen werden können, „wenn sie in diskursiven bzw. dialogischen Prozessen als Verständigungsformen menschlichen Miteinanders entwickelt worden sind"[810].[811] Eine weitergehende Konkretisierung nimmt LASKE nicht vor.

---

[804] Vgl. Krämer (2002), S. 201.

[805] Der Ansatzpunkt zur Entwicklung eines prozessualen Verständnisses des Unternehmensinteresses liegt für Laske darin, dass seiner Auffassung nach die Rentabilität eines Unternehmens nicht in einer Größe messbar sei und demzufolge nicht von einem darauf gerichteten gemeinsamen Interesse ausgegangen werden könne. Vgl. Laske (1979), S. 173 ff. Clemens betont, dass die Entwicklung hin zu einem prozessualen Verständnis des Unternehmensinteresses nicht als Reduktionsmodus oder Deduktionsmodus zu verstehen ist, der das „Unternehmensinteresse aus methodologischen Individualismus heraus als 'Schnittmenge' aller als legitim definierten Interessen der Beteiligten definiert". Clemens (1984), S. 160.

[806] Vgl. Clemens (1984), S. 27.

[807] Vgl. Junge (1978), S. 553.

[808] Laske (1979), S. 198.

[809] Vgl. Laske (1979), S. 199.

[810] Laske (1979), S. 200.

[811] Dabei nimmt Laske Bezug auf die Kritische Theorie (Diskursmodell) bzw. die Konstruktive Philosophie (Dialogmodell), die Regeln für ein vernünftiges Argumentieren in gesellschaftlichen Prozessen aufstellen. Diese fasst er in der Forderung nach wechselseitiger Bestimmung „im Sinne des Hegel'schen Herr-Knecht-Paradigmas und dessen Verfassung im Bewusstsein der Ausübungsgemeinschafter" zusammen. Laske (1979), S. 200. Auf die Kritik an der Bezugnahme auf das Hegel'sche Herr-Knecht-Paradigma soll hier nicht weiter eingegangen werden.

Ein weiterer prozessualer Ansatz wurde von BRINKMANN entwickelt.[812] Dieser Ansatz ist im Gegensatz zu dem von LASKE stark von rechtspolitischen Überlegungen geprägt. Auf der Grundlage einer interdisziplinären „Analyse des Verhältnisses von Unternehmensinteresse und Unternehmensrechtsstruktur" versucht er, zu einer Neubestimmung der „möglichen normativen Geltung des rechtlichen Unternehmensinteressebegriffs"[813] zu gelangen. Im Ergebnis liefert auch dieser Ansatz keine Ansatzpunkte für eine eigenständige konkrete Ausgestaltung des Unternehmensinteresses, sondern beschränkt sich auf rechtspolitische Aussagen.

Die Betrachtung des rein prozessualen Ansatzes zeigt, dass das Unternehmensinteresse auch als ein bestimmter Prozess der Entscheidungsfindung betrachtet werden kann. Die mitunter in der Literatur vertretenen Ansätze gehen jedoch häufig an der entscheidenden Stelle der Konkretisierung nicht über philosophische Betrachtungen hinaus.[814] Selbst Ökonomen wie MÜLLER-STEWENS/LECHNER verweisen im Kontext der Diskussion von Unternehmenszielen auf die von HABERMAS (1981) entwickelte Diskursethik[815].[816] Diese nennt als notwendige Bedingungen für den praktischen Diskurs und die sich daraus ergebende normative Gültigkeit Kriterien wie Unvoreingenommenheit, Nicht-Persuasivität, Zwanglosigkeit und Sachverständigkeit.[817] Zweifelsohne sollten diese Kriterien für einen Interessenvergemeinschaftungsprozess auf Unternehmensebene grundsätzlich prägend sein.

Inwieweit sich prozessuale Kriterien de lege lata und de lege ferenda ableiten lassen mittels derer sich das Unternehmensinteresse konkretisieren lässt, soll in den nachfolgenden Kapiteln analysiert werden.

3.5.3.1 Verfahrenskriterien

Auch im Aktienrecht wird die Geschäftsführung als Prozess und nicht als bloßes Ergebnis verstanden.[818] Den Bezugspunkt des prozessualen Aspektes bilden im geltenden Recht die Sorgfaltspflichten eines ordentlichen und gewissenhaften Geschäftsleiters. Gemäß § 93 Abs. 1 Satz 1 AktG ist die unternehmerische Entscheidung daran

---

[812] Vgl. Brinkmann (1983), S. 216 ff.
[813] Brinkmann (1983), S. 15.
[814] Vgl. Krämer (2002), S. 96.
[815] In der Diskursethik tritt an die Stelle des kategorischen Imperativs das Verfahren der moralischen Argumentation. Sie stellt den Grundsatz auf, „dass nur diejenigen Normen (allgemeine) Geltung beanspruchen dürfen, die die Zustimmung aller betroffenen als Teilnehmer eines praktischen Diskurses finden könnten". Habermas (1991), S. 12.
[816] Vgl. Müller-Stewens/Lechner (2003), S. 245 ff.
[817] Vgl. Steinmann/Löhr (1994), S. 78; Habermas (1991), S. 13 f.; Müller-Stewens/Lechner (2003), S. 247.
[818] Vgl. Roth (2001), S. 80.

auszurichten, was ein gewissenhafter, ordentlicher, redlicher und der Aufgabe gewachsener Geschäftsleiter an Stelle des Organmitglieds täte bzw. getan hätte.[819] Dies stellt einen objektiven, wenngleich relativen Maßstab dar.[820, 821] Mit den Begriffen „ordentlich" und „gewissenhaft" wird beschrieben, dass es nicht auf den üblichen, unter Umständen unzureichenden Verhaltensstandard ankommt, sondern vielmehr ein idealer Zustand angestrebt wird.[822] Infolgedessen muss der Vorstand nicht nur den Aufgaben abstrakt, sondern auch den in dem konkreten Unternehmen erforderlichen Anforderungen gerecht werden. Da der Vorstand zudem Treuhänder fremden Vermögens ist, muss ein erhöhter Sorgfaltsmaßstab angelegt werden als beispielsweise bei den funktional äquivalenten §§ 276, 242 BGB und § 347 HGB.[823]

Da die Grenzen des Handlungs- und Ermessensspielraums im deutschen Recht nicht weitergehend geregelt sind, wird die rechtswissenschaftliche Diskussion über den Spielraum des unternehmerischen Ermessens und die Anforderungen an den Prozess der Entscheidungsfindung seit einigen Jahren auch in Deutschland von der US-amerikanischen Business Judgment Rule geprägt.[824] Der nachfolgende Exkurs gibt einen Überblick über die durch die Business Judgment Rule initiierte Neuakzentuierung von Leitungsbefugnis und Sorgfaltspflicht im deutschen Gesellschaftsrecht.

Exkurs: Leitungsbefugnis und Sorgfaltspflicht im Kontext der Business Judgment Rule und des § 93 Abs. 1 Satz 2 AktG

Im amerikanischen Recht sichert die Business Judgment Rule dem Vorstand einen weiten unternehmerischen Ermessensspielraum zu, setzt zugleich jedoch die Einhaltung der erforderlichen Sorgfalt voraus. Nach der Business Judgment Rule haftet nicht, wer als „director" kein eigenes relevantes Vermögensinteresse hat („disinterested judgment"), sich hinreichend über die Sache informiert hat („informed judgment") und nachvollziehbar im besten Interesse des Unternehmens zu handeln geglaubt hat („rational belief and good faith").[825] Dadurch wird nicht nur einem risikoaversen Verhalten des

---

[819] Vgl. Hopt (1999), § 93 Rn. 86.

[820] Vgl. Bürgers/Israel (2008), § 93 Rn. 3; Hopt (1999), § 93 Rn. 79.

[821] Objektiv bedeutet in diesem Kontext, dass sich die an das Verhalten des Vorstandes zu stellenden Anforderungen nicht nach dem Üblichen bemessen, sondern nach dem Erforderlichen. Vgl. Hopt (1999), § 93 Rn. 79.

[822] Vgl. Goette (2003), S. 755.

[823] Vgl. BGHZ 129, 30 (34); BGHSt 50, 331 (339); Mertens (1996), § 93 Rn. 57; Krieger/Sailer (2008), § 93 Rn. 5.

[824] Vgl. Henze (2000), S. 215; Roth (2001), S. 44 f.; Hopt (1999), § 93 Rn. 83.

[825] Vgl. Hopt (1999), § 93 Rn. 83.

Vorstandes, sondern auch einem unangemessenen Maßstab bei der Ex-post-Beurteilung entgegen gewirkt.[826]

Der vom amerikanischen Recht gewährte Freiraum geht materiell und hinsichtlich der Beweislast deutlich über die in Deutschland lange Zeit übliche Praxis hinaus. Zudem kommt der Business Judgment Rule aufgrund ihrer Einordnung in das amerikanische Case-Law eine auf das deutsche Recht nicht übertragbare Stellung im Rechtsgefüge zu.[827] Als sog. „safe harbour rule" stellt die Business Judgment Rule nicht nur einen Haftungsausschluss dar, sondern schafft einen gerichtlich nicht überprüfbaren Freiraum. Ein solcher gerichtsfreier Raum existiert im kontinentaleuropäischen Recht nicht. Wenngleich eine direkte Übertragung ins deutsche Recht nicht möglich ist, erlangen diese drei Gesichtspunkte de lege lata mittels § 93 AktG Bedeutung.[828]

Mit der ARAG/Garmenbeck-Entscheidung hat der BGH die herkömmliche Interpretation in Bezug auf die Organhaftung nachhaltig verändert.[829] Dem Vorstand wird nunmehr bei „unternehmerischen Entscheidungen" ein „weite(r) Handlungsspielraum"[830] zugebilligt. Zu diesem Handlungsspielraum gehört neben dem „bewussten Eingehen geschäftlicher Risiken grundsätzlich auch die Gefahr von Fehlbeurteilungen und Fehleinschätzungen"[831] mit der Konsequenz, dass Pflichtverletzungen im Sinne des § 93 AktG „erst dann in Betracht kommen, wenn die Grenzen, in denen sich ein von Verantwortungsbewusstsein getragenes, ausschließlich am Unternehmenswohl orientiertes, auf sorgfältiger Ermittlung der Entscheidungsgrundlagen beruhendes unternehmerisches Handeln bewegen muss, deutlich überschritten sind, die Bereitschaft, unternehmerische Risiken einzugehen, in unverantwortlicher Weise überspannt worden ist oder das Verhalten aus anderen Gründen als

---

[826] Vgl. Bürgers/Israel (2008), § 93 Rn. 9.

[827] Vgl. Roth (2001), S. 37.

[828] Vgl. Hopt (1999), § 93 Rn. 83.

[829] Nach der herkömmlichen Interpretation stand das Leitungsermessen des Vorstandes unter dem Vorbehalt der Einhaltung der Sorgfaltspflichten des § 93 AktG. Demzufolge wurde die Sorgfaltspflicht über die Leitungsbefugnis des Vorstandes gestellt und alle Vorstandsentscheidungen wurden als vollständig nachprüfbar angesehen. Der unternehmerische Ermessensspielraum war entsprechend stark eingeschränkt. Vgl. Roth (2001), S. 48; Bürgers/Israel (2008), § 93 Rn. 9.

[830] BGHZ 135, 244 (253).

[831] BGHZ 135, 244 (253).

pflichtwidrig gelten muss"[832]. Hierin zeigt sich ein deutlicher Bezug auf Elemente der Business Judgment Rule.[833]

In Übereinstimmung mit der deutschen Rechtstradition bestimmt der BGH die Pflichten des Vorstandes objektiv. Rechtsdogmatisch betrachtet er die unternehmerische Handlungsfreiheit als „Teil und notwendiges Gegenstück der dem Vorstand (...) obliegenden Führungsaufgabe"[834]. Nach Auffassung ROTHS spricht dies dafür, die Leitungsbefugnis und die Sorgfaltspflicht als Einheit zu betrachten.[835]

Auf die Rechtsprechung des BGH reagierte der Gesetzgeber im Rahmen des am 22. Oktober 2005 in Kraft getretenen Gesetzes zur Unternehmensintegrität und Modernisierung des Anfechtungsrechts (UMAG) mit der Ergänzung des § 93 Abs. 1 Satz 2 AktG.[836] Seitdem gilt die Vermutung pflichtgemäßen Handelns, wenn folgende Tatbestandsvoraussetzungen erfüllt sind:

(1) *Es muss sich um eine unternehmerische Entscheidung handeln.*

Hierunter sind Entscheidungen zu verstehen, die nach „unternehmerischen Zweckmäßigkeitsgesichtspunkten zu treffen sind und bei denen der Vorstand frei ist, sich so oder anders zu verhalten"[837]. Nach der Auffassung von BÜRGERS/ISRAEL kann „eine Pflichtverletzung nur für solche Handlungen ausgeschlossen werden, die als unternehmerische Entscheidungen gerade den zu schützenden Prognose- und Risikocharakter aufweisen".[838] „Dies unterscheidet sie von der Beachtung gesetzlicher, satzungsmäßiger oder anstellungsvertraglicher Pflichten ohne tatbestandlichen Beurteilungsspielraum."[839, 840]

---

[832] BGHZ 135, 244 (253 f.).

[833] Das vom Verantwortungsbewusstsein getragene Verhalten kann dem Element „not interested in the subject of the business judgment" zugeordnet werden, das ausschließlich am Unternehmenswohl orientierte unternehmerische Handeln der Entscheidung im „best interest of the corporation", die sorgfältige Ermittlung der Entscheidungsgrundlage dem „informed judgment". Vgl. Henze (2000), S. 215; Roth (2001), S. 48.

[834] BGHZ 135, 244 (254).

[835] Vgl. Roth (2001), S. 49 ff.

[836] Sind die Voraussetzungen des § 93 Abs. 1 Satz 2 AktG nicht erfüllt, folgt daraus nicht zwingend, dass der Vorstand seine Pflicht verletzt hat. Vielmehr ist auch ein pflichtgemäßes Handeln nach § 93 Abs. 1 Satz 1 möglich, das jedoch im Einzelnen vom Gericht festzustellen und seitens des Vorstandes zu beweisen ist. Somit handelt es sich nicht lediglich um eine Beweislastregelung, sondern um eine materiell-rechtliche Norm. Vgl. Krieger/Sailer (2008), § 93 Rn. 11.

[837] Vgl. Krieger/Sailer (2008), § 93 Rn. 12.

[838] Bürgers/Israel (2008), § 93 Rn. 11. Vgl. auch Schäfer (2005), S. 1258.

[839] Deutscher Bundestag (2005), Regierungsbegründung, Drucksache 15/5092, S. 11.

[840] Exemplarisch sei an dieser Stelle auf den sich aus dem Aktiengesetz ausdrücklich ergebenden Pflichtenkanon der §§ 80, 81, 83, 91, 92 AktG, die Informationspflichten nach §§ 90, 131, die Berichtspflichten gegenüber der Hauptversammlung gemäß §§ 179a, 186 Abs. 4, 203 Abs. 2, 293a, 319 Abs. 3 und die körperschaftliche Kompetenzverteilung nach § 82 verwiesen. Weitere Pflichten

Sie sind demzufolge nicht Bestandteil des unternehmerischen Ermessens.[841] Versagt der Vorstand bei Pflichten ohne Beurteilungsspielraum, tritt regelmäßig der Haftungsfall ein, sofern aufgrund der Pflichtverletzung bei der Gesellschaft ein Schaden entstanden ist.[842] Darüber hinaus kann der unternehmerische Ermessensspielraum nur im Rahmen der gesellschaftsrechtlichen Gesamtordnung ausgeschöpft werden, so dass es dem Leitungsorgan verwehrt ist, beispielsweise grundlegende Eingriffe in die Struktur der Gesellschaft ohne die Zustimmung der Hauptversammlung vorzunehmen.[843]

(2) Zum Zeitpunkt der Entscheidungsfindung müssen die der Entscheidung zugrunde liegenden Informationen über Chancen und Risiken hinsichtlich Umfang und Qualität angemessen sein.

Das Kriterium der Angemessenheit verweist darauf, dass nicht sämtliche Erkenntnisquellen auszuschöpfen sind, sondern in Anbetracht der konkreten Entscheidungssituation unter Berücksichtigung des Faktors Zeit und der Abwägung der Kosten und Nutzen weiterer Informationen deren Generierung zu begrenzen ist.[844] Der Gesetzgeber schenkt dadurch dem mitunter hohen Zeitdruck bei der Entscheidungsfindung und der grundsätzlichen Unvollkommenheit von Informationen Beachtung. In der Regierungsbegründung wird explizit darauf hingewiesen, dass diese mittels einer formalen Absicherung durch das routinemäßige Einholen von Sachverständigengutachten, Beratervoten oder externen Marktanalysen nicht kompensiert werden kann.[845] Demnach verhindert das Kriterium der Angemessenheit eine indirekte Einschränkung des Ermessensspielraums durch unangemessene Informationsanforderungen.

Grundsätzlich ist bei der Beurteilung der Entscheidung die entsprechende Exante-Sicht des Organs zugrunde zu legen, d.h. „was zu diesem Zeitpunkt

---

ergeben sich aus den kapitalmarktrechtlichen Vorschriften der §§ 14, 15, 15a WpHG etc. Vgl. Bürgers/Israel (2008), § 93 Rn. 7.

[841] Viele dieser Pflichten implizieren jedoch auch die Notwendigkeit einer unternehmerischen Ermessensentscheidung. Exemplarisch sei auf die Bestimmung des Vorliegens eines Insolvenzgrundes gemäß § 130a Abs. 1 HGB und § 92 Abs. 2 AktG verwiesen. So lassen sich die zur Annahme der Überschuldung notwendigen Prognoseentscheidungen gesellschaftsrechtlich nicht ohne unternehmerisches Ermessen treffen. Den relevanten Überprüfungsmaßstab bildet hierbei die Unvertretbarkeit der Entscheidung. Vgl. Roth (2001), S. 306.

[842] Vgl. Goette (2003), S. 760.

[843] Vgl. BGHZ 83, 122 (131 f.)

[844] Vgl. Krieger/Sailer (2008), § 93 Rn. 13.

[845] Vgl. Deutscher Bundestag (2005), Regierungsbegründung, Drucksache 15/5092, S. 12.

vernünftigerweise erwartet werden konnte"[846].[847] Als Maßstab für die Überprüfung, ob die Annahmen des Vorstandes nicht zu beanstanden sind, dient das Merkmal „vernünftigerweise".[848] Das Vorliegen dieses Tatbestandsmerkmals ist laut Regierungsentwurf nur dann zu verneinen, wenn das mit der unternehmerischen Entscheidung verbundene Risiko in völlig unverantwortlicher Weise falsch beurteilt worden ist.[849] Selbst eine hypothetisch objektive Information ersetzt in unternehmerischen Entscheidungen gemäß der Gesetzesbegründung nicht „Instinkt, Erfahrung, Phantasie und Gespür für künftige Entwicklungen und (...) (ein) Gefühl für Märkte und die Reaktionen der Abnehmer und Konkurrenten"[850].

(3) *Zentraler Bezugspunkt für die Grenzen der Organhaftung ist das Unternehmensinteresse.*[851]

Eine Schadensersatzpflicht des Vorstandes kommt nur in Betracht, wenn die Grenzen eines ausschließlich am Unternehmenswohl orientierten unternehmerischen Handelns deutlich überschritten sind.[852] Noch deutlicher wird die Ausrichtung der Leitungsorgane am Unternehmensinteresse bei der Beschreibung des Entscheidungsermessens des Aufsichtsrats, das „alleine dem Unternehmenswohl verpflichtet ist"[853]. In dem zuvor zitierten Urteil benennt der BGH zudem grundsätzlich im Unternehmensinteresse liegende Handlungen wie die Geltendmachung von Schadensersatzansprüchen gegen Vorstandsmitglieder sowie exemplarische Ausnahmen, die ein Abweichen vom Unternehmensinteresse erlauben. Dies können nach Ansicht des Senats etwas vage formuliert „negative Auswirkungen auf Geschäftstätigkeit und Ansehen der Gesellschaft in der Öffentlichkeit, Behinderung der Vorstandsarbeit und Beeinträchtigungen des Betriebsklimas"[854] sein. Für den ersten

---

[846] Bürgers/Israel (2008), § 93 Rn. 13.

[847] Die Betrachtung aus Sicht des jeweiligen Organs entspricht einem grundlegenden Perspektivenwechsel. Hopt verweist aber zu Recht auf folgendes Problem: „So unstrittig die ex ante-Sicht theoretisch und dogmatisch ist, so schwierig ist sie allerdings von dem oft Jahre später angerufenen Richter einzunehmen." Hopt (1999), § 93 Rn. 81.

[848] Vgl. Deutscher Bundestag (2005), Regierungsbegründung, Drucksache 15/5092, S. 11.

[849] Vgl. BGHZ 135, 244 (253).

[850] Deutscher Bundestag (2005), Regierungsbegründung, Drucksache 15/5092, S. 11 f.

[851] Die Begriffe Unternehmensinteresse und Gesellschaftsinteresse werden in der Regierungserklärung synonym verwendet. Sie beziehen sich auf einen Rechtsbegriff, der im Rahmen dieser Arbeit als Unternehmensinteresse bezeichnet wird. Vgl. Deutscher Bundestag (2005), Regierungsbegründung, Drucksache 15/5092, S. 11.

[852] Vgl. BGHZ 135, 244 (253).

[853] BGHZ 135, 244 (255).

[854] BGHZ 135, 244 (255).

Punkt heißt dies mit anderen Worten jedoch auch, dass bei allgemein bekannt gewordenen Pflichtwidrigkeiten diese hinsichtlich des Schadensersatzanspruches verfolgt werden müssen, da von einer negativ ins Gewicht fallenden Außenwirkung nicht mehr ausgegangen werden kann. Nicht im Unternehmensinteresse liegen nach Ansicht des BGH Entscheidungen, die mit einem überzogenen Risiko verbunden sind.[855] Der Gesetzgeber geht auch hier bei der Beurteilung nicht von einem ex post ermittelten, sondern von einem vom Vorstand ex ante angestrebten Unternehmensinteresse aus.[856] Integraler Bestandteil der Entscheidung im Unternehmensinteresse ist, dass sie ohne unmittelbares Eigeninteresse und Fremdeinflüsse getroffen wird. Sondereinflüsse außerhalb des Unternehmensinteresses dürfen die Entscheidung nicht beeinflussen.[857] Ausnahmen sollen dort gelten, wo Unternehmensinteresse und Eigeninteresse gleich laufen. Sofern ein Vorstandsmitglied den Interessenkonflikt offengelegt hat, kann laut Regierungsbegründung wieder die Möglichkeit bestehen, vernünftigerweise im Unternehmensinteresse handeln zu können.[858] Dies ist jedoch keine notwendige Folge, da es nicht voraussetzt, dass die Entscheidungsfindung unbeeinflusst bleibt.[859] Auch die amerikanische Business Judgment Rule geht nicht von einer solchen Kausalität aus. Eine Entscheidungsfindung ohne die Beteiligung des betroffenen Vorstandsmitgliedes wäre geboten.

(4) Um bewusste Pflichtverstöße nicht zu privilegieren, muss der Vorstand zum Zeitpunkt der Entscheidung davon überzeugt sein, keine Pflichtverletzung zu begehen, andernfalls ist er nicht schutzwürdig.[860, 861]
Dabei ist im Sinne des § 93 Abs. 1 Satz 1 AktG von der Sicht eines ordentlichen Geschäftsleiters auszugehen. Der Vorstand hat somit alle zur Verfügung stehenden und für die Entscheidung relevanten Umstände abzuwägen und zu einer vertretbaren Entscheidung zu kommen.[862] Den zentralen Be-

---

[855] Vgl. BGHZ 135, 244 (253).

[856] Vgl. Deutscher Bundestag (2005), Regierungsbegründung, Drucksache 15/5092, S. 11; Vgl. auch Schäfer (2005), S. 1257.

[857] Vgl. Mertens (1996), § 93 Rn. 57.

[858] Vgl. Deutscher Bundestag (2005), Regierungsbegründung, Drucksache 15/5092, S. 11.

[859] Vgl. Schäfer (2005), S. 1257; Bürgers/Israel (2008), § 93 Rn. 14.

[860] Vgl. Krieger/Sailer (2008), § 93 Rn. 14.

[861] Schäfer beschreibt dies unter Bezugnahme auf die „safe habour rule" sehr bildlich: „'Für illegales Verhalten gibt es keinen sicheren Hafen.' Piratenschiffe haben dort also nichts verloren." Schäfer (2005), S. 1255 (zitierend Deutscher Bundestag (2005), Regierungsbegründung, Drucksache 15/5092, S. 11).

[862] Vgl. Hopt (1999), § 93 Rn. 86.

zugspunkt der Entscheidung bildet dabei das Unternehmensinteresse. Eine Analyse einzelner Entscheidungen des Bundesgerichtshofes hat für BAUMS allerdings ergeben, dass bei unternehmerischen Entscheidungen nicht nur gefragt wird, ob die Entscheidung im Unternehmensinteresse liegt. „Vielmehr wird bei der Prüfung, ob das Organmitglied vernünftigerweise annehmen durfte, zum Wohle der Gesellschaft zu handeln, durchaus ein restriktiverer, engerer, auf die jeweilige Fallgruppe zugeschnittener Prüfungsmaßstab angelegt."[863] Im Einzelnen wird dies durch die Art des Unternehmens, seine Größe sowie durch das spezifische Geschäft beeinflusst.

Da die unternehmerische Tätigkeit im Wesentlichen im Zuständigkeitsfeld des Vorstandes liegt, ist dieser Bereich dem Aufsichtsrat entzogen. Lediglich partiell trifft der Aufsichtsrat Entscheidungen, denen naturgemäß aufgrund ihres Prognosecharakters ein unternehmerisches Ermessen innewohnt wie beispielsweise Personalentscheidungen auf Vorstandsebene (§ 84 AktG) oder Organisation der Vorstandsarbeit und Mitwirkung bei der Aufstellung des Jahresabschlusses (§§ 172, 318 Abs. 1 Satz 4 AktG).[864] Ausschließlich für diese partiellen Entscheidungen und seine Beratungsfunktion können die Regelungen der in § 93 Abs. 1 Satz 2 AktG kodifizierten Business Judgment Rule Anwendung finden.

[Ende des Exkurses]

Die amerikanische Business Judgment Rule rückt insbesondere die prozessualen Aspekte der Entscheidungsfindung in den Mittelpunkt. Durch die Rechtsprechung des BGH sowie die Regelungen des § 93 Abs. 1 Satz 2 AktG wurden einzelne Regelungen der Business Jugdment Rule in das deutsche Recht integriert. Bezugspunkt dieser Regelungen ist das Unternehmensinteresse. Das Unternehmensinteresse selbst ist somit auf der dem unternehmerischen Ermessen übergeordneten Ebene angesiedelt.

Da das Unternehmensinteresse selbst Resultat eines Prozesses der Interessenabwägung mit normierender Kraft ist, müssen an das Verfahren der Entscheidungsfindung bestimmte Anforderungen gestellt werden. Dazu können einzelne Regelungen der Business Judgment Rule einen entsprechenden Beitrag leisten.

(1) Das Erfordernis der hinreichenden Information nach § 93 Abs. 1 Satz 2 AktG bildet den Ausgangspunkt und das erste Gütekriterium innerhalb des Prozesses. Es verpflichtet den Vorstand, zunächst zu überprüfen, inwieweit sich durch die mögliche

---

[863] Baums (2006), S. 668.
[864] Vgl. Thümmel (1997), S. 1118; Fischer (1996), S. 226.

Entscheidung Auswirkungen auf Anteilseigner- und Arbeitnehmerbelange ergeben.[865] Im Kern geht es dabei um die organisatorische Konkretisierung der Einbeziehung bzw. Anhörung der relevanten Interessengruppen im Rahmen der Entscheidungsfindung auf Vorstandsebene. Denkbar wäre beispielsweise, dass der Vorstand in Konfliktsituationen das Gespräch mit Vertretern der Interessengruppen suchen und dokumentieren muss. Das Unternehmensinteresse ergibt sich als Ausgleich zwischen den Interessen der Kräfte, die das Unternehmen bilden und tragen.[866] Der Vorstand muss in Konfliktsituationen alle betroffenen Interessen in seine Entscheidung einbeziehen.

(2) Zudem ist der Vorstand verpflichtet, wie im Kontext der Business Judgment Rule bereits dargelegt, hinsichtlich Umfang und Qualität angemessene Informationen über die wirtschaftlichen Chancen und Risiken der Entscheidung sowie deren Auswirkungen für die einzelnen Interessengruppen im Unternehmen einzuholen. Für die Qualität der Informationen und der sich daraus ergebenden Prognosen ist das Kriterium der Angemessenheit zu beachten, d.h. die Informationsgenerierung hat in der konkreten Entscheidungssituation unter Abwägung des Kosten-/Nutzen-Verhältnisses und Berücksichtigung der Zeit zu erfolgen.[867] Eine Pflicht zur Einholung sämtlicher verfügbarer Informationen ist nach herrschender Meinung nicht gegeben. Dennoch ist die Vorbereitung und Fundierung des Abwägungsprozesses von besonderer Bedeutung, wie der BGH zuletzt in der ARAG/Garmenbeck-Entscheidung herausgestellt hat. Die Informationspflicht ist somit im Rahmen des Unternehmensinteresses umfangreicher als beim Gesellschaftsinteresse.

(3) Zwischen dem Einholen der Informationen und dem Treffen der unternehmerischen Entscheidung findet der Prozess der Informationsverarbeitung statt.[868] Nach herrschender Meinung ist es die Aufgabe des Vorstandes, die verschiedenen Interessen auf der Grundlage angemessener Informationen aufzugreifen und mit der Methodik der praktischen Konkordanz gegeneinander auszubalancieren.[869] Gemäß dem verfassungsrechtlichen Prinzip der praktischen Konkordanz müssen geschützte Rechtsgüter im Falle der Kollision bei „der Problemlösung so zugeordnet werden, dass jedes von ihnen Wirklichkeit gewinnt. (…) Beiden müssen Grenzen gesetzt werden, damit beide zu optimaler Wirksamkeit gelangen können."[870] Demzufolge darf nicht eines der Rechtsgüter zulasten des anderen im Sinne einer vorschnellen Güterabwägung realisiert werden. Die Grenzziehung muss stets verhältnismäßig sein, d.h. sie darf nicht

---

[865] Vgl. Raiser (1976), S. 108; Krämer (2002), S. 202.
[866] Vgl. Semler (1996), S. 33 f.
[867] Vgl. Krieger/Sailer (2008), § 93 Rn. 13.
[868] Vgl. Roth (2001), S. 85.
[869] Vgl. Raiser (1976), S. 108; Hopt (1993), S. 536; Hüffer (2008), § 76 Rn. 12.
[870] Hesse (1995), S. 28.

weiter gehen, als es notwendig ist, um die Konkordanz der Rechtsgüter herzustellen. Das Prinzip der praktischen Konkordanz gilt nicht zuletzt aufgrund der festen Verankerung in der ständigen Rechtsprechung des Bundesverfassungsgerichts als weithin anerkannt.[871]

(4) Der Prozess zur Bestimmung des Unternehmensinteresses muss den Kriterien der Transparenz und Nachprüfbarkeit genügen. Das Grundprinzip der Transparenz fordert, dass für den Zweck der Überwachung das Verfahren in vollem Umfang für den Aufsichtsrat und gegebenenfalls für überprüfende Gerichte transparent, d.h. nachvollziehbar und erklärbar sein muss.[872] Das Kriterium der Nachprüfbarkeit geht noch über das der Transparenz hinaus und erfordert, dass die der Entscheidung zugrunde liegenden Informationen durch Dritte nachgeprüft werden können. Dabei ist auf Ex-ante-Informationen abzustellen. Zudem müssen die in der Entscheidung zum Ausdruck kommende Interessenabwägung sowie die verworfenen Alternativen nachprüfbar sein. Um dies zu gewährleisten, bedarf es einer entsprechenden Dokumentation des Entscheidungsfindungsprozesses.

3.5.3.2 Verfahrenskontrolle

Nach allgemeiner Ansicht ist das Vorstandshandeln bei Abwägungs- und Ermessensentscheidungen einer Verfahrenskontrolle zu unterwerfen.[873] Dies kommt in den spezialgesetzlichen Regelungen hinsichtlich der Beachtung aktienrechtlicher Zuständigkeit zum Ausdruck, in der Art und Form der Einberufung von Organsitzungen sowie in den allgemeinen Prinzipien des Verwaltungsrechts und insbesondere des allgemeinen Zivilrechts, bei dem eine Ermessensentscheidung nur verbindlich ist, wenn anerkannte Verfahrensgrundsätze beachtet wurden. Dabei greift die Verfahrenskontrolle sowohl bei aktivem Tun als auch bei rein passivem Vorstandsverhalten. Grundsätzlich ist der Aufsichtsrat verpflichtet, den Vorstand hinsichtlich der Rechtmäßigkeit, Zweckmäßigkeit und Wirtschaftlichkeit in Bezug auf die bereits abgeschlossenen Sachverhalte ebenso wie auf die künftige Geschäftspolitik des Unternehmens zu überwachen.[874] Die Ermittlung des Unternehmensinteresses ist im Rahmen der Geschäftsführung primär Aufgabe des Vorstandes.[875] Die Aufgabe des Aufsichtsrates besteht zunächst darin, im Rahmen seines Überwachungsauftrages zu überprüfen, ob der Vorstand bei der Ermittlung des Unternehmensinteresses rechtmäßig und ordnungsgemäß gehandelt hat,

---

[871] Vgl. Hesse (1995), S. 28; stellvertretend BVerfGE 83, 130 (143).
[872] Vgl. Theisen (1996a), S. 85.
[873] Vgl. vor allem Roth (2001), S. 80.
[874] Vgl. BGHZ 114, 127 (129 f.); 135, 244 (255). Siehe hierzu ausführlich Kapitel 6.1.
[875] Vgl. Spindler (2007), § 116 Rn. 27.

d.h. ob er die Auswirkungen der in Frage stehenden Entscheidung oder Maßnahme auf sämtliche relevanten Interessen bedacht und die aus dieser Perspektive für und gegen die Entscheidung sprechenden Aspekte nachvollziehbar gegeneinander abgewogen hat.[876] Ein besonderes Augenmerk ist hierbei auf die Erfüllung der Verfahrenskriterien zu legen. Anhand der Dokumentation des Entscheidungsprozesses muss der Aufsichtsrat nachprüfen können, ob das Unternehmensinteresse auf der Grundlage angemessener Informationen und unter Berücksichtigung der relevanten Interessengruppen nach der Methodik der praktischen Konkordanz bestimmt wurde. Die prozessualen Verfahrensanforderungen sind insbesondere im Hinblick auf die Haftung von Vorstandsmitgliedern justitiabel, da die Qualität des Entscheidungsfindungsprozesses in der Regel eindeutig nachprüfbar ist.[877] Die Gefahr, dass aus der Kenntnis der späteren Entwicklungen heraus rückwirkend übertriebene Anforderungen an die Sorgfaltspflicht der Organmitglieder gestellt werden, wird nicht zuletzt dadurch abgemildert, dass die Kontrolle der prozeduralen Regeln im Zentrum der rechtlichen Betrachtung steht.[878]

Der Aufsichtsrat ist jedoch dabei nicht nur auf die rückblickende Kontrolle beschränkt, sondern hat gemäß der Judikatur des BGH auch die künftige Geschäftspolitik des Unternehmens zu überwachen.[879] Dass der Aufsichtsrat schon im Vorfeld über alle für das Unternehmen wesentlichen Sachverhalte informiert werden und die Möglichkeit zu einer „vorbeugenden Überwachung der Geschäftsführung"[880] im Sinne „einer in die Zukunft gerichteten Kontrolle des Vorstandes"[881] erhalten soll, die im Wesentlichen durch einen ständigen Meinungsaustausch mit dem Vorstand ausgeübt wird, ergibt sich aus dem Katalog der Berichtspflichten in § 90 AktG. Der Aufsichtsrat hat bei seiner Kontrolltätigkeit stets „die dem Vorstand zustehende unternehmerische Handlungsfreiheit (...) im Rahmen seiner Prüfung des Vorliegens eines pflichtwidrigen Vorstandshandelns zu berücksichtigen"[882], d.h. er darf nicht im Rahmen seiner präventiven Mitwirkung, beispielsweise nach § 111 Abs. 4 Satz 2 AktG, „seine eigene Zielvorstellung an die Stelle derjenigen des Vorstandes stellen, solange dieser sich innerhalb des ihm zustehenden Ermessensspielraum bewegt"[883]. Der Aufsichtsrat muss sich hinsichtlich des Unternehmensinteresses letztlich von der Mindestanforderung leiten lassen, ob die Entscheidungen des Vorstandes nach vernünftigem Ermessen getroffen

---

[876] Vgl. Baums (2006), S. 666; Semler/Stengel (2003), S. 3; Lutter (2008), S. 238; Semler (2004), § 100, Rn. 119.

[877] Vgl. Krämer (2002), S. 203 f.

[878] Vgl. Spindler (2007), § 116 Rn. 31.

[879] Vgl. BGHZ 114, 127 (129 f.); 135, 244 (255).

[880] Hüffer (2008), § 90 Rn. 1.

[881] BGHZ 114, 127 (130).

[882] BGHZ 135, 244 (255).

[883] Goette (2003), S. 758.

wurden und dem Unternehmen in Zukunft nutzen werden. Entscheidungen, die keinerlei Wirkungen für die Zukunft und keinen Nutzen für das Unternehmen entfalten, liegen nur in sehr seltenen Fällen innerhalb des Unternehmensinteresses.[884]

3.5.4 Zwischenfazit: Das Unternehmensinteresse als Kombination materieller und prozessualer Elemente

Das Unternehmensinteresse erweist sich als eine multidimensionale Größe, die sich sowohl aus materiellen als auch aus prozessualen Elementen zusammensetzt. Den materiellen Kern des Unternehmensinteresses bilden die Rentabilitätsorientierung und die Bestandserhaltung, an denen sich unternehmerische Entscheidungen im Kontext des Unternehmensinteresses zu orientieren haben.

Die Ausrichtung an der langfristigen Rentabilität des Unternehmens als materiellem Inhalt des Unternehmensinteresses spiegelt die zentralen Interessen der Anteilseigner, der Arbeitnehmer sowie der Allgemeinheit wider. Die aktienrechtliche Begründung ergibt sich aus § 90 Abs. 1 AktG iVm. § 76 Abs. 1 AktG. Die Rentabilitätsorientierung garantiert angesichts des Gesellschaftszwecks und der Gewinnerzielung vor dem Hintergrund des Art. 14 GG zum einen eine ausreichende Privatnützigkeit des Eigentums der Anteilseigner. Zum anderen trägt sie auch der verfassungsrechtlichen Sozialbindung des Eigentums Rechnung, da sich das Unternehmensinteresse im Rahmen einer reinen Gewinnmaximierung nicht ausschließlich auf die Gesellschafterebene bezieht, sondern die relevanten Interessen im Unternehmen gleichrangig zu berücksichtigen hat.

Die zweite materielle Komponente bildet die Bestandserhaltung im Sinne der Kapitalerhaltung. Die Erhaltung der wirtschaftlichen und/oder rechtlichen Selbständigkeit kann, muss aber nicht zwingend im Unternehmensinteresse liegen und definiert demzufolge dessen Inhalt nicht allgemeinverbindlich. Da der Vorstand im Organisationsgefüge der Aktiengesellschaft respektive im Aktienrecht eine Sonderstellung einnimmt, wird ihm ein deutlich größerer Diskretionsspielraum eingeräumt als einem Treuhänder.[885] Denn der Treuhänder hat primär für den Erhalt des Vermögens zu sorgen, der Vorstand hingegen für eine Wertsteigerung. Infolgedessen hat der Vorstand sein Handeln neben der Bestandserhaltung vor allem auch an der langfristigen Rentabilitätssteigerung zu orientieren. Diese kann neben der quantifizierbaren Rentabilitäts-

---

[884] Spindler weist in diesem Zusammenhang zu Recht darauf hin, dass auch die Signalwirkung auf die Märkte zu berücksichtigen ist. Beispielsweise bei Zahlungen an ausscheidende Vorstandsmitglieder für vergangene Dienste kann dadurch signalisiert werden, dass das Unternehmen auch überobligationsmäßige Leistungen honoriert. Vgl. Spindler (2007), § 116 Rn. 30.

[885] Vgl. Roth (2001), S. 305.

orientierung, die nur ein sehr grobes Raster für die Unternehmensführung im Sinne einer ordnungsgemäßen Corporate Governance bietet, auch die sog. „gesellschaftliche" Rentabilität beinhalten, die nicht oder nur sehr schwer quantifizierbar ist.

Im Aktienrecht wird Geschäftsführung nicht als bloßes Ereignis, sondern als Prozess verstanden. Den Bezugspunkt der prozessualen Dimension bilden die Sorgfaltspflichten eines ordentlichen und gewissenhaften Geschäftsleiters. Die prozessualen Elemente des Unternehmensinteresses stellen eine Art Grundgerüst für die einzelfallspezifische Konkretisierung des Unternehmensinteresses dar und verfeinern somit das relativ grobe Raster der materiellen Inhalte. Das Unternehmensinteresse selbst ist Resultat eines Prozesses mit normierender Kraft, innerhalb dessen der Vorstand verpflichtet, die Auswirkungen seiner Entscheidungen auf die unternehmensverfassungsrelevanten Bezugsgruppen mittels angemessener Informationen zu analysieren. Mit Hilfe der Methodik der praktischen Konkordanz müssen die verschiedenen Interessen der Kräfte, die das Unternehmen bilden und tragen, gegeneinander ausbalanciert werden, ohne dass dabei eines der Interessen prinzipiell Vorrang hat. Dieser Prozess zur einzelfallspezifischen Bestimmung des Unternehmensinteresses muss den Kriterien der Transparenz und Nachprüfbarkeit genügen.

Es ist die Aufgabe des Aufsichtsrates, diesen Prozess auf seine Rechtmäßigkeit und Ordnungsmäßigkeit hin zu überwachen. Im Fokus der Kontrolle durch den Aufsichtsrat steht die Einhaltung der Verfahrenskriterien. Die Ermittlung des Unternehmensinteresses stellt eine ständige unternehmerische Aufgabe für Vorstand und Aufsichtsrat dar, bei der materielle Inhalte und Verfahrenskriterien ineinander greifen.

3.6 Die Prüfung des materiellen Unternehmensinteresses

Das aus dem geltenden Recht hergeleitete Unternehmensinteresse wird durch drei zentrale Elemente definiert. Die Verpflichtung zur interessenpluralistischen Unternehmensführung bildet mit dem materiellen Inhalt und der prozessualen Dimension den Rahmen des Unternehmensinteresses. Diese drei Elemente stehen zunächst gleichberechtigt nebeneinander. Eine Konkretisierung des Unternehmensinteresses für die individuelle Situation ist so jedoch noch nicht möglich. Insbesondere ist fraglich, nach welchen Regeln der Interessenvergemeinschaftungsprozess ablaufen soll und welche Bedeutung dabei den materiellen Inhaltskomponenten einerseits und dem Gebot der interessenpluralistischen Unternehmensführung andererseits zukommt.

In der juristischen Literatur wird daher bisweilen die Hierarchisierung der Interessen einzelner Stakeholder gefordert.[886] Dies widerspricht jedoch grundlegend dem Konzept der Interessenpluralität.[887] Somit sind bei der Unternehmensleitung vielschichtige, oft konträre Interessen zu beachten, die häufig von Individualzielen geprägt sind. Nicht zuletzt kann die unterschiedliche Risikoneigung der Stakeholder zu Interessenkonflikten führen. Andererseits ist das Unternehmensinteresse „nicht als Schnittmenge der gemeinsamen Interessen"[888], also als kleinster gemeinsamer Nenner,[889] zu verstehen, da sonst bei Interessenkonflikten eine Vielzahl von Situationen entstehen können, in denen das Unternehmen nicht mehr zu leiten wäre.

Auf Grund der Komplexität von Unternehmensführungsentscheidungen hat der Vorstand in der Regel aus einer Vielzahl von denkbaren Lösungen, die die einzelnen Interessen mehr oder weniger stark berücksichtigen, auszuwählen. Da das Gesetz nicht festlegt, wie der Vorstand bei einem Interessenwiderstreit zu entscheiden hat, muss dieser im Rahmen seines unternehmerischen Ermessens das Unternehmensinteresse einzelfallspezifisch ausloten.[890] Er ist dabei an die zuvor beschriebenen Grenzen des Ermessensspielraums gebunden. Aus der geltenden Rechtslage und der inhaltlichen Definition des Unternehmensinteresses kann für den Entscheidungs- und Ermessensprozesses des Vorstandes das folgende dreistufige Prüfschema abgeleitet werden:

---

[886] Vgl. Wiedemann (1980), S. 626; Mülbert (1997), S. 155; Rittner (1971), S. 142 ff.; Rittner (1980b), S. 115 ff.

[887] Vgl. Hopt (1993), S. 536; Roth (2001), S 23 f.; Hüffer (2008), § 76 Rn. 12; Mertens (1996), § 76 Rn. 16 ff.

[888] Roth (2001), S. 26.

[889] Vgl. Wiedemann (1980), S. 625 f.

[890] Vgl. Mertens (1996), § 76 Rn. 16; Roth (2001), S. 28; Baums (2006), S. 666.

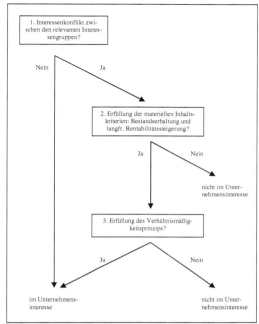

Abb. 5: Prüfschema Unternehmensinteresse

1. Grundsatz der interessenpluralistischen Unternehmensführung

Da die interessenpluralistische Unternehmensführung nach geltendem Recht und höchstrichterlicher Rechtsprechung eine zentrale Basis des deutschen Gesellschaftsrechts ist, muss der Vorstand bei der konkreten inhaltlichen Ausgestaltung des Unternehmensinteresses zunächst prüfen, inwieweit es zu einer Interessenkollision zwischen den zu berücksichtigenden Mindestinteressen der Anteilseigner und Arbeitnehmer in der konkreten Situation kommt. Die Interessen der Allgemeinheit sind vornehmlich in Form gesetzlicher und justitiabler Normen zu beachten. Im Falle des Interessenkonflikts muss der Vorstand alle relevanten Interessen in die Entscheidungsfindung einbeziehen. Infolge der in Kapitel 3.5.3 hergeleiteten prozessualen Dimension des Unternehmensinteresses, die nicht zuletzt auf der Sorgfaltspflicht des § 93 AktG basiert, hat der Vorstand sich in Bezug auf alle für das Unternehmensinteresse relevanten Belange angemessen zu informieren.[891] Bei Interessenkonflikten sind alle Interessen gleichwertig im Abwägungsprozess zu berücksichtigen. Ein Rückgriff auf Interessen einzelner als generelle Leitlinie des Vorstandshandelns ist daher nicht möglich.[892] Der Vorstand hat vielmehr die Interessen stets auf einer überindividuellen, von den konkreten Interessen einer Gruppe abgelösten Ebene zu bewerten. Sie sind daher als hypothetische Interessen zu ermitteln.[893, 894] Das Interesse eines Stakeholders darf im Rahmen einer vorschnellen Güterabwägung nicht zulasten des Gesamtinteresses realisiert werden.

---

[891] Vgl. Krämer (2002), S. 202; Baums (2006), S. 666.
[892] Vgl. Roth (2001), S. 26.
[893] Vgl. Dreher (1991), S. 366 f.
[894] Dies wurde in Kapitel 3.2 exemplarisch in Bezug auf das Verhältnis der einzelnen Aktionärsinteressen zum Gesellschaftsinteresse erläutert.

2. *Eine Schranke in Bezug auf die interessenpluralistische Unternehmensführung bildet die Verpflichtung des Vorstandes zur Sicherung des Bestandes des Unternehmens im Sinne der Kapitalerhaltung und der langfristigen Rentabilität.*

Eine entscheidungsspezifische Einschränkung der Interessenpluralität ist nur zu rechtfertigen, sofern dadurch die langfristige Rentabilität und infolgedessen der Bestand des Unternehmens gesichert werden, denn „der Vorstand darf sein unternehmerisches Ermessen (…) nicht gegen das Unternehmen selbst kehren"[895]. Kraft seiner treuhänderischen Verantwortung ist der Vorstand grundsätzlich verpflichtet, das Unternehmen nach Kräften zu fördern und zu erhalten, solange es lebensfähig ist und die gesetzlichen Pflichten zur Einleitung des Konkursverfahrens nicht eingreifen und solange die Hauptversammlung nicht die Auflösung der Aktiengesellschaft nach § 262 Abs. 1 Nr. 2 iVm. § 83 Abs. 2 AktG oder andere Veränderungen der Grundlage des Unternehmens beschließt, die das Aufgabenfeld des Vorstandes reduzieren.[896] Da dem Vorstand durch den Grundsatz der Interessenpluralität zudem kein risikoaverses Verhalten auferlegt werden darf, ist er im Rahmen seines unternehmerischen Ermessens berechtigt, gegenläufige Interessen zu gewichten und der einen oder anderen Richtung den Vorzug zu geben.[897] Bei der Prüfung ist grundsätzlich sowohl auf die langfristige Rentabilität abzustellen, da sie zum einen die kausale Voraussetzung für den Bestand des Unternehmens bildet, und zum anderen eine Konvergenz der Interessen am ehesten in der langen Frist zu erwarten ist, als auch auf die Bestandserhaltung.[898] Die Bestandserhaltung bezieht sich, wie in Kapitel 3.5.2.2 erörtert, zwingend auf die Kapitalerhaltung als materiellem Inhalt des Unternehmensinteresses. Bei Vorstandsentscheidungen, deren Gegenstand Fragen der rechtlichen und wirtschaftlichen Selbständigkeit des Unternehmens sind, reduzieren sich die Kriterien der Schrankenbestimmung dieses Prüfschritts auf die langfristige Rentabilitätsorientierung. Da bei derartigen Entscheidungen die Basis der als „Aktiengesellschaft verfassten Wirkungseinheit"[899] ins Wanken gerät, kommt der Beachtung der Verhältnismäßigkeit im Sinne des dritten Prüfschritts besondere Bedeutung zu.[900]

---

[895] Mertens (1996), § 76 Rn. 17.

[896] Vgl. Mertens (1996), § 76 Rn. 20.

[897] Vgl. Goette (2003), S. 757; Roth (2001), S. 26 ff.

[898] Siehe hierzu Kapitel 3.5.2 und Kapitel 5.5.

[899] Flume (1980), S. 18.

[900] Das unternehmerische Ermessen des Vorstandes wird bei derartigen Fallkonstellation jedoch regelmäßig erheblich durch die Regelungen des § 33 Abs. 1 Satz 1 WpÜG begrenzt, der den Vorstand bei Übernahmesituationen zur Neutralität verpflichtet.

Ein Verstoß gegen die Interessen Einzelner ist somit nicht per se ermessensfehlerhaft.[901] Das Unternehmensinteresse ist infolgedessen nicht zwingend als Schnittmenge der gemeinsamen Interessen zu verstehen. Sofern der Vorstand jedoch zum Zeitpunkt der Entscheidung auf Grundlage angemessener Informationen vernünftigerweise nicht annehmen kann, dass diese zu einer langfristigen Rentabilitätserhöhung und Kapitalerhaltung führt, verstößt er gegen das Gebot der interessenpluralistischen Unternehmensführung.

3. Verhältnismäßigkeitsprinzip

Falls die Kriterien des zweiten Prüfungsschritts erfüllt sind, ist der Vorstand jedoch keineswegs verpflichtet noch berechtigt, eine entsprechende Extremposition – beispielsweise im Sinne einer strikten Gewinnmaximierung – einzunehmen, sondern hat vielmehr im Rahmen der praktischen Konkordanz den Grundsatz der Verhältnismäßigkeit zu beachten. Die Entscheidung muss stets verhältnismäßig sein, d.h. sie darf nicht weitergehen, als es notwendig ist, um die Erzielung der langfristigen Rentabilität und den Bestand des Unternehmens zu erreichen. Die Verhältnismäßigkeit bezieht sich dabei sowohl auf die Entscheidungsfindung zwischen den Interessengruppen als auch auf die Realisierung der langfristigen Rentabilitätsorientierung.

Im Kontext dieses Prüfschemas ist zunächst grundsätzlich von der interessenpluralistischen Unternehmensführung auszugehen. Eine Entscheidung entspricht somit nur dann dem Unternehmensinteresse, wenn sie „unter Berücksichtigung und Abwägung der relevanten, in die Abwägung einzubeziehenden Einzelinteressen getroffen worden ist"[902]. Sofern die Erfüllung der Kriterien des zweiten Prüfschritts gegeben ist, ist eine einzelfallspezifische Einschränkung zu rechtfertigen. Die Reihenfolge der Prüfschritte bedeutet jedoch auch, dass kein noch so großer Vorteil einer einzelnen Interessengruppe die Existenzgefährdung oder auch nur die Beeinträchtigung der Entwicklung des Unternehmens rechtfertigen kann.[903]

Das Prüfschema soll nachfolgend an einem realen Beispiel illustriert werden. Im Mittelpunkt dieses Falls steht die Frage, inwieweit der Vorstand Maßnahmen ergreifen darf, die den Aktionären kurzfristig einen erheblichen Vorteil bringen, jedoch zugleich die Entwicklung und Existenz des Unternehmens gefährden. Auf der außerordentlichen Hauptversammlung der Daimler-Benz AG am 20. Dezember 1993 beantragte ein

---

[901] Vgl. Roth (2001), S. 26.
[902] Baums (2006), S. 666.
[903] Vgl. hierzu auch Semler (1995), S. 297; Lutter (1981), S. 91. Ablehnend Roth (2001), S. 28.

Aktionär die Ergänzung der Tagesordnung.[904] Ziel seiner Anträge war die Herbeiführung von Ausschüttungen in Höhe von DM 15 Mrd. zugunsten der Aktionäre, unter anderem realisiert aus Steuerguthaben des Unternehmens. Aus eigenen Mitteln sollte das Unternehmen DM 10 Mrd. ausschütten, die durch eine nachfolgende Kapitalerhöhung oder eine vorweg erfolgende Kapitalerhöhung im gleichen Ausmaß beschafft werden sollten. Die restlichen DM 5 Mrd. sollten aus Steuerguthaben resultieren. Der Vorstand hatte zuvor bereits bekannt gegeben, dass für eine erfolgreiche Entwicklung des Unternehmens eine für das zweite Halbjahr 1994 geplante Kapitalerhöhung in Höhe von DM 2 bis 3 Mrd. notwendig sei. Bei der Beratung der Sonderanträge des Aktionärs erläuterte der Vorstand, dass eine Kapitalerhöhung in Höhe von DM 10 Mrd. im Sinne des Schütt-aus-hol-zurück-Verfahrens[905] neben der für das zweite Halbjahr geplanten Kapitalerhöhung am Markt nicht zu realisieren sei.

Aktienrechtlich ergibt sich diesbezüglich folgende Fragestellung: Darf der Vorstand unter diesen Umständen Rücklagen im Wert von DM 10 Mrd. auflösen, den Betrag in den Bilanzgewinn einfließen lassen und damit eine Verfügungsbefugnis der Hauptversammlung gemäß § 173 AktG begründen, wenn dadurch eine Bestandsgefährdung des Unternehmens und infolgedessen eine Gefährdung tausender Arbeitsplätze eintritt? Wie ist dieser Sachverhalt aus unternehmensrechtlicher Sicht unter Bezugnahme auf die Leitungsmaxime des Unternehmensinteresses zu bewerten?

Gemäß erstem Prüfschritt stellt sich zunächst die Frage, inwiefern Interessenkonflikte zwischen den relevanten Interessengruppen bestehen. Würde der Vorstand die zuvor genannten Rücklagen auflösen, führte dies zu einem erheblichen finanziellen Vorteil für die Aktionäre, dem erwartungsgemäß der Verlust vieler Arbeitsplätze entgegenstünde. Infolgedessen ist ein Interessenkonflikt zwischen Aktionären und Arbeitnehmern zu erwarten, ein Interessenkonflikt im Sinne des ersten Prüfschritts scheint somit gegeben.[906] Der Forderung ungeprüft nachzugeben, würde einen Verstoß gegen das Gebot der interessenpluralistischen Unternehmensführung darstellen, da der beschriebene finanzielle Vorteil ausschließlich den Anteilseignern bei gleichzeitiger Schädi-

---

[904] Die Darstellung des Beispiels folgt Semler (1995), S. 296 f.

[905] Aufgrund des gespaltenen Körperschaftssteuersatzes konnte bis zur Einführung des Halbeinkünfteverfahrens im Jahr 2002 bzw. 2003 eine Gewinnausschüttung und eine anschließende Aufforderung an die Gesellschafter zur Einbringung neuen Kapitals unter dem Aspekt der Kapitalkosten günstiger sein als eine volle Gewinnthesaurierung. Vgl. Perridon/Steiner (2007), S. 514 f.

[906] Da die Entscheidung des Vorstandes zudem Einfluss auf die Einnahmen des Staates hat, ist die Frage berechtigt, ob der Vorstand darüber hinaus auch das Interesse der Allgemeinheit zu beachten hätte? Dies ist insofern zu verneinen, da es sich um eine gesetzlich zulässige Möglichkeit der Steuergestaltung handelt, wenngleich es durch den Abfluss von DM 5 Mrd. zu einer Minderung des Netto-Steueraufkommens käme.[906] Eine Beeinträchtigung des öffentlichen Interesses im Kontext des Unternehmensinteresses kann daraus nicht abgeleitet werden.

gung der Arbeitnehmer zugute käme. Dies kann nach herrschender Meinung zu einer Schadensersatzpflicht gemäß § 93 AktG führen.[907] Des Weiteren ist eine Existenzgefährdung des Unternehmens im Sinne der Kapitalerhaltung durch diese Maßnahme keinesfalls auszuschließen.

Der Vorstand ist gemäß geltendem Aktienrecht verpflichtet, Schaden und Risiken vom Unternehmen abzuwenden.[908] Eine gesonderte Interessenabwägung ist im Kontext des zweiten Prüfschritts nur dann möglich, wenn durch ein derartiges Vorgehen die langfristige Rentabilität des Unternehmens oder sein Bestand gesichert wird. Da dies jedoch in diesem Fallbeispiel keineswegs gegeben scheint, kann ein noch so großer Vorteil für die Aktionäre ein derartiges Vorgehen nicht rechtfertigen. Vielmehr bestünde die Gefahr, dass gegen das Gebot der Bestandserhaltung des Unternehmens als einem der materiellen Inhalte des Unternehmensinteresses verstoßen würde. Der Vorstand hat „ein rentables Unternehmen (…) auch gegenüber einer Bestandsgefährdung durch die Aktionäre zu verteidigen, solange diese nicht (…) rechtswirksame Umstrukturierungs- oder Desinvestitionsentscheidungen getroffen haben".[909] Ein Vorstandshandeln im Sinne des Antrags würde somit außerhalb des Unternehmensinteresses liegen.

Der Vorstand hat jedoch nicht nur gegenüber den Aktionären seine alleinverantwortliche Leitung des Unternehmens in den aktienrechtlichen Grenzen des Unternehmensinteresses zu bewahren, sondern auch gegenüber den Arbeitnehmern. Exemplarisch sei an dieser Stelle auf die Forderung von Arbeitnehmern nach einer aus ihrer Sicht angemessenen Entlohnung verwiesen.

Abschließend bleibt festzuhalten, dass die besondere Verpflichtung des Vorstandes zur Sicherung des Bestandes und der langfristigen Rentabilität den Ermessens- und Entscheidungsprozess zur inhaltlichen Bestimmung des Unternehmensinteresses in Bezug auf die Verpflichtung zur interessenpluralistischen Unternehmensführung beschränken. Eine der zentralen Aufgaben des Vorstandes besteht im Kontext der §§ 76 Abs. 1 und 93 AktG darin, solche Prozesse zu durchlaufen und stets einzelfallspezifisch zu entscheiden.

3.7 Das Unternehmensinteresse im Deutschen Corporate Governance Kodex

Das Unternehmensinteresse als Handlungsmaxime für Vorstand und Aufsichtsrat hat durch seine Verankerung im Deutschen Corporate Governance Kodex eine erneute Bestätigung erfahren.

---

[907] Vgl. stellvertretend Kort (2003), § 76 Rn. 40.
[908] Vgl. BGHZ 21, 354 (357); Bürgers/Israel (2008), § 93 Rn. 2.
[909] Mertens (1996), § 76 Rn. 25.

Mit Wirkung zum 29. Mai 2000 hat der damalige Bundeskanzler Gerhard Schröder die Regierungskommission „Corporate Governance – Unternehmensführung – Unternehmenskontrolle – Modernisierung des Aktienrechts" unter dem Vorsitz von Theodor Baums eingesetzt. Das deutsche System der Unternehmensführung und Unternehmenskontrolle sollte gemäß dem Auftrag der Bundesregierung „in seinen Stärken ausgebaut und mögliche Defizite behoben werden, um im Wettbewerb der Corporate Governance-Systeme eine führende Rolle zu behaupten. Ziel der Arbeit ist nicht ein Ausbau der Regulierung, sondern deren Anpassung."[910] Die sog. Baums-Kommission empfahl neben einer Reihe von Anregungen und Prüfungsempfehlungen in ihrem Abschlussbericht unter anderem die Einsetzung einer weiteren Kommission zur Ausarbeitung eines einheitlichen Deutschen Corporate Governance Kodex.[911] Hierfür wurde vom Bundesministerium der Justiz im September 2001 die „Regierungskommission Deutscher Corporate Governance Kodex" unter dem Vorsitz von Gerhard Cromme gebildet, deren Aufgabe es war, einen solchen Kodex im Rahmen des geltenden Rechts zu entwickeln.[912] Dabei ging es nicht darum, Änderungen des geltenden Gesetzes vorzuschlagen, um dem Kodex beispielsweise noch größeres Gewicht zu verleihen. Die Kodexkommission setzte sich aus herausragenden Persönlichkeiten der Wirtschaft und Wissenschaft, jedoch ohne Beteiligung von Politikern, zusammen. Am 26. Februar 2002 wurde der erarbeitete Kodex der Bundesregierung übergeben und nach der Rechtmäßigkeitsprüfung sowie der Zustimmung durch das Bundesministerium der Justiz am 30. September 2002 im elektronischen Bundesanzeiger veröffentlicht.[913]

Eine gesetzliche Bindungswirkung entfaltet der Kodex über § 161 Satz 1 AktG, demzufolge Vorstand und Aufsichtsrat börsennotierter Gesellschaften jährlich eine sog. Entsprechungserklärung abzugeben haben, inwieweit den Empfehlungen des DCGK entsprochen wurde. Mit dem Kodex verzichtet der Gesetzgeber auf eine Fortentwicklung der Corporate Governance durch striktes und zwingendes Gesellschaftsrecht.[914, 915] Die Einhaltung des Kodex liegt somit grundsätzlich im Ermessen von Vorstand und Aufsichtsrat. Prima facie sind es allein die Marktkräfte, die das Management in der Entscheidung beeinflussen, dem Kodex zu folgen oder von ihm abzuweichen. Insofern

---

[910] Baums (2001), S. 1.

[911] Vgl. Gerum (2004b), S. 297.

[912] Vgl. Ringleb (2008), S. 19.

[913] Als Teil der Bundesregierung ist das Bundesministerium der Justiz dem Legalitätsprinzip unterworfen. Daraus den Schluss zu ziehen, die Kodexkommission handle quasi mit Gesetzgebungsbefugnis wäre verfehlt. Vgl. Ringleb (2008), S. 28.

[914] Die Ausführungen dieses Absatzes folgen Assmann (2003), S. 14.

[915] Regelwerke zur Corporate Governance haben auch international im Allgemeinen nicht den Status formeller Gesetze, sondern füllen im Sinne eines „Soft Laws" die jeweils geltenden Vorschriften aus und werden qua Selbstbindung wirksam. Vgl. Werder (2008a), S. 15.

kommt ihm eine Qualitätssicherungs- und Qualitätssteigerungsfunktion zu.[916] Allein seine Existenz bringt bereits einen gewissen Druck auf die Einhaltung seiner Regeln mit sich, der durch das Erfordernis der Entsprechungserklärung noch verstärkt wird. Darüber hinaus ist zu erwarten, dass die Gerichte die Verhaltensstandards des Kodex zum Maßstab für die Bestimmung der Sorgfaltspflichten von Vorstand und Aufsichtsrat machen.[917] Die Nichteinhaltung der Kodexempfehlungen würde dadurch erhebliche Haftungsrisiken für die Organmitglieder mit sich bringen. Bereits heute bindet eine positive Entsprechungserklärung die Organmitglieder haftungsrechtlich, da der Inhalt der Kodexbestimmungen Verhaltensmaßstab für die Organmitglieder ist.[918]

Der Deutsche Corporate Governance Kodex nimmt an vier Stellen explizit Bezug auf das Unternehmensinteresse. Hinsichtlich der Leitungsverantwortung des Vorstandes heißt es in DCGK 4.1.1: „Der Vorstand leitet das Unternehmen in eigener Verantwortung. Er ist dabei an das Unternehmensinteresse gebunden und der Steigerung des nachhaltigen Unternehmenswertes verpflichtet." Der Kodex nimmt in Satz 1 explizit Bezug auf § 76 Abs. 1 AktG. In Satz 2 wird die Leitungsverantwortung des Vorstandes durch die Bindung an das Unternehmensinteresse sowie die Verpflichtung zur Steigerung des nachhaltigen Unternehmenswertes konkretisiert. Somit verpflichtet der Kodex im Einklang mit den Regelungen des geltenden Rechts den Vorstand auf die Wahrung des Unternehmensinteresses und nicht lediglich der Aktionärsinteressen.[919] Neben den Eigentums- und Gewinnmaximierungsinteressen der Aktionäre sind somit auch die Interessen der Arbeitnehmer und der Allgemeinheit zu berücksichtigen.[920] Der Kodex stellt dabei ausschließlich auf das Unternehmen und nicht auf die Gesellschaft ab und trägt damit den bereits skizzierten Entwicklungen vom Gesellschafts- zum Unternehmensrecht Rechnung.

Durch die Verpflichtung zur nachhaltigen Unternehmenswertsteigerung erteilt der Kodex einer kurzfristigen Gewinn- oder Kursmaximierung eine deutliche Absage. Aus dieser Verpflichtung zur nachhaltigen Unternehmenswertsteigerung ergibt sich keine ausschließliche Ausrichtung auf das Interesse der Anteilseigner, da der Unterneh-

---

[916] Vgl. Kort (2008), S. 137.

[917] Derzeit wird durch den Kodex auch noch kein Gewohnheitsrecht begründet. Gewohnheitsrecht erfordert neben einer lang dauernden tatsächlichen Übung auch die Überzeugung der beteiligten Verkehrskreise, durch diese Übung bestehendes Recht zu befolgen. Beim Kodex handelt es sich zudem auch nicht um Handelsbrauch. Vgl. Kort (2008), S. 137 f.

[918] Ferner kommt eine Haftung für die Nicht- oder Falschabgabe der Erklärung in Betracht. Vgl. Kort (2008), S. 138.

[919] Eine ähnliche Formulierung bezüglich der Bindung des Vorstandes an das Unternehmensinteresse findet sich in den OECD Principles of Corporate Governance (2004). Vgl. Schneider/Strenger (2000), S. 110.

[920] Vgl. Ringleb (2008), S. 169 f.

menswert nicht als Wert des Eigenkapitals verstanden wird, wie es der betriebswirtschaftliche Sprachgebrauch nahelegen würde.[921] Im Kommentar zum Deutschen Corporate Governance ist der Unternehmenswert definiert als das Ausmaß der Fähigkeit eines Unternehmens, „die Ansprüche der verschiedenen Stakeholder auf Dauer zu erfüllen und so die existenznotwendige Unterstützung dieser Bezugsgruppen langfristig zu sichern."[922] Insofern steht die im Kodex vorgenommene Konkretisierung des materiellen Gehalts des Unternehmensinteresses im Einklang mit der in Kapitel 3.5.2.1 erörterten Rentabilitätsorientierung. Einen besonderen Akzent setzt PELTZER in seiner Kommentierung auf die geforderte Nachhaltigkeit, „denn es droht in einer Zeit, bei der die Bereitschaft (oder Nichtbereitschaft) von Unternehmen Quartalsberichte herauszubringen, über das Verbleiben in bestimmten Börsensegmenten bestimmt, verloren zu gehen".[923]

Die Verpflichtung des Vorstandes auf das Unternehmensinteresse wird auch durch DCGK 4.3.3 unterstrichen: „Die Vorstandsmitglieder sind dem Unternehmensinteresse verpflichtet. Kein Mitglied des Vorstandes darf bei seinen Entscheidungen persönliche Interessen verfolgen und Geschäftschancen, die dem Unternehmen zustehen, für sich nutzen." Dabei ist Satz 1 des DCGK 4.3.3 als Obersatzes, als einem generellen Prinzip, zu verstehen.[924] Der Kodex erwartet vom Vorstand, dass dieser seine Geschäftsführungsbefugnis als Wahrer fremden Vermögens im Interesse des Unternehmens ausübt und persönliche Interessen aus seinen Entscheidungen heraushält.[925] Ein etwaiger Interessenkonflikt ist gemäß DCGK 4.3.4 dem Aufsichtsrat sowie den übrigen Mitgliedern des Vorstandes offenzulegen, um entsprechende Transparenz zu schaffen.

Der Kodex schreibt jedoch das Unternehmensinteresse nicht nur für die Vorstandsmitglieder als verbindliche Verhaltensmaxime fest, sondern ebenso für die Aufsichtsratsmitglieder. Bereits in der Präambel heiß es dazu: „Die von den Aktionären gewählten Anteilseignervertreter und die Arbeitnehmervertreter sind gleichermaßen dem Unternehmensinteresse verpflichtet." DCGK 5.5.1 führt dazu konkretisierend aus: „Jedes Mitglied des Aufsichtsrates ist dem Unternehmensinteresse verpflichtet. Es darf bei seinen Entscheidungen weder persönliche Interessen verfolgen noch Geschäftschancen, die dem Unternehmen zustehen, für sich nutzen." Somit ist jedes Aufsichtsratsmitglied mit Übernahme des Mandates verpflichtet, das Unternehmensinteresse zu

---

[921] Vgl. Kuhner (2004), S. 251.
[922] Werder (2008a), S. 109.
[923] Peltzer (2004b), S. 47.
[924] Vgl. Peltzer (2004b), S. 80.
[925] Vgl. Ringleb (2008), S. 228.

wahren.[226] Der Kodex verlangt bei Interessenkonflikten strikte Loyalität gegenüber den Interessen des Unternehmens. Der Vorrang des Unternehmensinteresses als Entscheidungskriterium bezieht sich primär auf die Überwachung des Vorstandes, umfasst aber auch alle Entscheidungen über die Bestellung von Vorstandsmitgliedern, die Unterbreitung von Beschlussvorschlägen an die Hauptversammlung sowie die persönliche Rücksichtnahmepflicht gegenüber dem Unternehmen.[227] Dies gilt dem Wortlaut zufolge sowohl für die Anteilseigner- als auch für die Arbeitnehmervertreter. Interessenkonflikte treten insbesondere bei Arbeitnehmervertretern auf, von denen einerseits ihre Wählerschaft die Wahrnehmung der spezifischen Arbeitnehmerinteressen fordert. Andererseits sind sie durch das Aktiengesetz und den Kodex verpflichtet, bei der Überwachung des Vorstandes das Unternehmensganze zu sehen und dessen Interessen zu wahren.[228] Eine ausführliche Erörterung des Spannungsfeldes von Unternehmensinteresse und Interessenunabhängigkeit im Aufsichtsrat erfolgt in Kapitel 6.

3.8 Das Unternehmensinteresse im Kontext der Europäischen Aktiengesellschaft

Die bisherigen Ausführungen zum Unternehmensinteresse haben sich ausschließlich auf die im deutschen Recht verankerten Aktiengesellschaften beschränkt. Mit Verabschiedung der EG-Verordnung 2157/2001 über das „Statut der Europäischen Gesellschaft" (SE-VO) im Oktober 2001 und ihrem endgültigen Inkrafttreten am 08. Oktober 2004 hat der europäische Gesetzgeber den Unternehmen in allen Mitgliedsstaaten der Europäischen Union die Möglichkeit eröffnet, eine Europäische Aktiengesellschaft (Societas Europaea, SE) zu gründen. Die SE ist eine supranationale Gesellschaftsform des europäischen Rechts. In Anbetracht dieser Entwicklungen stellt sich die Frage, inwieweit sich das Unternehmensinteresse als Leitungsmaxime auch im europäischen Gesellschaftsrecht niederschlägt.

Weder die SE-VO noch die vom Deutschen Bundestag beschlossenen Gesetze zur Einführung der Europäischen Gesellschaft (SEEG) und zur Beteiligung der Arbeitnehmer in der Europäischen Gesellschaft (SEBG) greifen den im deutschen Recht existierenden Begriff des Unternehmensinteresses auf.[929] Für eine SE mit Sitz in der Bundesrepublik Deutschland gelten jedoch gemäß der Verweisungsnorm des Art. 9 Abs. 1 lit. c (ii) SE-VO für die nicht in der SE-VO geregelten Bereiche die Rechtsvorschriften des

---

[926] Vgl. Mertens (1996), § 116 Rn. 22 ff.; Kremer (2008), S. 285.
[927] Vgl. Kremer (2008), S. 286.
[928] Vgl. Kremer (2008), S. 285.
[929] Vgl. Seifert (2007), S. 276 ff.

deutschen Aktiengesetzes sowie des Handelsgesetzbuches.[930] Der Begriff der Rechtsvorschriften im Sinne dieser Verordnung ist sehr weit gefasst, so dass dazu neben dem nationalen Gesellschaftsrecht alle relevanten einzelstaatlichen Vorschriften und Rechtsgrundsätze zählen. Darunter ist grundsätzlich auch die Pflicht zur Beachtung des Unternehmensinteresses zu subsumieren.[931] Da die SE-VO keine weitergehenden Normen in Bezug auf die Unternehmensführung und -kontrolle enthält, greift diesbezüglich das nationale Recht.[932] Demnach sind sowohl Vorstands- und Aufsichtsrats- als auch Verwaltungsratsmitglieder einer SE mit Sitz in Deutschland an den Verhaltensmaßstab gebunden, an dem sich auch die Organmitglieder einer nach deutschem Recht gegründeten Aktiengesellschaft zu orientieren haben. Dies gilt nicht zuletzt für die Arbeitnehmervertreter, die aufgrund einer schriftlichen Vereinbarung zwischen den Leitungsorganen und dem besonderen Verhandlungsgremium der Arbeitnehmer im Sinne des § 21 Abs. 3 SEBG oder infolge der Anwendung der Auffanglösung gemäß §§ 34 ff. SEBG in den Aufsichtsrat der SE entsandt werden.[933] In einer monistisch verfassten SE kann die Vereinbarung die Entsendung von Arbeitnehmervertretern in den Verwaltungsrat der Gesellschaft vorsehen.[934]

Dem Unternehmensinteresse wird im Rahmen der SE sogar verstärkt Bedeutung zukommen, denn im Gegensatz zur deutschen Aufsichtsratsmitbestimmung ist davon auszugehen, dass sich die Interessenkonflikte zwischen Kapitalgebern und Arbeitnehmern sowie auch innerhalb der Arbeitnehmerschaft zukünftig noch verschärfen werden.[935] Dies ist unter anderem darauf zurückzuführen, dass gemäß § 36 SEBG die Sitze im Aufsichts- oder Verwaltungsgremium auf die Arbeitnehmervertreter aus allen Mitgliedsstaaten, in denen die SE Arbeitnehmer beschäftigt, zu verteilen sind. Eine weitere Verschärfung kann sich aus der Beteiligung an rechtmäßigen Arbeitskämpfen ergeben. In Ermangelung eines einheitlichen europäischen Streikrechts und aufgrund des transnationalen Charakters der SE sind Arbeitskämpfe nach den unterschiedlichen nationalen Regelungen zu beurteilen. Einzelne Mitgliedsstaaten räumen dabei dem Arbeitskampfrecht einen viel größeren Stellenwert ein als das deutsche Streikrecht.

---

[930] Vgl. Drinhaus/Teichmann (2007), S. 44 f.; Schröder/Fuchs (2005), Art. 9 Rn. 57.

[931] Vgl. Schröder/Fuchs (2005), Art. 9 Rn. 26; Seifert (2007), S. 276 ff.

[932] In Anlehnung an § 76 Abs. 1 AktG enthält Art. 39 Abs. 1 Satz 1 SE-VO für die dualistisch verfasste SE folgenden Wortlaut: „Das Leitungsorgan führt die Geschäfte der SE in eigener Verantwortung."

[933] Siehe bezüglich der Struktur der SE Anhang D sowie für die Regelung der Mitbestimmung in der SE Anhang E.

[934] Entsprechend den Regelungen der § 24 Abs. 1 SEEG, § 21 Abs. 3, §§ 34-38 SEBG. Hinsichtlich der Unternehmensverfassung besteht bei der SE Wahlfreiheit zwischen einem monistischen und dualistischen System.

[935] Die nachfolgenden Ausführungen folgen Seifert (2007), S. 276 f.

Demzufolge ist auch die Teilnahme von Aufsichts- oder Verwaltungsratsmitgliedern an gegen die SE gerichteten Arbeitskampfmaßnahmen, die sich aus dem Recht anderer Mitgliedsstaaten ergeben, grundsätzlich zulässig.[936]

Ein besonderes Spannungsverhältnis ergibt sich hinsichtlich des Unternehmensinteresses in einer monistisch strukturierten SE. Innerhalb dieses Systems sind die in den Verwaltungsrat der SE entsandten Arbeitnehmervertreter Teil der Unternehmensleitung. Sie bestimmen die Grundlinien der Tätigkeit der SE und überwachen deren Umsetzung. Somit sind Arbeitnehmervertreter im monistischen System viel stärker als im dualistischen System Interessenkonflikten ausgesetzt. Verwaltungsratsmitglieder sind ständig zum einen Loyalitätskonflikten und zum anderen der Gefahr des Vertrauensverlustes gegenüber der Belegschaft ausgesetzt. Besonders deutlich kommt dies bei unpopulären Unternehmensentscheidungen mit Beschäftigungsrelevanz zum Ausdruck, an denen Arbeitnehmervertreter im Verwaltungsrat beteiligt waren.[937]

Zusammenfassend betrachtet bildet das Unternehmensinteresse auch in der SE, sofern sie ihren Sitz in Deutschland hat, die relevante Verhaltensmaxime für die Unternehmensleitung und -kontrolle. Insofern ergibt sich diesbezüglich kein Unterschied zu einer nach deutschem Recht verfassten Aktiengesellschaft. Vielmehr ist im Rahmen der SE mit einer Verschärfung der Interessenkonflikte innerhalb der Organe zu rechnen, so dass zu erwarten ist, dass die Bedeutung des Unternehmensinteresses als normativer Schmelztiegel steigen wird.

3.9 Fazit

Die zu Beginn dieses Kapitels gestellte Frage, in wessen Interesse die Aktiengesellschaft zu leiten ist, lässt sich ausgehend vom geltenden Recht mit einem eindeutigen Verweis auf das Unternehmensinteresse beantworten. Das Unternehmensinteresse fungiert als übergeordnete und verbindliche Leitmaxime, die Vorstand und Aufsichtsrat eine Handlungsorientierung bietet.

Im Vorfeld der inhaltlichen Bestimmung des Unternehmensinteresses ist eine rechtliche Definition des Begriffs Unternehmen unerlässlich. Das Unternehmen ist dabei im unternehmensrechtlichen Sinne definiert als wirtschaftliche und soziale Wirkungsein-

---

[936] Die Koalitions- und Arbeitskampffreiheit ist zudem als Teilgarantie im Sinne von Art. 6 Abs. 2 EU unmittelbar geltendes Gemeinschaftsrecht. Vgl. hierzu auch Seifert (2007), S. 277.

[937] Dieser Konflikt könnte eventuell auch innerhalb des monistischen Systems durch die funktionale Trennung von Geschäftsführung und Überwachung abgemildert werden. Vgl. Seifert (2007), S. 278. Für Deutschland ist jedoch infolge der Auffangregelung der Mitbestimmung das monistische System in Anbetracht der derzeit geltenden Rechtslage eher eine theoretische Option. Zur Begründung siehe Anhang E.

heit. Es wird verstanden als interessenpluralistischer Organismus, auf den neben den Interessen der Anteilseigner auch die Interessen der im Unternehmen Tätigen bezogen werden. Unternehmen sind demzufolge sowohl Rechtsobjekt als auch Rechtssubjekt. Das Unternehmen kann zwar selbst Träger des Unternehmensinteresses sein, dieses muss sich jedoch stets an den Interessen der Mitglieder ausrichten, die das Unternehmen bilden und tragen, und kann sich nicht autonom von diesen entwickeln. Folglich darf die Wahrung der Leitungsaufgabe des Vorstandes nicht auf eine ausschließliche Orientierung am Gesellschaftsinteresse als gebündelten Interessen der Aktionäre hinauslaufen. Vielmehr hat der Vorstand zusätzlich die Interessen der Arbeitnehmer zu beachten. Denn nicht der Eigenkapitaleinsatz der Aktionäre allein führt zur Existenz des Unternehmens. Erst durch die Verbindung von Kapital und Arbeitsleistung, die von den Mitarbeitern erbracht wird, entsteht das Unternehmen. Ein solches Unternehmensverständnis liegt auch der Rechtsprechung des Bundesverfassungsgerichts zugrunde, nach der die „Kooperation und Integration aller im Unternehmen tätigen Kräfte" Voraussetzung für die „Existenz und Wirksamkeit des Unternehmens"[938] sind. Die Organe des Unternehmens sind weder verpflichtet noch regelmäßig in der Lage in ihrer Interessenabwägung explizit das Gemeinwohl zu berücksichtigen, sofern es nicht in Gesetzen kodifiziert ist. Die Verpflichtung von Vorstand und Aufsichtsrat auf das Unternehmensinteresse bewirkt letztlich, dass diese nicht ausschließlich im Interesse der Aktionäre zu handeln haben. Das Gesellschaftsinteresse ist infolgedessen ein Teilinteresse des Unternehmensinteresses. Vorstand und Aufsichtsrat sind somit weder berechtigt noch verpflichtet, ausschließlich im Interesse der Aktionäre zu handeln.

Im Rahmen des geltenden Rechts kann das Unternehmensinteresse sowohl mittels verfassungsrechtlicher und aktienrechtlicher Normen als auch im Kontext der unternehmerischen Mitbestimmung begründet werden. Eine Begründung kraft Fortgeltung des § 70 Abs. 1 AktG von 1937 ist zu Recht umstritten, wenngleich diese tendenziell anzunehmen ist. Das Unternehmensinteresse ist somit geltendes Recht und fest in der ständigen Rechtsprechung des Bundesverfassungsgerichts und des Bundesgerichtshofs als verbindliche Leitungsmaxime für Vorstand und Aufsichtsrat verankert. Besondere Beachtung erfuhr das Unternehmensinteresse zuletzt im Mannesmann-Prozess, in dem der Bundesgerichtshof dieses erneut als verbindliche Richtschnur für unternehmerische Entscheidungen festschrieb.

Des Weiteren wurde die Frage nach der inhaltlichen Ausgestaltung des Unternehmensinteresses gestellt. Da erwerbswirtschaftlich tätige Aktiengesellschaften, sofern die Satzung nichts anderes vorgibt, auf Gewinnerzielung angelegt sind, resultiert hieraus

---

[938] BVerfGE 50, 290 (365 f.).

eine entsprechende Verpflichtung des Vorstandes. Im Kontext des Unternehmensinteresses ist hierunter jedoch nicht die ausschließliche Maximierung der Gewinnziele der Aktionäre zu verstehen, sondern vielmehr die Erwirtschaftung einer dauerhaften Rentabilität. Konkretisieren lässt sich diese im Konstrukt der Unternehmenskapitalrentabilität, in die sowohl die Eigenkapital- als auch die Humankapitalrentabilität einfließen. Da die Arbeitnehmer im Gegensatz zu den Anteilseignern über nichtresiduale Einkommensbestandteile verfügen, ist die Eigenkapitalrentabilität unter der Nebenbedingung der Humankapitalrentabilität zu maximieren. Die Orientierung an der Unternehmenskapitalrentabilität bezieht die zentralen Interessen der Anteilseigner und der Arbeitnehmer mit ein. Eine dauerhafte Rentabilität ist zugleich Voraussetzung für den Bestand des Unternehmens im Sinne der Kapitalerhaltung. Eine weitere über die Rentabilitätsorientierung hinausgehende materielle Komponente, wie die rechtliche und wirtschaftliche Bestandserhaltung, ist kein zwingender Bestandteil des Unternehmensinteresses, kann jedoch im Einzelfall sehr wohl Bestandteil des Unternehmensinteresses sein.

Das Unternehmensinteresse erweist sich als eine multidimensionale Größe, die sich neben materiellen auch aus prozessualen Elementen zusammensetzt. Es ist die Aufgabe des Vorstandes, auf der Basis angemessener Informationen, unter Berücksichtigung der unternehmensverfassungsrelevanten Interessengruppen, nach der Methodik der praktischen Konkordanz das Unternehmensinteresse einzelfallspezifisch zu ermitteln. Die für das Unternehmensinteresse relevanten Bezugsgruppen bilden die Anteilseigner und die Arbeitnehmer sowie die Allgemeinheit, deren Interesse jedoch primär durch gesetzliche Normen Beachtung finden muss. Diese Partikularinteressen sind in den Grenzen der langfristigen Rentabilitätsorientierung einzelfallspezifisch anhand eines dreistufigen Prüfschemas zum Ausgleich zu bringen. Charakteristisch für die einzelfallspezifische Prüfung ist die Schrankenfunktion der Bestandssicherung und der langfristigen Rentabilitätsorientierung hinsichtlich der Verpflichtung des Vorstandes zur interessenpluralistischen Unternehmensführung. Diesen Prozess hat der Aufsichtsrat im Rahmen seines Überwachungsauftrages zu kontrollieren.

Eine weitere Bestätigung als verbindliche Handlungsmaxime hat das Unternehmensinteresse durch die Verankerung im Deutschen Corporate Governance Kodex erfahren. Der Kodex beschränkt sich dabei jedoch nicht nur auf die Manifestierung einer Leitungsmaxime für Vorstandsmitglieder, sondern verlangt vielmehr auch von den Aufsichtsratsmitgliedern im Falle des Interessenkonfliktes strikte Loyalität gegenüber den Interessen des Unternehmens.

Die Verbindlichkeit des Unternehmensinteresses für die Leitung und Kontrolle von Aktiengesellschaften erfährt auch für die supranationale Gesellschaftsform der SE aufgrund der Verweisungsnorm auf das nationale Aktienrecht keine Einschränkung, sofern deren Sitz in Deutschland liegt.

4. Das Shareholder Value-Konzept

Mit einem scheinbar harmlosen Satz begann im Jahre 1981 eine sehr weitreichende Diskussion um die Führung von Unternehmen: „A fundamental fiduciary responsibility of corporate managers and boards of directors is to create economic value for their shareholders."[939] Bis heute wird die Frage, in wessen Interesse die Aktiengesellschaft zu leiten sei, von Ökonomen häufig unter Verweis auf das Shareholder Value-Konzept von RAPPAPORT (1986) beantwortet. Die betriebswirtschaftliche Forschungs- und Denkrichtung, die in diesem Konzept zum Ausdruck kommt, hielt zunächst im angelsächsischen Raum Einzug in die Wirtschaftspraxis, und fand dann in zunehmendem Umfang auch in Europa Anklang und wurde schrittweise adaptiert.[940] Das Ziel einer am Shareholder Value orientierten Unternehmenspolitik besteht in der Maximierung des Unternehmenswertes, dem Economic Value der Aktionäre. Eine sich am Shareholder Value-Ansatzes orientierende Unternehmensleitung ist bestrebt, strategische Entscheidungen entsprechend dieser Zielvorgabe sowohl im Hinblick auf das ganze Unternehmen als auch auf der Ebene der einzelnen strategischen Geschäftseinheit[941] zu treffen.

Mit diesem Konzept reagierte RAPPAPORT auf drei wesentliche Entwicklungen in der amerikanischen Wirtschaft:[942] Während der Übernahmewelle, die die USA in den 1970er Jahren überrollte, fungierte eine möglichst hohe Börsenkapitalisierung als wirksamer Schutz gegen feindliche Übernahmen. Zudem erwiesen sich die Bemühungen des Managements, den Börsenkurs mittels einer Verbesserung der traditionellen Kennzahlen des Rechnungswesens positiv zu beeinflussen, empirisch als wenig wirksam. Auch zur Leistungsbeurteilung des Managements erschienen diese Kennzahlen unbrauchbar. Unternehmen, die hingegen die Maximierung des Unternehmenswertes in den Fokus der Unternehmensführung stellten, konnten weit überdurchschnittliche Börsenkurserfolge aufweisen. Flankiert wurden diese Entwicklungen durch die Globalisierung und die damit verbundene Liberalisierung und Deregulierung der Finanzmärkte sowie durch das verstärkte Auftreten von institutionellen Investoren.[943] Die Globalisierung der Absatzmärkte führte zudem in vielen Branchen zu einem erhöhten

---

[939] Rappaport (1981), S. 148.
[940] Vgl. Spremann (1996), S. 459; Witt (2003), S. 17.
[941] Eine strategische Geschäftseinheit ist definiert als „die kleinste organisatorische Einheit, für die eine integrierte strategische Planung – in Verbindung mit einem bestimmten Produkt für einen genau definierten Markt – sinnvoll und möglich ist. Rappaport (1995), S. 2 f.
[942] Vgl. Rappaport (1995), S. 3; Rappaport (1999), S. 1 f.; Mülbert (1997), S. 134.
[943] Vgl. Koslowski (1999), S. 3 f.; Hungenberg/Wulf (2006), S. 61.

Kapitalbedarf, da verstärkt Akquisitionen und weitere Investitionen erforderlich waren.

Seit den 1990er Jahren findet das Shareholder Value-Konzept auch in Europa immer höhere Akzeptanz und bestimmt die Diskussion um das richtige Führungskonzept für börsennotierte Aktiengesellschaften.[944] Zu dieser Entwicklung beigetragen hat unter anderem die Entstehung eines aktiven Marktes für Verfügungsrechte in den 1980er Jahren, die wachsende Bedeutung von Aktienoptionen für Vorstände und der zunehmende Streubesitz von Aktien.[945]

4.1 Definition und Berechnung des Shareholder Value

„Der Shareholder Value-Ansatz schätzt den ökonomischen Wert einer Investition dadurch, dass die prognostizierten Cash-Flows mittels des Kapitalkostensatzes diskontiert werden. Diese Cash-Flows wiederum liegen der Eigentümerrendite aus Dividenden und Kurswertsteigerungen zugrunde".[946] Diese Definition RAPPAPORTS basiert auf dem Ansatz, dass sich der ökonomische Wert eines Unternehmens (V^F) oder einer Geschäftseinheit aus dem Marktwert des Fremdkapitals (FK) und des Eigenkapitals (EK^F) zusammensetzt:[947]

$$V^F = FK + EK^F$$

Wird vom Unternehmenswert der Marktwert des Fremdkapitals abgezogen, so ergibt sich der Shareholder Value als der Wert der residualen Ansprüche der Eigenkapitalgeber an das Unternehmen. Infolgedessen stellt der Shareholder Value den Wert der Ansprüche dar, die Anteilseigner können erst bedient werden, wenn, wie in Kapitel 2.2.1.1 erläutert, alle anderen Ansprüche an das Unternehmen befriedigt worden sind.

$$EK^F = V^F - FK$$

Um den Shareholder Value zu ermitteln, ist zunächst der Wert des Gesamtunternehmens zu bestimmen. Da sich der ökonomische Wert eines Gutes aus den erwarteten künftigen finanziellen Erfolgen seiner Verwendung ergibt, kann man den Shareholder

---

[944] Vgl. Werder (1997), S. 10.
[945] Copeland/Koller/Murrin (2002), S. 28.
[946] Rappaport (1999), S. 39.
[947] Die Ausführungen dieses Abschnitts folgen Rappaport (1999), S. 39 ff.; Busse von Colbe (1997), S. 272 ff.

Value als den Ertragswert des Eigenkapitals bezeichnen.[948] Zur Berechnung des Shareholder Value wird in diesem Ansatz das Verfahren der dynamischen Investitionsrechnung unter Unsicherheit angewendet. Der ökonomische Wert eines jeden Projektes ergibt sich aus der Summe der mit den risikoadjustierten Kapitalkosten diskontierten zukünftig erwarteten Zahlungsströme.[949] Nur Projekte mit einem positiven Kapitalwert sind ökonomisch vorteilhaft. Für die konkrete Berechnung des Unternehmenswertes werden dazu der Erwartungswert der Free Cash-Flows (*FCF*) mit dem gewogenen Kapitalkostensatz WACC abdiskontiert.[950]

$$EK_0^F = \sum_{t=1}^{\infty} \frac{FCF_t}{\prod_{\tau=1}^{t}(1+WACC_\tau)} + nbV - FK_0$$

Die zentralen Größen zur Berechnung des Shareholder Value bilden die leistungsinduzierten Zahlungsströme sowie der Kapitalkostensatz. Der Free Cash-Flow[951] gibt Auskunft über die Höhe der verfügbaren Zahlungsüberschüsse – nach Steuern und Investitionen und vor Zinsen – zur Abgeltung der Ansprüche von Fremd- und Eigenkapitalgebern.[952] Zur korrekten Berechnung des Unternehmenswertes ist zum Barwert der Cash-Flows noch der Marktwert des nicht-betriebsnotwendigen Vermögens (*nbV*) zu addieren. Dieses umfasst handelsfähige Wertpapiere und andere Investitionen, die sich liquidieren lassen, für den eigentlichen Betrieb eines Geschäftes jedoch unwesentlich sind.[953] Infolgedessen wird also nicht das „Unternehmen an sich", sondern das Unternehmen im Kontext seiner künftigen Strategien und des relevanten Marktumfeldes bewertet.[954] Da eine Prognose der Cash-Flows über die Totalperiode (*T*) nur näherungsweise möglich ist, wird die obige Formel in der Praxis in zwei Grundkomponenten aufgesplittet. Für den Zeitraum der nächsten fünf Jahre, der sog. Prognoseperiode, werden die Cash-Flows in der Regel detailliert geplant und berechnet. Für den Zeit-

---

[948] Vgl. Busse von Colbe (1997), S. 272.

[949] Vgl. Mülbert (1997), S. 133; Busse von Colbe (1997), S. 272.

[950] Da die Perioden für die der Free Cash-Flow ermittelt wird und die Perioden, die der Berechnung des WACC zugrunde liegen, unterschiedlich groß sein können, werden mit *t* und *τ* zwei Zeitindizes verwendet.

[951] Der Free Cash-Flow ergibt sich aus den prognostizierten betrieblichen Einzahlungen abzüglich der betrieblichen Auszahlungen, der Ersatz- und Erweiterungsinvestitionen sowie der Steuerzahlungen (unter der fiktiven Annahme einer vollständigen Eigenkapitalfinanzierung). Er umfasst keine finanzierungsbezogenen Cash-Flows wie Zinsaufwendungen oder Dividenden.

[952] Vgl. Hahn/Hungenberg (2001), S. 193.

[953] Vgl. Rappaport (1999), S. 40

[954] Vgl. Spremann (1996), S. 468

raum nach der Prognoseperiode, in der die Höhe des freien Cash-Flow nicht geplant werden kann, wird der Restwert geschätzt und als ewige Rente diskontiert (Terminal Value).[955]

Bei Verwendung des Free Cash-Flows als Zählergröße muss der Diskontsatz ($WACC$) aus den Eigenkapitalkosten (k_{EK}) und dem durchschnittlichen Kostensatz für Fremdkapital (k_{FK}) unter Berücksichtigung der steuerlichen Abzugsfähigkeit der Fremdkapitalzinsen (1-s) gebildet werden.[956] Die beiden Kostensätze sind mit ihren Anteilen am Gesamtkapital (GK) zu gewichten:

$$WACC = k_{FK} \left(\frac{FK}{GK}\right) + k_{EK} \left(\frac{EK}{GK}\right)(1 - s)$$

Dieser Kapitalkostensatz berücksichtigt die Renditeforderungen der Fremd- und Eigenkapitalgeber, da Cash-Flows vor Zinsen diskontiert werden, auf die sowohl die Eigenkapital- als auch die Fremdkapitalgeber einen Anspruch haben.[957] Der Fremdkapitalzinssatz ergibt sich aus dem der Finanzierung zugrunde liegenden Kreditvertrag. Der Eigenkapitalkostensatz ist hingegen nicht vertraglich fixiert und wird mit Hilfe des Capital Asset Pricing Model (CAPM) ermittelt. Dieser ergibt sich aus dem – nahezu – risikolosen Zinssatz (i) erstklassiger langfristiger festverzinslicher Wertpapiere[958] und einem Risikozuschlag. Die Risikoprämie wird anhand der durchschnittlichen Rendite des Aktienmarktes[959] (r_m - i) und dem ß-Faktor für das unternehmensspezifische Risiko geschätzt.[960] Der ß-Faktor gibt die relative Volatilität des Aktienkurses des Un-

---

[955] $$EK_0^F = \sum_{t=1}^{T} \frac{FCF_t}{\prod\limits_{\tau=1}^{T}(1+WACC_\tau)} + \frac{TV_T^{WACC}}{\prod\limits_{\tau=1}^{T}(1+WACC_\tau)} + nbV - FK_0 \quad mit \quad TV_T^{WACC} = \frac{FCF_{T+1}}{WACC_{T+1}}$$

[956] Grundsätzlich ist die Berechnung des Shareholder Value unter Zuhilfenahme verschiedener Größen möglich. Die Auswahl des Kapitalkostensatzes muss jedoch stets mit der verwendeten Cash-Flow-Definition – insbesondere in Bezug auf Steuern und Zinsen – korrespondieren.

[957] Vgl. Rappaport (1999), S. 44 f.

[958] In der Praxis wird dafür beispielsweise der Zinssatz zehnjähriger Bundesanleihen verwendet.

[959] Der durchschnittliche Risikozuschlag des Aktienmarktes ergibt sich aus der Differenz der erwarteten Rendite des Marktportfolios an Aktien und der Rendite quasi-risikoloser Anlagen. Das Marktportfolio entspricht in seiner Zusammensetzung dem Gesamtangebot an Aktien auf dem Markt. In der Praxis werden dabei häufig Leitindizes wie der DAX herangezogen. Vgl. Werder (1998), S. 72; Franke/Hax (2004), S. 351.

[960] Der ß-Wert einer Aktie ist ein standardisiertes Maß für die Korrelation des betreffenden Wertpapiers mit dem Marktportfolio. Er beschreibt, wie stark die Rendite des jeweiligen Wertpapiers bei Schwankungen der Renditen des Marktportfolios reagiert. Der ß-Wert wird aus dem Verhältnis der Kovarianz der Marktrendite mit der Rendite der betrachteten Aktie zur Varianz der Marktrendite errechnet. Vgl. Wöhe/Döring (2008), S. 685; Unzeitig/Köthner (1995), S. 76.

ternehmens an. Der Eigenkapitalkostensatz wird auch als risikoadjustierter Zinssatz bezeichnet.

$$k_{EK} = i + \beta_i (r_m - i)$$

Durch die Verwendung des CAPM zur Berechnung des Kapitalkostensatzes liegt die Basis des Shareholder Value-Ansatzes in der modernen Kapitalmarkttheorie. Deren Grundzüge, die für das Verständnis des Shareholder Value notwendig sind, in Kapitel 4.2 umrissen werden.

Ein Unternehmen schafft im Sinne des Shareholder Value-Konzeptes ökonomischen Wert, wenn seine Eigenkapitalrendite größer ist als die mit Hilfe des CAPM bestimmten Kapitalkosten. In diesem Fall übersteigt der Shareholder Value den Buchwert des Unternehmens, so dass für dessen Aktionäre eine Rendite geschaffen wird, die über diejenige einer alternativen Kapitalanlage hinausgeht.[961] In diesem Punkt geht der Shareholder Value-Ansatz über das traditionelle Konzept der Gewinnmaximierung hinaus.[962] Ein weiterer wesentlicher Unterschied besteht darin, dass die Höhe der Mindestverzinsung von dem Risiko, das die Kapitalgeber übernehmen, abhängig ist.

Letztlich besteht das Ziel des Shareholder Value-Konzeptes in der Ausrichtung der Investitions- und Desinvestitionsentscheidungen am Konsumnutzen der Aktionäre durch Maximierung ihres Wohlstandes.[963] Bei börsennotierten Aktiengesellschaften erfolgt dies durch einen möglichst hohen Börsenkurs. Die Schaffung von Shareholder Value reicht also allein nicht aus, damit sich die Aktie besser entwickelt als der Gesamtmarkt, vielmehr müssen die Erwartungen der Kapitalmarktteilnehmer erfüllt bzw. übertroffen werden.

4.2 Die theoretische Basis des Shareholder Value-Konzeptes in der modernen Kapitalmarkttheorie

Den Ausgangspunkt der modernen Kapitalmarkttheorie für rationale Anlageentscheidungen unter Unsicherheit bildet die von MARKOWITZ (1952) begründete Portfolio-Theorie.[964] Diese geht davon aus, dass jeder Anleger unter alleiniger Bewertung zu-

---

[961] Vgl. Macharzina (2003), S. 203.
[962] Vgl. Wöhe/Döring (2002), S. 72.
[963] Vgl. Mülbert (1997), S. 156.
[964] Die im Jahre 1952 von Markowitz begründete Portfolio-Theorie basiert auf den Überlegungen Bernoullis aus dem Jahre 1738. Gemeinsam mit Miller und Sharpe erhielt er dafür 1990 den Nobelpreis. Die Darstellung der Theorien folgt Perridon/Steiner (2007), S. 240 ff.; Wöhe/Döring (2002), S. 766 ff.; Franke/Hax (2004), S. 315 ff., 351. Vgl. auch Bernoulli (1738); Markowitz (1952).

künftiger Rendite und Risiken sein Wertpapierportfolio zusammenstellt, um den End-vermögenswert der Investition zu maximieren. Im Vergleich zur Investition in ein einziges Wertpapier lässt sich durch Diversifikation, d.h. durch breite Streuung des Anlagebetrages auf mehrere unterschiedliche Titel, das Risiko der Anlage bei gleichbleibender Rendite vermindern.[965] Dem Separationstheorem der Portfolio-Theorie zufolge hält der Anleger bei unbegrenzten Möglichkeiten der Anlage und Verschuldung unabhängig vom Grad seiner Risikoneigung oder von seinen Konsumpräferenzen ein bestimmtes Portfolio aus unsicheren Wertpapieren (Tobin-Separation).[966] Entsprechend der individuellen Risikoneigung des Anlegers wird dieses Portfolio in einem zweiten Schritt mit der sicheren Anlage oder Verschuldung kombiniert.

Auf Basis der Portfolio-Theorie entwickelten LINTER, MOSSIN und SHARPE unabhängig voneinander das CAPM.[967] Mit Hilfe des CAPM kann erklärt bzw. berechnet werden, welcher Preis im Kapitalmarktgleichgewicht für die Übernahme von Risiko zu zahlen ist.[968] Infolgedessen lässt sich mittels des CAPM der Börsen- bzw. Marktwert einer Aktie berechnen. Bereits die Portfolio-Theorie hat gezeigt, dass durch eine gezielte Diversifikation Teile des Gesamtrisikos einzelner Wertpapiere eliminiert werden können. Der Teil des Risikos, der durch Diversifikation nach dem Gesetz der großen Zahl eliminiert werden kann, wird als unsystematisches Risiko bezeichnet.[969] Das verbleibende Risiko ist das sog. systematische Risiko und wird durch den zuvor erwähnten unternehmensspezifischen ß-Faktor gemessen.[970] Im Gegensatz zum unsystematischen Risiko ist das systematische Risiko nicht durch eine noch so breite Streuung des Portfolios eliminierbar, weil der gesamte Kapitalmarkt davon betroffen ist.[971] Infolge der Diversifikationsmöglichkeit wird das unsystematische Risiko am Kapitalmarkt nicht vergütet.

---

[965] Das Risiko wird dabei an der Varianz der Rendite gemessen. Vorraussetzung für eine Risikominderung ist, dass die Renditen der Wertpapiere nicht perfekt positiv miteinander korrelieren.

[966] Nach dem Separationstheorem können sich die Strukturen der Portfolios individueller Anleger nur aufgrund unterschiedlicher Zukunftserwartungen unterscheiden. Unter der Annahme homogener Erwartungen ergeben sich für alle Anleger identische Portfoliostrukturen. Vgl. Tobin (1958), S. 65 ff.; Perridon/Steiner (2007), S. 257.

[967] Vgl. stellvertretend Sharpe (1970), S. 77 ff.

[968] Im Rahmen des CAPM besteht das individuell risikoeffiziente Wertpapierportfolio für alle Anleger gleichermaßen in einem Anteil am Marktportfolio. Jeder Anleger hält entsprechend seiner Risikoneigung einen unterschiedlich großen Anteil.

[969] Vgl. Kuhner (2004), S. 263.

[970] Selbst bei vollständiger Diversifikation ist die Rendite eines Portfolios nicht sicher. Sie unterliegt immer noch dem systematischen Risiko. Infolgedessen hat das Marktportfolio definitionsgemäß einen ß-Faktor von 1. Als Prototyp für das systematische Risiko wird in der Literatur das Konjunkturrisiko angeführt. Vgl. Wöhe/Döring (2002), S. 776.

[971] Vgl. Kuhner (2004), S. 263.

Bei bekanntem ß-Faktor eines Unternehmens lässt sich aus der aktuellen Marktbewertung die Rendite berechnen, die das Unternehmen auf Basis der Erwartungen aller Kapitalmarktteilnehmer erzielen wird. Beabsichtigt ein Unternehmen, seinen Markt- bzw. Börsenwert zu steigern, muss durch die unternehmerischen Aktivitäten jeweils eine risikoangepasste Rendite erzielt werden, die die aus der aktuellen Kapitalmarktbewertung abgeleitete Renditeerwartung übersteigt.[972] Die Renditeerwartung stellt insofern ein fiktives Entgelt für das am Kapitalmarkt beschaffte Eigenkapital dar. Mit Hilfe des CAPM lässt sich berechnen, in welcher Weise Renditen und Risikoprämien unter bestimmten Voraussetzungen bei rationalem Verhalten der Anleger zustande kommen.[973] Ein diversifizierter Kapitalanleger wird im Rahmen des CAPM die Leistung eines Unternehmens nur dann positiv beurteilen, wenn die erwirtschaftete Rendite seiner Kapitalanlage mindestens so groß ist wie die Durchschnittsrendite für Kapitalanlagen der vergleichbaren systematischen Risikokategorie.[974] Diversifizierte Aktionäre haben kein Interesse daran, dass Unternehmen ihr Investitionsrisiko senken, indem sie Aktivitäten miteinander kombinieren, deren Ertragsperspektiven negativ korrelieren. Eine derartige Diversifikation können Kapitalanleger durch die Struktur ihres persönlichen Wertpapierportfolios viel kostengünstiger und auf ihre individuellen Präferenzen abgestimmt selbst herbeiführen. Des Weiteren sind diversifizierte Anleger in der Regel deutlich risikoaverser als andere Anspruchsgruppen. Im Rahmen ihres Portfolios sind sie aufgrund ihrer Diversifikationsmöglichkeiten bereit, hohe Schwankungen der Wertentwicklung einer einzelnen Aktie hinzunehmen, solange die erwartete Durchschnittsrendite der Anlage die Eigenkapitalkosten mindestens deckt.

Die kurze Skizzierung der kapitalmarkttheoretischen Konzepte zeigt deutlich, dass der Shareholder Value-Ansatz konzeptionell in der Portfolio-Theorie und im CAPM verwurzelt ist. Portfolio-Theorie und CAPM beruhen auf einer Reihe von gemeinsamen Annahmen. Die zentrale Annahme dieser Theorien und somit auch des darauf aufbauenden Shareholder Value-Konzeptes ist der vollkommene Kapitalmarkt bei Unsicherheit.[975] Dieser ist charakterisiert durch Arbitrage-, Transaktionskosten- und Steuerfreiheit, Homogenität der Erwartungen, Informationseffizienz und Duplizierbarkeit der Finanztitel. Zudem wird angenommen, dass das Volumen aller am Markt gehandelten Wertpapiere gegeben und jedes Wertpapier unendlich teilbar ist. Darüber hinaus wird den Anlegern unterstellt, dass sie sich risikoavers verhalten und mit ihrer Anlageentscheidung das Ziel der Vermögensmaximierung gemäß der Erwartungsnutzentheorie

---

[972] Vgl. Mülbert (1997), S. 136 f.
[973] Vgl. Franke/Hax (2004), S. 357.
[974] Dieser Absatz folgt Kuhner (2004), S. 263 f.
[975] Vgl. Kürsten (2000), S. 363 ff.; Wöhe/Döring (2002), S. 765; Perridon/Steiner (2007), S. 251.

treffen. Der Shareholder Value-Ansatz orientiert sich somit am methodologischen Individualismus.[976] Dies wird mitunter durch die Prämissen der verschiedenen Kapitalmarkttheorien verdeckt, die nicht von der Interessenlage irgendeines Anteilseigners ausgehen, sondern vielmehr auf den diversifizierten Aktionär eines börsennotierten Unternehmens abstellen.[977] Letztlich legen die Handlungsempfehlungen des Shareholder Value-Ansatzes, wie MÜLBERT es formuliert, „den Aktionärstypus eines auf portfoliotheoretischer Basis agierenden, optimal risikodiversifizierten individuellen Investors zugrunde".[978]

4.3 Strategische Implikationen

Der zentralen Strategieempfehlung des Shareholder Value-Konzeptes zufolge ist jedes strategische Geschäftsfeld bzw. jede Einheit des Unternehmens periodisch daraufhin zu überprüfen, inwiefern es seine Kapitalkosten erwirtschaftet oder nicht.[979] Dazu wird das Unternehmen in einzelne strategische Geschäftseinheiten aufgeteilt. Unternehmen oder Geschäftsbereiche, die die kapitalmarktorientierte Zielrendite nachhaltig verfehlen, sollen abgestoßen werden. Die in vielen Konzernen traditionell verbreitete Quersubventionierung soll durch diese Bewertungsmethode unterbunden werden. Dies hat die Konzentration auf die Kernkompetenzen des Unternehmens zur Folge. Ein breit diversifizierter Konzern ist unter den Prämissen des Shareholder Value-Konzeptes nicht effizient, da der Anteilseigner selbst eine Risikominimierung durch die Diversifikation seines Portfolios erreichen kann.[980] Infolgedessen ist derzeit an den Börsen zu beobachten, dass diversifizierte Unternehmen häufig mit einem „Konglomeratsabschlag" gehandelt und sämtliche Aktivitäten zur Reduktion des Diversifikationsgrades von Unternehmen seitens der Börse honoriert werden.[981] Der Ansatz den Ertragswert zur Bewertung von ganzen Unternehmen oder einzelnen Teilen anlässlich eines Eigentümerwechsels – beispielsweise durch Verkauf, Abfindung oder Fusion – heranzuziehen ist in der Betriebswirtschaftslehre nicht neu.[982] In Teilen neu ist hingegen die

---

[976] Vgl. Kuhner (2004), S. 258. Zur Definition des methodologischen Individualismus siehe auch Kapitel 2.6.1.1.
[977] Vgl. Kuhner (2004), S. 262.
[978] Mülbert (1997), S. 137.
[979] Vgl. Rappaport (2006), S. 32.
[980] Vgl. Krämer (2002), S. 114.
[981] Vgl. Gleißner (2004), S. 144.
[982] Vgl. Busse von Colbe (1997), S. 273 f.; Theisen (2000), S. 216.

Verwendung eines solchen Ertragswertes zur strategischen Steuerung und Kontrolle ganzer Unternehmen und insbesondere einzelner Geschäftsbereiche.[983] Des Weiteren lässt sich der Marktwert des Unternehmens durch eine Änderung der Kapitalstruktur erhöhen. Da einerseits Fremdkapitalzinsen im Gegensatz zu Eigenkapitalerträgen steuerlich abzugsfähig sind und andererseits die Risikoprämie für Fremdkapital aufgrund der Vorrangigkeit des Fremdkapitals geringer ist als die Eigenkapitalrisikoprämie, ist eine sinkende Eigenkapitalquote bis zu einem gewissen Schwellenwert kostengünstiger.[984] Infolgedessen empfiehlt es sich nach dem Shareholder Value-Ansatz, Eigenkapital durch Fremdkapital zu substituieren. Neben sinkenden Kapitalkosten hat dies auch die Disziplinierung des Managements zur Folge.[985]

Zu den Grundsätzen des Shareholder Value-Konzeptes gehört darüber hinaus die Handlungsanweisung, Liquiditätsreserven an die Aktionäre auszuschütten, sofern im Unternehmen keine Investitionsobjekte existieren, die mindestens die Eigenkapitalkosten erwirtschaften.[986] Die Ausschüttung kann durch Dividendenzahlung oder, soweit dies rechtlich möglich ist, durch den Rückkauf eigener Aktien realisiert werden. Mit letzt genannter Maßnahme gehen drei Effekte einher:[987] Zum einen wird seitens des Managements das Signal an die Kapitalmärkte ausgesandt, dass ihres Erachtens die Aktien unterbewertet sind. Zum anderen steigt durch den Rückkauf die Fremdkapitalquote, und infolgedessen sinkt der WACC, so dass der Shareholder Value steigt. Drittens sinkt mit dem Aktienrückkauf das Risiko, dass das Management die Liquidität für wertvernichtende Investitionen nutzt.[988] In Deutschland ist der Erwerb eigener Aktien erst durch die Einführung des § 71 Abs. 1 Nr. 8 AktG im Jahre 1998 ermöglicht worden.[989] Innerhalb der Gesetzesbegründung heißt es dazu: „Der Eigenerwerb kann zur Belebung des Börsenhandels, zur Steigerung der Akzeptanz der Aktie als Anlageform,

---

[983] Nicht zuletzt Albach weist jedoch darauf hin, dass insbesondere die Auswirkungen organisatorischer Regeln und Anreize auf die Wettbewerbsverhältnisse auf den Märkten divisionaler Unternehmen explizit in die Strategie einzubeziehen sind, andernfalls lasse sich weder der Wert der Geschäftsbereiche noch das Unternehmens maximieren. Vgl. Albach (2000), S. 36.

[984] Vgl. Kuhner (2004), S. 265 f.; Titzrath (1997), S. 34. Dieser Zusammenhang wird als Leverage-Effekt bezeichnet. Siehe hierzu auch Kapitel 3.5.2.1.1.

[985] Zur Disziplinierung des Managements im Kontext der Agenturtheorie siehe Kapitel 2.6.3.3.

[986] Vgl. Kuhner (2004), S. 265; Rappaport (2006), S. 32.

[987] Vgl. Rappaport (1999), S. 113; Groh (2000), S. 2157; Rappaport (2006), S. 32.

[988] Mit dem Rückkauf eigener Aktien gehen zudem die Möglichkeiten der Kapitalanlage, die Erhöhung des Ergebnisses je Aktie, die Abwehr von Übernahmeversuchen, die Verkleinerung des Anteilseignerkreises und die Erfüllung von vertraglich vereinbarten Stock Option-Plänen einher. In diesem Kontext stellen sie Vermögensgegenstände dar. Im Falle der Liquidation des Unternehmens sind sie hingegen wertlos und bilden lediglich einen Korrekturposten zum Eigenkapital. Vgl. Coenenberg (2003a), S. 299 f.; Baegte/Kirsch/Thiele (2007), S. 383.

[989] Das bis dahin geltende Verbot des Erwerbs eigener Aktien ist mit ursächlich gewesen für die Entstehung ausgeprägter wechselseitiger Beteiligungen, die häufig unter dem Schlagwort „Deutschland AG" subsumiert werden. Vgl. Wastl/Wagner (1997), S. 246. Siehe hierzu auch Kapitel 5.2.1.

zu erhöhter Emissionsneigung und damit zur Attraktivität des deutschen Finanzplatzes beitragen. Der Eigenerwerb darf nicht der kontinuierlichen Kurspflege und dem Handel in eigenen Aktien dienen. (...) Die Eigenkapitalrendite der verbleibenden Aktien kann erhöht werden, wenn mit den zum Rückkauf verwendeten Gewinnrücklagen anderweitig keine angemessene Rendite erzielt werden kann."[990] In diesen Grenzen folgt der Gesetzgeber der Argumentation des Shareholder Value-Ansatzes.

Im Shareholder Value-Konzept werden für fast alle organisatorischen Ebenen erfolgsabhängige Entlohnungsformen empfohlen.[991] Besondere Bedeutung wird dabei der Entlohnung der obersten Managementebene beigemessen. Um die vermeintlich divergierenden Interessen von Management und diversifiziertem Anteilseigner anzugleichen, sind Aktienoptionspläne in das Entlohnungsschema zu integrieren.[992] Hinsichtlich der konkreten Ausgestaltung der Aktienoptionen sei auf Kapitel 5.5.2 verwiesen.

Da der diversifizierte Aktionär Adressat des Shareholder Value-Konzeptes ist, gilt Transparenz in Bezug auf die Vermögens-, Finanz- und Ertragslage des Unternehmens als Grundbedingung für die Funktionsfähigkeit des Konzeptes. Im Umkehrschluss gilt eine Bilanzpolitik, die die Schaffung stiller Reserven zum Ziel hat, als mit diesem Konzept unvereinbar.[993] Vor diesem Hintergrund wird die Informationspolitik Bestandteil des Kontrollsystems der Unternehmensführung bezüglich ihres eigenen Erfolges und ihrer Qualität.[994]

Der Shareholder Value-Ansatz verknüpft die Zielsetzung des Unternehmens – gemessen am geschaffenen Shareholder Value, der sich aus dem Wertzuwachs der Aktien und den ausgeschütteten Gewinnen ergibt – mit Werttreibern. Die vielfältigen Verbindungen zwischen der Zielsetzung des Unternehmens, den Bewertungskomponenten, den Werttreibern und den zugrunde liegenden Führungsentscheidungen fasst abschließend die nachfolgende Grafik zusammen:

---

[990] Deutscher Bundestag (1998), Drucksache 13/9712, S. 13.

[991] Vgl. Rappaport (2006), S. 33 ff.; Kuhner (2004), S. 266.

[992] Im Kontext des Shareholder Value-Ansatzes wurde mitunter sogar die Verwendung asymmetrischer Kompensationsmodelle empfohlen, bei denen im Erfolgsfall das Management weit überdurchschnittlich bei nur sehr begrenzter Verlustübernahme partizipiert. Gegen derartige Entlohnungsformen spricht sich jedoch Rappaport aus, der die Übernahme des gleichen Risikos durch Aktionäre und Manager als eine Grundbedingung erachtet. Vgl. Rappaport (2006), S. 36 f.

[993] Vgl. Kuhner (2004), S. 267.

[994] Vgl. Titzrath (1997), S. 34.

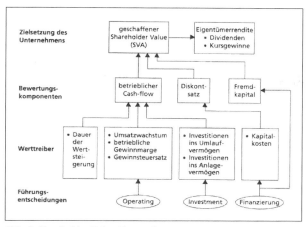

Abb. 6: Shareholder Value-Netzwerk
Quelle: Rappaport (1999), S. 68.

4.4 Ökonomische Bewertung des Shareholder Value-Konzeptes

Der Shareholder Value-Ansatz hat vielfältige Kritik hervorgerufen. Zu unterscheiden ist dabei zwischen der Kritik, die sich auf die methodischen Probleme des Shareholder Value-Konzeptes bezieht, und der Kritik, die auf die inhaltlichen Implikationen und ökonomischen Handlungsanweisungen fokussiert.

4.4.1 Modelltheoretische Kritik

Die modelltheoretische Kritik bezieht sich insbesondere auf das Zirkularitätsproblem im Rahmen der Eigenkapitalberechnung. Die Eigenkapitalkosten werden, wie gezeigt, aus der geforderten Risikoprämie abgeleitet, die Risikoprämie aus der Entwicklung des Aktienkurses, die Aktienkursentwicklung aus den Markterwartungen über den zukünftigen Unternehmenswert und der zukünftige Unternehmenswert aus den Eigenkapitalkosten.[995] Das führt beispielsweise zu folgendem Kreislauf: Je profitabler das Unternehmen geführt wird, desto höher steigen der Aktienkurs und die Dividende, desto größer wird die geforderte Risikoprämie, desto höher steigen damit die Eigenkapitalkosten und umso profitabler muss das Unternehmen geführt werden. Dieser Prozess mündet in eine „Renditespirale"[996]. Darüber hinaus greift das CAPM zur Berechnung

---

[995] Vgl. Werder (1998), S. 87 f.
[996] Werder (1998), S. 88.

des ß-Wertes und der Risikoprämie auf Vergangenheitsdaten zurück, so dass deren Fortschreibung im Rahmen einer marktorientierten Bewertung konzeptionell fragwürdig ist.[997]

KÜRSTEN kritisiert am Shareholder Value-Modell die nicht konsequente und in Teilen fehlerhafte Umsetzung des CAPM.[998] Dabei bezieht er sich insbesondere auf die Berechnung der Fremdkapitalkosten, die pauschal anhand vergleichbarer Bonitätsrisiken geschätzt werden und weder dem Diversifikationsdiktat des CAPM Rechnung tragen, noch Bezug auf die in Eigen- und Fremdkapitaltiteln diversifizierte Aktionärsklientel nehmen. Zudem ist die Marktfähigkeit der Fremdkapitaltitel in der Regel nicht gegeben. Selbst eine risikolose Kapitalanlagemöglichkeit, zu der unbeschränkt Kapital aufgenommen und angelegt werden kann, existiert in der Realität üblicherweise nicht.[999]

Des Weiteren ist für eine korrekte Berechnung des Shareholder Value zu berücksichtigen, dass der WACC keine konstante Größe, sondern von der jeweiligen Kapitalstruktur – in Marktwerten – abhängig ist. Die simultane Bestimmung von gewogenen Kapitalkosten und dem Marktwert des Eigenkapitals verlangt eine hoch diffizile Planung.[1000] Die Unterstellung einer über die Totalperiode konstanten Kapitalstruktur ist nicht äquivalent zur variablen Schätzung der Cash-Flows und insofern nicht zielführend.

Ein weiterer modellimmanenter Kritikpunkt sind die strengen Prämissen, auf denen das Modell aufbaut. Denn an einem vollkommenen Kapitalmarkt sollte es aufgrund der Unterstellung sicherer, homogener Erwartungen und der Annahme, dass weder Transaktionskosten noch Steuern existieren, per definitionem nicht möglich sein, Wettbewerbsvorteile zu erzielen.[1001]

4.4.2 Inhaltliche Kritik

Mit dem Konzept des Shareholder Value rückt RAPPAPORT die Renditeorientierung wieder ins Zentrum unternehmerischer Entscheidungen. BUSSE VON COLBE sieht das Verdienst des Shareholder Value-Ansatzes in der notwendigen „Rückbesinnung auf ökonomische Grundkenntnisse"[1002]. Dies kommt vor allem in der Orientierung an den Erfordernissen der Märkte zum Ausdruck. Zentrales Element des Shareholder Value-

---

[997] Vgl. Ballwieser (1994), S. 1405.
[998] Vgl. Kürsten (2000), S. 373 f.
[999] Zur Lösung dieses Problems wurde von Black das sog. Zero-Beta-CAPM entwickelt. Vgl. Perridon/Steiner (2007), S. 257 f.; Gleißner (2004), S. 113.
[1000] Vgl. Ballwieser (1994), S. 1395 ff.
[1001] Vgl. Franke/Hax (2004), S. 153.
[1002] Vgl. Busse von Colbe (1997), S. 290.

Ansatzes ist dabei die Kapitalmarktorientierung. Durch die Bezugnahme auf den diversifizierten Kapitalmarktanleger findet die Bewertung des Ressourceneinsatzes innerhalb des Shareholder Value-Konzeptes stets im Vergleich zu möglichen alternativen Verwendungen statt. Infolgedessen liegt der „Eichstrich"[1003] für die Vorteilhaftigkeit von Investitionen höher als der „Nullpunkt" des buchhalterischen Gewinns. Eine Investition kann daher trotz „schwarzer" buchhalterischer Zahlen im Vergleich zu möglichen Alternativen unrentabel sein.[1004] Derartige Investitionen gelten innerhalb des Shareholder Value-Konzeptes nicht als erhaltenswert und werden als Wertevernichter klassifiziert.[1005] Mit der Maximierung des Shareholder Values wird insofern eine optimale Allokation der knappen Ressource Kapital erreicht.[1006] Durch seine Alternativenorientierung befördert das Shareholder Value-Konzept dynamische Marktentwicklungen. Der Markt wird dabei als ein Prozess aufgefasst, in dem das Kapital in die beste alternative Verwendungsmöglichkeit fließt, die häufig in vollständig neuen Produkten und Produktionsprozessen besteht.[1007] Infolgedessen bezeichnet KOSLOWSKI den Shareholder Value-Ansatz im Sinne SCHUMPETERS als „eine Konzeption der Schaffung von Ungleichgewichten im Markt"[1008].

Ein tiefergehendes Verständnis des Shareholder Value-Ansatzes stellt infolgedessen den Absatzmarkt und mit ihm die Wettbewerbsfähigkeit des Unternehmens sowie die Befriedigung des Kundennutzens in den Vordergrund der Unternehmensführung. Sowohl MALIK als auch VON WERDER weisen in ihrer Kritik am Shareholder Value-Ansatz zu Recht darauf hin, dass „die Konkurrenzfähigkeit in allen relevanten Arenen des Wettbewerbs, (…) auf dem Absatz-, dem Arbeits- und dem Kapitalmarkt soweit wie möglich gestärkt"[1009] werden soll.[1010] Letztlich ist die Basis einer jeden Unternehmenswertsteigerung die Schaffung von Kundennutzen. Diese Wirkungskette darf insbesondere im Kontext des Shareholder Value-Ansatzes nicht außer Acht gelassen werden. In diesem Sinne ist beispielsweise auch die in der Wirtschaftspresse aktuell viel diskutierte Aussage WELCHS zu verstehen: „Shareholder Value ist ein Ergebnis, keine

---

[1003] Wagner (1997), S. 477.
[1004] Vgl. Wagner (1997), S. 477.
[1005] Vgl. Kuhner (2004), S. 263.
[1006] Vgl. Schredelseker (2002), S. 46.
[1007] Vgl. Koslowski (1999), S. 22.
[1008] Koslowski (1999), S. 22.
[1009] Werder (1998), S. 90.
[1010] Vgl. auch Malik (2008), S. 147 ff. Malik geht in seiner Kritik am Shareholder Value vom sog. Customer Value aus, der den Kunden und dessen Nutzen in den Vordergrund der unternehmerischen Zielkonzeption stellt. Demzufolge besteht der zentrale Unternehmenszweck darin, zufriedene Kunden zu schaffen. Ein derartig konzipierter Customer Value-Ansatz stellt, entgegen der Auffassung Maliks, jedoch keinen Gegenpol zum Shareholder Value-Konzept dar, sondern bildet vielmehr die leistungswirtschaftliche Vorstufe, die die Basis der Unternehmenswertsteigerung ist.

Strategie, die wichtigsten Interessensgruppen sind die eigenen Mitarbeiter, die eigenen Kunden und die eigenen Produkte."[1011] Auch SCHMIDT weist berechtigterweise auf die Gefahr hin, dass im Rahmen des Shareholder Value-Konzeptes sich die Handlungspflichten des Vorstandes nur noch „sekundär aus seinen operativen Funktionen in der Branche des Unternehmens"[1012] herleiten und sich primär aus der Attraktivität der Aktien am Kapitalmarkt ergeben.

Der Shareholder Value-Ansatz basiert, wie in Kapitel 4.2 dargelegt, auf strengen Prämissen, die eine praktische Anwendung einschränken, sofern sie nicht erfüllt sind. An den Prämissen entzündet sich ein Großteil der wissenschaftlichen wie gesellschaftspolitischen Kritik. Daher gilt es nachfolgend, diese Prämissen eingehender im Hinblick auf ihre Implikationen für den Shareholder Value zu analysieren.

4.4.2.1 Interessenmonismus und die Bedeutung impliziter Verträge

Im Fokus der Kritik steht insbesondere die interessenmonistische Zielkonzeption des Shareholder Value-Ansatzes. Diese Kritik wird von den Befürwortern der interessenmonistischen Zielkonzeption in der Regel unter Verweis auf folgende zwei Argumentationslinien zurückgewiesen: Zum einen gehe die Befriedigung der Interessen der relevanten Bezugsgruppen als Nebenbedingung in das Maximierungskalkül des Shareholder Values ein und daher würden diese Interessen nicht vernachlässigt.[1013] Diese Argumentation übergeht die Tatsache, dass das Niveau der zu befriedigenden Interessen keinesfalls exogen vorgegeben ist, sondern vielmehr von der Unternehmensleitung in bestimmtem Maße variiert werden kann.[1014] Zum anderen wird argumentiert, dass „mit Ausnahme der Anteilseigner (…) (alle) anderen Stakeholder mit dem Unternehmen durch Verträge mit festen gegenseitigen Ansprüchen – wie Kredit-, Arbeits- oder Kaufvertrag – verbunden (sind). (…) (Die Stakeholder) können ihre Interessen durch diese Kontrakte sichern."[1015] Beiden Argumentationsansätzen liegt, die häufig unausgesprochene Annahme zugrunde, dass die Stakeholder zu dem Zeitpunkt, zu dem sie den Vertrag zur Ressourcenüberlassung mit dem Unternehmen geschlossen haben, ausreichend gut informiert und faktisch in der Lage waren, ihre Interessen durch vollständige, problemlos durchsetzbare Verträge perfekt abzusichern.[1016] Perfekte Absi-

---

[1011] Financial Times vom 13. März 2009 „Welch schwört Shareholder Value ab". Jack Welch war von 1981 bis 2001 CEO von General Electric und galt als einer der prominetesten Verfechter des Shareholder Value-Ansatzes als Unternehmensstrategie.

[1012] Schmidt, K. (2002), S. 768.

[1013] Vgl. Ballwieser (1994), S. 1390; Frake/Hax (2004), S. 2 ff.

[1014] Vgl. Werder (1998), S. 74.

[1015] Busse von Colbe (1997), S. 289.

[1016] Vgl. Schmidt, R./Spindler (1997), S. 523 ff.; Spremann (1996), S. 483 f.

cherung bedeutet, dass die Stakeholder bei jeder denkbaren Zukunftsentwicklung exakt die für diese Situation ex ante vereinbarten Zahlungen bzw. Vorteile erhalten. Den Shareholdern hingegen fließt der finanzielle Überschuss zu, der aus der Geschäftstätigkeit nach Bedienung der fixen vertraglichen Ansprüche aller anderen Interessengruppen resultiert. Da die Anteilseigner „mit dem finanziellen Schicksal des Unternehmens denkbar eng verflochten"[1017] sind, stellen sie dem Unternehmen nur dann Kapital zur Verfügung, wenn der Erwartungswert des unsicheren Residuums höher eingeschätzt wird als der Wert in jeder anderen Verwendung.[1018] Vollkommene Verträge für Stakeholder und ein vollkommener Kapitalmarkt bilden die hinreichende Bedingung für die Optimalität einer primär an den Interessen der Anteilseigner orientierten Unternehmensführung. In dieser Situation könnten die Aktionäre den Managern eindeutig vorschreiben, wie sie sich unter allen denkbaren Umständen zu verhalten hätten, und alle anderen Stakeholder könnten sich durch Verträge vollkommen absichern.[1019]

Zum einen ist in der Realität der Abschluss vollständiger Verträge aufgrund begrenzter Rationalität der Akteure und der entstehenden Transaktionskosten nicht möglich.[1020] Zum anderen stellt die klassische Differenzierung zwischen Festbetragsbeteiligten und Restbetragsbeteiligten eine mehr oder weniger grobe Vereinfachung der Realität dar. Stakeholder sind, wie KUHNER ausführt, nicht immer nur Festbetragsbeteiligte, sondern befinden sich regelmäßig auch in der Position von Restbetragsbeteiligten.[1021] Vielfach erwarten und erhalten Ressourcengeber von den Unternehmen Gegenleistungen, die nicht auf vertraglich präzise fixierten und rechtlich gut durchsetzbaren Titeln beruhen. Derartige Austauschbeziehungen zwischen Marktakteuren, die nicht auf einer einklagbaren Vertragsgrundlage basieren, werden als relationale Verträge bezeichnet.[1022] Relationale Verträge sind langfristige Vereinbarungen, die der Tatsache unvollständiger Voraussicht Rechnung tragen, indem sie Raum für künftige Kontingenzen lassen. Typischerweise enthalten Arbeitsverträge mehr oder weniger gewichtige implizite Komponenten.[1023] Ein weiteres Beispiel einer impliziten Vertragsbeziehung ist die Beziehung des Unternehmens zur Standortkommune, sofern der Vertrag zu spezifischen Investitionen Anlass gibt, wie beispielsweise die Bereitstellung von Infrastruktur, Subventionsgewährung oder Steuerverzicht.

[1017] Kuhner (2004), S. 259.
[1018] Vgl. Hutzschenreuter (1998), S. 19.
[1019] Vgl. Schmidt, R./Maßmann (1999), S. 19.
[1020] Vgl. Richter/Furubotn (2003), S. 269. Siehe hierzu auch Kapitel 2.6.2.
[1021] Vgl. Kuhner (2004), S. 259; Spremann (1996), S. 485.
[1022] Vgl. Kuhner (2004), S. 260; Milgrom/Roberts (1992), S. 132.
[1023] Die Ausführungen dieses Abschnitts folgen Kuhner (2004), S. 260 ff.

Im Shareholder Value-Konzept kommt, im Gegensatz zur unternehmerischen Praxis, impliziten Verträgen nur geringe Bedeutung zu. BLAIR begründet dies mit den relativ kurzen Zeithorizonten, in denen Shareholder Value-basierte Steuerungssysteme agieren.[1024] Infolgedessen werden „weiche" nicht in Cash-Flow-Größen quantifizierbare und prognostizierbare Faktoren regelmäßig vernachlässigt. KUHNER merkt dazu sarkastisch an: „Mit Blick auf die realen Auswirkungen der Shareholder Value-Philosophie in den letzten beiden Jahrzehnten dürfte es völlig unstrittig sein, dass die Honorierung wohlerworbener, aber rechtlich nicht abgesicherter Stakeholderansprüche nicht gerade ein Herzensanliegen Shareholder Value-geleiteter Unternehmenspolitik ist."[1025]

In der Realität geht die strikte Verfolgung einer interessenmonistischen Zielkonzeption, wie die institutionenökonomische Betrachtung gezeigt hat – entgegen der eingangs erwähnten Argumentation der Shareholder Value-Befürworter – zulasten der Stakeholder, da der Abschluss vollständiger Verträge nicht möglich ist. Inwiefern eine derartige Zielkonzeption Ineffizienzen für das Unternehmen nach sich zieht, ist Gegenstand des 5. Kapitels.

4.4.2.2 Die Kapitalmarktorientierung und ihre Prämissen

Für die Anteilseigner bildet die Annahme eines vollkommenen Kapitalmarktes die theoretische Basis für die Zielsetzung der Marktwertmaximierung. Diese Annahme führt für die Kapitalgeber zu folgenden Implikationen: Sofern die Anteilseigner den unsicheren Einkommensstrom aus der Investitionspolitik, die den Aktienkurs maximiert, aufgrund des zeitlichen Verlaufs der Einzahlungen oder des Risikos weniger hoch schätzen als den durch eine andere Investitionspolitik generierten Einkommensstrom, können sie ihre Aktien auf einem vollkommenen Kapitalmarkt stets verkaufen.[1026] Mit dem Verkaufserlös können sie im Sinne der in Kapitel 4.2 beschriebenen Diversifikationsstrategie einen Einkommensstrom erwerben, der hinsichtlich der zeitlichen Struktur und des Risikos ihren Präferenzen entspricht. Infolgedessen kommt es unter diesen Annahmen zu einer Kongruenz der Shareholderinteressen. Des Weiteren ist unter diesen Bedingungen die Allokation, die sich aufgrund des Ziels der Marktwertmaximierung ergibt, gesamtwirtschaftlich effizient.[1027] Demzufolge wäre die Marktwertmaximierung normativ legitimierbar.

[1024] Vgl. Blair (1995), S. 122 ff.
[1025] Kuhner (2004), S. 261 f.
[1026] Vgl. Schmidt, R./Spindler (1997), S. 525.
[1027] Vgl. Schmidt, R./Spindler (1997), S. 526.

Darüber hinaus ist die Annahme der Informationseffizienz von besonderer Bedeutung, wie KÜRSTEN beweist.[1028] Kapitalmarktpreise erfüllen stets zwei Funktionen: Zum einen sorgen sie für einen Ausgleich zwischen Angebot und Nachfrage und zum anderen aggregieren und übermitteln sie Informationen.[1029] In der Kapitalmarkttheorie wurde eine Reihe absoluter Kriterien für die Beurteilung der Informationseffizienz von Kapitalmärkten entwickelt.[1030] Die Informationseffizienz ist die Voraussetzung für die Bildung homogener Erwartungen, denn nur in diesem Falle ist gewährleistet, dass die Informationen allen Anlegern gleichzeitig zur Verfügung stehen und sich eine einheitliche Erwartungsbildung vollziehen kann.[1031] In einem effizienten Kapitalmarkt reflektieren die Marktpreise ohne Verzögerung und vollständig alle relevanten Informationen, so dass die Anleger sofort reagieren können.

Im Kontext des Shareholder Value-Ansatzes verlangt die Informationseffizienz, dass die von der Unternehmensleitung beabsichtigten Aktionen allen Anspruchsberechtigten ex ante bekannt sind. Der Marktwert kann nämlich nur dann als Kriterium für das Wohl der Aktionäre dienen, wenn die Anteilseigner über die von der Unternehmensleitung beabsichtigten Aktivitäten frühzeitig und zutreffend informiert sind, so dass sie durch den Kauf bzw. Verkauf weiterer Wertpapiere die Entwicklung ihres Portfolios von der zu erwartenden Wertentwicklung der Aktien des Unternehmens abkoppeln können. Ist diese Annahme nicht erfüllt, kann keine Interessenkongruenz innerhalb der Gruppe der Anteilseigner angenommen werden.[1032] Denn aus finanzierungstheoretischer Sicht geht bei Einschränkung der obigen Annahmen die Steigerung des Unternehmensgesamtwertes aus Sicht der Anteilseigner keinesfalls zwingend mit der Zunahme des Aktionärsvermögens einher. Infolgedessen lassen sich Investitionsentscheidungen nicht alleine aus der Bewertung des Unternehmens am Kapitalmarkt ableiten.[1033]

[1028] Vgl. Kürsten (2000), S. 365.

[1029] Vgl. Picot/Dietl (1994), S. 114.

[1030] Am bekanntesten sind die Effizienzkriterien Famas, die in ihrer strengsten Form einen Kapitalmarkt immer dann als informationseffizient bezeichnen, wenn in den Marktpreisen alle verfügbaren Informationen enthalten sind: „A market in which prices always 'fully reflect' all available information is called 'efficient'." (Fama (1970), S. 383) Wäre dieses Kriterium erfüllt, müssten alle Informationen kostenlos zur Verfügung stehen. Sobald die Informationsbeschaffung mit Kosten verbunden ist, werden Informationen nur dann aufgespürt, wenn der hieraus resultierende Informationsvorsprung Arbitragegewinne verspricht. Arbitragegewinne sind jedoch nur in einem Kapitalmarkt möglich, dessen Preise nicht alle verfügbaren Informationen aggregieren. Vgl. Picot/Dietl (1994), S. 114 f.

[1031] Vgl. Perridon/Steiner (2007), S. 250.

[1032] Vgl. Kürsten (2000), S. 361; Mülbert (1996), S. 133.

[1033] Vgl. Mülbert (1996), S. 133 f.

Sind hingegen die zuvor genannten Annahmen perfekter Verträge bzw. eines vollkommenen Kapitalmarktes erfüllt, ist die Maximierung des Marktwertes des Eigenkapitals gleichbedeutend mit der Maximierung des Gesamtwertes des Unternehmens für alle Stakeholder einschließlich der Shareholder. Daraus folgt im Umkehrschluss, dass „die Shareholder Value-Maximierung immer dann keine 'ideale', d.h. stringent ableitbare und damit in normativer Hinsicht unumstrittene, wie auch operationale Zielsetzung im Sinne aller Stakeholder darstellt, wenn die Nicht-Eigentümer ihre Interessen nicht durch perfekte Verträge absichern können, und/oder wenn der Kapitalmarkt nicht vollkommen und vollständig ist"[1034],[1035].

Die Prämisse effizienter Kapitalmärkte ist für modelltheoretische Analysen zweifelsohne hilfreich und legitim. Dabei wird jedoch häufig außer Acht gelassen, dass der Aktienkurs, selbst wenn ansonsten Effizienz des Kapitalmarktes unterstellt wird, nur öffentlich verfügbare Informationen widerspiegeln kann. Diese sind aber durch das Management beeinflussbar und betreffen eher kurzfristige Erfolge, während langfristige strategische Erfolgspotentiale häufig schon aus Konkurrenzgründen geheim gehalten werden.[1036] Infolgedessen kommt die Annahme effizienter Kapitalmärkte der Realität nur begrenzt nahe und kann daher nicht ohne Weiteres als gegeben angenommen werden.[1037] Insofern stellt sich die Frage, inwieweit die aus dem CAPM abgeleitete fundamentalen Preise die sich am Kapitalmarkt einstellenden Kurse zutreffend zu erklären vermögen.[1038] Die beschriebene Gleichsetzung des Börsenkurses mit der erwirtschafteten Wertsteigerung ist in der Übertragung auf den deutschen Kapitalmarkt problematisch, da dieser empirischen Untersuchungen zufolge nicht einmal das Maß der mittelstrengen Informationseffizienz[1039] erreicht und Börsenkurse demnach kein verlässlicher Indikator für den Unternehmenswert sind.[1040],[1041] Dem Shareholder Value-Konzept hingegen liegt sogar die Annahme der strengen Informationseffizienz

---

[1034] Schmidt, R./Spindler (1997), S. 526.

[1035] Zur analytischen Herleitung vgl. Kürsten (2000), S. 360 ff.

[1036] Vgl. Gedenk (1998), S. 28.

[1037] Vgl. Perridon/Steiner (2007), S. 257.

[1038] Vgl. Mülbert (1996), S. 131.

[1039] Bei der Definition der mittelstrengen Informationseffizienz wird ausgehend von der Definition Famas unterstellt, dass alle öffentlichen Informationen Berücksichtigung finden; sowohl solche über die Geschäftslage der Unternehmen als auch solche über das Geschehen auf dem Kapitalmarkt, insbesondere über die Preise in der Vergangenheit. Vgl. Franke/Hax (2004), S. 399.

[1040] Vgl. Witt (2002), S. 59; Sapusek (1998), S. 252 ff.; Höpner/Jackson (2001), S. 6; Assmann (2003), S. 10; Osterloh (1999), S. 190 f.; Bartölke et al. (1999), S. 17; Franke/Hax (2004), S. 399.

[1041] Die unzähligen empirischen Studien zur Gültigkeit der Kapitalmarktgleichgewichtsmodelle liefern keine eindeutigen und belastbaren Ergebnisse. Vgl. hierzu exemplarisch die Studie von Fama/French (1992) zur mangelnden Aussagekraft des ß-Faktors und die Widerlegung von Roll/Ross (1994). Unstrittig ist jedoch, dass die strengen Prämissen des CAPM in der Realität nicht zutreffend sind. Für einen Überblick über die Forschung vgl. Mülbert (1996), S. 131 ff.

zugrunde. Infolgedessen ist die Markwertmaximierung – letztlich auch aus Sicht der Aktionäre – ein pragmatisches und weitestgehend plausibles, aber kein theoretisch zweifelsfrei herleitbares Unternehmensziel.

4.4.2.3 Kurzfristige Handlungsorientierung

Ein weiterer Kritikpunkt liegt in der verbreiteten Besorgnis, dass eine Orientierung am Shareholder Value eine allein auf kurzfristige Ergebnisverbesserung fokussierte Unternehmensführung zur Folge habe, die primär auf die Mittel Personalabbau und Kürzung der Forschungs- und Entwicklungsaufwendungen zurückgreift.[1042] Unter den modelltheoretischen Annahmen – insbesondere denen der Informationseffizienz – ist diese Befürchtung unbegründet, denn gerade die Entkopplung der kapitalmarktbezogenen Aktienbewertung von den individuellen Zeitpräferenzen der Investoren bildet eines der Kernelemente des CAPM.

In der Praxis hingegen begünstigt der Shareholder Value-Ansatz eine kurzfristig orientierte Unternehmensführung.[1043] Die Ursache hierfür liegt zum einen in der Tatsache, dass sich langfristige Strategieentscheidungen nur schwer quantifizieren lassen. Zum anderen beschränkt sich die Prognoseperiode auf einen relativ kurzen Zeitraum, der in der Regel fünf Jahre umfasst. Der Restwert kann infolgedessen bis zu 75 % der gesamten Einzahlungsüberschüsse betragen und muss geschätzt werden.[1044] Dies führt dazu, dass sich nachvollziehbare Verbesserungen des Cash-Flows am leichtesten durch kurzfristig wirksame Kosteneinsparungen erzielen lassen. Da die Unsicherheit der Daten mit zunehmendem Planungshorizont wächst, besteht eine Tendenz, dass Anteilseigner kurzfristige Erträge überproportional in ihrem Entscheidungskalkül bewerten.[1045] Aufgrund der Unvollkommenheit des Kapitalmarktes misst der Shareholder Value-Ansatz kurzfristigen Erfolgsausweisen ein ungerechtfertigt hohes Gewicht bei.[1046] Selbst RAPPAPORT muss mit Blick auf die Entwicklungen in den letzten Jahren konzedieren: „Die kurzfristige Performance eines Unternehmens bleibt weiter der Mittelpunkt des Interesses."[1047]

[1042] Vgl. Mülbert (1997), S. 139.

[1043] Vgl. Blair (1995), S. 122 ff.; Kuhner (2004), S. 261 f.

[1044] Dies kann entweder durch ewige Fortschreibung des Free Cash-Flow oder durch stark simplifizierende Berechnungen, wie z.B. einen Multiplikator auf den Gewinn, errechnet werden. Die Annahmen stabiler Cash-Flows und Kapitalstrukturen stellen jedoch eine sehr starke Vereinfachung dar und werden in der Literatur entsprechend kritisiert. Vgl. Kramarsch (2004), S. 24; Unzeitig/Köthner (1995), S. 131.

[1045] Vgl. Perlitz (1997), S. 553

[1046] Vgl. Osterloh (1999), S. 191; Hirsch-Kreinsen (1999), S. 329. Für empirische Belege vgl. Haugen (1996), S. 86 ff.; Chauvin/Shenoy (2001), S. 53 ff.

[1047] Rappaport (2006), S. 26.

Die praktische Relevanz für die Anwendung des Shareholder Value-Konzeptes hängt nicht zuletzt davon ab, inwieweit der Kapitalmarkt die Vernachlässigung von Investitionen in „weiche" Faktoren des Unternehmens, wie etwa Humankapital oder Forschung und Entwicklung, durch Kurssteigerungen prämiert und entgegen der Kapitalmarkteffizienzhypothese kurzsichtig reagiert.[1048] Die empirischen Befunde hierzu sind umstritten. So hat beispielsweise PORTER Anfang der 1990er Jahre nachgewiesen, dass amerikanische Unternehmen niedrigere Investitionen in „weiche" Faktoren des Unternehmenswertes tätigen als deutsche und japanische Unternehmen.[1049]

4.4.3 Fazit

Die modelltheoretische Basis des Shareholder Value-Konzeptes ist das CAPM. Infolgedessen ist auch der Shareholder Value-Ansatz von den strengen Prämissen eines vollkommenen Kapitalmarktes geprägt. Sofern diese Annahmen erfüllt und die Stakeholder in der Lage sind, perfekte Verträge mit dem Unternehmen zu schließen, ist die Shareholder Value-Maximierung identisch mit der Maximierung des Gesamtwertes des Unternehmens und liegt somit im Interesse aller Anspruchsgruppen. Die häufig vorgebrachte Kritik am vermeintlichen Interessenmonismus sowie an der kurzfristigen Handlungsorientierung im Rahmen des Shareholder Value-Konzeptes wäre in diesem Falle unberechtigt.

Im Gegensatz zur Modellwelt sind in der Realität jedoch nicht alle Annahmen erfüllt. Dies gilt insbesondere für die Annahmen von perfekten Verträgen und Informationseffizienz. Infolgedessen bildet der mittels des Shareholder Value-Ansatzes ermittelte Marktpreis des Unternehmens keineswegs einen uneingeschränkt objektiven Wert.[1050] Jedoch auch in einer Welt mit gewissen Unvollkommenheiten kann der Aktienkurs, wie SCHMIDT/SPINDLER zu Recht argumentieren, die Zukunftserwartungen des Unternehmens von der Tendenz her richtig abbilden.[1051] Demzufolge dürfte es eine Vielzahl von Managemententscheidungen geben, die sich anhand des Maßstabes Shareholder Value zutreffend bewerten lassen. Bei unvollkommenen Verträgen und Märkten ist jedoch stets der Unterschied zwischen der Maximierung des Shareholder Values und der Maximierung des Unternehmensgesamtwertes zu berücksichtigen und entsprechend ins Entscheidungskalkül mit einzubeziehen. Dieser Unterschied wird besonders deutlich, wenn die Steigerung des Shareholder Values zulasten des Einkommens-

---

[1048] Vgl. Fleischer (2003), S. 131 f.; Mülbert (1997), S. 139 f.
[1049] Vgl. Porter (1992), S. 4 ff.
[1050] Vgl. Mülbert (1996), S. 134.
[1051] Vgl. Schmidt, R./Spindler (1997), S. 527.

stroms von Nichteigentümern erreicht wird.[1052] Dies ist insbesondere dann der Fall, wenn es zu einer Umverteilung von einer Interessengruppe zugunsten der Eigentümer kommt oder die Beziehung einzelner Individuen innerhalb einer Interessengruppe zugunsten der aus Sicht der Eigentümer günstigeren Beziehung zu anderen Individuen dieser Interessengruppe aufgegeben wird. Für derartige Konstellationen stellt das Shareholder Value-Konzept keine operationale Zielkonzeption dar.

[1052] Vgl. Hutzschenreuter (1998), S. 20.

5. Corporate Governance zwischen Shareholder Value und aktienrechtlicher Zielkonzeption

In wessen Interesse ist nun eine Aktiengesellschaft zu leiten? Mit diesem Kapitel kehren wir zur Kernfrage dieser Arbeit zurück. Sowohl das Aktienrecht als auch der im Kontext der kapitalmarktorientierten Unternehmensführung weit verbreitete Shareholder Value-Ansatz haben Antworten auf diese Frage. Nachdem in den Kapiteln 3 und 4 die Zielkonzeption der Unternehmensführung aus unterschiedlichen Perspektiven beleuchtet wurde, gilt es nun zu analysieren, inwieweit sich das Shareholder Value-Konzept mit der Leitungsmaxime des deutschen Aktienrechts vereinbaren lässt.

5.1 Interessengewichtung in der Unternehmensverfassung – eine institutionenökonomische Analyse

In der Ausgestaltung der Corporate Governance lassen sich im internationalen Vergleich deutliche Unterschiede erkennen. Obwohl die Trennung von Eigentum und Kontrolle weltweit als charakteristisches Merkmal börsennotierter Aktiengesellschaften gilt und somit ähnliche Grundprobleme existieren, variieren die Bedeutung einzelner Governance-Mechanismen und die Ausrichtung auf bestimmte Interessengruppen. Die Gedankengänge des vorherigen Kapitels aufgreifend stellt sich zunächst die Frage: Was spricht aus ökonomischer Sicht dafür, Entscheidungen im Unternehmen nur im Interesse der Anteilseigner getroffen werden, und welche Bedeutung kommt den Stakeholdern im Rahmen eines erfolgreichen Wertschöpfungsprozesses zu? Dazu werden nachfolgend sowohl eine shareholderorientierte Corporate Governance als auch eine stakeholderorientierte Corporate Governance auf Basis der Neuen Institutionenökonomik analysiert.

5.1.1 Shareholderorientierte Corporate Governance

Shareholderorientierte Corporate Governance-Systeme stellen den Interessenausgleich zwischen nur zwei Anspruchsgruppen des Unternehmens, den Aktionären und der Unternehmensleitung, in den Vordergrund der Betrachtung. Im Shareholder Value-Konzept kommt die seit langem in der wirtschaftswissenschaftlichen Diskussion zu beobachtende Gleichsetzung des Corporate Governance-Problems mit dem Problem der anteilseignerorientierten Unternehmensführung zum Ausdruck.[1053] Die Ansprüche

---

[1053] Vgl. Witt (2003), S. 17. Dieser verweist dabei auf Smith (1776); Berle/Means (1932); Jensen/Meckling (1976); Fama/Jensen (1983).

der Mitarbeiter, der Fremdkapitalgeber und anderer Interessengruppen gegenüber dem Unternehmen werden im Shareholder Value-Modell nicht als Bestandteil des Corporate Governance-Problems aufgefasst, sondern stattdessen über Märkte, privatrechtliche Verträge und ein entsprechendes Rechtssystem gesichert. Infolgedessen bildet das Outsidersystem, wie es in Kapitel 2.5.1 beschrieben wurde, den idealtypischen Bezugspunkt.

Gemäß der Theorie der Verfügungsrechte besteht ein Unternehmen aus einem Netzwerk von Vertragsbeziehungen zwischen Einzelpersonen bzw. juristischen Personen zur effizienten Organisation der Leistungserstellung.[1054] Aufgrund der Unsicherheit bezüglich der zukünftigen positiven Cash-Flows des Unternehmens können nicht alle Leistungen und Zahlungen an die Vertragsparteien ex ante vertraglich fixiert werden.[1055] Infolgedessen muss es Vertragspartner geben, die bereit sind, ein Risiko zu tragen, und somit lediglich Residualansprüche an das Unternehmen haben. Aus Effizienzgründen ist nach ALCHIAN/DEMSETZ (1972) die Risikoübernahme mit der Verfügung über die Kontrollrechte zu verknüpfen. In kapitalistischen Systemen sind die Anteilseigner sowohl Gewinnberechtigte als auch Risikoträger.[1056] Die Leistungen der anderen Anspruchsgruppen werden im Kontext dieses Argumentationsansatzes wie auf Spot-Märkten gehandelt und vollständig spezifiziert, so dass ihre Interessen vertraglich vollkommen geschützt sind.[1057]

Für Anteilseigner, die dem Unternehmen langfristig haftendes Kapital zur Verfügung stellen, besteht grundsätzlich die Gefahr, dass bei eingeschränkten Herrschaftsrechten Entscheidungen getroffen werden, die die Ertragansprüche der Shareholder entwerten. Insbesondere bei sich langfristig amortisierenden, irreversiblen Investitionen können sich die haftenden Eigenkapitalgeber nicht durch die kollektive Wahl der Exit-Option schützen, denn dies würde das Unternehmen in die Insolvenz treiben und die getätigten Realinvestitionen entwerten.[1058] Demzufolge sind die Investitionen von Eigenkapitalgebern in der Regel spezifisch.[1059] Eigenkapitalgeber werden somit nur dann haftendes Kapital bereitstellen, wenn ihnen Herrschaftsrechte zugewiesen werden oder auf andere Weise sichergestellt wird, dass ihre Interessen gewahrt werden. Der Schutzbedürftigkeit der Aktionäre müssen die institutionellen Rahmenbedingungen eines Lan-

---

[1054] Siehe hierzu Kapitel 2.6.1.

[1055] Vgl. Wentges (2002), S. 78 f.

[1056] Vgl. Franke/Hax (2004), S. 2 ff.

[1057] Vgl. Wentges (2002), S. 79.

[1058] Diese Aussage hat jedoch nur Gültigkeit, wenn eine entsprechend große Anzahl von Aktionären ihr Engagement im Unternehmen beenden möchte. Einzelne Kleinaktionäre können in der Regel ohne große Kursverluste ceteris paribus ihre Aktien verkaufen. Vgl. Schmidt, R./Weiß (2003), S. 115 f.; Fama (1980), S. 291.

[1059] Vgl. Schmidt, R./Weiß (2003), S. 116.

des Rechnung tragen: „Legal protection of investor rights is one essential element of corporate governance."[1060] Dabei darf jedoch nicht außer Acht gelassen werden, dass die Aktionäre über die Möglichkeit verfügen, das unsystematische Risiko durch die Diversifikation ihres Portfolios zu eliminieren.

Für Publikumsgesellschaften sind sowohl die Aufspaltung der Verfügungsrechte als auch die Trennung von Eigentum und Kontrolle charakteristisch. Daraus ergeben sich einerseits eine Verdünnung der Verfügungsrechte und andererseits Prinzipal-Agenten-Beziehungen zwischen Anteilseignern und Unternehmensleitung sowie zwischen Großaktionären und Minderheitsgesellschaftern.[1061] Die Verdünnung der Verfügungsrechte führt zu höheren Transaktionskosten hinsichtlich der Steuerung und Kontrolle des Managements.[1062] Infolge prohibitiv hoher Transaktionskosten entstehen Handlungsspielräume für das Management, die diskretionär ausgenutzt werden können, und in das zentrale Corporate Governance-Problem shareholderorientierter Unternehmen auf Anteilseignerseite münden: das Prinzipal-Agenten-Problem zwischen Anteilseigner und Unternehmensleitung.

Die Aktionäre können in der Praxis weder die Qualifikation (Hidden Characteristics) und die Leistungsbereitschaft (Hidden Intention) eines Managers perfekt einschätzen noch dessen Arbeitseinsatz (Hidden Action) direkt beobachten.[1063] Aktionäre müssen somit befürchten, dass sie Vermögensverluste erleiden, weil die Manager für die Leitungsaufgabe nicht ausreichend qualifiziert sind, sich zu wenig einsetzen oder eigene Ziele verfolgen, die denen der Aktionäre zuwiderlaufen (Moral Hazard). Ein erster Ansatz zur Lösung dieses Prinzipal-Agenten-Problems besteht der Agenturtheorie zufolge in der anreizverträglichen Entlohnung der Manager. Hinsichtlich der Ausgestaltung von derartigen Vergütungssystemen sei auf Kapitel 5.5.2 verwiesen.

In der Praxis lassen sich jedoch nicht alle Agency-Probleme zwischen Aktionären und Managern mittels ergebnis- oder leistungsabhängiger Vergütungsverträge lösen. Dies liegt zum einen darin begründet, dass sich die Nutzenfunktionen der einzelnen Manager unterscheiden und es dem Prinzipal nicht möglich ist, jedem einzelnen Manager einen individuellen effizienten Vertrag anzubieten. Zum anderen besteht stets die Gefahr, dass nicht messbare Erfolgsfaktoren von den Managern vernachlässigt werden und infolgedessen „die intrinsische Motivation der Führungskräfte unterhöhlt und

---

[1060] Shleifer/Vishny (1997), S. 773.
[1061] Siehe hierzu auch die Kapitel 2.6.1.3 und 2.6.3.3.
[1062] Vgl. Ebers/Gotsch (2002), S. 206.
[1063] Vgl. Witt (2003), S. 18 f.

durch die extrinsische Motivation der leistungsabhängigen Vergütung verdrängt wird"[1064].[1065]

Für die Funktionsfähigkeit eines derartigen Corporate Governance-Systems bedarf es daher weiterer Kontrollinstrumente und entsprechender Rahmenbedingungen. Von zentraler Bedeutung ist im Kontext shareholderorientierter Corporate Governance die Funktionsfähigkeit und Informationseffizienz der Märkte. Eine Disziplinierung des Managements erfolgt dabei durch den Wettbewerb sowohl auf dem „Market for Corporate Control" als auch auf den Absatz-, Arbeits- und Kapitalmärkten.[1066] Die Anreiz- und Kontrollwirkung des Marktes für Unternehmenskontrolle beispielsweise – auf den an dieser Stelle exemplarisch verwiesen sei – resultiert aus der Annahme, dass die Manager um die Kontrolle von Unternehmen konkurrieren und ein effektiver Wettbewerb auf diesem Markt das amtierende Management zu stärkerem Wettbewerb auf dem Gütermarkt veranlasst, weil sie andernfalls damit rechnen müssen, im Zuge einer feindlichen Übernahme des von ihnen geführten Unternehmens abgelöst zu werden.[1067] Für eine ausführliche Darstellung der disziplinierenden Wirkung der einzelnen Märkte sei an dieser Stelle auf Kapitel 2.6.3.3 verwiesen. Die Funktionsfähigkeit der Märkte wird nicht zuletzt durch die gesetzlichen Rahmenbedingungen beeinflusst. So kann beispielsweise ein schwacher Kündigungsschutz oder auch eine fehlende Beteiligung der Arbeitnehmer an Unternehmensentscheidungen die Bedeutung des externen Arbeitsmarktes stärken und seine Flexibilität erhöhen.[1068]

Die Unternehmensleitung und ihre Entscheidungen können darüber hinaus durch unternehmensinterne Aufsichtsgremien kontrolliert werden.[1069] Das Aufsichtsgremium hat im Kontext einer shareholderorientierten Corporate Governance die Aufgabe, die Verfolgung der Aktionärsinteressen durch die Unternehmensleitung zu überwachen.[1070] Durch die Errichtung eines Aufsichtsgremiums können die Agency Costs gesenkt werden. Dies kann entweder durch eine direkte Kontrolle des Managements, beispielsweise durch die Definition zustimmungspflichtiger Geschäfte, erfolgen oder durch die Entscheidung über die Managementvergütung sowie die Bestellung und Abberufung der Vorstandsmitglieder. Ein Aufsichtsratsgremium ist aufgrund seines direkten Kontaktes mit der Unternehmensleitung grundsätzlich besser als die Gesamtheit

---

[1064] Witt (2003), S. 22.

[1065] Vgl. darüber hinaus Jensen/Murphy (1990), S. 243 f.

[1066] Vgl. Fama (1980); Fama/Jensen (1983); Picot/Michaelis (1984); Hart (1995b), S. 681 ff.

[1067] Vgl. Lohse (2005), S. 29.

[1068] Vgl. Gerum (2004a), S. 12.

[1069] In Deutschland wird der Aufsichtsrat gemäß § 96 AktG zur Hälfte, zu zwei Dritteln oder vollständig von den Aktionären gewählt. Die konkrete Zusammensetzung des Aufsichtsgremiums ist abhängig von den für das einzelne Unternehmen gültigen Mitbestimmungsnormen.

[1070] Vgl. Witt (2003), S. 30.

der Anteilseigner in der Lage, Moral Hazard und opportunistisches Verhalten des Managements zu verhindern bzw. zu begrenzen.

Mit einer shareholderorientierten Corporate Governance geht hinsichtlich des Bilanzrechts die Forderung nach der Gewähr aussagekräftiger Informationen über das Unternehmen und damit insbesondere nach einer Erweiterung der Berichtspflichten einher. Ein Bilanzrecht, dessen zentrale Maxime die Offenlegung der entscheidungswesentlichen Daten dem Kapitalmarkt gegenüber ist, trägt zur Disziplinierung des Managements bei.[1071] Dadurch erhalten die Kapitalmarktteilnehmer die Möglichkeit, die Positionierung des Unternehmens am Markt und dessen Ergebnisse zu bewerten. Die Informationseffizienz des Kapitalmarktes ist dabei von überragender Bedeutung.[1072] Im Rahmen einer strikt shareholderorientierten Corporate Governance wird somit der Schutz der Aktionäre vornehmlich durch deren Rolle als Kapitalmarktteilnehmer und weniger durch deren mitgliedschaftsrechtliche Funktion im Sinne eines Verbandsrechts konkretisiert.[1073]

Die Aktionäre verfügen darüber hinaus bei der Hauptversammlung über Stimmrechte aus ihrem Anteilsbesitz. Sie entscheiden über die Besetzung des Aufsichtsgremiums, möglicher Kapitalerhöhungen, die Bestellung der Abschlussprüfer, die Gewinnverwendung sowie die Entlastung des Vorstandes.[1074] Damit stehen den Anteilseignern in der Prinzipal-Agenten-Beziehung zwischen Eigenkapitalgebern und Managern direkte Einflussrechte gegenüber der Unternehmensleitung zu.[1075] Die Kontrolle durch Stimmrechtsausübung setzt jedoch voraus, dass eine Mehrheit der Aktionäre die Leistungen des Managements kontrolliert und ihr Stimmrecht entsprechend ausübt. Diese Problematik wird umso bedeutsamer, je weiter der Anteilsbesitz des Unternehmens gestreut ist. Die Stimmrechtsausübung ist einerseits mit erheblichen Kosten für die Anteilseigner verbunden und andererseits sinkt mit der Größe des Anteilsbesitzes – infolge der individuellen Diversifikationsstrategie des Anlegers – der Anreiz einer ernsthaften Kontrolle.[1076] Dies führt dazu, dass die direkte Kontrolle der Unternehmensleitung durch die Anteilseigner den Charakter eines öffentlichen Gutes mit starken externen

---

[1071] Vgl. Merkt (2003), S. 127; Schneider/Strenger (2000), S. 107.

[1072] Deutlich wird dies beispielsweise im amerikanischen Bilanzrecht, das den Vorzug der Informationsfunktion betont: „Financial reporting is not an end in itself but is intended to provide information that is useful in making business and economic decisions." Financial Accounting Standards Board (2006), S. 1.

[1073] Vgl. Kalweit (2000), S. 33.

[1074] Für Deutschland ist dies in den §§ 119, 120 AktG normiert.

[1075] Die Ausführungen dieses Abschnitts folgen Witt (2003), S. 23 ff.; Wentges (2002), S. 80 f.

[1076] Beispiele für derartige Kosten: Opportunitätskosten der aufgewendeten Zeit für die Auswertung der Jahresabschlüsse und Unternehmensinformationen sowie für den Besuch der Hauptversammlung, die Reisekosten zum Ort der Versammlung etc. Vgl. Witt (2003), S. 23; Picot/Schuller (2001), S. 97.

Effekten erhält und seitens der Aktionäre eine Tendenz zu einem Free-Rider-Verhalten vorherrscht.[1077] Diese Rationalität passiven Verhaltens gilt jedoch nur für Eigentümer kleiner Anteilspakete, während Großaktionäre durchaus über Anreize verfügen, das Management direkt zu kontrollieren und ihr Stimmrecht auszuüben. WITT behauptet gar, dass der Nutzen aus Kontrolle und Stimmrechtsausübung nicht linear, sondern vielmehr exponentiell mit der Höhe des Anteilsbesitzes wächst.[1078] Infolgedessen kommt großen institutionellen Anlegern, wie beispielsweise Banken, Pensionsfonds, Investmentfonds, Versicherungen oder anderen Unternehmen, in der Praxis eine wichtige Rolle bei der Überwachung der Unternehmensleitung zu. So führt beispielsweise das Depotstimmrecht der Banken und Investmentfonds zu einer Bündelung der Verfügungsrechte und zu sinkenden Transaktionskosten einer effizienten Kontrolle.[1079]

An dieser Stelle wird die zweite Prinzipal-Agenten-Beziehung shareholderorientierter Corporate Governance tangiert, die zwischen Großaktionären und Minderheitsanteilseignern. Den positiven Effekten der Kontrolle des Managements durch Großaktionäre stehen jedoch auch Effizienzprobleme gegenüber.[1080] So gehen beispielsweise die Einflussmöglichkeiten von Banken in der Regel aufgrund zusätzlich genutzter Depotstimmrechte deutlich über die nominell gehaltenen Stimmrechte hinaus.[1081] Des Weiteren reichen bei einer geringen Hauptversammlungspräsenz schon vergleichsweise kleine Anteilspakete eines institutionellen Investors aus, um eine Stimmrechtsmehrheit zu erreichen. Darüber hinaus verringert die Existenz einiger Investoren mit großen Anteilspaketen die Liquidität der Aktie am Kapitalmarkt. Aus derartigen Konstellationen können Interessenkonflikte zwischen Großaktionären und Minderheitsaktionären resultieren. Diese ergeben sich in der Regel weniger im Verhältnis zu Pensions- oder Investmentfonds, da diese keine eigenen Geschäfte mit dem Unternehmen tätigen, als vielmehr bei Banken und anderen Unternehmen, wenn diese als institutionelle Investoren auftreten, mit denen die Gefahr von Ring- und Überkreuzverflechtungen einhergeht.[1082]

[1077] Vgl. Shleifer/Vishny (1997), S. 741; Hart (1995a), S. 127; Olson (1965), S. 9 ff.; Böcking (2003), S. 254.

[1078] Vgl. Witt (2003), S. 23.

[1079] Vgl. Picot/Schuller (2001), S. 98.

[1080] Für einen ausführlichen Überblick vgl. Witt (2003), S. 34 ff.

[1081] Um die Einflussmöglichkeiten der Kreditinstitute mittels des Depotstimmrechts nicht ausufern zu lassen, wurde im Rahmen des KonTraG die Ausübung dieses Rechts beschnitten. Gemäß § 128 Abs. 2 AktG sind die Banken zum einen zu umfangreichen Mitteilungen in Bezug auf Beteiligungen verpflichtet, zum anderen haben sie sich bei der Ausübung des Stimmrechts ausschließlich von den Interessen der Aktionäre leiten zu lassen und organisatorische Vorkehrungen so zu treffen, dass Eigeninteressen aus anderen Geschäftsbereichen nicht mit einfließen.

[1082] Vgl. Witt (2003), S. 35.

Derartige Prinzipal-Agenten-Beziehungen dürfen jedoch nicht ausschließlich statisch betrachtet werden, da die Stakeholder oft nicht nur einmal, sondern wiederholt miteinander in Interaktion treten.[1083] Dynamische Prinzipal-Agenten-Beziehungen bieten deutlich erweiterte Möglichkeiten des Interessenausgleichs. Bei länger andauernden Auftragsbeziehungen lässt sich die Unsicherheit der Zufallseinflüsse stark diversifizieren Managern wird die Chance eingeräumt, eine Reputation der Loyalität aufzubauen und sich gegen Einkommensunterschiede zu versichern und dem Prinzipal wird die Möglichkeit eröffnet, die Vergütung des Managements an den Informationen aus mehreren Perioden auszurichten.

Welche Implikationen resultieren jedoch aus einer shareholderorientierten Corporate Governance für die anderen Stakeholder? Die Konzentration der Entscheidungsrechte bei den Anteilseignern und den von ihnen beauftragten Managern wäre auch für die Stakeholder effizient, sofern diese einerseits über perfekte Verträge verfügten oder andererseits auf einem perfekten Arbeits- bzw. Kapital- oder Absatzmarkt zu den gleichen Marktkonditionen eine Austauschbeziehung zu einem anderen Unternehmen eingehen könnten.[1084] Zur Abwägung der verschiedenen Interessen bedürfte es im Rahmen einer strikt shareholderorientierten Corporate Governance keiner Institution, denn alle anderen Stakeholder außer den Aktionären wären dadurch abgesichert, dass sie auf gut funktionierenden Märkten immer über die Möglichkeit der Exit-Option verfügen, wenn für sie die Kooperation mit dem Unternehmen nicht mehr vorteilhaft erscheint.[1085] Infolgedessen sind vollkommene Verträge und vollkommene Märkte für alle Anspruchsgruppen eine hinreichende Bedingung für die Optimalität eines Corporate Governance-Systems, das sich ausschließlich an den Interessen der Shareholder orientiert.

Diese Bedingungen sind jedoch, wie in Kapitel 4.4.2 dargelegt, in der Realität regelmäßig nicht erfüllt. Somit ist ein rein shareholderorientiertes Corporate Governance-System nicht per se optimal.[1086] Diese Aussage impliziert jedoch auch nicht den Umkehrschluss, dass ein rein shareholderorientiertes Corporate Governance-System immer schlechter ist als jedes andere.

Zusammenfassend lässt sich festhalten, dass shareholderorientierte Corporate Governance-Systeme von vertragstheoretischen Ansätzen geprägt sind und somit auf der Effizienzannahme und Legitimationskraft des Marktes basieren. Der Markt ist der Ort des gerechten Interessenausgleichs sowie der Begründung einer effizienten und ge-

---

[1083] Vgl. Witt (2003), S. 20.
[1084] Vgl. Schmidt, R./Weiß (2003), S. 116.
[1085] Vgl. Schmidt, R. (2007c), S. 321 f.
[1086] Dieser Abschnitt folgt Schmidt, R./Weiß (2003), S. 115 ff.

rechten Unternehmensverfassung.[1087] Im Kontext dieses Ansatzes stellt die organisatorische Ausgestaltung der Corporate Governance eine abgeleitete, sekundäre Größe dar. Wie die Ausführungen dieses Kapitels gezeigt haben, ist eine Shareholderorientierung aus folgenden Gründen ökonomisch sinnvoll: Die Eigenkapitalgeber sind, nachdem sie ihr Kapital dem Unternehmen überlassen haben, besonders stark von den Entscheidungen der Unternehmensleitung betroffen. Die mit Eigenkapital finanzierten Investitionen sind in der Regel in besonderem Maße spezifische Investitionen. Angesichts der in der Realität zu beobachtenden Unvollkommenheit der Märkte ist es für die Unternehmen von Bedeutung, über ein in sich stimmiges und klar kommuniziertes Corporate Governance-System zu verfügen, um mögliche Befürchtungen potentieller Shareholder und Stakeholder zu mildern und diese zur Ressourcenüberlassung bzw. -einbringung zu bewegen.

5.1.2 Stakeholderorientierte Corporate Governance

„However, ownership of capital should not be confused with ownership of the firm. Each factor in a firm is owned by somebody. The firm is just the set of contracts covering the way inputs are jointed to create outputs and the way receipts from outputs are shared among inputs. In this 'nexus of contracts' perspective, ownership of the firm is an irrelevant concept."[1088] FAMA nimmt mit dieser Argumentation Bezug auf das Unternehmensverständnis von JENSEN/MECKLING (1976), das prägend ist für die shareholderorientierte Corporate Governance, und kritisiert, dass sie sich in ihrer Analyse zu stark auf die Vorstellung eines Unternehmers bzw. der Shareholder fokussieren. Seiner Argumentation zufolge fällt die Kontrolle über Unternehmensentscheidungen nicht automatisch den Aktionären zu.

Eine stakeholderorientierte Corporate Governance verfolgt die Zielsetzung, für alle Interessengruppen des Unternehmens Wert zu schaffen.[1089] Die Fähigkeit, allgemeine und spezifische Ressourcen zu entwickeln, zu nutzen und miteinander zu kombinieren, ist eine der zentralen Ursachen für die erfolgreiche Wertschöpfung von Unternehmen.[1090] Ob im Rahmen des Wertschöpfungsprozesses ökonomische Renten generiert werden, hängt vom Ausmaß der wechselseitig spezifischen Investitionen aller an diesem Unternehmen beteiligten und miteinander kooperierenden Unternehmensgruppen

---

[1087] Vgl. Gerum (2004a), S. 29.
[1088] Fama (1980), S. 290.
[1089] Vgl. Witt (2002), S. 56.
[1090] Dieser Abschnitt folgt Schmidt, R./Weiß (2003), S. 112 ff.

ab.[1091, 1092] Die Aufgabe einer stakeholderorientierten Corporate Governance besteht somit darin, die beteiligten Interessengruppen zu möglichst vielen wertsteigernden bzw. rentengenerierenden unternehmensspezifischen Investitionen zu ermutigen.

Im Gegensatz zur Koalitionstheorie und der in Anhang A.1 erörterten Sozialverbands-theorie ist die Tatsache, dass Stakeholder allgemein zur Wertschöpfung des Unternehmens beitragen, aus institutionenökonomischer Sicht alleine noch kein Argument dafür, dass Stakeholdern innerhalb der Corporate Governance eine besondere Stellung zukommen sollte.[1093] Vielmehr wird der Erfolg eines Unternehmens in entscheidendem Maße von den unternehmensspezifischen Investitionen der mit dem Unternehmen verbundenen Anspruchsgruppen begründet. Während der Wert unspezifischer Ressourcen unabhängig von der Verwendung in einem bestimmten Unternehmen ist, hängt der Wert der unternehmensspezifischen Investitionen ihrem Einsatz in einem bestimmten Unternehmen ab.[1094] Infolgedessen haben die Eigentümer spezifischer Ressourcen ein originäres Interesse am Unternehmenserfolg, denn diese verlieren deutlich an Wert, wenn sie aus dem unternehmensspezifischen Kontext herausgelöst werden. Konsequenterweise sollte die Unternehmensleitung bzw. das Aufsichtsorgan von denjenigen gestellt bzw. gewählt werden, die in Bezug auf die unternehmensspezifischen Inputfaktoren verfügungsberechtigt sind. ALCHIAN führt diesbezüglich aus: „The people who direct and manage a coalition are those who own the resources specific to the coalition or they are responsible to them. Owners of those resources have the most of their coalition value to lose by failure of the coalition."[1095] PORTER sieht in der Spezifität von Aktiva sogar die Funktion von Marktaustrittsbarrieren, da sie anderweitig nicht einsetzbar seien.[1096]

ZINGALES beschreibt infolgedessen die ökonomische Essenz von Unternehmen als „a nexus of specific investments: a combination of mutually specialized assets and people"[1097]. In Abgrenzung zur Unternehmensdefinition von JENSEN/MECKLING, die Unternehmen als „one form of legal fiction which serves as a nexus for contracting relationships"[1098] definieren, versteht ZINGALES ein Unternehmen als ein komplexes Gebilde, das aufgrund der in der Vergangenheit von den Kooperationsparteien getätigten

---

[1091] Vgl. Wentges (2002), S. 101 ff.; Witt (2002), S. 68 f.; Ebers/Gotsch (2002), S. 228.
[1092] Das Ausmaß, in dem spezifische Investitionen für die Wertschöpfung des Unternehmens maßgeblich sind, hängt vor allem von Faktoren wie der Art der Wertschöpfung, der Branchen- und Wettbewerbssituation etc. ab.
[1093] Vgl. Gerum (2004a), S. 23 f.
[1094] Siehe hierzu Kapitel 2.6.2.
[1095] Alchian (1984), S. 42 f.
[1096] Vgl. Porter (1999), S. 330 f.
[1097] Zingales (1998), S. 498.
[1098] Jensen/Meckling (1976), S. 311.

(wechselseitig) spezifischen Investitionen „cannot be instantaneously replicated"[1099].[1100] In dieser Definition wird insbesondere der dynamische Aspekt von Unternehmen akzentuiert. Es kommt somit in besonderer Weise darauf an, diejenigen Interessengruppen besonders zu schützen, deren spezifische Investitionen für das Fortbestehen des Unternehmens von zentraler Bedeutung sind, und bei denen die Gefahr besteht, dass sie aufgrund vergleichsweise hohen Risikos der opportunistischen Ausbeutung bzw. wegen alternativer Investitionsmöglichkeiten keine Investitionen tätigen.[1101] Derartige spezifische Investitionen werden sowohl von den Arbeitnehmern als auch von Eigenkapitalgebern und bestimmten Fremdkapitalgebern getätigt.

Mitarbeiter bauen primär durch Investitionen in ihre Aus- und Weiterbildung, durch die Entwicklung unternehmensspezifischen Wissens sowie infolge des Prinzips der Senioritätsentlohnung firmenspezifisches Humankapital auf.[1102] In der Summe beinhaltet es die diejenigen Mitarbeiterqualifikationen, die ausschließlich für ein bestimmtes Unternehmen von Wert sind. Je genauer die Kenntnisse und Fähigkeiten des Arbeitnehmers auf die Anforderungen des Unternehmens abgestimmt sind, desto effizienter gestaltet sich die Transaktionsbeziehung zwischen Arbeitgeber und Arbeitnehmer. Obwohl die Mitarbeiter in der Regel einen relativ hohen Anteil vertraglich fest zugesicherter Gehaltszahlungen erhalten, können sie aufgrund der unvollständigen Arbeitsverträge sowie der Möglichkeit opportunistischen Verhaltens nicht sicher sein, dass ihr spezifisches Humankapital verzinst wird. Insbesondere im Falle der Entlassung verlieren die spezifischen Humankapitalinvestitionen ihren Wert.

Darüber hinaus können Mitarbeiter ihr Humankapital nicht diversifizieren, so dass mit wachsender Spezifität das von ihnen zu tragende Risiko und der Wertverlust mit dem Alter, der räumlichen und familiären Bindung sowie bei geringen beruflichen Alternativen steigen. Demzufolge sind Mitarbeiter sehr daran interessiert, dass sich das Unternehmen, an das sie sich binden, künftig optimal entwickelt.[1103] Interessenkonflikte mit Aktionären können beispielsweise entstehen, wenn stark diversifizierte Aktionäre, die dem Unternehmen distanziert gegenüberstehen und daher eine höhere Risikoneigung haben, Einfluss auf die Unternehmenspolitik ausüben.[1104]

Auch aus Sicht des Unternehmens ist es wichtig, dass die Mitarbeiter unternehmensspezifisches Wissen entwickeln. Dies kann allerdings nicht eingefordert oder vertraglich festgesetzt werden. Daher befürwortet FAMA in Bezug auf das Prinzipal-Agenten-

---

[1099] Zingales (1998), S. 498.
[1100] Vgl. Wentges (2002), S. 60.
[1101] Vgl. Wentges (2002), S. 113.
[1102] Für Beispiele firmenspezifischen Humankapitals siehe auch Kapitel 2.6.2.3.
[1103] Vgl. Schmidt, R./Weiß (2003), S. 117.
[1104] Vgl. Wentges (2002), S. 114.

Verhältnis zwischen Aktionären und Management für Letztere sehr weitgehende Bestimmungsrechte: „(...) the managers of a firm rent a substantial lump of wealth – their human capital – to the firm, and the rental rates for their human capital signaled by the managerial labor market are likely to depend on the success or failure of the firm."[1105] Dieses Argument überträgt FURUBOTN auch auf die nachgelagerte Prinzipal-Agenten-Beziehung und somit auf die Mitarbeiter im Allgemeinen: Da die Arbeitnehmer „substantial investments in firm-specific capital"[1106] tätigen, stehen ihnen im Gegenzug „extensive rights to participate in the organization's decision-making process"[1107] zu.

Auch Aktionäre tätigen, wie zuvor bereits dargelegt, spezifische Investitionen. Denn sie tragen das Risiko dadurch, dass sie ex post keinen Zugriff mehr auf das von ihnen zur Verfügung gestellte Kapital haben, d.h. ihre Investitionen sind „versunken" und sie verfügen nur noch über Ansprüche auf den Residualgewinn bzw. den Liquidationserlös.[1108] Das Ex-post-Drohpotential, die Koalition zu verlassen, ist somit stark eingeschränkt. Zudem wird die Position der Aktionäre zunehmend dadurch geschwächt, dass die Investitionen in Forschung und Entwicklung und damit in das Humankapital der Arbeitnehmer für den Unternehmenserfolg immer wichtiger werden und folglich die Verhandlungsmacht der Mitarbeiter immer größer wird und zugleich die Anzahl liquidierbarer unternehmensunspezifischer Vermögenswerte sinkt.

Ähnliche Überlegungen gelten auch für Fremdkapitalgeber, wie beispielsweise Banken, die für langfristige und wirtschaftlich nicht vollständig gesicherte Investitionen die Finanzierung bereitstellen.[1109] Ihre Forderungen können nicht, wie beispielsweise Anleihen, am Rentenmarkt veräußert werden, d.h. sie stellen spezifische Investitionen dar. Fremdkapitalgeber, die hingegen vollständig durch dingliche Sicherheiten abgesichert sind und keine Bereitschaft zeigen, einen Teil des unternehmerischen Risikos zu tragen, bedürfen keiner Absicherung durch Institutionen der Corporate Governance.

Welche Interessengruppe nun am stärksten von opportunistischer Ausbeutung bedroht ist, kann nicht allgemeingültig beantwortet werden, sondern ist immer von den beteiligten Interessengruppen, der Branchensituation sowie der spezifischen Situation des Unternehmens abhängig. In der Literatur wird jedoch vor allem auf die besondere Schutzbedürftigkeit der Arbeitnehmer aufgrund ihrer geringen Diversifikationsmöglichkeiten verwiesen.[1110]

[1105] Fama (1980), S. 291 f.
[1106] Furubotn (1989), S. 48.
[1107] Furubotn (1989), S. 48.
[1108] Vgl. Wentges (2002), S. 113 f.
[1109] Vgl. Werder (2003), S. 8; Schmidt, R./Weiß (2003), S. 117 f.
[1110] Vgl. Göbel (2002), S. 235; Forstmoser (2005), S. 210; Blair (1995), S. 263 ff.; Prahalad (1994), S. 40 ff.; Ghoshal/Barlett/Moran (1999), S. 15 ff. Zingales kommt dabei zu dem Ergebnis: „There is

Um alle Anspruchsgruppen in die unternehmerische Entscheidungsfindung einzubeziehen, Anreize für unternehmensspezifische Investitionen zu setzen und Zielkonflikte
ausgleichen zu können, muss jeder relevanten Anspruchsgruppe ein Informations- und
Mitspracherecht zuerkannt werden.[1111] Für die konkrete Ausgestaltung einer stakeholderorientierten Corporate Governance formuliert ZINGALES folgende Ziele:[1112] (1)
Maximierung der Anreize für wertsteigernde spezifische Investitionen und Schaffung
eines innovationsfreudigen und leistungsförderlichen Arbeitsumfeldes, (2) Minimie-
rung ineffizienter Ex-post-Auseinandersetzungen über die Verteilung der erwirtschafteten Quasi-Renten, (3) adäquate Verteilung der vorhandenen Risiken auf die am wenigsten risikoaversen Anspruchsgruppen.

Als Fazit kann festgehalten werden: Je genauer die eingebrachten Ressourcen auf die
Anforderungen des Unternehmens abgestimmt sind, desto effizienter ist die jeweilige
Transaktionsbeziehung. Demzufolge liegt es im Interesse des Unternehmens, dass sowohl die Arbeitnehmer als auch die Kapitalgeber ex ante spezifische Investitionen tätigen, eine enge Beziehung zum Unternehmen eingehen und dadurch den Wert des
Unternehmens steigern. Um die drohende Gefahr eines Hold-up für die Stakeholder
nicht handlungsleitend werden zu lassen, bedarf es entsprechender, glaubhafter Corporate Governance-Regelungen. Mitarbeiter sollten motiviert sein, ihr spezifisches Wissen einzusetzen und zu erweitern. Banken und Aktionäre sollten in diesem Kontext
bereit sein, das Unternehmen auch in kritischen Situationen zu stützen. Infolgedessen
steht die Ausgestaltung der Unternehmensverfassung besonders im Fokus.

5.1.3 Corporate Governance als Verfassungsvertrag

Während der Shareholder-Ansatz die Ziele der Aktionäre in den Vordergrund stellt,
bezieht das Stakeholder-Konzept die Interessen der anderen Bezugsgruppen des Unternehmens explizit in die Betrachtung mit ein. Die Aktionäre sind keineswegs die
einzige Anspruchsgruppe, die den Risiken unvollständiger Verträge ausgesetzt sind.
Ebenso laufen auch Stakeholder, wie beispielsweise Arbeitnehmer und Banken, Gefahr, Beiträge zur Wertschöpfung im Unternehmen zu leisten und unternehmensspezifische Investitionen zu tätigen, die nicht entlohnt werden. Diese Problematik kann, wie
in Kapitel 2.6.2 dargelegt, nicht dadurch gelöst werden, dass die Stakeholder ex ante
für alle in Zukunft getätigten Investitionen entlohnt werden. Hierbei bestünde die Ge-

---

no ground to dismiss human capital investments as second order to financial investments." Zingales (1998), S. 501.
[1111] Vgl. Witt (2001), S. 106.
[1112] Vgl. Zingales (1998), S. 500.

fahr, dass die Stakeholder sich ihrerseits ex post opportunistisch verhielten, indem sie entweder aufgrund ungenügender Kontrollmöglichkeiten die spezifischen Investitionen gar nicht erst tätigten oder mit ihrem Weggang drohen, falls nicht zusätzlich auf ihre Forderungen eingegangen wird. Mit der Einbeziehung der Stakeholder in die Corporate Governance können sich grundlegende Interessenkonflikte ergeben: Stakeholder haben eher als Shareholder ein Interesse daran, dass sich das Unternehmen stetig entwickelt und vor allem bei begrenztem Risiko wächst.[1113] Dies kann zulasten des Shareholder Value gehen und somit einen Interessenkonflikt begründen.

Eine der Facetten dieses Interessenkonfliktes verdeutlicht das Modell von SCHMIDT/SPINDLER zur Zeitinkonsistenz von Verhaltensanreizen:[1114] Der Einfachheit halber wird angenommen, es gäbe nur die drei Zeitpunkte t_0, t_1 und t_2. Im Zeitpunkt t_0 trifft der Unternehmensgründer die Entscheidung, sein Unternehmen in t_1 zu verkaufen. Damit sein Verkaufserlös in t_1 maximal wird, strukturiert er sein Unternehmen in t_0 entsprechend um. Dabei legt er auch die strategischen Vorgaben für die in t_1 einzustellenden Manager fest, die Auswirkungen auf die langfristige Wertentwicklung des Unternehmens in t_2 haben werden. Die Vorgaben des Unternehmensgründers für das Management hängen primär von seiner Zielsetzung ab. Dabei wird angenommen, dass er in t_1 das Unternehmen zu einem möglichst hohen Preis an der Börse an andere Aktionäre verkauft. Infolgedessen versucht er, den Shareholder Value in t_1 zu maximieren.[1115] Dazu kann er im Rahmen dieses Modells zwischen drei alternativen Führungsstrategien wählen und eine als Vorgabe für das Management fixieren: (1) Radikale Maximierung des Shareholder Value zu jedem Zeitpunkt, (2) Führung im Sinne eines weiten Stakeholder-Ansatzes oder (3) Führung im Sinne eines vermittelnden Ansatzes zwischen diesen Extrempunkten. In t_1 werden die Manager eingestellt und Verträge mit Dritten geschlossen. Über den Fortbestand dieser Verträge entscheidet das Management in t_2.

Um den Unternehmenswert zu steigern, liegt es im Interesse des Unternehmensgründers, die Stakeholder ex ante zu spezifischen Investitionen und einer engen Bindung an das Unternehmen zu motivieren. Da jedoch die Gefahr besteht, dass die Manager in t_2 den potentiellen Stakeholdern durch den Bruch der impliziten Verträge ihrer Quasirenten entziehen, werden sich diese im Zeitpunkt t_1 nicht oder nur zu ungünstigen Bedingungen auf die Beziehung mit dem Unternehmen einlassen. Dadurch reduziert sich

---

[1113] Die Interessen der Anteilseigner sind keinesfalls identisch, wie bereits in Kapitel 2.2.1.1 gezeigt wurde. Zur Vereinfachung wird für die Ausführungen dieses Kapitels von Anteilseignern ausgegangen, deren Portfolio diversifiziert ist und deren Zielgröße der Shareholder Value darstellt.

[1114] Die Darstellung folgt Schmidt, R./Spindler (1997), S. 529 ff.

[1115] Aufgrund der Diskontierung auf den Gegenwartswert ist dies gleichbedeutend mit der Shareholder Value-Maximierung in t_0.

jedoch der Wert der Vermögensposition, die der Unternehmensgründer verkaufen möchte. Um dies zu verhindern, wird er den in t_1 einzustellenden Managern nicht den Auftrag geben, den Shareholder Value in t_2 radikal und kurzfristig im Sinne der Strategie 1 zu maximieren.

Alternativ könnte sich der Unternehmensgründer entschließen, das Management auf eine stakeholderorientierte Strategie zu verpflichten und es mehr am Unternehmensgewinn zu beteiligen, als es dem in t_1 geschlossenen Vertrag entsprechen würde, um dadurch zu verhindern, dass die Manager in t_2 Entscheidungen treffen, die den Interessen der Aktionäre entgegenlaufen, oder dass sie faulenzen (shirking), indem sie sich die Zusammenarbeit mit den anderen Stakeholdern leicht machen. Auch dies würde den Wert der Aktien in t_1 mindern und liegt daher nicht im Interesse des Gründers. Zielführend hingegen ist die sog. moderate Shareholder Value-Orientierung, die von einem fairen Verhalten gegenüber den Stakeholdern geprägt ist und weder eine radikale Shareholder Value-Maximierung noch eine ausschließliche Orientierung an den Interessen aller Stakeholder impliziert. Als fair bezeichnen SCHMIDT/SPINDLER ein Verhalten, das sich an den Interessen orientiert, wie sie sie in einem idealen Vertrag in t_0 vereinbaren würden, wenn die Probleme der Zeitinkonsistenz von Verhaltensanreizen sowie der Informationsasymmetrie und der Verschiebung der Verhandlungsmacht nicht existierten.[1116] Um auf die sich ändernden Umweltzustände reagieren zu können, bedarf es eines gewissen Maßes an Flexibilität. Damit diese jedoch nicht opportunistisch ausgenutzt werden kann, müsste ein idealer Vertrag neben Institutionen und Prozessen auch ethische Normen dafür vorsehen, wie in unvorhergesehenen Situationen Interessen gegeneinander abgewogen werden können. Somit wäre es nicht nur ein substantieller, sondern auch ein konstitutioneller Vertrag.

Die Maximierung des moderaten Shareholder Value ist äquivalent zur Gesamtwertmaximierung des Unternehmens.[1117] Der Gesamtwert eines Unternehmens ist in der Definition SCHMIDTS „die Summe der Werte der allen Interessengruppen zufließenden Vorteile"[1118]. Daher ist die Gesamtwertmaximierung nicht zu jedem Zeitpunkt mit der Shareholder Value-Maximierung gleichzusetzen. Im obigen Modell ist ausschließlich in t_0 die Shareholder Value-Maximierung gleichbedeutend mit der Maximierung des Gesamtwertes. Zu späteren Zeitpunkten – im Beispiel in der Periode t_2 – bestehen hingegen Anreize zur Umverteilung von Quasi-Renten. Dies führt bei einer entsprechen-

---

[1116] Vgl. Schmidt, R./Maßmann (1999), S. 21 ff.

[1117] Die Gesamtwertmaximierung („Total Wealth Creation") geht auf Blair (1995), S. 202 ff. zurück, der dabei Bezug auf eine Arbeit von Drucker aus dem Jahre 1991 nimmt. Vgl. Drucker (1991), S. 112. Im deutschsprachigen Raum wurde dieser Ansatz von Schmidt (mit wechselnden Koautoren) aufgegriffen.

[1118] Schmidt, R./Maßmann (1999), S. 22.

den Antizipation dazu, dass unternehmensspezifischen Investitionen nur in geringem Umfang oder gar nicht getätigt werden. Da sowohl die Kapitalgeber als auch die Mitarbeiter spezifische Investitionen tätigen, besteht diese Gefahr für beide Interessengruppen.

Die Zielsetzung der Gesamtwertmaximierung ist als handlungsleitende Maxime mitunter nur sehr schwer operationalisierbar und eröffnet dem Vorstand große Handlungsspielräume. Aufgrund der Unvollständigkeit der Verträge ist häufig unklar, welche Umweltzustände bei Vertragsabschluss mit den Anspruchsgruppen berücksichtigt wurden. Umso schwerer ist es, zu einem späteren Zeitpunkt festzustellen, welche Vereinbarungen man bei Kenntnis der eingetretenen Umweltzustände in einem idealen Vertrag getroffen hätte.[1119] Der fiktive ideale Vertrag bildet somit nur einen sehr abstrakten Orientierungsrahmen. Grundsätzlich wird innerhalb dieses Konzeptes davon ausgegangen, dass das Unternehmen alle Beteiligten zu den marktüblichen Konditionen entlohnt. Falls der Marktmechanismus jedoch aufgrund der spezifischen Investitionen im Zeitablauf des Vertrages keine entsprechenden Hinweise mehr gibt, sollten die Stakeholder auf eine angemessene und faire Weise im Kontext der Gesamtwertmaximierung entlohnt werden. Der zentrale Vorteil dieses Ansatzes besteht darin, dass dadurch die negativen Anreize, zu wenig unternehmensspezifisches Kapital zu bilden, abgemildert werden. Das Konzept des moderaten Shareholder Value richtet sich somit nicht gegen Träger von Interessen im oder am Unternehmen, sondern verlangt den Einsatz aller Kräfte zur Steigerung des Gesamtwertes des Unternehmens. Letztlich stellt das Konzept der Gesamtwertmaximierung trotz der angesprochenen Probleme einen wichtigen Ansatz für die Ausgestaltung der Corporate Governance dar.

Grundsätzlich hat die institutionelle Beteiligung von Stakeholdern an der Corporate Governance eines Unternehmens den Vorteil, höhere firmenspezifische Investitionen und damit eine höhere Produktivität des Unternehmens zu ermöglichen.[1120] Dem stehen die Nachteile höherer Kosten der Entscheidungsfindung und eine geringere Flexibilität in der Anpassung an Umweltveränderungen entgegen. Je stärker ein Unternehmen jedoch vom Wissen und den Humankapitalinvestitionen seiner Mitarbeiter abhängig ist, desto bedeutsamer ist die Entwicklung einer Unternehmensverfassung, derzufolge alle Anspruchsgruppen davon ausgehen können, dass ihre Interessen auf eine faire Art und Weise bei der Entscheidungsfindung berücksichtigt werden.[1121] Dazu bedarf es einer glaubhaften und wirksamen Bindung. Diese wird jedoch nur durch die Gewährung wirksamer Mitsprache- und Entscheidungsrechte geschaffen. GOMEZ be-

---

[1119] Vgl. Wentges (2002), S. 110 ff.
[1120] Vgl. Witt (2002), S. 68 f.
[1121] Vgl. Wentges (2002), S. 109.

zeichnet dies als institutionalisierten Ansatz.[1122] Die unverbindliche Verpflichtung der Unternehmensleitung, die Ansprüche der verschiedenen Interessengruppen bei der Verfolgung des unternehmerischen Oberziels nicht zu vernachlässigen (nicht institutionalisierter Ansatz) sowie die Bildung eines nicht mit Entscheidungsbefugnissen ausgestatteten Beirates, dem Vertreter aller Stakeholder angehören, um die Unternehmenspolitik mit dem Vorstand zu diskutieren (schwach institutionalisierter Ansatz), stellen keine befriedigenden Ansätze dar. Die nicht institutionalisierte Lösung ist nach Auffassung WITTS unbefriedigend, weil sie dem Management eine Vielzahl von Möglichkeiten zu opportunistischem Verhalten bietet.[1123] Der schwach institutionalisierte Ansatz verringert zwar die Informationsasymmetrie, verändert jedoch nicht die Verfügungsrechte, selbst wenn der Beirat einen gewissen Druck auf das Management ausüben kann. In Ermangelung belastbarer Informations- und Entscheidungsrechte bleibt die Messung und Durchsetzung der Interessen ein unlösbares Problem. Zielführend ist letztlich nur der institutionalisierte Ansatz, der den Vertretern der verschiedenen Interessengruppen Mandate in Unternehmensleitung oder -kontrolle gewährt.

Infolgedessen kann Corporate Governance als ein relationaler Verfassungsvertrag verstanden werden, der regelt, wie das Recht und die Möglichkeiten verteilt sein sollen, um in unvorhergesehenen oder unvorhersehbaren Situationen Entscheidungen zu treffen oder zu beeinflussen.[1124] Ein derartiger Verfassungsvertrag stellt laut OECHSLER die formale Grundlage des Konfliktmanagements dar.[1125] Mögliche Elemente dieses Vertrages könnten Informations-, Veto-, Entscheidungs- und Initiativrechte sein. Die Rechte und Möglichkeiten müssen den Stake- und Shareholdern gemäß den Gestaltungsprinzipien der Konsistenz und Komplementarität so eingeräumt werden, wie sie diese im gedachten Ausgangspunkt vereinbaren würden, so dass sie bereit sind, die für den Gesamtwert des Unternehmens wichtigen spezifischen Investitionen zu tätigen.

Der Verfassungsvertrag stellt jedoch nicht nur ein Instrumentarium zur Regulierung möglicher Interessenkonflikte dar, sondern kann selbst als ein Ergebnis des Konfliktaustragungsprozesses zwischen den Anspruchsgruppen sein.[1126] In diesem Falle hat sich die Konfliktaustragung auf die Konzeption der verfassungsmäßigen Regeln verlagert. Die einzelnen Interessengruppen versuchen dabei, die institutionellen Regelungen gemäß ihrer individuellen Nutzenmaximierung so zu gestalten, dass für sie im Kon-

---

[1122] Vgl. Gomez (1993), S. 103 ff.
[1123] Vgl. Witt (2002), S. 56 f. Zur Rechtfertigung von Misserfolgen kann die Unternehmensleitung im Kontext dieses Ansatzes stets auf die Erfüllung von Ansprüchen der verschiedenen Stakeholder verweisen, so dass die Kontrollmöglichkeiten stark eingeschränkt sind.
[1124] Vgl. Schmidt, R./Weiß (2003), S. 119.
[1125] Vgl. Oechsler (1992), Sp. 1133.
[1126] Vgl. Schewe (2005), S. 28.

fliktfall ein entsprechender Vorteil resultiert. Insofern können die Regelungen des Verfassungsvertrages sowohl als abhängige Variable wie auch als unabhängige Variable im Interessenkonflikt der Share- und Stakeholder verstanden werden.

Im Kontext einer konfliktbewussten Corporate Governance kommt es in Bezug auf das Management zu einer Akzentverschiebung innerhalb der Prinzipal-Agenten-Beziehung. Das Management ist dann weniger Agent der Eigentümer als vielmehr der aller Stakeholder und bekommt damit zugleich die Aufgabe, „den Geist und den Inhalt des Verfassungsvertrages zu bewahren"[1127]. Dies hat jedoch zur Folge, dass das Management in gestärkter Position versuchen wird, seine eigenen Interessen maximal durchzusetzen. Daher muss der Governance-Vertrag klare Vorgaben für das Management und Elemente zur strengen Kontrolle des Managements enthalten. Die allgemeine Richtschnur bildet dabei das Konzept der Gesamtwertmaximierung.

Zusammenfassend lässt sich festhalten: Sofern Unternehmen auf unternehmensspezifische Investitionen angewiesen sind, dient weder die strikte Orientierung am Shareholder Value noch ein ausgeprägter Stakeholder-Ansatz aus institutionenökonomischer Sicht als effizientes Zielkonzept. Zielführend ist hingegen ein vermittelnder Ansatz im Sinne der Gesamtwertmaximierung bzw. des moderaten Shareholder Value. In diesem Kontext stehen zwar die Ziele der risikokapitalgebenden Anteilseigner im Vordergrund, haben allerdings nicht immer Priorität wie bei der Verfolgung des Shareholder Value-Ansatzes.[1128] Vielmehr erfahren die Belange der Stakeholder, die unternehmensspezifische Investitionen getätigt haben, eine angemessene Berücksichtigung. Eine Einbeziehung der Stakeholder darf so lange als angemessen gelten, wie sie den Unternehmenswert durch spezifische Investitionen steigert. Um die Anspruchsgruppen zu unternehmensspezifischen Investitionen zu veranlassen, bedarf es eines Verfassungsvertrages, der sie durch wirksame Entscheidungs- und Mitspracherechte vor opportunistischem Verhalten schützt.

5.2 Das deutsche Corporate Governance-System

Das deutsche Corporate Governance-System weist im internationalen Vergleich hinsichtlich seiner Systemelemente einige Besonderheiten auf, die in Kapitel 5.2.1 näher betrachtet werden. Für die Funktionsfähigkeit von Corporate Governance-Systemen sind insbesondere die relevanten Rahmenbedingungen von zentraler Bedeutung. In Deutschland ist seit der Jahrtausendwende eine Veränderung des Finanzsystems zu beobachten (Kapitel 5.2.2). Dieses Kapitel schließt mit einer Betrachtung der mögli-

---

[1127] Schmidt, R./Weiß (2003), S. 119.
[1128] Vgl. Werder (2008a), S. 108.

chen Konsequenzen, die sich aus dem Wandel des Finanzsystems für das deutsche Corporate Governance-System ergeben könnten.

5.2.1 Systemelemente

Die aktienrechtliche Unternehmensverfassung schreibt mit dem Vorstand und dem Aufsichtsrat zwei Organe für die Unternehmensführung vor. Dieses dualistische Modell folgt dem Gedanken der organisatorischen Trennung von Leitung und Überwachung und entspricht damit dem Konzept der Fremdkontrolle.[1129] Die grundsätzliche, zwingende Aufgabenteilung zwischen zwei Organen hat in Europa eine weit über hundertjährige Geschichte und ist in Deutschland bei allen Aktienrechtsreformen niemals ernsthaft infrage gestellt worden.[1130] Trotzdem ist dieses System im internationalen Vergleich eher ein Sonderweg. Das Trennungsprinzip manifestiert sich nicht zuletzt in der Regelung, dass Mitglieder des Aufsichtsrates gemäß § 105 Abs. 1 AktG nicht Mitglieder des Vorstandes der Gesellschaft sein dürfen. Demzufolge kann diese Trennung auch nicht durch eine partielle oder gar vollständige Personalunion von Leitungs- und Kontrollorgan aufgehoben werden.[1131]

Der Vorstand hat gemäß § 76 Abs. 1 und § 82 AktG die alleinige Geschäftsführungskompetenz und vertritt das Unternehmen nach außen. Die Aktiengesellschaft wird von mindestens einer Person geleitet. In großen Aktiengesellschaften besteht der Vorstand typischerweise aus mehreren Personen.[1132] Der Vorstand wird vom Aufsichtsrat für höchstens fünf Jahre bestellt, eine Amtszeitverlängerung ist zulässig. Die Organisation der Unternehmensleitung erfolgt in Deutschland nach dem Kollegialprinzip. Gemäß § 77 Abs. 1 AktG sind die Mitglieder des Vorstandes gemeinschaftlich für die Geschäftsführung verantwortlich. Dennoch ist in der Praxis mitunter eine Arbeitsteilung zu beobachten, die dem Direktorialprinzip ähnelt.[1133] In solchen Fällen gibt es beispielsweise einen starken Vorstandsvorsitzenden, der den Vorstand so dominiert, dass die übrigen Vorstandsmitglieder eher als weisungsgebundene Mitarbeiter des Vorsitzenden bezeichnet werden müssten. WITT sieht in diesen Veränderungen eine Annähe-

---

[1129] Vgl. Werder (2008a), S. 43.

[1130] Vgl. Hopt (2002b), S. 5 f.

[1131] Ein besonderes Augenmerk ist jedoch auf die informelle und aufgabenspezifische Berücksichtigung der Interessen einzelner Aufsichtsratsmitglieder sowie deren Beziehungen untereinander zu richten, da diese zu gravierenden Veränderungen in Bezug auf das Machtgleichgewicht zwischen Vorstand und Aufsichtsrat führen können. Vgl. Theisen (2000), S. 330. Siehe hierzu auch Kapitel 6.

[1132] Die Größe des Vorstandes wird vor allem durch die Komplexität des Unternehmens beeinflusst. Die durchschnittliche Größe im Jahr 2004 betrug 4,7 Vorstandsmitglieder. Vgl. Gerum (2007), S. 122 ff.

[1133] Vgl. Bernhardt/Witt (1999), S. 830; Gerum (1998), S. 139; Witt (2003), S. 79

rung an die Organisationsprinzipien eines einstufigen Boards.[1134] Das Trennungsprinzip bleibt formal jedoch unangetastet.

Der Aufsichtsrat ist ein von den Anteilseignern und Mitarbeitern gewähltes, eigenständiges Kontrollorgan. Charakteristisch ist neben der Zweistufigkeit von Leitung und Kontrolle insbesondere die institutionelle Verankerung der Mitbestimmung durch die Entsendung von Arbeitnehmervertretern in den Aufsichtsrat.[1135] Die Zweistufigkeit erleichtert die überbetriebliche Mitbestimmung, da Arbeitnehmer ihr Kontrollrecht ausüben können, ohne in die Geschäftsführung involviert zu sein. Der Aufsichtsrat besteht gemäß § 95 AktG größenabhängig aus mindestens drei und höchstens 21 Mitgliedern, die von der Hauptversammlung bzw. nach den Vorschriften des Mitbestimmungsgesetzes auf fünf Jahre gewählt werden. Auch im Aufsichtsrat gilt das Kollegialprinzip. Der Aufsichtsratsvorsitzende nimmt faktisch jedoch durch die Bündelung von Kompetenzen eine Sonderstellung ein.

Der Aufsichtsrat verfügt über eine generelle Kontrollkompetenz, über punktuelle Entscheidungsrechte mit differenzierter Abstufung und ausschließlich für die Vertretung der Gesellschaft gegenüber den Vorstandsmitgliedern über originäre Realisationskompetenzen.[1136] Insbesondere mit der Personalkompetenz bezüglich des Vorstandes, der formalen und materiellen Überwachung der Unternehmensleitung sowie der Feststellung des Jahresabschlusses kommen ihm innerhalb der Corporate Governance drei zentrale Aufgaben zu.[1137] Über Fragen der Geschäftsführung darf der Aufsichtsrat nach § 111 Abs. 4 Satz 2 AktG nur indirekt in Bezug auf zustimmungspflichtige, d.h. in der Satzung definierte Geschäfte entscheiden. Hierdurch darf es jedoch zu keiner Zuständigkeitsverschiebung zwischen den Organen kommen.[1138] Gemäß der Zielsetzung des TransPuG und der Formulierung in DCGK 3.3 sollen hiervon nur Geschäfte von grundlegender Bedeutung, insbesondere bei fundamentaler Veränderung der Vermögens-, Finanz- und Ertragslage erfasst werden.[1139, 1140] Infolgedessen gilt diese

---

[1134] Vgl. Witt (2002), S. 60.

[1135] Bemerkenswerterweise konnte Gerum nahezu keinen Einfluss der Mitbestimmung auf die Ausgestaltung der Kompetenzen des Aufsichtsrates feststellen. Demzufolge konnten die Arbeitnehmervertreter weder eine gehaltvollere Informationsversorgung des Aufsichtsrates noch umfangreichere Kataloge zustimmungspflichtiger Geschäfte durchsetzen. Vgl. Gerum (2007), S. 285.

[1136] Vgl. Werder (2008b), S. 91.

[1137] Vgl. Theisen (2003), S. 286.

[1138] Vgl. Dreher (1991), S. 360; Mertens (1996), § 111 Rn. 61.

[1139] Vgl. Deutscher Bundestag (2002), Drucksache 14/8769, S. 17; Spindler (2007), § 111 Rn. 68.

[1140] Der Kodex verwendet dieselben Begrifflichkeiten wie in § 264 Abs. 2 Satz 1 HGB. Die Vermögenslage wird vor allem durch den Erwerb und die Veräußerung von Vermögensteilen sowie die Übernahme hoher Schulden in diesem Zusammenhang betroffen. Die Finanzlage wird insbesondere durch eine wesentliche Neuverschuldung tangiert, während die Ertragslage durch die Abgabe

Norm nicht für Handlungen, die zum gewöhnlichen Geschäftsbetrieb gehören. In der Praxis ist derzeit jedoch das Gegenteil zu beobachten: So werden in zahlreichen Unternehmen Finanzmaßnahmen, deren Wert den zuletzt bilanzierten Wert um 1-2 % übersteigt, der Zustimmung des Aufsichtsrates unterworfen.[1141] Um die Effizienz des Aufsichtsrates weiter zu erhöhen, wurden mit der Einführung des KonTraG zudem die Anzahl der Sitzungen des Aufsichtsrates erhöht (§ 110 Abs. 3 AktG), der Umfang der Prüfung des Jahresabschlusses durch den Aufsichtsrat erweitert (§ 171 Abs. 1 AktG) sowie umfangreichere Informationen seitens des Vorstandes festgeschrieben (§ 90 Abs. 1 AktG).

Im Gegensatz zum Board-System steht nicht die grundsätzliche Gemeinsamkeit, sondern die Unterschiedlichkeit der im Aufsichtsrat vertretenen Interessengruppen im Vordergrund.[1142] Konsequenterweise wird im Rahmen eines Voice-geprägten Insider-Systems eine gewisse Offenheit des im Aufsichtsrat vertretenen Meinungs- und Interessensspektrums angestrebt, das insgesamt aber nur zum Wohle des Unternehmens eingesetzt werden darf und muss.

Andere Anspruchsgruppen, wie beispielsweise die Fremdkapitalgeber, haben kein Anrecht auf eine Repräsentanz im Aufsichtsrat. Dennoch kommt Banken als Kreditgeber, Beteiligungsnehmer oder Verwalter von Depotstimmrechten im Rahmen der deutschen Corporate Governance eine zentrale Bedeutung zu. Zudem darf der Einfluss der Banken über ihre Investmenttochtergesellschaften nicht unberücksichtigt bleiben. Die Einflussnahme der Banken auf die Unternehmen ist in Deutschland weitaus größer als in den angelsächsischen Ländern.[1143] Dies ist nicht zuletzt historisch begründet, so wurde der Wiederaufbau nach dem zweiten Weltkrieg primär durch die Banken finanziert, während beispielsweise in Großbritannien die Bürger als Aktionäre das Wachstum finanzierten.[1144] Nicht zuletzt in diesem Punkt unterscheidet sich das deutsche Corporate Governance-System, das oft als bankorientiertes Corporate Governance-Modell[1145] bezeichnet wird, nennenswert von anderen Corporate Governance-Systemen, wie den kapitalmarktorientierten Systemen angelsächsischer Länder.

In Deutschland spielt zudem die Publizität und die Wirtschaftsprüfung eine zentrale Rolle. Nach den Normen des Handelsrechts steht der in den Grundsätzen ordnungsge-

---

profitabler Unternehmensteile sowie eine hohe Neuverschuldung verändert wird. Vgl. Lutter (2008), S. 113; Hopt/Roth (2005), § 111 Rn. 794.

[1141] Vgl. Säcker/Boesche (2006), S. 897.

[1142] Vgl. Theisen (2003), S. 287 ff. Siehe hierzu ausführlich Kapitel 6.1.

[1143] Vgl. Hopt (2002b), S. 6.

[1144] Vgl. Müller-Stewens/Lechner (2003), S. 500.

[1145] Vgl. La Porta et al. (1998), S. 1117 ff.; Berglöf (1990), S. 237; Hartmann-Wendels (2000), S. 260; Bredemeier/Tholen (2003), S. 189.

mäßer Buchführung (GoB) zum Ausdruck kommende Gläubigerschutz im Zentrum der Rechnungslegung.[1146] Dabei soll der Jahresabschluss gemäß § 264 Abs. 2 Satz 1 HGB „unter Beachtung der Grundsätze ordnungsgemäßer Buchführung ein den tatsächlichen Verhältnissen entsprechendes Bild der Vermögens-, Finanz- und Ertragslage der Kapitalgesellschaft vermitteln". Mit dem Inkrafttreten der EG-Verordnung Nr. 1606/2002, die Anwendung internationaler Rechnungslegungsstandards betreffend, kam es zu einer wichtigen Veränderung in der deutschen Rechnungslegung.[1147] Seit dem 01. Januar 2005 müssen alle kapitalmarktorientierten Unternehmen ihre Jahresabschlüsse auf der Grundlage der IFRS erstellen.[1148] Im Gegensatz zur Bilanzierung nach HGB steht bei einer Rechnungslegung nach IFRS im Sinne der „decision usefullness" die Offenlegung entscheidungsrelevanter Informationen über die finanzielle Lage und Leistungsfähigkeit des Unternehmens im Zentrum.[1149] Alleiniger Zweck der IFRS-Rechnungslegung ist somit die Informationsfunktion.[1150] Das Vorsichtsprinzip deutscher Prägung hat dabei nur nachrangige Bedeutung. Die starke Betonung des Gläubigerschutzgedankens im HGB und die daraus resultierende Bedeutung des Vorsichtsprinzips führen dazu, dass der HGB-Abschluss „ein pessimistisch verzerrtes Bild der wirtschaftlichen Lage eines Unternehmens"[1151] wiedergibt. Grundsätzlich beruht die Rechnungslegung nach IFRS auf denselben Prinzipen wie die Rechnungslegung nach HGB, jedoch werden diese Prinzipien entsprechend dem vorrangigen Ziel, die Vermögens- und Finanzlage sowie die wirtschaftliche Leistungsfähigkeit des Unternehmens zu zeigen, anders interpretiert.[1152] Mit Inkrafttreten des KonTraG sind zudem die Segmentberichterstattung sowie die Kapitalflussrechnung zum Pflichtbestandteil des Konzernabschlusses geworden (§ 279 Abs. 1 HGB). Die deutschen Rechnungslegungsvorschriften nähern sich hinsichtlich des Umfangs der geforderten Berichterstattung an die Vorschriften des IFRS an.[1153] Die fehlende Verpflichtung des HGB, häufiger unterjährig zu publizieren, galt lange Zeit als ein Faktor mangelnder Publizität. Viele Publi-

---

[1146] Vgl. Scheffler (2003), S. 634.

[1147] Hintergrund der Einführung der IFRS als verbindliches Regelwerk für kapitalmarktorientierte Unternehmen ist die vollständige Integration des Binnenmarktes für Finanzdienstleistungen. Bereits mit der Verabschiedung des Kapitalaufnahmeerleichterungsgesetzes (KapAEG) Anfang 1998 hielten internationale Normen Einzug in die deutsche Rechnungslegung. Vgl. Coenenberg et al. (2007), S. 469.

[1148] Vgl. Coenenberg et al. (2007), S. 469.

[1149] Der IFRS-Abschluss beinhaltet im Gegensatz zum HGB-Abschluss ein deutlich größeres Aktivierungspotential bei gleichzeitiger Verminderung der Passivierungsmöglichkeiten sowie den Verzicht auf Wahlrechte und die Erfassung möglichst zeitnaher Bilanzwerte. Vgl. Merkt (2003), S. 132.

[1150] Vgl. Coenenberg et al. (2007), S. 473.

[1151] Wöhe/Döring (2008), S. 819.

[1152] Vgl. Scheffler (2003), S. 635.

[1153] Vgl. Witt (2002), S. 60.

kumsgesellschaften sind jedoch dazu übergegangen, freiwillig Quartalsberichte zu publizieren.[1154] Ob durch diese Veränderungen „lediglich (eine) notwendige Begradigung"[1155] vorgenommen wurde oder eine Tendenzwende hin zu einer allgemeinen Kapitalmarktorientierung erfolgte, lässt sich nach Einschätzung MERKTS noch nicht erkennen.[1156]

Sowohl die Aktionäre, insbesondere die Großaktionäre, als auch die Banken und die Arbeitnehmer sind im Sinne der Definition von FRANKS/MAYER Insider, die mit dem Unternehmen eng und dauerhaft verbunden sind.[1157] Aufgrund der getätigten spezifischen Investitionen haben sie ein Interesse an einer langfristigen stabilen Entwicklung des Unternehmens. Daraus ergibt sich ein ausgeprägtes Interesse, dauerhaft zu kooperieren, um so den Einfluss auf die Unternehmenspolitik und die daraus resultierenden ökonomischen Vorteile abzusichern.[1158] Lediglich 21 % der 100 größten deutschen Unternehmen befanden sich im Jahr 2004 mehrheitlich im Streubesitz.[1159] Gemäß einer Studie von FRANKS/MAYER aus dem Jahr 1997 waren 85 % der untersuchten 171 größten deutschen börsennotierten Aktiengesellschaften im Besitz eines Großaktionärs mit mindestens 25 % Anteilsbesitz.[1160] Dies hat zum einen zur Folge, dass die Großaktionäre über ihre Sperrminorität nachhaltig Einfluss auf die Unternehmenspolitik nehmen können, und zum anderen, dass der Anteil der an der Börse gehandelten Aktien vergleichsweise gering ist.[1161] Dadurch reduziert sich die Liquidität der Märkte, was steigende Transaktionskosten der Investoren zur Folge hat.[1162] Dies führt tendenziell zu einer schwachen Ausprägung des Marktes für Unternehmenskontrolle in Deutschland.[1163, 1164]

[1154] Vgl. Witt (2003), S. 85. Unternehmen, deren Aktien im DAX oder MDAX gelistet sind, sind nach der Börsenordnung der deutschen Börse verpflichtet, vierteljährliche Geschäftsberichte zu veröffentlichen.

[1155] Merkt (2003), S. 131.

[1156] Aufgrund der Besteuerungs- und Zahlungsbemessungsfunktion des Einzelabschlusses, den jedes Unternehmen nach wie vor auf Basis des HGB erstellen muss, bleibt für die Bilanzierung nach HGB eine gewisse Bedeutung bestehen.

[1157] Siehe hierzu auch Kapitel 2.5.2.

[1158] Vgl. Schmidt, R. (2007c), S. 327.

[1159] Vgl. Monopolkommission (2006), S. 214. Dieser Anteil betrug zum Vergleich im Jahr 1996 27 %. Vgl. Monopolkommission (2000), S. 265.

[1160] Vgl. Franks/Mayer (1997), S. 283 ff.

[1161] Nach einer Studie von Baums/Fraune besaßen Großbanken aufgrund des Depotstimmrechts bei 83 % der 24 größten deutschen Unternehmen, die mehrheitlich im Streubesitz sind, eine Stimmenmehrheit. In 75 % der Unternehmen verfügten sie sogar über mehr als drei Viertel der Stimmen, um Grundlagenbeschlüsse durchsetzen zu können. Vgl. Baums/Fraune (1995), S. 103.

[1162] Vgl. Wieandt/Haslinger (2007), S. 346.

[1163] Vgl. Hucke (2003), S. 83; Wentges (2002), S. 137; Schmidt, R. (2007b), S. 75; Höpner/Jackson (2001), S. 7; Hopt (2002b), S. 7.

Die Ursache hierfür liegt vermutlich im Vergleich zum amerikanischen Markt in der unterschiedlichen institutionellen Gestaltung der Kapitalmärkte. Im Rahmen eines funktionierenden Insider-Systems ist dieses bezogen auf Deutschland durchaus konsistent, da Insider-Systeme primär auf Voice-Maßnahmen basieren. Infolgedessen hatten auch die zahlreichen Änderungen des Gesellschaftsrechts nicht die Erhöhung der Funktionsfähigkeit des Marktes für Unternehmenskontrolle zum Ziel. So wurde im Rahmen des KonTraG ein besonderer Schwerpunkt auf die Stärkung des Aufsichtsrates und seiner Kompetenzen gelegt, einem Kernelement des Insider-Systems. Darüber hinaus wurden durch das im Jahr 2002 in Kraft getretene Wertpapiererwerbs- und Unternehmensübernahmegesetz (WpÜG) die Kompetenzen des Vorstandes und Aufsichtsrates zur Verhinderung von Übernahmen erneut erweitert.[1165] Mit diesem Gesetz wurde einerseits die Bedrohung deutscher Unternehmen durch Übernahmen gegen den Willen der Unternehmensleitung deutlich reduziert und somit der Schutz der Anteilseigner erhöht, andererseits jedoch die disziplinierende Wirkung auf das Management eingeschränkt. Diese Maßnahmen des Gesetzgebers sind in ihrer Gesamtheit als eine deutliche Stärkung des bestehenden insiderorientierten Corporate Governance-Systems zu werten.

Nach einer Studie von DE JONG führen hoch entwickelte Märkte für Unternehmenskontrolle dazu, dass größere Teile der Nettowertschöpfung an die Anteilseigner ausgeschüttet werden, während in den als „germanisch" bezeichneten Ländern die Verteilungsposition der Arbeitnehmer stärker gewichtet ist und ein hoher Anteil der Gewinne für Reinvestitionen im Unternehmen verbleibt.[1166] Die Effizienz des Marktes für Unternehmenskontrolle stellen SHLEIFER/SUMMERS infrage, da sie zu nachweisen konnten, dass die Aktionärsgewinne bei feindlichen Übernahmen zu einem großen Teil nicht aus einer gesteigerten Rentabilität, sondern aus dem Bruch impliziter Verträge resultieren.[1167]

Die in Deutschland bis zum Ende der 1990er Jahre zu beobachtende Tendenz zur Kooperation ging dabei über die Unternehmensgrenzen hinaus. Die mitunter ähnlichen langfristigen Interessen erleichterten es den einflussreichen Stakeholdern zum einen, die Aufgabe der Kontrolle zu erfüllen und zum anderen, für sich merkliche finanzielle Vorteile zu erlangen. Derartige Vorteile werden in der Literatur als „private benefits of

---

[1164] Dass feindliche Übernahmen auch in Deutschland grundsätzlich möglich sind, hat der Fall Mannesmann/Vodafone gezeigt. Ursächlich für die Übernahme von Mannesmann ist jedoch nicht die Disziplinierung des Managements.

[1165] Vgl. Sachverständigenrat (2007), S. 423.

[1166] Vgl. de Jong (1997), S. 17.

[1167] Vgl. Shleifer/Summers (1988), S. 53

control" bezeichnet.[1168] Dies mündete in ein System, das mit dem Stichwort der „Deutschland AG" belegt wurde. ADAMS charakterisiert die „Deutschland AG" als ein System von Ring- und Überkreuzverflechtungen, das mit dem Ziel der Abschottung vor dem Kapitalmarkt und insbesondere vor feindlichen Übernahmen aufrecht erhalten werde.[1169, 1170] Durch dieses System hielten sich die Vorstände und Aufsichtsräte gegenseitig den Rücken vor unerwünschten Einmischungen der Kapitalmarktteilnehmer frei und verschaffen sich Freiraum, um persönliche Ziele zu verfolgen, da „kein wirksamer Wettbewerb um Führungspersonen gegen die gegenwärtigen Amtsinhaber möglich ist"[1171]. Dieser Ansicht zufolge dienen Verflechtungen der Stabilisierung von Managerherrschaft und gehen zulasten der Kapitalmarktteilnehmer.[1172]

Die Diskussion zur Funktion von Unternehmensverflechtungen ist jedoch von zwei konträren Positionen geprägt. Im Gegensatz zur Position ADAMS betonen WINDOLF/BEYER die positiven Wirkungen des Übernahmeschutzes, der aus den Überkreuzbeteiligungen resultiert.[1173, 1174] Derartige Verflechtungen dienen der Weitergabe von Informationen und einer stärkeren Kontrolle des Managements durch Insider. Empirische Studien zur Auswirkung der Personal- und Kapitalverflechtung auf die Unternehmensperformance kommen zu unterschiedlichen Ergebnissen. Es scheinen jedoch die Studien zu überwiegen, die keinen negativen Effekt der Verflechtung auf die Performance nachweisen konnten.[1175]

Zusammenfassend lässt sich das deutsche Corporate Governance-System als ein interessenpluralistisches, bankenorientiertes Insider-System bezeichnen. Es ist in sich von Komplementarität und Konsistenz geprägt.[1176] Insbesondere die Bedeutung der Banken für die Unternehmensfinanzierung hat dazu geführt, dass dem Schutz der Gläubigerinteressen im deutschen Gesellschaftsrecht ein hoher Stellenwert beigemessen wird. Infolgedessen rangiert im Bilanzrecht der Gläubigerschutz sogar vor dem Anlegerschutz. Zudem finden die Arbeitnehmerinteressen unmittelbar Berücksichtigung in

---

[1168] Private Kontrollrenten sind gemäß der Definition von Jensen/Meckling sowohl materielle als auch immaterielle Vorteile, die ein Großaktionär aufgrund der Ausübung der Kontrolltätigkeit aus einem Unternehmen extrahieren kann. Vgl. Jensen/Meckling (1976), S. 312 f.; Dyck/Zingales (2004), S. 537.

[1169] Vgl. Adams (1994), S. 148 ff.

[1170] Franks/Mayer sprechen in diesem Zusammenhang von „complex webs of holdings and pyramids of intercorporate holdings". Franks/Mayer (2001), S. 944.

[1171] Adams (1994), S. 151.

[1172] Vgl. Monopolkommission (1998), S. 80; Feddersen/Hommelhoff/Schneider (1996), S. 8.

[1173] Vgl. Windolf/Beyer (1995), S. 4.

[1174] Insbesondere in den 1960er und 1970er Jahren wurden die Überkreuzbeteiligungen innerhalb der deutschen Wirtschaft als stabilitätsfördernd angesehen. Vgl. Wieandt/Haslinger (2007), S. 344.

[1175] Vgl. Cable (1985); Monopolkommission (1998); Norton/Schmid (1996); Thomsen/Pedersen (2000). Zu einem abweichenden Ergebnis kommt Perlitz/Seger (1994).

[1176] Vgl. Schmidt, R. (2007c), S. 328.

der deutschen Corporate Governance. Seit einigen Jahren befinden sich jedoch einzelne Elemente aufgrund der sich ändernden Rahmenbedingungen in einem ständigen Veränderungsprozess.

5.2.2 Das Finanzsystem im Wandel

Die Funktionsfähigkeit eines Corporate Governance-Systems hängt neben der inneren Ausgestaltung von den dazu adäquaten Rahmenbedingungen ab. Exemplarisch wird in diesem Kapitel die Veränderung des Finanzsystems als eine der zentralen Rahmenbedingungen betrachtet. Das deutsche Corporate Governance-System stand lange Zeit im Einklang mit dem relevanten Finanzierungsumfeld. Seit einigen Jahren jedoch befinden sich die Finanzmärkte weltweit in einem umfassenden Veränderungsprozess, der insbesondere Deutschland betrifft, da das hiesige Finanzsystem im Gegensatz zu den kapitalmarktorientierten Finanzsystemen angelsächsischer Prägung stark bankenorientiert ist.[1177] Die deutsche Wirtschaft profitiert darüber hinaus von ihrer zunehmend steigenden internationalen Kapitalverflechtung.[1178] Die Ursachen dieses Wandels liegen in der fortwährenden Liberalisierung und Deregulierung der Kapitalmärkte, der Harmonisierung der Finanzmarktregulierung, der Konsolidierung im Finanzsektor sowie der wachsenden Bedeutung von Risiko- und Rentabilitätserwägungen bei gleichzeitig steigender Wettbewerbsintensität.[1179, 1180] Dieser Veränderungsprozess führte zu einer zunehmenden Integration der weltweiten Finanzmärkte. Hierdurch sind nicht nur größere und liquidere Märkte entstanden, sondern es ist insbesondere auch die Wettbewerbsintensität im deutschen Bankensektor gestiegen.[1181, 1182] Um die Eigenkapital-

---

[1177] Vgl. Zimmermann/Schumacher (2005), S. 9.

[1178] Im Jahr 2006 haben Deutsche im Ausland Kapitalanlagen im Umfang von ca. 430 Mrd. Euro getätigt. Die ausländischen Kapitalanlagen in Deutschland betrugen hingegen nur 290 Mrd. Euro. Dieser Anlageüberschuss im Ausland ist das Gegenstück zum Exportüberschuss bei Gütern und Dienstleistungen, der in den letzten Jahren per saldo 5 % des Bruttoinlandsproduktes betragen hat. Vgl. Sachverständigenrat (2007), S. 389.

[1179] Vgl. Zimmermann (2006), S. 45; Achleitner/Fingerle (2003), S. 5; Plattner (2006b), S. 1.

[1180] Eine empirische Analyse der OECD zeigt, dass die Regulierung des Kapitalverkehrs zwischen den Jahren 1980 und 2000 in Deutschland halbiert wurde. Vgl. Sachverständigenrat (2007), S. 394 f.

[1181] Vgl. Sachverständigenrat (2004), S. 276; Sachverständigenrat (2005), S. 456; Sachverständigenrat (2008), S. 6.

[1182] Infolgedessen müssen insbesondere die deutschen Banken ihre im internationalen Vergleich sehr niedrige Kapitalrentabilität deutlich steigern, um im verschärften Wettbewerbsumfeld bestehen zu können. Nach Berechnungen der EZB liegt für den Durchschnitt der Jahre 2004 bis 2006 das deutsche Bankensystem beim Jahresüberschuss nach Steuern sowohl in Relation zur Bilanzsumme als auch zum Eigenkapital (ROE) in der Europäischen Union auf dem letzten Platz. Der ROE lag in Deutschland bei 7,85 %, während die Banken in Großbritannien 18,55 % erreichten. Da die Ertragsstruktur der deutschen Banken noch immer weitestgehend vom Zinsertrag dominiert ist, unterstreicht dies nach wie vor ihre Bedeutung als Intermediär. Vgl. Sachverständigenrat (2008),

rentabilität zu steigern, sind die deutschen Banken gezwungen, in leistungsschwachen Bereichen, wie den Industriebeteiligungen gebundenes Kapital freizusetzen und es in Segmenten mit höheren Renditen zu investieren.[1183]

Das Finanzsystem und seine Entwicklung sind von zentraler Bedeutung für die Sicherung und Verbesserung der Standortbedingungen in Deutschland und somit auch für die Stärkung des Potentialwachstums.[1184] Neben dem unmittelbaren Wachstumsbeitrag des Finanzsystems als eigener Wirtschaftszweig leistet es insbesondere einen mittelbaren Beitrag, der sich aus der Allokation von Kapital in produktivere Verwendungen ergibt. Wie empirische Studien belegen, besteht eine positive Korrelation zwischen der Entwicklung eines Finanzsystems und dem Wachstum der Volkswirtschaft.[1185]

Die Corporate Governance ist ein Teil des Finanzsystems, denn ohne ein glaubwürdiges und funktionsfähiges Kontrollsystem wären Kapitalgeber nicht bereit, entsprechendes Kapital Unternehmen zur Verfügung zu stellen. Infolgedessen erzeugen die Entwicklungen an den Kapitalmärkten einen gewissen Druck auf das deutsche Corporate Governance-System.[1186]

5.2.2.1 Bankbasiertes Finanzsystem

Das deutsche Finanzsystem wird aufgrund seiner historischen Entwicklung und institutionellen Ausgestaltung als sog. bankbasiertes Finanzsystem bezeichnet.[1187] Bei diesem System steht die Institution Bank im Mittelpunkt des Intermediationsprozesses zwischen Anleger und Schuldner. Der Bank als Intermediär fällt dabei die Risikotransformationsfunktion zu, indem sie aus einer großen Zahl von unsicheren Krediten durch Diversifikation sichere Einlagen generieren, sowie die Fristentransformationsfunktion, indem kurzfristig kündbare Einlagen in langfristig zur Verfügung stehende Kredite transformiert werden, und die Zinsänderungsfunktion, indem sie den Kreditnehmern

---

S. 104; Deutsche Bundesbank (2007), S. 27; Schmidt, R. (2007c), S. 330 f.; Europäische Zentralbank (2007), S. 73 ff.

[1183] Einen Überblick über die Faktoren, die diesen Änderungsdruck ausgelöst haben, bieten Wieandt/Haslinger (2007), S. 347 ff.; Monopolkommission (2006), S. 222 ff.

[1184] Vgl. Sachverständigenrat (2008), S. 1.

[1185] Vgl. Sachverständigenrat (2008), S. 50.

[1186] Vgl. Merkt (2003), S. 129; Assmann (2003), S. 5.

[1187] Das Finanzsystem umfasst in der hier verwendeten Definition neben dem Finanzsektor die Wertpapierbörsen, die Zentralbank, den Zahlungsverkehr sowie den regulatorischen Rahmen. Eine der zentralen Ursachen für die Entwicklung von markt- und bankbasierten Finanzsystemen wird von La Porta et al. in der jeweiligen Rechtstradition gesehen. In den angelsächsischen „common law"-Ländern wird eine Tendenz zum marktbasierten System gesehen, während die „civil-law"-Länder wie Deutschland, Frankreich und Skandinavien zum bankbasierten System tendieren. Vgl. La Porta et al. (1998), S. 1117 ff.

eine längerfristige Zinsfestschreibung zusagt, während der Anleger seine Mittel nur kurzfristig zur Verfügung stellt.[1188]

Kennzeichnend für ein bankbasiertes Finanzsystem ist die primäre Unternehmensfinanzierung mittels Bankkrediten und weniger über den Kapitalmarkt direkt.[1189] Banken nehmen dabei den Großteil der Ersparnisse der Haushalte auf. Dies kann für Deutschland durch folgende Daten belegt werden: Die Bilanzsumme aller deutschen Banken betrug zu Beginn des Jahres 2008 das 3,6-Fache des deutschen Bruttoinlandsproduktes und ist somit im europäischen Vergleich außerordentlich hoch.[1190] Die Bedeutung eines Bankensystems spiegelt sich darüber hinaus im Anteil der Bankkredite am Bruttoinlandsprodukt wider. Dieser Anteil liegt in Deutschland deutlich über dem marktbasierter Finanzsysteme, wie beispielsweise den USA.[1191, 1192] Spiegelbildlich betragen auch die Einlagen bei deutschen Banken das Dreifache gegenüber denen bei amerikanischen Kreditinstituten.[1193] Die Bedeutung des Aktienmarktes liegt dagegen mit einer Marktkapitalisierung von rund 45 % des Bruttoinlandsproduktes im Jahr 2003 deutlich unterhalb derjenigen Großbritanniens mit rund 137 %, der USA mit 131 % oder anderer europäischer Länder.[1194] Die Tendenz ist in Deutschland jedoch steigend, so betrug sie im Jahr 2007 bereits 61 %.[1195]

Die geringe Marktkapitalisierung deutscher Unternehmen spiegelt nach Auffassung des SACHVERSTÄNDIGENRATES „die schwache Stellung der Aktionäre im deutschen System der Unternehmenskontrolle wider"[1196]. Die insgesamt geringe Börsenbewertung im internationalen Vergleich ist ein untrügliches Indiz dafür, dass die Börse als Finanzierungsinstrument in einem System mit schwachen Aktionärsrechten nur eine untergeordnete Rolle spielt. Eine umso stärkere Position in der Corporate Governance der deutschen Unternehmen nehmen dafür die privaten Großbanken ein. Diese übernehmen sowohl die Selektion potentiell erfolgreicher Unternehmen im Vorfeld der Kreditvergabe als auch das Monitoring von Unternehmensaktivitäten nach der Kreditvergabe.[1197]

[1188] Vgl. Sachverständigenrat (2007), S. 121.

[1189] Die nachfolgenden Ausführungen folgen Metten (2007), S. 15 f.

[1190] Vgl. Deutsche Bundesbank (2008a), S. 106; Sachverständigenrat (2004), S. 274.

[1191] Vgl. DIW (2004), S. 25.

[1192] In Deutschland stieg dieser Anteil vom 2,45-Fachen im Jahr 2005 leicht auf das 2,5-Fache im Jahr 2007 an. Vgl. Deutsche Bundesbank (2008a), S. 106.

[1193] Vgl. Weber (2005), S. 7

[1194] Vgl. Sachverständigenrat (2005), S. 458.

[1195] Vgl. Deutsche Bundesbank (2008b), S. 45.

[1196] Sachverständigenrat (2007), S. 424.

[1197] Vgl. DIW (2004), S. 10 f.

Auf Grund der zumeist langjährigen Geschäftsbeziehung verfügen Banken in Deutschland häufig über einen privilegierten Zugang zu Informationen und besseren Kontrollmöglichkeiten, die sie in die Lage versetzen, die wirtschaftliche Situation und die Entwicklungspotentiale des Unternehmens adäquat einzuschätzen, im Gegensatz zu Kapitalgebern, deren Geschäftsbeziehung zu den Unternehmen weniger eng ist.[1198] Somit reduziert das vorherrschende Hausbankprinzip[1199] die Agency-Costs, die durch die Informationsasymmetrie zwischen Schuldnern und Gläubigern hervorgerufen werden. Dies zeigt sich konkret in günstigeren Kreditkonditionen, einer flexibleren Vertragsgestaltung sowie der Vergabe von Anschlusskrediten in unternehmensspezifischen Krisenzeiten, um die ausstehenden Kredite nicht wertberichtigen zu müssen.[1200] Aufgrund der Charakteristika des Hausbankprinzips und der Wettbewerbssituation im deutschen Finanzsektor waren die Fremdkapitalkosten im internationalen Vergleich in Deutschland lange Zeit sehr niedrig.[1201] Nach der aktuellen Zinsstatistik der Europäischen Zentralbank liegen die Kreditzinsen im Durchschnitt der Jahre 2006 bis 2008 hingegen mit 0,11 Prozentpunkten über dem Durchschnitt des Euro-Raums.[1202]

Als zentrale Nachteile eines bankbasierten Systems sehen Kritiker die Gefahr des Machtmissbrauchs durch die Hausbank im Sinne eines Hold-up-Problems sowie der Fehlallokation, die durch Verflechtungen, Intransparenz, Illiquidität der Finanzmärkte und durch den geringeren Informationsgehalt der Marktpreise hervorgerufen wird.[1203] Darüber hinaus ergeben sich Nachteile hinsichtlich der dynamischen Anpassungsfähigkeit, da das beziehungsorientierte Finanzsystem nicht auf die Finanzierung von Unternehmen mit besonderen Risiko-/Chancenprofilen ausgelegt ist, deren Betriebskapital nicht aus banküblichen Sicherheiten besteht und zu denen keine bewährte Geschäftsbeziehung existiert.[1204] Die engen Verflechtungen der Unternehmen innerhalb der „Deutschland AG" führen zu einer Interessenlage, die tendenziell bestehende Beziehungen schützt und Wandelprozessen im Wege steht.[1205] Tendenziell ist zudem eine Abnahme der Kapitalverflechtungen innerhalb der „Deutschland AG" zu beobachten.[1206]

[1198] Vgl. Sachverständigenrat (2005), S. 463; Engel et al. (2006), S. 143; Krämer (2003), S. 90.
[1199] Als Hausbank wird die Bank bezeichnet, bei der ein Unternehmen die höchsten Bankverbindlichkeiten hält. Vgl. Sachverständigenrat (2008), S. 37.
[1200] Vgl. Kley (2004), S. 171; Hommel/Schneider (2004), S. 578; Bredemeier/Tholen (2003), S. 190.
[1201] Vgl. Achleitner/Fingerle (2003), S. 4; KfW Bankengruppe (2003), S. 3.
[1202] Vgl. Sachverständigenrat (2008), S. 109 f.
[1203] Vgl. Sachverständigenrat (2005), S. 463; Kley (2004), S. 170.
[1204] Vgl. Kaufmann/Kokalj (1996), S. 58.
[1205] Vgl. Sachverständigenrat (2005), S. 463.
[1206] Siehe hierzu ausführlich Kapitel 5.2.3.

Im Hinblick auf die Corporate Governance gehen von Banken sowohl positive als auch negative Effekte aus. Zum einen üben sie einen positiven Einfluss auf die Unternehmensleitung aus, wenn mit der Steigerung von Kreditvolumina eine Steigerung des Unternehmenswerts einhergeht, und zum anderen einen negativen Einfluss, wenn Banken Manager dazu bewegen, Chancen ungenutzt zu lassen, um Risiken zu vermeiden.[1207] Letztlich leisten Banken einerseits Kontrolle und fördern infolgedessen die Stabilität des Systems, andererseits begrenzen sie die Maximierung des Shareholder Value durch eine gläubigerorientierte Unternehmenspolitik. Gesamtwirtschaftlich erfüllen deutsche Banken im Vergleich zu angelsächsischen Banken verstärkt die Funktion von Finanzintermediären, was sich in hohen und im Zeitablauf weitgehend konstanten Intermediationsraten zeigt.[1208]

5.2.2.2 Marktbasiertes Finanzsystem

Im Gegensatz zum bankbasierten Finanzsystem finanzieren sich Unternehmen in marktbasierten Finanzsystemen hauptsächlich über organisierte Märkte durch die Ausgabe von Aktien und Unternehmensanleihen.[1209] In einem solchen System muss der Anleger sowohl die Risikotransformation mittels Diversifikation als auch die Fristentransformation selbst durchführen.[1210] Infolgedessen kommt der Verbriefung eine besondere Bedeutung zu, denn dadurch wird ihm die Möglichkeit eingeräumt, die Forderungen zu veräußern. Das Zinsänderungsrisiko muss entweder vom Investor oder Schuldner übernommen werden, indem eine variable Verzinsung vereinbart wird. Eine besondere Funktion kommt in marktbasierten Systemen den kapitalmarktnahen Institutionen wie Investment- und Pensionsfonds zu.

Um die Funktionsfähigkeit, d.h. die Liquidität und Informationseffizienz des Kapitalmarktes und ein „Austrocknen des Marktes"[1211] zu verhindern sowie eine faire Bewertung sicherzustellen, verfügen Unternehmen in marktbasierten Finanzsystemen im Gegensatz zum bankbasierten Finanzsystem grundsätzlich über Anreize, unternehmensspezifische Informationen offenzulegen.[1212, 1213] Dennoch sind empirisch immer wieder Informationsineffizienzen auf Kapitalmärkten zu beobachten, die aufgrund der zwischen Schuldner und Gläubiger bestehenden Informationsasymmetrie in marktbasier-

---

[1207] Vgl. Hutzschenreuter (1998), S. 54 f.
[1208] Vgl. Schmidt, R. (2007c), S. 326.
[1209] Vgl. Schmidt, R. (2007c), S. 320; Sachverständigenrat (2005), S. 463.
[1210] Vgl. Sachverständigenrat (2007), S. 122.
[1211] Akerlof (1970), S. 488 ff.
[1212] Vgl. Wagenhofer/Ewert (2003), S. 282.
[1213] Die nachfolgenden Ausführungen folgen Metten (2007), S. 16 ff.

ten Systemen unter Umständen zu einer Kreditrationierung führen können.[1214] Der Wettbewerb auf dem Kapitalmarkt führt zu einer marktkonformen Bepreisung und fördert somit die allokative Effizienz. Im Vergleich von markt- und bankbasiertem Finanzsystem besteht demzufolge ein Trade-off zwischen dem Wettbewerb in Verbindung mit einer marktkonformen Bepreisung sowie der Informationsasymmetrie zwischen Schuldner und Gläubiger. In Anbetracht der technischen Entwicklung wird die klassische Rolle der Banken als Intermediär zunehmend infrage gestellt, denn zum einen schwindet im Zeitalter des Internets ihre Bedeutung als Informationsmittler und zum anderen verringern sich die Transaktionskosten bei Bankdienstleistungen erheblich.[1215] Dies spiegelt sich auch in der Entwicklung der Erträge, d.h. im Zinsüberschuss deutscher Banken wider, die sich auf einem sehr niedrigen Niveau befinden.[1216]

Insbesondere seit der zweiten Hälfte der 1990er Jahre greifen auch deutsche Unternehmen verstärkt auf Aktienfinanzierung, Unternehmensanleihen oder Privatplatzierung von Schuldscheindarlehen etc. zurück, die Daten zur Entwicklung der Emissionen von Unternehmensanleihen und Aktien belegen.[1217] Das jährliche Emissionsvolumen von Unternehmensanleihen stieg seit 1997 um mehr als das Dreißigfache auf über 30 Mrd. Euro an. Das Volumen der Aktienemissionen, zu denen sowohl Erstemissionen als auch Zweitemissionen in Form von Eigenkapitalerhöhungen gehören, ging im Zuge der starken Kurseinbrüche in den Jahren 2000 bis 2002 stark zurück, liegt heute aber wieder mit weiter steigender Tendenz deutlich über dem Niveau, das Mitte der 1990er Jahre erreicht wurde. Neben den klassischen kapitalmarktbasierten Finanzierungsinstrumenten werden zunehmend neue Möglichkeiten der Kapitalmarktfinanzierung wie Asset Backed Securities und hybride Finanzierungsinstrumente, die eine Zwischenstellung zwischen Eigen- und Fremdkapital einnehmen, genutzt. Trotz der steigenden Bedeutung bleibt die Nutzung von Kapitalmarktinstrumenten in Deutschland hinter der in anderen Ländern zurück.

Die Entwicklungen an den Kapitalmärkten werden zunehmend auch für Unternehmen ohne direkten Kapitalmarktzugang relevant. So haben in den vergangenen Jahren die Banken damit begonnen, das Ausfallrisiko von Unternehmenskrediten vermehrt über Kreditderivate oder Kreditverbriefungen am Kapitalmarkt zu platzieren, um ihre Risiken besser zu diversifizieren. Dies hat zur Folge, dass die Kreditinstitute bei konstanter Eigenkapitalbasis die Anzahl ihrer Kredite ausdehnen können und dass die Kreditkon-

---

[1214] Vgl. Franke/Hax (2004), S. 398 f.; Sachverständigenrat (2005), S. 463.
[1215] Vgl. Bundesverband deutscher Banken (2003), S. 12.
[1216] Vgl. Bundesverband deutscher Banken (2005), S. 2.
[1217] Die Ausführungen dieses Absatzes folgen dem Sachverständigenrat (2005), S. 457 f.

ditionen für alle Unternehmen direkter durch die Finanzmärkte beeinflusst werden.[1218] Ein weiteres Indiz für die stärkere Marktorientierung des deutschen Finanzsystems ist die zunehmende Bedeutung institutioneller Investoren. Seit dem Jahr 2001 ist das Fondsvermögen in Deutschland um 28,8 % auf rund 1,1 Bill. Euro gestiegen.[1219] In diesem Zeitraum sind die Börsenumsätze um 58,7 % auf 7,1 Bill. Euro im Jahr 2007 gestiegen. Damit wurde das Niveau der Börsenboomjahre vor der Jahrtausendwende sogar deutlich übertroffen.[1220]

Aus empirischer Sicht liegen keine eindeutigen Hinweise für die Überlegenheit des bank- oder marktbasierten Systems vor.[1221] Es konnte bisher kein Zusammenhang zwischen dem Wachstum einer Volkswirtschaft und der Art des Finanzsystems nachgewiesen werden. Ein vollständiger Systemwechsel zu einem rein kapitalmarktbasierten System ist in Deutschland derzeit anhand der Kennzahlen des Bankensektors nicht zu erkennen.[1222] Vielmehr wird das bankbasierte System um Elemente des marktbasierten ergänzt, so dass eine gegenseitige Annäherung beider Systeme für Deutschland zu erwarten ist.[1223] In diesem Sinne erwartet Bundesbankpräsident WEBER künftig ein hybrides System in Deutschland.[1224] Der SACHVERSTÄNDIGENRAT spricht in einem ähnlichen Sinne vom „Financial Services View" als einem Konsensmodell zwischen bank- und marktbasiertem System, das ein Umfeld schafft, in dem sowohl Intermediäre als auch Märkte effiziente Finanzdienstleistungen anbieten können.[1225]

5.2.2.3 Konsequenzen für das deutsche Corporate Governance-System

In der internationalen Integration der Kapitalmärkte sieht SPREMANN eine Situation entstehen, die dem deutschen Corporate Governance-Modell die Grundlage entziehen könnte. Es sei abzusehen, dass das klassisch deutsche Unternehmensverständnis auf Grund der sich ändernden Rahmenbedingungen unbedeutender werde und folglich die ausschließliche Orientierung am Shareholder Value unausweichlich sei.[1226, 1227] Derzeit

---

[1218] Vgl. Ranné (2005), S. 60; Sachverständigenrat (2005), S. 459 f.

[1219] Vgl. Deutsche Bundesbank (2008b), S. 52.

[1220] Vgl. Deutsche Bundesbank (2008b), S. 48.

[1221] Vgl. Levine (2002), S. 414 ff.; Bredemeier/Tholen (2003), S. 189; Weber (2005), S. 8; Sachverständigenrat (2008), S. 14 f.

[1222] Vgl. Weber (2005), S. 12; Schmidt, R. (2007c), S. 331.

[1223] Vgl. Plattner (2006a), S. 35 f.; Sachverständigenrat (2004), S. 277.

[1224] Vgl. Weber (2005), S. 12.

[1225] Vgl. Sachverständigenrat (2008), S. 15.

[1226] Vgl. Spremann (1994), S. 307.

[1227] Bereits 1981 wies Picot darauf hin, dass „Leistungskonkurrenz im Sinne von Produktionskosten (…) sich zur Normenkonkurrenz im Sinne wirtschaftlich gleichwertiger Verfügungsrechtsstrukturen" entwickele. Picot (1981), S. 191.

sind eine steigende Bedeutung erfolgsabhängiger Vergütungsstrukturen, höhere Anforderungen an Transparenz und Vergleichbarkeit in der Rechnungslegung sowie eine verbesserte Qualität der Unternehmensberichterstattung zu beobachten.[1228] Ob die Entwicklung an den Kapitalmärkten jedoch zu einer grundlegenden Veränderung des Systems führt, ist fraglich. THEISEN warnt in diesem Zusammenhang davor, Vorgaben und Regelungen der anglo-amerikanischen Kapitalmärkte auf Deutschland zu übertragen, da diese aufgrund ihrer jeweiligen Entwicklung und nationalen Akzeptanz unter vollkommen unterschiedlichen Rahmenbedingungen aufgestellt wurden.[1229] Ein globaler Kapitalmarkt sei „sicherlich Realität, aber die nationalen Unterschiede des Kapitalmarktzugangs sowie der Kapitalmarktvertrautheit und -inanspruchnahme sind weitere wichtige Voraussetzungen für eine entsprechend orientierte Überwachungsstruktur und deren Akzeptanz bei den Betroffenen wie Beteiligten gleichermaßen"[1230]. Die Entwicklung von Governance-Systemen hängt darüber hinaus von weiteren zahlreichen Faktoren ab, beispielsweise von der Komplementarität der Systemelemente und ihrer Einpassung in das jeweilige wirtschaftliche, rechtliche und soziokulturelle Umfeld.[1231]

Aus der zunehmenden Bedeutung der Kapitalmärkte für die Unternehmensfinanzierung, der Aufweichung des bankorientierten Systems sowie der damit verbundenen sinkenden Bedeutung der kontrollierenden Banken für börsennotierte Unternehmen resultiert zunächst unweigerlich ein höherer Stellenwert des Kapitalmarktes in der Corporate Governance.[1232] Diese Entwicklung hat nicht zuletzt auch Auswirkungen auf das Gesellschaftsrecht.[1233] Die Teilnehmer an den Eigenkapitalmärkten haben nicht nur zahlenmäßig zugenommen, sondern weichen in ihrer Anlagestrategie immer stärker von den klassischen Großaktionären ab. Es ist zu beobachten, dass die Überkreuzbeteiligungen und insbesondere die Bankenbeteiligungen, die früher die Unternehmen vor feindlichen Übernahmen schützten, deutlich abgebaut worden sind.[1234] WÓJCIK konnte für den Zeitraum von 1997 bis 2001 nachweisen, dass die Konzentration von Stimmrechtsblöcken unabhängig von der Unternehmensgröße um 10 % ge-

---

[1228] Vgl. Sachverständigenrat (2005), S. 461.
[1229] Vgl. Theisen (2005), S. 534.
[1230] Theisen (2005), S. 534.
[1231] Vgl. Werder (2003), S. 19.
[1232] Vgl. Grundmann/Mülbert (2001), S. 222 f.; Assmann (2003), S. 5.
[1233] Sowohl Assmann als auch Schmidt beobachten für die kontinentaleuropäischen Länder eine Verdrängung der zwingenden Vorschriften des Aktienrechts durch zwingende Vorschriften des Kapitalmarktrechts. Insbesondere das von den privatrechtlich organisierten Börsen geschaffene Börsenzulassungsrecht enthält zunehmend Vorschriften, die funktional denen des verdrängten Aktienrechts entsprechen oder die Vorschriften des Aktienrechts ergänzen. Vgl. Assmann (2003), S. 6; Schmidt, K. (2008), Einl. Rn. 16; Wymeersch (2001), S. 299 f.
[1234] Vgl. Höpner (2003), S. 136 ff.

sunken ist.[1235] Dabei sind die Veränderungen am stärksten im Finanzsektor vorzufinden, so dass angenommen werden kann, dass die Macht der Banken tatsächlich schwindet. GRUNDMANN/MÜLBERT befürchten, dass die immer größer werdende Bedeutung institutioneller Investoren mit zunehmend kurzfristigen Anlagehorizonten einerseits und indexorientierten Anlagestrategien andererseits dazu führen, dass der Eigenkapitalmarkt für die Unternehmensfinanzierung zwar von wachsender Bedeutung sein wird, dessen einzelne Teilnehmer aufgrund ihrer Größe und Anlagestrategie jedoch als Kontrolleure des Managements ausfallen.[1236]

Zu einem ähnlichen Ergebnis gelangt die Studie HÖPNERS, die unter anderem die Frage untersucht, wie sich die Besetzung der Position des Aufsichtsratsvorsitzenden der 40 größten deutschen Nicht-Finanzunternehmen im Zeitablauf entwickelt hat.[1237] In den Daten dieser Studie zeichnet sich seit Mitte der 1990er Jahre ein Absinken des Übereinstimmungsgrades von Personal- und Kapitalverflechtungen ab. Der Rückgang dieser Verflechtungen geht dabei insbesondere auf die Banken zurück, „die sich vom Kreditgeschäft auf das Investmentbanking umorientieren und in diesem Zusammenhang keinen Sinn mehr in der aufwändigen Aufsicht über Industrieunternehmen sehen"[1238].[1239] Die Aufsichtsratsvorsitze, die durch Bankenvertreter besetzt waren, wurden jedoch nicht von externen Managern oder Vertretern von Investmentfonds übernommen – was einen Rückschluss auf eine verstärkte Kapitalmarktorientierung zuließe –, sondern von ehemaligen Vorständen des betreffenden Unternehmens. Diese Daten sind ein Indikator dafür, dass die Dominanz der Banken zurückgeht. Eine daraus resultierende Dominanz des Kapitalmarktes, wie es der theoretische Umkehrschluss nahe legt, ist jedoch nicht festzustellen. Vielmehr mündet diese Entwicklung derzeit in eine Herrschaft des Managements über sein Unternehmen und eine Manifestation des Insider-Systems. Daraus kann sich jedoch ein Kontrollvakuum ergeben.[1240]

KENGELBACH/ROOS weisen in einer Studie, in der sie die Netzwerkdichte innerhalb der „Deutschland AG" als Anteil der tatsächlichen Verbindungen in Relation zu den möglichen Verbindungen setzen, für den Zeitraum von 2001 bis 2004 gar wieder einen leichten Anstieg der Verflechtung von 1,04 auf 1,06 nach, während der Wert im Zeit-

---

[1235] Vgl. Wójcik (2003), S. 1442 ff.

[1236] Vgl. Grundmann/Mülbert (2001), S. 223.

[1237] Vgl. Höpner (2003), S. 133 ff.

[1238] Höpner (2003), S. 135 f.

[1239] In Folge des im Jahr 2002 in Kraft getretenen Wegfalls der Körperschaftsteuer auf Gewinne aus Beteiligungsveräußerungen bei Aktiengesellschaften kann diesen Prozess zudem beschleunigt haben.

[1240] Vgl. Monopolkommission (2006), S. 226.

raum von 1992 bis 1995 von 1,45 auf 1,28 gesunken war.[1241] Demzufolge scheint das Netzwerk trotz der Auflösung der Kapitalbeteiligungen nicht vollständig zu zerfallen. Dennoch sehen WIEANDT/HASLINGER einen klaren Trend zur Auflösung von Überkreuzbeteiligungen und zu einer breiter gestreuten Aktionärsstruktur.[1242] Die MONOPOLKOMMISSION erwartet infolgedessen eine Stärkung des Marktes für Unternehmenskontrolle.[1243]

Hinsichtlich der Entwicklung von Corporate Governance-Systemen kann nach VON WERDER idealtypisch zwischen der Koexistenz, Konvergenz und Konversion unterschieden werden.[1244] Eine Systemkoexistenz kann zum einen darauf zurückzuführen sein, dass das jeweilige System aufgrund hinreichender interner Konsistenz und Angepasstheit an das Umfeld ökonomisch jeweils „lokale Optima" aufweist. Systeme können aber auch aufgrund ihrer Pfadabhängigkeit Systemänderungen verhindern. Die Pfadabhängigkeit ergibt sich aus der historisch bedingten Kombination der Systemelemente, die die nationale Eigenheit des Systems ausmacht.[1245] Institutionen, Regulierungen und Verhaltensweisen der Vergangenheit prägen somit den institutionellen Wandel der Corporate Governance-Systeme. Systemkonvergenz liegt vor, wenn sich verschiedene Systeme von ihren unterschiedlichen Ausgangspunkten aufeinander zubewegen, indem sie jeweils bestimmte Modalitäten des anderen Systems übernehmen. Bei der Systemkonversion löst hingegen ein Modell der Corporate Governance ein anderes mehr oder weniger vollständig ab.

Die globale Realität der Corporate Governance ist bisher durch die Koexistenz verschiedener Systeme geprägt. In der Literatur wird mitunter erwartet, dass es infolge der Globalisierung, die sich nicht zuletzt im Wandel an den Kapitalmärkten manifestiert, zu einer Konvergenz der Systeme kommt. WITT erwartet diesbezüglich eine Annäherung des deutschen Modells an das anglo-amerikanische Corporate Governance-System.[1246] Er leitet dies theoretisch aus den vermeintlich niedrigeren Kapitalkosten sowie den niedrigeren Arbeitskosten im Vergleich zu mitbestimmten Systemen ab. Dem entgegen stehen die höheren Managementkosten in kapitalmarktorientierten Systemen. Gegen die Hypothese WITTS wendet GERUM ein, dass die Veränderung von Corporate Governance-Systemen „zu Marktversagen und zur Herausbildung von ineffizienten Institutionen führen könne und so die Funktionsfähigkeit der gewachsenen,

---

[1241] Vgl. Kengelbach/Roos (2006), S. 20 ff.
[1242] Vgl. Wieandt/Haslinger (2007), S. 356.
[1243] Vgl. Monopolkommission (2006), S. 225.
[1244] Die Ausführungen dieses Absatzes folgen Werder (2003), S. 19.
[1245] Vgl. Hopt (2002b), S. 5; Gerum (2007), S. 37.
[1246] Vgl. Witt (2000), S. 162 f.

konsistenten Corporate Governance-Systeme in Frage gestellt werde"[1247]. Begründet wird dies mit der Pfadabhängigkeit von Corporate Governance-Systemen.[1248] Da Unternehmensverfassungen Systeme institutioneller Komplementaritäten darstellen, von deren Konsistenz die Funktionsfähigkeit des Systems abhängt, können diese „nicht beliebig zu Mischsystemen kombiniert werden, ohne in die Krise zu geraten"[1249]. DUFEY/HOMMEL/RIEMER-HOMMEL schlussfolgern entsprechend: „The rules and regulations governing stakeholder relations are converging across the countries included in this survey. They are however unlikely to lose all their distinctive national character, i.e., convergence does not imply equalization."[1250] Ebenso weisen SCHMIDT/SPINDLER auf die Gefahr einer unsystematischen Konvergenz von Corporate Governance-Systemen hin.[1251] Dies lässt sich anhand folgender Grafik illustrieren:

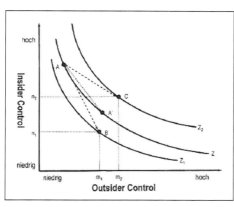

Ein Corporate Governance-System ist konsistent, wenn es sich aus mehreren einander ergänzenden Elementen zusammensetzt.[1252] Diese Konsistenzbedingungen korrespondieren mit einem bestimmten Effizienzniveau. Für Insider-Systeme wird dieser Fall in der Abbildung 7 durch den Punkt A dargestellt, der sich auf der Isoquante Z befindet. Die Isoquante markiert hierbei alle Kombinationen von Elementen eines Insider- oder Outsider-Systems, die eine gleich hohe Güte der Unternehmensführung

Abb. 7: Konvergenz von Corporate Governance-Systemen
Quelle: Dutzi (2005), S. 89.

darstellen. Durch Reformmaßnahmen kann sich das bestehende Verhältnis von Insider- und Outsider-Kontrolle verändern. So kann sich durch die Reformmaßnahmen das System beispielsweise entsprechend der Punkte B oder C entwickeln. Durch die Reform kann die Komplementarität der einzelnen Elemente gestört oder gefördert werden oder hinsichtlich ihrer Wirkung indifferent sein. Während in Punkt C ein insgesamt höheres Überwachungsniveau (Z_2) realisiert werden kann, liegt in Punkt B im Vergleich zum Ausgangspunkt A ein niedrigeres Überwachungsniveau (Z_1) vor. Somit

---

[1247] Gerum (2004a), S. 13.
[1248] Vgl. Bebchuk/Roe (1999), S. 127 ff.; Schmidt, R./Spindler (2002), S. 319.
[1249] Gerum (2004a), S. 13.
[1250] Dufey/Hommel/Riemer-Hommel (1998), S. 61.
[1251] Vgl. Schmidt, R./Spindler (2002), S. 321 ff. Die Darstellung folgt Dutzi (2005), S. 88 ff.
[1252] Siehe hierzu Kapitel 2.4.

können sowohl Reformen als auch Veränderungen der Rahmenbedingungen das Überwachungsniveau nicht nur nicht erhöhen, sondern auch senken. Ursache kann die Reaktion der beteiligten Interessengruppen sein. Sinkt beispielsweise aufgrund der eingeleiteten Reformen die Bereitschaft der Insider, die Unternehmensleitung direkt zu überwachen, entsteht zunächst ein Vakuum.[1253] Wird dieses Vakuum nicht durch entsprechende Marktmechanismen ausgeglichen, können die Reformen indirekt zu einer Überwachungslücke führen. Im Hinblick auf den internationalen Wettbewerb der Governance-Systeme spricht SCHEWE von einem sog. Tribüneneffekt.[1254] Dieser setzt jedoch voraus, dass die Konvergenz der Systeme nicht bewusst herbeigeführt wird.

GUILLÉN prüfte in einer Längsschnittstudie für ausgewählte OECD-Länder als Indikatoren für die Konvergenz den Stellenwert der Investitionen ausländischer Investoren oder großer Kapitaleigner bei Aktiengesellschaften, die Eigenkapitalquote, die Häufigkeit feindlicher Übernahmen und die Ausgestaltung der Managemententlohnung. Danach kann bis zum Jahr 2000 keine Konvergenz der Corporate Governance-Systemen diagnostiziert werden.[1255]

Angesichts der Diskussionen um das deutsche Corporate Governance-Modell mag es erstaunen, dass auch das anglo-amerikanische Modell in Bewegung gekommen ist.[1256] Letzteres ist unter anderem geprägt von den Annahmen homogener Anlegerinteressen, einer rationalen Zurückhaltung der Kleinaktionäre bei der Ausübung ihrer Stimmrechte[1257] sowie der Dominanz des Kapitalmarktes über das Instrument der Stimmrechtsausübung im Sinne eines Exit-Modells. Diese Annahmen werden durch die rapide Zunahme institutioneller Investoren derzeit infrage gestellt. Infolgedessen ergeben sich tendenziell Interessenkonflikte, die mit denen im deutschen Modell vergleichbar sind, und es wird die Forderung laut, die Unternehmensleitung habe neben den Interessen der institutionellen Investoren auch die anderer Stakeholder, wie die der Kleinaktionäre, zu berücksichtigen. Zudem weist inzwischen auch das eingliedrige Board-System Elemente auf, mit denen es sich dem zweigliedrigen Leitungs- und Kontrollsystem annähert. So ist derzeit beispielsweise in monistischen Systemen ein Trend zur schär-

---

[1253] Vgl. Dutzi (2005), S. 90.

[1254] Schewe beschreibt diesen wie folgt: In einem Fußballstadion erhebt sich ein Zuschauer von seinem Sitzplatz, um eine bessere Sicht auf das Spielfeld zu haben. Diesem Beispiel folgen andere Zuschauer freiwillig oder notgedrungen, weil ihnen jetzt die Sicht versperrt ist. Dieses „Rennen um die beste Sicht" geht so lange, bis sich alle Zuschauer erhoben haben und die relative Qualität der Sicht den Anfangszustand erreicht hat. Die absolute Qualität des Stadionbesuchs hat sich jedoch verschlechtert, da alle Zuschauer stehen müssen, um das Spielgeschehen verfolgen zu können. Vgl. Schewe (2005), S. 322.

[1255] Vgl. Guillén (2000), S. 175 ff.; Gerum (2007), S. 40 f.

[1256] Die nachfolgenden Ausführungen folgen Assmann (2003), S. 6 ff.

[1257] Siehe hierzu Kapitel 5.1.1.

feren Trennung der Executive-Ebene von der Non-Executive-Ebene zu beobachten.[1258] Dass diese Entwicklungen keine grundlegenden Veränderungen des Corporate Governance-Systems nach sich ziehen, ist mit der grundsätzlichen Komplementarität und Konsistenz des Systems mit dem es umgebenden Umfeld respektive der Funktionsfähigkeit der relevanten Märkte zu erklären.

In verschiedenen Studien wurde versucht, das Kontingenzniveau internationaler Insider-Systeme durch den Vergleich privater Kontrollrenten (Private Benefits of Control)[1259] zu ermitteln, die in Outsider-Systemen aufgrund der weit gestreuten Anteilseignerstruktur idealtypisch nicht existieren dürfen.[1260] Die Untersuchungen von NENOVA und DYCK/ZINGALES ermitteln für Deutschland im Vergleich zu den USA deutlich höhere Schätzwerte für private Kontrollrenten.[1261] Die empirische Untersuchung von DITTMANN lässt allerdings vermuten, dass hinsichtlich der Höhe privater Kontrollrenten in Deutschland und den USA kaum systematische Unterschiede bestehen.[1262] Die Untersuchungsergebnisse von DITTMANN relativieren insofern die Aussagen von NENOVA. Die Differenzen zu DYCK/ZINGALES können sie hingegen nicht erklären.[1263] Insgesamt ist festzuhalten, dass die empirische Forschung in diesem Bereich mittels dieser Methodik nicht überzeugend darlegen kann, ob gegenwärtig eine Angleichungstendenz beider Corporate Governance-Systeme besteht. Die Untersuchungsergebnisse bestätigen jedoch zum einen die Pfadabhängigkeit der Systeme und zeigen zum anderen, dass insbesondere die Reformen einschlägiger Rechtsvorschriften einen wesentlichen Einfluss auf die Systemkonvergenz haben.[1264]

Die zunehmende Finanzierung der Unternehmen über den Kapitalmarkt hat dazu geführt, dass die Investoreninteressen zu den zentralen Gläubigerinteressen wurden und entsprechend die Finanzierungsentscheidung stärker in den Fokus der Corporate Governance-Debatte rückt. Unterstellt man im Sinne VON WERDERS eine moderate Konvergenz der Systeme, stellt sich für das deutsche System die Frage, in welchem Umfang die Interessen der Kapitalmarktakteure durch Gesellschafts- oder Kapitalmarkt-

---

[1258] Beispielhaft sei hier auf die Enteilung der „directors in executive" und „non executive directors" verwiesen, so dass sich im Zuge des Cadbury Reports ein „Quasi-Dualismus" innerhalb des monistischen Gremiums entwickelt hat. Vgl. Böckli (2003), S. 216 f.; Hartmann (2006), S. 64.

[1259] Zur genauen Definition privater Kontrollrenten siehe Kapitel 5.2.1.

[1260] Vgl. Dutzi (2005), S. 41.

[1261] Vgl. Nenova (2003), S. 331 ff.; Dyck/Zingales (2004), S. 546 ff.

[1262] Vgl. Dittmann (2003), S. 23 ff.

[1263] Als Grund für die abweichenden Ergebnisse gibt Dittmann Ungenauigkeiten bei der Schätzung privater Kontrollrenten auf der Basis von Kursvergleichen an. Diese resultieren nicht zuletzt aus den unterschiedlichen Kursentwicklungen von Stamm- und Vorzugsaktien. Vgl. Dutzi (2005), S. 47.

[1264] Vgl. Dutzi (2005), S. 48.

recht Eingang in die Corporate Governance finden sollen.[1265] Demnach liegt es primär in den Händen des Gesetzgebers die deutsche Corporate Governance weiterzuentwickeln. Ohne die historische und theoretische Diskussion zur Wechselbeziehung von Kapitalmarkt- und Gesellschaftsrecht erneut aufzurollen und die einzelnen Positionen darzulegen, soll an dieser Stelle lediglich ein Teilaspekt näher betrachtet werden. Grundsätzlich ist ein Verzicht auf zwingendes Recht nur in Fällen möglich, in denen es kollektiver Entscheidungen über die Berücksichtigung spezieller Interessen nicht bedarf, weil sie besser und authentischer dem Marktentscheid der betroffenen Interessenten überlassen werden können. Da die Unternehmensfinanzierung einen zentralen Engpass für die Entwicklung von Unternehmen darstellt, ist den Kapitalgebern ein gewisser Einfluss auf die Unternehmensleitung zu gewähren. Sofern dies aufgrund institutioneller Regelungen nur in beschränktem Maße möglich ist – infolge der Klassifizierung gewisser Modalitäten durch kollektive Entscheidungen als nicht verhandlungsfähig –, geht dies zulasten der Unternehmen, die Risikokapital nachfragen. Eine Negierung der Aktionärsrechte hätte unausweichlich zur Folge, dass die Kapitalgeber es vorziehen würden, der Wirtschaft ihr Kapital als Darlehensgeber gegen eine marktgerechte Verzinsung zur Verfügung zu stellen, statt sich mit dem Risiko eines Aktionärs als Eigenkapitalgeber an einem Unternehmen zu beteiligen.[1266]

Neben den Unternehmen ist davon mittelbar auch der Gesetzgeber als der Urheber kollektiver Entscheidungen im Gesellschaftsrecht betroffen. Da Unternehmen die Träger der wirtschaftlichen Entwicklung eines Staates sind, wird der Gesetzgeber „gleichsam selbst zum Marktteilnehmer und wird so, auch im Wettbewerb mit anderen Gesetzgebern, zu der Entscheidung gezwungen, welches Maß an kollektiv verordnetem Interessenschutz ihm welchen Preis bei der wirtschaftlichen Entwicklung der in seinem Territorium ansässigen und besteuerten Unternehmen wert ist"[1267].[1268] Um dieses Problem zu entschärfen, bedarf es der Flexibilität in der Gesetzgebung. Diese schafft die Möglichkeit, exakt und schnell auf die spezifischen Verhältnisse und Entwicklungen der Märkte zu reagieren.[1269] Dieser Weg wurde zum Teil bereits durch die Einführung des paragesetzlichen Corporate Governance Kodex beschritten, der das zwingende Gesellschaftsrecht durch Regeln ergänzt, die ihrer Natur nach freiwillig sind, jedoch erheblichen Einfluss auf die Entwicklung der Corporate Governance nehmen.

[1265] Vgl. Assmann (2003), S. 9 ff.
[1266] Vgl. Hefermehl/Semler (2004), Vor. § 76 Rn. 7.
[1267] Assmann (2003), S. 12.
[1268] Vgl. Schewe (2005), S. 320 ff.
[1269] Vgl. Hommelhoff (2001), S. 242.

Ein weiteres Beispiel für diese Entwicklung sind die unternehmensspezifischen Gestaltungsmöglichkeiten im Rahmen der europäischen SE.

In einem derartigen Entwicklungsprozess ist es die zentrale Aufgabe des Gesetzgebers, die effiziente Funktion des Systems zu sichern und zu fördern sowie bei Marktversagen tätig zu werden. In Anbetracht der Ergebnisse der Studie HÖPNERS könnte sich für den Gesetzgeber infolge des Kapitalmarktwandels ein entsprechender Handlungsbedarf hinsichtlich der Kontrolle des Managements ergeben, sofern im Kontext des Insider-Systems die Lücke der Banken nicht durch effiziente, unternehmensunabhängige Kontrolleure geschlossen wird. Derzeit bleibt es noch abzuwarten, welche Reaktionen sich innerhalb des Systems einstellen werden. Sollte diese Lücke jedoch nicht systemkonform geschlossen werden, bedarf es einer Verschärfung der gesetzlichen Vorschriften zur Qualifikation und Unabhängigkeit der Aufsichtsratsmitglieder.[1270] Letztlich trägt der Gesetzgeber die Verantwortung dafür, dass die einzelnen Corporate Governance-Systemelemente untereinander konsistent und komplementär sind und somit das Überwachungsniveau konstant gehalten bzw. ausgebaut wird.

In Anbetracht der zentralen Bedeutung des Gesetzgebers – respektive der dahinter stehenden mehrheitsbildenden Parteien – für die Gestaltung der institutionellen Rahmenbedingungen hält SCHEWE eine grundlegende Veränderung der Corporate Governance-Strukturen in Deutschland für unwahrscheinlich.[1271] Er begründet dies unter Verweis auf die wahlentscheidende Interessengruppe der Arbeitnehmer. Infolgedessen sind Szenarien, die die Abschaffung der unternehmerischen Mitbestimmung in den Fokus rücken, nicht zu erwarten. GERUM betont zudem die zentrale Bedeutung nationaler Wertesysteme für die Ausprägung von Unternehmensverfassungen.[1272] Ein grundlegender Wandel des Grundmusters sozialer Integration ist in Deutschland derzeit nicht erkennbar.

Ein Blick auf die jüngsten Reformen und Gesetzesänderungen zeigt abschließend, dass sich das Handeln des Gesetzgebers an der Verbesserung des historisch in Deutschland gewachsenen Insider-Systems orientiert. Insbesondere wurde die für das dualistische System kennzeichnende Trennung zwischen unternehmensleitendem Vorstand und überwachendem Aufsichtsrat verstärkt und nicht nach dem Vorbild anderer Rechtsordnungen durch ein Einheitsorgan, etwa einem Board anglo-amerikanischer Prägung, ersetzt.[1273] So stehen die Zusammensetzung, die Organisation und die Instrumentarien der Organe, das Zusammenwirken von Vorstand, Aufsichtsrat und Abschlussprüfer

---

[1270] Siehe hierzu auch Kapitel 6.3.
[1271] Vgl. Schewe (2005), S. 323.
[1272] Vgl. Gerum (1998), S. 147.
[1273] Vgl. Hommelhoff/Mattheus (1998), S. 251.

und die Haftung von Vorstand und Aufsichtsrat im Mittelpunkt des KonTraG[1274], des TransPuG[1275], des UMAG[1276] sowie des Deutschen Corporate Governance Kodex[1277].[1278]

Der Gesetzgeber betont entsprechend in den Begründungen zum KonTraG und zum UMAG, dass die Führungsaufgaben und Berichtspflichten des Vorstandes sowie der Gegenstand und die Funktion der Abschlussprüfung den Erfordernissen einer besseren Überwachung durch den Aufsichtsrat und den Bedürfnissen des Kapitalmarktes angepasst werden müssen.[1279] Den Bedürfnissen des Kapitalmarktes wird dadurch Rechnung getragen, dass einzelne korporationsrechtliche Normen durch das Kapitalmarktrecht beeinflusst werden, ohne die Grundlagen des Aktienrechts zu gefährden.[1280] Hierin wird deutlich, dass der Gesetzgeber die Funktionsfähigkeit des Insider-Systems

---

[1274] Berichterstattung des Vorstandes: § 90 Abs. 1 Satz 1 AktG; Risikomanagementsystem des Vorstandes: § 91 Abs. 2 AktG; Zusammensetzung des Aufsichtsrates: §§ 100 Abs. 2 Satz 3, 124 Abs. 3 Satz 3, 125 Abs. 1 Satz 3, 127 AktG, § 258 Nr. 10 Satz 1 HGB; Aufsichtsratssitzungen: § 110 Abs. 3 AktG; Erteilung des Prüfauftrages durch den Aufsichtsrat und Vorlage des Prüfberichts an den Aufsichtsrat: § 111 Abs. 2 Satz 3 AktG, § 318 Abs. 1 Satz 4, Abs. 7 Satz 5 HGB; Vorlagepflicht des Vorstandes für den Prüfbericht: gestrichen § 170 Abs. 3 Satz 2 AktG; Aushändigung der Vorlagen und Prüfberichte an Aufsichtsratsmitglieder: § 170 Abs. 3 Satz 2 AktG; Bilanzsitzung des Aufsichtsrates mit den Abschlussprüfern: § 171 Abs. 1 Satz 2 AktG; Aufsichtsratsausschüsse: § 171 Abs. 2 Satz 2 2. Halbsatz AktG; Unternehmensberichterstattung und Abschlussprüfung: §§ 289 Abs. 1, 297 Abs. 1, 315 Abs. 1, 317, 321 HGB.

[1275] Berichterstattung des Vorstandes: § 90 Abs. 1 Satz 1 Nr. 1, Satz 2, Abs. 4 Satz 2 AktG; Berichtsbzw. Einberufungsbegehren: §§ 90 Abs. 3 Satz 2, Abs. 5 Satz 2, 110 Abs. 2, 170 Abs. 3 Satz 2, 314 Abs. 1 Satz 2 AktG; Berichterstattung der Aufsichtsratsausschüsse: § 107 Abs. 3 Satz 3 AktG; Aufsichtsratssitzungen: § 110 Abs. 3 AktG; Zustimmungsvorbehalt: § 111 Abs. 4 Satz 2 AktG; Verschwiegenheit: §§ 116 Satz 2, 404 AktG; Complianceerklärung: § 161 AktG, §§ 285 Nr. 16, 314 Abs. 1 Nr. 8, 325 Abs. 1 Satz 1 HGB; Vorlage, Prüfung und Billigung des Konzernabschlusses durch den Aufsichtsrat: §§ 170 Abs. 1 Satz 2, 171 Abs. 1 Satz 2, Abs. 2 Satz 5, Abs. 3 Satz 3 2. Halbsatz, 173 Abs. 1 Satz 2 AktG, § 316 Abs. 2 HGB; Unternehmensberichterstattung und Abschlussprüfung: §§ 297 Abs. 1 Satz 2, 314 Abs. 2, 317 Abs. 4, 317, 321 Abs. 1 Satz 3, Abs. 2 HGB.

[1276] Business Judgment Rule: § 93 Abs. 1 Satz 2 AktG; Minderheitenrecht auf Geltendmachung eines Schadensersatzanspruches und Durchführung einer Sonderprüfung: §§ 142, 145, 146, 147 Abs. 1, Abs. 2 Satz 2, 148, 149, 258 Abs. 2 Satz 3, Satz 4, 315 Satz 2 bis 5 AktG; § 147 Abs. 3, Abs. 4 AktG entfallen.

[1277] Zusammenwirken von Vorstand und Aufsichtsrat: DCGK 3., 5.1.1; Zustimmungsvorbehalt: DCGK 3.3; Selbstbehalt: DCGK 3.8; Corporate Governance Bericht: DCGK 3.10; Zusammensetzung von Vorstand und Aufsichtsrat: DCGK 4.2.1, 5.1.2, 5.4.1-5.4.4; Aufsichtsratsvorsitzender und Aufsichtsratsausschüsse: DCGK 5.2, 5.3; Rechenschaftspflichten des Aufsichtsrates: DCGK 5.4.8, 5.6; Vertraulichkeit und Interessenkonflikte: DCGK 3.5, 4.3.4, 4.3.5, 5.5.2-5.5.4, 5.4.7; Zwischenbericht: DCGK 7.1.1; Zusammenwirkungen mit Abschlussprüfern: DCGK 7.2.1, 7.2.3.

[1278] Vgl. Lohse (2005), S. 34 ff.

[1279] Vgl. Deutscher Bundestag (1998), Drucksache 13/9712, S. 15; Deutscher Bundestag (2005), Drucksache 15/5092, S. 10 f.

[1280] Schmidt verweist in diesem Kontext auf die zunehmend unterschiedliche Behandlung von börsennotierten und geschlossenen Aktiengesellschaften. So tritt eine ganze Reihe aktienrechtlicher Transparenzgebote gegenüber kapitalmarktrechtlichen Pflichten zurück. Vgl. Schmidt, K. (2008), Einl. Rn. 14.

unter Beachtung der internationalen Standards an den Kapitalmärkten zu stärken versucht. Die Absicht einer vollständigen Systemkonvergenz ist in den bereits vollzogenen Maßnahmen nicht zu erkennen. Zudem fehlt bis heute der fundierte Nachweis, dass Einheitssysteme rechtstatsächlich geringere Kontroll- und Steuerungsmängel verursachen als dualistische Systeme.[1281] In vielen empirischen Studien wird zwar eine Annäherung einzelner Elemente der nationalen Corporate Governance-Systeme konstatiert, es wird jedoch die Auffassung vertreten, dass unabhängig davon die Systemlogiken in Kraft seien.[1282] Im Ergebnis scheint es also verfehlt, aus dem Wandel des Finanzsystems sowie der Übernahme einzelner Regelungen auf eine Konvergenz der Corporate Governance-Systeme zu schließen. Vielmehr hat der Gesetzgeber mit der Stärkung des Aufsichtsrates und, wie HOMMELHOFF/MATTHEUS es formulieren, „mit der innovativen Modernisierung des Rechts (…) einen spezifisch deutschen Beitrag zur weltweiten Diskussion um Corporate Governance geleistet"[1283].

5.3 Shareholder Value und die aktienrechtliche Zielkonzeption

Die Rechts- und Wirtschaftswissenschaften nähern sich – wie in Kapitel 3 und 4 gezeigt wurde – der Forschungsfrage dieser Arbeit von unterschiedlichen Ausgangspunkten. In diesem Kapitel soll nun erörtert werden, ob und inwieweit die aktienrechtliche Zielorientierung am Unternehmensinteresse mit der Marktwertmaximierung des Shareholder Value-Konzeptes deckungsgleich ist. Vor dieser Kongruenzanalyse auf Unternehmensebene soll jedoch zunächst auf der Gesellschaftsebene die Schnittmenge zwischen Shareholder Value und Gesellschaftsinteresse ermittelt werden.

5.3.1 Shareholder Value und das Gesellschaftsinteresse

Das Gesellschafsinteresse konkretisiert sich, wie Kapitel 3.2 zeigt, nach herrschender Meinung im Formalziel der langfristigen Gewinnmaximierung.[1284] Inwieweit sich zwischen diesem Ziel und der Marktwertmaximierung des Shareholder Value-Ansatzes, dem die Perspektive eines diversifizierten Aktionärs zugrunde liegt, Widersprüche

---

[1281] Vgl. Lutter (1995), S. 297; Theisen (1996b), S. 319; Potthoff (1996), S. 253 ff.; Schmitz (1996), S. 319; Schreib (1996), S. 286; Scheffler (1996), S. 318.

[1282] Für einen Überblick über die Studien vgl. Gerum (2007), S. 40.

[1283] Hommelhoff/Mattheus (1998), S. 251.

[1284] Dies gilt, sofern die Satzung keine davon abweichende Regelung beinhaltet. Bei einer fehlenden Definition in der Satzung wird jedoch nach herrschender Meinung die Gewinnerzielung als Formalziel einer normtypischen Aktiengesellschaft angenommen. Siehe hierzu auch ausführlich Kapitel 3.2.

ergeben, wird in der Literatur kontrovers diskutiert.[1285] Aus ökonomischer Sicht besteht das Ziel des Shareholder Value-Konzeptes in der Ausrichtung der Investitions- und Desinvestitionsentscheidungen an der Maximierung des Marktwertes und demzufolge am Konsumnutzen der Aktionäre.[1286] Die Anteilseigner wünschen sich einen Konsumstrom mit bestimmten Eigenschaften im Hinblick auf zeitliche Struktur, Breite und Unsicherheit.[1287] Die Basis dieses Teils des Konsumstroms ist ein Kapitaleinkommen, das gegebenenfalls zeitlich transformiert wird. Aktionäre verfolgen als rationale Anleger eine diversifizierte Investitionsstrategie im Sinne der von MARKOTWITZ begründeten Portfolio-Theorie. Demnach orientieren sie sich an der Rendite ihres gesamten Portfolios und nicht an der Rendite einzelner Aktien. Aktionäre betrachten somit nicht allein die Entwicklung von Rendite und Risiko einer bestimmten Aktie, sondern den Beitrag des jeweiligen Wertpapiers zur Wertentwicklung des gesamten Portfolios.

Im Gegensatz zum Shareholder Value-Konzept folgt das deutsche Aktienrecht methodisch dem Leitbild des überindividuellen Verbandsinteresses. Infolgedessen unterscheidet sich das Gesellschaftsinteresse trotz der Ausrichtung auf Gewinnerzielung vom Shareholder Value-Ansatz, „der (…) einen differenzierteren normativen Rahmen vorgibt, als das Interesse eines total diversifizierten Anteilseigners an Wertsteigerungen seines Portefeuilles"[1288]. Nach Auffassung MERTENS ergeben sich „Konflikte zwischen dem Interesse der juristischen Person an der nachhaltigen Förderung der dem Unternehmensgegenstand entsprechenden unternehmerischen Aktivitäten einerseits und den Vermögensbelangen der Aktionäre andererseits"[1289], die sich in unangemessenen, substanzgefährdenden Ausschüttungsforderungen niederschlagen können.[1290] Die Rechts- und Wirtschaftswissenschaften nähern sich diesem Problemfeld von grundsätzlich unterschiedlichen Ausgangspunkten. Während die Ökonomen vom methodologischen Individualismus ausgehen, abstrahieren die Juristen von den Interessen der einzelnen Anteilseigner und unterwerfen diese einem abstrakteren, überindividuellen Gesellschaftsinteresse.[1291] Deutlich wird dies beispielsweise im Normzweck des § 254 Abs. 1 AktG. Demzufolge ist ein Gewinnverwendungsbeschluss der Hauptversammlung dann anfechtbar, wenn eine Mindestrendite von weniger als 4 % des Grundkapitals aufgrund einer Einstellung in die Gewinnrücklage oder infolge eines

---

[1285] Vgl. Mülbert (1997), S. 156 ff.; Kuhner (2004), S. 267; Schmidt, R./Spindler (1997), S. 535 ff.
[1286] Siehe hierzu ausführlich Kapitel 4.
[1287] Vgl. Ballwieser (2004), Sp. 1617.
[1288] Kuhner (2004), S. 267.
[1289] Mertens (1996), § 76 Rn. 25.
[1290] Vgl. auch Wiedemann (1980), S. 627 f.
[1291] Vgl. Schmidt, R./Spindler (1997), S. 536.

Gewinnvortrags unterschritten wird. Nach herrschender Meinung ist getreu dem Wortlaut des Paragraphen bei der Ermittlung der Mindestausschüttung auf die Gesamtausschüttung abzustellen und nicht auf die Dividende eines einzelnen Aktionärs.[1292] Liegt also die Gesamtausschüttung über 4 % des Grundkapitals, erhalten jedoch einzelne Aktionäre bzw. Aktiengattungen weniger als 4 %, ist der besondere Anfechtungsgrund des § 254 Abs. 1 AktG nicht gegeben.[1293] Die Interessen des einzelnen Aktionärs an einer Vermögensmaximierung finden im Aktienrecht „lediglich reflexive Berücksichtigung mit der typisierenden Annahme, dass die Ertragsmaximierung durch die Gesellschaft den übereinstimmenden Vermögensinteressen aller Aktionäre entspricht"[1294]. Es steht also nicht das Interesse des einzelnen Aktionärs im Fokus dieser Norm, sondern vielmehr das der Gesamtheit der Aktionäre.

Die Zielsetzung des Shareholder Value-Ansatzes und das verbandsrechtliche Formalziel der langfristigen Gewinnmaximierung sind nur dann kompatibel, wenn die langfristige Gewinnmaximierung zugleich den Marktwert maximiert. Nach einem elementaren Theorem der betriebswirtschaftlichen Investitionslehre lässt sich das Postulat der langfristigen Gewinnmaximierung unter bestimmten Voraussetzungen[1295] in die Marktwertmaximierung überführen.[1296] Gemäß dem sog. Lücke-Theorem[1297] entspricht – unter den in der handelsrechtlichen Rechnungslegung weitgehend erfüllten Anforderungen an die Konstruktion von Bilanzierungsregeln – der Gegenwartswert des den Anteilseignern zur Verfügung stehenden Cash-Flows dem Gegenwartswert der sog. Residualgewinne.[1298] Dies entspricht dem Gegenwartswert der Periodengewinne nach Abzug der kalkulatorischen Verzinsung des gebundenen Eigenkapitals. Insofern kann die Marktwertmaximierung in der Theorie als eine Konkretisierung der langfristigen Gewinnmaximierung verstanden werden. Nach Auffassung von

---

[1292] Hüffer begründet dies zudem unter Verweis auf das Anfechtungsquorum des § 254 Abs. 2 Satz 3 AktG und die Regierungsbegründung, die als Kehrseite des Minderheitenschutzes hervorhebt, dass sich der Großaktionär durch Ausschüttung der Mindestdividende freie Hand für seine Rücklagenpolitik verschaffen kann. Vgl. Hüffer (2008), § 254 Rn. 1 ff.; Göz (2008), § 254 Rn. 4.

[1293] Fälle dieser Art können sich ergeben, wenn Vorzugsaktien eine andere Dividende zugeteilt wird als den Stammaktien.

[1294] Mülbert (1997), S. 159.

[1295] Die Summe aller Periodengewinne muss gleich der Summe aller Einzahlungsüberschüsse bezogen auf die Totalperiode sein. Konkret bedeutet dies: Bestände sind gemäß den Regeln der doppelten Buchführung fortzuschreiben; Erträge und Aufwendungen sind als Zu- und Abgänge beim Reinvermögen zu erfassen. Vgl. Kloock (1981), S. 876 f.; Franke/Hax (2004), S. 91.

[1296] Vgl. Kuhner (2004), S. 268 f.

[1297] Vgl. Lücke (1955), S. 310 ff.; Kloock (1981), S. 873 ff.; Coenenberg (2003b), S. 619 f.; Franke/Hax (2004), S. 89 ff.

[1298] Die handelsrechtliche Erfolgsrechnung muss dazu um eine zusätzliche kalkulatorische Zinsermittlungsrechnung ergänzt werden, in der neben der Verzinsung des Fremdkapitals auch die Zinsen für das Eigenkapital erfasst werden. Vgl. Kloock (1981), S. 886 f.

SCHMIDT/SPINDLER besagt das Ziel der langfristigen Gewinnmaximierung in Bezug auf die Aktionäre, dass sie finanzielle Vorteile erzielen wollen, „während das Ziel des Shareholder-Value besagt, wie diese zu messen sind"[1299]. Der Shareholder Value-Ansatz geht jedoch in zwei wesentlichen Punkten über das Konzept der langfristigen Gewinnmaximierung hinaus, indem es sowohl die Mindestverzinsung des Eigenkapitals als auch die Abhängigkeit der Mindestverzinsung vom Risiko berücksichtigt. Unberührt von der allgemeinen Gültigkeit des Lücke-Theorems bedarf das Shareholder Value-Konzept zudem der Erfüllung der ihm zugrunde liegenden Prämissen, um mittels des CAPM die sich am Kapitalmarkt einstellenden Kurse erklären zu können bzw. die Unternehmensperformance in den Kursen korrekt abzubilden. Diese Prämissen sind jedoch, wie in Kapitel 4.4.2 dargelegt, in der Realität regelmäßig nur begrenzt erfüllt.

Exkurs: Der Grad der Risikoneigung von Vorstandsentscheidungen im Kontext des Aktienrechts

In der Literatur werden die Gegensätze zwischen Gesellschaftsinteresse und Shareholder Value insbesondere in der unterschiedlichen Risikoneigung bei Diversifikations- und Investitionsentscheidungen gesehen.[1300] Dies soll an einem Beispiel illustriert werden: Das Unternehmen verfügt über freie Investitionsmittel, die entweder zum Ausbau vorhandener Geschäftsfelder oder aber zur Diversifizierung des Unternehmens eingesetzt werden sollen. Beide Vorhaben sind in Bezug auf ihren erwarteten Ertrag und dessen Varianz identisch. Aus Sicht eines rational am Kapitalmarkt anlegenden Aktionärs ist im Kontext der Portfolio-Theorie die Erweiterungsinvestition höher zu bewerten als die Diversifizierungsinvestition, sofern die Varianz der erwarteten Rendite der Diversifizierungsinvestition stärker mit der Varianz des Portfolios korreliert als die Varianz der erwarteten Rendite der Erweiterungsinvestition.[1301] Eine gewünschte Diversifikation können Anleger durch die Struktur ihres persönlichen Portfolios kostengünstiger und unter Berücksichtigung ihrer individuellen Risikoneigung selbst am Kapitalmarkt durchführen. Für das Unternehmen ist in der Argumentation MÜLBERTS hingegen „die Diversifizierungsinvestition eindeutig vorteilhaft, da sie bei gleicher Höhe des erwarteten

---

[1299] Schmidt, R./Spindler (1997), S. 538.
[1300] Vgl. vor allem Mülbert (1997), S. 159 ff.
[1301] Siehe hierzu ausführlich Kapitel 4.3.

Ertrags das Risiko von Ertragsschwankungen glättet"[1302]. MÜLBERTS Argumentation basiert auf der Annahme, dass für Entscheidungen auf Gesellschaftsebene eine risikoneutrale Einstellung verpflichtend sei.[1303] Während diversifizierte Aktionäre ein Entgelt für das eingegangene systematische Risiko fordern und sich somit der Kalkulationszinssatz für Investitionen um die Risikoprämie erhöht, sei bei der grundsätzlich risikoneutralen Perspektive der langfristigen Gewinnmaximierung der Alternativzinssatz risikoloser Anlagen zugrunde zu legen. Er begründet dies damit, dass das Gesetz hinsichtlich des für die Gewinnmaximierung maßgeblichen Grades der Risikoneigung keine Regelungen beinhalte, so dass von Risikoneutralität auszugehen sei.

Diese Schlussfolgerung MÜLBERTS ist jedoch im Kontext des Aktienrechts keinesfalls zwingend. Die so formulierte Annahme einer grundsätzlichen Risikoneutralität auf Gesellschaftsebene, die sich in einem Alternativzinssatz in Höhe des risikolosen Zinssatzes niederschlagen soll, kann aus ökonomischer Sicht nicht mitgetragen werden.[1304] Unterstellt man realistischerweise allen Anteilseignern eine gewisse Risikoaversion, so hätte dies zur Folge, dass das Gesellschaftsinteresse eine Investitionspolitik postuliert, die dem Interesse eines jeden einzelnen Aktionärs und der Gesamtheit aller Aktionäre widerspricht. Es stellt sich die Frage, inwiefern auf Gesellschaftsebene das von der Aktiengesellschaft zu tragende Risiko anders bewertet werden sollte als auf der Ebene der Gesellschafter. Aus juristischer Sicht ergibt sich hierfür kein zwingender Grund. Es bedarf somit hinsichtlich der langfristigen Gewinnmaximierung nicht einer weiteren Inhaltskonkretisierung durch den Zusatz der Risikoneutralität. Vielmehr kann der Vorstand die Risikoneigung im Rahmen seiner Leitungsverantwortung bestimmen.

Daher stellt sich die pragmatische Frage: Welches Maß an Risikoaversion ist letztlich den Strategieentscheidungen des Vorstandes zugrunde zu legen? Sowohl aus ökonomischer als auch aus juristischer Sicht kann diese Frage nur unter Verweis auf die zum Zeitpunkt der Entscheidung tatsächlich gegebene Aktionärsstruktur des Unternehmens beantwortet werden.[1305, 1306] Trotz

---

[1302] Mülbert (1997), S. 159.

[1303] Vgl. Mülbert (1997), S. 157.

[1304] Vgl. Kuhner (2004), S. 269; Schmidt, R./Spindler (1997), S. 539.

[1305] Vgl. Kuhner (2004), S. 269.

[1306] Zöllner verweist in diesem Zusammenhang darauf, dass sich für den Bereich des Aktienrechts eine weitgehende Übereinstimmung zwischen den Interessen der derzeitigen und der künftigen Aktionäre ergebe. Darüber hinaus müsse das Recht bei Mitgliedschaften, die wie die Aktie stark ver-

der Interessenkonflikte zwischen den Aktionären, von denen einige beispielsweise reine Kapitalanleger sind, während andere über ihre Aktionärseigenschaft hinausgehende wirtschaftliche, soziale oder ideelle Ziele verfolgen, ist das Gesellschaftsinteresse als die Summe der verschiedenen Aktionärsinteressen zu verstehen.[1307] Der Schutz der Interessen des einzelnen Aktionärs erfolgt im Wesentlichen aus den beweglichen Schranken der Mitgliedschaft gemäß § 53a AktG und der in der Rechtsprechung entwickelten aktienrechtlichen Treuepflicht.[1308] Infolgedessen sind Interessenkonflikte stets zugunsten des überindividuellen Gesellschaftsinteresses zu lösen. Die individuellen Interessen sind in diesem Aggregationsprozess typisierend zu mitteln, und auf Gesellschaftsebene ist auf das resultierende überindividuelle Interesse abzustellen. Für die konkrete Bestimmung des überindividuellen Risikoprofils kann somit nur das Risikoprofil eines Aktionärs ausschlaggebend sein, der als repräsentativ für die Aktionäre des jeweiligen Unternehmens angesehen werden kann.[1309] Aus Unternehmenssicht sind bei konsequenter Umsetzung des Shareholder Value-Konzeptes ebenso überindividuelle, marktvermittelte Größen zu berücksichtigen. Eine Verpflichtung zur Risikoneutralität ist nicht gegeben.

[Ende des Exkurses]

Fazit: Sowohl das Gesellschaftsinteresse als auch das Shareholder Value-Konzept beruhen auf der Fokussierung auf Anteilseignerinteressen und sind insoweit gleichwertig. Aus juristischer und ökonomischer Sicht ergeben sich letztlich keine schwerwiegenden oder zwingenden Gründe, denen zufolge der Shareholder Value als eine mögliche Konkretisierung des Gesellschaftsinteresses abzulehnen ist, sofern die dem Shareholder Value-Konzept zugrunde liegenden Prämissen durch den Kapitalmarkt erfüllt sind. Im Umkehrschluss hieraus eine Verpflichtung zur Verfolgung des Shareholder Value-Konzeptes abzuleiten, ist jedoch unzulässig. Welche Möglichkeiten sich diesbezüglich in der Gestaltung der Satzung ergeben, wird in Kapitel 5.5.1 erörtert. Die bis-

---

kehrsfähig sind, stets auch das Interesse der zukünftigen Mitglieder beberücksichtigt werden. Vgl. Zöllner (1984), Einl. Rn. 114.

[1307] Vgl. Kort (2003), § 76 Rn. 53.

[1308] „In der Aktiengesellschaft ist nicht nur der Mehrheitsaktionär dem Minderheits- oder Kleinaktionär zur Treue verpflichtet; es besteht umgekehrt auch eine Treupflicht des Minderheitsaktionärs gegenüber dem Mehrheitsaktionär oder gegenüber anderen Minderheits- oder Kleinaktionären." BGHZ 129, 136 (142). Hieraus folgt über § 131 Abs. 4 AktG hinausgehend eine Pflicht zur Gleichbehandlung der Aktionäre. Vgl. auch BGHZ 103, 184 (194 f.).

[1309] Vgl. Kuhner (2004), S. 269.

herigen Betrachtungen beziehen sich ausschließlich auf die Gesellschaftsebene. Inwiefern der Shareholder Value-Ansatz hingegen mit dem Unternehmensinteresse kompatibel ist, gilt es im nachfolgenden Kapitel zu analysieren.

5.3.2 Shareholder Value und das Unternehmensinteresse

Während sich das Gesellschaftsinteresse ausschließlich auf die Ebene der Gesellschafter bezieht und ein überindividuell aggregiertes Anteilseignerinteresse widerspiegelt, bezieht sich das Unternehmensinteresse auf die übergeordnete Unternehmensebene. Der Vorstand hat auf dieser Ebene die relevanten Interessen der Anteilseigner und Arbeitnehmer aufzugreifen und abzuwägen. Dabei ist er nicht legitimiert, die Interessen der Aktionäre zur alleinigen Richtschnur seines Handelns zu machen.[1310] Die interessenpluralistische Zielkonzeption des Aktienrechts verschafft dem Vorstand einen begrenzten Freiraum auch gegenüber der Stimmrechtsmacht der Aktionäre.

Das Unternehmensinteresse erweist sich dabei als multidimensionale Größe, die sowohl materielle als auch prozessuale Elemente beinhaltet. Die Abwägung der Interessen der Anteilseigner an der Gewinnmaximierung und Kapitalerhaltung sowie der Arbeitnehmer an der Erhaltung ihrer Arbeitsplätze, einer angemessenen Entlohnung und humanen Arbeitsbedingungen etc. bilden den Kern des Unternehmensinteresses. Nach herrschender Meinung ist dabei ein genereller Gewichtsvorsprung einer Interessengruppe abzulehnen.[1311] Der Gesetzgeber beschränkt sich auf die Vorgabe des Unternehmensinteresses als verbindliche Leitungsmaxime, statt eine eigene Gewichtung der Interessen vorzunehmen.[1312] Das Unternehmensinteresse stellt keine konstante Größe dar, sondern ist in den Grenzen der langfristigen Rentabilitätsorientierung und Bestandserhaltung stets einzelfallspezifisch neu zu ermitteln. Infolgedessen verletzt eine ausschließliche Orientierung am Shareholder Value das mindestens interessendualistische Unternehmensinteresse.

Die Shareholder Value-Maximierung und die Verpflichtung des Vorstandes auf das Unternehmensinteresse sind nur dann miteinander vereinbar, wenn zum einen die Prämissen eines vollkommenen und informationseffizienten Kapitalmarktes erfüllt sind und zum anderen vollkommene Verträge mit allen Stakeholdern geschlossen werden können. Die Vollkommenheit und Informationseffizienz des Kapitalmarktes ist die Voraussetzung dafür, dass das Shareholder Value-Konzept in sich funktionsfähig ist.

[1310] Vgl. Mertens (1996), § 76 Rn. 19; Kort (2003), § 76 Rn. 64; Wiesner (2007), S. 196; Hopt (2002a), S. 360; Hüffer (1997), S. 218. Siehe auch Kapitel 3.5.1.

[1311] Vgl. Hüffer (2008), § 76 Rn. 12; Schmidt, K. (2002), S. 805; Dreher (1991), S. 365. Ablehnend Kort (2003), § 76 Rn. 64.

[1312] Vgl. Hüffer (1997), S. 218.

Exemplarisch sei hier auf die Homogenität der Erwartungen und die Duplizierbarkeit der Wertpapiere verwiesen. Sofern der Kapitalmarkt diese Prämissen nicht erfüllt, ist eine Interessenkongruenz schon innerhalb der Gruppe der Anteilseigner nicht gegeben. Darüber hinaus bilden in diesem Falle die Marktpreise insbesondere Informationen über langfristig wirkende Unternehmensentscheidungen nicht korrekt ab. Vollkommene Verträge bilden konsekutiv die hinreichende Bedingung für die Optimalität einer an der Maximierung des Shareholder Values orientierten Unternehmenspolitik für alle Stakeholder, denn in diesem Fall können diese sich gegen alle möglichen Situationen vertraglich absichern. Ist nur die letzte Prämisse erfüllt, die des Kapitalmarktes jedoch nicht, ist die Partizipation der Stakeholder zwar exakt fixierbar, der Shareholder Value stellt dann allerdings keine sinnvolle Unternehmensführungsgröße dar. Die Kongruenz der Ziele der Stakeholder kann theoretisch dargelegt werden, in der Realität sind die dafür notwendigen Annahmen jedoch weitestgehend nicht erfüllt.

Sofern diese Annahmen nicht erfüllt sind, wird eine am Shareholder Value orientierte Unternehmensleitung in vielen Situationen zwar anstreben, die Interessen anderer Anspruchsgruppen über den Wortlaut der Verträge hinaus zu honorieren, beispielsweise Arbeitnehmer mit unternehmensspezifischem Humankapital in eine langfristige Loyalitätsbeziehung einzubinden, jedoch in nicht minder zahlreichen Fällen wird das Umgekehrte gelten, wie KUHNER konstatiert: „Immer dann, wenn Anteilseigner- und Anspruchsgruppeninteressen präzise gegeneinander im Sinne eines Null-Summenspiels oder Negativ-Summenspiels abgrenzbar sind, resultiert aus dem Shareholder Value-Prinzip die exklusive und im Zweifel konfrontativ durchgesetzte Wahrnahme des Anteilseignerinteresses."[1313]

Da es Vorstand und Aufsichtsrat des Unternehmens jedoch nicht freisteht, ob sie das Unternehmensinteresse berücksichtigen oder nicht, sind sie verpflichtet, bei ihren Entscheidungen die im Unternehmen zusammentreffenden Interessen der Anteilseigner und Arbeitnehmer zu berücksichtigen und auszugleichen. Innerhalb dieser Grenzen können sie die Unternehmensleitung auf das Ziel ausrichten, den langfristigen Wert des Unternehmens zu steigern und damit auch den Wert der Aktien zu erhöhen.[1314] Dieser unternehmerische Ermessensspielraum wurde nicht zuletzt mit der Adaption der Business Judgment Rule präzisiert.[1315] Wie im Prüfschema in Kapitel 3.6 dargelegt ist eine einzelfallspezifische Einschränkung der Interessenpluralität nur dann zu rechtfertigen, wenn dadurch die langfristige Rentabilität und infolgedessen der Bestand des Unternehmens gesichert werden. Eine ausschließliche Orientierung am Shareholder

---

[1313] Kuhner (2004), S. 271.
[1314] Vgl. Raiser/Veil (2006), S. 143.
[1315] Siehe hierzu ausführlich Kapitel 3.5.3.1.

Value ist mit einer interessenpluralistischen Unternehmensführung sowie der Leitungsmaxime des Unternehmensinteresses nicht vereinbar. Eine allgemeingültige exklusive Bindung des Vorstandes an die Interessen der Shareholder ist unzulässig. Im Einzelfall kann die Verfolgung des Shareholder Value-Konzeptes ein zulässiges Ergebnis des Abwägungsprozesses sein und stellt somit ein Ziel dar, das der Vorstand ausschließlich im Einzelfall wählen kann.[1316] „Wenn der Vorstand (hingegen) willkürlich einen Interessenbereich nicht berücksichtigt, (…) so liegt hierin ein Ermessensfehler, der zur Abberufung aus wichtigem Grund (§ 84 Abs. 3) führen kann"[1317], wie SEMLER in diesem Kontext zu Recht ausführt.

Aus rechtsdogmatischer Sicht läge zudem in der allgemeinen Zulässigkeit des Shareholder Value-Konzeptes die Widerbelebung des Vorstandes als Mandatar, mit der die Bedeutung des § 76 Abs. 1 AktG verfehlt würde.[1318] Gemäß der in diesem Paragraphen herausgehobenen Leitungsverantwortung des Vorstandes und der darin eingeschlossenen gesetzlichen Absage an ein Mandatsverhältnis zwischen Aktionären und Vorstand, wie es bis 1937 der Gesetzeslage entsprach, wird dem Vorstand durch die interessenpluralistische Zielkonzeption ein Freiraum gegenüber den Einflussmöglichkeiten der Aktionäre geschaffen, den dieser hinsichtlich des Unternehmensinteresses auszufüllen hat.

Zur Frage der Unternehmenszielbestimmung enthält der Deutsche Corporate Governance Kodex in DCGK 4.1.1 folgenden knappen Hinweis, dass der Vorstand das Unternehmen in eigener Verantwortung leite. Er sei dabei an das Unternehmensinteresse gebunden und der Steigerung des nachhaltigen Unternehmenswertes verpflichtet. Somit verpflichtet der Kodex im Einklang mit dem geltenden Aktienrecht den Vorstand auf die Wahrung des Unternehmensinteresses und bezieht sich dabei ausschließlich auf die Unternehmensebene und nicht auf die Gesellschaftsebene. Die relevanten Bezugsgruppen sind infolgedessen mindestens die Anteilseigner und die Arbeitnehmer.[1319] Eine besondere Ausrichtung auf das Interesse der Anteilseigner ist daher nicht kodexkonform.[1320]

Vor diesem Hintergrund deutet der Kodex mit dem Verweis auf die nachhaltige Steigerung des Unternehmenswertes „den Shareholder Value-Gedanken (…) (lediglich) vorsichtig an"[1321], wie FLEISCHER es formuliert. Der Kommentar zum Deutschen Corporate Governance Kodex betont in diesem Zusammenhang, dass es eine Selbstver-

---

[1316] Vgl. Hefermehl/Spindler (2004), § 76 Rn. 64.
[1317] Semler (1996), S. 40.
[1318] Vgl. Hüffer (2008), § 76 Rn. 12b.
[1319] Siehe hierzu ausführlich Kapitel 3.6.1.
[1320] Vgl. Kuhner (2004), S. 251.
[1321] Fleischer (2007), § 76 Rn. 36.

ständlichkeit sei, dass der Vorstand als Wahrer fremden Vermögens den Wert des ihm anvertrauten Unternehmens zu steigern habe. Der Kodex erteilt jedoch mit der wohlbedachten Formulierung des nachhaltigen Unternehmenswertes „inzident dem Fetisch eines sich in kurzfristigen Aktienausschlägen manifestierenden Shareholder-Value-Ansatzes eine Absage"[1322]. Positiv formuliert wird der Unternehmenswert definiert als das Ausmaß der Fähigkeit eines Unternehmens, „die Ansprüche der verschiedenen Stakeholder auf Dauer zu erfüllen und so die existenznotwendige Unterstützung dieser Bezugsgruppen langfristig zu sichern"[1323]. Diese Definition weist starke Parallelen zu der in Kapitel 5.1.3 vorgestellten moderaten Shareholder Value-Orientierung auf und ist mit der aktienrechtlichen Leitungsmaxime vereinbar.

Eine Verpflichtung auf das Unternehmensinteresse „legt die Führungsorgane auf einen sinnvollen Mittelweg zwischen den (…) diskutierten Konzepten des Shareholder- und des Stakeholder-Ansatzes fest"[1324]. Im Gegensatz zu einer strengen Stakeholder-Ausrichtung wird dabei von einem Oberziel ausgegangen, das den Einzelinteressen der Bezugsgruppen übergeordnet ist und die verschiedenen Partikularinteressen zu einem sachgerechten Ausgleich bringt. Die unternehmensverfassungsrelevanten Anspruchsgruppen erfahren ähnlich wie bei der moderaten Shareholder Value-Orientierung „eine 'angemessene' Berücksichtigung, die nicht selten über das (durch rechtliche Vorschriften, vertragliche Bindungen oder marktliche Machtverhältnisse bestimmte) unabdingbare Maße hinausgeht. Eine solche weitergehende Einbeziehung der Stakeholderinteressen darf so lange als angemessen gelten, als sie den Unternehmenswert nachhaltig steigert"[1325], wie VON WERDER pointiert ausführt.

Mit dem Inkrafttreten des KonTraG hat der Gesetzgeber einzelne, für das Shareholder Value-Konzept typische Elemente wie die erleichterte Möglichkeit des Rückerwerbs eigener Aktien (§ 71 Abs. 1 Nr. 8 AktG) sowie das Einräumen von Aktienoptionen (§ 192 Abs. 2 Nr. 3 AktG) ins deutsche Aktienrecht aufgenommen.[1326] Die aktienrechtliche Zielkonzeption des Unternehmensinteresses blieb davon jedoch vollständig unberührt.

Nicht nur aus juristischen Gründen, sondern auch aus betriebswirtschaftlichen Erwägungen erscheint eine ausgewogene Berücksichtigung der Einzelziele der verschiede-

---

[1322] Ringleb (2008), S. 170.
[1323] Ringleb (2008), S. 170.
[1324] Werder (2008a), S. 108.
[1325] Werder (2008a), S. 109.
[1326] In eine ähnliche Richtung weist aus bilanzrechtlicher Sicht § 315a HGB, der mit der Anerkennung internationaler Rechnungslegungsstandards für eine verbesserte Kapitalmarktpublizität sorgt. Vgl. Fleischer (2007), § 76 Rn. 32.

nen Anspruchsgruppen im Gesamtinteresse des Unternehmens sinnvoll.[1327] Beispielhaft sei auf die Demotivationswirkungen einer Unternehmenspolitik verwiesen, die darauf abzielt, zugunsten einer konsequenten Steigerung des Shareholder Value die Bedienung der Arbeitnehmerziele auf das gerade noch zumutbare Minimum zu begrenzen. Ein solches eindimensionales Verständnis des Unternehmensziels scheint verfehlt, da es zum einen die langfristige Entwicklung des Unternehmens außer Acht lässt und zum anderen „die hiermit verbundene, letztlich mathematische Vorstellung von der Maximierung einer Zielgröße unter Nebenbedingungen an der Realität der Unternehmensführung mit ihrer Fülle von Einflussfaktoren und Unwägbarkeiten ohnehin vorbeigeht"[1328].

In Anbetracht der grundlegenden Differenzen zwischen dem Shareholder Value-Konzept und dem aktienrechtlichen Unternehmensinteresse hinsichtlich der Interessenberücksichtigung der einzelnen Anspruchsgruppen stellt sich nun die Frage, in welchen Konstellationen es zu einer Annäherung der beiden Ansätze kommen kann. Eine Annäherung des Shareholder Value-Ansatzes an die aktienrechtliche Leitlinie kann sich ergeben, wenn innerhalb des Shareholder Value-Konzeptes explizit die langfristige Ausrichtung der Unternehmensführung in den Fokus gerückt wird.[1329] So liegt es im Interesse einer nachhaltigen Shareholder Value-Maximierung, langfristige, unvollständig spezifizierte Verträge nicht zulasten der anderen Vertragspartei opportunistisch auszunutzen. Dieses Interesse der Anteilseigner an langfristigen Planungshorizonten zeigt sich darin, dass die Aktionäre dem Management bei Vertragsabschluss Ermessensspielräume einräumen, um die Möglichkeit zu wahren, Vorteile für das Unternehmen aus der zum Teil unvermeidlicherweise nicht in jedem Detail geregelten Kooperationen zu realisieren und damit den Marktwert zu steigern.[1330] Andererseits gilt, je spezifizierter die Verträge sind, „umso geringerer Anlass besteht, dem Management einen Spielraum zur Benachteiligung von Aktionärsinteressen einzuräumen. Denn in diesen Fällen ist mangels entsprechender Verhandlungsspielräume auch keine Notwendigkeit gegeben, dem Vorstand einen Freiraum zu geben, um für die Zukunft sich einen good will des Verhandlungspartners zu sichern."[1331] Entsprechende Freiräume bergen ihrerseits die Gefahr opportunistischen Handelns des Managements. Nach Auffassung von HEFERMEHL/SPINDLER ist es daher ineffizient „von Rechts wegen den Spielraum des

---

[1327] Vgl. Titzrath (1997), S. 36; Werder (2008a), S. 109.
[1328] Werder (2008a), S. 109.
[1329] Vgl. Fleischer (2003), S. 137.
[1330] Vgl. Schmidt, R./Spindler (1997), S. 547.
[1331] Hefermehl/Spindler (2004), § 76 Rn. 66.

Managements zum Abschluss und zur Neuverhandlung von langfristigen Verträgen über eine normative Leitlinie einzuengen"[1332].

Das Unternehmensinteresse im Sinne prozeduraler Regeln und seiner interessenpluralistischen Grundkonzeption findet hingegen seine Rechtfertigung in der notwendigen Ausgestaltung langfristiger Vertragsbeziehungen unter Unsicherheit. So gelangt auch BUSSE VON COLBE zu der Auffassung, dass „bei näherem Hinsehen (...) der oft beschworene Gegensatz zwischen Eigentümern und anderen Stakeholdern (...) langfristig grundsätzlich nicht (besteht), wenn er auch im Einzelfall aufbrechen kann"[1333].[1334] FRANKE/HAX führen diesbezüglich aus, dass unternehmenspolitische Entscheidungen kein Konstantsummenspiel seien, „bei dem der Vorteil des einen zwangsläufig entsprechende Nachteile anderer nach sich zieht, vielmehr (handelt es sich) um ein Spiel mit variabler Summe, in dem es Entscheidungsalternativen gibt, die für alle nützlich sind, aber auch andere, die allen Schaden bringen"[1335]. Die Existenz und der Fortbestand des Unternehmens hingen davon ab, inwiefern es gelinge, den Interessen aller Gruppen so weit entgegenzukommen, dass sie zu der erforderlichen Kooperation bereit seien. Ein Gleichklang der Interessen werde sich vor allem bei einem längerfristigen Zeithorizont einstellen. In der kurzen und mittleren Frist sind Interessengegensätze keineswegs auszuschließen. Derartige paradigmatische Konfliktlagen können in der Betrachtung FLEISCHERS der Arbeitsplatzabbau zur Anhebung der Eigenkapitalrendite oder die Gewährung übertariflicher Sozialleistungen sein.[1336] Da in Anbetracht der Unvollkommenheiten und Ineffizienzen des Kapitalmarktes nicht davon auszugehen ist, dass langfristige unternehmenspolitische Entscheidungen schon bei ihrer Ankündigung vollständig in den Kursen ablesbar sind, gilt es die langfristige Orientierung in verhaltensleitenden Anreizsystemen zu verankern.[1337]

Ein besonderes Augenmerk verdient in diesem Zusammenhang die Ausgestaltung der am Shareholder Value orientierten Kompensationsformen des Managements. Aktienoptionsprogramme zielen darauf ab, die Anreize tendenziell risikoscheuer Manager mit den Interessen der diversifizierten Anleger in Einklang zu bringen. Bei effizienter Umsetzung resultiert hieraus eine direkte Anbindung der Managementinteressen an die Gesellschafterebene unter Umgehung der übergeordneten Unternehmensebene. Dies führt zu einer Unternehmenspolitik, die im Interesse der diversifizierten Anteilseiger die Präferenzen der übrigen – im Regelfall wohl wesentlich risikoaverseren – An-

---

[1332] Hefermehl/Spindler (2004), § 76 Rn. 67.
[1333] Busse von Colbe (1997), S. 289.
[1334] Eine hierzu ablehnende Haltung nimmt von Werder ein. Vgl. Werder (1998), S. 75.
[1335] Franke/Hax (2004), S. 2.
[1336] Vgl. Fleischer (2003), S. 137.
[1337] Vgl. Titzrath (1997), S. 37. Siehe hierzu auch Kapitel 4.4.2.3.

spruchsgruppen systematisch vernachlässigt.[1338] Eine gesteigerte Risikobereitschaft der Unternehmensführung führt regelmäßig zu einer erhöhten Insolvenzwahrscheinlichkeit des Unternehmens. Infolgedessen besteht die Gefahr, dass Aktienoptionsprogramme die materiellen Inhalte des Unternehmensinteresses beeinträchtigen. Wie Aktienoptionsprogramme mit dem Unternehmensinteresse konform ausgestaltet werden können, ist Gegenstand des Kapitels 5.5.2.

Resümierend ist festzuhalten, dass die Shareholder Value-Maximierung nur dann ein zulässiges Subziel des aktienrechtlichen Unternehmensinteresses darstellt, wenn diese eine langfristige Ausrichtung aufweist und einzelfallspezifisch zur Anwendung kommt. Über den Einzelfall hinausreichende, strukturelle Entscheidungen, die eine explizite und exklusive Bindung des Unternehmens an den Shareholder Value nach sich ziehen, sind mit dem geltenden Aktienrecht und der ständigen Rechtsprechung hingegen nicht zu vereinbaren.[1339]

5.4 Empirische Befunde zur Bindung an Unternehmensinteresse und Shareholder Value

Alle DAX-30-Unternehmen haben in ihrer Entsprechungserklärung eine weitgehende Akzeptanz der Kodex-Regelungen erklärt. Im Jahr 2007 erfüllten die DAX-Unternehmen durchschnittlich 77,6 der 81 Empfehlungen, dies entspricht 95,7 %.[1340] Die Kodex-Regelungen zum Unternehmensinteresse haben dabei alle DAX-Unternehmen als uneingeschränkt verbindlich akzeptiert. Allerdings wird der Begriff des Unternehmensinteresses in den Entsprechungserklärungen und den Kapitalmarktpublikationen unterschiedlich verwendet. Neben der wörtlichen Übernahme der Formulierung aus dem Corporate Governance Kodex, wonach der Vorstand an das Unternehmensinteresse und die Steigerung des nachhaltigen Unternehmenswertes gebunden ist, finden sich in den Geschäftsberichten der DAX-Unternehmen Alternativformulierungen, die explizit die Interessen der Shareholder als verbindlich für das Handeln von Aufsichtsrat und Vorstand in den Vordergrund rücken. So heißt es beispielsweise im Geschäftsbericht der ADIDAS AG: „Im Mittelpunkt unseres unternehmerischen Entscheidungsprozesses steht das Schaffen von Wertzuwächsen für unsere Aktionäre."[1341] Eine ähnliche Zielsetzung verfolgt die RWE AG: „Die langfristige Wertsteigerung im

---

[1338] Vgl. Kuhner (2004), S. 272.
[1339] Vgl. Kuhner (2004), S. 271.
[1340] Vgl. Werder/Talaulicar (2007), S. 95.
[1341] Adidas AG, Geschäftsbericht 2007, S. 45.

Interesse unserer Investoren steht im Mittelpunkt der RWE-Strategie."[1342] Die Ausrichtung der Unternehmensstrategie ist dabei nahezu ausschließlich vom Shareholder Value-Konzept getragen und räumt den Aktionärsinteressen Vorrang gegenüber anderen Interessengruppen ein.

Eine detaillierte Analyse der in den Geschäftsberichten der DAX-Unternehmen[1343] für das Geschäftsjahr 2002 getroffenen Aussagen zur Konzernstrategie hat ergeben, dass mit 40 % die Mehrheit der untersuchten Unternehmen ihre Strategie primär an der Shareholder Value-Maximierung ausrichten. Für 23,3 % der Unternehmen war hingegen eine Ausrichtung am Unternehmensinteresse Kernbestandteil der Unternehmensstrategie. Weitere 23,3 % der Unternehmen verfolgten eine hybride Strategie, die zwar vom Unternehmensinteresse ausgeht, aber innerhalb dieses interessenpluralistischen Ansatzes den Aktionärsinteressen eine Vormachtstellung einräumt. Vier der 30 Unternehmen machten in ihren Geschäftsberichten gar keine Angaben zur Unternehmensstrategie.

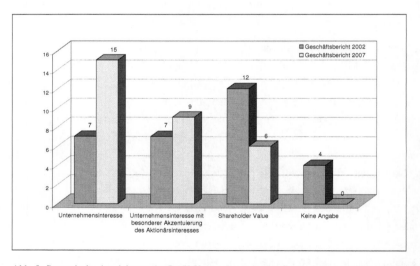

Abb. 8: Strategische Ausrichtung der DAX-Unternehmen in den Geschäftsjahren 2002 und 2007

[1342] RWE AG, Geschäftsbericht 2007, S. 41.

[1343] Um die Veränderung in den einzelnen Unternehmen beobachten zu können, wurde auch für die Analyse das Geschäftsjahres 2002 die DAX-Zusammensetzung des Jahres 2007 verwendet (mit Ausnahme der Hypo Real Estate Holding AG, da deren Abspaltung von der Bayrischen Hypo- und Vereinsbank AG erst mit der Eintragung in das Handelsregister am 29. September 2003 rechtswirksam wurde). Siehe hierzu Anhang G.

Ein deutlich verändertes Bild ergibt sich hingegen für das Geschäftsjahr 2007, wie Abbildung 8 illustriert. Bei der Hälfte der DAX-30-Unternehmen sind Vorstand und Aufsichtsrat ausschließlich dem Unternehmensinteresse verpflichtet und nur noch ein Fünftel der Maximierung des Shareholder Value. Die Verfolgung einer auf dem Unternehmensinteresse aufbauenden Hybridstrategie mit besonderer Akzentuierung des Aktionärsinteresses gilt für ein Drittel der Unternehmen. Insofern zeigt sich eine deutliche Verschiebung vom Shareholder Value-Konzept hin zum Unternehmensinteresse.

Bereits die saldierten Zahlen zeigen einen eindeutigen Trend in den Unternehmensstrategien der DAX-Unternehmen zugunsten des Unternehmensinteresses. Noch deutlicher wird dies bei Betrachtung der Strategieentwicklung innerhalb der einzelnen Unternehmen. So betont beispielsweise die ALTANA AG im Geschäftsbericht 2002, dass die Unternehmensstrategie sich an den Aktionärsinteressen ausrichtet,[1344] während es im Geschäftsbericht 2007 heißt: „Der Vorstand leitet das Unternehmen in eigener Verantwortung und ist dabei nur dem Unternehmensinteresse verpflichtet."[1345] Im Zeitraum von 2002 bis 2007 fand bei 10 der 30 Unternehmen eine Verschiebung hin zu einer auf dem Unternehmensinteresse aufbauenden Strategie statt. Eine Verlagerung vom Unternehmensinteresse hin zur Maximierung des Shareholder Value war in diesem Zeitraum lediglich bei zwei Unternehmen zu beobachten. Die Ursachen für diese deutliche Entwicklung können zum einen in einer stärkeren Akzentuierung der dualen Unternehmensverfassung mit ihrer interessenpluralistischen Ausgestaltung liegen, zum anderen in einer verstärkten Anlehnung an den Deutschen Corporate Governance Kodex durch Übernahme der dort verwendeten Terminologie.[1346]

5.5 Einzelaspekte zur Annäherung von Shareholder Value und aktienrechtlicher Zielkonzeption

Jedes Unternehmen bedarf einer klaren Konzeption des eigenen Handelns, die sich in der Zielfigur des Unternehmens manifestiert. Zudem ist jedes Unternehmen in ein Geflecht von zahlreichen Bedingungen eingebunden. Diese stellen Spielregeln dar, die den ökonomischen und juristischen Bezugsrahmen des Unternehmens definieren – in Form von Gesetzen und juristischen Normen, marktlichen und ökonomischen Gegebenheiten, gesellschaftlichen Erwartungen etc.[1347] Bezogen auf die in dieser Arbeit untersuchte Thematik bildet das Gesellschaftsrecht und mit ihm das Unternehmensin-

---

[1344] Vgl. Altana AG, Geschäftsbericht 2002, S. 15.
[1345] Altana AG, Geschäftsbericht 2007, S. 87.
[1346] Es ist zu beachten, dass der Kodex erst am 30. September 2002 veröffentlicht wurde und somit im Geschäftsjahr 2002 noch nicht über die Reputation verfügte, die der heutigen vergleichbar ist.
[1347] Vgl. Hamel (2004), S. 463 ff.

teresse einen externen verbindlichen Bezugsrahmen, während das Shareholder Value-Konzept eine Forderung des Kapitalmarktes darstellt. Zwischen den intern legitimierten unternehmerischen Zielfiguren und den extern definierten Spielregeln entsteht das Spannungsfeld, in dem sich unternehmerische Aktivitäten entfalten können und müssen. Innerhalb dieses Feldes kann die Unternehmensverfassung als eine Art Grundgesetz des Unternehmens verstanden werden, auf das sämtliche Aktivitäten der handelnden Personen ausgerichtet sind. Sie impliziert eine langfristig wirkende strategische Handlungsaufforderung, die über zahlreiche Ableitungen zunehmender Spezialisierung auf die operativen Ebenen heruntergebrochen werden muss.[1348]

Im Anschluss an die Überlegungen des vorherigen Kapitels gilt es nun zu analysieren, inwieweit es zum einen durch entsprechende satzungsmäßige Regeln rechtlich zulässig ist, dem Vorstand verbindliche Ziele der Unternehmenspolitik vorzugeben, und zum anderen, welche Gestaltungsmöglichkeiten innerhalb der Anreizsysteme existieren, um das dargestellte Spannungsfeld zwischen Shareholder Value-Maximierung und aktienrechtlichem Unternehmensinteresse aufzulösen. Das Kapitel schließt mit einem alternativen Konzept der Organstrukturierung zur Kontrolle und Internalisierung unternehmensverfassungsrelevanter Interessen in die Unternehmensführung.[1349]

5.5.1 Satzungsmäßige Steuerungsmöglichkeiten

In der Literatur wird mitunter kontrovers diskutiert, inwieweit es möglich ist, die zuvor skizzierten Differenzen zwischen der Shareholder Value-Maximierung und dem Unternehmensinteresse durch eine entsprechende Fixierung von Führungsgrundsätzen in der Satzung aufzulösen.[1350] Unmittelbar damit verbunden ist die Fragestellung, in welchem Umfang innerhalb des Kompetenzgefüges einer Aktiengesellschaft die Hauptversammlung die unternehmenspolitischen Ziele dem Vorstand verbindlich vorschreiben darf.

Alle Fragen der Organisation des Unternehmens, die das Gesetz nicht regelt, können durch die Satzung des Unternehmens bestimmt werden.[1351] Die Satzung verfügt zudem über die höchste Regelungskompetenz hinsichtlich der Zusammensetzung des Vor-

---

[1348] Vgl. Chmielewicz (1993), Sp. 4400; Hamel (2004), S. 465. Siehe hierzu auch ausführlich Kapitel 2.1.

[1349] Die Auswahl der zu betrachtenden Einzelaspekte orientiert sich an den agenturtheoretischen Ansatzpunkten der direkten Zielvorgabe (Kapitel 5.5.1), der Einflussnahme über Anreizsysteme (Kapitel 5.5.2) und der Kontrolle (Kapitel 5.5.3).

[1350] Vgl. Fleischer (2003), S. 136; Mülbert (1997), S. 164 ff.; Schmidt, R./Spindler (1997), S. 540 ff.; Mertens (1996), § 76 Rn. 10.

[1351] Vgl. Mertens (1996), Vorb. § 76 Rn. 10.

standes und in Fragen der Geschäftsordnung.[1352] Außerhalb der ihr vom Gesetzgeber zugewiesenen Primärzuständigkeit bestimmt sich der Regelungsgehalt der Satzung nach § 23 Abs. 5 AktG. Demzufolge kann die Satzung „von den Vorschriften des Gesetzes nur abweichen, wenn es ausdrücklich zugelassen ist".[1353] Nach Auffassung MERTENS' muss dies auch dort gelten, „wo das Gesetz eine Entscheidung durch beredtes Schweigen trifft"[1354]. Ergänzende Satzungsbestimmungen sind zulässig, sofern das Gesetz keine abschließende Regelung enthält.[1355]

Der Hauptversammlung kommt als Satzungsgeber grundsätzlich die Entscheidung über die grundlegenden vom Unternehmen zu verfolgenden Ziele zu.[1356] Die Festlegung sowohl des Sach- als auch des Formalziels ist zunächst ein privatautonomer Wahlakt der Gründer oder einer satzungsändernden Mehrheit.[1357] Satzungsbestimmungen dürfen jedoch nicht die gesetzliche Schranke des § 23 Abs. 5 AktG überschreiten. Die Formulierung und Auswahl der konkreten Strategien zur Realisierung des Verbandszwecks fallen gemäß § 23 Abs. 5 AktG iVm. § 76 AktG nach herrschender Meinung jedoch allein in die satzungsfeste Kompetenz des Vorstandes.[1358] In Geschäftsführungsfragen soll der Vorstand von der Hauptversammlung unabhängig sein.

Aus dieser Feststellung ergibt sich nun die Frage, wie weit der Spielraum der Satzung reicht, um die zu verfolgenden Ziele als Verbandszweck konkret festzulegen. Nach herrschender Meinung kann innerhalb der Satzung zwar das Formalziel des Unternehmens festgelegt werden, wie beispielsweise die Gewinnerzielung. Unzulässig sind hingegen satzungsmäßige Anweisungen an den Vorstand, wonach dieser gewisse Ak-

---

[1352] Gemäß § 77 Abs. 2 AktG gilt dies explizit für die Geschäftsordnung des Vorstandes. Für die Geschäftsordnung des Aufsichtsrates gilt dies analog, wie sich aus §§ 107 Abs. 2 Satz 1, 108 Abs. 2 Satz 1, 109 Abs. 3 AktG ergibt.

[1353] Ziel der Einschränkung der Satzungsautonomie ist der Schutz von Gläubigern und künftigen Aktionären. Gleichwohl bleiben gewichtige Materien der statutarischen Festlegung vorbehalten: der Unternehmensgegenstand (§ 23 Abs. 3 Nr. 2 AktG), der Betrag des Grundkapitals (§ 23 Abs. 3 Nr. 3 AktG), die Größe des Vorstandes (§ 23 Abs. 3 Nr. 6 AktG), die Entscheidung über Einzel- und Gesamtvertretungsmacht des Vorstandes sowie die Bestimmung von Geschäften, vor deren Vornahme der Vorstand die Zustimmung des Aufsichtsrates einzuholen hat (§ 111 Abs. 4 Satz 2 AktG). Vgl. Hommelhoff/Schwab (2003), S. 53; Hüffer (2008), § 23 Rn. 34.

[1354] Mertens (1996), Vorb. § 76 Rn. 11.

[1355] Zulässig sind insbesondere die Regelung der persönlichen Voraussetzungen der Vorstandsmitglieder, die Bildung fakultativer Gremien, eine Erweiterung des Auskunftsrechts der Aktionäre etc. Vgl. Hüffer (2008), § 23 Rn. 38.

[1356] Vgl. Kübler/Assmann (2006), S. 219; Schmidt, R./Spindler (1997), S. 540.

[1357] Sofern hinsichtlich des Formalziels keine Konkretisierung erfolgt, ist im Kontext des Gesellschaftsinteresses von der Vermutung auszugehen, dass die Gründer das Formalziel der normtypischen Aktiengesellschaft gewählt haben und dass die Aktiengesellschaft auf Gewinnerzielung angelegt ist. Siehe hierzu ausführlich Kapitel 3.2.

[1358] Vgl. Schmidt, K. (2002), S. 770; Hefermehl (1974), § 82 Rn. 27; Mertens (1996), Vorb. § 76 Rn. 17 ff., § 82 Rn. 12 f.; Mülbert (1997), S. 164; Schmidt, R./Spindler (1997), S. 540; Hüffer (2008), § 82 Rn. 10.

tivitäten mit Vorrang zu betreiben oder den Schwerpunkt auf bestimmte Teile des Unternehmensgegenstandes zu legen hat.[1359] Dies wird als eine unzulässige Einschränkung des Leitungsermessens im Sinne von § 76 AktG gewertet und verstößt somit gegen § 23 Abs. 5 AktG. Die Satzung kann nach Auffassung MERTENS' dem Vorstand keineswegs vorgeben, „wie dieser im Rahmen der ihm vorgegebenen erwerbswirtschaftlichen Zwecksetzung die Unternehmensziele im einzelnen formuliert und aktualisiert. (Dies) ist nach § 76 im Rahmen der ihm vorgegebenen vielfältigen rechtlichen Bindungen seine eigene Sache."[1360] Zudem ist gemäß § 23 Abs. 5 AktG iVm. §§ 76, 82 AktG „auch das Verständnis des Unternehmens als einer sozialen Veranstaltung[1361] (...) durch Festschreibung von Unternehmenszielen in der Satzung nicht einschränkbar"[1362]. Andererseits kann die Satzung dem Vorstand jedoch auch kein konkretes Verhältnis von Gewinn zu sozialem Aufwand vorschreiben oder die Zielsetzung einschränken, die der Vorstand durch soziale Aufwendungen verfolgen darf. Die Festlegung bestimmter Leitungsgrundsätze, Zielvorgaben oder Managementphilosophien für die Geschäftsführung sind gemäß der Kommentierung kein zulässiger Bestandteil des Unternehmensgegenstandes und somit der Satzung.[1363, 1364] Verallgemeinernd sind die Grenzen der Satzungsautonomie immer dann überschritten, wenn die Satzungsregelungen imperativen Charakter annehmen und in das *Wie* der Geschäftsführung eingreifen.[1365]

Aufgrund dieser Überlegungen ist die Festschreibung einer bestimmten Unternehmenspolitik in der Satzung durch die Anteilseigner nicht zulässig. Dies würde die Satzungsautonomie der Hauptversammlung überschreiten und massiv in den Bereich der eigenverantwortlichen Leitung des Unternehmens durch den Vorstand gemäß § 76 Abs. 1 AktG eingreifen. Einer satzungsmäßigen Statuierung des Shareholder Value-Konzeptes stehen zu dem die Ergebnisse des Kapitels 5.3.2 entgegen: Sowohl aus aktienrechtlichen als auch aus verfassungs- und mitbestimmungsrechtlichen Gründen ist für die Leitung einer Aktiengesellschaft die einzelfallspezifische Abwägung der unternehmensinternen Interessen prägend. Jedwede in der Satzung verankerten Führungs-

---

[1359] Hiervon streng zu unterscheiden ist die sachlich-gegenständliche Konturierung des Unternehmensgegenstandes. Vgl. Seibt (2008), § 82 Rn. 15. Siehe hierzu auch Kapitel 3.2.

[1360] Mertens (1996), § 82 Rn. 12.

[1361] Mertens bezieht sich hierbei auf eine Formulierung Rittners. Vgl. Rittner (1971), S. 158. Siehe hierzu auch Kapitel 3.5.2.1.2.

[1362] Mertens (1996), § 82 Rn. 12.

[1363] Vgl. Mertens (1996), § 82 Rn. 21; Seibt (2008), § 82 Rn. 15.

[1364] Ausnahmen bilden hingegen sog. Tendenzunternehmen im Sinne des § 1 Abs. 2 Nr. 2 DrittelbG und § 1 Abs. 4 MitbestG, bei denen satzungsmäßige Präferenzvorgaben statuiert werden können. Vgl. Seibt (2008), § 82 Rn. 15; Hüffer (2008), § 82 Rn. 10; Hefermehl/Spindler (2004), § 82 Rn. 27.

[1365] Vgl. Hüffer (2008), § 82 Rn. 10; Seibt (2008), § 82 Rn. 15.

konzepte würden jedoch diesen Ermessensspielraum des Vorstandes, der nicht zuletzt im Unternehmensinteresse zum Ausdruck kommt, konterkarieren. Infolgedessen geht die Zulässigkeit von Satzungsregelungen außerhalb ihres Mindestregelungsgehaltes mit einem hohen Abstraktionsgrad hinsichtlich einer Unternehmenszielsetzung einher. Gleiches gilt auch für das in Kapitel 5.1.3 beschriebene moderate Shareholder Value-Konzept. Es ist zwar mit dem geltenden Aktienrecht auf Unternehmensebene vereinbar, eine Statuierung verstößt dennoch gegen den Regelungsgehalt des § 23 Abs. 5 AktG iVm. § 76 Abs. 1 AktG. Zudem ist fraglich, ob es überhaupt möglich ist, das moderate Shareholder Value-Konzept so zu formulieren, dass sich daraus eine operable Handlungsanweisung für den Vorstand ergibt. Ebenso sind Satzungsklauseln, die den Zeithorizont von unternehmenspolitischen Entscheidungen näher definieren sollen, unzulässig, da sie den Verantwortungsbereich des Vorstandes, die konkreten Strategien des Unternehmens zu formulieren, auszuwählen und umzusetzen, stark einschränken.[1366] Aus ökonomischer Sicht ist ferner insbesondere in diesem Kontext fraglich, inwieweit derartige Klauseln operable Entscheidungskriterien liefern.

SCHMIDT/SPINDLER kritisieren zu Recht, dass es den Satzungsgebern einer Aktiengesellschaft nicht möglich ist, den Märkten – seien es Kapital-, Arbeits- oder andere Märkte – zu signalisieren, welcher Leitlinie das Management folgen soll.[1367] Andererseits erweist sich das deutsche Aktienrecht als in sich konsistent und verweist Anteilseigner, Arbeitnehmer und Marktteilnehmer auf den rechtsprägenden Grundsatz der interessenpluralistischen Unternehmensführung. Hinsichtlich der beabsichtigten Annäherung von Shareholder Value und aktienrechtlicher Zielkonzeption erweist sich eine satzungsmäßige Statuierung einer wie auch immer gearteten, präzise definierten Unternehmenspolitik als unzulässiges Mittel.

5.5.2 Gestaltung der Managemententlohnung

Da eine satzungsmäßige Statuierung einer bestimmten Unternehmenspolitik rechtlich unzulässig ist, stellt sich nun die Frage: Kann mittels ökonomischer Steuerungselemente erreicht werden, dass ein derartig modifiziertes Shareholder Value-Konzept in der Unternehmensverfassung verankert wird, das eine weitreichende Übereinstimmung mit der aktienrechtlichen Zielkonzeption ermöglicht?

In diesem Kapitel werden die Steuerungsmöglichkeiten mittels verhaltensleitender Anreizsysteme analysiert. Infolge der Trennung von Eigentum und Kontrolle besteht die Gefahr, dass seitens des Managements Entscheidungen getroffen werden, bei de-

---

[1366] Vgl. ausführlich Mülbert (1997), S. 167 f.
[1367] Vgl. Schmidt, R./Spindler (1997), S. 541.

nen die ihnen zur Verfügung gestellten Ressourcen nicht optimal genutzt werden. Die in Kapitel 2.6.3 beschriebene Agenturtheorie sieht in der Anreizwirkung erfolgsabhängiger Vergütungssysteme einen der zentralen Ansatzpunkte zur Steuerung des Managementverhaltens. Wird also die Managementvergütung direkt an die effiziente Ressourcenverwendung gekoppelt, hat das Management ein Eigeninteresse an der effizienten Ressourcennutzung.

5.5.2.1 Rechtlicher Rahmen der Vorstandsvergütung

Die Vergütung des Vorstandes wird im Aktiengesetz nur sehr allgemein geregelt. Anders als in anderen Rechtsordnungen ist es für das deutsche Recht nicht fraglich, ob es eine gesetzliche Begrenzung der Vorstandsvergütung geben soll, sondern lediglich wie diese gesetzliche Begrenzung der Angemessenheit im Einzelfall zu bestimmen ist.[1368] Mit Inkrafttreten des TransPuG im Jahre 2002 wurde der bisher einschlägige § 86 AktG, der die Gewinnbeteiligung des Vorstandes regelte, ersatzlos gestrichen, da er durch die Praxis längst überflüssig und überholt war.[1369] Zulässig war danach eine Form der erfolgsabhängigen Vergütung der Vorstandsmitglieder im Rahmen einer Beteiligung am Unternehmensgewinn, der nach gewissen Vorgaben zu berechnen war. Andere Formen der Vergütung, wie eine Bemessung am Shareholder Value, an Dividendenzahlungen oder anderen Erfolgskennzahlen, wurden nicht erwähnt, obwohl sie zulässig waren.

Die Grundsätze für die Bezüge von Vorstandsmitgliedern sind somit nun abschließend in § 87 AktG kodifiziert. In dieser Vorschrift sind drei Einzelregelungen hinsichtlich der Vorstandsbezüge zusammengefasst:[1370] (1) das Gebot der Angemessenheit der Gesamtbezüge eines Vorstandsmitglieds,[1371] (2) die Möglichkeit einer Herabsetzung der Gesamtbezüge bei wesentlicher Verschlechterung der Gesellschaftsverhältnisse und (3) die Begrenzung des Schadensersatzanspruchs des Vorstandsmitglieds bei insolvenzbedingter Kündigung des Vorstandsvertrages. Die Klammer um diese drei Einzelregelungen bildet nach herrschender Meinung ihr gemeinsamer Zweck, „der im Schutz der AG, ihrer Aktionäre und ihrer Gläubiger vor einem übermäßigen Abfluss finanzieller Mittel in Form von Vorstandsbezügen besteht, und der durch die Einschränkung

---

[1368] Vgl. Thüsing (2003), S. 1612; Lücke (2005), S. 693.

[1369] Vgl. Deutscher Bundestag (2002), Drucksache 14/8769, S. 13 f.; Kramarsch (2004), S. 57.

[1370] Vgl. Seibt (2008), § 87 Rn. 1.

[1371] Bereits im Aktiengesetz von 1937 sah sich der deutsche Gesetzgeber wegen angeblicher oder tatsächlich missbräuchlich überhöhter Vorstandsgehälter genötigt, das Angemessenheitsgebot im Gesetz zu verankern. Vgl. Lücke (2005), S. 692.

der Vertragsfreiheit erreicht wird"[1372].[1373] Gemäß § 87 Abs. 1 Satz 1 AktG hat der Aufsichtsrat „bei der Festsetzung der Gesamtbezüge des einzelnen Vorstandsmitglieds (Gehalt, Gewinnbeteiligungen, Aufwandsentschädigungen, Versicherungsentgelte, Provisionen und Nebenleistungen jeder Art)[1374] dafür zu sorgen, dass die Gesamtbezüge in einem angemessenen Verhältnis zu den Aufgaben des Vorstandsmitgliedes und zur Lage der Gesellschaft stehen". Zur Konkretisierung des Angemessenheitskriteriums siehe Anhang F.

Gemäß DCGK 4.2.3 soll „die Vergütung der Vorstandsmitglieder (…) fixe und variable Bestandteile umfassen". Damit empfiehlt der Kodex eine Vergütungsstruktur, wie sie in der Praxis weit verbreitet ist. Auf eine derartige Struktur nimmt auch das im Jahr 2005 in Kraft getretene Gesetz über die Offenlegung der Vorstandsvergütungen (VorstOG) in § 285 Satz 1 Nr. 9 a Satz 5 HGB Bezug, indem es im Rahmen der von ihm geforderten individualisierten Offenlegung der Vorstandsbezüge vorschreibt, diese aufgeteilt nach erfolgsunabhängigen und erfolgsbezogenen Komponenten sowie Komponenten mit langfristiger Anreizwirkung gesondert auszuweisen. Bei der inhaltlichen Ausgestaltung der Vergütung sowie bei der Wahl und Gewichtung einzelner Vergütungsbestandteile unterliegt der Aufsichtsrat gemäß §§ 116, 93 Abs. 1 Satz 1 AktG der Sorgfalt eines gewissenhaften und ordentlichen Aufsichtsorgans.[1375] Infolgedessen steht ihm in diesem Rahmen ein breites Handlungs- und Gestaltungsermessen zu. Trotz dieses breiten Ermessens ist es dem Aufsichtsrat verwehrt, unvertretbare oder sachfremde Kriterien in die Vergütungsform einzubeziehen.

Da erfolgsabhängige Vergütungsbestandteile eine verhaltenssteuernde Wirkung haben, sollen sie im Kontext dieses Kapitels eingehender analysiert werden. Seit der zweiten Hälfte der 1990er Jahre sind Aktienoptionsprogramme die am häufigsten verwendeten variablen Vergütungsbestandteile von DAX-Vorständen.[1376] Diese Programme haben im Laufe der Zeit die ursprünglich dominierenden Wandelschuldverschreibungen abgelöst. Durch die Gewährung von Optionsrechten geht das Unternehmen mit dem je-

---

[1372] Seibt (2008), § 87 Rn. 1.

[1373] Vgl. Hüffer (2008), § 87 Rn. 1; Schmidt, K. (2002), S. 811; Schnapperelle (2007), S. 58.

[1374] Die möglichen Vergütungsbestandteile gliedert Seibt in vier Kategorien: (1) Basisvergütung einschließlich Aufwandsentschädigungen; (2) Nebenleistungen, wie z.B. Wohnrechte, Rechte zur privaten Nutzung von Dienstfahrzeugen oder Flugzeugen, Abordnung von Personal, Übernahme von Steuern oder Versicherungsbeiträgen; (3) variable Vergütung wie Tantiemen und Gewinnbeteiligungen, Bezugsrechte und sonstige aktienbasierte Vergütungen, Phantom-Stock-Programme und Sondervergütungen; (4) Versorgungsleistungen einschließlich Abfindungen. Vgl. Seibt (2008), § 87 Rn. 4.

[1375] Vgl. Baums (2006), S. 660.

[1376] Vgl. Kramarsch (2004), S. 233; Veil (2008), § 192 Rn. 18; Winter (2001), S. 85.

weiligen Vorstandsmitglied rechtlich eine Lieferverpflichtung ein.[1377] Zu ihrer Absicherung stehen dem Unternehmen verschiedene Rechtskonstruktionen zur Verfügung, die sich zunächst danach unterscheiden lassen, welche Art von Optionsrechten das Unternehmen ausgibt. Es sind sowohl Optionsrechte auf die effektive Lieferung von Aktien, sog. nackte Optionen (Naked Warrants), denkbar als auch Konstruktionen, bei denen die Wertsteigerung der Aktien durch Barzahlungen nachvollzogen werden, sog. Stock Appreciation Rights (SARs) bzw. Phantom Stocks.[1378] Bei nackten Optionen wird dem Vorstandsmitglied das Recht eingeräumt, innerhalb eines bestimmten Zeitraums unter Beachtung weiterer von Fall zu Fall festgelegter Bedingungen Wertpapiere der Gesellschaft zu einem zuvor festgesetzten Preis zu erwerben. Das Unternehmen muss infolgedessen sicherstellen, dass die Aktien bei der Ausübung der Option geliefert werden können. Dies kann entweder durch die Schaffung neuer Aktien in Form einer bedingten Kapitalerhöhung gemäß §§ 192, 193 AktG oder durch die Lieferung bereits bestehender Aktien über den Erwerb eigener Aktien nach § 71 Abs. 1 Nr. 8 AktG erfolgen. Im Gegensatz zu nackten Optionen werfen SARs keine besonderen gesellschaftsrechtlichen Probleme auf, da es sich hierbei lediglich um Tantieme-Regelungen mit der Wertentwicklung der Aktie als Bemessungsrundlage handelt.

Die Einführung der §§ 192 Abs. 2 Nr. 3, 193 Abs. 2 Nr. 4 AktG im Rahmen des KonTraG in das Aktiengesetz, welche die Auflagen für Aktienoptionsprogrammen und deren Durchführung erleichtert haben, gelten als Bestätigung der rechtlichen Zulässigkeit solcher Programme.[1379] § 192 Abs. 2 Nr. 3 AktG benennt die Mitglieder der Geschäftsführung explizit als mögliche Berechtigte. Dadurch ist der Umweg über andere zwischengeschaltete Finanzierungsinstrumente wie Wandelschuldverschreibungen oder Optionsanleihen entbehrlich geworden. Über die Ausgestaltung von Aktienoptionsprogrammen und darüber, ob sie grundsätzlich Bestandteil der Vorstandsvergütung sein können, entscheidet gemäß § 193 Abs. 2 Nr. 4 AktG die Hauptversammlung mittels eines Ermächtigungsbeschlusses. Sofern Aktienoptionen für Vorstandsmitglieder zur Verfügung stehen, entscheidet der Aufsichtsrat, ob und in welchem Umfang sie konkret Vertragsbestandteil werden.[1380] Dabei hat der Aufsichtsrat, wie der Großkommentar ausführt, nach §§ 116, 93 Abs. 1 Satz 1 und § 87 Abs. 1 Satz 1 AktG in

---

[1377] Die Ausführungen dieses Absatz folgen Winter (2003), S. 339 f.

[1378] Stock Appreciation Awards stellen die schuldrechtliche Nachbildung von Optionsrechten dar, während Phantom Stocks die Abbildung von Aktien widerspiegeln. Bei Phantom Stocks ist das Management auch an sinkenden Kursen beteiligt, während dies bei Verwendung von SARs ausgeschlossen werden kann. Vgl. Frey (2001), § 192 Rn. 107; Pellens/Crasselt/Rockholtz (1998), S. 17.

[1379] Vgl. BGHZ 158, 122 (125); Kübler/Assmann (2006), S. 202; Winter (2003), S. 341; Hüffer (2008), § 192 Rn. 16; Wollburg (2004), S. 647.

[1380] Vgl. Hüffer (2008), § 87 Rn. 6; Kübler/Assmann (2006), S. 202; Seibt (2008), § 87 Rn. 7.

einem dreigliedrigen Vorgang zu prüfen, „ob eine aktienbasierte oder aktienkursorientierte Vergütung im konkreten Einzelfall geeignet ist, optimale Leistungsanreize zu setzen, welches konkrete Vergütungsprogramm (…) im konkreten Fall angemessen und schließlich mit welchem Einzelparameter das Vergütungsprogramm auszugestalten ist"[1381]. HÜFFER empfiehlt zudem, den Börsenkurs der Aktiengesellschaft durch weitere Parameter zu ergänzen, um der Lage der Gesellschaft hinreichend Rechnung zu tragen.[1382]

Die grundsätzliche Bedeutung des Börsenkurses für das Unternehmen und ihre Aktionäre unterstreicht auch die höchstrichterliche Rechtsprechung. Nachdem der BGH zunächst im DAT/Altana-Fall, aufbauend auf der Rechtsprechung des Bundesverfassungsgerichts, die zentrale Bedeutung des Börsenkurses für die Aktionäre herausgearbeitet hat,[1383] stellt er in der Macrotron-Entscheidung klar, dass der von Art. 14 GG geschützte, mit dem Börsenkurs identische Verkehrswert der Aktie auch im Verhältnis zwischen Unternehmen und Aktionär maßgeblich ist.[1384] Von diesem grundsätzlichen Verständnis ausgehend weist der BGH jedoch in der Mobilcom-Entscheidung auf die Gefahren hin, die durch eine Ausrichtung der Vergütungsinstrumente am Börsenkurs entstehen können, da dieser „durch gezielte Sachverhaltsgestaltungen des Managements inner- oder außerhalb der Legalität beeinflussbar und erfahrungsgemäß auch sonst nicht immer ein zuverlässiger Maßstab für den inneren Wert und den langfristigen Erfolg eines Unternehmens ist"[1385].[1386] Der Vorstand kann beispielsweise durch Sachverhaltsgestaltung oder eine gezielte Informationspflicht versuchen, den Aktienkurs in den Grenzen der Ad-hoc-Publizitätspflicht nach § 15 WpHG zu beeinflussen.[1387] Um diesen Gefahren adäquat zu begegnen, bedarf es einer entsprechenden Ausgestaltung aktienkursbasierter Vergütungsinstrumente. Ob der Aktienkurs als Zielgröße variabler Vergütungskomponenten grundsätzlich geeignet ist, hängt letztlich davon ab, ob er den Unternehmenswert korrekt abbildet.

Gemäß § 193 Abs. 2 Nr. 4 AktG sind neben den Erwerbs- und Ausübungszeiträumen sowie der Wartezeit für die erstmalige Ausübung auch die Erfolgsziele anzugeben. Die Wartezeit muss mindestens zwei Jahre betragen. Der Begriff des Erfolgsziels, der vom Gesetzgeber unspezifisch verwandt wird, deckt sowohl Kursziele als auch andere Ziele

---

[1381] Seibt (2008), § 87 Rn. 7.

[1382] Vgl. Hüffer (2008), § 87 Rn. 6. Siehe hierzu auch Anhang F.

[1383] Vgl. BGHZ 147, 108 (115); BVerfGE 100, 289 (305 ff.).

[1384] Vgl. BGHZ 153, 47 (55); Wollburg (2004), S. 647.

[1385] BGHZ 158, 122 (127).

[1386] Unter anderem infolge dieser Argumentation verneint der BGH in der Mobilcom-Entscheidung die Zulässigkeit von Aktienoptionen für Aufsichtsratsmitglieder.

[1387] Vgl. Pellens/Crasselt/Rockholtz (1998), S. 16.

ab.[1388] Im Regierungsentwurf wurde zunächst der Begriff Kursziel verwandt, im Laufe des Gesetzgebungsverfahrens jedoch durch die Formulierung Erfolgsziele ersetzt, „um die Vielgestaltigkeit von Aktienoptionsprogrammen zu berücksichtigen, die nicht notwendig auf absolute Kursziele, sondern u.U. auch auf die relative Performance oder Renditeziele abstellen"[1389].[1390] Da der Börsenkurs teilweise durch Umstände beeinflusst wird, die nicht auf der Leistung des Management basieren, sollte das Erfolgsziel für das Management nicht per se eine Kurssteigerung sein, sondern ein positiver Einfluss auf den Unternehmenswert. Nach Auffassung FREYS sind seitens des Gesetzgebers bewusst keine allgemeinen Regeln für die Messung des Erfolgs vorgegeben worden, um den besonderen Anforderungen in den jeweiligen Unternehmen Rechnung tragen zu können.[1391] Erfolgsziele sind somit „gewünschte, künftige Umstände, die bei besonderen Leistungen der Mitarbeiter mit höherer Wahrscheinlichkeit eintreten"[1392]. Letztlich sind es Hilfsziele, um eine Steigerung des Unternehmenswertes zu erreichen. Die Rechtsprechung hat das Kriterium der Erfolgsziele vor diesem Hintergrund bislang großzügig gehandhabt.[1393] Nach Auffassung des OLG Stuttgart beispielsweise lässt die gesetzliche Regelung „den Unternehmen bei der Auswahl geeigneter Erfolgsparameter weitgehende Freiheit"[1394]. Infolgedessen erklärte das Gericht die Anknüpfung von Aktienoptionen an eine Kurssteigerung der eigenen Aktien in Höhe von 20 % für zulässig,[1395] während ein Börsengang allein als Ziel nicht ausreicht.[1396]

Da bei der Gewährung von nackten Optionen auf Basis einer bedingten Kapitalerhöhung kein handelsbilanzieller Personalaufwand entsteht, wird die Realisation der Vergütung nicht über geminderte Unternehmensgewinne, sondern durch eine Kapitalverwässerung bei der Ausgabe neuer Aktien finanziert. Infolgedessen sind Erfolgsziele unvertretbar, die ex ante nicht geeignet sind, eine Verwässerung der Aktien der Altaktionäre zumindest auszugleichen.[1397] Der Umfang der Verwässerung wird zum einen durch den Ausgabebetrag und zum anderen durch den Kreis der Bezugsberechtigten

---

[1388] Vgl. Hüffer (2008), § 193 Rn. 9.

[1389] Deutscher Bundestag (1998), Drucksache 13/10038, S. 26.

[1390] DCGK 4.2.3 Satz 2 wählt hingegen den Begriff des geschäftlichen Erfolgs. Damit trägt der Kodex der in vielen deutschen Unternehmen anzutreffenden Regelung Rechnung, die im Hinblick auf die anzustrebende Leistungsgerechtigkeit der Vergütung die jährlich wiederkehrenden Vergütungskomponenten nicht nur an den Erfolg des gesamten Unternehmens bindet, sondern auch den Erfolg des von dem jeweiligen Vorstandsmitglied zu verantwortenden Geschäftsbereichs berücksichtigt. Vgl. Ringleb (2008), S. 204.

[1391] Vgl. Frey (2001), § 193 Rn. 61.

[1392] Frey (2001), § 193 Rn. 62.

[1393] Vgl. Veil (2008), § 193 Rn. 12.

[1394] OLG Stuttgart (2001), ZIP, S. 1370.

[1395] Vgl. OLG Stuttgart (2001), ZIP, S. 1370.

[1396] Vgl. OLG München (2003), AG, S. 164

[1397] Vgl. Deutscher Bundestag (1998), Drucksache 13/10038, S. 26; Veil (2008), § 193 Rn. 13.

beeinflusst.[1398] Im Umkehrschluss sind daher sowohl relative als auch absolute Kursziele de lege lata zulässig.[1399] Bei einer Finanzierung der Vergütung über Phantom Stocks oder SARs sind handelsbilanzielle Rückstellungen zu bilden und es kommt zu einer Minderung von Gewinn und Dividenden.[1400] Dieser Liquiditätsabfluss schlägt sich mittelbar über die Minderung des Barwerts erwarteter Einzahlungsüberschüsse im Aktienkurs nieder.

5.5.2.2 Ökonomische Parameter von Aktienoptionsprogrammen

Eine der zentralen Funktionen der variablen Managemententlohnung besteht darin, die angestellten Manager eines Unternehmens durch geeignete Anreize zu motivieren, nicht eigene Ziele zu verfolgen, sondern eine Wertsteigerung des Unternehmens zu realisieren.[1401] Eine motivierende Vergütung setzt die Beeinflussbarkeit der Bemessungsgrundlage durch die Führungskraft voraus.

Grundsätzlich kommen Wertsteigerungen des Unternehmens an der Börse nicht nur den Aktionären, sondern auch dem Unternehmen selbst zugute. Ein hoher Börsenkurs ist die maßgebliche Voraussetzung für die Eigenkapitalbeschaffung von Publikumsgesellschaften am Kapitalmarkt zu attraktiven Konditionen. Letztlich ist das sog. Emissionsstanding, d.h. die Fähigkeit des Unternehmens, überhaupt Aktien und Anleihen am Kapitalmarkt zu verkaufen, entscheidend dafür, ob das Unternehmen seine Investitionen und Akquisitionen finanzieren kann.[1402] Ein hoher Börsenkurs und eine hohe Attraktivität der Aktien am Kapitalmarkt erweisen sich „als entscheidende Voraussetzung für die Verwirklichung der Wachstumsstrategie von Unternehmen und die Gewährleistung einer günstigen Unternehmensfinanzierung und damit für die Verwirklichung des Unternehmensinteresses selbst"[1403]. Das Interesse an einem hohen Börsenkurs und das Unternehmensinteresse sind in weiten Teilen miteinander vereinbar. Zu einer dem Unternehmensinteresse zufolge unzulässigen Orientierung am Aktionärsinteresse kommt es jedoch, wenn – wie in Kapitel 5.3 beschrieben – Kurssteigerungen durch die Maximierung kurzfristiger Gewinne zu erzielen versucht werden. „Ein Gleichlauf der Interessen von Anteilseignern und anderen Bezugsgruppen an einem prosperierendem Un-

---

[1398] Ein eng gezogener Kreis der Bezugsberechtigten, ein hoher Ausgabebetrag, ein hohes Erfolgsziel oder ein kurzer Ausübungszeitraum führen dazu, dass nicht alle Bezugsrechte vergeben werden, nicht alle Erwerber ihr Bezugsrecht später ausüben und die Verwässerungsgefahr später sinkt. Vgl. Frey (2001), § 193 Rn. 81.
[1399] Vgl. Veil (2008), § 193 Rn. 13.
[1400] Vgl. Winter (2003), S. 355; Ringleb (2008), S. 205; Pellens/Crasselt/Rockholtz (1998), S. 15.
[1401] Vgl. Witt (2004), Sp. 1574.
[1402] Vgl. Wollburg (2004), S. 648.
[1403] Wollburg (2004), S. 648.

ternehmen"[1404] besteht vielmehr in der langen Frist, wie VON WERDER es formuliert. Eine derartige Annäherung bildet infolgedessen einen wichtigen Teil der gesellschaftsrechtlichen Basis für die Zulässigkeit der kursbasierten Vorstandsvergütung. Dabei ist davon auszugehen, dass der Aktienkurs langfristig und somit außerhalb der legalen und illegalen Sachverhaltsgestaltungs- und Informationsmöglichkeiten seitens des Vorstandes „eine vom Markt objektivierte Kenngröße für die Unternehmensperformance darstellt"[1405]. Aus ökonomischer Sicht stellt sich nun die Frage, wie die variablen Vergütungsbestandteile konzipiert sein sollten, um eine Annäherung der unternehmensverfassungsrelevanten Interessen im Unternehmensinteresse zu erzielen.

Leistungsorientierte Anreize sind dazu geeignet, Anstrengungen der Mitarbeiter für eine höhere Performance herbeizuführen, sofern ihr Nutzen aus dem Anstellungsverhältnis mit dem Nutzen des Prinzipals verknüpft ist.[1406] Anreizsysteme sollen dazu beitragen, das durch Informationsasymmetrien und Interessendivergenzen geprägte Prinzipal-Agenten-Problem zu entschärfen.[1407, 1408] Die Anreizwirkung resultiert aus der Variabilisierung der Managementvergütung, während der fixe Teil der Vergütung eine Art Mindestverdienst darstellt. Zur Ausgestaltung der variablen Vergütung empfiehlt DCGK 4.2.3: „Die variablen Vergütungsteile sollten einmalige sowie jährlich wiederkehrende, an den geschäftlichen Erfolg gebundene Komponenten und auch Komponenten mit langfristiger Anreizwirkung und Risikocharakter enthalten. (…) Als variable Vergütungskomponenten mit langfristiger Anreizwirkung und Risikocharakter dienen insbesondere Aktien der Gesellschaft mit mehrjähriger Veräußerungssperre, Aktienoptionen oder vergleichbare Gestaltungen (z.B. Phantom Stocks). Aktienoptionen und vergleichbare Gestaltungen sollen auf anspruchsvolle, relevante Vergleichsparameter bezogen sein." Insbesondere mit dem letzten Satz macht der Kodex in seiner Fassung vom 21. Mai 2003 erstmals konkrete Aussagen zur Ausgestaltung von derartigen Vergütungskomponenten.[1409]

[1404] Werder (2008a), S. 108.

[1405] Pellens/Crasselt/Rockholtz (1998), S. 15.

[1406] Vgl. Hamel (2004), S. 469; Hutzschenreuter (1998), S. 100.

[1407] Vgl. Pellens/Crasselt/Rockholtz (1998), S. 14.

[1408] Ohne weitere den Einzelfall betreffende Annahmen kann die Agenturtheorie keine Aussagen zur Ausgestaltung optimaler Vergütungsfunktionen treffen. So ist beispielsweise nicht unstrittig, ob die optimale Beteiligung der Führungskräfte am Unternehmensergebnis linear sein sollte oder nicht. Erfasst man zudem komplexere Vergütungszuständigkeiten in Organisationen, wie beispielsweise im Falle der unternehmerischen Mitbestimmung, wird der zu verwendende Prinzipal-Agenten-Ansatz vierstufig, nicht-linear und nicht ohne weitere Annahmen lösbar. Demzufolge sind zur theoretischen Begründung von Vergütungsfunktionen auch Ansätze der Motivations- und Verhandlungstheorie mit einzubeziehen. Vgl. Witt (2004), Sp. 1575.

[1409] Auch die Baums-Kommission gibt keine konkreten Empfehlungen. Vgl. Baums (2001), S. 84.

Langfristige, am Unternehmenserfolg orientierte Vergütungsinstrumente werden in der Literatur als Long-Term Incentives (LTI) bezeichnet.[1410] Ihre Funktion besteht darin, die Begünstigten zu motivieren, den Wert des von Ihnen geführten Unternehmens langfristig zu erhöhen. Sie gliedern sich in Modelle aktienbasierter und kennzahlenbasierter Managementvergütung. Unter aktienbasierter Managementvergütung werden sowohl reelle als auch virtuelle Eigenkapitalinstrumente subsumiert. Zu den reellen Eigenkapitalinstrumenten zählen Aktien, Aktienoptionen und Wandelschuldverschreibungen. Sie werden mittels Eigenkapital in Form von Aktien oder Bezugsrechten auf Aktien bedient. Im Gegensatz dazu erfolgt bei virtuellen Eigenkapitalinstrumenten, wie SAR oder Phantom Stocks, eine Bedienung in Geld. Infolgedessen stellen sie eine schuldrechtliche Vereinbarung zur Teilhabe an Wertsteigerungen des Unternehmens dar und führen zu Zahlungsansprüchen, die aus dem Cash-Flow des Unternehmens bedient werden müssen.

Mit Aktienplänen gewährt das Unternehmen dem Vorstandsmitglied eine bestimmte Anzahl von Aktien oder einen bestimmten Betrag in Aktien. Die endgültige Verfügung und damit die Möglichkeit zur Realisierung anfälliger Gewinne kann von bestimmten Restriktionen wie beispielsweise zeitlichen Verfügungsbeschränkungen abhängen. In ihrem Chancen-Risiko-Profil unterscheiden sich Aktienpläne deutlich von Optionsplänen. Während bei Optionen lediglich ein Wertzuwachs zu einem Gewinn für die Bezugsberechtigten führt, weisen Aktien immer einen Wert auf.[1411] Da bei Aktien der Gewinn für den Teilnehmer aus dem gesamten Wert der Aktie und nicht nur aus dem Wertzuwachs wie bei Optionen resultiert, stellen Aktienpläne ein Vergütungsinstrument mit einer in Relation höheren Werthaltigkeit dar. Dafür sind die Auswirkungen steigender Kurse auf den Gewinn deutlich geringer. Durch den geringeren Hebel sind bei Aktienplänen Gewinnexzesse nicht so leicht möglich. Nicht modifizierte Aktienoptionen können hingegen eine stärkere Anreizwirkung zur Maximierung kurzfristiger Gewinne und zum Erreichen absoluter Kursziele zum Ausübungszeitpunkt entwickeln.[1412] Da Aktienpläne das Management unabhängig vom Erreichen bestimmter

---

[1410] Die Darstellung folgt Kramarsch (2004), S. 128 ff.

[1411] Da bei Kurssteigerungen die Aktie durch das Bezugsrecht günstiger als am Markt erworben werden kann, partizipieren Aktienoptionen bei Kursanstiegen stärker. Fällt hingegen der Aktienkurs unter den Bezugspreis, wird die Option nicht ausgeübt und verfällt am Ende der Laufzeit wertlos. Vgl. Kramarsch (2004), S. 138.

[1412] Die Studien von Brickley et al. (1985), DeFusco et al. (1990) und DeFusco et al. (1991) haben die Anreizwirkungen von Optionsprogrammen auf die Kapitalmarktrendite der Aktien untersucht. Die Befunde sind sehr gemischt, es lässt sich keine eindeutige Erfolgswirkung feststellen. Brickley et al. (1985) und DeFusco et al. (1990) ermitteln zwar einen positiven Effekt, der jedoch sehr begrenzt ist. Die längerfristige Betrachtung von DeFusco et al. (1991) stellt sogar einen negativen Effekt durch die Einführung von Optionsprogrammen fest. Bei der Beurteilung dieser Studien zu

Kursziele zu Eigenkapitalgebern machen, kommt es im Sinne der Agenturtheorie zu einer Harmonisierung der Interessen von Management und Anteilseignern. Um über Aktienpläne eine hinreichend große Anreizwirkung zu erzielen, müssen Manager große Teile ihres Vermögens in Aktien des von ihnen geleiteten Unternehmens halten.[1413] Während es in Deutschland traditionell üblich war, Vorstandsmitglieder mit einer Kombination aus Festgehalt und dividendenabhängiger Tantieme zu entlohnen, stellen Aktienoptionen seit einiger Zeit in Deutschland wie auch international die meistverbreitete Form der aktienbasierten Managementvergütung dar.[1414] Dieses aus der anglo-amerikanischen Kapitalmarktkultur stammende Instrument wurde in Deutschland häufig additiv zu den traditionellen Vergütungsbestandteilen hinzugefügt. PELTZER spricht daher vom „'cherry picking' der jeweils günstigsten Vergütungsbestandteile aus verschiedenen Kapitalmarktkulturen"[1415]. Derzeit ist jedoch zu beobachten, dass die Euphorie hinsichtlich Aktienoptionsprogrammen in Deutschland und den USA abnimmt. Microsoft beispielsweise hat sich vollständig von Aktienoptionen gelöst und vergütet Vorstände stattdessen mit eigenen Aktien mit einer Halteverpflichtung.[1416] Ähnliche Entwicklungen sind in Deutschland beispielsweise bei Siemens und Daimler zu beobachten.[1417] Unternehmen gehen immer mehr dazu über, ihre Optionspläne anzupassen und diese um eine finanzielle Beteiligung zu erweitern.[1418] Neben Zweifeln an der Motivationswirkung und der Gefahr von negativen Anreizwirkungen wird insbesondere die Kritik geäußert, Optionsprogramme seien nicht hinreichend transparent und führten häufig zu unangemessen hohen Bezügen.[1419] RINGLEB konstatiert infolgedessen für Deutschland die langsame Abkehr von Aktienoptionen.[1420]

Laut einer aktuellen Studie der Unternehmensberatung TowersPerrin betrug im Bilanzjahr 2007 die Grundvergütung nur 22 % der Gesamtvergütung eines DAX-

---

den Kapitalmarktreaktionen auf die Neueinführung von Optionsplänen muss eine Vielzahl von Einschränkungen berücksichtigt werden. Es konnte beispielsweise nachgewiesen werden, dass die Wahrscheinlichkeit für die Einführung von Optionsplänen von der Liquiditätslage des Unternehmens abhängt. Infolgedessen ist die Einführung von Optionsplänen auch ein Signal in Bezug auf die Liquidität. Die Kapitalmarktreaktion ist damit nicht nur eine Reaktion auf die vermeintliche Motivationswirkung des Aktienoptionsplans. Zur methodischen Kritik an diesen Studien vgl. ausführlich Winter (2001), S. 96 ff.; Winter (2003), S. 344 f.

[1413] Vgl. Witt (2002), S. 53 f.

[1414] Vgl. Kramarsch (2004), S. 233; Witt (2002), S. 61; Winter (2003), S. 349.

[1415] Peltzer (2004), S. 66.

[1416] Vgl. Frankfurter Allgemeine Zeitung vom 27. Februar 2004, „In Amerika sind Optionen in Verruf geraten".

[1417] Vgl. Daimler AG, Geschäftsbericht 2007, S. 116 f.; Siemens AG, Geschäftsbericht 2007, S. 92 f.

[1418] Vgl. Ringleb (2008), S. 209; Handelsblatt vom 27. Januar 2004 „Vernünftiges Feilen"; Frankfurter Allgemeine Zeitung vom 12. Juli 2003 „Wir haben das Aktienoptionsmodell weiterentwickelt".

[1419] Vgl. Lutter/Krieger (2008), S. 171.

[1420] Vgl. Ringleb (2008), S. 209.

Vorstandsmitgliedes, während kurzfristige Vergütungskomponenten mit 45 % den mit Abstand größten Anteil ausmachten.[1421] Der Anteil von LTI lag lediglich bei 22 %. Die restlichen 11 % setzten sich aus Altersversorgungszuwendungen und Nebenleistungen zusammen. Damit sind die deutschen Unternehmen weit entfernt von der amerikanischen Vergütungspraxis, wo Aktienoptionen und andere LTIs in Einzelfällen bis zu 90 % der Gesamtbezüge ausmachen.

Für die Effizienz erfolgsabhängiger Vergütungsbestandteile ist die Definition der Bemessungsgrundlage von zentraler Bedeutung. Vorstandsverträge sollten daher so gestaltet sein, dass Risiken, die nicht von den Akteuren beeinflusst werden können, aus der Bemessungsgrundlage herausgerechnet werden.[1422] Eine instrumentelle Anreizwirkung von erfolgsabhängigen Vergütungskomponenten ist nur dann zu erwarten, wenn eine vom Akteur gestaltbare Ursache-Wirkungs-Beziehung zwischen Anreiz und Beitrag besteht.[1423] Windfall Profits, die aus außerordentlichen, nicht beeinflussbaren Umständen oder Sektoren resultieren,[1424] sind nicht geeignet, besondere Anstrengungen des Managements zu generieren. Denn mit Windfall Profits gehen unweigerlich auch Windfall Losses einher, die eine starke Demotivationswirkung hervorrufen und zu einer resignativen Unzufriedenheit führen können. Um der gestaltbaren Ursache-Wirkungs-Beziehung gerecht zu werden, sollten Aktienoptionen indiziert werden, so dass beispielsweise allgemeine Konjunkturbewegungen oder Änderungen des Zinsniveaus keinen Einfluss auf die Höhe der Vorstandsvergütung haben. Bei derartigen Konstruktionen ist der Bezugskurs der Aktie nicht konstant, sondern schwankt mit einem Vergleichsindex bzw. einer Peer Group.[1425, 1426] Ausübungsgewinne entstehen immer dann, wenn sich der Wert der Aktie des Unternehmens über die Optionslaufzeit besser entwickelt als ein Vergleichswert. Innerhalb der DAX-Unternehmen verwenden 13 % ein relatives Erfolgsziel als Bemessungsgrundlage, 33 % eine Kombination aus

---

[1421] Vgl. TowersPerrin (2008).

[1422] Vgl. Winter (2003), S. 339.

[1423] Vgl. March/Simon (1976), S. 55 f.

[1424] Die Bezugnahme auf außerordentliche, nicht vorhergesehene Entwicklungen in der Definition von Windfalls in DCGK 4.2.3 nimmt nach Auffassung Ringlebs erkennbar Anleihe bei den Voraussetzungen des § 313 BGB für den Wegfall der Geschäftsgrundlage. Der Kodex verzichtet jedoch auf die erforderliche Unzumutbarkeit des Festhaltens am Vertrag für eine Partei. Vgl. Ringleb (2008), S. 212 f.

[1425] Vgl. Baums (2001), S. 84; Winter (2003), S. 346.

[1426] Indizes sind für eine effiziente Verhaltenssteuerung meist zu allgemein. Peer Groups sind hingegen in der Regel über einen längeren Zeitraum wenig konstant und in ihrer Zusammensetzung immer auch willkürlich. Für Unternehmen, die keine sinnvolle Benchmark finden, empfiehlt Rappaport die sog. Discounted Equity Risk Option (DERO). Der DERO-Ausübungspreis erhöht sich jährlich um die Rendite einer fälligen zehnjährigen Staatsanleihe. Hinzu kommt eine Risikoprämie in Form eines Prozentsatzes der erwarteten Eigenkapitalrendite abzüglich der ausgeschütteten Dividende. Vgl. Rappaport (2006), S. 34.

relativen und absoluten Erfolgszielen sowie 8 % eine Kombination aus absoluten, relativen und kennzahlenbasierten Erfolgszielen.[1427] Bei den relativen Erfolgszielen bildet bei 53 % der Marktindex die Benchmark, bei 33 % der Branchenindex und bei 14 % die Peer Group.

Durch eine Indizierung wird sowohl eine höhere Kongruenz zwischen Verantwortung und Vergütung erreicht als auch die Risikoallokation verbessert. Da die Vergütung bei einer Indizierung nicht mehr von der allgemeinen Marktentwicklung abhängt, wird dieser Teil des Vergütungsrisikos aus dem Vergütungskontrakt eliminiert, so dass das Gesamtrisiko der Vergütung sinkt.[1428] Bei indizierten Aktienoptionen kann das Phänomen zutage treten, dass trotz fallender Kurse die Bezüge des Vorstandes steigen, sofern der Börsenkurs des Unternehmens im Verhältnis zum relevanten Index weniger stark gefallen ist. Obwohl in einem solchen Falle der absolute Unternehmenswert sinkt, ist eine grundsätzliche Kritik an indizierten Aktienoptionen verfehlt, da der Vorstand unter verhaltenssteuernden Kriterien in der jeweiligen Situation eine den Vergleichsindex übertreffende Leistung vollbracht hat.

Zur Vermeidung nicht beeinflussbarer Entwicklungen sind zudem unternehmerisch-funktionale Segmentierungen vorzunehmen, die zum einen die Basisgrößen der Anreizgewährung determinieren und zum anderen die Verantwortungsbereiche der Anreizempfänger abgrenzen.[1429] Dabei ist jedoch stets kritisch zu hinterfragen, inwieweit unternehmensweite Basisgrößen als Bemessungsgrundlage geeignet sind, da sie in der Regel zahlreiche Sektoren umschließen, die von dem jeweiligen Anreizempfänger nicht beeinflussbar sind.[1430] Eng verwandt mit diesem Problem ist das seit längerem in der Agenturtheorie diskutierte 1/n-Problem. Da jeder Agent das Ergebnis zusammen mit n anderen Agenten erhält, deren einzelne Leistungen im Börsenkurs nicht zurechenbar sind, erhöht sich die Shirking-Gefahr. Deshalb sollten nach Auffassung OSTERLOHS Aktienoptionsprogramme auf die oberste Führungsebene beschränkt werden, da man unterstellt, dass die Mitglieder einer kleineren Gruppe sich wechselseitig überwachen können.[1431] Aber auch in diesem Falle sind die Ergebnisse kaum zuzuordnen, da bei strategischen Entscheidungen der Anteil von implizitem Erfahrungswissen hoch ist. Dieser Transfer ist innerhalb von Teams jedoch nicht messbar.

[1427] Vgl. Kramarsch (2004), S. 243 f.

[1428] Zudem führt die Indizierung von Optionen zu einer Verbilligung von Anreizen, da der Anreizeffekt indizierter Optionen größer ist oder ebenso groß wie bei nicht indizierten Optionen. Indizierte Optionen sind aus Sicht der Aktionäre jedoch billiger. Vgl. Winter (2003), S. 346.

[1429] Vgl. Kramarsch (2004), S. 176; Hamel (2004), S. 471.

[1430] Vgl. Hamel (2004), S. 471.

[1431] Vgl. Osterloh (1999), S. 191.

Wenngleich Aktienoptionen grundsätzlich dazu geeignet sind, die Zieldivergenzen zwischen Prinzipal und Agenten zu reduzieren, so sind sie dennoch mit den grundsätzlichen Markteffizienzproblemen des Kapitalmarktes behaftet. Diese resultieren, wie in Kapitel 4.4.2 dargelegt, daraus, dass nicht alle Informationen in die Erwartungsbildung der Marktteilnehmer einfließen.[1432] Jedoch nur wenn die Erwartungen alle existierenden Informationen enthalten und die Erwartungen infolgedessen auch eintreten, spiegelt der Aktienkurs den Wert des Unternehmens wider. Aufgrund des Markteffizienzproblems, welches daraus resultiert, dass nicht alle existierenden Informationen in die Erwartungsbildung der Marktteilnehmer einfließen und deren Erwartungen damit falsch sein können, ergeben sich Unterschiede zwischen Aktienkurs und Unternehmenswert. Nicht zuletzt um Wettbewerbsvorteile auf den Märkten zu generieren, bedarf es privater Informationen. Shareholder Value kann somit nur dann geschaffen werden, wenn das Unternehmen über private Informationen verfügt und nicht jede Information für jeden Marktteilnehmer verfügbar ist. Der Aktienmarkt kann daher nicht informationseffizient in dem Sinne sein, dass er alle existierenden Informationen im Kurs abbildet. Geschieht das jedoch nicht, ist der Aktienkurs kein korrektes Abbild des Shareholder Value. In Bezug auf Aktienoptionen kann dies dazu führen, dass der Vorstand – sofern der Aktienkurs am Ende der Optionslaufzeit eine mögliche Shareholder Value-Steigerung noch nicht abbildet – ein Interesse hat, Informationen über den wahren Wert der Aktie an den Markt zu geben, um den Börsenkurs zu steigern. Da infolgedessen Vorsprungseffekte, die auf privaten Informationen des Unternehmens basieren, verloren gehen können, bietet die Entlohnung mit Kaufoptionen zum Teil negative Informationsanreize. Sofern hingegen der Aktienkurs am Ende der Optionslaufzeit zu hoch ist, hat der Vorstand einen Anreiz, den Kapitalmarkt nicht zu informieren. Letztlich beinhaltet die Entlohnung mit Kaufoptionen sogar den Anreiz, den Aktienmarkt durch gezielte Falschinformationen zu täuschen, um den Aktienkurs zum Zeitpunkt der Ausübung zu steigern.

Da die Informationseffizienz für den Kapitalmarkt nicht nachgewiesen werden kann, sind Kapitalmärkte in der Realität nicht vollkommen, so dass Aktienkurse durch den Vorstand manipulierbar sind.[1433, 1434] So steigt beispielsweise der Optionspreis, wenn geringere Dividenden ausbezahlt werden. Wie LAMBERT/LANEN/LARCKER (1989) nachweisen, sind die Dividenden dort am niedrigsten, wo Optionen den größten Teil

---

[1432] Diese Darstellung folgt Hutzschenreuter (1998), S. 104 ff.; Gedenk (1998), S. 28.

[1433] Vgl. Pellens/Crasselt/Rockholtz (1998), S. 15.

[1434] In diesem Zusammenhang sei exemplarisch auf den Fall Enron verwiesen, der gezeigt hat, dass mit Hilfe „kreativer" Buchführung und einer mit dem Unternehmen verfilzten Wirtschaftsprüfungsgesellschaft der Börsenwert seitens des Vorstandes nach oben getrieben werden kann, woran er aufgrund seiner Aktienoptionen großes Interesse hat. Vgl. Adams (2002), S. 1335.

der Managementvergütung bilden. Darüber hinaus misst der Kapitalmarkt, wie Studien belegen, kurzfristigen Erfolgsausweisen eine ungerechtfertigt hohe Bedeutung bei.[1435] Dies ermöglicht dem Management eine Informationspolitik zum eigenen Vorteil.[1436] In der langen Frist ist hingegen davon auszugehen, dass der Aktienkurs eine vom Markt objektivierte Kenngröße für die Unternehmensperformance darstellt.[1437]

Aktienbasierte Vergütungsinstrumente werden infolgedessen durch die zeitlichen Ausgestaltungsmöglichkeiten wie die Lauf- und Sperrzeit wesentlich beeinflusst. Die Laufzeit umfasst den Zeitraum von der Gewährung bis zur letztmöglichen Ausübung. Nach Ende der Laufzeit verfällt die Option. Die Laufzeit determiniert, wie langfristig der Anreizeffekt gestaltet und wie hoch der Wert der Vergütung ist, denn je länger die Laufzeit, desto werthaltiger die Aktienoption. In Deutschland werden mehrheitlich Laufzeiten zwischen fünf und sieben Jahren implementiert, während Aktienoptionen in den USA meistens Laufzeiten von zehn Jahren haben.[1438] Dabei ist zu berücksichtigen, dass gemäß § 84 Abs. 1 Satz 1 AktG Vorstände für höchstens fünf Jahre bestellt werden dürfen.

Die Laufzeit setzt sich dabei aus einer Sperrfrist und einer Ausübungsfrist zusammen. Die Sperrfrist beschreibt die Zeitspanne zwischen der Gewährung des Bezugsrechts und der erstmalig möglichen Ausübung. Gemäß § 193 Abs. 2 Nr. 4 AktG beträgt die Sperrzeit mindestens zwei Jahre. Sie determiniert die Langfristigkeit der Vergütung und ist ein wichtiges Instrument zur Bindung von Mitarbeitern an das Unternehmen, denn die Ausübungsrestriktionen sehen regelmäßig den Verfall der Bezugsrechte vor, wenn Mitarbeiter innerhalb der Sperrfrist das Unternehmen verlassen.[1439] Um die Langfristigkeit in der Unternehmensführung stärker zu akzentuieren, sollte die Sperrzeit über die derzeitige gesetzliche Regelung hinaus, beispielsweise auf vier Jahre verlängert werden. Wenn ein Unternehmen in einem Jahr hohe Gewinne ausweist, die aber mit überhöhten Risiken verbunden sind und sich somit im Zeitablauf relativieren, könnten die für diese Geschäfte ausgegebenen Aktienoptionen nach vier Jahren wertlos sein. Für virtuelle Vergütungsinstrumente, wie beispielsweise SARs oder Phantom Stocks, sollte hinsichtlich der Sperrfrist ebenfalls eine gesetzliche Regelung zur An-

---

[1435] Vgl. Haugen (1996), S. 86 ff.; Chauvin/Shenoy (2001), S. 53 ff.; Hirsch-Kreinsen (1999), S. 329.

[1436] Dies kann beispielsweise dazu führen, dass das Management zunächst diejenigen Investitionsprojekte realisiert, die nach außen kommuniziert werden können. Projekte hingegen, die den Unternehmenswert positiv beeinflussen, aus Gründen des Schutzes vor Konkurrenten jedoch nicht kommunizierbar sind, werden hinten angestellt. Vgl. Pfaff/Bärtl (1998), S. 770.

[1437] Vgl. Pellens/Crasselt/Rockholtz (1998), S. 15.

[1438] Vgl. Kramarsch (2004), S. 237.

[1439] Vgl. Kramarsch (2004), S. 179 f.

wendung kommen.[1440] In Deutschland sind mehrheitlich Sperrfristen zwischen zwei und drei Jahren zu beobachten. Bei den DAX-Unternehmen implementieren 52 % die gesetzliche Sperrfrist, 43 % Sperrfristen von drei Jahren und 5 % Sperrfristen von mehr als drei Jahren.[1441]

Das Interesse des bezugsberechtigten Vorstandsmitglieds besteht in einer Maximierung des Aktienkurses zum Ausübungszeitpunkt bzw. zum Ablauf der Sperrzeit. Um jedoch zu verhindern, dass „durch gezielte Sachverhaltsgestaltung innerhalb oder außerhalb der Legalität"[1442], wie der BGH es formuliert, der Börsenkurs kurzfristig so beeinflusst wird, dass eine hohe an den realen Verhältnissen gemessene übersteigerte Vergütung gezahlt wird, wäre es sinnvoll, als Basis der Vergütung einen längerfristigen – beispielsweise fünfjährig gleitenden – Durchschnittskurs zu wählen.[1443] In die Berechnung sollten sowohl alle Perioden seit Beginn der Vorstandstätigkeit als auch eine bestimmte Anzahl künftiger Perioden einbezogen werden. Die Vergütung hätte dadurch zunächst einen vorläufigen Charakter. Ihre endgültige Höhe ergäbe sich erst nach Ablauf der Bemessungsdauer.

Alternativ zur Bemessung anhand eines langfristigen, gleitenden Durchschnittskurses kann der Anreiz zur langfristigen Wertsteigerung zudem durch sog. Ratable Vestings erhöht werden.[1444] Im Rahmen von Ratable Vestings kann bis zum Ablauf der Sperrfrist jedes Jahr nur ein bestimmter Prozentsatz der Option ausgeübt werden. In Deutschland findet derzeit jedoch die Ausübung von Optionen in der Regel relativ zeitnah zum Ablauf der Sperrfrist statt, da Vorstände in ambitionierten Erfolgszielen ein zusätzliches Risiko sehen. Lediglich 10 % der DAX-Unternehmen haben ihre Aktienoptionen mit Ratable Vestings ausgestaltet.[1445]

Um dem Effekt Rechnung zu tragen, dass Vorstandsmitglieder das Ergebnis zu Beginn ihrer Tätigkeit nur sehr begrenzt beeinflussen können bzw. an den Arbeitsergebnissen ihrer Vorgänger partizipieren, können Ratable Vestings um einen Wirkungsfaktor ergänzt werden. Dieser drückt aus, welcher Anteil des aktuellen Ergebnisses dem Vorstandsmitglied zugerechnet wird.[1446] Infolgedessen wächst der Wirkungsfaktor und mit ihm die Aktienoptionsquote bis zu einem zuvor definierten Zeitpunkt, von dem ange-

---

[1440] Vgl. Pellens/Crasselt/Rockholtz (1998), S. 15.

[1441] Vgl. Kramarsch (2004), S. 238.

[1442] BGHZ 158, 122 (127).

[1443] Vgl. Hamel (2004), S. 471 f.

[1444] Klassische Ratable Vestings – wie sie in diesem Absatz beschrieben werden – sind grundsätzlich auch in Ergänzung zur Bemessung anhand langfristig gleitender Durchschnittskurse denkbar. Um einen Wirkungsfaktor erweiterte Ratable Vestings – wie sie im nachfolgenden Absatz erläutert werden – sind hingegen nur alternativ anwendbar.

[1445] Vgl. Kramarsch (2004), S. 239.

[1446] Vgl. Hutzschenreuter (1998), S. 123.

nommen wird, dass dann das aktuelle Ergebnis vollständig durch die Handlungen und Entscheidungen dieses Vorstandsmitgliedes beeinflusst wird. Da auch nach dessen Ausscheiden die zuvor getroffenen Entscheidungen in den nachfolgenden Perioden Wirkung entfalten, erhält das Vorstandsmitglied so lange einen Teil der variablen Vergütung, wie der zuvor definierte Wirkungsfaktor größer Null ist. Eine derartig gestaltete Vergütungsstruktur birgt für den Vorstand einen Anreiz zur langfristigen Wertsteigerung, da seine Entlohnung auch von den Werten abhängt, die nach seinem Ausscheiden erzielt werden.

Welche dieser beiden Möglichkeiten, die Entlohnung auf der Basis eines langfristigen, gleitenden Durchschnittskurses oder unter Zuhilfenahme von um einen Wirkungsfaktor erweiterten Ratable Vestings, Anwendung finden sollte, hängt primär von der Verständlichkeit und Transparenz des jeweiligen Systems ab. Die Anreizwirkung beider Alternativen ist grundsätzlich ähnlich, da das Vorstandsmitglied einen Anreiz hat, die Basisgröße langfristig zu maximieren.[1447] Unterschiede bestehen jedoch im Anteil der variablen Vergütung in der Anfangsphase der Tätigkeit. Bei der zweiten Alternative wächst er mit der Zeit, während er bei der ersten über den Zeitablauf konstant ist.

Um darüber hinaus manipulativen Tendenzen entgegenzuwirken und die langfristige Wertsteigerung weiter zu befördern, sollten die Aktienoptionsprogramme der einzelnen Vorstandsmitglieder so aufeinander abgestimmt sein, dass die Ausübungszeitpunkte bzw. der jeweilige Ablauf der Sperrfrist nicht zeitlich gebündelt sind. Ist das Ziel hingegen die Unterstützung in einer einmaligen Situation, wie beispielsweise bei Turn Arounds oder Börsengängen, ist die Übergabe eines größeren Paketes zu Beginn sinnvoll.

Sofern die Anreizwirkung von Aktienoptionen nicht nur auf eine Gewinnbeteiligung beschränkt werden soll, muss sich die variable Vergütungskomponente aus einer Kombination von Kaufoptionen (Calls) und Verkaufsoptionen (Puts) zusammensetzen. Durch die Ergänzung der Inhaberrechte des Calls um die Stillhalterposition eines Puts wird der Manager auch an der Wertminderung beteiligt.[1448] In diesem Falle ist der Manager, als Inhaber eines Calls und Stillhalter eines Puts, symmetrisch an Wertsteigerungen und Wertverlusten des Aktienkurses beteiligt. Eine derartige Entlohnungsstruktur birgt jedoch die Gefahr einer risikoaversen Unternehmenspolitik.

[1447] Vgl. Hutzschenreuter (1998), S. 124.
[1448] Der Stillhalter eines Puts verpflichtet sich, die Aktie zum Basispreis anzukaufen. Falls der Aktienkurs unter den Basispreis sinkt, wird der Put ausgeübt und der Stillhalter realisiert einen Verlust in Höhe der Differenz zwischen Basispreis und aktuellem Aktienkurs. Vgl. Hutzschenreuter (1998), S. 129.

Der Kodex empfiehlt dem Aufsichtsrat zudem in DCGK 4.2.3, für Fälle der Störung des ursprünglich als angemessen angesehenen Vergütungsbestandteils mit langfristiger Anreizwirkung eine quantitative Begrenzungsmöglichkeit (Cap) zu vereinbaren. Dies geschieht zweckmäßig in den Anstellungsverträgen für die Vorstandsmitglieder. Da die Optionen den Vorstandsmitgliedern zugeteilt werden und diese bei Erreichen bestimmter Ausübungsvoraussetzungen ohne weiteres Eingreifen des Aufsichtsrates ausgeübt werden können, kann keine Begrenzungsmöglichkeit dinglich wirken.[1449] Nach Auffassung RINGLEBS kann der Aufsichtsrat „die Vorstandsmitglieder jedoch schuldrechtlich verpflichten, bei 'aus dem Ruder' laufenden Optionen einen solchen Anteil von Optionen verfallen zu lassen als erforderlich ist, die Angemessenheit der Vergütung wiederherzustellen"[1450]. Letztlich ist es jedoch in der Praxis schwer vorstellbar, dass sich Vorstandsmitglieder einem berechtigten Begrenzungswunsch des Aufsichtsrates widersetzen. Inhaltlich ist eine derartige Möglichkeit zur quantitativen Begrenzung sinnvoll, da die größten Kurssteigerungen in den vergangenen Jahren im Rahmen von Übernahmeangeboten zu beobachten waren, die aber regelmäßig nicht das Verdienst des einzelnen Vorstandsmitglieds sind.[1451] Da Nicht-Vorhersehbares keine Steuerwirkung entfaltet, wird die Kappung von Aktienoptionen in der Regel nur geringe Auswirkungen auf mögliche Anreizwirkungen haben, jedoch die Angemessenheit der Vorstandsvergütung absichern.[1452] Nach Auffassung LUTTERS ist „eine Vergütung mit festen und variablen Bestandteilen und insbesondere mit Optionen nach § 87 AktG nur (dann angemessen), wenn sie ein sogenanntes Cap enthält, also eine Obergrenze"[1453]. Insbesondere im Hinblick auf die Optionen begründet er seine Ansicht unter Verweis auf die Aktionäre, die andernfalls nach den §§ 192, 193 AktG einer Kapitalerhöhung zustimmen müssten, ohne zu wissen, über welche Werte sie befinden.[1454]

Zusammenfassend betrachtet sind Aktienoptionen ein geeignetes Instrument, um die Zieldivergenz zwischen Prinzipal und Agenten zu reduzieren. Um eine kurzfristige Gewinnmaximierung zu vermeiden, welche in der Regel nicht mit dem Unternehmensinteresse vereinbar ist, gilt es bei der Konzeption von Aktienoptionsprogrammen die Ursache-Wirkungs-Beziehung zwischen Anreiz und Beitrag durch eine Indizierung herauszuarbeiten. Zudem muss manipulativen Tendenzen durch die Wahl der Sperrzeit und eines längerfristigen Durchschnittskurses als Bemessungsgrundlage oder durch die Implementierung von Ratable Vestings sowie einer möglichst breiten zeitlichen Streu-

---

[1449] Vgl. Ringleb (2008), S. 212.
[1450] Ringleb (2008), S. 212.
[1451] Vgl. Thüsing (2003), S. 1613; Schmidt, R./Schwalbach (2007), S. 114.
[1452] In Bezug auf die Angemessenheit der Vorstandsvergütung siehe auch Anhang F.
[1453] Lutter (2003a), S. 739.
[1454] Vgl. auch Adams (2002), S. 1341.

ung der Ausübungszeitpunkte der Optionen innerhalb des Vorstandes entgegengewirkt und eine langfristige Wertsteigerung abgesichert werden. Grundsätzlich gilt: Je informationsineffizienter der Kapitalmarkt, desto größer die Möglichkeit seitens des Vorstandes, den Aktienkurs in seinem Interesse durch eine entsprechende Sachverhaltsgestaltung und Informationspolitik zu beeinflussen. Quantitative Begrenzungsmöglichkeiten des Aufsichtsrates können darüber hinaus dazu beitragen, im Falle von unvorhergesehenen externen Ereignissen die Ursache-Wirkungs-Beziehung sowie die Angemessenheit der Vergütung zu bewahren. Diese ökonomischen Parameter sollten in der Unternehmensverfassung festgeschrieben werden, um eine möglichst weitgehende Annäherung von Shareholder Value-Maximierung und dem sich aus dem zwingenden Recht ergebenden Unternehmensinteresse sicherzustellen.

5.5.3 Gestaltung der Organstrukturierung

Die Spitzenorganisation als zentraler Gegenstand der Unternehmensverfassung regelt die Teilhabe bestimmter Personen oder Personengruppen an der Formulierung und Realisierung der Zielsetzungen eines Unternehmens.[1455] Sie sorgt mit den festgelegten Rechten und Pflichten der Handlungsträger für eine Kanalisierung der Einflussnahme auf die Unternehmensführung. Diese Führungsbeteiligung dient dem Ausgleich zwischen der Unternehmung und ihrer Umwelt sowie zwischen den diversen Interessengruppen innerhalb eines Unternehmens. In diesem Kapitel soll der Frage nachgegangen werden, wie die Spitzenorganisation auszugestalten ist, um eine effiziente interessenpluralistische Unternehmensführung zu gewährleisten. Diese Frage soll zunächst losgelöst von der de lege lata normierten Organstrukturierung der mitbestimmten Aktiengesellschaft betrachtet werden.

Da das Leitungsorgan insbesondere aufgrund der verfassungsrechtlichen Vorgaben zu einer interessenpluralistischen Unternehmensführung verpflichtet ist, bedarf es einer entsprechenden Internalisierung der in Kapitel 3.5.1 dargelegten unternehmensverfassungsrelevanten Interessen. Dies kann beispielsweise durch die Übertragung von Beteiligungsrechten auf einen sog. Konsultationsrat erfolgen, der sich zu gleichen Teilen aus Arbeitnehmer- und Anteilseignervertretern zusammensetzt. In den Konsultationsrat sind die Interessen der verfassungsrelevanten Stakeholder durch ihre jeweiligen Vertreter einzubringen.[1456] Im Gegensatz zu einem Aufsichtsorgan ist der Konsultati-

---

[1455] Vgl. Werder (2008b), S. 50.

[1456] Das hier entwickelte Modell des Konsultationsrates unterscheidet sich in seiner Konzeption grundlegend vom Konsultationsrat des von Sänger, von Werder und Säcker vertretenen Modells. Vgl. Sänger (2005), S. 167; Werder (2004), S. 172; Säcker (2004), S. 185 f.

onsrat nicht zur Ex-post-Kontrolle des Vorstandes verpflichtet. Vielmehr ist es seine Aufgabe, den Vorstand bei strategischen Entscheidungen der Unternehmensführung ex ante zu beraten. Der Vorstand seinerseits ist im Rahmen seines unternehmerischen Ermessens insbesondere vor dem Hintergrund der adaptierten Business Judgment Rule verpflichtet, den Konsultationsrat in seine Entscheidungsfindung einzubeziehen. Durch eine derartige Institutionalisierung der Interessenvertretung wird der Vorstand idealtypisch in die Lage versetzt, das rechtliche Erfordernis der hinreichenden Information gemäß § 93 Abs. 1 Satz 2 AktG zu erfüllen. Ermessensentscheidungen des Vorstandes sind nur rechtmäßig, wenn die Verfahrenskriterien ordnungsgemäß eingehalten wurden.[1457]

Durch die Separation von Beratung und Kontrolle entfällt für die Mitglieder des Konsultationsrates das Unabhängigkeitserfordernis. Das Aufsichtsgremium kann im Gegenzug durch unabhängige Experten besetzt werden, deren Aufgabe es unter anderem ist, die ordnungsgemäße Beteiligung des Konsultationsrates im Sinne einer Verfahrenskontrolle zu überwachen. Das Gremium muss dabei im Hinblick auf das Unternehmensinteresse überprüfen, ob auf der Grundlage angemessener Informationen und einem ordnungsgemäßen Verfahren der Konsultationsrat beteiligt wurde. Der Vorsitzende des Konsultationsrates sollte das Recht haben, an den Sitzungen des Aufsichtsgremiums teilzunehmen und zu allen Tagungsordnungspunkten die Meinung des Konsultationsrates vorzutragen, damit das Aufsichtsgremium in Kenntnis der Position des Konsultationsrates entscheiden kann. Durch eine derartige Organstrukturierung, wie sie hier nur in sehr groben Zügen skizziert werden kann, lassen sich die heutigen Corporate Governance-Friktionen durch die Unternehmensmitbestimmung konzeptionell lösen.[1458] Die Herauslösung aus dem Aufsichtsrat behebt zum einen die mitbestimmungsbedingte Einschränkung der Überwachungseffizienz und zum anderen wird durch die direkte Einbeziehung des Konsultationsrates in den Entscheidungsprozess dem eigentlichen Partizipationsgedanken Rechnung getragen.

Das hier entwickelte Modell des Konsultationsrates zeigt eine mögliche Organstrukturierung auf, in der die verfassungsrechtlichen Rahmenbedingungen der interessenpluralistischen Unternehmensführung Berücksichtigung finden. De lege lata hat der Gesetzgeber für die mitbestimmte Aktiengesellschaft hingegen eine abweichende Organstrukturierung vorgeschrieben. Dem Aktiengesetz zufolge ist es die Aufgabe des mitbestimmten Aufsichtsrates als Vertreter der Aktionäre und Arbeitnehmer, die Geschäftsführung zu kontrollieren, kritisch zu begleiten und zu beraten. Ein weiteres Or-

---

[1457] Siehe hierzu ausführlich Kapitel 3.5.3.
[1458] Vgl. Werder (2004), S. 172.

gan ist nicht vorgesehen. Durch die interessenpluralistische Konzeption des Aufsichts-rates sind alle im Unternehmen tätigen Kräfte, „deren Kapitaleinsatz und Arbeit Vor-aussetzung der Existenz und der Wirksamkeit des Unternehmens ist"[1459], im Aufsichts-rat vertreten. Nicht zuletzt aufgrund dieser Konzeption ist der Aufsichtsrat legitimiert, die Ermessensentscheidung des Vorstandes hinsichtlich der konkreten Ausgestaltung des Unternehmensinteresses zu überwachen.[1460] Im Gegensatz zum zuvor geschilder-ten Konsultationsrat-Konzept werden alle drei Funktionen von ein und demselben Or-gan wahrgenommen. Dies führt zu Interdependenzen hinsichtlich der Effizienz der Funktionserfüllung. Je nach Funktion werden die Überwachungs- und Partizipationsef-fizienz unterschiedlich stark erfüllt. In Kapitel 6.1 werden die einzelnen Funktionen des Aufsichtsrates dahingehend analysiert.

5.6 Fazit

In ihrer Ausgestaltung können Corporate Governance-Systeme sehr unterschiedliche Ausprägungen aufweisen. Auf der theoretischen Ebene spiegeln sich diese in den Kon-zepten der Shareholder- und der Stakeholderorientierung wider. Bei einer shareholde-rorientierten Corporate Governance steht der Interessenausgleich zwischen Aktionären und Unternehmensleitung im Fokus. Die Kontrolle und die damit verbundene Sicher-stellung der Funktionsfähigkeit des Corporate Governance-Systems basiert auf der angenommenen Effizienz und Legitimationskraft der Märkte. Die Zielgröße für die Aktionäre bildet demzufolge der vom Kapitalmarkt ausgewiesene Shareholder Value. Demzufolge sind die Investitions- und Desinvestitionsentscheidungen an der Maximie-rung des Marktwertes, der den Konsumnutzen diversifizierter Aktionäre abbildet, aus-zurichten. Die organisatorische Ausgestaltung der Corporate Governance stellt hinge-gen eine abgeleitete, sekundäre Größe dar.

Im Gegensatz dazu verfolgt eine stakeholderorientierte Corporate Governance die Zielsetzung, für alle Interessengruppen im Unternehmen Wert zu schaffen. Aus unter-nehmenstheoretischer Sicht ist dies unter Verweis auf die Tatsache zu begründen, dass die Aktionäre keineswegs die einzige Bezugsgruppe sind, die den Risiken unvollstän-diger Verträge ausgesetzt ist. Für die erfolgreiche Wertschöpfung von Unternehmen ist im Sinne der Transaktionskostentheorie die Fähigkeit, allgemeine und spezifische Res-sourcen zu entwickeln, zu nutzen und miteinander zu kombinieren, von zentraler Be-deutung. Infolgedessen bedarf es der Bereitschaft der Interessengruppen, ex ante spezi-fische Investitionen zu tätigen. Um dabei die drohende Gefahr des Hold-up nicht hand-

---

[1459] BVerfGE 50, 290 (366).
[1460] Vgl. BVerfGE 50, 290 (360).

lungsleitend werden zu lassen, muss ein klarer Ordnungsrahmen durch die Corporate Governance definiert werden.

Es ist die Aufgabe von Corporate Governance-Regelungen, die Spielräume für opportunistisches Handeln durch geeignete rechtliche und faktische Arrangements aus Verfügungsrechten und Anreizsystemen einzuschränken. Sofern Unternehmen auf unternehmensspezifische Investitionen angewiesen sind, stellen aus institutionenökonomischer Sicht weder die ausschließliche Orientierung am Shareholder Value noch ein ausgeprägter Stakeholder-Ansatz ein effizientes Zielkonzept dar. Es bedarf vielmehr eines relationalen Verfassungsvertrages, in dem neben den Interessen der Shareholder die Interessen der Stakeholder angemessenen berücksichtigt werden. Eine Berücksichtigung darf so lange als angemessen gelten, wie die spezifischen Investitionen den Unternehmenswert und letztlich auch die Fähigkeit des Unternehmens, die Ansprüche seiner Bezugsgruppen nachhaltig zu erfüllen, steigern.

Im Sinne des zuvor beschriebenen Verfassungsvertrages ist das im deutschen Gesellschaftsrecht verankerte Unternehmensinteresse ein Mittelweg zwischen den beiden Polen des Shareholder- und Stakeholder-Konzeptes. Während der Shareholder-Ansatz die Interessen der Anteilseigner in den Vordergrund stellt, bezieht das Stakeholder-Konzept auch die Ziele der anderen unternehmensverfassungsrelevanten Bezugsgruppen explizit in die Betrachtung mit ein. Unterschiedliche Aspekte dieser beiden Konzepte aufnehmend geht das Unternehmensinteresse von einem Oberziel des Unternehmens aus, das den Einzelinteressen der Bezugsgruppen übergeordnet ist und die verschiedenen Partikularinteressen zu einem sachgerechten Ausgleich bringt. Nach herrschender Meinung ist dabei ein genereller Gewichtsvorsprung einer einzelnen Interessengruppe abzulehnen. Infolgedessen ist das Unternehmensinteresse mit dem Shareholder Value-Konzept, im Sinne einer allgemeingültigen exklusiven Bindung des Vorstandes an die Interessen der Aktionäre, nicht deckungsgleich. Die Shareholder Value-Maximierung ist daher nur dann als Subziel des aktienrechtlichen Unternehmensinteresses zulässig, sofern sie eine langfristige Ausrichtung aufweist und einzelfallspezifisch zur Anwendung kommt. Über den Einzelfall hinausgehende Entscheidungen, die zu einer exklusiven Bindung des Unternehmens an den Shareholder Value führen, sind mit dem Unternehmensinteresse nicht vereinbar.

Das Gesellschaftsinteresse hingegen ist auf Gesellschaftsebene mit der Shareholder Value-Maximierung als gleichwertig zu betrachten. Hieraus jedoch eine Verpflichtung zur Maximierung des Shareholder Values abzuleiten ist unzulässig. Da sich nach herrschender Meinung das Gesellschaftsinteresse im Formalziel der langfristigen Gewinnmaximierung konkretisiert, ist es eine zwingende Voraussetzung für die Kongruenz, dass die dem Shareholder Value-Konzept zugrunde liegenden Prämissen hinsichtlich der Kapitalmarkteffizienz erfüllt sind.

Während der im Unternehmensinteresse manifestierte Grundsatz der interessenpluralistischen Unternehmensführung eines der Kernelemente des deutschen Gesellschaftsrechts bildet, die es zwingend einzuhalten gilt, stellt die Shareholder Value-Maximierung eine Forderung des Kapitalmarktes dar. Neben der inneren Ausgestaltung hängt die Funktionsfähigkeit eines Corporate Governance-Systems von den dazu adäquaten Rahmenbedingungen insbesondere des Finanzsystems ab. Das deutsche Corporate Governance-System ist in seiner Grundstruktur ein interessenpluralistisches Insider-System und stand somit lange Zeit im Einklang mit dem bankbasierten Finanzsystem. Im Zuge der weltweiten Liberalisierung und Deregulierung der Kapitalmärkte, der Harmonisierung der Finanzmarktregulierung und der Konsolidierung im Finanzsektor etc. befinden sich die Finanzmärkte weltweit in einem umfassenden Veränderungs- und Integrationsprozess. Infolge der zunehmenden Bedeutung der Kapitalmärkte für die Unternehmensfinanzierung und der Aufweichung des deutschen bankbasierten Finanzsystems sind die Investoreninteressen zu den zentralen Gläubigerinteressen geworden. Dementsprechend rücken Finanzierungsentscheidungen zunehmend in den Fokus der Corporate Governance-Debatte. Aufgrund der für Corporate Governance-Systeme empirisch nachgewiesenen Pfadabhängigkeit, die sich aus der historisch bedingten Kombination der Systemelemente ergibt, bedürfte es einer Änderung dieser Elemente seitens des Gesetzgebers, um eine Änderung des Systems herbeizuführen. In Anbetracht der sich ändernden Rahmenbedingungen ist es mehr denn je die zentrale Aufgabe des Gesetzgebers, die effiziente Funktion des Systems zu sichern, zu fördern sowie bei Marktversagen tätig zu werden. Derartiger Handlungsbedarf könnte sich für den Gesetzgeber ergeben, sofern die sinkende Kontrolltätigkeit der Banken mittelfristig nicht durch effiziente, unternehmensunabhängige Kontrolleure aufgefangen wird. Ein Blick auf die jüngsten Reformen und Gesetzesänderungen zeigt, dass sich der Gesetzgeber grundsätzlich an dem historisch in Deutschland gewachsenen Insider-System orientiert. Zugleich sieht er sich jedoch auch der Notwendigkeit einer besseren Überwachung durch den Aufsichtsrat und den Erfordernissen des Kapitalmarktes gegenübergestellt. Insbesondere Letzteren trägt er dadurch Rechnung, dass einzelne gesellschaftsrechtliche Normen durch das Kapitalmarktrecht beeinflusst werden.

Eine empirische Analyse der publizierten Unternehmensstrategie zeigt eine deutliche Verschiebung vom Shareholder Value-Konzept hin zum Unternehmensinteresse innerhalb der letzten fünf Jahre. Während im Geschäftsjahr 2002 noch die Mehrheit der DAX-Unternehmen dem Shareholder Value verpflichtet war, verwies im Geschäftsjahr 2007 die Hälfte aller DAX-Unternehmen auf das Unternehmensinteresse Kernbestandteil der Unternehmensstrategie. Ein weiteres Drittel verfolgte eine Hybridstrategie, die innerhalb des interessenpluralistischen Ansatzes den Aktionärsinteressen eine Vormachtstellung einräumt.

Um das skizzierte Spannungsfeld zwischen Unternehmensinteresse und Shareholder Value-Maximierung aufzulösen, wird mitunter ein möglicher Weg in der Festschreibung einer präzise definierten Unternehmenspolitik in der Satzung gesehen. Der Hauptversammlung als Satzungsgeber sind jedoch hinsichtlich der Festlegung bestimmter Leitungsgrundsätze oder Zielvorgaben in der Satzung klare Grenzen gesetzt. Die satzungsmäßige Statuierung einer präzise definierten Unternehmenspolitik ist daher unzulässig, und eine Annäherung dieser beiden Zielkonzeptionen kann somit nicht durch satzungsmäßige Steuerungsmöglichkeiten erfolgen.

Eine Möglichkeit, um ein modifiziertes Shareholder Value-Konzept in die Unternehmensverfassung zu integrieren, das eine weitreichende Übereinstimmung mit der aktienrechtlichen Zielkonzeption beinhaltet, stellt hingegen die Steuerung mittels verhaltensleitender Anreize in der Managemententlohnung dar. Durch das Aktiengesetz ist die Vorstandsvergütung nur sehr allgemein geregelt. Von zentraler Bedeutung ist lediglich das Angemessenheitsgebot des § 87 AktG, das der Aufsichtsrat bei Vergütungsentscheidungen stets zu beachten hat. Neben den gesetzlich kodifizierten Angemessenheitskriterien der Leistung des Vorstandsmitgliedes und der Lage der Gesellschaft haben sich im Schrifttum weitere Kriterien zur Bestimmung der Angemessenheit entwickelt. Die zentrale Funktion der Managemententlohnung besteht darin, die angestellten Manager eines Unternehmens durch geeignete Anreize zu motivieren, nicht eigene Ziele zu verfolgen, sondern eine Wertsteigerung des Unternehmens zu realisieren. Um die Zieldivergenz zwischen Prinzipal und Agenten zu minimieren, ist die variable Managementvergütung beispielsweise in Form von Aktienoptionen ein geeignetes Mittel. Um zugleich eine Annäherung der beiden Zielkonzeptionen zu erreichen, müssen Anreizsysteme so ausgestaltet werden, dass sie einer kurzfristigen Gewinnmaximierung entgegenwirken. Bei der Konzeption von Aktienoptionsprogrammen kann dies durch eine Indizierung, eine Bemessungsgrundlage auf Basis eines längerfristigen Durchschnittskurses, die Wahl der Sperrzeit oder durch die Implementierung von Ratable Vestings sowie durch eine möglichst breite zeitliche Streuung der Ausübungszeitpunkte innerhalb des Vorstandes erzielt werden. Zudem können quantitative Begrenzungsmöglichkeiten seitens des Aufsichtsrates dazu beitragen, im Falle von unvorhergesehenen externen Ereignissen die Ursache-Wirkungs-Beziehung zu beachten sowie die Angemessenheit der Vergütung zu wahren.

Ein alternatives Konzept zur Internalisierung der unternehmensverfassungsrelevanten Interessen in die Unternehmensführung stellt der Konsultationsrat dar, der sich zu gleichen Teilen aus Arbeitnehmer- und Anteilseignervertretern zusammensetzt. Durch ein derartiges Organ entfällt zum einen das Unabhängigkeitserfordernis des Aufsichtsrates, zum anderen wird durch die direkte Einbeziehung in den Entscheidungsprozess auf Vorstandsebene dem eigentlichen Partizipationsgedanken Rechnung getragen. De lege lata ist für mitbestimmte Aktiengesellschaften jedoch eine andere Organstrukturierung vorgeschrieben.

6. Unternehmensinteresse und Interessenunabhängigkeit der Aufsichtsratsmitglieder

Die Forderung nach Unabhängigkeit der Aufsichtsratsmitglieder stammt aus dem angelsächsischen Raum und soll primär Risiken aus der einheitlichen Struktur des Board of Directors vorbeugen.[1461] Wenn die geschäftsführenden und überwachenden Unternehmensfunktionen in einem Führungsorgan zusammengefasst sind, ist besonders darauf zu achten, dass keine Interessenkonflikte bei den einzelnen Organmitgliedern auftreten, die einer Ausrichtung am Wohl des Unternehmens entgegenstehen können. Daraus resultiert die Forderung nach Unabhängigkeit der für die Überwachungsaufgabe zuständigen nicht geschäftsführenden Verwaltungsratsmitglieder von ihren geschäftsführenden Kollegen und vom übrigen Management des Unternehmens. Die Unabhängigkeit der nicht geschäftsführenden Verwaltungsratsmitglieder bzw. der Aufsichtsratsmitglieder ist jedoch nicht nur für das angelsächsische Modell, sondern auch für das dualistische System von Bedeutung. So gelangt SCHWALBACH bei der Analyse der Ursachen von Unternehmenszusammenbrüchen der letzten Jahre zu dem eindeutigen Ergebnis, dass „fehlende Unabhängigkeit bzw. Interessenkonflikte der Mitglieder der Kontrollgremien und die sich daraus ergebenden unzureichende Ausübung der Managementkontrolle die wichtigsten Einflussgrößen der jeweiligen Zusammenbrüche waren"[1462].

Die Forderung nach unabhängigen Aufsichtsratsmitgliedern steht jedoch in einem evidenten Spannungsverhältnis zu zwei Institutionen des deutschen Gesellschaftsrechts: zum einen der Mitbestimmung der Arbeitnehmer im Aufsichtsrat, die „nachgerade auf die Institutionalisierung eines Interessenkonfliktes hinaus(läuft)"[1463], zum anderen dem Konzernrecht innerhalb des Aktiengesetzes[1464], das auf der Einflussnahme des herrschenden Unternehmens über seine Repräsentanten im Aufsichtsrat der abhängigen Gesellschaft basiert.[1465] In Kapitel 6.1 werden daher zunächst die unterschiedlichen Funktionen des Aufsichtsrates analysiert. In den Kapiteln 6.2 und 6.3 soll der Frage nachgegangen werden, welcher Handlungsmaxime der Aufsichtsrat zu folgen hat und welche Interessenkollisionen zu einer Einschränkung der Organfunktion führen kön-

---

[1461] Vgl. Kremer (2008), S. 266.

[1462] Schwalbach (2004), S. 187.

[1463] Habersack (2008), Vorb. § 95 Rn. 12.

[1464] Die Besonderheiten des Konzernrechts innerhalb des Aktiengesetzes werden im Rahmen dieser Arbeit nicht explizit betrachtet, sofern sie nicht von unmittelbarer Bedeutung für den Untersuchungsgegenstand sind.

[1465] Vgl. Habersack (2008), Vorb. § 95 Rn. 12; § 100 Rn. 54.

nen. Die Interessenunabhängigkeit der Aufsichtsratsmitglieder der DAX-Konzerne wird schließlich in Kapitel 6.4 mittels einer empirischen Analyse untersucht.

6.1 Die Funktionen des Aufsichtsrates

Infolge der Spezifika der deutschen Unternehmensverfassung kommen dem Aufsichtsrat traditionell eine Überwachungs- und Interessenausgleichsfunktion zu. Seit Mitte der 1990er Jahre sind diese beiden Funktionen, vor allem durch die Judikatur des BGH, um eine Beratungsfunktion ergänzt worden. Diese drei Funktionen sowie ihre Interdependenzen werden in den Kapiteln 6.1.1 bis 6.1.3 analysiert.

6.1.1 Der Aufsichtsrat als Überwachungsgremium

Die Überwachung[1466] der Geschäftsführung bildet die Hauptaufgabe des Aufsichtsrates, wie der klar formulierte Auftrag des § 111 Abs. 1 AktG zum Ausdruck bringt: „Der Aufsichtsrat hat die Geschäftsführung zu überwachen." Diese Norm des Aktiengesetzes ist „die wesentliche Vorgabe und der Maßstab für Inhalt, Art, Umfang und Form der Überwachungsaufgabe des Aufsichtsrates und jeder seiner Mitglieder"[1467]. Alle weiteren gesetzlich geregelten Rechte und Pflichten leiten sich weitestgehend aus der Überwachungsaufgabe des Aufsichtsrates ab.[1468] Da der Aufsichtsrat den Vorstand nur auf der Grundlage ausreichender Informationen effektiv überwachen kann, obliegen dem Vorstand konkrete Berichtspflichten gegenüber dem Aufsichtsrat (§§ 90 Abs. 1, 2 und 170 AktG). Dieser besitzt zudem eigene Einsichtsrechte und Kontrollpflichten (§§ 90 Abs. 3, 111 Abs. 1,2 und 171 AktG). Von zentraler Bedeutung für das Verständnis der Aufgaben des Aufsichtsrates sind die Befugnis zum Erlass einer Geschäftsordnung für den Vorstand (§ 77 Abs. 2 Satz 2 AktG) sowie die Prüfung des Jahresabschlusses und des Gewinnverwendungsvorschlages (§ 171 AktG). Darüber hinaus kann er über die Festlegung zustimmungspflichtiger Geschäfte auch einen gewissen Einfluss auf die Geschäftsführung ausüben (§ 111 Abs. 4 AktG).[1469]
Der Aufsichtsrat ist zudem für die Bestellung und Kontrolle des Vorstandes zuständig, so dass zwischen beiden Gesellschaftsorganen eine klassische Auftragsbeziehung zu-

---

[1466] Das deutsche Aktienrecht trifft keine terminologische Unterscheidung zwischen Überwachung und Kontrolle.

[1467] Theisen (2003), S. 297.

[1468] Vgl. Hopt/Roth (2005), § 111 Rn. 24 f. Für einen ausführlichen Überblick über die Aufgaben des Aufsichtsrates vgl. Schmidt, K. (2002), S. 822 f.; Semler (1996), S. 56 ff.

[1469] Hinsichtlich des Zustimmungsvorbehalts wird angenommen, dass der Aufsichtsrat nicht in unentziehbare Rechte des Vorstandes eingreifen darf. Weiter wird ein Verbot angenommen, das Tagesgeschäft unter den Zustimmungsvorbehalt zu stellen. Vgl. Hopt/Roth (2005), § 111 Rn. 28.

stande kommt.[1470] Da der Aufsichtsrat zudem für die Festlegung der Vorstandsvergütung verantwortlich ist, kann er im Sinne der Agenturtheorie auch die entsprechenden Anreize implementieren. JASCHKE bezeichnet dies als „kontraktbezogene Überwachung"[1471]. Die Kontrolle des Vorstandes erfolgt somit mittels personalpolitischer und informationeller Instrumente.

Aus der Delegation der Überwachung an den Aufsichtsrat und der Delegation der Geschäftsführung an den Vorstand resultiert für den Aufsichtsrat eine Doppelfunktion. Gegenüber dem Vorstand ist der Aufsichtsrat Prinzipal, gegenüber den Aktionären ist er Agent. Im Falle der Mitbestimmung ist er gemäß § 101 Abs. 1 AktG zudem Agent der Arbeitnehmer, wie Abbildung 9 illustriert.[1472] Werden außerdem Kontroll- und Anreizmechanismen in Kredit- oder Anleiheverträgen festgeschrieben

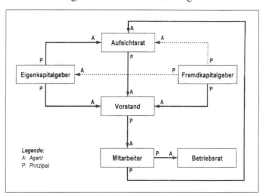

Abb. 9: Auftragsbeziehungen in einer Aktiengesellschaft
Quelle: Dutzi (2005), S. 149.

oder gar Vertreter der Fremdkapitalgeber in den Aufsichtsrat gewählt, ergibt sich für diesen eine weitere Prinzipal-Agenten-Beziehung.

Der Kern der Überwachungsaufgabe besteht darin, „Fehler in der Geschäftsführung (zu) verhindern bzw. solche auf(zu)decken und ab(zu)stellen"[1473]. Gegenstand der Überwachung ist dem Wortlaut zufolge die Geschäftsführung und somit die im Vorstand handelnden Personen.[1474] Da der Aufsichtsrat sich auf die Kontrolle der Führungsentscheidungen des Vorstandes zu fokussieren hat, haftet er beispielsweise nicht für Versäumnisse im Tagesgeschäft oder für Fehler auf nachgeordneten Führungsebenen, da diese nicht seiner Überwachung unterliegen.[1475] Die Kontrolle ist nach der Rechtsprechung des BGH „nicht auf eine Rechtmäßigkeitsprüfung beschränkt, sondern muss die Zweckmäßigkeit und Wirtschaftlichkeit der Geschäftführung einbeziehen"[1476]. Die Kontrollfunktion umfasst somit nicht nur die formalen Pflichten des Vor-

[1470] Die Ausführungen dieses Abschnitts folgen Dutzi (2005), S. 146 ff.
[1471] Jaschke (1989), S. 117.
[1472] Vgl. auch Jaschke (1989), S. 50 ff.; Münchow (1995), S. 199.
[1473] Hopt/Roth (2005), § 111 Rn. 150.
[1474] Vgl. Semler (1996), S. 60; Hopt/Roth (2005), § 111 Rn. 160; Habersack (2008), § 111 Rn. 23.
[1475] Vgl. Lutter/Krieger (2008), S. 362.
[1476] BGHZ 114, 127 (129 f.).

standes, sondern vielmehr den gesamten Bereich seiner unternehmerischen Entscheidungstätigkeit und deren Folgen.[1477] Für die Zweckmäßigkeitsentscheidungen steht dem Aufsichtsrat der gleiche weite Ermessensspielraum zu wie dem Vorstand.

Da der nachhaltige Erfolg eines Unternehmens vielfach durch das Unterlassen unternehmerischer Entscheidungen stärker beeinflusst wird als durch getroffene Entscheidungen, hat der Aufsichtsrat im Rahmen seiner Überwachungsfunktion auch stets zu prüfen, ob der Vorstand erforderlich werdende Führungsentscheidungen vorbereitet, trifft und durchführt.[1478] Wenn der Aufsichtsrat begründeten Anlass hat, das Verhalten des Vorstandes zu beanstanden, kann er nicht nur die Vornahme bestimmter Geschäfte über § 111 Abs. 4 Satz 2 AktG an seine Zustimmung binden, sondern auch die für drohende oder eingetretene Fehlentwicklungen verantwortlichen Vorstandsmitglieder gemäß § 84 Abs. 3 AktG abberufen. Sofern es sich nicht um zustimmungspflichtige Geschäfte handelt, darf der Aufsichtsrat jedoch grundsätzlich erst dann eingreifen, wenn eine Maßnahme des Vorstandes in seinem pflichtgemäßen Urteil unvertretbar erscheint.[1479]

Zur sorgfältigen Überwachung sind sämtliche Aufsichtsratsmitglieder kraft ihrer Zugehörigkeit zum Aufsichtsrat und des dadurch begründeten korporationsrechtlichen Rechtsverhältnisses verpflichtet.[1480] Bei Verletzung ihrer Pflicht haften sie gemäß §§ 93, 116 Satz 1 AktG. Der Aufsichtsrat hat die Geschäftsführung nicht nur von Fall zu Fall, sondern regelmäßig zu überwachen, d.h. die Funktion ist dauerhaft auszuüben.

Um die Überwachungsfunktion effizient wahrnehmen zu können, bedarf es einer hinreichenden Unabhängigkeit des Aufsichtsrates vom Vorstand.[1481, 1482] Analysen von Unternehmenskrisen zufolge zählen fehlende Unabhängigkeit und Interessenkonflikte

---

[1477] Vgl. Kübler/Assmann (2006), S. 216.

[1478] Vgl. Semler (1996), S. 75 f.; Spindler (2008), Vorb. § 76 Rn. 41.

[1479] Das Ausmaß und die Intensität der erforderlichen Überwachung und Beratung sind nicht zuletzt von der Lage des Unternehmens abhängig. Semler differenziert diesbezüglich zwischen begleitender, unterstützender und gestaltender Überwachung. Insbesondere wenn das Unternehmen in einer Krise ist oder hineinzugeraten droht, verschwimmen die Grenzen zwischen Überwachung, Beratung und Mitentscheidung. In einer solchen Situation hat der Aufsichtsrat alle ihm zur Verfügung stehenden Rechte auszuschöpfen. Nicht zuletzt muss er unverzüglich prüfen, ob der Vorstand der Führungsaufgabe gewachsen ist. Andernfalls muss er von seiner Personalkompetenz Gebrauch machen und den Vorstand verstärken oder ersetzen. Gegebenenfalls hat er die Geschäftsführung neu und effizient zu gestalten. In die Geschäftsführungskompetenz des Vorstandes darf der Aufsichtsrat auch in einer solchen Situation nicht eingreifen. Vgl. Semler (1996), S. 131 ff.; Schenck (1999), S. 207 f.; Spindler (2007), § 111 Rn. 26; Lutter/Krieger (2008), S. 37 ff.

[1480] Vgl. Habersack (2008), § 111 Rn. 18; Hüffer (2008), § 111 Rn. 9

[1481] Vgl. Hamel (2004), S. 473; Oetker (2003), S. 272.

[1482] Infolgedessen ist die Unabhängigkeit einer der Grundsätze ordnungsgemäßer Überwachung (GoÜ). Jedes Aufsichtsratsmitglied muss dabei sowohl hinsichtlich seiner Person als auch der von ihm jeweils ausgeübten Funktion inner- und außerhalb der von ihm überwachten Unternehmen unabhängig sein. Vgl. Theisen (1996a), S. 86.

von Aufsichtsratsmitgliedern sowie die sich daraus ergebende unzureichende Ausübung der Managementkontrolle zu den zentralen Ursachen.[1483] Die bisherige gesellschaftsrechtliche Diskussion in Deutschland hat sich vor allem auf die Interessenkonflikte fokussiert, die aus der Wahrnehmung von Ämtern und Funktionen außerhalb der Gesellschaft resultieren. Die Effektivität der Überwachung kann jedoch in gleicher Weise infrage gestellt sein, wenn die Mitglieder des Aufsichtsrates nicht in ausreichendem Maße unabhängig vom Vorstand sind.[1484] Gemäß § 105 Abs. 1 AktG können Aufsichtsratsmitglieder nicht gleichzeitig Mitglieder des Vorstands, Prokuristen oder Handlungsbevollmächtigte der Gesellschaft sein. Dieses Verbot wird ergänzt durch § 100 Abs. 2 Nr. 2 AktG, das partiell Überkreuzverflechtungen innerhalb von Konzernstrukturen verhindert. Aufsichtsratsmitglieder können nicht gleichzeitig gesetzliche Vertreter einer Kapitalgesellschaft sein, in deren Aufsichtsrat ein Vorstandsmitglied dieser Gesellschaft bestellt ist. Hierin kommt „der Gedanke zum Ausdruck, dass derjenige, der überwachen und kontrollieren soll, nicht selbst in einer anderen Gesellschaft der Überwachung und Kontrolle durch den Kontrollierten unterliegen soll"[1485]. Auf weitere Regelungen, die beispielsweise die Unabhängigkeit des Vorstandes bereits bei der Bestellung sicherstellen, verzichtet das Aktiengesetz. Lediglich das Gefüge der §§ 114 und 115 AktG gewährleistet, dass die Mitglieder des Aufsichtsrates nicht ohne Wissen des Gesamtorgans in eine wirtschaftliche Abhängigkeit vom Vorstand geraten.[1486] Das Aktiengesetz schließt vertragliche Bindungen neben der Aufsichtsratstätigkeit nicht aus. Im Falle der Arbeitnehmervertreter im Aufsichtsrat ist eine vertragliche Bindung an das Unternehmen sogar unerlässlich, da eine arbeitsvertragliche Beziehung zu dem Unternehmen gemäß § 7 Abs. 3 MitbestG zur persönlichen Wählbarkeitsvoraussetzung zählt.

Dieser Befund überrascht zunächst, „da die Rechtsordnung in anderen Zusammenhängen mit Hilfe detaillierter Vorschriften sicherstellt, dass Interessenkollisionen nicht die Unabhängigkeit beeinträchtigen"[1487], wie OETKER richtigerweise anmerkt. Neuere Regelungen wie der Deutsche Corporate Governance Kodex konkretisieren die Anforderungen an die Unabhängigkeit des Aufsichtsrates vom Vorstand. Bei den Vorschlägen zur Wahl von Aufsichtsratsmitgliedern ist gemäß DCGK 5.4.1 auf deren hinreichende Unabhängigkeit zu achten. Zudem sollen nach DCGK 5.4.2 eine ausreichende Anzahl

---

[1483] Vgl. Schwalbach (2004), S. 187; Maleki/Schwalbach (2004).
[1484] Vgl. BGHZ 158, 122 (127).
[1485] Kremer (2008), S. 268.
[1486] Vgl. Oetker (2003), S. 273.
[1487] Oetker (2003), S. 273.

unabhängiger Mitglieder und nicht mehr als zwei ehemalige Mitglieder des Vorstandes dem Aufsichtsrat angehören.

Inwieweit diese Empfehlung des Kodex künftig verstärkt beachtet wird, bleibt abzuwarten. In Deutschland hat sich für die Besetzung des Aufsichtsrates das gesetzlich nicht vorgesehene, allerdings geduldete Prinzip der Kooptation[1488] durchgesetzt.[1489] Demzufolge wählen Aufsichtsrat und Vorstand gemeinsam Kandidaten aus, die sie der Hauptversammlung vorschlagen. Aufgrund des Stimmensplittings in Publikumsgesellschaften und eines möglichen Depotstimmrechts kann es als unwahrscheinlich gelten, dass ein derartiger Vorschlag nicht angenommen wird. Nach Auffassung HAMELS ist nur so zu erklären, dass aus Altersgründen ausscheidende Vorstandsmitglieder in den Aufsichtsrat und dort häufig sogar unmittelbar zum Vorsitzenden gewählt werden.[1490] Das Prinzip der Kooptation birgt vor allem die Gefahr, dass eine effektive Überwachung nur begrenzt wahrgenommen wird. Ein Aufsichtsrat, der vor dem Hintergrund der Kooptation Entwicklungen und Entscheidungen des Vorstandes kritisiert, läuft Gefahr, dass „der kritisierte Agent – der Vorstand – demnächst im Aufsichtsgremium maßgeblich mitwirkt und es kaum genießen wird, mit Kollegen zusammenzuarbeiten, die ihn vor kurzem erst hinsichtlich seiner Entscheidungsbildung eingeschränkt haben"[1491]. Zudem besteht bei Aufsichtsräten, die zuvor Mitglied des Vorstandes waren, stets die Gefahr, dass sie Maßnahmen bzw. Entscheidungen kritisieren müssen, die sie selbst als Vorstandsmitglied veranlasst bzw. getroffen haben. Die formaljuristische Entlastung des Vorstandes durch die Hauptversammlung kann dabei nicht über den Sachverhalt mangelnder ökonomischer Effizienz hinwegtäuschen. Um eine effiziente Kontrolle darüber hinaus zu ermöglichen, ist auf eine geringe Anzahl der Aufsichtsratsmitglieder, deren verschärfte Haftung, eine Reduktion der Aufsichtsratsmandate pro Person sowie auf eine rechtzeitige und ausreichende Information des Aufsichtsrates zu achten.[1492]

Neben mangelnder Unabhängigkeit kann die Überwachungsfunktion zudem durch Bequemlichkeit, Überbeschäftigung und vor allem Ritualisierung sowie ein falsches Rollenverständnis eingeschränkt werden, wie HOFFMANN-BECKING beschreibt: „Die Aufsichtsrats-Sitzungen sind in vielen mitbestimmten Gesellschaften, was die Rolle der Anteilseigner-Vertreter betrifft, zu bloßen Akklamationsveranstaltungen geworden, die nach einem strengen Ritual ablaufen und in denen es nur munter wird, wenn die Ar-

---

[1488] Kooptation = Ergänzungs- oder Zuwahl bzw. die Wahl neuer Mitglieder eines Kollegialorgans durch dieses selbst. Vgl. Roth/Wörle (2004), S. 578.
[1489] Vgl. Geldmacher (2000), S. 80; Hamel (2004), S. 473.
[1490] Vgl. Hamel (2004), S. 473.
[1491] Hamel (2004), S. 473.
[1492] Vgl. Picot/Schuller (2001), S. 98; Göbel (2002), S. 228; Henssler (2006), § 7 Rn. 6.

beitnehmervertreter den Vorstand kritisieren und so dann die Anteilseignervertreter rollengemäß den Vorstand in Schutz nehmen. Die Anteilseignervertreter halten sich mit unangenehmen Fragen und direkter Kritik am Vorstand zurück."[1493] Deshalb konstatiert SÄCKER sehr pointiert: Kapitalgesellschaften brauchen „keinen Schönwetteraufsichtsrat, der sich im Wesentlichen darauf beschränkt, Harmonie zwischen seinen Mitgliedern und dem Vorstand zu pflegen, weil es in 90 % aller Fälle auch ohne kritischen Aufsichtsrat schon gut geht."[1494] Mit Inkrafttreten des Mitbestimmungsgesetzes hatte SÄCKER erwartet, dass das Gremium und dessen Arbeit aufgemischt würden.[1495] Diese Erwartung sieht er jedoch mit Rückblick auf die letzten Jahrzehnte als nicht erfüllt an. Ein Beleg dafür ist das Verhalten des ehemaligen IG-Metall-Vorsitzenden und seinerzeit stellvertretenden Aufsichtsratsvorsitzenden der Mannesmann AG ZWICKEL im Fall Mannesmann. Die bipolaren Loyalitätsforderungen gegenüber der Gewerkschaft und ihren Mitgliedern einerseits und dem Unternehmensinteresse andererseits, hätten – so die Aussage des Gewerkschaftschefs in der Verhandlung – die Tradition begründet, dass sich die Arbeitnehmervertreter bei Gehaltsfragen der Stimme enthalten.[1496] Eine entsprechende Beschlussteilnahme sei den eigenen Wählern gegenüber nicht vermittelbar. Die Überwachungsfunktion findet in diesen Überlegungen scheinbar keine Berücksichtigung.

Aus agenturtheoretischer Sicht ergeben sich durch die Delegation der Überwachungsaufgabe Verhaltensrisiken in Form von adverser Selektion und Moral Hazard.[1497] Bei der Auswahl der Mandatsträger besteht seitens der Hauptversammlung Unkenntnis sowohl über die im Amt verfolgten Ziele als auch über das Wissen, die Fähigkeiten und die Risikoneigung. Der Mandatsanwärter verfügt somit über Hidden Characteristics, der Mandatsträger hingegen über Hidden Information.[1498] So ist es beispielsweise der Hauptversammlung zwar möglich, die Häufigkeit von Ausschusssitzungen zu beobachten, die Qualität der Informationen und deren Einbringung in das Gesamtgremium bleiben indessen verborgen. Darüber hinaus unterliegen die vom Aufsichtsrat bewirkten Ergebnisse einer Hidden-Action-Problematik, denn die Hauptversammlung kann nicht direkt auf ein hohes Leistungsniveau der Aufsichtsarbeit schließen, wenn sich das Unternehmen positiv entwickelt. Einfluss auf die Unternehmensentwicklung haben vor allem die Arbeit des Vorstandes sowie Branchen- und Marktentwicklungen. Um die Informationsasymmetrie zu verringern, kann die vor Amtsantritt durch Manda-

---

[1493] Hoffmann-Becking zitiert nach Lutter (1995), S. 296.
[1494] Säcker (2008), S. 21.
[1495] Vgl. Säcker (2007), S. 718.
[1496] Vgl. Theisen (2004), S. 519.
[1497] Siehe hierzu Kapitel 2.6.3.
[1498] Vgl. Seele (2007), S. 162 ff.

te in Vorstand und Aufsichtsrat erworbene Reputation als Signal dienen. Ansonsten ist das Instrumentarium der Hauptversammlung zur Überwachung des Aufsichtsrates eher gering.

Die Größe des Aufsichtsrates ist in Deutschland durch aktien- und mitbestimmungsrechtliche Vorgaben mit geringen Spielräumen definiert. Eine effektive Arbeit des Aufsichtsgremiums wird durch seine Größe oft erschwert.[1499] Wünschenswert wäre daher de lege ferenda eine größere Flexibilität bei der Festsetzung der Größe des Aufsichtsrats. Eine Effektivitätssteigerung ist de lege lata nur durch die teilweise Verlagerung von Aufsichtsratsfunktionen auf Ausschüsse des Aufsichtsrats erreichbar. Daher sieht der Regierungsentwurf zum Bilanzrechtsmodernisierungsgesetz die Einrichtung eines Prüfungsausschusses vor, um die Effizienz und Qualität des Aufsichtsrates zu steigern, wie es in der Regierungsbegründung heißt.[1500]

In der gegenwärtigen Praxis besteht zwischen den Organen Vorstand und Aufsichtsrat eine rechtliche und reale Disparität insbesondere im Hinblick auf Größe, Zusammensetzung, Effizienz und Bezahlung.[1501] Um die Überwachungsfunktion zu stärken, fordert LUTTER, dass dem Vorstand mit dem Aufsichtsrat ein ähnlich strukturiertes Gremium mit vergleichbaren Fähigkeiten und Ressortverteilungen gegenüberstehen solle.[1502] Konkret müsse dem Aufsichtsrat mindestens ein Mitglied mit speziellen Bilanzerfahrungen, jeweils eines mit Erfahrungen bei Vorstandsverträgen, in der Abschlussprüfung, der Unternehmensfinanzierung und der internationalen strategischen Unternehmensführung angehören. Es sei die Aufgabe des Aufsichtsrates, der Hauptversammlung Personen vorzuschlagen, die durch ihre Qualifikation dem korrespondierenden Fähigkeitsprofil Rechnung tragen.[1503] Derartige Forderungen ergeben sich nicht aus dem geltenden Recht, sie sind jedoch de lege ferenda überlegenswert, um die Überwachungsfunktion weiter zu stärken.[1504] Der Aufsichtsrat sollte gesetzlich ver-

---

[1499] Vgl. Kort (2008), S. 140; Kremer (2008), S. 236.

[1500] „Die Einrichtung eines Prüfungsausschusses ist von dem Gedanken getragen, dass ein kleineres Gremium durch den Aufsichtsrat übertragenen Aufgaben in der Regel schneller, konzentrierter und professioneller erledigen kann, als der Aufsichtsrat in seiner Gesamtheit. Der Prüfungsausschuss dient somit der Steigerung der Effizienz des Aufsichtsrates." Deutscher Bundestag (2008), Drucksache 16/10067, S. 102.

[1501] Vgl. Wirth (2005), S. 330.

[1502] Vgl. Lutter (2003b), S. 418; Säcker (2008), S. 22.

[1503] Vgl. Lutter (2003b), S. 418.

[1504] Henssler gibt in diesem Zusammenhang zu bedenken, ob derart weitreichende persönliche Voraussetzungen de lege lata auch den Arbeitnehmervertretern abverlangt werden können. Er hält die vom BGH in der Hertie-Entscheidung definierten Mindestkenntnisse für hinreichend, um auch weiterhin allen Arbeitnehmern den Weg in den Aufsichtsrat zu ermöglichen. Kort hingegen ist der Überzeugung, dass kein „Freibrief" für die Qualifikation der Arbeitnehmervertreter existiert. Andernfalls bestehe die Gefahr einer Haftung nach §§ 93, 116 AktG. Vgl. Henssler (2006), § 7 Rn. 10; BGHZ 85, 293 (295 ff.), Kort (2008), S. 146.

pflichtet werden, für eine bestimmte Anzahl von Aufsichtsratssitzen differenzierte Anforderungsprofile aufzustellen. Die Bundesregierung unternimmt mit dem Bilanzrechtsmodernisierungsgesetz bereits einen ersten Schritt in diese Richtung. Dem im Regierungsentwurf vorgesehenen § 100 Abs. 5 AktG zufolge muss bei kapitalmarktorientierten Aktiengesellschaften „mindestens ein unabhängiges Mitglied des Aufsichtsrates über Sachverstand auf den Gebieten der Rechnungslegung oder Abschlussprüfung verfügen"[1505].

Exkurs: Struktur der Aufsichtsratsvergütung

Im Kontext der Überwachungsfunktion des Aufsichtsrates ist dessen Vergütung ein wichtiger Aspekt, der bis vor wenigen Jahren selten Diskussionsgegenstand war.[1506] Im Rahmen der aktuellen Corporate Governance Diskussion in Deutschland ist jedoch die Frage zu stellen, unter welchen ökonomischen Bedingungen eine effiziente Überwachungsarbeit der Aufsichtsräte erfolgen soll bzw. kann. Gemäß § 113 Abs. 1 Satz 2 AktG muss die Vergütung in der Satzung festgelegt oder von der Hauptversammlung beschlossen werden. Damit obliegt die Festsetzung der Aufsichtsratsvergütung den Aktionären. Hierbei gilt ein Gleichbehandlungsgrundsatz, wonach allen Aufsichtsratsmitgliedern prinzipiell die gleiche Vergütung zusteht.[1507] Sachlich begründete Ausnahmen im Sinne von funktionsbedingten Zulagen, die beispielsweise an den Aufsichtsratsvorsitz oder die Mitgliedschaft in Ausschüssen gekoppelt sind, sind jedoch zulässig.

Dass die Aufsichtsratstätigkeit vergütet wird, ist unstrittig.[1508] Gegenstand der Diskussion ist jedoch die Frage, inwiefern eine erfolgsabhängige Vergütung ökonomisch sinnvoll und rechtlich zulässig ist. In Bezug auf erfolgsabhängige Vergütungsbestandteile gibt das Aktiengesetz lediglich in § 113 Abs. 3 Satz 1 vor, dass bei Gewährung eines Anteils vom Jahresgewinn dieser auf eine bestimmte Art und Weise zu berechnen ist. Nach herrschender Lehre und Praxis schränkt diese Vorschrift die Einsatzmöglichkeiten anderer vari-

---

[1505] Deutscher Bundestag (2008), Drucksache 16/10067, S. 21 f. In Verbindung mit § 107 Abs. 4-E gilt dies auch für den Prüfungsausschuss.

[1506] Vgl. Theisen (2003), S. 292; Richter (2004), S. 950.

[1507] Vgl. BGHZ 83, 106 (112 f.); 83, 151 (154); Winter (2003), S. 341; Lutter (2001), S. 230 f.

[1508] Einen Vergütungsanspruch haben Aufsichtsratsmitglieder nach aktienrechtlichen und mitbestimmungsrechtlichen Vorschriften nicht. Sie haben nach §§ 675 iVm. 670 BGB lediglich einen Anspruch auf Auslagenersatz. Eine Vergütung der Aufsichtsratstätigkeit ist jedoch in Deutschland üblich. Vgl. Theisen (2003), S. 293.

abler Vergütungsbestandteile nicht ein.[1509] So werden aus rechtlicher Sicht grundsätzlich auch variable Vergütungsbestandteile als zulässig erachtet, die sich nicht auf den Gewinn beziehen. Der Deutsche Corporate Governance Kodex empfiehlt diesbezüglich in DCGK 5.4.7: „Die Mitglieder des Aufsichtsrates sollen neben einer festen eine erfolgsorientierte Vergütung erhalten. Die erfolgsorientierte Vergütung sollte auch auf den langfristigen Unternehmenserfolg bezogene Bestandteile enthalten." Somit lässt auch der Kodex zunächst offen, wie die Aufsichtsratsvergütung konkret ausgestaltet werden soll bzw. kann.

Bezüglich der Vergütung von Vorstandsmitgliedern verweist der Kodex hingegen konkret und relativ detailliert auf Aktienoptionen und vergleichbare Elemente.[1510] Dass Aktienoptionen in der Empfehlung zur Vergütung der Aufsichtsratsmitglieder nicht erwähnt werden, lässt jedoch nicht den Schluss zu, dass der Kodex diese ausschließt.[1511] Das Gegenteil ist wahrscheinlich der Fall. Zunächst nimmt KREMER im Kommentar zum Deutschen Corporate Governance Kodex zwar Bezug auf die Unzulässigkeit, Aktienoptionsprogramme zugunsten von Aufsichtsratsmitgliedern mit zurückgehaltenen eigenen Aktien der Gesellschaft oder mit bedingtem Kapital gemäß § 192 Abs. 2 Nr. 3 AktG iVm. § 193 Abs. 2 Nr. 4 zu unterlegen, zugleich verweist er jedoch auf die Möglichkeit, dasselbe Ergebnis über die Ausgabe von Wandel- oder Optionsanleihen oder virtuellen Aktienoptionen zu erreichen.

Damit wird die im Kontext dieses Kapitels entscheidende Frage nach den Effekten aktienkursorientierter Vergütungen auf die Überwachungsfunktion berührt. Der II. Zivilsenat des Bundesgerichtshofes verweist in seinem Urteil zur Zulässigkeit von Aktienoptionsprogrammen für Aufsichtsratsmitglieder auf einen zentralen Punkt hinsichtlich der ökonomischen Überlegungen und kommt angesichts der Neuregelungen des KonTraG zu der Bewertung: „Offensichtlich hat aber der Gesetzgeber eine – der Kontrollfunktion des Aufsichtsrats u.U. abträgliche (…) – Angleichung der Vergütungsinteressen von Vorstand und Aufsichtsrat mit Ausrichtung auf Aktienoptionen und damit auf den Aktienkurs (…) nicht für angebracht erachtet."[1512] Begründet wird dies mit der Tatsache, dass der Aktienkurs „durch gezielte Sachverhaltsgestaltungen des Managements inner- oder außerhalb der Legalität beeinflussbar (…)

[1509] Vgl. Winter (2003), S. 341.
[1510] Vgl. DCGK 4.2.3.
[1511] Vgl. Richter (2004), S. 951; Kremer (2008), S. 282.
[1512] BGHZ 158, 122 (127).

und erfahrungsgemäß auch sonst nicht immer ein zuverlässiger Maßstab für den inneren Wert und den langfristigen Erfolg eines Unternehmens ist"[1513]. Mit dem ersten Teil dieser Begründung verweist der II. Zivilsenat darauf, dass durch eine Angleichung der Vergütungsinteressen von Vorstand und Aufsichtsrat die Kontrollfunktion des Aufsichtsrates beeinträchtigt werden kann. Grundsätzlich ist davon auszugehen, dass Vergütungsformen, die verhaltenssteuernd wirken können, tendenziell auch verhaltenssteuernd wirken werden.

Es ist die Aufgabe des Vorstandes, unter anderem für eine Steigerung des Unternehmenswertes zu sorgen. Dies ergibt sich nicht zuletzt aus der Anerkennung von Aktienoptionen als Vergütungselemente durch den Gesetzgeber. Da aktienkursbasierte Vergütungsinstrumente durch gezielte Sachverhaltsgestaltung beeinflussbar sind,[1514] muss es Bestandteil der Kontrollfunktion sein, den Vorstand in seinem von der konkreten Vergütung gesteuerten Bestreben zu bremsen, Sachverhalte zu gestalten. Dies kann jedoch nur dann erfolgen, wenn die Aufsichtsratsvergütung nicht auch an den Börsenkurs geknüpft ist. Letztlich sollte sogar eine weitreichende unmittelbare Abhängigkeit der Aufsichtsratsvergütung von der Lage der Gesellschaft in Form einer Anknüpfung an entsprechende Kennzahlen vermieden werden. Die Gewinn- bzw. Ergebnisabhängigkeit einer Vergütung des obligatorischen Überwachungsorgan erweist sich zudem aus systematischer Sicht als dysfunktional, „da den Periodengewinn tendenziell reduzierende, aber berechtigte Überwachungsaktivitäten und -ansätze aus diesem Funktionszusammenhang heraus unterbleiben oder zumindest zeitlich verschoben werden könnten"[1515]. Die Aufsichtsratsvergütung sollte somit ausschließlich oder zumindest schwerpunktmäßig an die konkreten Aufgaben des Organs gebunden werden. Nur eine Bindung der Vergütung an die zu erbringende bzw. erbrachte Leistung trägt den unternehmensindividuellen Anforderungen Rechnung.

Eine fixe Basisvergütung hat den Vorteil, dass sie manipulativen Tendenzen entzogen ist. Dies kann zu einer objektiveren Überwachung der Vorstandstätigkeit führen und erhöht die Unabhängigkeit des Aufsichtsrates vom Vor-

---

[1513] BGHZ 158, 122 (127).
[1514] Vgl. Pellens/Crasselt/Rockholtz (1998), S. 15; Theisen (2003), S. 292 f..
[1515] Theisen (2003), S. 293.

stand. Eine entsprechende fixe und funktionsbezogene Vergütungsform haben derzeit 10 % der DAX-30-Konzerne gewählt.[1516]

6.1.2 Der Aufsichtsrat als Interessenausgleichsgremium

Neben der Überwachungsfunktion kommt dem Aufsichtsrat in Insider-Systemen die Funktion des Interessenausgleichs zu, denn in Insider-Systemen sind die Interessen verschiedener Bezugsgruppen entscheidungsrelevant.[1517] Um alle Interessengruppen in die unternehmerische Entscheidungsfindung einzubeziehen, muss jeder Anspruchsgruppe ein Informations-, Mitsprache- und gegebenenfalls auch ein Widerspruchsrecht zuerkannt werden.[1518] Die interessenpluralistische Besetzung des Aufsichtsrates soll unter Berücksichtigung der unterschiedlichen Interessen eine möglichst qualifizierte Information, Beratung und Kontrolle des Vorstandes sicherstellen.

Da das deutsche Corporate Governance-Modell in seiner Grundausrichtung ein Insider-System ist, erfolgt die Interesseneinbringung formal durch die Vertretung sowohl der Anteilseigner als auch der Arbeitnehmer im Aufsichtsrat.[1519] Der Gesetzgeber geht von der Annahme aus, dass es für das Unternehmensinteresse förderlich ist, wenn an der Entscheidungsfindung im Aufsichtsrat Personen mitwirken, die anderen Interessenloyalitäten verhaftet sind. Dem liegt die Vorstellung zugrunde, „dass einerseits ein breites Interessenspektrum in die Willensbildung eingebracht werden sollte und dass andererseits das Bemühen des Aufsichtsratsmitglieds, verschiedenen Interessen gegenüber loyal zu bleiben, gebändigt durch das Bestreben, sich im Kreise des Gesamtgremiums nicht der Kritik illoyalen Verhaltens gegenüber dem Unternehmen auszusetzen, unter Berücksichtigung der typischerweise im Aufsichtsrat insgesamt vertrete-

---

[1516] Die Daimler AG führt diesbezüglich beispielsweise aus: „Der Aufsichtsrat der Daimler AG erhält eine angemessene Vergütung, die fixe und funktionsbezogene Bestandteile sowie ein Sitzungsentgelt enthält. (…) Dieses System der funktionsbezogenen Vergütung wird der überwachenden Aufgabe der Aufsichtsratsmitglieder nach unserer Auffassung auch deshalb besser gerecht als eine erfolgsabhängige Vergütung, weil so potentielle Interessenkonflikte bei Entscheidungen des Aufsichtsrats, die Einfluss auf Erfolgskriterien haben könnten, ausgeschlossen sind. Eine erfolgsabhängige Vergütung erfolgt daher nicht." Daimler AG, Geschäftsbericht 2008, S. 129. Im Gegensatz dazu ist auch auf die Aufsichtsratsvergütung der Volkswagen AG und der Bayrischen Motoren Werke AG zu verweisen. Der Anteil der erfolgsabhängigen Vergütungskomponenten betrug im Geschäftsjahr 2007 92,8 % bzw. 96,4 % der gesamten Aufsichtsratsvergütung. Vgl. Volkswagen AG, Geschäftsbericht 2007, S. 103; Bayrische Motoren Werke AG, Geschäftsbericht 2007, S. 144.

[1517] Zur Funktion von Insider-Systemen siehe auch Kapitel 2.5.2.

[1518] Vgl. Witt (2001), S. 106; Baums (1995), S. 12.

[1519] Siehe hierzu ausführlich Kapitel. 5.2.1. Für einen internationalen Systemvergleich vgl. auch Witt (2002), S. 61.

nen Interessenvielfalt auf die Qualität der Aufsichtsratentscheidungen einen förderlichen Einfluss haben kann"[1520].

In diesem Kontext hat das Mitbestimmungsrecht den Belangen der Arbeitnehmer insoweit Verbindlichkeit verliehen, als es satzungsmäßige Zweck- und Gegenstandsbestimmungen ausschließt, die die Einbringung und Beachtung dieser Belange vereiteln, und die Arbeitnehmervertreter die Belange der Arbeitnehmer in die Beschlussfassung des Aufsichtsrates einbringen können.[1521] In diesem Zusammenhang führt das Bundesverfassungsgericht hinsichtlich der Arbeit des Aufsichtsrates aus: „Zwar mag der bei diesem Mitbestimmungsmodell bestehende erhöhte Kompromisszwang dazu führen, dass Entscheidungen verzögert werden oder in Einzelfällen ganz unterbleiben. Dem stehen aber die breitere Konsensbasis und die damit regelmäßig verbundene größere Tragfähigkeit der Entscheidungen gegenüber."[1522] Dabei darf jedoch nicht unbeachtet bleiben, dass sich aus institutionenökonomischer Sicht innerhalb des Unternehmens durch einen interessenpluralistischen Aufsichtsrat die Transaktionskosten der Entscheidungskoordination erhöhen.

Durch die Entscheidung des Gesetzgebers für eine interessenpluralistische Besetzung des Aufsichtsrates als Gesamtorgan „wird bereits institutionell eine gewisse Öffnung und Erweiterung des im Aufsichtsrat vertretenen Meinungs- und Erfahrungsspektrums angestrebt"[1523]. ZALD argumentiert in diesem Zusammenhang, dass ein institutionalisiertes Überwachungsorgan die relevante Umwelt möglichst exakt widerspiegeln sollte.[1524] Ziel ist es, die Repräsentanten konfligierender Interessen in die Unternehmenspolitik einzubinden und durch die Internalisierung der Interessen Transaktionskostenvorteile zu generieren. Derartige Kostenvorteile können sich ergeben, wenn es unter anderem gelingt, den Bruch impliziter Verträge durch Stakeholder zu verhindern.

Im Gegensatz zum angelsächsischen Board-System ist hier nicht die grundsätzliche Gemeinsamkeit und Unabhängigkeit, sondern die Unterschiedlichkeit der im Aufsichtsrat vertretenen Interessen charakteristisch, die innerhalb des Aufsichtsrates zum Ausgleich zu bringen sind. Aufsichtsräte in Deutschland repräsentieren somit unterschiedliche Interessen und sind im Sinne der anglo-amerikanischen Independance of Directors nicht als unabhängig anzusehen.[1525] Zudem besteht bei sehr starken Interes-

---

[1520] Mertens (1996), § 116 Rn. 28.
[1521] Vgl. Habersack (2008), Vorb. § 95 Rn. 13; Fleischer (2003), S. 136; Ulmer/Habersack (2006), § 25 Rn. 93a.
[1522] BVerfGE 99, 367 (390 f.).
[1523] Theisen (2003), S. 289.
[1524] Vgl. Zald (1969), 97 ff.
[1525] Vgl. Hopt/Roth (2005), § 100 Rn. 192.

sengegensätzen zwischen den Aufsichtsratsmitgliedern die Gefahr, dass ein Kontroll-vakuum entsteht, welches das Management zu seinen Gunsten ausnutzen kann.[1526] Sowohl der Aufsichtsrat selbst als auch der Vorstand müssen sich im Rahmen ihrer unternehmerischen Entscheidungsfindung den im Aufsichtsrat vertretenen Interessen gegenüber öffnen.[1527] Keinem Aufsichtsratsmitglied ist es untersagt, bei der Beurteilung der zu überwachenden Vorgänge zunächst von seinem eigenen Interessenstandpunkt auszugehen.[1528] Bei der Entscheidungsfindung selbst hat sich der Aufsichtsrat in seiner Gesamtheit gemäß § 111 Abs. 3 AktG jedoch am „Wohl der Gesellschaft" bzw. am Interesse des Unternehmens als normativem Maßstab seiner Tätigkeit zu orientieren.[1529] Dies folgt aus der gemeinsamen Verantwortung aller Aufsichtsratsmitglieder für die sorgfältige Erfüllung der Organfunktion nach § 116 AktG. Die Verpflichtung auf das Unternehmensinteresse bedingt, dass alle Aufsichtsratsmitglieder im Laufe des Entscheidungsprozesses sämtliche Interessen im Unternehmen berücksichtigen müssen.[1530] Den Aufsichtsratsmitgliedern ist es bei der Entscheidungsfindung verwehrt, den Interessen nur eines Interessenträgers zu folgen und die der anderen zu vernachlässigen. Dies gilt gleichermaßen für alle Aufsichtsratsmitglieder, nicht zuletzt auch für die Gewerkschaftsvertreter im Aufsichtsrat. Wie MERTENS ausführt, ist in Bezug auf die Wahrnehmung der Überwachungsaufgabe von jedem Aufsichtsratsmitglied zu erwarten, „dass es sich gewissermaßen so verhält, als ob es das einzige Aufsichtsratsmitglied wäre, so geht es im Rahmen der – begrenzten – unternehmerischen Mitgestaltungsfunktion des Aufsichtsrates um Unternehmenspolitik, die (…) davon lebt und darauf angewiesen ist, dass unterschiedliche Interessen und Wertakzentuierungen aufeinanderstoßen"[1531].

Entgegen einer im früheren Schrifttum vertretenen Ansicht ist die Interessenvertretung im Entscheidungsergebnis nicht auf Konflikt, sondern auf Interessenausgleich angelegt, wie die höchstrichterliche Rechtsprechung unterstreicht: „Der mitbestimmte Aufsichtsrat (…) (ist) kein Konfrontationsorgan; (…) (er ist) vielmehr auf einen gemeinsamen Interessenausgleich angelegt."[1532] Ziele des mitbestimmten Aufsichtsrates sind „die Erweiterung der Legitimation der Unternehmensleitung"[1533] und die „Kooperation

---

[1526] Siehe hierzu auch Kapitel 2.6.3.3.
[1527] Vgl. Ulmer/Habersack (2006), § 25 Rn. 93a.
[1528] Vgl. Semler (1996), S. 105.
[1529] Siehe hierzu ausführlich Kapitel 6.2.
[1530] Vgl. Semler (1996), S. 106.
[1531] Mertens (1989), Vorb. § 95 Rn. 10.
[1532] BVerfGE 111, 289 (297).
[1533] BVerfGE 50, 290 (360).

und Integration aller im Unternehmen tätigen Kräfte"[1534]. Das Mitbestimmungsgesetz hat somit „kein 'Bänkeprinzip', sondern einen homogen zusammengesetzten Aufsichtsrat geschaffen, der aus gleichberechtigten und gleichverpflichteten Mitgliedern besteht"[1535]. Der Interessenausgleich soll sich dabei nicht im kollektiven „Zusammenraufen" faktisch voneinander unabhängiger Interessenvertreter vollziehen, vielmehr ist jedes Aufsichtsratsmitglied verpflichtet, bei seiner persönlichen Entscheidungsfindung selbst alle betroffenen Interessen zu berücksichtigen und gegeneinander sub specie des Unternehmens abzuwägen.[1536]

Als theoretische Basis für dieses Verständnis der Institution Aufsichtsrat dient das von MARCH und SIMON 1958 entwickelte Koalitionsmodell der Anreiz-Beitragstheorie.[1537] Danach ist es die Aufgabe dieser Institution, die Anreize der Koalitionsteilnehmer auszuhandeln, „unter denen eine Organisation ihre Mitglieder dazu bringen kann, daß sie weiterhin mitwirken und folglich das Überleben der Organisation gewährleisten"[1538]. Die gesetzlichen Rechte und Pflichten sehen hierzu mehrere Möglichkeiten vor. Exemplarisch sei auf die Bestimmung der Vorstandsvergütung gemäß § 87 AktG verwiesen. Ungeachtet dessen ist zu berücksichtigen, dass die Kompetenzen des Aufsichtsrates im Vergleich zum angelsächsischen Board aus formaler Perspektive deutlich beschnitten sind.[1539] Grundsätzlich kann durch die Beratung des Vorstandes zwar ein gewisser Einfluss auf die Unternehmensführung genommen werden. Der Vorstand ist jedoch nicht verpflichtet, diesen Anregungen Folge zu leisten. Ein unbedingtes Einflusspotential ergibt sich nur aus den zustimmungspflichtigen Geschäften gemäß § 111 Abs. 4 AktG.

Die weitreichende „interessen- und/oder gruppenspezifische 'Vorstrukturierung' des mitbestimmten Aufsichtsrates durch den Gesetzgeber"[1540] täuscht nach Auffassung THEISENS darüber hinweg, dass jedes konkrete persönliche Anforderungsprofil für die Besetzung des Aufsichtsrates fehlt. Eine hinreichende negative oder positive Abgrenzung ist in den einschlägigen Gesetzen nicht zu finden. Gesetzgebung und Rechtsprechung gehen vielmehr einen indirekten Weg, indem sie das Anforderungsprofil an Aufsichtsratsmitglieder über die Funktion und Aufgabenstellung, deren ordnungsgemäße Erfüllung, die ihrerseits durch Haftungsmaßstäbe und -vorschriften sanktioniert wird, sukzessive herausgearbeitet wird. Im Ergebnis hat sich der Gesetzgeber für eine

---

[1534] BVerfGE 50, 290 (366).
[1535] BGHZ 106, 54 (65).
[1536] Vgl. Lutter/Krieger (2008) S. 344.
[1537] Vgl. Wentges (2002), S. 89 f.; Dutzi (2005), S. 177; Baums (1995), S. 13 f.
[1538] March/Simon (1976), S. 81.
[1539] Vgl. Dutzi (2005), S. 178.
[1540] Theisen (2003), S. 289.

weite Öffnung der im Aufsichtsrat vertretenen Interessen entschieden, zugleich aber „indirekt ein sehr umfassendes und auf hohem Anspruchniveau liegendes, grundsätzlich für alle gleiches Anspruchsprofil normiert. Damit erfolgt (...) eine Pluralität in der Zusammensetzung, aber eine sehr strikte Uniformität in der haftungsbewehrten Aufgabenstellung und persönlichen Anforderung."[1541]

In der Person des Aufsichtsratmitgliedes kann es gleichwohl aufgrund der unterschiedlichen Funktionen, die es erfüllen muss, zu Interessenkonflikten kommen. So strebt beispielsweise ein Aufsichtsratmitglied, das zugleich Vorstandsmitglied einer der finanzierenden Banken ist, nicht nur das Wohlergehen des zu kontrollierenden Unternehmens an, sondern ebenso den Erfolg der Bank. Derartige oder ähnliche Konflikte treten nicht zuletzt bei Arbeitnehmervertretern im Aufsichtsrat auf, deren Wählerschaft die Wahrung der spezifischen Arbeitnehmerinteressen fordert, die jedoch andererseits durch das Aktiengesetz verpflichtet sind, bei der Überwachung des Vorstandes das Unternehmensganze zu sehen und dessen Interesse zu wahren.[1542, 1543] Dieser ständige Interessenkonflikt wird vom Gesetz akzeptiert.[1544, 1545] Die gesetzliche Regelung beruht letztlich auf der Vorstellung, dass jedes Aufsichtsratmitglied die ihm naheliegenden besonderen Interessen in die Diskussion einbringt, in dem es auf die besonderen Interessen, die von ihm repräsentiert werden, in einer verantwortlichen Stellungnahme hinweist, um diese sodann im Beratungs- und Entscheidungsprozess des Aufsichtsratplenums zu diskutieren und dem Unternehmen nutzbar zu machen.[1546] Bei der Entscheidung des anstehenden Vorgangs ist dem Aufsichtsratmitglied allerdings die einseitige Bevorzugung der eigenen Interessengruppe untersagt. Vor diesem Hintergrund stellt sich die Frage, wie die Interessenkonflikte im Einzelnen zu werten und zu lösen sind. Dieser Frage wird in den nachfolgenden Kapiteln 6.2 und 6.3 nachgegangen. Dieser kurze Aufriss der Problematik zeigt zugleich sehr deutlich die Grenzen auf, die sich für die Institution Aufsichtsrat in der Funktion als Interessenausgleichsgremium ergeben.

[1541] Theisen (2003), S. 289.

[1542] Vgl. Habersack (2008), § 100 Rn. 55; Kremer (2008), S. 285.

[1543] Infolgedessen bedurfte es einer Ausnahmebestimmung in einer Durchführungsverordnung zum Sarbanes-Oxley-Act, um Arbeitnehmervertretern nicht a priori den Zugang zum Audit Committee eines in den USA gelisteten Unternehmens zu verwehren. Vgl. Habersack (2008), § 100 Rn. 55.

[1544] Vgl. Marsch-Barner (1999), S. 639.

[1545] Nach der Rechtsprechung des Bundesverfassungsgerichts ist der Aufsichtsrat „ein Organ im Dienste der Gesellschaft und kann nicht mit den Gesellschaftern gleichgesetzt werden. (...) Ebenso können die Vertreter der Arbeitnehmer im Aufsichtsrat nicht lediglich als Interessenvertreter der Arbeitnehmer gesehen werden." BVerfGE 34, 103 (112).

[1546] Vgl. Raiser/Veil (2006), S. 214; Semler (2004), § 100 Rn. 120.

6.1.3 Der Aufsichtsrat als Beratungsgremium

Die Kontrolle des Vorstandes durch den Aufsichtsrat wurde bis Mitte der 1990er Jahre traditionell ausschließlich retrospektiv verstanden. Seither hat sich neben den Funktionen des Aufsichtsrates als Überwachungsgremium und Interessenausgleichsgremium auch die Funktion als Beratungsgremium entwickelt. Insbesondere durch die Judikatur des BGH wurde die „begleitende Kontrolle"[1547] bzw. die „in die Zukunft gerichtete Kontrolle"[1548] im Gesetz sowie in der Praxis verankert.[1549] Der Rechtsprechung zufolge bezieht sich die Kontrolle „nicht nur auf abgeschlossene Sachverhalte, sondern erstreckt sich auch auf grundsätzliche Fragen der künftigen Geschäftspolitik; (…) Eine so verstandene Kontrolle kann wirksam nur durch ständige Diskussion mit dem Vorstand und insofern durch dessen laufende Beratung ausgeübt werden; die Beratung ist deshalb das vorrangige Mittel der in die Zukunft gerichteten Kontrolle des Vorstandes."[1550] In der ARAG/Garmenbeck-Entscheidung betont das höchste Zivilgericht zudem, dass es die Aufgabe des Aufsichtsrates ist, „die unternehmerische Tätigkeit des Vorstands im Sinne einer präventiven Kontrolle begleitend"[1551] mitzugestalten. Die Entscheidung des BGH hat weitreichende und gewichtige rechtliche Auswirkungen, denn das Gericht manifestiert dadurch, dass sich die Überwachung nach § 111 Abs. 1 AktG nicht nur auf eine Ex-post-Kontrolle, sondern auch auf eine simultane und Ex-ante-Überwachung, d.h. auf eine entscheidungsbegleitende bzw. antizipierende Überwachung erstreckt.[1552] Durch diese Entwicklungen hat sich das Aufgabenspektrum des Aufsichtsrates „geradezu dramatisch geändert"[1553].

Dieses erweiterte Verständnis hat über die Neuformulierung des § 90 Abs. 1 Nr. 1 AktG im Rahmen des im Jahr 2002 in Kraft getretenen TransPuG Eingang ins Aktiengesetz gefunden, demzufolge der Vorstand über „die beabsichtigte Geschäftspolitik und andere grundsätzliche Fragen der Unternehmensplanung (insbesondere die Finanz-, Investitions- und Personalplanung)" den Aufsichtsrat zu informieren hat. Dieser muss die entsprechenden Berichte entgegennehmen und diskutieren.[1554] Die Diskussion wird in der Regel um die Zweckmäßigkeit der beabsichtigten Maßnahmen kreisen,

---

[1547] Lutter (2008), S. 239.

[1548] BGHZ 114, 127 (130).

[1549] Die Terminologie hierzu ist in der Literatur sehr unterschiedlich. So wird unter anderem von strategischer, begleitender und vorausschauender Kontrolle, von vorbeugender und präventiver Überwachung sowie vorausschauender Beratung gesprochen. Vgl. Hopt/Roth (2005), § 111 Rn. 58.

[1550] BGHZ 114, 127 (129 f.).

[1551] BGHZ 135, 244 (255).

[1552] Vgl. Theisen (2003), S. 302.

[1553] Lutter/Krieger (2008), S. 23.

[1554] Vgl. Hopt/Roth (2005), § 111 Rn. 60; Habersack (2008), § 111 Rn. 39.

so dass die Grenzen zum mitunternehmerischen Handeln des Aufsichtsrates verschwimmen, zumal dieser im Falle der in § 90 Abs. 1 AktG definierten Sachverhalte eindeutig Stellung beziehen muss.[1555, 1556] Es geht somit nicht um eine unverbindliche Erörterung, sondern um eine klare Position des Aufsichtsrates. Sofern zudem ein Zustimmungsvorbehalt nach § 111 Abs. 4 AktG vorliegt, kann er seine ablehnende Haltung durchsetzen, andernfalls ist der Vorstand nicht gehalten, den Vorstellungen des Aufsichtsrates zu folgen. Ungeachtet dessen impliziert die begleitende Kontrolle nach herrschender Meinung keine eigenständige unternehmerische Entscheidung des Aufsichtsrates, da er gemäß § 111 Abs. 4 Satz 1 AktG nicht die Geschäfte des Unternehmens führen darf.[1557]

Über die Abgrenzung von Beratung und Überwachung wird derzeit in der Literatur eine sehr ausführliche Diskussion geführt. Nach herrschender Meinung richtet sich die Trennlinie danach, ob es sich um einen bereits abgeschlossenen und somit in der Vergangenheit liegenden oder noch bevorstehenden Vorgang handelt. Da jedoch das Überwachungsverfahren bei nachträglicher Kontrolle und vorausschauender Überwachung keinerlei unterschiedlicher Behandlung bedarf, ist diese Abgrenzung von untergeordneter Bedeutung. „Jede ordnungsgemäß erstellte Vorlage kann bezüglich des Sachverhalts und hinsichtlich Ordnungsmäßigkeit, Rechtmäßigkeit, Wirtschaftlichkeit und Zweckmäßigkeit überprüft werden. Der Aufsichtsrat ist in jedem Fall in der Lage, eine Stellungnahme zu dem abgeschlossenen Vorgang oder dem beabsichtigten Vorhaben abzugeben. Er kann und muss auch von den ihm zur Verfügung stehenden Einwirkungsmaßnahmen Gebrauch machen, wenn dies nach Sachlage geboten ist."[1558] Durch die Beratung mit dem Aufsichtsrat wird zudem der Austausch von Argumenten zwischen den beiden Organen gefördert.[1559] Dies kann dazu beitragen, eventuelle Fehler auch in der Zukunftsgestaltung des Unternehmens so frühzeitig zu erkennen, dass rechtzeitig eine schadensbegrenzende Korrektur durch den Vorstand vorgenommen werden kann. Eine erweiterte Beratung außerhalb der Beratungspflicht im Sinne des § 90 AktG unterscheidet sich von der Überwachung lediglich dadurch, dass der Aufsichtsrat keine Stellungnahme abgeben muss und insofern auch nicht verpflichtet ist,

---

[1555] Dass die Berichtspflicht gemäß § 90 Abs. 1 AktG nicht Selbstzweck ist, sondern auf die Stellungnahme des Aufsichtsrates vor Durchführung der Maßnahme bezogen ist, ergibt sich aus § 90 Abs. 2 Satz 4 AktG. Vgl. Semler (1996), S. 113 f.; Lutter (2008), S. 240; Habersack (2008), § 111 Rn. 39.

[1556] Außerhalb des Bereichs überwachungspflichtigen Vorstandshandelns trifft den Aufsichtsrat keine besondere Beratungspflicht. Wie sich der Aufsichtsrat im Einzelfall gegenüber dem Vorstand verhält, obliegt seinem pflichtgemäßen Ermessen. Vgl. Lutter/Krieger (2008), S. 43.

[1557] Vgl. Spindler (2007), § 111 Rn. 65; Hopt/Roth (2005), § 111 Rn. 60.

[1558] Semler (1996), S. 149.

[1559] Vgl. Spindler (2007); § 111 Rn. 10; Habersack (2008), § 111 Rn. 40.

seine Meinung gegenüber dem Vorstand durchzusetzen.[1560] Ansätze, die dem Aufsichtsrat innerhalb des Überwachungsbereichs eine Beratungs-, Mitgeschäftsführungs- oder gar Obergeschäftsführungsfunktion ermöglichen, sind mit dem geltenden Recht nicht vereinbar.[1561]

Nach Ansicht LUTTERS wurde das tradierte Verständnis der Aufsichtsratstätigkeit, „die bis vor ganz kurzer Zeit rein retrospektiv im Sinne einer Art steuerlichen Betriebsprüfung verstanden wurde" um eine wichtige Komponente erweitert, denn „die Aufdeckung von Fehlern, die vor sechs Monaten oder einem Jahr gemacht wurden, helfen dem Unternehmen in seinen heutigen Problemen (…) nur wenig"[1562]. Mit der Mobilisierung des Aufsichtsrates als effektivem und kompetentem Kontrollgremium geht faktisch eine Machtverschiebung vom Vorstand zum Aufsichtsrat einher.[1563, 1564] Das Aufgabenspektrum des Aufsichtsrates wurde somit um die Aufgabe eines mitunternehmerischen und beratenden Unternehmensorgans erweitert.[1565] Dem Aufsichtsrat steht letztlich zwar ein sehr weitgehendes Mitspracherecht, aber in Anbetracht der Funktionstrennung des § 111 Abs. 4 Satz 1 AktG kein Mitentscheidungsrecht zu. In diesem Sinne hat er Anteil an der Leitungsaufgabe des Vorstandes und ist infolgedessen mitverantwortlich für die Führung des Unternehmens.[1566, 1567] „Er hat nicht nur retrospektive, sondern betont zukunftsorientierte Aufgaben"[1568]. Nach herrschender Meinung ist Beratung daher als „präventives Element der Überwachung"[1569] einzustu-

---

[1560] Bei der Beratung außerhalb des Überwachungsbereiches unterliegt der Aufsichtsrat auch nicht den Sorgfaltspflichten nach §§ 116, 93 AktG. Vgl. Semler (1996), S. 152.

[1561] Theisen weist in diesem Zusammenhang zu Recht darauf hin, dass Strategien des Vorstandes, den Aufsichtsrat ganz gezielt und bewusst mit besonders brisanten oder risikoreichen Entscheidungen zu konfrontieren, um damit den Überwachungsträger „mit uns Boot (der Verantwortung) zu nehmen", einen Verstoß gegen die Funktionstrennung darstellen, dem von allen handelnden Personen entgegenzuwirken ist. Vgl. Theisen (2003), S. 300.

[1562] Lutter (2003a), S. 738.

[1563] Vgl. Hopt/Roth (2005), § 111 Rn. 58.

[1564] Obwohl das deutsche Modell in der Literatur grundsätzlich als wirkungsvoll erachtet wird, konstatieren Gerum/Steinmann/Fees auf der Basis umfangreicher empirischer Studien „eine allgemeine Machtlosigkeit des Aufsichtsrats in Fragen der Unternehmenspolitik" (Gerum/Steinmann/Fees (1988), S. 124). Die Ursache hierfür sieht Roe darin, dass deutsche Unternehmen ihre Aufsichtsräte absichtlich nicht mit mehr Einflusspotential ausstatten, um die Auswirkungen der Mitbestimmung zu begrenzen: „Capital might prefer to take its chance with unmonitored managers rather tahn with well-informed labor." Roe (1998), S. 367. Vgl. Witt (2003), S. 88.

[1565] Lutter/Krieger sprechen in diesem Kontext gar von einem „mitunternehmerischen, beratenden und mit-entscheidenden Unternehmensorgan". Lutter/Krieger (2008), S. 23 f.

[1566] Vgl. Hüffer (2008), § 111 Rn. 5; Bürgers/Israel (2008), § 111 Rn. 4.

[1567] Die Frage, ob es sich dabei um eine eigenständige Beratungskompetenz handelt oder ob die Beratung Teil der Überwachung ist, führt kaum weiter, da sich beides ohnehin nicht trennen lässt. Vgl. Hüffer (2008), § 111 Rn. 5.

[1568] Lutter/Krieger (2008), S. 24.

[1569] Hüffer (2008), § 111 Rn. 5.

fen, denn Überwachung muss, wenn sie nicht partiell ihren Zweck verfehlen soll, auch präventiv angelegt sein.

Der Deutsche Corporate Governance Kodex geht sogar noch über die Grundsatzentscheidung des BGH hinaus und stellt mit DCGK 5.1.1 die Beratung gleichwertig neben die Überwachung. Gemäß Satz 2 ist der Aufsichtsrat „in Entscheidungen von grundlegender Bedeutung für das Unternehmen einzubinden". Somit betont der Kodex die Pflicht des Vorstandes zur Beratung mit dem Aufsichtsrat vor solchen Entscheidungen auch dann, wenn kein gesetzlicher Zustimmungsvorbehalt besteht.[1570, 1571] Sofern der Vorstand entgegen dieser Pflicht zur Beratung grundlegende Entscheidungen unternehmenspolitischer oder strategischer Art alleine zu treffen versucht, kann der Aufsichtsrat diese auch ad hoc mittels des Zustimmungsvorbehalts nach § 111 Abs. 4 AktG stoppen, wie der BGH entschieden hat.[1572]

Im Kontext des Kodex fungiert der Aufsichtsrat als eine Art „Sparringspartner"[1573] des Vorstands, der eine intensive Auseinandersetzung über die Strategie des Unternehmens fördert. Der Aufsichtsrat soll dem Vorstand „Hilfestellung bei der Entscheidungsfindung durch kritische Stellungnahme leisten"[1574]. Von den eigentlichen Entscheidungen bezüglich der Geschäftsführung muss er hingegen ausgenommen beleiben. Um die Funktionstrennung nicht auszuhebeln, sind alle Mitglieder des Aufsichtsrates verpflichtet, sich darauf zu besinnen, dass die Entwicklung alternativer Strategien und Vorschläge die originäre Aufgabe des Vorstandes ist und nicht die des Aufsichtsrates.[1575] Initiative und Planungszuständigkeit liegen ausschließlich beim Vorstand. Zudem ist zu beachten, dass vom Aufsichtsrat nicht verlangt werden kann, dass er sich so intensiv mit der Zukunftsplanung des Unternehmens beschäftigt wie der Vorstand selbst.[1576] Insofern ist auch der Kodex, wenngleich auf einem anderen Niveau, bemüht, die Funktionstrennung zwischen Vorstand und Aufsichtsrat aufrechtzuerhalten. Ob dies in der Praxis gelingt, bleibt abzuwarten. Darüber hinaus ist fraglich, inwieweit dem in Kapitel 6.1.1 erläuterten Gebot der Unabhängigkeit vom Vorstand im Kontext der Beratungsfunktion Folge geleistet werden kann.

[1570] Vgl. Lutter/Kremer (2008), S. 241.

[1571] Dies korrespondiert zudem mit der Regelung in DCGK 3.2 und 4.1.2, der zufolge der Vorstand die strategische Ausrichtung des Unternehmens mit dem Aufsichtsrat abzustimmen hat, sowie mit DCGK 3.3 über die Festlegung von Zustimmungsvorbehalten.

[1572] Zu einem solchen Vorgehen ist der Aufsichtsrat sogar verpflichtet, „wenn er eine gesetzwidrige Geschäftsführungsmaßnahme des Vorstandes nur noch durch Anordnung eines Zustimmungsvorbehalts verhindern kann". BGHZ 124, 111 (127). Andernfalls liegt diese Möglichkeit stets im pflichtgemäßen Ermessen des Aufsichtsrates.

[1573] Bellavite-Hövermann/Lindner/Lüthje (2005), S. 105.

[1574] Roth/Wörle (2004), S. 568.

[1575] Vgl. Theisen (2003), S. 299 f.

[1576] Vgl. Drygala (2008), § 111 Rn. 14.

6.1.4 Zwischenfazit

Gemäß den Normen des deutschen Aktienrechts kommen dem Aufsichtsrat mehrere Funktionen zu, die mitunter stark divergierende Anforderungen an die Aufsichtsratsmitglieder stellen und zu widerstreitenden Interessen führen können. In erster Linie ist der Aufsichtsrat für die Überwachung der Geschäftsführung verantwortlich. Er ist dabei in ein vielschichtiges Netz aus Prinzipal-Agenten-Beziehungen eingebunden. Um die ihm übertragene Überwachungsfunktion effizient wahrnehmen zu können, bedarf es einer hinreichenden Unabhängigkeit des Aufsichtsrates. Je stärker die Unabhängigkeit des Aufsichtsrates betont wird, desto mehr entwickelt sich dieser in die Richtung eines neutralen Organs, vergleichbar etwa mit der Institution des Abschlussprüfers.[1577] Die Unabhängigkeitsforderung der Überwachungsfunktion wird im deutschen Insider-System jedoch durch die Interessenausgleichsfunktion begrenzt. Diese resultiert aus dem interessenpluralistischen Ansatz, dem zufolge die Arbeitnehmer und Anteilseigner durch ihre Repräsentanz im Aufsichtsrat in die unternehmerische Entscheidungsfindung einzubeziehen sind. Ziel dieses Ansatzes ist es, die Vertreter mitunter konfligierender Interessen in die Unternehmenspolitik einzubinden. Dabei ist die Interessenvertretung im Entscheidungsergebnis nicht auf Konflikt, sondern auf Interessenausgleich ausgerichtet. Die Aufsichtsratsmitglieder dürfen nicht ausschließlich ihre persönlichen Interessen oder die Interessen bestimmter Gruppen wahrnehmen, sondern sollen diese in den Aufsichtsrat einbringen, damit sie gehört und im Unternehmensinteresse zusammengefasst werden können.[1578] Durch die Interessenausgleichsfunktion befindet sich ein jedes Aufsichtsratsmitglied stets im Spannungsfeld zwischen den von ihm vertretenen gruppenspezifischen Interessen und dem übergeordneten Unternehmensinteresse.

Seit Mitte der 1990er Jahre wurde die Überwachungs- und Interessenausgleichsfunktion des Aufsichtsrates durch die Beratungsfunktion ergänzt, der zufolge sich die Kontrolle nicht nur auf abgeschlossene Sachverhalte, sondern sich auch auf grundsätzliche Fragen der künftigen Unternehmenspolitik beziehen soll. Problematisch an der Beratungsfunktion ist die daraus resultierende Machtverschiebung zwischen Aufsichtsrat und Vorstand. Die Aufgaben des Aufsichtsrates wurden dadurch um die Aufgaben eines mitunternehmerischen und beratenden Gremiums erweitert, das zu einer Beeinträchtigung der unabhängigen Überwachung führen kann. Dem Deutschen Corporate Governance Kodex zufolge sind die beiden Funktionen Beratung und Überwachung sogar als gleichwertig zu betrachten.

[1577] Vgl. Wirth (2005), S. 339.
[1578] Vgl. Schneider (1995), S. 367.

Die drei Funktionen, die für den Aufsichtsrat deutscher börsennotierter Aktiengesellschaften charakteristisch sind, bedingen sich zum Teil gegenseitig. Sie können die Effizienz des Aufsichtsrates jedoch auch stark einschränken. So kann beispielsweise die Beratung als präventives Element der Kontrolle verstanden werden. Andererseits kann die Beratungspflicht des Aufsichtsrates eine unabhängige Ex-post-Kontrolle unmöglich machen. Des Weiteren kann die Interessenausgleichsfunktion ebenso eine am maßgeblichen Unternehmensinteresse ausgerichtete Kontrolle des Vorstandes erschweren, da das Unternehmensinteresse nicht immer mit den Interessen der im Aufsichtsrat vertretenen Gruppen deckungsgleich ist.

6.2 Das Unternehmensinteresse als Handlungs- und Kontrollmaxime des Aufsichtsrats

Die Ermittlung des Unternehmensinteresses ist vorrangig Aufgabe des Vorstandes. Der Aufsichtsrat darf von der durch den Vorstand vorgegebenen Interessenanalyse wie bei allen Überwachungsmaßnahmen nur dann abweichen, wenn der Vorstand die Grundsätze der Ordnungsmäßigkeit und Rechtmäßigkeit verletzt oder den Bereich zulässiger Ermessensausübung verlassen hat.[1579] Bei Entscheidungen, in denen dem Aufsichtsrat selbst ein unternehmerisches Ermessen zukommt, ist der Aufsichtsrat nicht nur berechtigt, sondern sogar verpflichtet, selbst das maßgebliche Unternehmensinteresse zu ermitteln.[1580] Denn nach der Rechtsprechung des BGH ist der Aufsichtsrat im Rahmen seines Entscheidungsermessens „allein dem Unternehmenswohl verpflichtet"[1581]. Unternehmerisches Ermessen des Aufsichtsrates ist nach höchstrichterlicher Rechtsprechung überall dort anzunehmen, wo der Aufsichtsrat die unternehmerische Tätigkeit des Vorstandes im Sinne einer präventiven Kontrolle begleitend mitgestaltet, sowie bei zustimmungspflichtigen Geschäften.[1582] Abzulehnen ist es hingegen im Rahmen der nachträglichen Kontrolle. Die Aufsichtsratsmitglieder sind gemäß den ihnen obliegenden Treuepflichten nach § 116 iVm. § 93 Abs. 1 Satz 2 AktG verpflichtet, sich bei den zu treffenden Entscheidungen am Unternehmensinteresse als verbindlichem Entscheidungsmaßstab auszurichten.[1583] Die Verpflichtung auf das Unterneh-

---

[1579] Vgl. Marsch-Barner (1999), S. 631; Semler (2004), § 100 Rn. 119.
[1580] Vgl. Semler (2004), § 100 Rn. 119; Säcker/Boesche (2006), S. 899.
[1581] BGHZ 135, 244 (255).
[1582] Vgl. BGHZ 135, 244 (255). Siehe hierzu auch den Exkurs in Kapitel 3.5.3.1.
[1583] Vgl. Raiser/Veil (2006), S. 213 f.; Mertens (1996), § 116 Rn. 23; Lutter/Krieger (2008) S. 344; Semler (2004), § 116 Rn. 177; Drygala (2008), § 116 Rn. 10; Mülbert (1996), S. 116; Hüffer (2008), § 116 Rn. 5; Habersack (2008), § 116 Rn. 11; Spindler (2007), § 116 Rn. 66; Werder (2004), S. 168; Säcker/Boesche (2006), S. 899.

mensinteresse besteht uneingeschränkt und bindet jedes Aufsichtsratsmitglied.[1584] Eine Entscheidung ist gemäß § 93 Abs. 1 Satz 2 AktG nicht sorgfältig, wenn das Aufsichtsratsmitglied nicht annehmen durfte, „auf der Grundlage angemessener Informationen und zum Wohle der Gesellschaft zu handeln".

Obwohl der Aufsichtsrat ein Kollegialorgan ist, beziehen sich die Treuepflichten auf jedes einzelne Aufsichtsratsmitglied. Der Gesetzgeber hat durch die interessenpluralistische Konzeption des Aufsichtsrates die Einbringung verschiedener Partikularinteressen in den Aufsichtsrat implementiert. Dabei geht das Aktiengesetz, wie die geringe Anzahl gesetzlich anerkannter Inkompatibilitäten und das Fehlen allgemeiner Bestimmungen über Interessenkollisionen zeigen, davon aus, dass die Aufsichtsratsmitglieder grundsätzlich in der Lage sind, das Unternehmensinteresse auch dann sachgerecht wahrzunehmen, wenn sie gleichzeitig anderen Verpflichtungen unterliegen.[1585]

„Die Vertreter der Arbeitnehmer im Aufsichtsrat (können) nicht lediglich als Interessenvertreter der Arbeitnehmer angesehen werden. Sie haben ebenso wie die von den Anteilseignern entsandten Mitglieder des Aufsichtsrates die Interessen des Unternehmens wahrzunehmen."[1586] Sowohl in der ständigen Rechtsprechung des Bundesverfassungsgerichts als auch des BGH wird deutlich, dass zum Zeitpunkt der Entscheidung jedes einzelne Aufsichtsratsmitglied dem Interesse des zu überwachenden Unternehmens verpflichtet ist und nicht einem wie auch immer gearteten „Bänkeprinzip". Sowohl für die Aktionärs- als auch der Arbeitnehmervertreter ist „das Interesse des Unternehmens maßgebend, das sich vielfach, aber nicht immer, mit den Interessen der im Aufsichtsrat repräsentierten Gruppen decken wird"[1587]. „Der Widerstreit der Interessen kann (…) nur durch eine vertrauensvolle Zusammenarbeit der auf das Unternehmensinteresse verpflichteten Aufsichtsratsmitglieder gelöst werden."[1588] Alle Aufsichtsratsmitglieder müssen ungeachtet ihrer Herkunft und ihrer unternehmensexternen Bindungen ihr Bestreben darauf richten, die Aufgaben des Aufsichtsrats erfolgreich und

---

[1584] Dies zeigt nicht zuletzt auch die Entscheidung des BGH zur Durchsetzung von Innenhaftungsansprüchen gegen den Vorstand. Für die Geltendmachung des Haftungsanspruches bildet das Unternehmensinteresse den alleinigen Bezugspunkt. Einen diesbezüglichen unternehmerischen Ermessensspielraum gesteht der Senat dem Aufsichtsrat nur dann zu, „wenn gewichtige Interessen und Belange der Gesellschaft dafür sprechen, den ihr entstehenden Schaden ersatzlos hinzunehmen". (BGHZ 135, 244 (255)). Grundsätzlich geht der Senat jedoch davon aus, dass die Geltendmachung des Schadensersatzes dem Unternehmensinteresse entspricht und infolgedessen die Verfolgung „die Regel sein muss". (BGHZ 135, 244 (256)). Der BGH erhöht durch diese Entscheidung erheblich den Druck auf den Aufsichtsrat, den Vorstand nicht zu schonen, um selbst nicht haftpflichtig zu werden.
[1585] Vgl. Marsch-Barner (1999), S. 630; Spindler (2007), § 116 Rn. 66.
[1586] BVerfGE 34, 103 (112).
[1587] BGHZ 64, 325 (331). Vgl. auch BVerfGE 34, 103 (112); 50, 290 (374).
[1588] BGHZ 106, 54 (65).

zum Wohle des Unternehmens zu erfüllen. Das Unternehmensinteresse bildet somit den Orientierungsrahmen für Entscheidungen des Aufsichtsrates und begrenzt zugleich die Verfolgung von Partikular- und Gruppeninteressen. Im Grundsatz gilt somit für den Aufsichtsrat die gleiche Rechtsgrundlage wie für den Vorstand. Sie ist beim Aufsichtsrat jedoch ungleich schwieriger und brisanter als beim Vorstand.

Ein Verstoß gegen die Treuepflichten ergibt sich somit, wenn die Verfolgung der Partikularinteressen bei der Entscheidungsfindung Vorrang vor dem Unternehmensinteresse haben.[1589] Dies ist vor allem dann der Fall, „wenn eine Entscheidung einseitig auf die Interessen eines Flügels im Aufsichtsrat abstellt und das sich aus der Vielzahl von Interessen ergebende Unternehmensinteresse gar nicht erst ermittelt wird"[1590]. Der Vorrang des Unternehmensinteresses gilt für die Wahrnehmung sämtlicher Rechte und Pflichten des Aufsichtsrates, umfasst also die Bestellung der Vorstandsmitglieder, die Beratung und Überwachung des Vorstandes sowie alle sonstigen Tätigkeiten des Aufsichtsrates. Außerhalb der Wahrnehmung der Organfunktionen ist das Unternehmensinteresse nur eingeschränkt zu beachten: So dürfen sich beispielsweise Arbeitnehmervertreter im Aufsichtsrat nicht an einem rechtswidrigen Streik im Unternehmen beteiligen, jedoch eigene Aktien des Unternehmens verkaufen, auch wenn dies dem Unternehmen ungelegen kommt.[1591] Aufsichtsratsmitglieder sind zudem berechtigt, Beratungs- und Kreditverträge mit dem Unternehmen abzuschließen, die aus ihrer Sicht günstig und vorteilhaft erscheinen, solange die entsprechenden Verträge vom Aufsichtsrat gebilligt worden sind. Sie unterliegen darüber hinaus keinem Wettbewerbsverbot.

Auch nach den Regelungen des Deutschen Corporate Governance Kodex ist jedes Mitglied des Aufsichtsrates dem Unternehmensinteresse verpflichtet. Gemäß DCGK 5.5.1 Satz 2 darf es „bei seinen Entscheidungen weder persönliche Interessen verfolgen, noch Geschäftschancen, die dem Unternehmen zustehen, für sich nutzen". Mit Satz 2 beschreibt der Kodex eine aktienrechtliche Selbstverständlichkeit.[1592] Insofern geht der Kodex bezüglich seiner Regelungen zur Unternehmensinteressensbindung nicht über die aktienrechtlichen Normen hinaus.

Resümierend ist festzuhalten, dass das Kollegialorgan Aufsichtsrat auf das Unternehmensinteresse als Handlungs- und Entscheidungsmaxime verpflichtet ist. Dieses bildet

---

[1589] Vgl. BGHZ 36, 296 (306); Semler (2004), § 116 Rn. 178.
[1590] Semler (2004), § 116 Rn. 178.
[1591] Vgl. Kremer (2008), S. 286 f.; Lutter/Krieger (2008) S. 350; Mertens (1996), § 116 Rn. 29; Drygala (2008), § 116 Rn. 17.
[1592] Vgl. Spindler (2007), § 116 Rn. 59; Kremer (2008), S. 287.

zugleich auch die inhaltliche Verhaltensleitlinie für die Tätigkeit des einzelnen Aufsichtsratsmitgliedes bei der Wahrnehmung seiner Organaufgaben.

6.3 Die Interessenunabhängigkeit der Aufsichtsratsmitglieder und die aktienrechtlichen Regelungen bei Interessenkonflikten

Das Aktiengesetz hat das Aufsichtsratsmandat als Nebenamt und den Aufsichtsrat selbst interessenpluralistisch ausgestaltet und geht deshalb davon aus, dass Aufsichtsratsmitglieder einen Hauptberuf ausüben oder noch weitere Aufsichtsratsmandate innehaben.[1593] Aufgrund der unterschiedlichen Funktionen und beruflichen Tätigkeiten kann es in der Person des Aufsichtsratsmitgliedes zu widerstreitenden Interessen kommen. Gesetzliche Inkompatibilitätsregelungen existieren nur bruchstückhaft.[1594] Interessenkollisionen können bereits bei Beginn der Aufsichtsratstätigkeit vorliegen oder sich erst mit der Zeit entwickeln oder verstärken. Sie können sowohl unternehmensinterne als unternehmensexterne Ursachen haben.

6.3.1 Generalklauseln für Interessenkonflikte

Interessenkonflikte von Aufsichtsratsmitgliedern rücken immer mehr in das Blickfeld nicht nur des juristischen Schrifttums, sondern auch des Gesetzgebers.[1595] Das Aktiengesetz ist in seiner Grundstruktur Interessenkonflikten bei Aufsichtsratsmitgliedern gegenüber tolerant. Diese Konflikttoleranz ergibt sich nach herrschender Meinung aus dem nebenamtlichen Charakter des Aufsichtsratsmandates und der interessenpluralistischen Konzeption des Aufsichtsrates.[1596] Mit Blick auf die Mitbestimmung ist es sogar das Ziel des Gesetzgebers, Repräsentanten konfligierender Interessen in die Unternehmenspolitik einzubinden.[1597] Der Gesetzgeber geht dabei von der Annahme aus, dass Interessenkonflikte durch Generalklauseln zu lösen sind.[1598] Diese Generalklauseln basieren auf dem zuvor dargelegten Unternehmensinteresse, dem jedes Aufsichtsratsmitglied im Rahmen seiner Tätigkeit zu folgen hat. „The legislator seems to pursue

---

[1593] Vgl. Semler/Stengel (2003), S. 1; Kremer (2008), S. 285; Spindler (2008), § 116 Rn. 65.

[1594] Vgl. Spindler (2007), § 116 Rn. 65; Hüffer (2006), S. 637 f.

[1595] Vgl. Hopt/Roth (2005), § 100 Rn. 131. Zudem sei auf die Neuregelungen des KonTraG, des TransPuG sowie das UMAG verwiesen.

[1596] Vgl. Marsch-Barner (1999), S. 627 f.; Semler (2004), § 116 Rn. 210; Semler/Stengel (2003), S. 1 f.

[1597] Vgl. Mertens (1996), § 116 Rn. 28.

[1598] Vgl. Sänger (2005), S. 157 f.

the idealistic perception of supervisory board members being able to differentiate between their different responsibilities."[1599]

6.3.1.1 Aktienrechtliche Regelungen

Im Aktiengesetz selbst sind lediglich zwei spezielle Inkompatibilitätsvorschriften kodifiziert. Gemäß § 105 AktG ist die gleichzeitige Ausübung eines Vorstands- und Aufsichtsratsamtes in einem Unternehmen untersagt. Der Regelungsinhalt des § 100 Abs. 2 AktG verbietet Aufsichtsratsmitgliedern zudem, mehr als neun Aufsichtsräten gleichzeitig anzugehören. Diese Norm dient weniger der Vermeidung von Interessenkonflikten als vielmehr der Verhinderung einer zeitlichen Überlastung. Auf die Vermeidung von Interessenkonflikten zielt hingegen § 100 Abs. 2 Nr. 2 und 3 AktG, dem zufolge das zu wählende Mitglied des Aufsichtsrates nicht gesetzlicher Vertreter eines von der Gesellschaft abhängigen Unternehmens sein darf, sowie das in Satz 1 Nr. 3 geregelte Verbot der Überkreuzverflechtungen.[1600] Einen darüber hinausgehenden Interessenwiderstreit in der Person des Aufsichtsratsmitgliedes betreffen diese Regelungen jedoch nicht.

Interessenkollisionen bei Aufsichtsratmitgliedern sind in verschiedener Intensität denkbar. Sofern sie nur als bloße Interessengegensätze zu Tage treten, sind sie nach Auffassung von SEMLER/STENGEL hinzunehmen, wie sich aus der gesetzlichen Wertung des Aktiengesetzes ergibt.[1601] Interessengegensätze können entstehen, wenn ein Aufsichtsratsmitglied neben seinem Aufsichtsratsmandat beruflich oder privat Interessen verfolgt, die mit den Interessen des beaufsichtigten Unternehmens kollidieren.[1602] Entsprechend der gesetzlichen Konzeption ist das Unternehmen zunächst durch die Vertraulichkeit der Berichte und Beratungen des Aufsichtsrates sowie durch die Verschwiegenheitspflicht der Aufsichtsratsmitglieder geschützt.[1603] Derartige Interessengegensätze sind, wie in Kapitel 6.2 beschrieben, durch Beachtung des Vorrangs des Unternehmensinteresses aufzulösen.

Interessengegensätze entwickeln sich zu Interessenkonflikten, wenn sich aus den unterschiedlichen Tätigkeiten unvereinbar gegenüberstehende Rechtspflichten ergeben. Dies ist gegeben, wenn der Pflicht des Aufsichtsratsmitgliedes zu einem bestimmten

---

[1599] Sänger (2005), S. 157; Vgl. auch Deckert (1999), S. 739; Schneider (1995), S. 367.

[1600] Um Überkreuzverflechtungen zu verhindern, dürfen gemäß § 100 Abs. 2 Satz 1 Nr. 3 AktG dem Aufsichtsrat keine gesetzlichen Vertreter einer Kapitalgesellschaft angehören, deren Aufsichtsrat ein Vorstandsmitglied der Gesellschaft angehört.

[1601] Vgl. Semler/Stengel (2003), S. 2.

[1602] Vgl. Semler (2004), § 116 Rn. 217.

[1603] Vgl. Hopt/Roth (2005), § 116 Rn. 199.

Verhalten eine aus einem Rechtsverhältnis außerhalb des Amtes bestehende Pflicht zu einem Verhalten kollidierend gegenübersteht.[1604] Interessenkonflikte können punktuellen oder dauerhaften Charakters sein. Der BGH hat diesbezüglich festgestellt: „Die Spaltung einer Person mit kollidierenden Pflichten in solche Verhaltensweisen, die nur dem einen, nicht aber zugleich dem anderen Verantwortungsbereich zugeordnet werden könnten, ist, wenn tatsächlich beide Bereiche betroffen sind, nicht möglich. Interessenkonflikte sind (…) auch grundsätzlich nicht in dem Sinne entlastend, dass die Pflichterfüllung gegenüber der einen die Pflichterfüllung gegenüber der anderen (…) rechtfertigen könnte."[1605] In einem solchen Fall scheint die Einschränkung der Kompetenzen des Aufsichtsratsmitgliedes zur Wahrung des Unternehmensinteresses unumgänglich, denn „das Aufsichtsratsmitglied genießt den Schutz seiner rechtlichen Stellung, so bedeutsam ein solcher Schutz im Grundsatz auch sein mag, nicht um ihrer selbst willen, sondern im vorrangigen Interesse des beaufsichtigten Unternehmens. Wenn das Unternehmensinteresse durch die Person des Aufsichtsratsmitgliedes beeinträchtigt oder auch nur gefährdet wird, müssen wirksame Maßnahmen ergriffen werden."[1606]

Als Rechtsfolge ergibt sich dabei zunächst ein Stimmverbot für Entscheidungen des Aufsichtsrates über Rechtsgeschäfte mit dem Aufsichtsratsmitglied selbst oder einem ihm verbundenen Unternehmen. Dies ergibt sich nach herrschender Meinung aus § 34 BGB, denn im Aktienrecht fehlt eine explizite Regelung für solche Konfliktlagen.[1607] Die Entscheidung über das Stimmverbot trifft der Vorsitzende des Aufsichtsrates.[1608] Dabei ist zu klären, „ob bei typisierender, abstrakter Betrachtungsweise noch eine unbefangene Willensbildung des betroffenen Aufsichtsratsmitgliedes zu erwarten ist"[1609]. Besteht eine Interessenkollision, die zum Stimmverlust führen kann, hat das betroffene Aufsichtsratsmitglied aufgrund seiner Sorgfaltspflicht den Aufsichtsratsvorsitzenden darüber zu informieren und die Interessenkollision offenzulegen. Eine Stimmenthaltung entbindet das Aufsichtsratsmitglied jedoch nicht von seinen Treuepflichten gegenüber dem Unternehmen.[1610] Angesichts der Gesamtverantwortung aller Aufsichtsratsmitglieder für die Willensbildung und Beschlussfassung im Aufsichtsrat kann nach

---

[1604] Vgl. Habersack (2008), § 100 Rn. 61; Semler (2004), § 116 Rn. 225.

[1605] BGH (1980) NJW, S. 1630.

[1606] Semler/Stengel (2003), S. 2.

[1607] Vgl. Habersack (2008), § 100 Rn. 70; Semler (2004), § 100 Rn. 151.

[1608] Vgl. Mertens (1996), § 108 Rn. 54; Semler/Stengel (2003), S. 4.

[1609] Hopt/Roth (2005), § 100 Rn. 166. Vgl. auch Semler/Stengel (2003), S. 3.

[1610] Vgl. Spindler (2007), § 116 Rn. 67; Habersack (2008), § 100 Rn. 71.

herrschender Meinung Interessenkonflikten nicht durch Zurückhaltung bei der Beratung oder Stimmenthaltung begegnet werden.[1611]

Über das Stimmverbot hinaus geht der Ausschluss von der Beratung, insbesondere bei kollidierenden personenbezogenen Eigeninteressen in Betracht kommt. Bei pflichtbezogenen Interessenkonflikten aufgrund der Vertretung von Drittinteressen müssen nach Ansicht von HOPT/ROTH darüber hinaus wichtige Belange der Gesellschaft konkret gefährdet sein.[1612] Die Wahrung des Unternehmensinteresses erfordert in diesen Fällen den Ausschluss des entsprechenden Aufsichtsratsmitgliedes von den der Vertraulichkeit unterliegenden Informationen, denn „niemand ist in der Lage, das, was er in einem Bereich gehört hat, bei Behandlung einer gleichartigen Angelegenheit (...) zu 'vergessen'".[1613] Da der Ausschluss die gesetzlich vorgesehenen Teilnahmerechte des Aufsichtsratsmitglieds beschränkt, hat das Plenum des Aufsichtsrates zu entscheiden.[1614]

Gelegentlich auftretende Interessenkonflikte hindern das Aufsichtsratsmitglied in der Regel nicht an der Übernahme oder Fortführung des Aufsichtsratsmandats. Eine andere Rechtslage ergibt sich bei dauerhaften oder unlösbaren Pflichtenkollisionen. Muss das Aufsichtsratsmitglied aufgrund von Interessenkonflikten „mehr oder weniger ständig"[1615] den Aufsichtsratssitzungen fernbleiben, kann es sein Amt nicht ausüben. Die Teilnahme an den Beratungen und die Mitwirkung an der organschaftlichen Entscheidung gehört jedoch zu den wesentlichen Pflichten eines jeden Mandatsträgers. Kann es diese Pflichten nicht wahrnehmen, muss es als ultima ratio sein Mandat niederlegen.[1616] Legt das Aufsichtsratsmitglied bei dauerhaften Interessenkonflikten sein Amt nicht nieder, trifft die anderen Aufsichtsratsmitglieder die aus der Sorgfaltspflicht resultierende Pflicht, gemäß § 103 Abs. 3 AktG einen Antrag auf gerichtliche Abberufung zu stellen.[1617]

Um Interessenkonflikte im Vorfeld zu vermeiden bzw. transparent zu machen, ist seit Inkrafttreten des KonTraG gemäß §§ 124 Abs. 3, 125 Abs. 1 Satz 3 AktG die Offenlegung weiterer Mandate in Aufsichtsräten sowie die Mitgliedschaft in vergleichbaren in- und ausländischen Kontrollgremien der zur Wahl stehenden Kandidaten verpflichtend. Die Offenlegung erfolgt jedoch nicht nur gegenüber dem Wahlorgan Hauptver-

---

[1611] Siehe hierzu auch die nachfolgenden Kapitel 6.3.1.2 und 6.3.2.1. Eine abweichende Meinung vertreten beispielsweise Lutter/Krieger (2008), S. 351.

[1612] Vgl. Hopt/Roth (2005), § 100 Rn. 169.

[1613] Semler/Stengel (2003), S. 4.

[1614] Vgl. Semler/Stengel (2003), S. 4.

[1615] Semler (2004), § 100 Rn. 160.

[1616] Vgl. Marsch-Barner (1999), S. 633; Spindler (2007), § 116 Rn. 66; Semler (2004), § 100 Rn. 160.

[1617] Vgl. Hopt/Roth (2005), § 100 Rn. 172; Semler (2004), § 116 Rn. 226.

sammlung, sondern jährlich aktualisiert im Anhang des Jahresabschlusses einer jeden Aktiengesellschaft.[1618] Ziel dieser Offenlegung ist es, Aktionären und Anlegern eine Einschätzung zur individuellen Belastungssituation der Aufsichtsratsmitglieder und zu möglichen Interessenkonflikten im Aufsichtsrat zu geben.[1619, 1620]

6.3.1.2 Regelungen des Deutschen Corporate Governance Kodex

Der Deutsche Corporate Governance Kodex setzt beim Umgang mit Interessenkonflikten primär auf Transparenz durch Offenlegung des konkreten Konflikts.[1621] Gemäß DCGK 5.5.2 sind insbesondere solche Interessenkonflikte, die aufgrund einer Beratung oder Organfunktion bei Kunden, Lieferanten, Kreditgebern oder sonstigen Geschäftspartnern entstehen können, dem Aufsichtsrat gegenüber offenzulegen, und nach DCGK 5.5.3 soll der Aufsichtsrat in seinem Bericht an die Hauptversammlung über aufgetretene Interessenkonflikte und deren Behandlung informieren. Die Empfehlung des DCGK 5.5.2 gilt sowohl für einzelfallbezogene als auch für dauerhafte Interessenkonflikte. Durch die Offenlegung des Konflikts kann dieser bei der Willensbildung und Entscheidungsfindung im Aufsichtsrat berücksichtigt werden. Der Interessenkonflikt ist nach dem Wortlaut des Kodex gegenüber dem Gesamtaufsichtsrat offenzulegen. Es ist die Aufgabe des Aufsichtsratsvorsitzenden, auf der Basis des dargelegten Sachverhalts zu entscheiden, welche Maßnahmen erforderlich sind, insbesondere ob ein Stimmverbot nach den allgemeinen Rechtsgrundsätzen eingreift oder ob das Aufsichtsratsmitglied von Rechts wegen in seinen Mitwirkungsmöglichkeiten im Aufsichtsrat beschränkt ist.

Nach Auffassung KREMERS wird es in vielen Fällen ausreichen, „wenn sich das betreffende Aufsichtsratsmitglied bei der Abstimmung zu den betreffenden Tagesordnungspunkten enthält"[1622]. KREMER räumt jedoch selbst ein, dass dies in mitbestimmten Aufsichtsräten kein Patentrezept sei, da es eine Machtverschiebung im Aufsichtsrat nach sich ziehe. Er empfiehlt daher, dass sich bei der Stimmenthaltung wegen Interessenkonflikts je ein Vertreter der Anteilseigner und der Arbeitnehmer enthalten solle.

[1618] Siehe §§ 285 Abs. 10, 340 a Abs. 4 Nr. 1 HGB.

[1619] Vgl. Deutscher Bundestag (1998), Drucksache 13/9712, S. 17.

[1620] Ein Aufsichtsratsmitglied, dessen Einsatzfähigkeit im Aufsichtsrat beispielsweise durch die Tätigkeit in einem Konkurrenzunternehmen faktisch nicht mehr gegeben ist, kann im Abberufungsverfahren nicht einwenden, die Aktionäre hätten zum Zeitpunkt der Wahl von der Sondersituation gewusst und diese billigend in Kauf genommen. Ein solcher Einwand würde voraussetzen, dass die Aktionäre über die Amtsfähigkeit einer Person entscheiden könnten. Dem stehen jedoch die gesetzlichen Regelungen der §§ 85 Abs. 1, 88, 103, 105 AktG entgegen. Vgl. Lutter/Krieger (2008), S. 347.

[1621] Vgl. Kremer (2008), S. 287.

[1622] Kremer (2008), S. 288.

Eine derartige Vorgehensweise ist jedoch mit der Gesamtverantwortung aller Aufsichtsratsmitglieder für die Willensbildung des Aufsichtsrates, die der BGH in ständiger Rechtsprechung betont, kaum vereinbar.[1623] Aus der Gesamtverantwortung folgt vielmehr, dass ein Aufsichtsratsmitglied für fehlerhafte Mehrheitsbeschlüsse auch dann verantwortlich ist, wenn er sich der Stimme enthalten hat.[1624] Bei Nichteingreifen eines Stimmverbotes muss sich deshalb das betroffene Aufsichtsratsmitglied entscheiden, ob es seine organschaftlichen Rechte unter Hintanstellung der den Interessenkonflikt begründenden Sonderinteressen wahrnehmen will und über geheimhaltungspflichtige Tatsachen Stillschweigen wahrt oder das Amt niederlegt, wenn es sich dazu außerstande sieht.

Nach Einschätzung von HOPT/ROTH wird diese Empfehlung künftig dazu führen, dass Vorstandsmitglieder einer Bank, eines Kunden oder eines Lieferanten schon von vornherein seltener in den Aufsichtsrat berufen werden.[1625] Ob eine derartige Entwicklung infolge dieser Kodexempfehlung eintreten wird, bleibt abzuwarten. Ungeachtet dessen sollen mögliche Interessenkonflikte bereits bei der Auswahl der Kandidaten antizipiert werden, wie in DCGK 5.4.1, 5.4.2 und 5.4.4 Satz 2 deutlich wird. Von besonderer Bedeutung ist in diesem Zusammenhang die Empfehlung des DCGK 5.4.2, der zufolge dem Aufsichtsrat nach seiner Einschätzung eine ausreichende Anzahl unabhängiger Mitglieder angehören soll. Unabhängig ist demnach, wer „in keiner geschäftlichen oder persönlichen Beziehung zu der Gesellschaft oder deren Vorstand steht, die einen Interessenkonflikt begründet". Diese Regelung basiert auf den Empfehlungen der Europäischen Kommission vom 15. Februar 2005, denen zufolge dem Aufsichtsrat „eine ausreichende Zahl unabhängiger nicht geschäftsführender Mitglieder angehören (soll), um sicherzustellen, dass mit Interessenkonflikten, in welche Mitglieder der Unternehmensleitung involviert sind, ordnungsgemäß verfahren wird".[1626] Zur konkreten Bestimmung der Anzahl unabhängiger Aufsichtsratsmitglieder steht dem Aufsichtsrat in Anbetracht der spezifischen Gegebenheiten des Unternehmens ein breiter Beurteilungsspielraum zu.[1627] Die Arbeitnehmervertreter sind dabei jedoch nicht mit zu berücksichtigen, da deren materielle Unabhängigkeit zweifelhaft ist.[1628]

[1623] Vgl. BGHZ 83, 106 (112 f.); 83, 151 (154).

[1624] Habersack sieht einen Schuldvorwurf sogar als begründet an, wenn es pflichtwidrig unterlassen wurde, die Bedenken gegen den Beschluss oder die Maßnahme aktiv vorzubringen und alles zur Verhinderung Geeignete zu unternehmen. Vgl. Habersack (2008), § 100 Rn. 71.

[1625] Vgl. Hopt/Roth (2005), § 100 Rn. 198.

[1626] Europäische Kommission (2005), S. 55.

[1627] Vgl. Kremer (2008), S. 269.

[1628] Vgl. Kremer (2008), S. 270; Hüffer (2006), S. 639; Hopt/Roth (2005), § 100 Rn. 194.

Gemäß DCGK 5.5.3 sollen „wesentliche und nicht nur vorübergehende Interessenkonflikte in der Person eines Aufsichtsratsmitgliedes (...) zur Beendigung des Mandats führen". Durch diese Empfehlung versucht der Kodex über die gesetzliche Regelung hinauszugehen, der zufolge bei Auftreten eines solchen gravierenden und dauerhaften Interessenkonfliktes das Mandat nicht eo ipso erlischt, sondern zunächst einen Grund für eine gerichtliche Abberufung nach § 103 Abs. 3 AktG darstellt.[1629] Den Treuepflichten entsprechend muss jedes einzelne Aufsichtsratsmitglied, wie zuvor beschrieben, seine Mitwirkung im Aufsichtsrat unter Berücksichtigung des konkreten Interessenkonflikts beschränken. Da der Kodex jedoch weder eine Empfehlung zur Art und Weise der Beendigung des Mandats noch eine Empfehlung zum geeigneten Zeitpunkt der Mandatsniederlegung enthält, bleibt er an entscheidender Stelle leider recht unpräzise.

6.3.2 Unternehmensinterne Ursachen von Interessenkonflikten

Die gesetzlichen Regulierungen der Interessenkonflikte über Generalklauseln und mit ihnen die Sicherstellung der Interessenunabhängigkeit der Aufsichtsratsmitglieder erachtet SÄNGER insbesondere im internationalen Kontext als „incomplete or mostly missing"[1630]. Dabei stehen vor allem die unternehmensinternen Ursachen von Interessenkonflikten deutscher Aktiengesellschaften im Mittelpunkt der internationalen Betrachtung. Unternehmensinterne Ursachen haben vor allem solche Interessenkonflikte, die sich aufgrund der Mitbestimmung der Arbeitnehmervertreter im Aufsichtsrat ergeben sowie des häufig in der Praxis zu beobachtenden unmittelbaren Wechsels von Vorstandsmitgliedern nach ihrem Ausscheiden in den Aufsichtsrat. Diese Interessenkonflikte sollen nachfolgend im Einzelnen bezüglich ihrer Grenzen und Lösungsmöglichkeiten analysiert werden.

6.3.2.1 Arbeitnehmervertreter im Aufsichtsrat

Arbeitnehmervertreter im Aufsichtsrat stehen regelmäßig in Interessenkonflikten, die sich aus ihrer arbeitsrechtlichen Stellung ergeben. Als weisungsabhängige Arbeitnehmer müssen sie den Vorstand, der zugleich ihr Arbeitgeber ist, überwachen. Zudem wird hinsichtlich der Aufsichtsratstätigkeit selbst einerseits von der Wählerschaft die Wahrnehmung der Arbeitnehmerinteressen erwartet, andererseits sind sie jedoch aktienrechtlich verpflichtet, den Vorstand unter der Leitmaxime des Unternehmensinteres-

---

[1629] Vgl. Hopt/Roth (2005), § 100 Rn. 197.
[1630] Sänger (2005), S. 158.

ses zu überwachen. Diese Konflikte resultieren letztlich aus den beiden im vorhergehenden Kapitel beschriebenen Aufsichtsratsfunktionen der Überwachung und des Interessenausgleichs. Durch die Konzeption des Aufsichtsrates als interessenpluralistisches Unternehmensorgan hat der Gesetzgeber Interessenkonflikte für die unternehmensangehörigen wie für die gewerkschaftsangehörigen Aufsichtsratsmitglieder zwingend festgeschrieben.[1631] Grundsätzlich sind sie im Sinne der zuvor beschriebenen Generalklauseln zu lösen, doch es gibt Situationen, in denen sich die Konflikte nicht lösen lassen und eine objektive Teilnahme an Beratung und Stimmausübung gefährdet ist.

Derartige Interessenkonflikte ergeben sich zum einen bei Arbeitskämpfen und zum anderen bei Betriebsvereinbarungen und Haustarifverträgen. Hinsichtlich der Teilnahme an Arbeitskämpfen ist zunächst zwischen rechtmäßigen und rechtswidrigen Arbeitskämpfen zu unterscheiden. Nach herrschender Meinung ist Aufsichtsratsmitgliedern die Teilnahme an rechtswidrigen Streiks untersagt, da diese dem Unternehmensinteresse widersprechen.[1632] Anders ist dies bei rechtmäßigen Arbeitskämpfen, während deren Dauer davon auszugehen ist, dass das Aufsichtsratsmandat weder ruht noch erlischt. Da das Mitbestimmungsgesetz explizit die Interessenvertretung im Aufsichtsrat vorsieht, kann den Arbeitnehmervertretern nicht die Ausübung ihrer in Art. 9 GG verfassungsrechtlich verbürgten Interessen verwehrt werden. Der Rechtsprechung des Bundesarbeitsgerichts zufolge stellt der Arbeitskampf ein legales Mittel der Lohnfindung dar und ist insoweit keine deliktisch relevante Schädigung des Unternehmens.[1633] Lediglich die Teilnahme an Beratungen und Abstimmungen, die im unmittelbaren Zusammenhang mit dem Verhalten des Unternehmens im Arbeitskampf stehen, ist nicht zulässig.[1634] Dies entspricht auch der Rechtsprechung des Bundesarbeitsgerichts, nach der die Mitbestimmungsrechte des Betriebsrates ruhen, sofern ihre Ausübung im Einzelfall Auswirkungen auf den Arbeitskampf hätte.[1635] Den Arbeitnehmervertretern ist somit eine passive Streikteilnahme gestattet.[1636]

Der aktiven Teilnahme von Aufsichtsratsmitgliedern an Arbeitskämpfen sind hingegen Grenzen gesetzt. So sind beispielsweise der Aufruf zum Streik und gegen das Unternehmen gerichtete polemische Reden unzulässig und nicht mit dem Unternehmensinteresse vereinbar. Eine aktive Streikteilnahme kann gemäß §§ 116, 93 AktG Scha

---

[1631] Vgl. Lutter/Krieger (2008), S. 350.
[1632] Vgl. Habersack (2008), § 100 Rn. 66; Lutter/Krieger (2008), S. 350 f.; Henssler (2006), § 26 Rn. 28 f.
[1633] Vgl. BAGE 23, 292 (306 f.).
[1634] Vgl. Henssler (2006), § 26 Rn. 29.
[1635] Vgl. BAGE 31, 372 (378 f.).
[1636] Vgl. Spindler (2007), § 116 Rn. 73; Mertens (1977), S. 307 ff.; Hopt/Roth (2005), § 116 Rn. 206.

densersatz- und Unterlassungsansprüche der Gesellschaft auslösen.[1637] Diese können sich nach § 117 AktG auch gegen Gewerkschaftsmitglieder richten, die einen entsprechenden Einfluss auf die Arbeitnehmervertreter im Aufsichtsrat ausüben.[1638] Zudem ist die Organisation eines Streiks in besonderem Maße geeignet, das Vertrauensverhältnis im Aufsichtsrat zu untergraben. In einer solchen Situation könnte das Aufsichtsratsmitglied beispielsweise von außen versuchen, Einfluss zu nehmen, um im Aufsichtsrat nicht durchgesetzten Vorstellungen zur Konkretisierung des Unternehmensinteresses zur Umsetzung zu verhelfen.[1639] Jedoch auch in dieser Fallkonstellation ist die grundsätzliche Entscheidung des Gesetzgebers für einen interessenpluralistischen Aufsichtsrat zu respektieren, zumal der Gesetzgeber nicht, wie im Betriebsverfassungsgesetz, eine explizite Friedenspflicht eingeführt hat.[1640] Insbesondere in Arbeitskämpfen unterliegen Aufsichtsratsmitglieder der Verschwiegenheitspflicht gemäß § 116 Satz 2 AktG. Das aktienrechtliche Unternehmensinteresse begründet somit für die Arbeitnehmervertreter nur eine Pflicht zur Neutralität, die sich in der Beschränkung auf eine passive Streikteilnahme niederschlägt.[1641] Bei der Teilnahme am Arbeitskampf selbst ist insofern Zurückhaltung geboten.[1642]

Nach Auffassung von ULMER/HABERSACK lässt sich dieser Konflikt nicht durch die Empfehlung von Zurückhaltung bei der Beratung im Aufsichtsrat lösen, wie LUTTER/KRIEGER es empfehlen.[1643] Dies sei unvereinbar mit der Gesamtverantwortung aller Aufsichtsratsmitglieder für die Willensbildung und Beschlussfassung im Aufsichtsrat. Entsprechendes gelte im Grundsatz auch für die Empfehlung, sich notfalls der Stimme zu enthalten. Als Lösung bietet sich nach Ansicht von ULMER/HABERSACK vielmehr an, zwischen den verschiedenen Tätigkeitsbereichen des

---

[1637] Vgl. Mertens (1977), S. 318.

[1638] Für Arbeitnehmervertreter im Aufsichtsrat, die zugleich Organmitglieder der Gewerkschaft sind, kann die Haftung auch nach §§ 823, 826 BGB begründet sein.

[1639] Vgl. Hopt/Roth (2005), § 100 Rn. 160.

[1640] Vgl. § 74 Abs. BetrVG. Zudem ist das Streikrecht über Art. 9 Abs. 3 GG höherrangig geschützt als die aktienrechtlichen Treuepflichten der Aufsichtsratsmitglieder.

[1641] Vgl. Mertens (1996), Anh. § 96 Rn. 97; Mertens (1977), S. 312; Geßler (1974), § 96 Rn. 63.

[1642] Daran hat es der Vorsitzende der Gewerkschaft ver.di, Frank Bsirske, im Konflikt mit der Lufthansa AG, deren stellvertretender Aufsichtsratsvorsitzender er war und ist, fehlen lassen. Im Dezember 2002 stand die Gewerkschaft Ver.di in schwierigen Tarifverhandlungen mit den Arbeitgebern der öffentlichen Hand. Um den Widerstand zu schmälern bzw. zu brechen, beantragte die zuständige Tarifkommission bei der Bundesstreikleitung Warnstreiks für Beschäftigte der Flughäfen. Bsirske war weder Mitglied der Streikleitung noch der Tarifkommission und somit nicht direkt am Streikbeschluss beteiligt. In den Medien hat er offen zur Streikteilnahme aufgerufen. Der Lufthansa, die an der eigentlichen Tarifauseinandersetzung nicht beteiligt war, entstand durch diesen Streik ein Schaden von mindestens 10 Mio. Euro. Infolgedessen ist Bsirske in der Hauptversammlung am 18. Juni 2003 die Entlastung verweigert worden. Entsprechend der Rechtsauffassung von Lutter/Quack ist er de lege lata nicht schadensersatzpflichtig. Vgl. Lutter/Quack (2005), S. 259 ff.

[1643] Vgl. Ulmer/Habersack (2006), § 25 Rn. 97; Lutter/Krieger (2008), S. 351.

Aufsichtsratsmitgliedes zu differenzieren.[1644] Soweit es um die Wahrnehmung der Organfunktion im Aufsichtsrat geht, muss uneingeschränkt der Vorrang des Unternehmensinteresses gelten. Das Aufsichtsratsmitglied steht zunächst in einem strengen Loyalitätsverhältnis zum Unternehmen. Es darf im Rahmen der Organtätigkeit weder auf eigene Interessen noch auf Interessen Dritter Rücksicht nehmen, „selbst wenn es einem Dritten gegenüber kraft seiner beruflichen Stellung oder einer vertraglichen Pflicht zur Interessenwahrnehmung zur Wahrnehmung dieser Interessen verpflichtet ist"[1645]. Die Interessen der Arbeitnehmer oder der im Unternehmen vertretenen Gewerkschaften sind gemäß den in Kapitel 3 genannten Grenzen in den Beratungsprozess einzubringen. Eine derartige Differenzierung zwischen Organfunktion und Tätigkeiten außerhalb der Unternehmenssphäre bezüglich der Pflichten im Aufsichtsrat ist letztlich äquivalent zu der weit verbreiteten Differenzierung zwischen aktiver und passiver Streikteilnahme.

Für Tätigkeiten außerhalb der Unternehmenssphäre gilt der unbedingte Vorrang des Unternehmensinteresses dagegen nicht. Aufsichtsratsmitglieder stehen dem Unternehmen auch insoweit „nicht wie beliebige Dritte gegenüber, sondern müssen auf ihr Aufsichtsratsamt Rücksicht nehmen. Sie dürfen insbesondere den Vorstand nicht zu solchen Rechtsgeschäften oder Maßnahmen veranlassen, die sie im Rahmen ihrer Aufsichtsratsfunktion zu beanstanden hätten. (...) Die Verfolgung (...) der (Interessen) ihres Haupt- oder sonstigen Nebenamtes brauchen sie jedoch nicht schon deshalb zu unterlassen, weil diese sich für das Unternehmen nachteilig auswirken könnte."[1646] Eine problematische Interessenkollision entsteht deshalb regelmäßig nur dann, wenn im Aufsichtsrat Angelegenheiten behandelt werden, an denen ein Arbeitnehmervertreter auch außerhalb des Aufsichtsrates beteiligt war. Eine Konkretisierung und Weiterentwicklung dieser im Grenzbereich noch unscharfen Ansätze durch die Rechtsprechung bleibt abzuwarten.

Bei Betriebsvereinbarungen und Haustarifverträgen entstehen Interessenkonflikte, wenn Arbeitnehmervertreter maßgeblich am Zustandekommen dieser Vereinbarungen beteiligt waren. Da die Mitwirkung im Entstehungsprozess derartiger Vereinbarungen regelmäßig bereits zurückliegt und zum Zeitpunkt der Entscheidung im Aufsichtsrat bereits abgeschlossen ist, dürfen die betroffenen Arbeitnehmervertreter aufgrund ihrer

---

[1644] Vgl. Ulmer/Habersack (2006), § 25 Rn. 98. Im Ansatz auch Mertens (1996), § 116 Rn. 23 ff.; Hüffer (2008), § 116 Rn. 5; Semler (2004), § 116 Rn. 219 ff.; Marsch-Barner (1999), S. 633 ff.
[1645] Mertens (1996), § 116 Rn. 23. Vgl. auch BGH (1980) NJW, S. 1630.
[1646] Ulmer/Habersack (2006), § 25 Rn. 98. Vgl. auch Mertens (1996), § 116 Rn. 24.

persönlichen Befangenheit ihr Stimmrecht nicht ausüben.[1647] Eine Entscheidung in eigener Sache ist nicht zuletzt gemäß § 34 BGB unzulässig und führt zum Ausschluss vom Stimmrecht. Nicht einwenden lässt sich in diesem Kontext, die Vereinbarung diene in aller Regel dem Unternehmensinteresse, denn dieses zu prüfen ist die Aufgabe des Aufsichtsrates.

Durch die beiden Aufsichtsratsfunktionen der Überwachung und des Interessenausgleichs können sich für Aufsichtsratsmitglieder Interessenkonflikte ergeben. Insbesondere für die Arbeitnehmervertreter ist eine unabhängige Kontrolle mitunter sehr erschwert. „In the light of this odd conflict-inclined situation, the existence of the present co-determination underlies the tolerance of the AktG concerning conflicts of interest for supervisory members. Anyway, neither the German Stock Corporation nor the German Corporate Governance Code enters explicitly into this challenge for independence, which is some kind of fundamental structural problem."[1648] Die Tatsache, dass bei Arbeitnehmervertretern „ein natürlicher Interessengegensatz"[1649] in Kauf genommen wird, darf jedoch nicht, wie SEMLER zu Recht mahnt, auf andere Interessenkollisionen verallgemeinert werden, um diese dadurch zu legitimieren.

6.3.2.2 Wechsel von Vorstandsmitgliedern in den Aufsichtsrat

Die strikte Organtrennung im deutschen Aktienrecht scheint zu garantieren, dass der Aufsichtsrat den Vorstand unabhängig kontrolliert. Faktisch wird diese Trennung jedoch häufig unterlaufen. In den Aufsichtsräten vieler DAX-100-Gesellschaften ist es gängige Praxis, dass ausscheidende Vorstandsmitglieder in den Aufsichtsrat wechseln und ehemalige Vorstandsvorsitzende den Vorsitz des Aufsichtsrates übernehmen.[1650, 1651] Einem Wechsel von ehemaligen Vorstandsmitgliedern in den Aufsichtsrat stehen derzeit keine formalen gesetzlichen Normen entgegen.[1652]

Ehemalige Vorstände kennen das zu kontrollierende Unternehmen genau und verfügen über umfassende Erfahrungen mit den Entscheidungsträgern.[1653] Zudem bringen sie spezifische Branchenkenntnisse und Kenntnisse des Wettbewerbsumfelds mit, die die

---

[1647] Vgl. Semler/Stengel (2003), S. 3; Lutter/Krieger (2008), S. 351. Ulmer/Habersack (2006) § 25 Rn. 28.

[1648] Sänger (2005), S. 162 f.

[1649] Semler (2004), § 100 Rn. 148.

[1650] Vgl. Wirth (2005), S. 339.

[1651] Bei den DAX-30-Unternehmen waren hingegen im Geschäftsjahr 2007 5,2 % der Aufsichtsratsmitglieder im Vorstand des Unternehmens. Siehe hierzu die Ergebnisse in Kapitel 6.4.3.1. Infolgedessen scheint die Hypothese begründet, dass je kleiner das Unternehmen ist, desto häufiger wechseln Vorstandsmitglieder in den Aufsichtsrat. Vgl. Kramarsch/Filbert (2008).

[1652] Vgl. Hüffer (2006), S. 642; Wirth (2005), S. 341.

[1653] Vgl. Kremer (2008), S. 274.

Aufsichtsratsarbeit erleichtern. Mit diesem Wissen sind ehemalige Vorstandsmitglieder hinreichend kompetent, um sowohl den Vorstand zu kontrollieren und zu beraten als auch entsprechende Informationen an die übrigen Mitglieder des Aufsichtsrates weiterzugeben. Darüber hinaus führt SCHULTE-NOELLE in diesem Zusammenhang an, dass sich andernfalls eine Informationsasymmetrie im Aufsichtsrat als praktische Konsequenz ergebe, denn die sieben Arbeitnehmervertreter eines 20-köpfigen Aufsichtsrates verfügen in der Regel über unternehmens- und branchenspezifisches Wissen, während sich auf der Anteilseignerseite in der Regel unternehmerische Erfahrung und wirtschaftlicher Sachverstand konzentriert, der jedoch in anderen Branchen gesammelt wurde.[1654] Da das Wissen über das „Innenleben" des Unternehmens sowie die Spezifika seines Geschäftes für die Arbeit des Aufsichtsrates wertvoll und unverzichtbar ist, stellt sich die Frage, ob es im Sinne einer guten Unternehmensführung sinnvoll ist, dieses ausschließlich der Arbeitnehmerbank zu überlassen. Durch den Wechsel von Vorstandsmitgliedern in den Aufsichtsrat wird zudem auch häufig die Kontinuität der Unternehmenspolitik sichergestellt oder zumindest bestärkt. Somit scheint es zunächst, dass Aufsichtsräte mit dem Wissen ehemaliger Vorstandsmitglieder ihre Funktion besser ausfüllen können als Organe ohne dieses Wissen.

Mit dem Wechsel von Vorstandsmitgliedern in den Aufsichtsrat geht jedoch zugleich die Gefahr einher, dass unternehmerische Entscheidungen und Fehlentscheidungen perpetuiert werden.[1655] Ein ehemaliges Vorstandsmitglied wird die von ihm ausgearbeitete Strategie in der Regel nicht für falsch erklären, nur weil es jetzt Aufsichtsratsmitglied ist. Notwendige Änderungen, wie beispielsweise stärkere Diversifikationen oder Expansionen, werden unter Umständen verhindert, denn hätte der ehemalige Vorstand diese Notwendigkeit erkannt, hätte er sie bereits in seiner Amtszeit vorgenommen. In Anbetracht der retrospektiven Kontrolle kann es passieren, dass ehemalige Vorstandsmitglieder zum Richter in eigener Sache werden müssen. In diesem Falle steht dem Aufsichtsratsmitglied sogar von Gesetzes wegen kein Stimmrecht zu.[1656] Nach Ansicht HÜFFERS kann infolgedessen „bei einem mehr oder minder unmittelbaren Wechsel (...) die innere Distanz gegenüber dem Vorstand (...) nicht gegeben sein"[1657]. ROTH/WÖRLE formulieren dies etwas überspitzt wie folgt: „Wenn dieselbe Person am Vormittag den Vorstandsvorsitz führt und nachmittags in einem Aufsichtsrat mitstimmt, bedarf es schon fast einer Bewusstseinsspaltung, um beiden Aufgaben

---

[1654] Vgl. Schulte-Noelle (2006), S. 53.
[1655] Vgl. Roth/Wörle (2004), S. 586; Kremer (2008), S. 274; Clemm (1996), S. 272.
[1656] Dies folgt aus dem allgemeinen Rechtsgrundsatz des § 34 BGB. Vgl. Lutter/Krieger (2008), S. 348.
[1657] Hüffer (2006), S. 642.

gerecht zu werden. Auch dem praktizierenden Arzt fällt es bekanntermaßen schwer, als Gutachter einem Kollegen einen Kunstfehler nachzuweisen."[1658]

Dass eine derartige Organstrukturierung mit großen Schwierigkeiten behaftet ist und letztlich der formalen Trennung von Geschäftsführung und Überwachung widerspricht, hat auch der Gesetzgeber erkannt, wie in der Begründung des UMAG deutlich wird: „Es kann typischerweise nicht erwartet werden, dass derjenige Ansprüche verfolgt, der dem Ersatzpflichtigen kollegial oder geschäftlich verbunden, ihm für seine eigene Bestellung zu Dank verpflichtet ist, oder er Gefahr läuft, dass im Verfahren seine eigenen Versäumnisse aufgedeckt werden."[1659] Nicht zuletzt in Anbetracht der in Kapitel 6.1.1 beschriebenen Kooptation können Interessenkollisionen entstehen, die eine unabhängige Überwachung des Vorstandes unwahrscheinlich werden lassen. Insofern ist es nicht verwunderlich, dass im internationalen Vergleich „the appointment of former management board members is strongly disapproved and that independence of supervisory board members is defined as being not affiliated with the company for the last five years"[1660].

Der Deutsche Corporate Governance Kodex empfiehlt in DCGK 5.4.2, dass nicht mehr als zwei ehemalige Vorstandsmitglieder dem Aufsichtsrat angehören sollen. Da seitens der Kodexkommission die zeitliche Einschätzung, wann ein Konfliktpotential bei einem Aufsichtsratsmitglied aus seiner vormaligen Vorstandstätigkeit völlig ausgeschlossen werden kann, als schwierig erachtet wird, verzichtet der Kodex auf die Festlegung einer Frist und erstreckt die Restriktion der Kodexempfehlung auf alle ehemaligen Vorstandsmitglieder der Gesellschaft.[1661] Gemäß DCGK 5.4.4 wird zudem empfohlen, dass der Wechsel des bisherigen Vorstandsvorsitzenden in den Aufsichtsratsvorsitz oder den Vorsitz eines Aufsichtsratsausschusses „nicht die Regel" sein soll. In Anbetracht der in 5.4.1 Satz 2 DCGK empfohlenen Altersgrenze für Aufsichtsratsmitglieder stehen ehemalige Vorstandsmitglieder vor dem Problem, entweder ihre Unabhängigkeit gegenüber der Gesellschaft und dem amtierenden Vorstand noch nicht erlangt zu haben oder schon oberhalb der Altersgrenze zu liegen. Immer besteht jedoch die Gefahr, dass sich Netzwerke von Organmitgliedern bilden, die sich nicht in erster Linie am Unternehmensinteresse orientieren, sondern an ihren persönlichen und internen Interessen. Um den Einfluss derartiger Netzwerke zu begrenzen, sollte die Kodexempfehlung hinsichtlich der Beschränkung der Anzahl ehemaliger Vorstandsmitglieder im Aufsichtsrat durch eine gesetzliche Norm verstärkt werden.

[1658] Roth/Wörle (2004), S. 628.
[1659] Deutscher Bundestag (2005), Drucksache 15/5092, S. 20.
[1660] Sänger (2005), S. 160.
[1661] Vgl. Kremer (2008), S. 270.

Letztlich liegt es in der Verantwortung der Hauptversammlung, zu entscheiden, ob sie nach Abwägen der Chancen und Risiken einer nur eingeschränkt unabhängigen Kontrolle den Wechsel von ausscheidenden Vorstandsmitgliedern in den Aufsichtsrat befürwortet oder nicht. Die Einführung einer Sperrfrist von beispielsweise fünf Jahren, wie es die Empfehlung der EU-Kommission fordert,[1662] ist durchaus kritisch zu beurteilen, da infolge einer Cooling-off-Periode die erworbene Sachkunde des ausscheidenden Vorstandsmitgliedes verloren ginge und die Hauptversammlung ihrer Kompetenz beraubt würde, diese Qualifikation im Einzelfall höher als die Unabhängigkeit zu gewichten. Um die Entscheidungsfähigkeit der Hauptversammlung zu stärken, sollte im Kodex geregelt werden, dass Auswahlentscheidungen für künftige Aufsichtsratsmitglieder in Abwesenheit sowohl des Vorstandes als auch des Kandidaten erfolgen muss. Darüber hinaus sollte sowohl der Aufsichtsrat de lege ferenda dazu verpflichtet werden, seine Personalvorschläge für die Besetzung schriftlich zu begründen, als auch die Hauptversammlung dazu, über jeden Vorschlag einzeln abzustimmen. Eine der wichtigsten Entscheidungen würde so in einer ihrer Bedeutung angemessenen Weise erfolgen.

6.3.3 Unternehmensexterne Ursachen von Interessenkonflikten

6.3.3.1 Aufsichtsratstätigkeit in mehreren Unternehmen

Eines der zentralen Probleme hinsichtlich der unabhängigen und effizienten Überwachung resultiert aus der Tätigkeit von Aufsichtsratsmitgliedern in mehreren Unternehmen. Der Sachverhalt, dass eine Person Mandatsträger in Organen von zwei oder mehreren Unternehmen ist, wird in der Literatur als personelle Verbindung bezeichnet.[1663] „In general, the more mandates a person holds the more difficult it becomes to focus on the duties and responsibilities associated with each of theses mandates. It is almost impossible for any one individual to identify with the duties and responsibilities associated with the particular mandate as supervisory board member if he is a member of too many supervisory boards"[1664], wie SÄNGER konstatiert. Um die Effizienz der Aufsichtsratstätigkeit zu erhöhen und persönliche Interessenkonflikte im Hinblick auf die zur Verfügung zu stellende Arbeitskraft zu vermeiden, sollte die Anzahl der gleichzeitig ausgeübten Aufsichtsratsmandate begrenzt werden. SÄCKER schlägt beispielsweise vor, die Anzahl auf zwei Aufsichtsratsmandate außerhalb des eigenen

---

[1662] Vgl. Europäische Kommission (2005), S. 63.
[1663] Vgl. Roth/Wörle (2004), S. 587.
[1664] Sänger (2005), S. 168.

Konzerns zu begrenzen.[1665] Seiner Berechnung zufolge kostet ein Aufsichtsratsmandat „professionell wahrgenommen mindestens 12 Arbeitstage im Jahr; zwei Mandate verschlingen also bereits fast einen Monat Arbeitskraft"[1666]. Für Outside Directors wird in den USA pro Mandat gar ein durchschnittlicher Arbeitsaufwand von 20 Arbeitstagen pro Jahr angenommen.[1667] FICH/SHIVDASANI kommen in einer empirischen Studie zu folgendem Ergebnis: „A majority of outside directors hold three or more boards seats have significantly lower market-to-book ratios than firms in which a majority of outside directors hold fewer than three board seats."[1668] Bei der Bestimmung der Anzahl der Mandate ist grundsätzlich zu berücksichtigen, dass Aufsichtsratsmitglieder, die ihr Mandat als Nebenamt ausüben, zusätzlich ihre arbeitsvertraglichen Pflichten gegenüber ihrem hauptberuflichen Arbeitgeber zu erfüllen haben. Zu viele weitere Mandate gehen letztlich zulasten der Gründlichkeit in der Überwachung. In der Literatur wird daher des Öfteren die Begrenzung auf maximal fünf Mandate angeregt.[1669]

Der Deutsche Corporate Governance Kodex beinhaltet in DCGK 5.4.5 eine entsprechende Empfehlung für Aufsichtsratsmitglieder, der zufolge sollten Aufsichtsratsmitglieder, die gleichzeitig einem Vorstand angehören, nicht mehr als fünf Mandate wahrnehmen. Der Kodex weicht somit von der gesetzlichen Regelung zur Höchstzahl der Aufsichtsratsmandate in § 100 Abs. 2 Satz 1 AktG ab. Durch diese Empfehlung will der Kodex sicherstellen, dass gerade diesem Personenkreis „sowohl eine sachgerechte Aufsichtsratsarbeit als (auch) die Konzentration auf (die) hauptberufliche Tätigkeit, nämlich die Unternehmensleitung einer börsennotierten Gesellschaft, möglich bleibt"[1670].

Der Kodex verfolgt insofern einen richtigen Ansatz. Um diese Empfehlung rechtlich verbindlich zu machen, wäre eine explizite Begrenzung der Anzahl der Mandate im Gesetz sinnvoll. Sie sollte jedoch lediglich für börsennotierte Aktiengesellschaften gelten, da die Arbeitsbelastung in nicht börsennotierten Unternehmen aufgrund der fehlenden gesetzlichen Publizitäts- und Kontrollvorschriften in der Regel deutlich geringer ist. Bei der Berechnung der Mandate sollten zudem Mandate in ausländischen Unternehmen mit berücksichtigt werden und der Aufsichtsratsvorsitz doppelt zählen, da dieser in der Praxis ein deutlich höheres Engagement erfordert.[1671] Letzteres ver-

---

[1665] Vgl. Säcker (2004), S. 184.
[1666] Säcker (2004), S. 184.
[1667] Vgl. Baums (2001), S. 94.
[1668] Fich/Shivdasani (2004), S. 691.
[1669] Vgl. Sänger (2005), S. 168 f.; Baums (2001), S. 95.
[1670] Kremer (2008), S. 276.
[1671] Im Geschäftsjahr 2007 hatten sechs Aufsichtsratsvorsitzende gar den Vorsitz von zwei Kontrollgremien von DAX-Unternehmen inne: Gerhard Cromme (ThyssenKrupp, Siemens); Manfred

deutlicht in aller Regel auch die Vergütungsstruktur. Konzernmandate im Sinne des § 100 Abs. 2 Satz 2 AktG sollten in dieser Berechnung nach wie vor unberücksichtigt bleiben, da deren Wahrnehmung in Konzerngesellschaften zur typischen Vorstandstätigkeit zählt. Zudem ist es letztlich unerheblich, ob Unternehmensbereiche als unselbständige Abteilungen oder als Tochtergesellschaften vom Vorstand überwacht werden.[1672] Unter Berücksichtigung des durchschnittlichen Arbeitsaufwandes und den zuvor genannten Berechnungsmodalitäten erscheint eine gesetzliche Begrenzung auf maximal fünf Mandate als sinnvoll. Eine stärkere Begrenzung der maximal zulässigen Aufsichtsratsmandate pro Person hätte den gesamtwirtschaftlichen Effekt, dass sich Aufsichtsratsmandate in Aktiengesellschaften auf mehr Personen verteilen.

6.3.3.2 Mandate bei Wettbewerbsunternehmen

Nach geltendem Recht und herrschender Meinung ist es zulässig, dass ein Mitglied des Aufsichtsrates eines konkurrierenden Unternehmens zum Aufsichtsrat der Gesellschaft gewählt wird.[1673] Gleiches ist für den Fall anzunehmen, dass die der Hauptversammlung vorgeschlagene Person Mitglied des Vorstandes eines Wettbewerbers ist.[1674] Aufsichtsratsmitglieder mit einer solchen Doppelzugehörigkeit sind mitunter starken Interessenskonflikten ausgesetzt – beispielsweise, wenn sie bei der Beschlussfassung über eine strategische Maßnahme über Wissen verfügen, wie der Wettbewerber in diesem Punkt vorgehen wird. Dieses Wissen wird als sensibles Wissen bezeichnet.[1675] Das betreffende Aufsichtsratsmitglied befindet sich, auch ohne Vorliegen eines persönlichen Interessengegensatzes, in einem Wissenszustand, der es nicht mehr als neutralen Aufsichtsrat erscheinen lässt.[1676] Derartige Doppelfunktionen haben, wie das Bundeskartellamt regelmäßig zu § 37 Abs. 1 Nr. 4 GWB feststellt, durchaus einen

---

Schneider (Bayer, Linde); Jürgen Weber (Deutsche Lufthansa, Deutsche Post); Ferdinand Piech (MAN, Volkswagen); Kurt Viermetz (Deutsche Börse, Hypo Real Estate); Hubertus von Grünberg (Continental, Deutsche Telekom). Nach Einschätzung von Böcking wenden Aufsichtsratsvorsitzende von DAX-30-Unternehmen für diese Tätigkeit gar 80 bis 100 Arbeitstage pro Jahr auf. Vgl. Wirtschaftswoche vom 16. Februar 2009 „100 Tage Arbeit", S. 116.

[1672] Vgl. Bellavite-Hövermann/Lindner/Lüthje (2005), S. 15.

[1673] Vgl. Kübler/Assmann (2006), S. 214; Mertens (1996), § 100 Rn. 11; Hopt/Roth (2005), § 100 Rn. 154; Habersack (2008), § 100 Rn. 58; Marsch-Barner (1999), S. 643.

[1674] Bestandteil des Entwurfes zum KonTraG war eine Regelung, wonach es untersagt gewesen wäre, gleichzeitig in den Aufsichtsräten konkurrierender Unternehmen tätig zu sein. Sie wurde jedoch in die endgültige Fassung des Gesetzes nicht aufgenommen. Der Gesetzgeber hat sich lediglich auf die Einführung der Publizität nach §§ 125 Abs. 1 Satz 3, 128 Abs. 2 AktG beschränkt. Vgl. Deutscher Bundestag (1995), Drucksache 13/367, S. 2; Deutscher Bundestag (1998), Drucksache 13/9712, S. 17.

[1675] Vgl. Semler (2004), § 100 Rn. 143.

[1676] Vgl. Semler (2004), § 100 Rn. 143.

wettbewerbsrelevanten Einfluss.[1677] Zudem erschweren sie dem Vorstand „eine ungeschminkte Berichterstattung gemäß § 90 Abs. 4 AktG und dem Aufsichtsrat eine umfassende Beratung des Vorstandes, wenn Manager aus Konkurrenzunternehmen oder Unternehmen der vor- und nachgelagerten Wirtschaftsstufe zuhören"[1678]. Aufsichtsräte sind in einer derartigen Fallkonstellation zweifellos falsch besetzt. Unstrittig scheint, dass solche Konflikte nichts an der Pflicht des einzelnen Aufsichtsratsmitgliedes zur ordnungsgemäßen Amtsausübung ändert. Bei einer Schädigung der Gesellschaft ist von einer Schadenersatzpflicht auszugehen.

In Anlehnung an den Vorschlag der Baums-Kommission empfiehlt der Kodex in DCGK 5.4.2: „Aufsichtsratsmitglieder sollen keine Organfunktionen oder Beratungsaufgaben bei wesentlichen Wettbewerbern des Unternehmens ausüben."[1679] Durch den Verweis auf Organfunktionen und Beratungsaufgaben werden sowohl Vorstands- und Aufsichtsratsmandate als auch Beiratsmitglieder erfasst. Nach Auslegung des Kommentars zum Deutschen Corporate Governance Kodex sind Wettbewerber nur diejenigen, die auf den Märkten tatsächlich im Wettbewerb zueinander stehen.[1680] Potentieller Wettbewerb ist gemäß der Zielsetzung des Kodex nicht ausreichend.[1681] Da die Einhaltung dieser Empfehlung nur nach § 161 AktG offenzulegen ist, stellt die Nichteinhaltung die Wirksamkeit der Wahl nicht in Frage. Allerdings kann der Interessenkonflikt zu einer Abberufung aus wichtigem Grund führen.[1682] Das betroffene Aufsichtsratsmitglied ist unter Umständen sogar selbst verpflichtet, das Amt niederzulegen.[1683]

Letztlich ist es de lege lata der Verantwortung der Hauptversammlung überlassen, ob sie eine Person angesichts der Umstände, die eine Interessenkollision mit sich bringen, in den Aufsichtsrat wählen. Es wäre sinnwidrig, Personen zu wählen, bei denen der Interessenkonflikt so massiv auftritt, dass die Person fortgesetzt aufgrund der Interessenkonflikte der Aufsichtsratstätigkeit nicht nachkommen kann bzw. darf.[1684] Eine solche Situation ist bei Mitgliedern eines Unternehmens zu vermuten, das ständig im zentralen Tätigkeitsbereich zu der Gesellschaft im Wettbewerb steht, in deren Aufsichtsrat die Person gewählt werden soll. Diese Vermutung kann nach Auffassung DRYGALAS entkräftet werden, wenn besondere Umstände vorliegen, z.B. die Konkur-

---

[1677] BKartA (2003), B8 24/02, S. 9; B8 144/02, S. 6 ff.
[1678] Säcker (2004), S. 183.
[1679] Vgl. Baums (2001), S. 95 f.
[1680] Vgl. Kremer (2008), S. 271.
[1681] Zudem ist auf eine Konzernbetrachtung abzustellen, d.h. nicht jeder Wettbewerber einer einzelnen Business Unit eines einzelnen Segments oder einer einzelnen Sparte ist zugleich wesentlicher Wettbewerber des Gesamtkonzerns. Vgl. Kremer (2008), S. 271.
[1682] Vgl. Mertens (1996), §100 Rn. 11.
[1683] Vgl. Marsch-Barner (1999), S. 645; Hüffer (2008), § 103 Rn. 17.
[1684] Drygala (2008), § 100 Rn. 17.

renzsituation demnächst enden wird oder ausnahmsweise weniger intensiv ist, da es sich um eine Holding ohne operative Tätigkeit handelt.[1685] Entsprechendes kann bereits heute in der Satzung des Unternehmens geregelt werden. Um künftig derartige Interessenkonflikte auszuschließen, die die neutrale und unabhängige Kontrolltätigkeit des Aufsichtsrates nachhaltig beeinflussen können, ist rechtspolitisch ein gesetzlich geregeltes allgemeines Wettbewerbsverbot wünschenswert, denn die Organmitgliedschaft in konkurrierenden Unternehmen führt in der Regel zu Wertungswidersprüchen, denen keine grundlegenden Vorteile für das Unternehmen gegenüber stehen.

6.3.3.3 Bankenvertreter im Aufsichtsrat

Besondere Konfliktsituationen ergeben sich für Aufsichtsratsmitglieder, die Organmitglieder oder Angestellte einer Bank sind. Entgegen der häufig missverständlichen, aber gebräuchlichen Wortwahl „Bankenvertreter" sind diese keine unmittelbaren Vertreter ihrer Bank im jeweiligen Aufsichtsrat, sondern selbstverantwortliche Organmitglieder und dem Unternehmensinteresse des zu kontrollierenden Unternehmens verpflichtet.[1686] Aufgrund ihrer speziellen Kenntnisse sind sie insbesondere zur Kontrolle des Vorstandes im Bereich des Finanzmanagements befähigt. Die Stellung einer Bank als Großkreditgeber ist aus ökonomischer Sicht mit der eines Eigenkapitalgebers vergleichbar, der seine Kontrollrechte im Aufsichtsrat wahrnimmt. Bei Bankenvertretern können jedoch drei strukturelle Interessenkonflikte auftreten: Ein erster Konflikt kann im Verhältnis der Gesellschaft zur Bank begründet sein. So kann die Darlehensaufnahme bei einer anderen Bank als der des Mandatsträgers zu Konflikten führen. Wie wird wohl dessen Entscheidung im Aufsichtsrat ausfallen, wenn zwischen dem Angebot seiner Bank und dem einer anderen Bank mit günstigeren Konditionen zu entscheiden ist? Zudem dürfen die Bankenvertreter keine Kenntnisse aus ihrer Aufsichtsratätigkeit zulasten des Unternehmens im Rahmen ihrer hauptberuflichen Tätigkeit nutzen bzw. die ihm auferlegte Verschwiegenheitspflicht verletzen, auch wenn die Verwertung des erlangten Wissens in dem anderen Pflichtbereich nützlich oder gegebenenfalls gar geboten wäre.[1687] Gemäß der Rechtsprechung des BGH gilt hier der Grundsatz der Rollentrennung und das Aufsichtsratsmitglied hat ausschließlich im Unternehmensinteresse zu handeln.[1688]

[1685] Drygala (2008), § 100 Rn. 17.
[1686] Vgl. Mertens (1996), § 116 Rn. 25; Spindler (2007), § 116 Rn. 75.
[1687] Vgl. Spindler (2007), § 116 Rn. 75.
[1688] Vgl. BGH (1980) NJW, S. 1629.

Ein weiterer Interessenkonflikt kann sich zwischen dem Unternehmen und der Bank als Vertragspartner eines Dritten ergeben. Über einen derartigen Interessenkonflikt hatte der BGH im Zusammenhang mit dem Konkurs des Bankhauses Herstatt[1689] zu entscheiden:[1690] Ein Vorstandsmitglied der Bank war zugleich Aufsichtsratsmitglied eines Unternehmens A und als solches in die Sanierungsgespräche eingeschaltet. In diesem Zusammenhang stellt sich die Frage, ob die Bank gegenüber ihren Kunden zur Aufklärung verpflichtet ist, wenn diese mit dem insolvenzgefährdeten Unternehmen A Geschäfte abschließen wollen. Da das Wissen um die drohende Insolvenz jedoch nicht der Bank, sondern dem betreffenden Aufsichtsratsmitglied zuzurechnen ist, unterliegt er der Verschwiegenheitspflicht. Eine Aufklärung der Bank würde somit den Verdacht auf eine Verletzung der Treuepflichten durch das Aufsichtsratsmitglied hervorrufen.

Ein dritter Konfliktbereich kann sich ergeben, wenn ein Bankenvertreter gleichzeitig mehreren Aufsichtsräten angehört. Sofern es sich hierbei um Konkurrenzunternehmen handelt, ist ein Fall wettbewerbsbedingter Inkompatibilität gegeben, wie er im vorhergehenden Kapitel beschrieben wurde.[1691] Auch hier gilt der Grundsatz der Rollentrennung.

6.3.3.4 Interessenkonflikte bei Unternehmensübernahmen

Insbesondere bei Unternehmensübernahmen kann es zu starken Interessenkonflikten kommen, wenn ein Vertreter des Bieters Mitglied im Aufsichtsrat der Zielgesellschaft ist. Gleiches gilt selbstverständlich im umgekehrten Fall. Bei freundlichen Übernahmen treten Interessenkonflikte in der Regel nicht auf.[1692] Bei feindlichen Übernahmen bestehen regelmäßig erhebliche Interessenunterschiede zwischen Bieter- und Zielgesellschaft, da der Kontrollerwerb gegen den Willen der Unternehmensleitung erfolgt. Häufig handelt es sich bei feindlichen Übernahmen um eine wettbewerbsbedingte In-

---

[1689] Das Kölner Bankhaus I. D. Herstatt musste am 27. Juni 1974 wegen Überschuldung Liquidationsvergleich beantragen, nachdem im Devisenhandel Verluste von 480 Millionen DM entstanden waren. Es war der bis dahin größte Zusammenbruch einer Bank in der deutschen Nachkriegsgeschichte.

[1690] Vgl. BGH (1978) WM, S. 588 ff.; Lutter/Krieger (2008), S. 354.

[1691] Nach Ansicht von Gerke/Mager ist in einer solchen Fallkonstellation und unter der Bedingung, dass die Bank auf beide oder mehrere im Wettbewerb stehenden Unternehmen einen entscheidenden Einfluss ausübt, davon auszugehen, dass es tendenziell zu einem wettbewerbsbeschränkenden Verhalten kommt, das nicht zuletzt die gesamtwirtschaftliche Wohlfahrt senkt. Vgl. Gerke/Mager (2003), S. 558.

[1692] Als Ausnahme verweisen Lutter/Krieger auf eine Situation, in der der Vorstand der Zielgesellschaft nur wegen eines großzügigen Abfindungsangebotes zur Übernahme bereit ist. In diesem Falle bleibt die Frage der Stimmberechtigung von Aufsichtsratsmitgliedern, die zugleich Vertreter der jeweils anderen Gesellschaft sind, relevant. Diese müssen bei „nur leisen Anzeichen, dass die Übernahme nicht im Interesse der Gesellschaft liegen könnte" (Lutter/Krieger (2008), S. 355), ihr Mandat ruhen lassen.

kompatibilität, denn die Konkurrenz ist in vielen Fällen gerade Auslöser des Übernahmeversuchs.

Kreditinstituten kommt bei Unternehmensübernahmen aufgrund ihrer Finanzkraft und ihres Know-hows in Übernahmefragen regelmäßig eine tragende Rolle zu. So kann es sein, dass ein Kreditinstitut vom Bieter beauftragt wird, beratend oder finanzierend beim Erwerb einer Zielgesellschaft mitzuwirken, dessen Aufsichtsrat ein Vorstandsmitglied des Kreditinstitutes angehört. Ähnliche Konflikte ergeben sich, wenn der Repräsentant des Kreditinstitutes dem Aufsichtsrat des Bieters angehört und das Kreditinstitut zugleich in geschäftlicher Beziehung zur Zielgesellschaft steht.[1693] In all diesen Fällen hat das Aufsichtsratsmitglied sein Handeln am Unternehmensinteresse des zu überwachenden Unternehmens auszurichten. Aufsichtsratsmitglieder des Bieterunternehmens, die zugleich dem Vorstand des die Übernahme begleitenden Kreditinstitutes angehören, treffen vor allem Verschwiegenheitspflichten gegenüber dem Vorstand des Kreditinstitutes.[1694]

Nach herrschender Meinung hat jedes Aufsichtsratsmitglied im Konfliktfall, gleichgültig, ob es im Ziel- oder Bieterunternehmen tätig ist, bei seiner Mandatsausübung ohne Rücksicht auf andere Interessen ausschließlich das Interesse des von ihm beaufsichtigten Unternehmens zu befolgen.[1695] Das Interesse des Unternehmens, dem er hauptberuflich angehört, darf dem nicht entgegenstehen und nicht handlungsleitend wirken.[1696] Das Aufsichtsratsmitglied darf dabei „nichts tun, was dem Unternehmen und dem Ansehen der Organe schadet"[1697]. Sobald es sich abzeichnet, dass die Interessen von Bieter- und Zielunternehmen konfligieren, muss das Aufsichtsratsmitglied eine der beiden Organpositionen aufgeben.[1698]

6.3.4 Zwischenfazit

Aufsichtsratsmitglieder dürfen sich bei der Wahrnehmung ihrer Aufgaben nur von den Interessen des beaufsichtigten Unternehmens leiten lassen. Andere Interessenbindungen haben dahinter zurückzutreten. Wenngleich das Aktienrecht für Aufsichtsratsmit-

---

[1693] Vgl. Habersack (2008), § 100 Rn. 65.
[1694] Vgl. Semler/Stengel (2003), S. 8.
[1695] Vgl. BGHZ 64, 325 (327, 330 f.); Semler (2004), § 100 Rn. 186; Mertens (1977), S. 309.
[1696] Vgl. BGH (1980) NJW, S. 1630.
[1697] Semler (2004), § 100 Rn. 195.
[1698] Lutter/Krieger gehen davon aus, dass selbst bei erfolgreicher Abwehr der Übernahme ein Verbleib des betroffenen Aufsichtsratsmitglieds im Aufsichtsrat angesichts der nachhaltig gestörten Vertrauensbasis nicht hinzunehmen ist. Infolgedessen liegt ihres Erachtens ein wichtiger Grund im Sinne des § 103 Abs. 2 AktG vor. Eine Abberufung verstößt zudem nicht gegen die Neutralitätspflicht gemäß § 33 Abs. 1 WpÜG. Vgl. Lutter/Krieger (2008), S. 355 f.

glieder keine schematischen Regularien zur Absicherung ihrer persönlichen Unabhängigkeit kennt, sieht es gleichwohl – wenn auch unvollkommene – Mechanismen als Reaktion auf Interessenkonflikte vor. Ergibt sich im Einzelfall ein Widerstreit zwischen Unternehmensinteresse und anderen Interessen des Aufsichtsratsmitgliedes von solcher Intensität, dass es zur Pflichtenkollision kommt, muss das Mitglied des Aufsichtsrates durch Stimmverbot von der Wahrnehmung seiner Aufsichtsratstätigkeit Abstand nehmen. Sofern die Gefahr des Erwerbs sensiblen Wissens besteht, darf es zudem nicht an den Beratungen teilnehmen. Gelegentliche Interessenkonflikte hindern Aufsichtsratsmitglieder in der Regel nicht an der Fortführung des Mandates. Sofern jedoch dauerhafte oder unlösbare Pflichtenkollisionen vorliegen, sollte das Aufsichtsratsmitglied als ultima ratio sein Amt niederlegen. Kommt es nicht selber dieser Pflicht nach, ist der Aufsichtsrat verpflichtet, einen Antrag auf Abberufung bei Gericht zu stellen.

Die Regelungen des Deutschen Corporate Governance Kodex für Interessenkonflikte betonen vor allem die Herstellung von Transparenz durch Offenlegung der Konflikte. Dieser Ansatz gilt nicht nur für Interessenkonflikte, die während der Aufsichtsratstätigkeit entstehen, sondern auch für solche, die sich bereits vor der Wahl antizipieren lassen. Dem Aufsichtsrat soll daher gemäß einer Empfehlung des Kodex eine ausreichende Anzahl unabhängiger Mitglieder angehören.

Aufgrund der interessenpluralistischen Konzeption des Aufsichtsrates sind die Arbeitnehmervertreter im Aufsichtsrat regelmäßig Interessenkonflikten ausgesetzt. Grundsätzlich geht der Gesetzgeber dabei von der Annahme aus, dass diese in der Lage sind, zwischen den unterschiedlichen Verantwortlichkeiten zu differenzieren. Besondere Interessenkonflikte ergeben sich für Arbeitnehmervertreter bei Arbeitskämpfen, Betriebsvereinbarungen und Haustarifverträgen. Bei rechtmäßigen Arbeitskämpfen ist Arbeitnehmervertretern im Aufsichtsrat eine passive Streikteilnahme gestattet. Sofern sie nicht aktiv zum Streik aufrufen oder sich durch öffentliche Aussagen gegen das Unternehmen stellen und somit selbst aktiv gegen das Unternehmensinteresse verstoßen, können und müssen sie ihr Aufsichtsratsmandat wahrnehmen. Bei Beratungen und Entscheidungen während des Arbeitskampfes, d.h. bei Ausübung der Organfunktion, muss das Aufsichtsratsmitglied uneingeschränkt den Vorrang des Unternehmensinteresses beachten. Interessenkonflikte der Arbeitnehmer, die durch die beiden Aufsichtsratsfunktionen der Überwachung und des Interessenausgleichs entstehen, sind in Kauf zu nehmen. Eine Verallgemeinerung und daraus resultierende Legitimierung anderer Interessenkonflikte ist jedoch unzulässig.

Eine unabhängige Überwachung im Sinne der Organtrennung kann zudem durch den Wechsel von ehemaligen Vorstandsmitgliedern in den Aufsichtsrat beeinträchtigt werden. Infolgedessen empfiehlt der Kodex, die Anzahl ehemaliger Vorstandsmitglieder im Aufsichtsrat auf maximal zwei zu beschränken. Eine generelle Sperrfrist ist hingegen kritisch zu beurteilen. Die Verantwortung für die Sicherstellung einer unabhängigen Kontrolle durch die Auswahl der Aufsichtsratsmitglieder liegt letztlich bei der Hauptversammlung.

Neben diesen unternehmensinternen Ursachen ergeben sich Interessenkonflikte auch aus unternehmensexternen Gründen, wie beispielsweise der Aufsichtsratstätigkeit in anderen Unternehmen. Um die Effizienz der Aufsichtsratstätigkeit zu erhöhen, persönliche Interessenkonflikte zu vermeiden und den nebenamtlichen Charakter des Aufsichtsratsamtes zu erhalten, sollte die Anzahl der gleichzeitig ausgeübten Aufsichtsratsmandate begrenzt und durch eine gesetzliche Regelung rechtlich verbindlich gemacht werden. Obwohl es nach geltendem Recht zulässig ist, Mitglied des Aufsichtsrates eines konkurrierenden Unternehmens zu sein, befinden sich solche Aufsichtsratsmitglieder regelmäßig in einem Wissenszustand, der eine neutrale und unabhängige Kontrolle erschwert bzw. unmöglich macht. Um derartige Interessenkonflikte auszuschließen, ist ein gesetzliches allgemeines Wettbewerbsverbot wünschenswert. Ein Verbot der Organmitgliedschaft in konkurrierenden Unternehmen kann auch in der Satzung des Unternehmens geregelt werden.

Weitere unternehmensexterne Interessenkonflikte ergeben sich häufig für Aufsichtsratsmitglieder, die Organmitglieder oder Angestellte einer Bank sind, sowie bei Unternehmensübernahmen. Bankenvertretern ist es untersagt, Wissen aus ihrer Aufsichtsratstätigkeit zulasten des Unternehmens im Rahmen ihrer hauptberuflichen Tätigkeit zu nutzen, selbst wenn sie dazu vertraglich verpflichtet sind. Bei Unternehmensübernahmen gilt der gleiche Grundsatz. Im Konfliktfall haben Aufsichtsratsmitglieder ausschließlich das Interesse des von ihm beaufsichtigten Unternehmens zu verfolgen. Pflichtverletzungen können zu Schadensersatzansprüchen gegen die Organmitglieder führen.

6.4 Empirische Analyse der Interessenunabhängigkeit

Unabhängige Aufsichtsratsmitglieder gelten als eine der zentralen Voraussetzungen für eine effiziente Überwachung und Beratung des Vorstandes. Es ist also ein „convential wisdom that the board's principal task is to monitor management, and only independent directors can be effective monitors"[1699], wie BHAGAT/BLACK konstatieren. Im Gegensatz zum angelsächsischen Corporate Governance-Modell hat der Aufsichtsrat in der mitbestimmten Aktiengesellschaft unterschiedliche Funktionen zu erfüllen, die divergierende Auswirkungen auf die Forderungen bezüglich der Interessenunabhängigkeit haben. So bedarf es einerseits einer hinreichenden Unabhängigkeit vom Vorstand, um die Überwachungsfunktion wahrnehmen zu können. Diese Unabhängigkeitsforderung wird jedoch zugleich durch die Interessenausgleichsfunktion begrenzt. Diese vielschichtige Problematik hat in der Literatur in den letzten Jahren nur zeitweilig Beachtung gefunden.

Nahezu alle Corporate Governance Kodizes beinhalten mittlerweile Empfehlungen hinsichtlich der Unabhängigkeit von Aufsichtsratsmitgliedern bzw. nicht geschäftsführenden Direktoren mit unterschiedlichen Gewichtungen und unterschiedlichen Definitionen der Unabhängigkeit.[1700] Dieser Trend ist mittlerweile auch von supranationalen Institutionen aufgenommen worden. Die OECD Principles of Corporate Governance (2004) beispielsweise empfehlen: „Bords should consider assigning a sufficient number of non-executive board members capable of exercising independent judgement to ask where there is a potential for conflict of interest."[1701] Die Europäische Kommission ist hingegen der Auffassung ist, dass es die primäre Aufgabe von unabhängigen Verwaltungs- bzw. Aufsichtsratsmitgliedern ist, „in companies with dispersed ownership (…) how to make managers accountable to weak shareholders. In companies with controlling shareholders, the focus is more on how to make sure that the company will be run in a way that sufficiently takes into account the interests of minority shareholders"[1702]. Auch der Deutsche Corporate Governance Kodex beinhaltet entsprechende Empfehlungen zur Unabhängigkeit.

Ausgehend von den Empfehlungen des Deutschen Corporate Governance Kodex wurde im Rahmen dieser Arbeit die Unabhängigkeit jedes einzelnen Aufsichtsratsmitgliedes der DAX-30-Unternehmen auf der Basis öffentlich verfügbarer Informationen in einer empirischen Studie untersucht. Ziel der Untersuchung war, zu ermitteln, inwieweit die Aufsichtsratsmitglieder aus Sicht eines Investors oder Arbeitnehmers die paragesetzlichen Kriterien der Unabhängigkeit erfüllen. Einen zweiten Bewertungsmaßstab, der zudem einen internationalen Vergleich ermöglicht, bilden die Unabhängigkeitskriterien der Europäischen Kommission.

[1699] Bhagat/Black (2002), S. 232.
[1700] Vgl. Bhagat/Black (2001), S. 232.
[1701] Santella/Drago/Paone (2007), S. 3.
[1702] Europäische Kommission (2005), S. 52.

6.4.1 Methodik

Ausgangspunkt dieser Querschnittsanalyse ist die Perspektive eines Investors, der anhand der öffentlich verfügbaren Informationen seitens des Unternehmens verifiziert, inwieweit die Unabhängigkeitskriterien der Corporate Governance Kodizes Anwendung finden. Dabei wird angenommen, dass unabhängige Aufsichtsratsmitglieder darum bemüht sind, ihre Unabhängigkeit offenzulegen, um so das Postulat der Interessenunabhängigkeit zu erfüllen. Diese Perspektive basiert auf Art. 11.4 der Kommissionsempfehlungen, dem zufolge bei Bestellung eines neuen Aufsichtsratsmitgliedes die besonderen Kompetenzen der betreffenden Person, die für ihre Tätigkeit als Aufsichtsratsmitglied relevant sind, offenzulegen sind, „damit die Märkte und die Öffentlichkeit überprüfen können, ob diese Kompetenzen (…) sachdienlich sind. (…) Der Verwaltungs-/Aufsichtsrat (sollte) jedes Jahr sein Profil mit Angaben zu den Kompetenzen seiner Mitglieder offen legen, die für deren Tätigkeit im Verwaltungs-/Aufsichtsrat relevant sind." Diese Perspektive ist ebenso für Arbeitnehmer, die in dem Unternehmen tätig sind oder werden wollen, von Bedeutung.

Die theoretische Basis für diese Perspektive bildet das Unraveling-Prinzip.[1703] Es beschreibt den Interaktionszusammenhang zwischen Veröffentlichungsverhalten und Kapitalmarktreaktionen. Das Unraveling-Prinzip beruht auf einer spieltheoretischen Verfeinerung des Nash-Gleichgewichts gegenüber dem Konzept des sequentiellen Gleichgewichts. Dabei geht es von der Idee aus, dass rationale Kapitalmarktteilnehmer die Informationspolitik eines Unternehmens in ihre Erwartungsbildung über den Unternehmenswert einbeziehen.[1704] Weist ein Unternehmen entscheidungsrelevante Informationen nicht aus, müssen die Bilanzadressaten Erwartungen über diese Informationen bilden. Zunächst sei davon ausgegangen, dass die Bilanzadressaten vermuten, dass das Unternehmen prinzipiell keine Informationen ausweist. Die Erwartungen über die verschwiegenen Informationen entsprechen dann ihren A-priori-Erwartungen. Diese Überlegung wird durch das Unternehmen antizipiert. Sofern hingegen die tatsächlichen Informationen, die das Unternehmen besitzt, günstiger sind als das, was durch die Erwartungen der Bilanzadressaten ausgedrückt wird, und diese glaubhaft bekannt gegeben werden können, hat das Unternehmen einen Anreiz, diese Informationen auszuweisen.[1705] Es kann dadurch die Entscheidungen der Bilanzadressaten zu seinen Gunsten ändern.

[1703] Siehe hierzu ausführlich Anhang H.

[1704] Die Darstellung folgt Wagenhofer (1990), S. 18 f.; Morich (2007), S. 170 f.

[1705] Eine bestimmte Information wird als „günstiger" als eine andere bezeichnet, wenn sie Entscheidungen der Bilanzadressaten auslöst, deren Folgen für das Unternehmen günstiger sind.

Nun antizipieren die Bilanzadressaten aber, dass das Unternehmen nur dann einen Anreiz hat, Informationen auszuweisen, wenn seine Information günstiger ist als der Durchschnittswert. Falls das Unternehmen nicht ausweist, kann aus dieser Tatsache geschlossen werden, dass die tatsächlichen Informationen ungünstiger sein müssen. Folgerichtig revidieren sie die A-priori-Erwartungen auf den Durchschnittswert der Informationen, die nicht ausgewiesen wurden. Mit dieser Erwartungsrevision induzieren die Bilanzadressaten gleichzeitig einen Anreiz für das Unternehmen, auch solche Informationen auszuweisen, die ungünstiger sind als der A-priori-Erwartungswert, aber günstiger als der neue Erwartungswert. Der neue Erwartungswert sinkt weiter, und der Anreiz auszuweisen erstreckt sich auf weitere Informationen. Dieser iterative Revisionsprozess mündet schließlich in ein Gleichgewicht, in dem das Unternehmen jede Information ausweist. Fehlt der Ausweis von Informationen, ist die aus Sicht des Unternehmens ungünstigste Information anzunehmen, d.h. bezogen auf die vorliegende Studie, dass das jeweilige Kriterium nicht erfüllt ist. Die Gültigkeit des Unraveling-Prinzips ist umfassend, da es nicht von der Art der Informationen abhängt, solange diese wahrheitsgetreu wiedergegeben werden können.[1706] Auch von der Wahrscheinlichkeitsverteilung der Information oder der Erwartung über den Unternehmenswert ist es unabhängig. Diese Bedingungen können hinsichtlich der in dieser Studie betrachteten Informationen als erfüllt gelten.

Die gewählte Grundgesamtheit bilden die 598 Aufsichtsratsmitglieder[1707] der 31 Aktiengesellschaften, die im Jahr 2007 im Deutschen Aktienindex (DAX) gelistet waren.[1708] Eine Auflistung der Unternehmen, die in dieser Zeit den Index bildeten, enthält Anhang G. Dieser Studie wurden als Unabhängigkeitskriterien die Empfehlungen des Deutschen Corporate Governance Kodex in der Fassung vom 06. Juni 2008 sowie der „Commission Recommendation on the role of non-executive or supervisory directors of listed companies and on the committees of the (supervisory) board" der Europäischen Kommission vom 15. Februar 2005 zur Unabhängigkeit von Aufsichtsratsmitgliedern zugrunde gelegt.

Der Deutsche Corporate Governance Kodex wurde erstmalig am 26. Februar 2002 veröffentlicht und in unregelmäßigen Abständen durch die Regierungskommission Deutscher Corporate Governance Kodex überarbeitet. Eine gesetzliche Bindungswirkung entfaltet der Kodex über § 161 Satz 1 AktG, demzufolge Vorstand und Auf-

---

[1706] Vgl. Wagenhofer/Ewert (2003), S. 290 f.

[1707] Die Grundgesamtheit beinhaltet alle Aufsichtsratsmitglieder, die im Geschäftsjahr 2007 bzw. 2007/ 2008 ein Aufsichtsratsmandat inne hatten, d.h. auch die Aufsichtsräte, die innerhalb des betrachteten Zeitraums den Aufsichtsrat verließen oder gewählt wurden.

[1708] Die Altana AG ist am 18. Juni 2007 aus dem DAX ausgeschieden. Dafür wurde die Merck KGaA in den Index aufgenommen.

sichtsrat börsennotierter Gesellschaften jährlich eine sog. Entsprechungserklärung abzugeben haben, inwieweit den Empfehlungen des Kodex entsprochen wurde. Die Einhaltung des Kodex steht jedoch grundsätzlich im Ermessen des Vorstandes und des Aufsichtsrates.[1709]

Die Empfehlungen der Europäischen Kommission dienen als internationaler Vergleichsmaßstab und sollen auf der Grundlage des Prinzips „Comply or Explain" durch die nationalen Corporate Governance Kodizes umgesetzt werden.[1710] Infolgedessen sind sie selbst nicht bindend. Ihr Ziel ist es, Empfehlungen zur Gewährleistung von Mindeststandards der Unabhängigkeit vorzugeben, um die Effizienz der Corporate Governance zu erhöhen. Im Fokus steht vor allem die Bedeutung und Funktion unabhängiger Verwaltungs- bzw. Aufsichtsratsmitglieder, die in der Lage sind, Entscheidungen des Vorstandes entgegenzutreten und so die Interessen der Aktionäre und der anderen Stakeholder zu schützen.[1711] Sie beinhalten zudem Mindestanforderungen für die Qualifikation und die Unabhängigkeit von Verwaltungs- bzw. Aufsichtsratsmitgliedern.

Die Auswahl von zwei Standards für die Unabhängigkeit ermöglicht es, einerseits die nationalen Besonderheiten der Corporate Governance zu berücksichtigen und gleichzeitig den Veränderungsprozess zwischen den Corporate Governance-Systemen zu beobachten.[1712] Zudem ist es nicht unerheblich, den Grad der Offenheit deutscher Unternehmen für internationale Corporate Governance-Standards als wichtige Voraussetzung für den Zugang zu den weltweiten Kapitalmärkten zu evaluieren. Die Analyse jedes einzelnen Aufsichtsratsmitgliedes hinsichtlich der Erfüllung der Kriterien des DCGK und der EC Recommendation führt zu einer Matrix mit 9.568 Merkmalen (598 Zeilen x 16 Spalten). Die empirische Analyse basiert auf den Informationen, die das jeweilige Unternehmen im Rahmen des Geschäftsberichtes für das Geschäftsjahr 2007 oder in Form des Corporate Governance Reports publiziert hat oder auf der Website[1713] zur Verfügung stellt. Für die Überprüfung einzelner Unabhängigkeitskriterien war unter anderem die Analyse des Lebenslaufes des jeweiligen Aufsichtsratsmitgliedes erforderlich.

Im Rahmen dieser Studie wurden für die Auswertung drei unterschiedliche Klassifizierungen verwendet:

[1709] Siehe hierzu ausführlich auch Kapitel 3.7. Die uneingeschränkte Zustimmung der DAX-Unternehmen zu 97,4 % der in 2007 gültigen 81 Empfehlungen kann als Zeichen einer hohen Kodex-Akzeptanz gewertet werden. Vgl. Theisen (2007), S. 1317.
[1710] Vgl. Europäische Kommission (2005), S. 51; Kremer (2008), S. 266.
[1711] Vgl. Europäische Kommission (2005), S. 52.
[1712] Vgl. Santella/Paone/Drago (2006), S. 7.
[1713] Zugriffszeitraum vom 16. Februar bis 07.März 2009.

- „Yes" als Indikator für die Übereinstimmung mit dem jeweiligen Unabhängigkeitskriterium. Konkret bedeutet dies, dass auf der Basis der öffentlich verfügbaren und durch das Unternehmen veröffentlichten Informationen anzunehmen ist, dass das Mitglied des Aufsichtsrates das jeweilige Unabhängigkeitskriterium des Deutschen Corporate Governance Kodex bzw. der Empfehlungen der Europäischen Kommission erfüllt.

- „No" bedeutet, dass es anhand der vorliegenden Daten möglich ist, die Nicht-Übereinstimmung mit dem jeweiligen Unabhängigkeitskriterium eindeutig zu verifizieren. In diesem Falle der Nichterfüllung ist davon auszugehen, dass das Aufsichtsratsmitglied als nicht unabhängig gelten muss.

- „YN" besagt, dass es nicht möglich ist, auf Basis der gegebenen Daten zu beurteilen, ob das jeweilige Kriterium erfüllt ist oder nicht. „YN" ist somit ein Indikator für die Nichterfüllung des Kriteriums. Es kann als eine abgeschwächte Form der Merkmalsausprägung „No" interpretiert werden.[1714]

Für die Überprüfung einzelner Unabhängigkeitskriterien sind letztlich Indikatoren erforderlich, die eine Befangenheit anzeigen bzw. auf andere oder gar eigene Interessen hindeuten können. „Hierbei kommt es jedoch nicht darauf an, ob die Indizien wirklich zur Befangenheit führen"[1715], wie PELTZER grundsätzlich erläutert. „Im Kapitalmarkt kommt es auf Vertrauen an, das sich nur bei einem einwandfreien äußeren Befund einstellen kann (Independence in appearance)."[1716]

6.4.2 Kriterien der Interessenunabhängigkeit

Die Ausgangspunkte für die dieser Arbeit zugrunde liegenden Kriterien der Interessenunabhängigkeit sind der Deutsche Corporate Governance Kodex sowie die EC Recommendation. Die aus den beiden Kodizes herausgearbeiteten Kriterien werden nachfolgend im Einzelnen dargestellt und definiert.

6.4.2.1 Kriterien des Deutschen Corporate Governance Kodex

Der Deutsche Corporate Governance Kodex empfiehlt in DCGK 5.4.1, dass bei Vorschlägen zur Wahl von Aufsichtsratsmitgliedern darauf geachtet werden soll, dass dem

---

[1714] Vgl. Santella/Paone/Drago (2006), S. 7.
[1715] Peltzer (2004a), S. 510.
[1716] Peltzer (2004a), S. 510.

Aufsichtsrat jederzeit Mitglieder angehören, die hinreichend unabhängig sind. Ergänzend wird in DCGK 5.4.2 seit der Revision des Kodex vom 02. Juli 2005 darauf verwiesen, dass dem Aufsichtsrat „eine nach seiner Einschätzung ausreichende Anzahl unabhängiger Mitglieder" angehören soll. Ein Aufsichtsratsmitglied ist dem Kodex zufolge „als unabhängig anzusehen, wenn es in keiner geschäftlichen Beziehung oder persönlichen Beziehung zu der Gesellschaft oder deren Vorstand steht, die einen Interessenkonflikt begründet"[1717]. Nach Auffassung von KREMER enthält der Kodex „ein ausgewogenes System zur Gewährleistung der Unabhängigkeit von Aufsichtsratsmitgliedern, das materielle Unabhängigkeitsregeln mit Regeln zur Transparenz von Interessenkonflikten verbindet und auf diese Weise präventiv Unabhängigkeitskonflikten vorbeugt"[1718]. Im Rahmen dieser Studie steht dabei jedoch nicht die Unabhängigkeit und Funktionsfähigkeit des gesamten Aufsichtsrates im Mittelpunkt der Betrachtung, sondern die jedes einzelnen Aufsichtsratsmitglieds. Nachfolgend werden die einzelnen Kriterien der Interessenunabhängigkeit angeführt, die sich aus dem Kodex ableiten lassen:[1719]

DCGK-1   Geschäftliche Beziehung

„Ein Aufsichtsratsmitglied ist als unabhängig anzusehen, wenn es in keiner geschäftlichen (…) Beziehung zu der Gesellschaft oder deren Vorstand steht, die einen Interessenkonflikt begründet." (DCGK 5.4.2)

Der Anwendungsbereich dieser Regelung ist unscharf, da offen bleibt, ob diese sich auch auf die Arbeitnehmervertreter im Aufsichtsrat bezieht oder nicht. Da gemäß § 7 Abs. 2 MitbestG die meisten Arbeitnehmervertreter im Aufsichtsrat mit dem Unternehmen durch einen Arbeitsvertrag verbunden sein müssen, erfüllen diese nach herrschender Meinung das Unabhängigkeitskriterium nicht.[1720, 1721] Da dieses Kriterium de lege lata durch die Arbeitnehmervertreter nicht erfüllt werden kann, wird im Rahmen dieser Studie die Unabhängigkeitsempfehlung des DCGK 5.4.2 in den Bereich der geschäftlichen Beziehung (DCGK-1) und der persönlichen Beziehung (DCGK-2) unterteilt.

[1717] DCGK 5.4.2.

[1718] Kremer (2008), S. 268.

[1719] Die nachfolgende Nummerierung, wie beispielsweise DCGK-1, bezeichnet die untersuchten Unabhängigkeitskriterien und ist nicht zu verwechseln mit der Bezeichnung der Abschnitte im DCGK (z.B. DCGK 5.4.2).

[1720] Vgl. Hopt/Roth (2005), § 100 Rn. 194; Neubürger (2003), S. 192; Hüffer (2006), S. 639; Baums (2001), S. 97.

[1721] Einen vergleichbaren Regelungsgehalt beinhaltet IAS 24. Vgl. Federmann/IASCF (2006), S. 323.

Die zunächst ausschließliche Formulierung „in keiner geschäftlichen (…) Beziehung" wird durch den Relativsatz „die einen Interessenkonflikt begründet" eingeschränkt. Im Rahmen dieser Studie werden unter diese Kodexempfehlung alle geschäftlichen Beziehungen subsumiert, die sich aus Verträgen zwischen dem Unternehmen und dem Aufsichtsratsmitglied oder einem Unternehmen, dessen Vorstandsmitglied, Prokurist oder Handlungsbevollmächtigter[1722] das Aufsichtsratsmitglied ist, ergeben und für die der Verdacht eines Interessenkonfliktes besteht. Ausgeschlossen von dieser Definition sind Vorstandsmitglieder, Prokuristen oder Handlungsbevollmächtigte von verbundenen Unternehmen im Sinne des § 15 AktG. Insbesondere betrifft dieses Kriterium die finanzielle Unabhängigkeit des Aufsichtsratsmitglieds vom Unternehmen, dessen Vorstand er überwachen soll.

DCGK-2 Persönliche Beziehung

„Ein Aufsichtsratsmitglied ist als unabhängig anzusehen, wenn es in keiner (…) persönlichen Beziehung zu der Gesellschaft oder deren Vorstand steht, die einen Interessenkonflikt begründet." (DCGK 5.4.2)

Zur Definition der „persönlichen Beziehung" wird Bezug auf den Sinnkontext von IAS 24 genommen, dem zufolge persönliche Beziehungen, die Interessenkonflikte erzeugen können, aus solchen persönlichen Beziehungen resultieren, „that may be expected to influence, or be influenced by, that person in their dealings with the enterprise"[1723]. Dazu zählen insbesondere Lebenspartner, Kinder, Lebenspartner der Kinder und Angehörige.

Das Kriterium gilt als erfüllt, wenn das Unternehmen in den zur Verfügung gestellten Daten explizit darauf Bezug nimmt, dass keine persönlichen Beziehungen im zuvor definierten Sinne existieren. Es wird angenommen, dass das Kriterium nicht erfüllt ist (gekennzeichnet durch „YN"), sofern nur allgemein Bezug auf Unabhängigkeitskriterien genommen wird ohne konkreten Bezug auf persönliche oder familiäre Verbindungen.

DCGK-3 Organ- oder Beratungsfunktion bei Wettbewerbsunternehmen

„Aufsichtsratsmitglieder sollen keine Organfunktionen oder Beratungsaufgaben bei wesentlichen Wettbewerbsunternehmen ausüben." (DCGK 5.4.2)

[1722] Im Sinne des § 105 AktG.
[1723] Europäische Kommission (2003), S. 220.

Im Rahmen dieser Studie wird unter dem Begriff „Organfunktion" die Mitgliedschaft in Geschäftsführungsorganen und in gesetzlich vorgeschriebenen Aufsichtsgremien verstanden. Mit Beratungsaufgaben sind Beraterverträge, aber auch freiwillige Beiratsmitgliedschaften gemeint. Wettbewerber sind im Sinne dieser Studie andere Unternehmen, zu denen das Unternehmen auf den Märkten faktisch und nicht potentiell im Wettbewerb steht.[1724] Im Rahmen dieser Studie wird von einem wesentlichen Wettbewerber ausgegangen, wenn der Umsatz des Wettbewerbers mehr als 10 % des Konzernumsatzes des zu kontrollierenden Unternehmens ausmacht.

DCGK-4   Organ- oder Beratungsfunktion bei Kunden und Lieferanten

„Jedes Aufsichtsratsmitglied soll Interessenkonflikte, insbesondere solche, die auf Grund einer Beratung oder Organfunktion bei Kunden, Lieferanten, Kreditgebern oder sonstigen Geschäftspartnern entstehen können, dem Aufsichtsrat gegenüber offen legen." (DCGK 5.5.2)

Das Kriterium DCGK-4 überträgt den Sachverhalt des Kriteriums DCGK-3 – wenngleich in einer etwas abgeschwächten Weise – auf Kunden und Lieferanten und somit auf die Wertschöpfungskette. Zudem finden Kreditgeber und sonstige Geschäftspartner Berücksichtigung. Im Gegensatz zu DCGK-3 erstreckt sich dieses Kriterium im Rahmen dieser Studie auch auf potentielle Kunden, Lieferanten und Kreditgeber, da diese ihr Aufsichtsratsmandat für die Herbeiführung einer entsprechenden Geschäftsbeziehung nutzen könnten. Jedoch auch hier muss das Kriterium der Wesentlichkeit erfüllt sein.

DCGK-5   Wechsel von Vorstandsmitgliedern in den Aufsichtsrat

„Dem Aufsichtsrat sollen nicht mehr als zwei ehemalige Mitglieder des Vorstandes angehören." (DCGK 5.4.2)

In dieser Studie wird grundsätzlich nicht die Unabhängigkeit und Funktionsfähigkeit des gesamten Aufsichtsrates evaluiert, sondern die des einzelnen Mitgliedes. Bei dieser Kodexempfehlung bildet jedoch das gesamte Gremium den relevanten Bezugspunkt. Da dieses Kriterium für die unabhängige Kontrolle von großer Bedeutung ist, wie bereits in Kapitel 6.3.2.2 dargelegt, wird untersucht, inwieweit Aufsichtsratsmitglieder nach ihrem Ausscheiden aus dem Vorstand in den Aufsichtsrat gewechselt sind. Da die Kodexempfehlung keine Sperrfrist definiert, sind von dieser Restriktion

---

[1724] Vgl. Ringleb (2008), S. 271.

alle Aufsichtsratsmitglieder erfasst, die einmal Vorstandsmitglied der Gesellschaft oder einer Vorgängergesellschaft waren.

DCGK-6   Anzahl der Mandate

Ein Aufsichtsratsmitglieder, das „dem Vorstand einer börsennotierten Gesellschaft angehört, soll insgesamt nicht mehr als fünf Aufsichtsratsmandate in konzernexternen börsennotierten Gesellschaften wahrnehmen." (DCGK 5.4.5)

Dieses Kriterium wird unter Bezugnahme auf die in Kapitel 6.3.3.1 dargelegte Argumentation so interpretiert, dass Aufsichtsratsmitglieder, die gleichzeitig im Hauptberuf ein Vorstandsamt bekleiden oder Geschäftsführer eines mittelgroßen bis großen Unternehmens[1725] sind, maximal fünf Aufsichtsratsmandate innehaben dürfen. In dieser Berechnung wird die Funktion des Aufsichtsratsvorsitzenden doppelt gezählt und Mandate in ausländischen, börsennotierten Aktiengesellschaften werden mit berücksichtigt, Konzernmandate im Sinne des § 100 Abs. 2 Satz 2 AktG werden hingegen nicht.

6.4.2.2 Kriterien der EC Recommendation

Kernelement der EC Recommendation zur Unabhängigkeit von Aufsichtsratsmitgliedern ist die Empfehlung, dass dem Aufsichtsrat „eine ausreichende Zahl unabhängiger nicht geschäftsführender Mitglieder angehören, um sicherzustellen, dass mit Interessenkonflikten, in welche Mitglieder der Unternehmensleitung involviert sind, ordnungsgemäß verfahren wird"[1726]. Die Empfehlung verlangt dabei nicht ausdrücklich, dass die Mehrheit der Aufsichtsratsmitglieder unabhängig sein soll.[1727] Was unter Unabhängigkeit zu verstehen ist, soll grundsätzlich und in erster Linie der Aufsichtsrat selbst festlegen.[1728] Grundsätzlich gilt im Kontext der EC Recommendation ein Aufsichtsratsmitglied als unabhängig, „wenn es in keiner geschäftlichen, familiären oder sonstigen Beziehung zu der Gesellschaft, ihrem Mehrheitsaktionär oder deren Geschäftsführung steht, die einen Interessenkonflikt begründet, der sein Urteilsvermögen beeinflussen könnte".[1729] Daraus schlussfolgert SÄNGER: „In absence of a universal,

---

[1725] Gemäß der Klassifizierung des § 267 HGB.

[1726] Europäische Kommission (2005), Art. 4, S. 55.

[1727] Dies gilt nicht für den für Vergütungsfragen zuständigen Ausschuss und den Prüfungsausschuss. Gemäß Ziffer 3.1.2 und 4.1 des Anhang I sollte zumindest die Mehrheit der Ausschussmitglieder unabhängig sein.

[1728] Vgl. Europäische Kommission (2005), S. 53; Art. 13.2, S. 56.

[1729] Europäische Kommission (2005), Art. 13.1, S. 56.

EU-wide understanding of what independence precisely means, a statement about the general objective is proposed."[1730] Die EC Recommendation beschreiben zudem anhand sehr detaillierter Regelbeispiele die Kriterien der Unabhängigkeit eines Aufsichtsratsmitgliedes.[1731] Hierbei handelt es sich um Situationen, von denen gemeinhin angenommen werden kann, dass sie dem Aufsichtsrat aufschlussreiche Anhaltspunkte für die Feststellung liefern, ob ein Aufsichtsratsmitglied als unabhängig angesehen werden kann, „wobei sich die Feststellung der Unabhängigkeit einer bestimmten Person nach allgemeiner Auffassung eher auf inhaltliche als formale Erwägungen stützen sollte"[1732]. Die Minimalforderung an die Unabhängigkeit bilden folgende negativen Kriterien, bei deren Vorliegen die Unabhängigkeit zu verneinen ist:[1733]

EC-1   Vorstandstätigkeit im Unternehmen oder in verbundenen Unternehmen

Ein unabhängiges Aufsichtsratsmitglied darf „kein geschäftsführendes Verwaltungsrats- bzw. Vorstandsmitglied der Gesellschaft oder einer verbundenen Gesellschaft sein, und (…) (es) darf in den vergangenen fünf Jahren kein solches Amt ausgeübt haben". (Ziffer 1 (a) der EC Recommendation)

Der erste Teil der Empfehlung ist in Deutschland durch die Unvereinbarkeit der Zugehörigkeit zu Vorstand und Aufsichtsrat in § 105 Abs. 1 AktG gesetzlich geregelt. Zur Interpretation des Begriffs „Associated Company" wird im Kontext dieser Studie die Legaldefinitionen des § 15 AktG zugrunde gelegt: „Verbundene Unternehmen sind rechtlich selbständige Unternehmen, die im Verhältnis zueinander in Mehrheitsbesitz stehende Unternehmen und mit Mehrheit beteiligte Unternehmen (§ 16), abhängige und herrschende Unternehmen (§ 17), Konzernunternehmen (§ 18), wechselseitig beteiligte Unternehmen (§ 19) oder Vertragsteile eines Unternehmensvertrags (§§ 291, 292) sind." Der Ausdruck „in den vergangenen fünf Jahren" bezieht sich auf die letzten fünf vollständigen Kalenderjahre vor der Übernahme des Aufsichtsratsmandates.

EC-2   Mitarbeiter des Unternehmens oder verbundener Unternehmen

Ein unabhängiges Aufsichtsratsmitglied darf „in der Gesellschaft oder einer verbundenen Gesellschaft nicht als Arbeitnehmer beschäftigt sein und auch in den vergangenen drei Jahren nicht als Arbeitnehmer beschäftigt gewesen sein, es sei denn, er gehört

---

[1730] Sänger (2005), S. 187.
[1731] Vgl. Europäische Kommission (2005), Art. 13.2, S. 56 iVm. Anhang II, S. 63.
[1732] Europäische Kommission (2005), Ziffer 1 des Anhang II, S. 63.
[1733] Vgl. Europäische Kommission (2005), Ziffer 1 (a)-(i) des Anhang II, S. 63.

nicht zu den Führungskräften der Gesellschaft und ist im Rahmen eines gesetzlich an-erkannten Systems der Arbeitnehmervertretung, das einen angemessenen Schutz vor missbräuchlicher Entlassung und sonstiger ungerechter Behandlung bietet, in den Verwaltungs-/Aufsichtsrat gewählt worden". (Ziffer 1 (b) der EC Recommendation)

Der Kreis der „Führungskräfte" wird im Rahmen dieser Studie auf die Vorstandsebene begrenzt. Für Mitglieder des Aufsichtsrates, die gemäß § 96 Abs. iVm. § 7 MitbestG in den Aufsichtsrat gewählt wurden, gilt das Kriterium als erfüllt. Hinsichtlich der Ab-grenzung „verbundene Gesellschaft" ist auf die Interpretation unter EC-1 zu verwei-sen. Der Ausdruck „in den vergangenen drei Jahren" bezieht sich auf die letzten drei vollständigen Kalenderjahre vor der Übernahme des Aufsichtsratsmandates.

EC-3   Zusätzliche Vergütungen

Ein unabhängiges Aufsichtsratsmitglied „darf von der Gesellschaft oder einer verbun-denen Gesellschaft keine zusätzliche Vergütung in bedeutsamem Umfang erhalten oder erhalten haben mit Ausnahme einer Vergütung für die Tätigkeit als nicht ge-schäftsführender Direktor bzw. als Aufsichtsratsmitglied. Als zusätzliche Vergütung gelten insbesondere Aktienoptionen und sonstige erfolgsbezogene Vergütungen. Im Rahmen eines Pensionsplans gezahlte Festbeträge (einschließlich nachträglicher Ver-gütungen) für frühere Dienstleistungen für die Gesellschaft sind hiervon ausgenom-men (sofern diese Vergütung nicht in irgendeiner Weise an die weitere Erbringung von Leistungen für die Gesellschaft geknüpft ist)".[1734] (Ziffer 1 (c) der EC Recommendati-on)

Diese Empfehlung bezieht sich ausschließlich auf Zahlungen, die über die Vergütung für das Aufsichtsratsmandat hinausgehen. Was unter „zusätzliche(r) Vergütung in be-deutsamem Umfang" verstanden wird, ist grundsätzlich Ermessenssache. Ein entspre-chender Bezugsrahmen existiert dafür nicht. Im Rahmen dieser Studie wird davon aus-gegangen, dass eine Vergütung in bedeutendem Umfang gegeben ist, wenn sie in ihrer Höhe den festen Vergütungsbestandteil der Aufsichtsratsvergütung übersteigt.[1735] In Deutschland beträgt die durchschnittliche fixe Aufsichtsratsvergütung derzeit rund 45.290 Euro.[1736] Zusätzliche Vergütungen, die diese übersteigen, werden im Kontext

---

[1734] Diese Empfehlung ist inhaltlich äquivalent zum amerikanischen Sarabanes-Oxley-Act. Vgl. Merkt (2003), S. 130.

[1735] Vgl. Santella/Paone/Drago (2006), S. 33.

[1736] Die Aufsichtsrat-Gesamtvergütung hingegen reichte im Jahr 2007 bei den DAX-Konzernen von 21.000 Euro bis zu 179.400 Euro. Sie betrug im Durchschnitt rund 114.920 Euro. Der Aufsichts-

dieser Studie als bedeutsam erachtet. Die konkretisierende Formulierung „als zusätzliche Vergütung gelten insbesondere" wird im Sinne von „nicht ausschließlich" verstanden. Da durch dieses Kriterium die finanzielle Unabhängigkeit vom zu überwachenden Unternehmen betrachtet werden soll, erfüllen die Arbeitnehmer, denen aus ihrem Arbeitsvertrag Lohn oder Gehalt zusteht, dieses Kriterium nicht.[1737]

EC-4   Vertretung von Anteilseignern mit Kontrollbeteiligung

Ein unabhängiges Aufsichtsratsmitglied „darf keinesfalls ein Anteilseigner mit einer Kontrollbeteiligung sein oder einen solchen vertreten". (Ziffer 1 (d) der EC Recommendation)

Das Verb „vertreten" wird in diesem Kontext im Sinne des § 105 AktG interpretiert: Demzufolge darf ein unabhängiges Aufsichtsratsmitglied weder „Vorstandsmitglied, (...) Prokurist oder zum gesamten Geschäftsbetrieb ermächtigter Handlungsbevollmächtigter" eines Anteilseigners mit Kontrollbeteiligung sein. Die Kontrolle bestimmt sich gemäß Ziffer 1 (d) nach den Maßgaben von Artikel 1 Abs. 1 der Siebenten Richtlinie 83/349/EWG des Rates, die ihrerseits in § 290 Abs. 2 HGB kodifiziert sind.[1738] Der zufolge ist eine Kontrollbeteiligung gegeben, wenn ein Anteilseigner über die Mehrheit der Stimmrechte verfügt[1739] oder das Recht hat, die Mehrheit der Aufsichtsratsmitglieder zu bestellen oder einen beherrschenden Einfluss[1740] auf das Unternehmen auszuüben. Insbesondere für die Annahme eines beherrschenden Einflusses bedarf es im Kontext des deutschen Aktienrechts in der Praxis keinesfalls einer absoluten Mehrheit, wie der BGH in der Veba-Entscheidung festgesetzt hat.[1741] Im Rahmen dieser Studie gilt dieses Kriterium als nicht erfüllt, wenn ein Aufsichtsratsmitglied selbst größter Aktionär oder dessen Vertreter im zuvor geschilderten Sinne ist.

EC-5   Geschäftliche Beziehung

Ein unabhängiges Aufsichtsratsmitglied „darf zu der Gesellschaft oder einer verbundenen Gesellschaft kein Geschäftsverhältnis in bedeutendem Umfang unterhalten oder

---

ratsvorsitzende der Deutschen Bank bezog für diese Tätigkeit 662.667 Euro. Vgl. Kramarsch/Filbert (2008); Deutsche Bank, Geschäftsbericht 2007, S. 50.

[1737] Einen vergleichbaren Regelungsgehalt beinhaltet IAS 24. Vgl. Federmann/IASCF (2006), S. 323.

[1738] Vgl. Europäische Kommission (1983).

[1739] Die Maßgabe der Europäischen Kommission und des § 290 Abs. 2 HGB ist in diesem Punkt äquivalent zum Regelungsgehalt des § 16 Abs. 1 AktG.

[1740] Vgl. hierzu auch den Regelungsgehalt von § 17 AktG.

[1741] Eine Beteiligung des Bundes von 43,74 % am Grundkapital der Veba AG war für den BGH ausreichend, um § 17 Abs. 1 AktG zur Anwendung kommen zu lassen. Vgl. BGHZ 69, 334 (347).

im letzten Jahr unterhalten haben, und zwar weder direkt noch als Partner, Anteilseigner, Direktor oder als leitender Angestellter eines Unternehmens oder einer Organisation, das/die ein solches Geschäftsverhältnis zu der Gesellschaft unterhält. Dies schließt die Stellung als bedeutender Anbieter von Waren und Dienstleistungen (einschließlich finanzieller, rechtlicher oder beratender Art) ein sowie die als bedeutender Abnehmer oder Organisation, die von der Gesellschaft oder ihrer Gruppe Leistungen in bedeutendem Umfang erhält". (Ziffer 1 (e) der EC Recommendation)

Hinsichtlich der Abgrenzung „verbundene Gesellschaft" ist auf die Interpretation unter EC-1 zu verweisen. Der Ausdruck „im letzten Jahr" wird auf das letzte vollständige Kalenderjahr vor der Übernahme des Aufsichtsratsmandates bezogen. Was unter „Geschäftsverhältnis im bedeutenden Umfang" zu verstehen ist, kann angesichts der Verschiedenheit und Größenunterschiede der Unternehmen im Allgemeinen nicht mittels einer monetären Wertgrenze definiert werden.[1742] Der Begriff umfasst somit signifikante Lieferanten von Waren und Dienstleistungen, signifikante Kunden und Organisationen, die vom Unternehmen Leistungen in signifikantem Umfang erhalten. Im Kontext der EC Recommendation und insbesondere in Anbetracht der Konkretisierungen in Satz 2 ist der Begriff extensiv auszulegen. Da selbst leitende Angestellte in den sehr weiten Adressatenkreis eingeschlossen sind, beinhaltet dieser auch Aufsichtsratsmitglieder.

EC-6   Abschlussprüfer

Ein unabhängiges Aufsichtsratsmitglied „darf kein Partner oder Angestellter des derzeitigen oder früheren externen Abschlussprüfers der Gesellschaft oder eines verbundenen Unternehmens sein und darf diese Position auch in den letzten drei Jahren nicht innegehabt haben". (Ziffer 1 (f) der EC Recommendation)

Der Ausdruck „in den vergangenen drei Jahren" wird auf die letzten drei vollständigen Kalenderjahre vor der Übernahme des Aufsichtsratsmandates bezogen.

EC-7   Überkreuzverflechtungen

Ein unabhängiges Aufsichtsratsmitglied „darf kein geschäftsführender Direktor bzw. Vorstandsmitglied in einer anderen Gesellschaft sein, in der ein geschäftsführender Direktor bzw. Vorstandsmitglied der Gesellschaft ein nicht geschäftsführender Direktor bzw. Aufsichtsratsmitglied ist". (Ziffer 1 (g) Satz 1 der EC Recommendation)

[1742] Vgl. Ringleb (2008), S. 232.

Gemäß § 100 Abs. 2 Satz 1 Nr. 3 AktG sind Überkreuzverflechtungen im Sinne der EC Recommendation verboten, damit die dem Aufsichtsrat obliegende Überwachung nicht durch gegenseitige Rücksichtsnahme beeinträchtigt wird. Infolgedessen müssen de lege lata alle Aufsichtsratsmitglieder dieses Kriterium erfüllen.

EC-8   Amtszeit

Ein unabhängiges Aufsichtsratsmitglied „darf nicht länger als drei Amtszeiten als nicht geschäftsführender Direktor bzw. Aufsichtsratsmitglied tätig gewesen sein (…)". (Ziffer 1 (h) der EC Recommendation)

Die Amtszeit gewählter Aufsichtsratsmitglieder ist in Deutschland auf maximal fünf Jahre begrenzt.[1743] Eine Wiederwahl ist jedoch möglich. Ein Aufsichtsratsmitglied darf diesem Organ nicht länger als 15 Jahre angehören.

EC-9   Familiäre Beziehung

Ein unabhängiges Aufsichtsratsmitglied „darf kein enger Familienangehöriger eines geschäftsführenden Direktors bzw. Vorstandsmitglieds (…) sein (…)". (Ziffer 1 (i) der EC Recommendation)

Bei der Definition von „enger Familienangehöriger" wird Bezug auf die Verordnung Nr. 1735/2003 der Europäischen Kommission genommen, der zufolge im Sinne von IAS 24 gilt: „Close members of the family of an individual are those that may be expected to influence, or be influenced by, that person in their dealings with the enterprise."[1744] Dazu zählen insbesondere Lebenspartner, Kinder, Lebenspartner der Kinder und Angehörige.

Das Kriterium gilt als erfüllt, wenn das Unternehmen in den zur Verfügung gestellten Daten explizit darauf Bezug nimmt, dass keine familiären Verbindungen im zuvor definierten Sinne existieren. Es wird angenommen, dass das Kriterium nicht erfüllt ist (gekennzeichnet durch „YN"), sofern nur allgemein Bezug auf Unabhängigkeitskriterien genommen wird ohne konkreten Bezug auf persönliche oder familiäre Verbindungen.

[1743] Vgl. § 102 AktG iVm. § 84 Abs. 1 Satz 3 AktG; Schmidt, K. (2002), S. 833.
[1744] Europäische Kommission (2003), S. 220.

EC-10   Anzahl der Mandate

Ein unabhängiges Aufsichtsratsmitglied „sollte seinen Aufgaben die nötige Zeit und Aufmerksamkeit widmen und die Zahl seiner anderweitigen beruflichen Verpflichtungen (insbesondere die Zahl der Mandate in anderen Gesellschaften) so weit begrenzen, dass die ordnungsgemäße Wahrnehmung seiner Aufgaben gewährleistet ist". (Art. 12.1 der EC Recommendation)

Dieses Kriterium wird unter Bezugnahme auf die in Kapitel 6.3.3.1 dargelegte Argumentation so interpretiert, dass Aufsichtsratsmitglieder, die gleichzeitig im Hauptberuf ein Vorstandsamt bekleiden oder Geschäftsführer eines mittelgroßen bis großen Unternehmens[1745] sind, maximal fünf Aufsichtsratsmandate inne haben dürfen. Die Anzahl der zulässigen Aufsichtsratsmandate für Aufsichtsratsmitglieder, die kein Vorstandsamt bekleiden, wird auf maximal sieben begrenzt. In dieser Berechnung wird die Funktion des Aufsichtsratsvorsitzenden doppelt gezählt und Mandate in ausländischen, börsennotierten Aktiengesellschaften mit berücksichtigt. Konzernmandate im Sinne des § 100 Abs. 2 Satz 2 AktG werden nicht berücksichtigt.

6.4.2.3 Gegenüberstellung der Kriterien

Im Gegensatz zur EC Recommendation verzichtet der Deutsche Corporate Governance Kodex auf eine detaillierte Auflistung der Unabhängigkeitskriterien. Der Kodex geht vielmehr von der allgemeinen Unabhängigkeitsdefinition in DCGK 5.4.2 aus, die unverkennbar Elemente der Unabhängigkeitsdefinition der EC Recommendation enthält. Letztere definiert in Art. 13.1: „Ein Mitglied der Unternehmensleitung gilt als unabhängig, wenn es in keiner geschäftlichen, familiären oder sonstigen Beziehung zu der Gesellschaft, ihrem Mehrheitsaktionär oder deren Geschäftsführung steht, die einen Interessenkonflikt begründet, der sein Urteilsvermögen beeinflussen könnte."
Es ist auffällig, dass in dieser Definition die Beziehung zum Mehrheitsaktionär der Gesellschaft als unabhängigkeitsgefährdend eingestuft wird, während diese Bezugnahme in der Kodexdefinition fehlt.[1746] In Anbetracht der dualen Unternehmensverfassung in Deutschland, des im deutschen Aktienrecht stark ausgeprägten konzernrechtlichen Minderheitenschutzes und der traditionell wichtigen Rolle von Großaktionären wäre eine Einstufung der Vertreter eines wesentlichen Aktionärs als nicht unabhängig kaum angemessen. CROMME fragt daher, ob die EU-Kommission mit ihrer Sichtweise

---

[1745] Gemäß der Klassifizierung des § 267 HGB.
[1746] Vgl. Kremer (2008), S. 268 f.; Hüffer (2006), S. 641 f.

nicht über das Ziel hinausschieße.[1747] Die Vertreter von Großaktionären im Aufsichtsrat stehen zudem nicht per se in geschäftlichen Beziehungen zum Unternehmen oder dessen Vorstand. KREMER weist zudem darauf hin, dass die Vertreter der Anteilseigner im Aufsichtsrat de lege lata nicht weisungsgebunden sind, so dass aus diesem Grunde eine gewisse Unabhängigkeit von den sie wählenden Aktionären gegeben ist.[1748] Ein weiterer Unterschied zeigt sich darin, dass die Europäische Kommission in ihrer Definition darauf abstellt, dass die Beziehungen des Aufsichtsratsmitglieds zum Vorstand oder zur Gesellschaft einen Interessenkonflikt begründen, der sein Urteilsvermögen beeinflussen könnte, während der Kodex die Unabhängigkeit für nicht gegeben erachtet, wenn ein Interessenkonflikt gegeben ist. Nach der Definition des Kodex lässt somit jeder relevante Interessenkonflikt die Unabhängigkeit entfallen, wobei der Interessenkonflikt tatsächlich gegeben sein muss „und es nicht ausreicht, dass er vorliegen 'könnte'"[1749]. Im Kontext der EC Recommendation sind die in Anhang II definierten Katalogsachverhalte oder ähnliche Sachverhalte abhängigkeitsbegründend. Von diesen Sachverhalten nimmt die Kommission an, dass das Urteilsvermögen des Aufsichtsratsmitgliedes typischerweise beeinflusst wird.[1750] Im Gegensatz dazu ist es für den Deutschen Corporate Governance Kodex charakteristisch, „dass er durch die Herstellung von Transparenz und die Verwendung ausfüllungsbedürftiger Rechtsbegriffe die unternehmerische Eigenverantwortung stärkt und die Berücksichtigung individueller Besonderheiten ermöglicht"[1751], wie CROMME ausführt.

Arbeitnehmervertreter im Aufsichtsrat sind gemäß der Unabhängigkeitsdefinition der EC Recommendation grundsätzlich nicht unabhängig. Die durch einen besonderen Kündigungsschutz abgesicherten Arbeitnehmer eines deutschen mitbestimmten Aufsichtsrates gelten gemäß Ziffer 1 (b) des Anhangs II hingegen als unabhängig. Dies ist jedoch eine reine Fiktion und auf Druck Deutschlands in die Definition aufgenommen worden. Trotz dieser Unterschiede stehen die Unabhängigkeitsempfehlungen des Deutschen Corporate Governance Kodex im Einklang mit den gemeinschaftsrechtlichen Empfehlungen der Europäischen Kommission.[1752]

Ein direkter Vergleich der abgeleiteten Unabhängigkeitskriterien zeigt, dass sich acht Kriterien hinsichtlich ihres grundlegenden Regelungsinhalts weitestgehend entsprechen (Tab. 1). Der Regelungsinhalt des Kriteriums EC-1 wird zudem im Hinblick auf das zu überwachende Unternehmen teilweise durch die gesetzliche Regelung des §

[1747] Vgl. Cromme (2004), S. 32.
[1748] Vgl. Kremer (2008), S. 269.
[1749] Kremer (2008), S. 269.
[1750] Vgl. Europäische Kommission (2005), Ziffer 1 Satz 3 des Anhang II, S. 63.
[1751] Cromme (2004), S. 31.
[1752] Vgl. Hüffer (2006), S. 639.

320

105 AktG abgedeckt, demzufolge ein Mitglied des Aufsichtsrates nicht gleichzeitig Mitglied des Vorstandes sein kann. Das Kriterium EC-2 hingegen steht im Widerspruch zu § 7 MitbestG, der explizit die Existenz eines Arbeitsverhältnisses als Voraussetzung für die Wahl zum Aufsichtsratsmitglied benennt. Der Kodex bezieht zudem mit den Kriterien DCGK-3 und DCGK-4 das Wettbewerbs- und Wertschöpfungsumfeld als mögliche Ursachen von Interessenunabhängigkeit mit ein, während die Europäische Kommission noch fünf weitere Kriterien für abhängigkeitsgefährdende Sachverhalte benennt.

DCGK-Kriterien	EC-Kriterien
DCGK-1 Geschäftliche Beziehung	EC-5 Geschäftliche Beziehung
DCGK-2 Persönliche Beziehung	EC-9 Familiäre Beziehung
DCGK-3 Organ-/Beratungsf. bei Wettbewerbern	
DCGK-4 Organ-/Beratungsf. bei Kunden u. Lief.	
DCGK-5 Wechsel v. Vorstand in den Aufsichtsrat	EC-1 Vorstandstätigkeit im U. o. verbundenen U.
DCGK-6 Anzahl der Mandate	EC-10 Anzahl der Mandate
	EC-2 Mitarbeiter des U. oder verbundenen U.
	EC-3 Zusätzliche Vergütung
	EC-4 Vertretung von Anteilseignern
	EC-6 Abschlussprüfer
	EC-7 Überkreuzverflechtungen
	EC-8 Amtszeit

Tab. 1: Kriterien DCGK vs. EC

Wie bereits dargelegt, sind sowohl die Kriterien des Kodex als auch die der EC Recommendation nicht direkt rechtsverbindlich. Vor dem Hintergrund des Comply-or-Explain-Prinzips müssen die Unternehmen dennoch nach § 161 AktG erklären, welche Empfehlungen von ihnen umgesetzt wurden und welche nicht.[1753] Insofern hat der deutsche Gesetzgeber der Empfehlung der Europäischen Kommission zur Umsetzung ins nationale Recht entsprochen.[1754]

[1753] Streng genommen basiert der derzeit gültige § 161 AktG auf dem Comply-or-Disclose-Prinzip. Im Regierungsentwurf zum Bilanzrechtsmodernisierungsgesetz ist jedoch bereits eine Erweiterung zum Comply-or-Explain-Prinzip vorgesehen. Nach diesem Prinzip sind Unternehmen nicht nur verpflichtet, Abweichungen vom Kodex offenzulegen (Comply-or-Disclose-Prinzip), sondern rechtsverbindlich zu begründen. Vgl. Weber-Rey (2008), S. 347; Deutscher Bundestag (2008), Drucksache 16/10067, S. 22.

[1754] Vgl. Europäische Kommission (2005), S. 51.

6.4.3 Resultate

Die Ergebnisse der empirischen Analyse der Interessenunabhängigkeit der 598 Aufsichtsratsmitglieder der DAX-Unternehmen zeigen, dass diese 2.393 der 3.588 Merkmale der Unabhängigkeitskriterien des Deutschen Corporate Governance Kodex erfüllen. Dies entspricht 66,7 % aller Merkmale (Tab. 2). Bei 15,7 % der Kriterien wurde dieses jeweils nicht erfüllt. In 17,6 % der Fälle konnte die Erfüllung des jeweiligen Kriteriums nicht verifiziert werden. Dies bedeutet, dass es bei genau einem Drittel der analysierten Kriterien nicht möglich ist, die Unabhängigkeit anhand der publizierten Informationen zu verifizieren. Gemäß der Annahme in Kapitel 6.4.1 ist daher zu erwarten, dass in diesen Fällen die Unabhängigkeit nicht gegeben ist.

	DCGK		EC	
	Prozentualer Anteil	Kumulierter Anteil	Prozentualer Anteil	Kumulierter Anteil
No	15,7	15,7	14,7	14,7
YN	17,6	33,3	7,6	22,3
Yes	66,7	100	77,7	100

Tab. 2: Resultate DCGK vs. EC

Hinsichtlich der EC Recommendation weisen 4.648 der 5.980 Merkmale die Merkmalsausprägung „Yes" auf. Somit erfüllen die Aufsichtsratsmitglieder der deutschen DAX-Unternehmen sogar zu 77,7 % die Unabhängigkeitskriterien der EC Recommendation, während der Anteil der dokumentierten Nichterfüllung mit 14,7 % das gleiche Niveau aufweist wie bei den untersuchten Kriterien des DCGK. Bei 7,6 % der untersuchten Merkmale ist eine eindeutige Klassifizierung nicht möglich.

Um einen etwas detaillierteren Überblick über das Unabhängigkeitsprofil der Aufsichtsratsmitglieder zu gewinnen, zeigt Tabelle 3 die Verteilung der Aufsichtsratsmitglieder, die eine bestimmte Anzahl der Kriterien erfüllen:

Anzahl der erfüll-ten Kriterien	DCGK		
	Anzahl der Aufsichts-ratsmitglieder	Prozentualer Anteil	Kumulierter Anteil
6	9	1,5	1,5
5	116	19,4	20,9
4	356	59,5	80,4
3	102	17,1	97,5
2	14	2,3	99,8
1	1	0,02	100
0	0	0	100
Summe	598	100	

Tab. 3: Anzahl der erfüllten DCGK-Kriterien

Lediglich neun Aufsichtsratsmitglieder erfüllen alle sechs untersuchten Unabhängig-keitskriterien des DCGK. Dies entspricht einem Anteil von 1,5 %. Unter Berücksichti-gung der Aufsichtsratsmitglieder, die fünf der sechs Kriterien erfüllen, beträgt der ku-mulierte Anteil 20,9 %. Die meisten Aufsichtsratsmitglieder erfüllen immerhin vier oder mehr Kriterien des DCGK. Alle Aufsichtsratsmitglieder erfüllen mindestens ein Kriterium.

Ein etwas anderes Bild ergibt sich hinsichtlich der Erfüllung der Kriterien der EC Re-commendation:

Anzahl der erfüll-ten Kriterien	EC		
	Anzahl der Aufsichts-ratsmitglieder	Prozentualer Anteil	Kumulierter Anteil
10	6	1,0	1,0
9	32	5,3	6,3
8	69	11,5	17,8
7	66	11,0	28,8
6	282	47,2	76,0
5	103	17,2	93,2
4	34	5,7	99,0
3	6	1,0	100
2	0	0	100
1	0	0	100
0	0	0	100
Summe	598	100	

Tab. 4: Anzahl der erfüllten EC-Kriterien

Lediglich sechs der betrachteten Aufsichtsratsmitglieder erfüllen alle zehn Kriterien. Dies entspricht 1 %. Mit einer relativen Häufigkeit von 47,2 % erfüllen die meisten Aufsichtsratsmitglieder nur sechs Kriterien. Nahezu 87 % aller untersuchten 598 Personen erfüllen zwischen fünf und acht der Unabhängigkeitskriterien der EC Recommendation. Mindestens drei Kriterien werden von allen Aufsichtsratsmitgliedern erfüllt.

Tabelle 5 zeigt die Kontingenztabelle der zuvor beschriebenen Ergebnisse. Der Chi-Quadrat-Test ergibt, dass bei 35 Freiheitsgraden und einer Irrtumswahrscheinlichkeit von 0,005 die Nullhypothese der Unabhängigkeit abzulehnen ist. Zwischen den EC-Kriterien und den Kriterien des DCGK besteht infolgedessen ein signifikanter Zusammenhang.

Anzahl der erfüllten EC-Kriterien	Anzahl der erfüllten DCGK-Kriterien						
	6	5	4	3	2	1	Summe
10	0,5	0,3	0,2	0	0	0	1,0
9	0,5	3,5	0,8	0,5	0	0	5,3
8	0	3,3	7,9	0,3	0	0	11,5
7	0,5	4,3	4,7	1,3	0,2	0	11,0
6	0	6,4	37,6	3,2	0	0	47,2
5	0	1,3	7,2	8,5	0,2	0	17,2
4	0	0,2	1,2	2,7	1,5	0,2	5,8
3	0	0	0	0,5	0,5	0	1,0
2	0	0	0	0	0	0	0
1	0	0	0	0	0	0	0
Summe	1,5	19,3	59,6	17,0	2,4	0,2	100

Tab. 5: Kontingenztabelle

Die Auswertung der aggregierten Ergebnisse zeigt, dass auf dieser Ebene die Erfüllungsraten der Unabhängigkeitskriterien des DCGK und der EC Recommendation ein ähnliches Niveau aufweisen. Im arithmetischen Mittel erfüllen die Aufsichtsratsmitglieder der DAX-Konzerne exakt vier der sechs Kriterien des DCGK. Dies entspricht 66,7 % dieser Kriterien. Bezogen auf die EC-Kriterien beträgt das arithmetische Mittel hingegen 6,22. Dies entspricht 62,3 % der zehn EC-Kriterien und liegt damit leicht unter dem Wert für die Erfüllung der Kriterien des DCGK. Die Streuung der Erfüllungsquote für die Kriterien des DCGK ist dafür deutlich geringer. Die Standardabweichung der DCGK-Kriterien beträgt 0,73. Im Vergleich dazu beträgt die Standard-abweichung für die Erfüllungsquote der EC-Kriterien hingegen 1,29.

Die Nichterfüllungsrate bezüglich des DCGK ist mit 15,7 % nur ein Prozentpunkt höher als die der EC Recommendation mit 14,7 %. Ein zentraler Grund für dieses Resultat ist die Tatsache, dass die Hälfte der insgesamt 16 Kriterien jeweils paarweise einen vergleichbaren Sachverhalt untersucht. Für die Analyse weiterer Ursachen bedarf es der nachfolgenden Auswertung der Einzelkriterien.

6.4.3.1 Erfüllung der Kriterien des Deutschen Corporate Governance Kodex

Für die sechs Einzelkriterien des Deutschen Corporate Governance Kodex ergeben sich folgende Werte:

DCGK-1   Geschäftliche Beziehung

	DCGK-1		
	Anzahl	Prozentualer Anteil	Kumulierter Anteil
No	316	52,8	52,8
YN	95	15,9	68,7
Yes	187	31,3	100
Summe	598	100	

Tab. 6: Resultate DCGK-1

Lediglich für knapp ein Drittel der Aufsichtsratsmitglieder kann anhand der Unternehmenspublikation die Unabhängigkeit hinsichtlich geschäftlicher Beziehungen zum Unternehmen oder dessen Vorstand verifiziert werden. Bei mehr als der Hälfte ist sie hingegen nicht gegeben. Dieser hohe Wert ergibt sich unter anderem aus der Tatsache, dass die Arbeitnehmer- und Gewerkschaftsvertreter nach herrschender Meinung dieses Unabhängigkeitskriterium nicht erfüllen können. Betrachtet man infolgedessen – um diesen Effekt infolge der interessenpluralistischen Konzeption des Aufsichtsrates auszuschalten – ausschließlich die Anteilseignervertreter, so erfüllen lediglich 9,4 % dieses Kriterium nicht.

Anhand der publizierten Daten konnte für 84,1 % aller Aufsichtsratsmitglieder eine eindeutige Klassifizierung vorgenommen werden.

DCGK-2   Persönliche Beziehung

	DCGK-2		
	Anzahl	Prozentualer Anteil	Kumulierter Anteil
No	1	0,2	0,2
YN	516	86,3	86,5
Yes	81	13,5	100
Summe	598	100	

Tab. 7: Resultate DCGK-2

Bezüglich der persönlichen Unabhängigkeit von der Gesellschaft oder deren Vorstand konnte lediglich für 13,5 % eine eindeutige Klassifizierung verifiziert werden. Diesbezügliche Informationen sind in den betrachteten Publikationen sehr spärlich. Lediglich bei einem Aufsichtsratsmitglied konnte eine persönliche Beziehung zu einem Mitglied eines geschäftsführenden Organs nachgewiesen werden.

DCGK-3   Organ- oder Beratungsfunktion bei Wettbewerbsunternehmen

	DCGK-3		
	Anzahl	Prozentualer Anteil	Kumulierter Anteil
No	11	1,9	1,9
YN	8	1,3	3,2
Yes	579	96,8	100
Summe	598	100	

Tab. 8: Resultate DCGK-3

Mit 96,8 % erfüllen nahezu alle Aufsichtsratsmitglieder dieses Kriterium. Lediglich elf Aufsichtsräte haben bei wesentlichen Wettbewerbern des zu überwachenden Unternehmens eine Organ- oder Beratungsfunktion inne. Bei acht Aufsichtsratsmitgliedern lässt sich anhand der verwandten Publikationen nicht eindeutig verifizieren, ob ein Wettbewerbsverhältnis besteht bzw. ob dieses wesentlich ist.

DCGK-4   Organ- oder Beratungsfunktion bei Kunden und Lieferanten

	DCGK-4		
	Anzahl	Prozentualer Anteil	Kumulierter Anteil
No	200	33,5	33,5
YN	11	1,8	35,3
Yes	387	64,7	100
Summe	598	100	

Tab. 9: Resultate DCGK-4

Ein vollständig anderes Bild ergibt sich hinsichtlich der Organ- oder Beratungsfunkti-on bei Kunden, Lieferanten, Kreditgebern oder sonstigen Geschäftspartnern. Mehr als ein Drittel aller Aufsichtsratsmitglieder hatte im Geschäftsjahr 2007 eine derartige Po-sition inne. Besonders ins Gewicht fallen in diesem Zusammenhang die Aufsichts-ratsmitglieder, die gleichzeitig im Aufsichtsrat eines Kreditinstitutes sitzen. Im Gegen-satz zum zuvor analysierten Kriterium erstreckt sich dieses auch auf potentielle Kun-den, Lieferanten und Kreditgeber, sofern von einer wesentlichen Bedeutung auszuge-hen ist. Für fast zwei Drittel der Aufsichtsratsmitglieder kann dieses Unabhängigkeits-kriterium hingegen als erfüllt gelten.

DCGK-5   Wechsel von Vorstandsmitgliedern in den Aufsichtsrat

	DCGK-5		
	Anzahl	Prozentualer Anteil	Kumulierter Anteil
No	31	5,2	5,2
YN	0	0	0
Yes	567	94,8	100
Summe	598	100	

Tab. 10: Resultate DCGK-5

Mit 5,2 % ist der Anteil der Aufsichtsratsmitglieder, die zuvor Mitglieder des Vorstan-des der Gesellschaft oder einer Vorgängergesellschaft waren, auf alle Aufsichtsrats-mitglieder bezogen relativ gering. Davon betroffen sind jedoch 74,2 % der 31 unter-suchten DAX-Unternehmen. Lediglich in einem Unternehmen waren im Geschäftsjahr 2007 mehr als zwei ehemalige Vorstandsmitglieder im Aufsichtsrat. Bei 70 % der Un-ternehmen, die dieses Kriterium nicht erfüllt haben, war nur ein ehemaliges Vor-standsmitglied im Aufsichtsrat. Gemäß der Definition des Kriteriums in Kapitel 6.4.2.1 wurde bei der Analyse keine Sperrzeit berücksichtigt.

DCGK-6   Anzahl der Mandate

	DCGK-6		
	Anzahl	Prozentualer Anteil	Kumulierter Anteil
No	6	1,0	1,0
YN	0	0	0
Yes	592	99,0	100
Summe	598	100	

Tab. 11: Resultate DCGK-6

Mit 99,0 % wird dieses Unabhängigkeitskriterium von den Aufsichtsratsmitgliedern am weitestgehenden erfüllt. Lediglich sechs Aufsichtsratsmitglieder, die gleichzeitig dem Vorstand einer börsennotierten Gesellschaft angehören, bekleiden mehr als fünf Aufsichtsratsmandate in konzernexternen börsennotierten Gesellschaften.

Als Fazit bleibt zunächst festzuhalten, dass die allgemeine Erfüllung der Unabhängigkeitskriterien des Deutschen Corporate Governance Kodex mit 66,7 % relativ gering ist. Bei genauerer Betrachtung der einzelnen Kriterien zeigt sich, dass dies vor allem aus der niedrigen Erfüllungsrate der Kriterien DCGK-1 und DCGK-2 resultiert. Dies ist insofern überraschend, als die Kodexempfehlung 5.4.2 die zentrale Unabhängigkeitsdefinition des Kodex darstellt.[1755] Insbesondere die persönliche Unabhängigkeit vom zu überwachenden Vorstand ist eine der Grundvoraussetzungen für eine effiziente und am Unternehmensinteresse ausgerichtete Kontrolle. Da persönliche Beziehungen im Sinne von IAS 24 sich nur schlecht verifizieren lassen, das Kriterium dennoch weitestgehend erfüllt sein dürfte, scheint diesbezüglich ein Mangel an entsprechenden Publikationen vorzuliegen. Dies zeigt auch die mit 86,3 % hohe YN-Rate. Mit anderen Worten, lediglich 13,7 % der Aufsichtsratsmitglieder machen diesbezüglich eindeutige Aussagen.

Ein besonderes Augenmerk ist auf das Unabhängigkeitskriterium DCGK-1 zu legen, dem zufolge ein Aufsichtsratsmitglied als unabhängig anzusehen ist, wenn es in keiner geschäftlichen Beziehung zum Unternehmen oder dessen Vorstand steht, die einen Interessenkonflikt begründet. In diesem Kriterium treffen die Überwachungsfunktion und die Interessenausgleichsfunktion konfligierend aufeinander. Die Arbeitnehmervertreter im Aufsichtsrat, die eine der zentralen Säulen der Interessenausgleichsfunktion bilden, sind aufgrund ihres Arbeitsvertrages mit dem Unternehmen vertraglich verbunden und stehen somit nach herrschender Meinung in einer geschäftlichen Bezie-

---

[1755] Siehe hierzu ausführlich Kapitel 6.4.2.1.

hung zum Unternehmen. Infolgedessen resultiert der niedrige Erfüllungsgrad von DCGK-1 aus den besonderen Spezifika der deutschen Unternehmensverfassung und wird somit vom Gesetzgeber bewusst in Kauf genommen.[1756]

Die Begrenzung der Anzahl ehemaliger Vorstandsmitglieder im Aufsichtsrat (DCGK-5), der Anzahl gleichzeitig ausgeübter Mandate (DCGK-6) sowie die Beschränkung der Organ- oder Beratungsfunktion bei Wettbewerbsunternehmen (DCGK-3) werden von nahezu allen Aufsichtsratsmitgliedern erfüllt. Ein vollständiges anderes Bild zeigt hingegen in Bezug auf die Organ- oder Beratungsfunktion bei Kunden, Lieferanten oder sonstigen Geschäftspartnern. Dieses Kriterium wird von mehr als einem Drittel der Aufsichtsratsmitglieder nicht erfüllt. Dies kann als eine Reminiszenz an die Strukturen der „Deutschland AG" interpretiert werden.

6.4.3.2 Erfüllung der Kriterien der EC Recommendation

Für die zehn Einzelkriterien der EC Recommendation ergeben sich folgende Werte:

EC-1 Vorstandstätigkeit im Unternehmen oder in verbundenen Unternehmen

	EC-1		
	Anzahl	Prozentualer Anteil	Kumulierter Anteil
No	31	5,2	5,2
YN	0	0	5,2
Yes	567	94,8	100
Summe	598	100	

Tab. 12: Resultate EC-1

Nahezu 95 % aller Aufsichtsratsmitglieder erfüllen dieses Kriterium. Lediglich 31 Personen waren innerhalb der letzten fünf Jahre Mitglied des Vorstandes des Unternehmens oder eines verbundenen Unternehmens. Wenngleich die Kriterien EC-1 und DCGK-5 eine vergleichbare inhaltliche Zielsetzung verfolgen und im Aggregat den gleichen Wert aufweisen, so darf nicht unbeachtet bleiben, dass einerseits durch die Beschränkung auf die letzten fünf Jahre und andererseits durch die Einbeziehung verbundener Unternehmen im Vergleich zu DCGK-5 unterschiedliche Personen dieses Kriterium erfüllen.

[1756] Siehe hierzu ausführlich Kapitel 6.1 und 6.3.2.1.

EC-2   Mitarbeiter des Unternehmens oder verbundener Unternehmen

	EC-2		
	Anzahl	Prozentualer Anteil	Kumulierter Anteil
No	19	3,2	3,2
YN	0	0	3,2
Yes	579	96,8	100
Summe	598	100	

Tab. 13: Resultate EC-2

Infolge der einschränkenden Regelung für Arbeitnehmervertreter in deutschen Aufsichtsräten wird dieses Kriterium von 96,8 % aller Aufsichtsratsmitglieder erfüllt. Lediglich 19 Anteilseignervertreter waren innerhalb der letzten drei Jahre als Führungskräfte im Unternehmen oder in verbundenen Unternehmen tätig. Die divergierenden Werte im Vergleich zu EC-1 ergeben sich unter anderem aus der zeitlichen Beschränkung auf drei Jahre.

EC-3   Zusätzliche Vergütung

	EC-3		
	Anzahl	Prozentualer Anteil	Kumulierter Anteil
No	280	46,8	46,8
YN	109	18,2	65,0
Yes	209	34,9	100
Summe	598	100	

Tab. 14: Resultate EC-3

Mit 46,8 % wird dieses Kriterium von allen Unabhängigkeitskriterien der EC Recommendation am wenigsten erfüllt. Dies resultiert unter anderem aus der Tatsache, dass die Arbeitnehmervertreter zusätzlich zur Aufsichtsratsvergütung infolge ihres Arbeitsvertrages Lohn oder Gehalt erhalten. Zudem bestehen mit 8,4 % der Aufsichtsratsmitglieder Berater- oder Repräsentationsverträge. Dem Ansatz der EC Recommendation zufolge ist bei allen über die Aufsichtsratsvergütung hinausgehenden Vergütungen in bedeutsamem Umfang die Unabhängigkeit nicht mehr gegeben. Lediglich rund ein Drittel aller untersuchten Aufsichtsratsmitglieder erfüllt dieses Kriterium.

EC-4 Vertretung von Anteilseignern mit Kontrollbeteiligung

	EC-4		
	Anzahl	Prozentualer Anteil	Kumulierter Anteil
No	8	1,3	1,3
YN	23	3,8	5,1
Yes	567	94,9	100
Summe	598	100	

Tab. 15: Resultate EC-4

Da die untersuchten DAX-Unternehmen überwiegend Publikumsgesellschaften sind, beträgt der Anteil der Aufsichtsratsmitglieder, die Anteilseigner oder Vertreter eines Unternehmens mit Kontrollbeteiligung sind, lediglich 1,3 %. 23 Aufsichtsratsmitglieder üben Organfunktion bei Mehrheitsgesellschaftern aus bzw. sind selber Großaktionär. In diesen Fällen lässt sich jedoch nicht eindeutig verifizieren, ob beispielsweise bei der Hauptversammlung über die Mehrheit der Stimmrechte verfügt wird oder ein beherrschender Einfluss auf das Unternehmen ausgeübt werden kann. Infolgedessen sind 5,1 % der Aufsichtsratsmitglieder selber Großaktionäre oder Vertreter eines solchen. Von den 598 Aufsichtsratsmitgliedern der DAX-Unternehmen besitzen 15 Personen (2,5 %) mehr als 1 % des Grundkapitals des zu kontrollierenden Unternehmens in Form von Aktien.

EC-5 Geschäftliche Beziehung

	EC-5		
	Anzahl	Prozentualer Anteil	Kumulierter Anteil
No	59	9,9	9,9
YN	231	38,6	48,5
Yes	308	51,5	100
Summe	598	100	

Tab. 16: Resultate EC-5

Dieses Kriterium erfüllen mit 51,5 % mehr als die Hälfte aller Aufsichtsratsmitglieder. Für nahezu jedes zehnte Aufsichtsratsmitglied ist eine entsprechende Unabhängigkeit nicht gegeben. Im Vergleich zum Kriterium DCGK-1 weist dieses eine deutlich höhere Erfüllungsquote auf, da EC-5 den untersuchten Sachverhalt zum einen auf „Geschäftsverhältnisse in bedeutendem Umfang" und zum anderen zeitlich auf das laufende und das letzte Geschäftsjahr beschränkt. Arbeitnehmervertreter unterhalten durch ihren

Arbeitsvertrag zwar eine geschäftliche Beziehung zu dem zu überwachenden Unternehmen, diese weist aber regelmäßig nicht einen bedeutenden Umfang auf. Infolgedessen verstoßen Arbeitnehmervertreter nicht per se gegen dieses Unabhängigkeitskriterium. Für 38,6 % der Aufsichtsratsmitglieder ist eine eindeutige Klassifizierung nicht möglich, da dieses Kriterium im Gegensatz beispielsweise zu DCGK-4 nicht auf eine potentielle Geschäftsbeziehung abzielt, sondern auf eine faktische, die zugleich einen bedeutenden Umfang aufweist.

EC-6   Abschlussprüfer

Keines der analysierten Aufsichtsratsmitglieder war im Geschäftsjahr 2007 oder in den vergangenen drei Jahren Partner oder Angestellter des Abschlussprüfers der Gesellschaft.

EC-7   Überkreuzverflechtungen

Dieses Kriterium wird aufgrund des gesetzlichen Verbotes von Überkreuzverflechtungen von allen Aufsichtsratsmitgliedern erfüllt.

EC-8   Amtszeit

	EC-8		
	Anzahl	Prozentualer Anteil	Kumulierter Anteil
No	7	1,2	1,2
YN	0	0	1,2
Yes	591	98,8	100
Summe	598	100	

Tab. 17: Resultate EC-8

Sieben der 598 Aufsichtsratsmitglieder haben ihr Aufsichtsratsmandat länger als drei Amtszeiten bzw. 15 Jahre inne. Dies entspricht einem Anteil von 1,2 %.

EC-9   Familiäre Beziehung

	EC-9		
	Anzahl	Prozentualer Anteil	Kumulierter Anteil
No	1	0,2	0,2
YN	516	86,3	86,5
Yes	81	13,5	100
Summe	598	100	

Tab. 18: Resultate EC-9

Für das Kriterium EC-9 wurden die gleichen Resultate wie für das Kriterium DCGK-2 ermittelt. Das Aufsichtsratsmitglied, welches das Kriterium nicht erfüllt, hat sowohl eine persönliche als auch eine familiäre Beziehung zum Mitglied eines geschäftsführenden Organs. Für 13,5 % der untersuchten Aufsichtsratsmitglieder konnte auf Basis der veröffentlichten Daten nachgewiesen werden, dass keine persönliche Beziehung zu Mitgliedern des Vorstandes besteht. Dies beinhaltet selbstverständlich auch familiäre Beziehungen.

EC-10   Anzahl der Mandate

	EC-10		
	Anzahl	Prozentualer Anteil	Kumulierter Anteil
No	48	8,0	8,0
YN	0	0	8,0
Yes	550	92,0	100
Summe	598	100	

Tab. 19: Resultate EC-10

Um seine Aufgaben ordnungsgemäß wahrnehmen zu können, sollte ein Aufsichtsratsmitglied, sofern es im Hauptberuf ein Vorstandsamt bekleidet oder Geschäftsführer einer mittelgroßen bis großen Gesellschaft ist, maximal fünf Aufsichtsratsmandate innehaben. Dieses Kriterium wird von 99,0 % erfüllt, wie DCGK-6 gezeigt hat. Im Kontext von EC-10 ist der zu untersuchende Sachverhalt jedoch etwas weiter gefasst. Für Aufsichtsratsmitglieder, die nicht Mitglied eines Vorstandes oder Geschäftsführer eines mittegroßen bis großen Unternehmens sind, gilt dieses Kriterium als erfüllt, wenn sie maximal sieben Aufsichtsratsmandate in konzernexternen Gesellschaften inne haben. Dieses Kriterium wird von 48 Aufsichtsmitgliedern nicht erfüllt.

Zusammenfassend ist festzuhalten, dass die Erfüllungsrate von 77,7 % der Unabhängigkeitskriterien der Europäischen Kommission auf deutlich heterogeneren Einzelwerten basiert als die des DCGK. So werden die Kriterien EC-3, EC-5 und EC-9 lediglich von 13,5 % bis 51,5 % der Aufsichtsratsmitglieder erfüllt, die Kriterien EC-6 und EC-7 hingegen von allen.

Insbesondere für die in EC-7 untersuchten Überkreuzverflechtungen darf dieses Ergebnis nicht überraschen, da der Sachverhalt dieses Kriteriums in Deutschland durch das Aktiengesetz ausgeschlossen ist. Letztlich resultieren sowohl das positive Ergebnis von EC-6 als auch das negative von EC-3 aus den Besonderheiten der deutschen Unternehmensverfassung. So kann das letztgenannte Kriterium in Deutschland aufgrund der interessenpluralistischen Besetzung des Aufsichtsrates niemals vollständig erfüllt werden. Keine strukturelle Ursache hat hingegen das Ergebnis des Kriteriums EC-5. Infolge seiner im Vergleich zu DCGK-1 im Detail divergierenden Abgrenzung kann dieses Kriterium auch von Arbeitnehmervertretern erfüllt werden. Hinsichtlich EC-9 liegen dieselben Verifizierungsprobleme wie für DCGK-2 vor. Diese sind auf einen Mangel an entsprechender Publikation zurückzuführen. Trotz der größeren Streuung bei den Ergebnissen der Einzelkriterien werden die Unabhängigkeitskriterien der Europäischen Kommission in der Gesamtbetrachtung in hohem Maße erfüllt.

6.4.3.3 Zwischenfazit

Ein Drittel der 598 untersuchten DAX-Aufsichtsratsmitglieder erfüllt die Unabhängigkeitskriterien des DCGK nicht bzw. es ist in Folge mangelnder Publikation im Sinne des Unraveling-Prinzips davon auszugehen, dass diese nicht erfüllt werden. In Bezug auf die EC-Kriterien beträgt diese Quote 22,3 %.

Angesichts dieser Ergebnisse überrascht es zunächst, dass für das Geschäftsjahr 2007 97,4 % der DAX-Unternehmen im Rahmen der Entsprechungserklärung nach § 161 AktG die uneingeschränkte Zustimmung zu den gültigen 81 Empfehlungen des Deutschen Corporate Governance Kodex deklarierten.[1757] Im Vergleich zu den in den untersuchten Jahresabschlüssen verifizierbaren Informationen hinsichtlich der Interessenunabhängigkeit der Aufsichtsratsmitglieder ergibt sich somit eine deutliche Differenz. Überraschenderweise stand diese Differenz zwischen Erklärung und extern verifizierbarer Erfüllung bisher nicht direkt im Fokus der wissenschaftlichen Analyse. So basiert selbst der jährliche Corporate Governance Report der Regeierungskommission ausschließlich auf Befragungen der Unternehmen, in denen diese selbst angeben, ob

---

[1757] Vgl. Theisen (2007), S. 1317.

sie ihres Erachtens die Kodexnormen erfüllen oder nicht.[1758] Letztlich berührt die externe Verifizierung der Interessenunabhängigkeit die Frage nach der faktischen Implementierung paragesetzlicher, nicht bindender Kodizes. Für die künftige Entwicklung der Corporate Governance-Debatte sowie der selbstbindenden Regelwerke wird es daher von Bedeutung sein, dass die Unternehmen, die erklären, den Corporate Governance Kodex zu erfüllen, diesbezüglich Informationen auf einem Güteniveau publizieren, das den Kapitalmarktteilnehmern die Möglichkeit eröffnet, den Erfüllungsgrad eindeutig zu verifizieren.[1759]

Um diese Lücke zu schließen, muss der Gesetzgeber ein entsprechendes Instrumentarium implementieren, das eine Überprüfung ermöglicht bzw. vornimmt und dadurch den nationalen Kodex stärkt. Ein solches Instrument beinhaltet beispielsweise der British Cadbury Code. Dieser Kodex wird von einer großen Anzahl der an der London Stock Exchange (LSE) gelisteten Unternehmen erfüllt. In diesem Kontext ist jedoch vor allem von Bedeutung, dass die LSE an Outside Auditors die Aufgabe delegiert hat, die faktische Implementierung und Erfüllung des Kodex in den Unternehmen zu überprüfen.[1760] Einen ersten Schritt in diese Richtung macht die Bundesregierung mit dem am 01. Januar 2010 in Kraft tretenden Bilanzrechtsmodernisierungsgesetz (BilMoG)[1761], dem zufolge die Unternehmen im Sinne des Complain-or-Explain-Prinzips Gründe für die Nichterfüllung von Kodexempfehlungen angeben müssen.[1762] Dieser Schritt dürfte jedoch nicht ausreichen, um die zuvor beschriebene Lücke zu schließen.

6.4.4 Unabhängigkeit von Aufsichtsratsmitgliedern im internationalen Vergleich

Die Auswertung der EC-Kriterien eröffnet die Möglichkeit eines internationalen Vergleichs. Die Empfehlungen der Europäischen Kommission sind selbst nicht bindend, sollen aber durch die nationalen Corporate Governance Kodizes in nationales Recht umgesetzt werden.[1763] Für internationale Vergleichswerte kann die Studie von SANTELLA/PAONE/DRAGO (2006) herangezogen werden. Sie untersucht mit einem vergleichbaren Forschungsaufbau die Interessenunabhängigkeit der als unabhängig deklarierten Direktoren der 40 im italienischen S&P/MIB-Index gelisteten Unternehmen.[1764]

[1758] Vgl. exemplarisch Werder/Talaulicar (2008), S. 118.

[1759] Vgl. Santella/Paone/Drago (2006), S. 20.

[1760] Vgl. Santella/Paone/Drago (2006), S. 20.

[1761] Mit der Zustimmung vom Bundestag am 26. März 2009 und vom Bundesrat am 03. April 2009 wurde der Gesetzgebungsprozess abgeschlossen.

[1762] Vgl. Deutscher Bundestag (2008), Drucksache 16/10067, S. 22.

[1763] Vgl. Europäische Kommission (2005), S. 51.

[1764] Diese Studie bezieht sich auf die Indexzusammensetzung am 17. September 2004. Vgl. Santella/Paone/Drago (2006), S. 6.

Die Grundgesamtheit dieser Studie besteht aus 284 Direktoren. Die Datengrundlage der Studie bilden die Veröffentlichungen der Unternehmen im Jahresabschluss 2003 sowie die auf den Websites der Unternehmen publizierten Informationen.[1765] Ein Vergleich der aggregierten Werte zeigt hinsichtlich der Nichterfüllungsrate fast identische Werte. Diese liegt für die Aufsichtsräte der DAX-Konzerne mit 14,7 % weniger als ein Prozentpunkt über dem Wert für die italienischen Direktoren. Ein deutlich anderes Bild ergibt sich für die Erfüllungsquote, die für die DAX-Aufsichtsräte mit 77,7 % um exakt 30 Prozentpunkte über den 47,7 % der Direktoren des italienischen S&P/MIB-Index liegt. Infolgedessen ergeben sich entsprechend spiegelbildliche Ergebnisse für die nicht eindeutig verifizierbaren Informationen (Tab. 20).

	DAX		S&P/MIB	
	Prozentualer Anteil	Kumulierter Anteil	Prozentualer Anteil	Kumulierter Anteil
No	14,7	14,7	13,8	13,8
YN	7,6	22,3	38,5	52,3
Yes	77,7	100	47,7	100

Tab. 20: Vergleich Resultate EC-Kriterien DAX vs. S&P/MIB

Da der kumulierte Anteil der nicht eindeutig als unabhängig zu klassifizierenden Direktoren im Rahmen der italienischen Studie bei 52,3 % liegt, kommen die Autoren der Studie zu dem Schluss, dass für die italienischen Blue Chips „a general low level of compliance with independence requirements"[1766] vorliegt. Da YN „should (…) be interpreted as a milder level of non-compliance than 'no'"[1767], scheint entsprechend dem Unraveling-Prinzip eine geringere Unabhängigkeit gegeben zu sein. Das Interesse der Unternehmen, Informationen über die Interessenunabhängigkeit offenzulegen, sofern diese erfüllt ist, ist dem Unraveling-Prinzip zufolge unabhängig von der Güte nationaler Rechnungslegungsstandards. Bezogen auf die Praxis ist jedoch denkbar, dass die nationalen Kapitalmärkte ihrerseits unterschiedlich detaillierte Informationen fordern. SANTELLA/PAONE/DRAGO stellen in Anbetracht der Ergebnisse „the effectiveness of securities market monitoring"[1768] in Frage.

Beim Vergleich und der Interpretation der Ergebnisse der beiden Studien ist einerseits zu beachten, dass die italienische Studie sich auf das Geschäftsjahr 2003 bezieht, während bzgl. der Unabhängigkeit der DAX-Aufsichtsratsmitglieder auf das Geschäftsjahr

---

[1765] Ergänzt werden diese Informationen durch die Veröffentlichungen auf den Webseiten der Borsa Italia und der italienischen Börsenaufsicht Consob.
[1766] Santella/Drago/Paone (2007), S. 1.
[1767] Santella/Paone/Drago (2006), S. 7.
[1768] Santella/Paone/Drago (2006), S. 1.

2007 Bezug genommen wird. Vor allem aber ist zu berücksichtigen, dass das deutsche und das italienische Corporate Governance-System grundlegende Unterschiede in ihrer Konzeption aufweisen. Das italienische Corporate Governance-Modell, das im Jahre 2003 Gültigkeit besaß, sieht neben einem geschäftsführenden Organ, dem Verwaltungsrat (Consiglio di Amministrazione), ein Kontrollorgan (Collegio Sindacale) vor.[1769] Die Aufgaben des Kontrollgremiums liegen ungefähr zwischen denen des deutschen Aufsichtsrates und denen des Abschlussprüfers.[1770] Dem Collegio Sindacale obliegt die Überwachung der Geschäftsführung. Anders als im deutschen Recht hat das Kontrollgremium jedoch nur die Ordnungs- und Rechtmäßigkeit der Geschäftsführung zu prüfen, nicht aber deren Wirtschaftlichkeit. Zudem sind im Gegensatz zum deutschen Recht die Arbeitnehmer nicht im Kontrollgremium vertreten. Bei börsennotierten Aktiengesellschaften muss das Kontrollgremium aus mindestens drei ordentlichen Mitgliedern gebildet werden, die Aktionäre sein können, aber nicht müssen. Die Satzung kann von dieser Anzahl jedoch beliebig nach oben abweichen. Mindestens ein Mitglied muss dabei von der Gesellschafterminderheit bestimmt werden. Darüber hinaus muss mindestens ein Mitglied des Kontrollgremiums im öffentlichen Register für Wirtschaftsprüfer (Registro dei Revisori Contabili) eingetragen sein. Die eigentliche Prüfung des Jahresabschlusses ist bei börsennotierten Aktiengesellschaften durch das Gesetz einer externen Wirtschaftsprüfungsgesellschaft zugewiesen.

In Anbetracht der konzeptionellen Unterschiede der beiden Corporate Governance-Systeme scheint eine Analyse der Ergebnisse für die Einzelkriterien geboten:

[1769] Mit Inkrafttreten einer weitreichenden Gesellschaftsrechtsnovelle am 01. Januar 2004 besteht die Wahlmöglichkeit zwischen einem monistischen und einem dualistischen System. Vgl. Scarso (2004), S. 293 ff.

[1770] Die Ausführungen folgen Scarso (2004), S. 292; Müller (1981), S. 19 f.; Colombo (1995), S. 318; Gebhard (2007), S. 163 f.

		DAX		S&P/MIB	
		Prozentualer Anteil	Kumulierter Anteil	Prozentualer Anteil	Kumulierter Anteil
EC-1 Vorstandstätigkeit im (verb.) Unternehmen	No	5,2	5,2	26,1	26,1
	YN	0	5,2	65,5	65,5
	Yes	94,8	100	8,5	100
EC-2 Mitarbeiter des (verb.) Unternehmens	No	3,2	3,2	1,1	1,1
	YN	0	3,2	77,5	78,5
	Yes	96,8	100	21,5	100
EC-3 Zusätzl. Vergütung[1771]	No	46,8	46,8	11,3	11,3
	YN	18,2	65,9	8,8	20,1
	Yes	34,9	100	79,9	100
EC-4 Anteilseigner mit Kontrollmehrheit	No	1,3	1,3	2,5	2,5
	YN	3,8	5,1	7,7	10,2
	Yes	94,9	100	89,8	100
EC-5 Geschäftliche Beziehung	No	9,9	9,9	6,7	6,7
	YN	38,6	48,5	82,7	89,4
	Yes	51,5	100	10,6	100
EC-6 Abschlussprüfer	No	0	0	0	0
	YN	0	0	77,5	77,5
	Yes	100	100	22,5	100
EC-7 Überkreuzverflechtungen	No	0	0	11,6	11,6
	YN	0	0	0	11,6
	Yes	100	100	88,4	100
EC-8 Amtszeit[1772]	No	1,2	1,2	9,5	9,5
	YN	0	1,2	29,9	39,4
	Yes	98,8	100	60,6	100
EC-9 Familiäre Beziehung	No	0,2	0,2	0	0
	YN	86,3	86,5	20,8	20,8
	Yes	13,5	100	79,2	100
EC-10 Anzahl der Mandate[1773]	No	8,0	8,0	69,0	69,0
	YN	0	8,0	14,8	83,8
	Yes	92,0	100	16,2	100

Tab. 21: Vergleich Resultate EC-Einzelkriterien DAX vs. S&P/MIB

[1771] Innerhalb der italienischen Studie wurde unter Bezugnahme auf die in Italien gezahlten Aufsichtsratsvergütungen ein Grenzwert von 50.000 Euro gewählt. Vgl. Santella/Paone/Drago (2006), S. 33.

[1772] Da Aufsichtsräte in Italien nur für drei Jahre gewählt werden, gilt dieses Kriterium bei Santella/Paone/Drago als nicht erfüllt, wenn Aufsichtsratsmitglieder dem Organ länger als neun Jahre angehören. Vgl. Santella/Paone/Drago (2006), S. 35.

[1773] Santella/Paone/Drago interpretieren dieses Kriterium „as meaning that the director must not hold more than 2 tasks involving directorships in companies (including the one held in the concerned company) and 2 tasks different from directorships in companies". Santella/Paone/Drago (2006), S. 36.

Betrachtet man zunächst die Nichterfüllungsquote, so zeigen sich signifikante Unterschiede bei den Ergebnissen für die Kriterien EC-1, EC-3, EC-7, EC-8 und EC-10. Das divergierende Ergebnis hinsichtlich der Vorstandstätigkeit im Unternehmen oder in verbundenen Unternehmen resultiert zumindest teilweise aus der dualistischen Konzeption der deutschen Unternehmensverfassung, der zufolge die gleichzeitige Mitgliedschaft in Vorstand und Aufsichtsrat des Unternehmens de lege lata unzulässig ist. Durch das Kriterium EC-3, das die finanzielle Unabhängigkeit infolge einer zusätzlichen Vergütung zum Inhalt hat, findet mit der Mitbestimmung die zweite Besonderheit des deutschen Corporate Governance-Modells Niederschlag in den Ergebnissen der Studie.

Die in Italien durch das Kriterium EC-7 beobachteten Überkreuzverflechtungen sind im deutschen Rechtssystem infolge eines entsprechenden Verbotes derartiger Verbindungen nicht existent.

Für das Kriterium EC-8 hingegen, das die Dauer der Zugehörigkeit zum Überwachungsorgan betrachtet, existiert weder im deutschen noch im italienischen Rechtsraum eine entsprechende gesetzliche oder paragesetzliche Norm eines Kodex. Beim Vergleich dieser beiden Werte ist jedoch zu beachten, dass die italienische Amtszeit drei Jahre dauert, während sie in Deutschland regelmäßig fünf Jahre beträgt. Insbesondere für die italienischen Direktoren ist ein signifikanter Prozentsatz zu beobachten, „for whom it is either verified or there exists a possibility that they had such a long permanence on the board as to put into doubt their independence of judgement"[1774], wie SANTELLA/PAONE/DRAGO es formulieren.

Für die Kriterien EC-6 und EC-9 herrschen in Italien im Gegensatz zum deutschen Aktienrecht gesetzliche Beschränkungen, denen zufolge einzelne Mitglieder des Kontrollgremiums zwar im öffentlichen Register der Wirtschaftsprüfer verzeichnet sein müssen, selber aber nicht die Gesellschaft prüfen dürfen.[1775] Mitglieder des Kontrollgremiums dürfen zudem weder Ehepartner noch Verwandte des Geschäftsführers bis zum vierten Grad sein.

In Bezug auf die Begrenzung der Anzahl der Mandate (EC-10) beinhaltet sowohl der italienische Preda-Code als auch der Deutsche Corporate Governance Kodex eine entsprechende Empfehlung. Zu beachten ist dabei jedoch, dass § 1.3 des Preda-Codes im Gegensatz zu DCGK 5.4.5 keine quantitative Begrenzung der Mandate beinhaltet, jedoch vergleichbar zu EC-10 fordert, dass Direktoren versichern, „they can devote the necessary time to the diligent performance of their duties". Diese nicht näher spezifi-

---

[1774] Santella/Paone/Drago (2006), S. 21.
[1775] Vgl. Scarso (2004), S. 292; Colombo (1995), S. 318.

zierte Empfehlung könnte ein Grund für die sehr hohe Nichterfüllungsquote in der italienischen Studie sein. Vor allem ist jedoch auffällig, dass SANTELLA/PAONE/DRAGO in ihrer konkreten Definition von EC-10 eine deutlich restriktivere Perspektive wählen, die eine Vergleichbarkeit der Ergebnisse stark erschwert.

Als Fazit lässt sich daher festhalten, dass die Einzelkriterien mitunter stark divergierende Ergebnisse aufweisen, die einerseits auf den besonderen Charakteristika der nationalen Corporate Governance-Systeme beruhen und zum anderen aus der konkreten Aussagefähigkeit der veröffentlichten Informationen sowie der erhebungsspezifischen Konkretisierung der Kriterien resultieren. Im Ergebnis ist der Anteil der Aufsichtsratsmitglieder bzw. nicht geschäftsführenden Direktoren, die die Unabhängigkeitskriterien nicht erfüllen, in Deutschland und Italien nahezu gleich. Deutliche Unterschiede ergeben sich, wenn das Ergebnis im Hinblick auf die YN-Quote unter der Annahme des Unraveling-Prinzips betrachtet wird. Aus dieser Perspektive erfüllen die italienischen Direktoren die Unabhängigkeitskriterien der Europäischen Kommission in deutlich geringerem Maße. Dies mag insofern überraschen, als Aufsichtsratsmitgliedern deutscher Aktiengesellschaften eine doppelte bzw. dreifache Funktion zukommt – die der Überwachung, des Interessenausgleichs und die der Beratung. Die Interessenunabhängigkeit ist dabei insbesondere für die Überwachungsfunktion von zentraler Bedeutung.

Für andere europäische Länder scheint es noch keine empirischen Studien zu geben, die systematisch untersuchen, ob Aufsichtsräte börsennotierter Unternehmen faktisch die Unabhängigkeitskriterien erfüllen, die der nationale Kodex und die Empfehlungen der Europäischen Kommission vorgeben.[1776]

6.5 Fazit

Dem Aufsichtsrat kommen innerhalb der deutschen Unternehmensverfassung drei unterschiedliche Funktionen zu. Er ist zum einen für die Überwachung der Geschäftsführung verantwortlich. Um diese Aufgabe effizient wahrnehmen zu können, bedarf es einer hinreichenden Unabhängigkeit vom Vorstand, die jedoch durch die Interessenausgleichsfunktion des Aufsichtsrates begrenzt wird. Der interessenpluralistischen Konzeption des Aktiengesetzes zufolge sind Vertreter der Arbeitnehmer und Anteilseigner durch ihre Repräsentanz im Aufsichtsrat in die unternehmerische Entscheidungsfindung einzubeziehen. Infolgedessen befindet sich jedes Aufsichtsratsmitglied stets in einem Spannungsfeld zwischen den von ihm vertretenen gruppenspezifischen

---

[1776] Vgl. Santella/Paone/Drago (2006), S. 1.

Interessen und dem übergeordneten Unternehmensinteresse. Der Aufsichtsrat ist nach geltendem Recht wie der Vorstand auf das Unternehmensinteresse als Handlungs- und Entscheidungsmaxime verpflichtet. Die dritte Funktion stellt die Beratungsfunktion dar, durch die die Aufgaben des Aufsichtsrates um die eines mitunternehmerischen und beratenden Gremiums ergänzt werden. Nicht zuletzt durch diese Funktion kann es zu einer Beeinträchtigung der unabhängigen Überwachung kommen.

Infolge der unterschiedlichen Aufsichtsratsfunktionen sowie weiterer haupt- und nebenamtlicher Tätigkeiten kann es in der Person des Aufsichtsratsmitgliedes zu widerstreitenden Interessen kommen. De lege lata müssen sich Aufsichtsratsmitglieder bei der Wahrnehmung ihrer Organfunktion ausschließlich vom Interesse des beaufsichtigten Unternehmens leiten lassen. Alle anderen Interessen haben dahinter zurückzutreten. Das Aktienrecht beinhaltet zunächst keine Regularien zur Absicherung und Gewährleistung der persönlichen Unabhängigkeit von Aufsichtsratsmitgliedern. Gleichwohl sieht es unvollkommene Mechanismen vor, um auf eingetretene Interessenkonflikte zu reagieren, deren Konsequenzen vom Stimmverbot bis zum Ausschluss von der Beratung reichen. Sofern dauerhafte oder unlösbare Pflichtenkollisionen vorliegen, muss das Aufsichtsratsmitglied sein Amt niederlegen.

Die Unabhängigkeit der Aufsichtsratsmitglieder wird durch unternehmensinterne und unternehmensexterne Ursachen eingeschränkt. So ergeben sich beispielsweise infolge der interessenpluralistischen Konzeption des Aufsichtsrates für die Arbeitnehmervertreter regelmäßig Interessenkonflikte im zuvor skizzierten Sinne. Zudem kann durch den Wechsel von ehemaligen Vorstandsmitgliedern in den Aufsichtsrat die unabhängige Überwachung im Sinne der Organtrennung eingeschränkt sein. Dem stehen jedoch die Vorteile eines detaillierten unternehmensspezifischen Wissens gegenüber, so dass eine generelle Sperrfrist abzulehnen ist. Vielmehr sollte eine gesetzliche Norm die Anzahl ehemaliger Vorstandsmitglieder im Aufsichtsrat auf zwei begrenzen und die Verantwortung der Hauptversammlung stärken. Neben diesen unternehmensinternen Ursachen ergeben sich Interessenkonflikte auch aus unternehmensexternen Gründen, wie der Aufsichtsratstätigkeit in anderen Unternehmen oder der Mitgliedschaft von Bankenvertretern im Aufsichtsrat. Um die Effizienz der Aufsichtsratsarbeit zu erhöhen, persönliche Interessenkonflikte zu verringern und den nebenamtlichen Charakter des Aufsichtsratsamtes zu erhalten, sollte die Anzahl der gleichzeitig ausgeübten Aufsichtsratsmandate durch entsprechende gesetzliche Normen auf maximal fünf Mandate in börsennotierten Aktiengesellschaften begrenzt werden. Durch die Aufsichtsratstätigkeit in konkurrierenden Unternehmen verfügen Aufsichtsratsmitglieder mitunter über einen Wissensstand, der eine neutrale und unabhängige Kontrolle unmöglich macht. Um eine daraus resultierende Einschränkung der Aufsichtsratsfunktionen auszuschließen, ist ein gesetzliches Wettbewerbsverbot sinnvoll. Auch in Übernahmesituationen als einer weiteren Ursache unternehmensexterner Interessenkonflikte sind Aufsichtsratsmitglieder im Konfliktfall ausschließlich an die Interessen des zu überwachenden Unternehmens gebunden.

Die Unabhängigkeit des Aufsichtsrates ist eine zentrale Voraussetzung für eine am Unternehmensinteresse ausgerichtete Überwachung des Vorstandes. Sowohl der Deutsche Corporate Governance Kodex als auch die Empfehlungen der Europäischen Kommission beinhalten Kriterien hinsichtlich der Unabhängigkeit von Aufsichtsratsmitgliedern bzw. nicht geschäftsführenden Direktoren. Eine Querschnittsanalyse unter den 598 Aufsichtsratsmitgliedern der DAX-Konzerne zeigt, dass die Unabhängigkeitskriterien des Kodex in nur relativ geringem Maße erfüllt werden. Lediglich neun Aufsichtsratsmitglieder erfüllen alle untersuchten Unabhängigkeitskriterien. Bei mehr als einem Drittel der Aufsichtsratsmitglieder ist davon auszugehen, dass diese die DCGK-Kriterien nicht erfüllen. Dies ist unter anderem dadurch zu erklären, dass in einzelnen Unabhängigkeitskriterien beispielsweise die Überwachungs- und Interessenausgleichsfunktion konfligierend aufeinandertreffen. Infolgedessen resultiert der niedrige Erfüllungsgrad einzelner Kriterien aus den Spezifika des deutschen Corporate Governance-Systems und wird somit vom Gesetzgeber bewusst in Kauf genommen. Ein nur leicht anderes Bild ergibt sich im Hinblick auf die Erfüllungsquote der EC Recommendation.

Die Auswertung der Einzelkriterien hingegen zeigt, dass die Erfüllungsrate der Unabhängigkeitskriterien der Europäischen Kommission auf deutlich heterogeneren Einzelwerten basiert als die des DCGK. Dies resultiert nicht zuletzt aus den Besonderheiten der deutschen Unternehmensverfassung, so sind beispielsweise einzelne Kriterien der Europäischen Kommission in Deutschland de lege lata durch die Normen des Aktiengesetzes geregelt. Demgegenüber stehen die Besonderheiten der Mitbestimmung in Deutschland.

Die Auswertung der EC-Kriterien eröffnet zudem die Möglichkeit eines internationalen Vergleichs. Derzeit liegen vergleichbare Studien jedoch nur für Italien vor. In beiden Ländern ist der Anteil der Aufsichtsratsmitglieder bzw. nicht geschäftsführenden Direktoren, die die Unabhängigkeitskriterien nicht erfüllen, nahezu gleich groß. Deutliche Unterschiede ergeben sich, wenn das Ergebnis unter der Annahme des Unraveling-Prinzips im Hinblick auf die nicht eindeutig verifizierbaren Merkmalsausprägungen betrachtet wird. Aus dieser Perspektive erfüllen die italienischen Direktoren die Unabhängigkeitskriterien der Europäischen Kommission zu einem deutlich geringeren

Anteil. Die mitunter stark divergierenden Einzelergebnisse sind zum einen den besonderen Charakteristika der nationalen Corporate Governance-Systeme und zum anderen der konkreten Aussagefähigkeit der veröffentlichen Informationen geschuldet.

7. Thesenförmige Zusammenfassung

1. Aus unternehmensrechtlicher Sicht bildet das Unternehmensinteresse die verbindliche, justitiable Handlungs- und Leitungsmaxime der Aktiengesellschaft. Es begrenzt die Ermessensausübung des Vorstandes, der gemäß § 76 Abs. 1 AktG das Unternehmen unter eigener Verantwortung leitet.

2. Innerhalb des geltenden Rechts ist das Unternehmensinteresse sowohl mittels verfassungs- und aktienrechtlicher Normen als auch durch die unternehmerische Mitbestimmung zu begründen.

3. Das Unternehmensinteresse wird durch drei zentrale Elemente definiert: Die Verpflichtung zur interessenpluralistischen Unternehmensführung, den materiellen Inhalt und die prozessuale Dimension.

4. Bei der interessenpluralistischen Unternehmensführung bilden die Interessen der Anteilseigner und Arbeitnehmer die Mindestinteressen, die zur Definition des Unternehmensinteresses heranzuziehen sind. Die Interessen weiterer Stakeholder können seitens des Vorstandes berücksichtigt werden, jedoch ist er dazu nicht verpflichtet. Das Gemeinwohl findet zum einen durch die gesetzlichen Normen und zum anderen indirekt durch die verfassungsrechtliche Sozialbindung des Eigentums Berücksichtigung.

5. Da eine präjudizierte Gewichtung zwischen den einzelnen Interessen nicht existiert, werden die Aktionärsinteressen innerhalb des Unternehmensinteresses zugunsten anderer Aspekte relativiert. Das Gesellschaftsinteresse ist ein Teilinteresse des Unternehmensinteresses.

6. Den materiellen Kern des Unternehmensinteresses bilden die langfristige Rentabilitätsorientierung und die Bestandserhaltung. Die Rentabilitätsorientierung lässt sich im Konstrukt der Unternehmenskapitalrentabilität konkretisieren, in die sowohl der Wert des Humankapitals als auch die Eigenkapitalrentabilität einfließen. Sie spiegelt die zentralen Interessen der Anteilseigner und der Arbeitnehmer wider. Die zweite materielle Inhaltskomponente bildet die Bestandserhaltung im Sinne der Kapitalerhaltung.

7. Geschäftsführung ist nicht bloß ein Ergebnis, sondern primär ein Prozess. Innerhalb dessen ist es die Aufgabe des Vorstandes, das Unternehmensinteresse einzelfallspezifisch zu ermitteln. Dieses muss auf der Basis angemessener Informatio-

nen, unter Berücksichtigung der unternehmensverfassungsrelevanten Interessengruppen und nach der Methodik der praktischen Konkordanz erfolgen.

8. Der Ausgleich der relevanten Partikularinteressen erfolgt anhand eines dreistufigen Prüfschemas. Eine Entscheidung entspricht nur dem Unternehmensinteresse, wenn sie unter Berücksichtigung und Abwägung der relevanten, in die Abwägung einzubeziehenden Einzelinteressen getroffen worden ist. Charakteristisch für die einzelfallspezifische Prüfung ist die Schrankenfunktion der Bestandssicherung und der langfristigen Rentabilitätsorientierung in Bezug auf die Verpflichtung des Vorstandes zur interessenpluralistischen Unternehmensführung. Zudem hat der Vorstand stets den Grundsatz der Verhältnismäßigkeit zu wahren. Diesen Prozess hat der Aufsichtsrat im Rahmen seines Überwachungsauftrages zu kontrollieren.

9. Seit Mitte der 1980er Jahre wird die Frage nach der Zielgröße der Unternehmensführung von Ökonomen zunehmend unter Verweis auf das Shareholder Value-Konzept beantwortet. Die modelltheoretische Basis dieses Konzepts bilden die Portfolio-Theorie sowie das Capital Asset Pricing Model (CAPM). Infolgedessen ist auch der Shareholder Value-Ansatz von den strengen Prämissen eines vollkommenen Kapitalmarkts bei Unsicherheit geprägt.

10. Das Ziel des Shareholder Value-Ansatzes liegt in der Ausrichtung der Investitions- und Desinvestitionsentscheidung am Konsumnutzen eines optimal diversifizierten Aktionärs. Mit Hilfe dieses Konzeptes können bei Erfüllung der Annahmen zum einen Managemententscheidungen aus der Perspektive eines diversifizierten Anteilseigners bewertet und zum anderen die Organisations- und Anreizstrukturen im Unternehmen so gestaltet werden, dass eine möglichst enge Abstimmung mit den Interessen eines diversifizierten Anteilseigners erzielt wird.

11. Eine Übereinstimmung in der Maximierung des Shareholder Value und des Gesamtwerts des Unternehmens kann nur dann erzielt werden, wenn einerseits die modelltheoretischen Annahmen der Portfolio-Theorie und des CAPM erfüllt sind und andererseits die Stakeholder in der Lage sind, perfekte Verträge mit dem Unternehmen zu schließen. Im Gegensatz zur Modellwelt sind in der Realität die Annahmen perfekter Verträge und einer strengen Informationseffizienz des Kapitalmarktes regelmäßig nicht erfüllt.

12. Sofern Unternehmen auf unternehmensspezifische Investitionen angewiesen sind, stellen aus institutionenökonomischer Sicht weder die ausschließliche Orientierung am Shareholder Value noch ein ausgeprägter Stakeholder-Ansatz effiziente

Zielkonzepte dar. Im Rahmen der Corporate Governance bedarf es vielmehr eines relationalen Verfassungsvertrages, in dem sowohl die Interessen der Shareholder als auch die der Stakeholder eine angemessene Berücksichtigung erfahren. Eine Berücksichtigung gilt so lange als angemessen, wie die spezifischen Investitionen den Unternehmenswert und letztlich auch die Fähigkeit des Unternehmens, die Ansprüche seiner Bezugsgruppen nachhaltig zu erfüllen, steigern.

13. Während das Unternehmensinteresse eines der Kernelemente des deutschen Gesellschaftsrechts bildet, ist die Shareholder Value-Maximierung eine Forderung des Kapitalmarktes. Die Finanzmärkte befinden sich derzeit weltweit in einem umfassenden Veränderungs- und Integrationsprozess. Trotz dieser Entwicklungen ist in den jüngsten Gesetzesnovellen kein grundlegender Wandel des deutschen Corporate Governance-Systems bzw. eine beabsichtigte Systemkonvergenz zu erkennen. Den Erfordernissen des Kapitalmarktes wird insbesondere dadurch Rechnung getragen, dass einzelne gesellschaftsrechtliche Normen durch das Kapitalmarktrecht beeinflusst werden.

14. Unternehmen befinden sich in einem Spannungsfeld zwischen dem durch das zwingende Recht vorgegebenen Unternehmensinteresse und der vom Kapitalmarkt geforderten Shareholder Value-Orientierung. Ausgehend vom aktienrechtlichen Rahmen ist die Shareholder Value-Maximierung als Subziel des Unternehmensinteresses nur dann zulässig, wenn sie zum einen eine langfristige Ausrichtung aufweist und zum anderen nur einzelfallspezifisch zur Anwendung kommt. Über den Einzelfall hinausgehende strukturelle Entscheidungen, die zur Bindung des Unternehmens an den Shareholder Value führen, sind mit dem geltenden Aktienrecht respektive dem Unternehmensinteresse nicht zu vereinbaren.

15. Um das skizzierte Spannungsfeld zwischen Unternehmensinteresse und Shareholder Value-Maximierung aufzulösen, bedarf es einer langfristig ausgerichteten Unternehmensstrategie. Da die satzungsmäßige Statuierung einer präzise definierten Unternehmensstrategie unzulässig ist, kann durch derartige Steuerungsmöglichkeiten eine Annäherung der beiden Zielkonzeptionen nicht erfolgen.

16. Einen gangbaren Weg stellt die Steuerung mittels verhaltensleitender Anreize in der Managemententlohnung dar. Dazu müssen die Anreizsysteme so ausgestaltet werden, dass sie einer kurzfristigen Gewinnmaximierung entgegenwirken. Bei der Konzeption von Aktienoptionsprogrammen kann dies durch eine Indizierung, eine Bemessungsgrundlage auf Basis eines längerfristigen Durchschnittskurses, die

Wahl der Sperrzeit oder durch die Implementierung von Ratable Vestings sowie durch eine möglichst breite zeitliche Streuung der Ausübungszeitpunkte innerhalb des Vorstandes erzielt werden. Quantitative Begrenzungsmöglichkeiten seitens des Aufsichtsrates (Cap) können dazu beitragen, im Falle von unvorhergesehenen externen Ereignissen die Ursache-Wirkungs-Beziehung zu berücksichtigen sowie die Angemessenheit der Vergütung zu wahren.

17. Um die unternehmensverfassungsrelevanten Interessen in die Unternehmensführung zu internalisieren, könnte alternativ ein Konsultationsrat gebildet werden, der sich zu gleichen Teilen aus Arbeitnehmer- und Anteilseignervertretern zusammensetzt. Durch ein derartiges Organ entfiele zum einen das Unabhängigkeitserfordernis des Aufsichtsrates, zum anderen würde durch die direkte Einbeziehung in den Entscheidungsprozess auf Vorstandsebene dem eigentlichen Partizipationsgedanken Rechnung getragen. Das Aktiengesetz schreibt für mitbestimmte Aktiengesellschaften mit dem Aufsichtsrat jedoch eine andere Organstrukturierung vor.

18. Dem Aufsichtsrat kommen mit der Überwachungs-, Interessenausgleichs- und Beratungsfunktion innerhalb der deutschen Unternehmensverfassung drei unterschiedliche Funktionen zu, die sich wechselseitig ergänzen und beschränken.

19. Jedes Aufsichtsratsmitglied befindet sich dabei in einem Spannungsfeld zwischen den von ihm vertretenen gruppenspezifischen Interessen und dem übergeordneten Unternehmensinteresse. De lege lata müssen sich Aufsichtsratsmitglieder bei der Wahrnehmung ihrer Organfunktion ausschließlich vom Interesse des beaufsichtigten Unternehmens leiten lassen.

20. Um die Effizienz der Aufsichtsratsarbeit zu erhöhen und persönliche Interessenkonflikte zu verringern, ist die Anzahl der gleichzeitig ausgeübten Aufsichtsratsmandate in börsennotierten Aktiengesellschaften durch eine gesetzliche Norm auf maximal fünf zu begrenzen. Da zudem die Organmitgliedschaft in konkurrierenden Unternehmen in der Regel zu Wertungswidersprüchen führt, die eine ausschließlich am Unternehmensinteresse ausgerichtet Überwachung beeinträchtigen, ist ein gesetzliches allgemeines Wettbewerbsverbot wünschenswert. Weitere unternehmensexterne Interessenkonflikte können sich sowohl für Bankenvertreter im Aufsichtsrat als auch bei Unternehmensübernahmen ergeben. Auch in derartigen Konfliktsituationen sind die Mitglieder des Aufsichtsrats ausschließlich dem Interesse des zu überwachenden Unternehmens verpflichtet.

21. Die Interessenunabhängigkeit des Aufsichtsrates ist eine zentrale Voraussetzung für eine am Unternehmensinteresse ausgerichteten Überwachung des Vorstandes. Eine Querschnittsanalyse unter den 598 Aufsichtsratsmitgliedern der DAX-Konzerne zeigt, dass 15,7 % der Aufsichtsratsmitglieder im Geschäftsjahr 2007 die untersuchten Unabhängigkeitskriterien des DCGK nachweislich nicht erfüllen. In 17,6 % der Fälle kann die Erfüllung des jeweiligen Kriteriums nicht eindeutig verifiziert werden. Lediglich bei zwei Dritteln der DAX-Aufsichtsratsmitglieder ist die Unabhängigkeit gegeben.

22. Die Unabhängigkeitskriterien der Europäischen Kommission wurden zu 77,7 % erfüllt. Der Anteil der dokumentierten Nichterfüllung weist mit 14,7 % ein vergleichbares Niveau wie bei den untersuchten Kriterien des DCGK auf. Bei 7,6 % der untersuchten 5.980 Merkmale der EC Recommendation war eine eindeutige Klassifizierung nicht möglich.

23. Die Auswertung der Ergebnisse für die Einzelkriterien des DCGK und der EC Recommendation zeigt, dass infolge der Besonderheiten der deutschen Unternehmensverfassung sowie aktiengesetzlicher Regelungen die Erfüllungsraten der EC-Kriterien auf deutlich heterogeneren Einzelwerten basieren als die des DCGK. Exemplarisch sei auf die interessenpluralistische Besetzung des Aufsichtsrates, welches die vollständige Erfüllung einzelner EC-Kriterien nicht ermöglicht, sowie das gesetzliche Verbot von Überkreuzverflechtungen in Deutschland verwiesen.

24. Im Vergleich zu Italien weist der Anteil der Aufsichtsratsmitglieder, die die EC-Kriterien nicht erfüllen, ein ähnliches Niveau auf. Deutliche Unterschiede ergeben sich hingegen, wenn das Ergebnis unter der Annahme des Unraveling-Prinzips im Hinblick auf die nicht eindeutig verifizierbaren Merkmalsausprägungen betrachtet wird. Aus dieser Perspektive erfüllen die italienischen Direktoren die Unabhängigkeitskriterien der Europäischen Kommission zu einem deutlich geringeren Anteil. Die mitunter stark divergierenden Einzelergebnisse sind zum einen den besonderen Charakteristika der nationalen Corporate Governance-Systeme und zum anderen der konkreten Aussagefähigkeit der veröffentlichen Informationen geschuldet.

Anhang A: Die Rechtsnatur der Aktiengesellschaft

Den Ausführungen des Kapitels 3.1.1 zufolge stellt das Zusammenwirken von Werte- und Haftungsträger, Leistungs- und Führungsträgern das konstituierende Element eines Unternehmens dar. Von hervorgehobener Bedeutung ist dabei die Frage nach der Rechtsnatur des Unternehmens. Diese ist eine der zentralen Fragen des Unternehmensrechts. Dabei ist zunächst fraglich, ob das Unternehmen ein eigenes Rechtssubjekt ist oder ein Rechtsobjekt und infolgedessen nur Gegenstand des Rechtsverkehrs. Wenn das Unternehmen Rechtssubjekt ist, kann es auch Interessenträger sein. In diesem Falle wird es vom Werte- und Haftungsträger und vom Leistungsträger gebildet und vom Führungsträger stets neu verwirklicht. Ist das Unternehmen hingegen Rechtsobjekt, dann kann es nicht selbst Interessenträger sein, sondern nur Interessengegenstand.

Im Laufe der Rechtsgeschichte haben sich zahlreiche Diskussionen um die Rechtsnatur der Aktiengesellschaft entfaltet, die insbesondere von den nachfolgenden Positionen geprägt wurden.

A.1 Die Sozialverbandstheorie

Während bei RATHENAU, wie in Kapitel 3.1.2. ausgeführt, mehr die Außenwirkung der Gesellschaft und ihre Funktionen innerhalb der Volkswirtschaft im Mittelpunkt der Betrachtung stehen, lenkt FECHNER (1942), einer der wichtigsten Vertreter der Sozialverbandstheorie, den Blick auf die im Unternehmen Tätigen.[1] Im Rahmen der Sozialverbandstheorie wird die Eigenständigkeit des Unternehmens mit seiner Eigenschaft als Sozialverband begründet, indem die Anteilseigner durch die Bereitstellung des Kapitals und die Arbeitnehmer durch ihre Arbeitsleistung als gleichberechtigte Mitglieder zusammenwirken.[2] „Der menschliche Bestand"[3] bildet, wie FECHNER sagt, „den wesentlichen Gehalt des Unternehmens", und um ihn herum „gruppieren sich die materiellen und immateriellen Mittel in ihrer ausschließlich dienenden Funktion"[4]. Demzufolge versteht er Unternehmen als „sozialrechtliche Einheit eines Personenverbandes, der mit Hilfe von sachlichen und immateriellen Erzeugungsmitteln (...), der (...) Bereitstellung von Gütern bzw. Dienstleistungen (...) zu dienen bestimmt ist"[5]. Aus diesem organisations-soziologischen Ansatz sind verschiedene Forderungen abgeleitet worden, die die rechtliche Stellung der Arbeitnehmer im Unternehmen stärken und zu

---

[1] Vgl. Schmidt-Leithoff (1989), S. 157.
[2] Vgl. Koch (1983), S. 54; Krämer (2002), S. 34.
[3] Fechner (1942a), S. 67 f.
[4] Fechner (1942a), S. 65.
[5] Fechner (1942b), S. 183.

einer paritätischen Mitbestimmung führen sollen.[6] Die organisatorische Verselbständigung des Unternehmens gegenüber den nach traditioneller Auffassung als Unternehmensträger verstandenen juristischen Person bedeutet die Erhebung des Sozialverbandes Unternehmen zur juristischen Person, d.h. im Falle der Aktiengesellschaft zu einer juristischen Person neben der Aktiengesellschaft.[7]

Die Sozialverbandstheorie ist auf vielfache Kritik gestoßen und hat sich in der Jurisprudenz nicht durchgesetzt.[8] WIEDEMANN bezeichnet sie gar als eine „geschickte Ideologie, um jedwede Mitbestimmungsforderung zu begründen"[9]. Grundsätzlich fraglich ist zudem, ob die Anteilseigner und Arbeitnehmer überhaupt einen sozialen Verband bilden, da es sich um eine Vielzahl von Personen mit zum Teil sehr divergierenden Interessen handelt.[10]

Welche Implikationen hat der Unternehmensbegriff der Sozialverbandstheorie nun für die Bestimmung des Unternehmensinteresses? Im Rahmen dieser Theorie wird das Unternehmensinteresse als das Eigeninteresse des sozialen Verbandes Unternehmen angesehen, welches entsprechend der Realität von den Einzelinteressen der einzelnen Mitglieder des Sozialverbandes zu unterscheiden ist.[11] Mit der Feststellung, dass sich „die Interessen der Gesellschaft, des Unternehmens, der Aktionäre, der Gefolgschaft, die Interessen Dritter und die der Allgemeinheit unterscheiden, die einander zwar nicht selbständig gegenüberstehen, aber doch im Rahmen des Ganzen Berücksichtigung verlangen"[12], finden sich bereits bei FECHNER Ansatzpunkte eines Interessenpluralismus. Somit würden alle beteiligten Interessen in einem ständigen Integrationsprozess immer wieder neu zu einem Unternehmensinteresse verschmolzen, das als selbständiges Interesse allen Teilinteressen gegenübertrete und Richtschnur für alle Unternehmensorgane sei.[13] Das Unternehmen selbst – im Sinne eines sozialen Verbandes – würde zum Träger des Unternehmensinteresses. Diese Schlussfolgerung muss jedoch insofern kritisiert werden, als ihre Wirkung tautologisch ist. Denn im Rahmen der Sozialverbandstheorie kann das Unternehmen nicht als eine von den Mitgliedern losgelöste Institution verstanden werden, die es als Träger des Unternehmensinteresses wäre. Vielmehr ist

---

[6] Vgl. Koch (1983), S. 54.

[7] Vgl. Flume (1983), S. 46.

[8] Vgl. Krämer (2002), S. 34; Jürgenmeyer (1984), S. 151 f; Schmidt-Leithoff (1989), S. 139. Ein Teil der Unternehmensrechtskommission hält das geltende Aktiengesetz hingegen für modifizierbar, so dass eine verbandsrechtliche Organisation des Unternehmens möglich wäre. Vgl. Unternehmensrechtskommission (Bundesministerium der Justiz) (1980), S. 564 f.

[9] Wiedemann (1975), S. 402.

[10] Vgl. Flume (1978), S. 691 f.; Siehe hierzu auch Kapitel 2.2.

[11] Vgl. Raiser (1976), S. 101; Jürgenmeyer (1984), S. 89 f.

[12] Fechner (1942a), S. 103 f.

[13] Vgl. Jürgenmeyer (1984), S. 90.

es der Kern der Theorie, dass sich der Verband aus den im Unternehmen tätigen Menschen definiert.

Auch die Theorie RAISERS (1969) vom Unternehmen als Organisation mit mitgliedschaftlicher Struktur, die sich aus der Kritik an der Theorie FECHNERS heraus entwickelt hat, ist nicht geeignet, das Unternehmen de lege lata zu erfassen, und wird daher nicht weiter betrachtet.[14]

A.2   Die Identifikation von Unternehmen und juristischer Person

Einen anderen Ansatz zur Herleitung eines eigenständigen Unternehmensbegriffes verwendet FLUME (1980), der die Rechtsfigur von Aktiengesellschaften eingehend betrachtet und eine Identifikation von juristischer Person und Unternehmen vorschlägt. Für ihn ist „das Unternehmen als Rechtsgegenstand (…) Teil der als Aktiengesellschaft verfaßten Wirkungseinheit"[15]. Das Unternehmen wird als Wirkungseinheit verstanden. Seiner Ansicht nach hat das Unternehmen infolgedessen sowohl die Qualitäten eines Rechtssubjektes als auch die eines Rechtsobjektes, wodurch die traditionelle Antithese von Unternehmen und Unternehmensträger aufgehoben würde.[16] Das Unternehmen selbst zum Unternehmensträger zu erklären, ist schon aus Gründen der Logik ein abseitiger Gedanke und käme in der Formulierung FLUMES einer „Münchhausen-Jurisprudenz"[17] gleich.[18] Das Unternehmen der Aktiengesellschaft wird jedoch – in Übereinstimmung mit der traditionellen Sichtweise – nicht selbst juristische Person.[19] Vielmehr ist das Unternehmen mit der juristischen Person, der es zugehörig ist, zu identifizieren.[20] Ausgehend von dieser Identifikation darf nicht die Gesellschaft als Anteilseignerverband Bezugspunkt für das Handeln von Vorstand und Aufsichtsrat sein, sondern die juristische Person als das „ideale Ganze".[21] FLUME nimmt dabei Bezug auf den von VON SAVIGNY entwickelten Begriff.[22] „Zu der juristischen Person als 'dem idealen Ganzen' gehören bei den als juristische Person verfaßten Unternehmen sowohl das Unternehmen mit allem, was dazu gehört, den in dem Unternehmen Tätigen und den Aktiven und Passiven, wie die Mitglieder der juristischen Person."[23] Er

---

[14] Vgl. Jürgenmeyer (1984), S. 157 f.; Zöllner (2003), S. 8.
[15] Flume (1980), S. 18.
[16] Vgl. Flume (1980), S. 18.
[17] Flume (1983), S. 48.
[18] Vgl. Rittner (1973), S. 288.
[19] Vgl. Flume (1983), S. 48.
[20] Vgl. Flume (1983), S. 84.
[21] Vgl. Flume (1983), S. 54.
[22] Vgl. Savigny (1840), S. 283.
[23] Flume (1980), S. 18.

betrachtet die Rechtsfigur der Aktiengesellschaft als eine „juristische Person mit ver-
mögensmäßig beteiligten Mitgliedern"[24]. Zu der als Aktiengesellschaft verfassten
Wirkungseinheit gehören somit neben dem Unternehmen auch Sachmittel und Personen. Zentrale Bedingung der Identifikation von Unternehmen und juristischer Person
ist allerdings, dass die juristische Person keine anderen Aktivitäten entfaltet als das
Betreiben eines Unternehmens.[25]

Dieser Ansatz wird von FLUME mit Verweis auf die gesamten Rechnungslegungsvorschriften von Aktiengesellschaften begründet, so beispielsweise mit § 166 Abs. 2
AktG, der sich in seinen Regelungen hinsichtlich der Berichtspflicht von Abschlussprüfern mit Tatsachen befasst, „die den Bestand des Unternehmens oder seiner Entwicklung wesentlich gefährden".[26] Eine Identifikation kann hinsichtlich der Rechnungslegung insofern angenommen werden, als die Rechnungslegung zwar an die Aktiengesellschaft anknüpft, ihre Daten jedoch ausschließlich das Unternehmen betreffen. Geht man von dieser Identifikation aus, muss der Bezugspunkt für das Handeln
von Vorstand und Aufsichtsrat nicht die Gesellschaft als Anteilseignerverband im Sinne des herkömmlichen Gesellschaftsrechts, sondern die juristische Person als das „ideale Ganze" sein.[27] Begreift man FLUME folgend die juristische Person in diesem umfassenden Sinne, bedarf es keiner Verselbständigung des Unternehmens, denn auch die
Arbeitnehmer gehören zu „dem idealen Ganzen" des als juristische Person verfassten
Unternehmens.[28]

Aus diesem Unternehmensverständnis heraus ergibt sich, dass nicht das Gesellschaftsinteresse eine Verhaltensmaxime für Vorstand und Aufsichtsrat darstellen kann, sondern das Unternehmensinteresse, denn die Leitungsorgane sind nicht gegenüber den
Aktionären verantwortlich, sondern gegenüber dem als Aktiengesellschaft verfassten
Unternehmen. FLUME lehnt demzufolge die Sozialverbandstheorie im Sinne FECH-
NERS ebenso wie die Variante RAISERS ab, die das Unternehmen neben der Aktiengesellschaft zur juristischen Person erheben.

Jedoch auch dieser Ansatz trifft insofern auf Kritik, als sich einerseits nicht präzise
abgrenzen lässt, wer letztlich zum Unternehmen als dem „ideale Ganzen" gehört,[29]

---

[24] Flume (1980), S. 29.
[25] Vgl. Flume (1983), S. 50.
[26] Vgl. Flume (1980), S. 18 f.
[27] Vgl. Flume (1983), S. 54.
[28] Vgl. Krämer (2002), S. 36; Schmidt-Leithoff (1989), S. 148.
[29] Flume führt diesbezüglich aus: „Zu dem idealen Ganzen gehören die Aktionäre kraft ihrer Mitgliedschaft und der auf ihr beruhenden vermögensmäßigen Berechtigung, es gehören aber (…) zu dem
idealen Ganzen auch die in dem als juristische Person verfaßten Unternehmen Tätigen." Flume
(1980), S. 23.

sowie andererseits der Nachweis der vollständigen Kongruenz von Unternehmen und juristischer Person als Voraussetzung für deren Identität nicht erbracht wird.[30]

Einen noch weiter reichenden Ansatz wählt SCHILLING (1980) mit der von ihm entwickelten Identitätstheorie, der zufolge Aktiengesellschaft und Unternehmen ebenfalls nicht im Verhältnis von Subjekt und Objekt zueinander stehen, sondern vielmehr identisch seien.[31] Die Unterscheidung zwischen dem Rechtsobjekt Unternehmen als Inbegriff von Vermögensgegenständen und dem Rechtssubjekt Unternehmensträger sei angesichts des Zusammenwirkens von Menschen unzulässig.[32] Demzufolge definiert SCHILLING Unternehmen als „die auf Dauer angelegte Vereinigung von Kapital (Anteilseigner), Arbeit (Belegschaft) und unternehmerischen Willen (Geschäftsleitung) zur Erzielung einer (…) Wertschöpfung".[33],[34] Das Aktiengesetz sei als Organisationsrecht des Unternehmens „nicht gesellschaftsrechtlich, sondern unternehmensrechtlich auszulegen".[35] Im Rahmen seiner unternehmensrechtlichen Konzeption sieht er das Integrationsprinzip des Gesetzgebers sowohl organisatorisch als auch materiellrechtlich verwirklicht.[36] Infolgedessen ergebe sich eine Verhaltensmaxime, die von einem gemeinsamen Interesse, dem Unternehmensinteresse, geleitet werde. Zur Begründung beruft sich SCHILLING auf das geltende Recht, da „der Arbeiter nicht mehr rechtlos im 'Kapitalverein' (…) (ist), der Betrieb als Teil des Unternehmens (…) im BetrVG rechtlich verfasst (ist), die Belegschaft durch von ihr gewählte Mitglieder im Aufsichtsrat vertreten (ist), (und) eine Organisation geschaffen (wurde), die unter der eigenverantwortlichen Leitung des Vorstandes steht, auf Gewaltenteilung ihrer Organe gestützt (ist und) in ihrer Satzungsgestaltung durch die zwingenden Vorschriften des Aktienge-

---

[30] Vgl. Schmidt-Leithoff (1989), S. 149; Jürgenmeyer (1984), S. 159 f.; Krämer (2002), S. 37.

[31] Vgl. Schilling (1980), S. 139 f.

[32] Vgl. Krämer (2002), S. 38; Schilling (1980), S. 339.

[33] Schilling (1980), S. 137.

[34] Schilling verbildlicht seine Vorstellung, in dem er das Aktienunternehmen als zwei sich schneidende Kreise darstellt, in dem das obere Segment die Hauptversammlung als Organ der Anteilseigner darstellt, das mittlere Segment – in dem sich beide Kreise überlappen – bilden Aufsichtsrat und Vorstand, während das untere Segment die Belegschaft darstellt. Neben den klassischen drei Organen der Aktiengesellschaft definiert Schilling somit die Belegschaft des Unternehmens als viertes Organ. Insbesondere diese Definition ist auf breite Kritik gestoßen. Sie ist für die weiteren Betrachtungen zum Unternehmensinteresse jedoch nicht von besonderer Bedeutung. Vgl. Schilling (1980), S. 140.
Schilling sieht seinen Ansatz insofern auch durch die Rechtsprechung des Bundesverfassungsgerichts bestätigt, als dieses den Unternehmensbegriff sogar innerhalb einer Entscheidung sowohl subjektivisch (BVerfGE 50, 290 (342, 347, 352)) als auch objektivisch (BVerfGE 50, 290 (352, 356, 365)) verwendet. Vgl. Schilling (1980), S. 140.
Semler widerspricht dieser Argumentation, da seines Erachtens die Arbeitnehmer kein weiteres Organ bilden, sondern die Organe der Belegschaft die Organe des Aktiengesetzes ergänzen. Vgl. Semler (1995), S. 305.

[35] Schilling (1980), S. 142 f.

[36] Vgl. Schilling (1980), S. 142.

setzes vorgeprägt ist"[37]. Inwiefern sich die Begründung SCHILLINGS als tragfähig erweist, ist umstritten und hängt insbesondere davon ab, ob dem Mitbestimmungsgesetz eine Bedeutung über seine unmittelbare Aussage hinaus beigemessen wird.[38] Hinsichtlich des Unternehmensinteresses kann sowohl gemäß der Identifikationstheorie FLUMES als auch der Identitätstheorie SCHILLINGS das Unternehmen Träger von Interessen sein.

In Ergänzung dieser Ansätze sieht auch MERTENS die Rechtsfigur der juristischen Person als rechtliche und soziale Identität einer Aktiengesellschaft begründet und wendet sich damit ebenfalls gegen die traditionelle Sicht, die die Gesellschaft für den Träger des Unternehmens hält, das seinerseits nur als gegenständliches Objekt fungiert.[39] Die Rechtsfigur der juristischen Person wirke vielmehr als „gestaltbildende und einheitsstiftende Struktur der sozialen Organisations- und Wirkungseinheit"[40], auf der die Kommentierung des Aktiengesetzes aufbaue. Demzufolge seien „die Begriffe Unternehmen und Gesellschaft gleichbedeutend in dem Sinne, dass damit die in der juristischen Person inkorpierte, als Aktiengesellschaft verfasste, soziale und wirtschaftliche Zweck-, Handlungs- und Wirkungseinheit des Unternehmens selbst gemeint ist"[41]. MERTENS stützt seine Argumentation insbesondere auf § 76 Abs. 1 AktG. Mit der im Gesetzestext erwähnten Gesellschaft, auf die sich die Leitungsaufgabe bezieht, könne keinesfalls der Gesellschafterverband gemeint sein, denn über die im Gesellschafterverband zusammengeschlossenen Gesellschafter könne der Vorstand keine Leitungsmacht ausüben. Vielmehr beziehe sich die Leitung auf die wirtschaftliche und soziale Wirkungseinheit, deren rechtliche und soziale Identität durch die Rechtsfigur der juristischen Person begründet werde, und somit auf das Aktienunternehmen.[42] Die Verantwortlichkeit des Vorstandes müsse sich demzufolge an der Maxime des Unternehmensinteresses ausrichten, denn die Pflichten des Vorstandes ergäben sich aus dessen Aufgaben.[43] Explizit festhalten möchte er am Prinzip der Selbständigkeit der juristischen Kategoriebildung. Demzufolge gibt es kein Eigeninteresse des Unternehmens, das letztlich der im Aktiengesetz verankerten Kompetenz der Anteilseigner zur Bestimmung und Veränderung des Unternehmensgegenstandes, zur Strukturierung und Umstrukturierung der organisatorischen und kapitalmäßigen Grundlagen und zur Auflösung des Unternehmens entzogen wäre.

---

[37] Schilling (1980), S. 138 f.
[38] Zur detaillierten Beantwortung dieser Frage siehe Kapitel 3.3.4.
[39] Vgl. Mertens (1996), § 76 Rn. 6.
[40] Mertens (1996), § 76 Rn. 6.
[41] Mertens (1996), § 76 Rn. 6.
[42] Vgl. Mertens (1996), § 76 Rn. 6.
[43] Vgl. Mertens (1996), § 76 Rn. 7, 16 ff.

Anhang B: Das Revisionsurteil des BGH im Mannesmann-Prozess

Das Revisionsurteil des BGH im Mannesmann-Prozess vom 21. Dezember 2005 enthält nicht nur in strafrechtlicher Hinsicht, sondern auch für das Aktienrecht Entscheidungspunkte von grundlegender Bedeutung.[44] Insbesondere die Frage der angemessenen Vorstandsvergütung hatte bis zu diesem Prozess „ein Mauerblümchen-Dasein im juristischen Schrifttum und erst recht in der Rechtsprechung"[45] geführt.

Zuvor hatte das Landgericht Düsseldorf sich in seiner Entscheidung vom 22. Juli 2004[46] mit der Zahlung einer Anerkennungsprämie an den ausscheidenden Vorstandsvorsitzenden der Mannesmann AG, KLAUS ESSER, in Höhe von 16 Mio. Euro (zusätzlich zu der Auszahlung des Erfüllungsanspruches aus dem noch vier Jahre währenden Dienstvertrag in Höhe von 15 Mio. Euro) sowie mit der Zahlung an den früheren Vorstandsvorsitzenden und zur Zeit der Zahlung amtierenden Aufsichtsratsvorsitzenden JOACHIM ALEXANDER FUNK in Höhe von 3 Mio. Euro zu befassen.[47] Prämiert wurden zudem zwei Mitglieder des Vorstandes, die erst wenige Monate dem Vorstand angehört hatten und bereits wenige Monate nach dem Übernahmebeschluss aus dem Vorstand ausschieden.

Die Staatsanwaltschaft Düsseldorf erhob mit der Anklageschrift vom 14. Februar 2003 gegen die Organmitglieder ESSER, ACKERMANN, FUNK, LADBERG und ZWICKEL den Vorwurf, durch mehrere Handlungen in unterschiedlichen und wechselnden Tatbeteiligungen Untreue in einem besonders schweren Fall im Sinne der §§ 266, 263 Abs. 3 StGB oder Beihilfe dazu verübt zu haben. Das Landgericht sah die Zahlungen als rechtswidrig an, da sie dem Angemessenheitsgebot des § 87 Abs. 1 AktG widersprechen.[48] Es hielt den Sachverhalt jedoch nicht für gravierend genug, um zu einer Verurteilung wegen Untreue zu gelangen, und sprach die Angeklagten frei. Zu einem vollständig anderen Ergebnis gelangte hingegen der Dritte Strafsenat des BGH, der das freisprechende Urteil des Landgerichtes Düsseldorf bis auf einen Nebenpunkt, in dem

---

[44] Vgl. Spindler (2006), S. 349.

[45] Spindler (2006), S. 349.

[46] Vgl. LG Düsseldorf (2004) NJW, S. 3275.

[47] Im Hinblick auf die Zahlung an Funk lautet der Beschluss des Aufsichtsratspräsidiums am 17. April 2000 beschlossen: „In der bisherigen Beschlussfassung des Ausschusses für Vorstandsangelegenheiten zum sog. Appreciation Award ist Herr Professor Dr. Dr. h.c. Funk nicht berücksichtigt worden. Im Hinblick darauf, dass er in den Jahren 1994 bis 1999 als Vorsitzender des Vorstandes maßgeblich zum Unternehmenserfolg und zur Steigerung des Unternehmenswertes beigetragen hat, wird ihm ein Betrag von DM 6 Millionen zugewendet." Vgl. Lohse (2005), S. 19; Peltzer (2006), S. 205.

[48] Siehe hierzu ausführlich Kapitel 5.5.2.1.und Anhang F.

das Verfahren eingestellt wurde, aufhob und das Verfahren an eine andere Kammer des Landgerichts Düsseldorf zurückverwies.

Den Ausgangspunkt für das Revisionsurteil des BGH bilden die grundlegenden Entscheidungen des II. Zivilsenats in der sog. ARAG/Garmenbeck-Entscheidung zu den organschaftlichen Pflichten des Aufsichtsrates, Schadensersatzansprüche gegen den Vorstand geltend zu machen.[49] Diese Überlegungen überträgt der Senat auf die Entscheidungen über die Vergütung von Vorstandsmitgliedern, für die der Aufsichtsrat gemäß §§ 84 Abs. 1 Satz 5, 87 Abs. 1 AktG zuständig ist. Charakteristisch für die Aufsichtsratsmitglieder ist nach Auffassung des BGH ihre Stellung als „Verwalter fremden Vermögens"[50].[51] Daraus leitet er ihre organschaftliche Verpflichtung ab, bei sämtlichen Entscheidungen im Unternehmensinteresse zu handeln, den Vorteil der Gesellschaft zu wahren und Nachteile von der Gesellschaft abzuwenden.[52] Dabei gehört „das Gebot, alle Maßnahmen zu unterlassen, die den Eintritt eines sicheren Vermögensschadens bei der Gesellschaft zur Folge haben (…), zu den Treuepflichten, die ein ordentliches und gewissenhaftes Präsidiumsmitglied (…) zwingend zu beachten hat"[53].[54] Dieses Gebot nimmt strafrechtlich Bezug auf die Pflicht zur Wahrung fremder Vermögensinteressen im Sinne des Untreuetatbestandes gemäß § 266 Abs. 1 StGB. Das Gericht stellt somit klar, dass der Aufsichtsrat, soweit er an unternehmerischen Entscheidungen beteiligt ist, insbesondere wenn er für das von ihm repräsentierte Unternehmen Verträge schließt, dies als treuhänderischer Vermögensverwalter für die Aktionäre als den eigentlichen Eigentümern des Unternehmens tut.[55]

Jedoch nicht jede Vergütungsentscheidung stellt eine Pflichtverletzung dar. Vielmehr handelt es sich bei Vergütungsentscheidungen in der Regel um „unternehmerische Führungs- und Gestaltungsaufgaben"[56], die dem Aufsichtsrat einen „weite(n) Beurteilungs- und Ermessensspielraum"[57] eröffnen. Unternehmerische Entscheidungen sind durch eine zukunftsbezogene Gesamtabwägung von Chancen und Risiken gekennzeichnet, die jedoch aufgrund ihres Prognosecharakters die Gefahr erst nachträglich erkennbarer Fehlbeurteilungen beinhalten.[58] Auf Basis dieser allgemeinen Erwägun-

---

[49] Vgl. BGHZ 135, 244; Arnold (2007), S. 251.
[50] BGHSt 50, 331 (338).
[51] Vgl. Fleischer (2006), S. 542.
[52] Vgl. BGHSt 50, 331 (336).
[53] BGHSt 50, 331 (336).
[54] Als Präsidium wird der Ausschuss des Aufsichtsrates für Vorstandsangelegenheiten bezeichnet. Vgl. Hüffer (2003), S. 2.
[55] Vgl. Säcker/Boesche (2006), S. 898.
[56] BGHSt 50, 331 (336).
[57] BGHSt 50, 331 (336).
[58] Vgl. BGHSt 50, 331 (336).

gen entwickelte der BGH ein dreistufiges System für die Beurteilung nachträglicher Sonderzahlungen an Vorstandsmitglieder, das folgende Konstellationen unterscheidet:[59]

(1) Sieht der Dienstvertrag eines Vorstandsmitgliedes eine an den Geschäftserfolg gebundene einmalige oder jährlich wiederkehrende Prämie als variablen Bestandteil der Vergütung vor, darf sie nachträglich, beispielsweise nach Ablauf des Geschäftsjahres, gewährt werden. Eine Ermessensgrenze bildet in diesem Falle lediglich § 87 Abs. 1 Satz 1 AktG, gemäß dessen die Gesamtbezüge eines Vorstandsmitgliedes in einem angemessenen Verhältnis zu seinen Aufgaben und zur Lage der Gesellschaft stehen müssen.

(2) Fehlt hingegen im Dienstvertrag eine Rechtsgrundlage für nachträgliche Sonderzahlungen, ist eine nachträgliche Bewilligung nur unter folgenden Voraussetzungen zulässig: Dem Unternehmen müssen durch die Zusatzzahlung Vorteile zufließen und die Zahlung muss in einem angemessenen Verhältnis zu der damit verbundenen Minderung des Gesellschaftsvermögens stehen. Diese Voraussetzungen sind nur dann erfüllt, wenn die Zusatzvergütung „aktiven oder potentiellen Vorstandsmitgliedern signalisiert, dass sich außergewöhnliche Leistungen lohnen"[60]. Die damit verbundene Anreizwirkung, die eigene Kraft und Kreativität für die Belange des Unternehmens in besonderer Weise einzusetzen, liegt nach Auffassung des Gerichts im Interesse des Unternehmens. Auch bei dieser Konstellation ist die Angemessenheitsgrenze des § 87 Abs. 1 Satz 1 AktG zu beachten, der jedoch besondere Bedeutung beizumessen ist.

(3) Eine im Dienstvertrag nicht vereinbarte Sonderzahlung für geschuldete Leistungen, die ausschließlich belohnenden Charakter hat und der Gesellschaft keinen zukunftsbezogenen Nutzen bringen kann, wertet der BGH als treuepflichtwidrige Verschwendung des anvertrauten Gesellschaftsvermögens und ist dem Grunde nach unzulässig.

Somit muss nach Auffassung des BGH „eine außergewöhnliche Leistung, die der Gesellschaft in der Vergangenheit große Vorteile gebracht hat, unbelohnt bleiben, wenn ihre Entlohnung nicht im Dienstvertrag vorgesehen ist, es sei denn, die Leistung brächte der Gesellschaft einen 'zukunftsbezogenen Nutzen'"[61]. Da das Gericht den im Mannesmann-Fall gezahlten „Appreciation Awards" keine im Unternehmensinteresse liegende zukunftsbezogene Anreizwirkung beimaß, brauchte es demzufolge keine Feststellung zur Angemessenheit von Sonderzahlungen zu treffen.[62, 63] In der mitunter sehr

---

[59] Vgl. BGHSt 50, 331 (336 ff.); Bauer/Arnold (2006), S. 546.
[60] BGHSt 50, 331 (337).
[61] Peltzer (2006), S. 206 f.
[62] Vgl. Säcker/Boesche (2006), S. 897.

fokussierten Urteilsbegründung verwehrt der Senat auch einen möglichen Ausweg mittels einvernehmlicher Vertragsänderungen: „Die Zulässigkeit einer kompensationslosen Anerkennungsprämie kann auch nicht damit begründet werden, ihr liege eine einvernehmliche Abänderung des Dienstvertrages zugrunde. Die Verletzung der Vermögensbetreuungspflicht besteht bei diesem Ansatz nämlich gerade in der freiwilligen Änderung des Dienstvertrages."[64] Ebenso wenig lasse sich die Zulässigkeit einer kompensationslosen Anerkennungsprämie auf § 87 Abs. 1 Satz 1 AktG stützen, denn diese Vorschrift regele lediglich die Höhe der Bezüge und sage nichts über die Zulässigkeit der Sonderzahlung aus.[65] Des Weiteren wird der Einwand zurückgewiesen, dass eine „besonders erfolgreiche Tätigkeit nachträglich besser beurteilt werden könne als bei Abschluss des Dienstvertrages"[66]. Denn ein Anstellungsvertrag eines Vorstandsmitglieds mit einer Gesellschaft gemäß § 84 AktG stellt einen synallagmatischen Vertrag dar, der eine Rentabilitätsvermutung in sich trägt.[67] Da Vorstandsmitglieder vertraglich verpflichtet sind, ihre gesamte Arbeitskraft für das Unternehmen einzusetzen, lassen sich „überobligationsmäßige Leistungen"[68] auf Vorstandsebene nicht aus der vertraglich geschuldeten Tätigkeit extrahieren und sind daher auch nicht zusätzlich honorierbar.[69] Im Hinblick auf neu zu schließende Vorstandsverträge ist zu erwarten, dass diese routinemäßig eine Klausel enthalten werden, die Anerkennungsprämien für besondere Leistungen explizit zulassen.[70] Durch die Aufnahme einer solchen Klausel wird für Aufsichtsräte und Vorstände ein höheres Maß an Rechtssicherheit erreicht.

Nicht geklärt hat das Mannesmann-Urteil die Frage, welche Grenzen der Aufsichtsrat beim Abschluss des Dienstvertrages im Hinblick auf Zusagen für die Zeit nach dem Ausscheiden eines Vorstandsmitgliedes zu beachten hat.[71] Darüber hinaus lässt die Entscheidung erhebliche Spielräume für Verhandlungen von Aufhebungsverträgen bei vorzeitigem Ausscheiden von Vorstandsmitgliedern. Die Entscheidungen des LG Düsseldorf und des BGH werden in der Literatur derzeit sehr kontrovers und kritisch diskutiert. So lässt sich nach Auffassung RINGLEBS die Frage, ob nachträgliche Anerkennungsprämien dem Grunde nach zulässig sind, dahingehend beantworten, „dass das

---

[63] Ob die Festsetzung einer „unangemessenen" nachträglichen Anerkennungsprämie auch dann objektiv eine Untreue gemäß § 266 Abs. 1 StGB darstellt, wenn die Zahlung ausdrücklich im Dienstvertrag geregelt ist, hat der BGH nicht ausdrücklich beantwortet. Vgl. Arnold (2007), S. 253 f.

[64] BGHSt 50, 331 (339).

[65] Vgl. BGHSt 50, 331 (339).

[66] BGHSt 50, 331 (339).

[67] Vgl. BGHZ 71, 234 (238); Säcker/Boesche (2006), S. 897.

[68] Säcker/Boesche (2006), S. 905.

[69] Vgl. Säcker/Boesche (2006), S. 905.

[70] Vgl. Fleischer (2006), S. 544; Peltzer (2006), S. 207; Ringleb (2008), S. 203 f.

[71] Vgl. Arnold (2007), S. 257.

Gesetz jedenfalls nach Streichung des § 86 Abs. 2 AktG keine abschließende Vorgaben zu Struktur und Komponenten der Vorstandsvergütung macht und somit auch die Gewährung von Anerkennungsprämien nicht prinzipiell ausgeschlossen"[72] sei.

---

[72] Ringleb (2008), S. 203 f.

Anhang C: Die Werttreiber des Humankapitals

Das Humankapital setzt sich nach dem Summenmodell aus den drei Komponenten individuelles Humankapital, dynamisches Humankapital und strukturelles Humankapital zusammen (Abb. 10).[73] Diese drei Komponenten sind die notwendige Voraussetzung, um unter dem Einfluss der Unternehmensentwicklung, der Ressourcenverteilung und des Umfelds Personalwert zu schaffen.

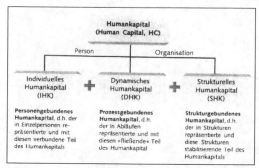

Abb. 10: Das Summenmodell der Humankapitalbewertung
Quelle: Wucknitz (2002), S. 32.

Das individuelle Humankapital bildet das Potential eines jeden Mitarbeiters innerhalb der Unternehmensorganisation ab. Die Nutzung des Potentials dient der Schaffung von Personalwert, wobei dieser den erzielbaren potentiellen Nutzen des Unternehmens darstellt. Das dynamische Humankapital ist hingegen an bestimmte Prozesse im Unternehmen gebunden. Das strukturelle Humankapital spiegelt den in den Strukturen des Unternehmens repräsentierten Teil des Humankapitals wider.

Die Höhe des Humankapitals ist abhängig von der Ausprägung bestimmter Einflussgrößen, den personellen Werttreibern. Diese personellen Werttreiber sind universelle Größen, deren Einfluss auf das Humankapital unabhängig von der spezifischen Situation oder den Interessen bestimmter Anspruchsgruppen ist. Jeder Werttreiber wirkt sich direkt auf eine oder mehrere der zuvor genannten Komponenten des Humankapitals. Insgesamt geht das Wettreibermodell von zehn personellen Werttreibern aus: Unternehmensumfeld, Unternehmensstruktur, Teamprozess (Information, Kommunikation, Kooperation, Entscheidung), Führung, Personalmanagement, personelle Rechtsstruktur (arbeitsrechtliche Regelungen), personelle Finanzstruktur, personelle Organisationsstruktur (Personalstruktur), Schlüsselkräfte und Unternehmenskultur.

---

[73] Die Ausführungen folgen Wucknitz (2002), S. 31 ff.

Zur konkreten Quantifizierung werden insbesondere folgende Modelle diskutiert:

C.1 Die Saarbrücker Formel

Der Saarbrücker Formel, die im Jahr 2004 von den Autoren SCHOLZ/STEIN/BECHTEL als Ansatz zur Erfassung und Bewertung des Humankapitals entwickelt wurde, liegt ein Modell aller Komponenten zugrunde, die im weitesten Sinne zum Humankapital gehören:[74] Zunächst einmal ergibt sich das Humankapital als Wirkpotential aus den Mitarbeitern des Unternehmens. Haben diese veraltetes Wissen, so muss ein entsprechender Abschlag vorgenommen, d.h. die Wertbasis reduziert werden. Zum Ausgleich kann das Ertragspotential durch Personalentwicklung wieder erhöht werden. Schließlich kann sich das Humankapital in Abhängigkeit von der Bereitschaft der Mitarbeiter zur Leistungserbringung (Commitment), von der mehr oder weniger stark ausgeprägten Angemessenheit des Arbeitsumfeldes (Context) sowie von der Neigung, im Unternehmen zu bleiben (Retention), verändern. Die letztgenannte Gruppe von Faktoren wird auch unter dem Begriff der Motivation subsumiert.

Auf der Basis dieser Komponenten wurde folgende mathematische Formel entwickelt:

$$HC = \sum_{i=1}^{g} \left[\left(\overbrace{FTE_i \cdot l_i}^{\text{Wertbasis}} \cdot \overbrace{\frac{w_i}{b_i}}^{\text{Wertverlust}} + PE_i \right) \cdot M_i \right]$$

Wertveränderung

Wertkompensation

- $FTE_i \cdot l_i$:
  Branchenübliche durchschnittliche Gehaltssumme berechnet als Produkt aus der Anzahl der Mitarbeiter in Vollzeitbeschäftigung (PTE_i) [Anzahl Mitarbeiter] und branchenüblichen Durchschnittsgehältern- und löhnen der Gruppe i (l_i) [€]

- w_i/b_i:
  Quotient aus Wissensrelevanzzeit (w_i) [Zeit in Jahren] als Dauer der wertschöpfenden Einsetzbarkeit von Fachwissen der Gruppe i und der durchschnittlichen Betriebszugehörigkeit einer Mitarbeitergruppe i (b_i) [Zeit in Jahren]

- PE_i:
  Personalentwicklungskosten (z. B. Fort- und Weiterbildung) für Gruppe i pro Jahr (PE_i) [€/Jahr]

- M_i:
  Motivationsindex $M_i \in [0;2]$, aggregiert aus Teilindizes Commitment, Context und Retention

Abb. 11: Saarbrücker Formel
Quelle: Becker/Labucay/Rieger (2007), S. 44.

---

[74] Die Darstellung folgt Scholz (2007), S. 30 ff.

Der Wert des Humankapitals wird umso größer, je motivierter die Mitarbeiter sind, je mehr in Personalentwicklung investiert wird, je mehr Vollzeitbeschäftigte im Unternehmen sind, je höher die Durchschnittsgehälter sind und je aktueller das im Unternehmen vorhandene Wissen ist.

Kritisiert wird an der Saarbrücker Formel unter anderem, dass sie die Erfahrung der Mitarbeiter sowie das sog. Kern-Peripherie-Paradigma der Segmentierung des Humanvermögens nur unzureichend berücksichtigt. Dieses Paradigma geht davon aus, dass sich die Belegschaft eines Unternehmens in eine Kernbelegschaft, die die unverwechselbaren Kernleistungen im Sinne der Kernkompetenzen des Unternehmens erzeugt, und eine auswechselbare Peripheriebelegschaft segmentieren lasse. [75] Zudem wird kritisiert, dass sie ausschließlich vergangenheitsorientiert sei. [76]

C.2 Human Capital Pricing Model

Das Human Capital Pricing Model (HCPM), das im Jahre 2001 von BENDER/RÖHLING entwickelt wurde, nimmt eine risikoadjustierte Bewertung des Humankapitals vor, indem es auf die kapitalmarkttheoretischen Modelle des Capital Asset Pricing Model (CAPM) und die Arbitrage Pricing Theory (APT) zurückgreift, die zur Bewertung von Wertpapierportfolios entwickelt wurden. [77]

Die Bewertung von Humankapital weist die Problematik der Personengebundenheit von Humankapital und Humankapitalträgern auf. Im Rahmen des HCPM wird dabei zwischen unqualifiziertem und qualifiziertem Humankapital unterschieden: Bei unqualifiziertem Humankapital besteht die Wertschöpfung in der Ausführung einer bestimmten Menge an Verrichtungsteilleistungen. Die wertschöpfende Tätigkeit qualifizierten Humankapitals besteht hingegen in der Vernetzung einer bestimmten Menge an Verrichtungsteilleistungen, die gemäß GUTENBERG in ausführende und dispositive Arbeit unterteilt wird. [78] Definitionsgemäß ist die Rendite des unqualifizierten Humankapitals niedriger als die des qualifizierten. Dafür ist das qualifizierte Humankapital risikobehaftet.

$$HCPM = i_{HK} + \beta_{HK,i}(r_{HK,m} - i_{HK})$$

Analog zu der Ermittlung des Erwartungswertes der Rendite eines Wertpapiers erfolgt die Humankapitalbewertung als Ermittlung des Erwartungswertes der Rendite des qua-

---

[75] Vgl. Becker/Labucay/Rieger (2007), S. 40.
[76] Vgl. Becker/Labucay/Rieger (2007), S. 56 f.
[77] Die Darstellung folgt Bender/Röhling (2001), S. 27 ff.; Scholz (2007), S. 29.
[78] Vgl. Gutenberg (1979), S. 3.

lifizierten und damit risikobehafteten Humankapitalträgers.[79] Die Rendite, die ein fiktives Unternehmen aus ungelernten Arbeitern erwirtschaften würde, bildet den risikolosen Zinssatz i_{HK}. Dieser könnte aufgrund einer angenommenen Automatisierbarkeit auch rein maschinell erzielt werden. Hinzu kommt ein branchenabhängiger Aufschlag β_{HK} für qualifiziertes und damit risikobehaftetes Humankapital. Er besteht aus der Differenz zwischen rein maschineller Produktion und dem internen Return on Investment eines Unternehmens, das neben unqualifiziertem auch qualifiziertes Humankapital einsetzt. Das Marktportfolio im Rahmen des HCPM wird aus der vollständig diversifizierten Gesamtheit des unternehmensinternen Humankapitals gebildet.

Als mögliche Stellschrauben für die Optimierung des Humankapitals ergeben sich die Felder Personalentwicklung und Motivation. Dadurch wird unqualifiziertes Humankapital in qualifiziertes umgewandelt und das Risiko mangelhafter Leistungserstellung gemindert. Eine empirische Überprüfung sowie theoretische Vertiefung dieses Ansatzes, insbesondere in Bezug auf die weitere Ausgestaltung der Operationalisierung einzelner Größen, steht derzeit noch aus.

---

[79] Zur Bewertung von Wertpapieren siehe Kapitel 4.1.

Anhang D: Die Struktur der Europäischen Aktiengesellschaft (SE)

Die SE ist eine Handelsgesellschaft, die entsprechend der Verordnung über das Statut der Europäischen Gesellschaft (SE-VO)[80] gegründet werden kann. Die SE-VO, die am 08. Oktober 2004 in Kraft trat, ist in allen Mitgliedsstaaten der Europäischen Union (EU) und des Europäischen Wirtschaftsraums unmittelbar anwendbares Recht. Mit der Schaffung der SE soll der Wirtschaft als weitere Option die Rechtsform einer Kapitalgesellschaft angeboten werden, die ihre rechtliche Basis nicht in den verschiedenen nationalen Rechtsordnungen der einzelnen Mitgliedstaaten hat, sondern die im europäischen, supranationalen Recht verankert ist.[81]

Gegenüber den nationalen Rechtsformen weist die SE insbesondere folgende Besonderheiten auf:[82] Den Gründern bzw. der Hauptversammlung der SE räumt die SE-VO in Bezug auf die Unternehmensverfassung die Wahlfreiheit zwischen einem monistischen Leitungssystem – bestehend aus einem Verwaltungsrat – und einem dualistischen Leitungssystem – bestehend aus Vorstand und Aufsichtsrat – ein. Durch die Satzung oder einen ergänzungsfähigen Mindestkatalog können zustimmungspflichtige Geschäfte für das Aufsichtsorgan geschaffen werden. Des Weiteren kann die SE ihren satzungsmäßigen Sitz im Sinne einer identitätswahrenden Sitzverlegung von einem Mitgliedsstaat in einen anderen verlegen, ohne im Herkunftsland aufgelöst und im Aufnahmeland neu gegründet zu werden.

In ihrer Binnenverfassung verfügt die SE über zwei oder drei Organe. Dabei ist die Hauptversammlung stets ein Organ der SE. Daneben kann es im dualistischen System entweder ein Aufsichtsorgan und ein Leitungsorgan oder im monistischen System lediglich ein Verwaltungsorgan geben.[83] Bei Gründung der SE ist gemäß Art. 38 SE-VO in der Satzung festzulegen, durch welche Organe die SE geleitet und überwacht werden soll. Diese Entscheidung ist jedoch nicht endgültig und ein Systemwechsel kann jederzeit durch eine entsprechende Satzungsänderung vollzogen werden. Somit stehen der SE beide in der EU vorhandenen Verfassungsarten für Aktiengesellschaften zur

---

[80] Die SE-VO regelt neben der Gründung der SE auch deren Binnenverfassung (monistisches und dualistisches Leitungssystem), enthält Regelungen zum Mindestkapital, zur Hauptversammlung, zur Rechnungslegung und zur Auflösung der SE. Sie enthält jedoch keine abschließenden Regelungen zur SE. Vgl. Binder (2007), S. 27.

[81] Mit der Konzeption der SE verfolgte der europäische Gesetzgeber vor allem folgendes Ziel: „Die juristische Einheitlichkeit der europäischen Unternehmen muss ihrer wirtschaftlichen weitgehend entsprechen." Präambel SE-VO, S. 1.

[82] Vgl. Binder (2007), S. 28; Gerum (2004b), S. 244.

[83] In der monistisch strukturierten SE gibt es zusätzlich sog. geschäftsführende Direktoren, die von der SE-VO jedoch nicht als Organ bezeichnet werden. Vgl. Bünau/Jünemann (2007), S. 213.

Verfügung. Struktur und Organisation der SE sind sowohl bei der Gründung als auch danach flexibler als in der deutschen Aktiengesellschaft.

Das dualistische System der SE entspricht dem der Trennung von Vorstand und Aufsichtsrat in der deutschen Aktiengesellschaft. Leitungs- und Aufsichtsorgan sind somit strikt voneinander getrennt, um eine bestmögliche Überwachung des Leitungsorgans zu gewährleisten. Infolgedessen darf gemäß Art. 39 Abs. 3 Satz 1 SE-VO kein Mitglied des Leitungsorgans gleichzeitig Mitglied des Aufsichtsorgans der SE sein.[84] Da die SE-VO gemäß Art. 39 Abs. 5 nur die Mitgliedsstaaten ermächtigt, Bestimmungen für das dualistische System zu erlassen, in denen nicht bereits nationale Regelungen zum dualistischen System bestehen, war der deutsche Gesetzgeber diesbezüglich sehr eingeschränkt.[85] Für die deutsche SE mit dualistischem System sind somit die §§ 76-116 AktG rechtsverbindlich.

Die monistisch strukturierte SE verfügt neben dem Verwaltungsorgan lediglich über ein weiteres Organ, den Verwaltungsrat. In der SE übernimmt der Verwaltungsrat weitestgehend die Aufgaben von Vorstand und Aufsichtsrat einer deutschen Aktiengesellschaft.[86] Trotz des einheitlichen Organs hat der deutsche Gesetzgeber im Sinne von Art. 43 Abs. 1 Satz 2 SE-VO eine funktionale Aufgabenteilung zwischen dem Verwaltungsrat und den geschäftsführenden Direktoren vorgesehen. Die Führung des laufenden Geschäfts obliegt dabei gemäß § 40 Abs. 2 Satz 1 SEAG den geschäftsführenden Direktoren, während Leitung und Überwachung vom Verwaltungsrat wahrgenommen wird. Dieser kann im Sinne einer Oberleitung den geschäftsführenden Direktoren entsprechend Weisung erteilen.[87] Verwaltungsratsmitglieder können zugleich geschäftsführende Direktoren sein. Anders als im dualistischen System und in der deutschen Aktiengesellschaft fehlt somit ein eigenständiges Kontrollorgan. Die Situation ist vergleichbar mit der Funktion der Executive Board Members und der Non-executive Board Members im angloamerikanischen Rechtsraum. Im Rahmen der monistisch strukturierten SE ergeben sich vielfältige Möglichkeiten, die individuelle Unterneh-

---

[84] Mitglieder des Aufsichtsorgans dürfen gemäß Art. 47 Abs. 2 SE-VO iVm. § 105 Abs. 1 AktG zudem nicht gleichzeitig Vorstandsmitglied oder Prokurist der in Deutschland ansässigen SE sein.

[85] Vgl. Bünau/Jünemann (2007), S. 223.

[86] Die Ausführungen folgen Bünau/Jünemann (2007), S. 213, 232 ff.

[87] Mitunter wird in Bezug auf die Ausgestaltung des monistischen Systems in Deutschland von einem verdeckten dualistischen System gesprochen. Dies ist insofern nicht zutreffend, als geschäftsführende Direktoren zugleich Mitglied des Verwaltungsrats sein können und diese – im Gegensatz zu Vorständen dualistisch organisierter SE und deutscher Aktiengesellschaften – nicht weisungsunabhängig sind. Geschäftsführende Direktoren können vom Verwaltungsrat jederzeit ohne Begründung abberufen werden. Vgl. Bünau/Jünemann (2007), S. 232; Maraslis (2007), S. 58; Kallmeyer (2003), S. 1533.

mensverfassung zu gestalten, beispielsweise durch Zuweisung bestimmter Geschäfte oder Überwachungsfunktionen an einzelne Verwaltungsratsmitglieder.

Anhang E: Die Mitbestimmung in der Europäischen
Aktiengesellschaft (SE)

Die Beteiligung der Arbeitnehmer in der SE wird durch die EG-Richtlinie 2001/86 geregelt. Die Umsetzung in nationales Recht ist in Deutschland abschließend durch die SEBG erfolgt.[88] Eine direkte Anwendung der deutschen Mitbestimmungsgesetze auf die SE ist gemäß § 47 Abs. 1 SEBG ausgeschlossen. Zielsetzung des SEBG ist es, „die erworbenen Rechte der Arbeitnehmer auf Beteiligung an Unternehmensentscheidungen zu sichern"[89]. Der Umfang der gesetzlich festgeschriebenen Mitbestimmung[90] der Arbeitnehmer im Aufsichts- oder Verwaltungsorgan der SE ist abhängig von der Gründungsform:

(1) Wird eine SE durch Umwandlung gegründet, wird gemäß § 35 Abs. 1 SEBG der bisher in der Gesellschaft geltende Mitbestimmungsstatus beibehalten. Der Bestandsschutz bezieht sich dabei auf alle Komponenten der Arbeitnehmerbeteiligung, so dass keine individuellen Kompensationen zwischen einzelnen Bereichen möglich sind.[91] War die Gesellschaft beispielsweise vor Gründung der SE mitbestimmungsfrei, so setzt sich diese Mitbestimmungsfreiheit auch in der SE fort.[92] Insofern entfalten die deutschen Mitbestimmungsstandards bei dieser Gründungsform auch im Kontext der SE indirekt Wirkung.

(2) Im Falle der Gründung durch Verschmelzung, an der mehr als eine Gesellschaft beteiligt ist, gilt diese fort, sofern alle an der SE-Gründung beteiligten Gesellschaften über die identische Form der Mitbestimmung verfügten.[93] Gleiches gilt für die Gründung der SE durch Errichtung einer Holding- oder Tochter-SE. Galten hingegen bei den an der SE-Gründung beteiligten Gesellschaften zuvor verschiedene Mitbestimmungssysteme, kann gemäß § 34 Abs. 2 SEBG das sog. besondere Verhandlungsgremium (bVG) einseitig bestimmen, welches Mitbestimmungssystem bei der SE Anwendung finden soll.[94] In diesem Falle erfolgt die Festlegung der Mitbestimmung im Wege einer freien Verhandlung zwischen Arbeitnehmer- und Unternehmensseite. Auf

---

[88] Vgl. Köklü (2007), S. 173.
[89] § 1 Abs. 1 Satz 1 SEBG.
[90] Der Begriff der Mitbestimmung ist im Rahmen des SEBG für den Bereich der Unternehmensmitbestimmung reserviert und wird in der Formulierung etwas abgeschwächt als „Unterrichtung und Anhörung" bezeichnet. Vgl. Köklü (2007), S. 175.
[91] Vgl. Thümmel (2005), S. 142 f.
[92] Vgl. Köklü (2007), S. 230.
[93] Vgl. Rößler/Zeppenfeld (2007), S. 279.
[94] Die Zahl der Arbeitnehmervertreter im Aufsichts- oder Verwaltungsorgan der SE bemisst sich gemäß § 35 Abs. 2 Satz 2 SEBG nach dem höchsten Anteil an Arbeitnehmervertretern, der in den Organen der beteiligten Gesellschaften vor der Eintragung der SE bestanden hat.

Unternehmensseite werden diese Verhandlungen von den Leitungs- und Verwaltungsorganen der beteiligten Gesellschaften geführt.[95] Auf Arbeitnehmerseite ist ein sog. besonderes Verhandlungsgremium (bVG) entsprechend §§ 4 ff. SEBG zu bilden. Die mit der Öffnung für Vereinbarungslösungen verbundene Flexibilität ermöglicht einen Suchprozess, der sich an einzelfallspezifischen Kriterien orientiert und den besonderen Gegebenheiten des Unternehmens Rechnung trägt.[96] Der Vorrang der einzelfallspezifischen Verhandlungslösung ist somit charakteristisch für das SEBG.[97]

Beim bVG handelt es sich um kein Vertretungsorgan der Arbeitnehmer, welches auf Dauer angelegt ist, sondern vielmehr um ein anlassbezogenes.[98] Innerhalb des bVG sollen gemäß § 5 Abs. 1 SEBG die in jedem Mitgliedsstaat tätigen Arbeitnehmer repräsentiert sein. Die Gesamtzahl der Sitze beträgt mindestens zehn und ergibt sich aus dem prozentualen Anteil der Arbeitnehmer je Mitgliedsstaat und entsprechenden rechnerischen Rundungen. Erfolgt die Gründung der SE durch Verschmelzung, so führt dies zum Erlöschen einer oder mehrerer Gesellschaften, was die betroffenen Arbeitnehmer als besonders schutzwürdig erscheinen lässt.[99] Deshalb sieht § 5 Abs. 2 SEBG vor, dass jede erlöschende Gesellschaft durch mindestens ein Mitglied vertreten sein muss.

Das Ziel des Verhandlungsverfahrens zwischen Leitungsorgan und bVG besteht darin, einen Abgleich zwischen den unterschiedlichen Mitbestimmungs- und Mitwirkungsstandards in den einzelnen Mitgliedsstaaten herbeizuführen und eine einzelfallspezifische Vereinbarung über die Beteiligungsrechte der Arbeitnehmer zu treffen. Wenn die Verhandlungspartner zu einer Einigung gelangen, hat diese gemäß § 1 Abs. 2 SEBG grundsätzlich Vorrang vor gesetzlichen Auffangregelungen. Beschlussfassungen innerhalb des bVG haben nach § 15 Abs. 2 SEBG zum Schutz der Arbeitnehmer mit der Mehrheit seiner Mitglieder, die zugleich die Mehrheit der vertretenen Arbeitnehmer repräsentieren, zu erfolgen.[100] Der Inhalt der Vereinbarung über die Beteiligungsrechte von Arbeitnehmern kann im Sinne der Privatautonomie grundsätzlich frei ausgehandelt werden. Insbesondere besteht keine Verpflichtung zur Einrichtung eines SE-Betriebsrates oder zur Begründung von Mitbestimmungsrechten, außer im Falle der Gründung der SE durch Umwandlung. Der Inhalt der Vereinbarung muss gemäß § 21 Abs. 3 SEBG konkret festgelegt werden. Dabei sind die Zahl der Vertreter, die von

---

[95] Vgl. Kleinsorge (2004), S. 141.
[96] Vgl. Windbichler (2007), S. 288.
[97] Vgl. Köklü (2007), S. 174.
[98] Vgl. Thümmel (2005), S. 130.
[99] Vgl. Thümmel (2005), S. 131.
[100] Besondere Mehrheitsanforderungen sind gemäß § 15 Abs. 3 SEBG notwendig, sofern der Beschluss eine Minderung der Mitbestimmungsrechte der Arbeitnehmer zur Folge haben soll.

den Arbeitnehmern in das Aufsichts- oder Verwaltungsorgan gewählt werden, das Wahlverfahren und die Rechte der Arbeitnehmervertreter festzulegen. Die Frage nach der Struktur der Verwaltung der SE darf jedoch kein Gegenstand der Vereinbarung sein.[101] Kommen die Verhandlungen zu keinem Ergebnis und werden gemäß § 16 SEBG abgebrochen, finden im Sinne der sog. Auffangregelung die Mitbestimmungsrechte des jeweiligen Landes Anwendung, in dem SE-Arbeitnehmer beschäftigt sind.

Ein besonderes Problem ergibt sich im Rahmen der Auffangregelung in Deutschland für die Mitbestimmung in der monistisch strukturierten SE, da die deutschen Mitbestimmungsregelungen ausschließlich für ein dualistisches System angelegt sind.[102] Die direkte Anwendung der deutschen Mitbestimmungsstandards auf das monistische System hätte zur Folge, dass Arbeitnehmer im Verwaltungsrat der SE vertreten wären. Da dieser jedoch nicht nur Aufsichtsfunktionen, sondern auch Leitungsfunktionen wahrnimmt, käme es zu einer „überschießenden Mitbestimmung", wie THÜMMEL es sinngemäß formuliert. Wie dieses Problem zu lösen ist, wird derzeit kontrovers diskutiert. Ein Stimmverbot für Arbeitnehmervertreter bei Leitungsentscheidungen, wie KALLMEYER es vorgeschlagen hat, ist mit § 38 Abs. 1 SEBG nicht vereinbar.[103] Näher liegend erscheint zunächst der Vorschlag TEICHMANNS, den Anteil der Arbeitnehmer im Verwaltungsrat auf die Sitze zu beschränken, die nicht von geschäftsführenden Direktoren eingenommen werden.[104] Dagegen spricht, dass eine solche Regelung im Gesetzgebungsverfahren abgelehnt wurde und § 35 Abs. 3 SEAG dem Verwaltungsratsvorsitzenden die Stimmrechte der geschäftsführenden Direktoren zuweist, wenn diese nicht mitstimmen können, um ein Übergewicht der Arbeitnehmervertreter zu vermeiden.[105] Demzufolge erscheint die Argumentation THÜMMELS überzeugend, dass das monistische System nur in Fällen paritätischer Mitbestimmung in Betracht komme, wenn die Funktion der geschäftsführenden Direktoren von Dritten wahrgenommen wird und der Verwaltungsrat sich im Wesentlichen auf Überwachungsaufgaben beschränkt.[106, 107] Andernfalls nähmen Arbeitnehmervertreter im monistischen System neben Überwachungsaufgaben im Sinne des § 22 Abs. 1 SEAG auch echte Leitungs-

---

[101] Vgl. Köklü (2007), S. 217.
[102] Dieser Abschnitt folgt Thümmel (2005), S. 151 ff.
[103] Vgl. Kallmeyer (2003), S. 1534 f.
[104] Vgl. Teichmann (2004), S. 56.
[105] Vgl. Horn (2005), S. 152; Köklü (2007), S. 231.
[106] Vgl. Thümmel (2005), S. 152; Köklü (2007), S. 232; Hennings (2005), S. 730.
[107] Eine derartige Möglichkeit lässt § 40 Abs. 1 Satz 4 SEAG ausdrücklich zu. Grundsätzlich sind zwei Arten von geschäftsführenden Direktoren möglich: geschäftsführende Direktoren aus der Mitte des Verwaltungsrates und externe geschäftsführende Direktoren. Entsprechende Vorgaben dazu kann die Satzung geben. Vgl. Kallmeyer (2003), S. 1533.

und Geschäftsführungsaufgaben wahr, was zu einem erheblichen Machtzuwachs der Arbeitnehmer führe.[108]

Hinsichtlich des großen Verhandlungs- und Gestaltungsspielraums innerhalb der SE gibt WINDBICHLER zu bedenken, dass diesen Möglichkeiten auch Gefahren innewohnen. So können aus den hohen Kosten für das Erzielen einer Einigung wohlfahrtsmindernde Lock-in-Effekte resultieren.[109] Ferner wird die Standardisierung der Unternehmensverfassung großer kapitalmarktorientierter Aktiengesellschaften als eine wichtige Funktionsvoraussetzung für den Börsenhandel der Aktien angesehen, da der Anleger am Sekundärmarkt sich darauf verlassen können muss, dass die Rechtsverhältnisse der Gesellschaft einem bestimmten rechtlichen Standard entsprechen, andernfalls stiegen die Transaktionskosten.

Insbesondere die Ausführungen der letzten Absätze umreißen, warum in Deutschland das monistische System für Unternehmen, die der paritätischen Mitbestimmung unterliegen, voraussichtlich nur eine theoretische Option bleibt.

---

[108] Vgl. Köklü (2007), S. 231; Horn (2005), S. 152.
[109] Vgl. Windbichler (2007), S. 289.

Anhang F: Das Angemessenheitskriterium der Vorstandsvergütung

Das Angemessenheitsgebot konkretisiert für den Teilaspekt der Vorstandsvergütung die Sorgfaltspflicht des Aufsichtsrates bei Ausübung seiner Personalkompetenz im Sinne der §§ 84, 93, 116 AktG und „dient wie jene in erster Linie der Verhaltenssteuerung und daneben dem finanziellen Schutz der AG und ihrer Stakeholder"[110]. Nach herrschender Meinung ist es zur Bestimmung der angemessenen Vergütung nicht ausreichend die gesetzlichen Kriterien „Aufgaben des Vorstandsmitglieds und (…) Lage der Gesellschaft" alleine zu betrachten, da sie ihrerseits zu unbestimmt sind.[111] Vielmehr hat der Aufsichtsrat in der Angemessenheitsprüfung „eine Vielzahl angebots- und nachfrageorientierter, materieller Kriterien, das relationale Kriterium der Üblichkeit sowie das funktionale Kriterium des optimierten Leistungsanreizes und Steuerungseffektes zu berücksichtigen"[112], wie SEIBT darlegt. Zu den berücksichtigungsgeeigneten materiellen Kriterien gehören die Qualifikation, die Berufserfahrung, das Alter, die Reputation, die voraussichtlichen Aufgaben des Vorstandsmitgliedes, die wirtschaftliche, finanzielle strategische und reputationelle Lage des Unternehmens, dessen Größe und die mit Übernahme des Vorstandsamtes einhergehenden Risiken.[113, 114] Die Vergütungsentscheidung ist zudem in die bestehende unternehmensinterne Vergütungsstruktur einzubinden. Keinem der materiellen Kriterien darf bei der unternehmerischen Ermessensentscheidung a priori eine überragende Bedeutung eingeräumt werden.

Grundsätzlich kommt dem Aufsichtsrat bei Vergütungsentscheidungen ein „weite(r) Beurteilungs- und Ermessensspielraum"[115] zu, wie der BGH im Mannesmann-Urteil herausstellte, da es sich bei dieser Entscheidung um eine unternehmerische Führungs-

---

[110] Seibt (2008), § 87 Rn. 2.

[111] Vgl. Ringleb (2008), S. 197; Schnapperelle (2007), S. 65.

[112] Seibt (2008), § 87 Rn. 5.

[113] Vgl. Mertens (1996), § 87 Rn. 6 f.; Spindler (2008), § 87 Rn. 28; Seibt (2008), § 87 Rn. 5; Lutter (2006), S. 735; Adams (2002), S. 1338; Lücke (2005), S. 696.

[114] In einer Entscheidung zur Vergütung von Gesellschafter-Geschäftsführern einer GmbH hat der BGH klargestellt, dass die Angemessenheit der Vergütung nicht pauschal, sondern jeweils im Einzelfall zu bestimmen ist. In seinem Urteil zählt der BGH folgende Kriterien der Angemessenheit auf: „Art, Größe und Leistungsfähigkeit des Betriebes, Alter, Ausbildung, Berufserfahrung und Fähigkeiten des Geschäftsführers sowie Umfang und Bedeutung seiner Tätigkeit. Erst dies alles zusammen ermöglicht es zu beurteilen, ob die Bezüge (…) ein angemessenes Entgelt darstellen." BGHZ 111, 224 (228). Wenngleich diese höchstrichterliche Rechtsprechung zur Vergütung von geschäftsführenden Gesellschaftern in einer GmbH nicht uneingeschränkt für die Auslegung des § 87 Abs. 1 AktG übertragen ist, so gibt sie doch eine wichtige Leitlinie vor. Bemerkenswert an dieser Entscheidung ist zudem, dass eine generelle Gleichstellung zwischen dem allgemein Üblichen und dem Angemessenen abgelehnt wird.

[115] BGHSt 50, 331 (336).

und Gestaltungsaufgabe handelt.[116] RINGLEB betont zudem, dass in diesem Sinne primär auf die Leistung des Vorstandsmitgliedes abzustellen ist, selbst wenn die einschlägige gesetzliche Regelung des § 87 Abs. 1 AktG die Leistung des Vorstandsmitgliedes nicht ausdrücklich ausführt.[117] Seines Erachtens ist eine „Vergütung ohne Leistung als Maxime für die Entlohnung von Vorstandsmitgliedern, die Treuhänder fremden Vermögens sind, (…) nur schwer vorstellbar"[118]. Durch die Bezugnahme des Gesetzgebers auf die Lage des Unternehmens darf die Höhe der Bezüge die Wettbewerbsfähigkeit des Unternehmens nicht beeinträchtigen. Die beiden zuvor genannten Gesichtspunkte sind kumulativ zu betrachten und binden das Ermessen des Aufsichtsrates.[119] Hinsichtlich des relationalen Kriteriums der Üblichkeit ist zu beachten, dass nicht alles, was üblich ist, als angemessen bezeichnet werden kann. Auch bei der Anlehnung an übliche Standards bleibt der Aufsichtsrat zu einer kritischen Prüfung und zur eigenverantwortlichen Beurteilung der Angemessenheit verpflichtet.[120]

Eine unangemessene Vorstandsvergütung führt nicht zur Nichtigkeit des Anstellungsvertrages, da § 87 Abs. 1 AktG kein Verbot im Sinne des Tatbestandes des § 134 BGB darstellt.[121] Formal wird der Aufsichtsrat bei Verletzung des Angemessenheitsgebots gegenüber dem Unternehmen in Höhe der Differenz zwischen angemessenen und überhöhten Bezügen schadensersatzpflichtig. Die Aufsichtsratsmitglieder verletzen dabei gemäß §§ 93, 116 AktG ihre Pflichten gegenüber der Gesellschaft. Dies führt jedoch zu der grotesken Situation, dass der begünstigte Vorstand gegen seinen zu großzügigen Aufsichtsrat auf Schadensersatz bezüglich des überhöhten Teils der Vergütung klagen müsste. Für die Geltendmachung solcher Ansprüche ist die Konstruktion des Gesetzes als fehlerhaft zu bezeichnen, wie LUTTER konstatiert.[122] Durch die Einführung des UMAG im September 2005 wurde der § 147 AktG dahingehend erweitert, dass die Hauptversammlung entweder mit einer einfachen Mehrheit den Vorstand verpflichten kann, gegen den Aufsichtsrat die Schadensersatzansprüche geltend zu machen, oder mit einer qualifizierten Mehrheit, besondere Vertreter dafür zu bestel-

---

[116] Siehe hierzu auch Anhang B.
[117] Vgl. Ringleb (2008), S. 197.
[118] Ringleb (2008), S. 197.
[119] Vgl. Säcker/Boesche (2006), S. 904.
[120] Umgekehrt liegt ein Verstoß gegen § 87 Abs. 1 AktG nicht allein deshalb vor, weil die Bezüge oberhalb des Branchenniveaus liegen. Vgl. Lutter/Krieger (2008), S. 167.
[121] Vgl. Kübler/Assmann (2006), S. 201 f.; Kramarsch (2004), S. 58; Hüffer (2008), § 87 Rn. 8; Thüsing (2003), S. 1612; Lutter (2006), S. 735; Lücke (2005), S. 695.
[122] Vgl. Lutter (2003a), S. 741.

len.[123] Die Bestellung der besonderen Vertreter ist jedoch mit einem sehr komplexen Aufstellungsverfahren verbunden. Ist die Höhe der Vorstandsvergütung hingegen sittenwidrig und unterfällt damit dem Verdikt des § 138 BGB, ist der Anstellungsvertrag nichtig. Da diese Rechtsfolgen bisher jedoch noch nie in einem Verfahren mit Erfolg geltend gemacht wurden, spricht THÜSING in Bezug auf § 87 Abs. 1 AktG vom „dead letter law, ein(em) tote(n) Recht, das in den Büchern steht, aber nicht die Praxis beeinflusst"[124].[125] LUTTER weist zudem darauf hin, dass bei unangemessenen Vorstandsbezügen nicht nur der Aufsichtsrat pflichtwidrig handelt, sondern auch das begünstigte Vorstandsmitglied selbst.[126] Dieses darf zwar seine persönlichen Interessen an möglichst günstigen Vertragsbedingungen uneingeschränkt verfolgen, an der Festlegung unangemessener Vertragsbedingungen darf es jedoch nicht mitwirken.

Um die Transparenz der Vergütungsentscheidungen im Aufsichtsrat zu erhöhen und jedes Mitglied des Aufsichtsrates in die Verantwortung für eine angemessene Entlohnung des Vorstandes zu nehmen, ist es prüfenswert, ob nicht künftig die Entscheidungen über die Vorstandsvergütung im Plenum des Aufsichtsrates beschlossen werden sollten. Nach derzeit geltendem Recht sowie den Empfehlungen des Kodex kann mit der Entscheidung über die Vereinbarung individueller Vertragsbedingungen gemäß § 107 Abs. 3 Satz 2 AktG ein Ausschuss des Aufsichtsrates betraut werden.

Aktuelle empirische Studien stellen gar den Zusammenhang zwischen Leistung und Vergütung in Frage. SCHMIDT/SCHWALBACH haben in ihrer Studie die fundamentale Überrendite[127] und die Überrendite an der Börse[128] der Stoxx-50-Unternehmen für das Bilanzjahr 2005 ermittelt und ins Verhältnis zur Vorstandsvergütung pro Kopf gesetzt.[129] Im Ergebnis sind die Korrelationskoeffizienten zwischen Vorstandsvergütung

---

[123] Die qualifizierte Mehrheit ist gemäß § 147 Abs. 2 AktG gegeben, wenn die zustimmenden Aktionäre zusammen mindestens 10 % des Grundkapitals oder den anteiligen Betrag von einer Million Euro vertreten.

[124] Thüsing (2003), S. 1612. Vgl. auch Lutter (2006), S. 734 ff.; Schnapperelle (2007), S. 53 ff.

[125] Zur Darstellung der Diskrepanz zwischen dem rechtlichen Angemessenheitskriterium und der Unternehmenspraxis verweist Lutter auf die Telekom, die im Jahr 2001 drei Mrd. Euro und im Jahr 2002 über 24 Mrd. Euro Konzernverlust auswies und gleichzeitig mehr als 25 Mio. Euro an ausgeschiedene Vorstände zahlte. Als weiteres Beispiel führt er die Deutsche Bank an, die 6.400 Mitarbeiter entlassen muss, während der Vorstandsvorsitzende ein Vorjahresgehalt in Höhe von 10 Mio. Euro offenlegt. Vgl. Lutter (2006), S. 734.

[126] Im Rahmen des § 93 AktG kann sich neueren Ansätzen im Schrifttum zufolge sogar eine Schadensersatzpflicht des Vorstandsmitgliedes für die überschießende Differenz ergeben. Vgl. Lutter (2003a), S. 741; Lutter (2006), S. 735.

[127] Die fundamentale Überrendite wird aus der Differenz zwischen der Eigenkapitalrendite nach Steuern und den unternehmensspezifischen Eigenkapitalkosten ermittelt.

[128] Die Überrendite an der Börse ergibt sich aus der Differenz zwischen dem aus Kurssteigerung und Dividende bestehenden Total Shareholder Return und den unternehmensspezifischen Eigenkapitalkosten.

[129] Vgl. Schmidt, R./Schwalbach (2007), S. 117.

pro Kopf und den Performancemaßen in keinem Fall signifikant positiv, vielmehr zeigt sich eine fehlende bzw. leicht negative Korrelation zwischen Vergütung und Überrendite. Im Zeitraum von 1987 bis 2005 wuchs die Vorstandsvergütung der DAX-30-Unternehmen jährlich um 23,4 %, während die Personalkosten pro Mitarbeiter im gleichen Zeitraum um 4,5 % pro Jahr anstiegen.[130] Im Vergleich zum Aktienkurs ist zu beobachten, dass die Vorstandsvergütung der DAX-30-Konzerne zwar mit wachsenden Aktienkursen steigt, auf fallende Kurse jedoch nicht merklich reagiert. Insbesondere seit dem Jahr 1998 ist eine Abkopplung der Vorstandsbezüge von der Unternehmensperformance zu verzeichnen. SCHNAPPERELLE gelangt infolgedessen zu der Schlussfolgerung, dass mit Blick auf § 87 Abs. 1 AktG „eine angemessene Berücksichtigung 'der Lage der Gesellschaft' bei der Festlegung der Vorstandsgehälter bis 1998 mehrheitlich gewährleistet war, anschließend jedoch zunehmend und auch anhaltend keine Rolle in der Vergütungspolitik der untersuchten Unternehmen zu spielen scheint".[131] Die Ursache für diese Störung liegt in einem deutlichen Wachstum der Vorstandsbezüge ab 1999. Nahezu flächendeckend haben sich die Gehälter der DAX-Vorstände sprunghaft erhöht. So betrug die durchschnittliche Gesamtvergütung der Vorstandsvorsitzenden der DAX-Konzerne im Bilanzjahr 2007 rund 4,86 Mio. Euro und die Gesamtvergütung eines ordentlichen DAX-Vorstandes 2,71 Mio. Euro,[132] während Letztgenannte im Geschäftsjahr 2003 noch 1,42 Mio. Euro verdienten.[133] Diesem starken Anstieg konnte die Unternehmensperformance nicht folgen, was im Ergebnis zu dem Auseinanderfallen der beiden Größen geführt hat. Zum anderen wird deutlich, dass die Vergütungspolitik der Unternehmen nicht flexibel und schnell genug auf sich verändernde Umstände reagiert, so dass kritisch zu hinterfragen ist, ob nicht bei einer Vielzahl deutscher DAX-Unternehmen zumindest das Angemessenheitskriterium des § 87 Abs. 1 AktG bezüglich der Lage der Gesellschaft verletzt wird.

---

[130] Vgl. Schnapperelle (2007), S. 53; Schmidt, R./Schwalbach (2007), S. 118 f.
[131] Schnapperelle (2007), S. 53.
[132] Vgl. TowersPerrin (2008).
[133] Vgl. Lücke (2005), S. 695.

Anhang G: Die Unternehmen der Grundgesamtheit

Im Zeitraum vom 01. Januar 2007 bis zum 31. Dezember 2007 waren folgende Unternehmen im Deutschen Aktienindex (DAX) gelistet:[134]

- Adidas AG
- Allianz SE
- Altana AG[135]
- BASF AG
- Bayer AG
- Bayrische Motoren Werke AG
- Commerzbank AG
- Continental AG
- Daimler AG
- Deutsche Bank AG
- Deutsche Börse AG
- Deutsche Post AG
- Deutsche Postbank AG
- Deutsche Telekom AG
- E.ON AG
- Fresenius Medical Care KGaA
- Henkel KGaA
- Hypo Real Estate Holding AG[136]
- Infineon Technologies AG
- Linde AG
- Lufthansa AG
- MAN AG
- Merck KGaA[137]
- Metro AG
- Münchener Rückversicherungs-Gesellschaft
- RWE AG

---

[134] Vgl. Deutsche Börse (2008), S. 4.

[135] Nach dem Verkauf der Pharmasparte an Nycomed wies Altana eine zu geringe Marktkapitalisierung auf und infolgedessen am 18. Juni 2007 aus dem DAX ausschied.

[136] In der empirischen Analyse des Kapitels 5.4 wird die Hypo Real Estate Holding AG nicht mit einbezogen, da deren Abspaltung von der Bayrischen Hypo- und Vereinsbank AG erst mit der Eintragung in das Handelsregister am 29. September 2003 rechtswirksam wurde.

[137] Infolge des Ausscheidens der Altana AG aus dem DAX wurde am 18. Juni 2007 die Merck KGaA in den DAX aufgenommen.

- SAP AG
- Siemens AG
- ThyssenKrupp AG[138]
- TUI AG
- Volkswagen AG

---

[138] Bei der ThyssenKrupp AG wurde der Jahresabschluss 2007/2008 analysiert, der sich auf den Berichtszeitraum 01. Oktober 2007 bis 30. September 2008 bezieht.

Anhang H: Das Unraveling-Prinzip

Bilanzadressaten haben ein Interesse an Unternehmensinformationen, weil sie diese für ihre Entscheidungen nutzen können.[139] Wäre dies nicht der Fall, hätte Publizität keine Wirkung und es wäre irrelevant, ob das Unternehmen etwas veröffentlicht oder nicht. Zudem haben die Entscheidungen der Bilanzadressaten einen tatsächlichen Einfluss auf die Zielerreichung des Unternehmens. Andernfalls würde das Unternehmen bei den geringsten Publizitätskosten auf diese verzichten, da sie eine Verschwendung von Ressourcen bedeutete.

Annahmen:

Es wird angenommen, dass der tatsächliche Wert des Unternehmens π unsicher ist. Der A-priori-Erwartungswert des Unternehmens ist $E[\pi]$. Das Unternehmen erhält wertrelevante Informationen y, die a priori im Intervall $Y = [0, 1]$ gleichverteilt sind. Vereinfachend wird angenommen, dass damit der A-posteriori-Erwartungswert des Unternehmenswertes $P = E[\pi|y] = y$ ist. Demzufolge ist y selbst der beste Prognosewert des künftigen Unternehmenswertes. Im Modell wird zudem angenommen, dass jede Publikation wahrheitsgetreu erfolgen muss, wenn publiziert wird. Das Unternehmen kann entweder die Information y bekannt geben oder alternativ schweigen.

Es stellt sich nun die Frage, ob das Unternehmen freiwillig Informationen – beispielsweise über die Interessenunabhängigkeit von Aufsichtsratsmitgliedern – publizieren soll oder nicht, wenn das Ziel des Unternehmens ist, den tatsächlich beobachteten Unternehmenswert P zu maximieren.

Informationsstrategie:

Die Ausweisstrategie ist definiert als $m(y) = y$, falls ausgewiesen wird, und $m(y) = \{\}$, falls nicht ausgewiesen wird. Y kann damit in einen Ausweisbereich $D = \{y|m(y) = y\}$ und einen Nichtausweisbereich $N = \{y|m(y) = \{\}\}$ eingeteilt werden, wobei sich die beiden Teilmengen nicht überschneiden. Die Ausweisstrategie hängt somit vom gegenwärtigen Marktwert P ab, der die Erwartungen der Marktteilnehmer widerspiegelt. Angenommen, der Marktwert sei

$$P = E[\pi] = E_y[E_\pi[\pi|y]] = 0,5$$

---

[139] Die Darstellung folgt Wagenhofer/Ewert (2003), S. 287 ff. Vgl. auch Morich (2007), S. 169 ff.; Müller (2004), S. 249 ff.; Milgrom (1981), S. 387 ff.; Wagenhofer (1990), S. 18 ff.

Das Unternehmen wird in diesem Fall immer Informationen ausweisen, wenn $y > P = 0,5$ ist. Das bedeutet, dass nur überdurchschnittlich günstige Informationen ausgewiesen werden. Ungünstige Informationen werden nicht publiziert. Sofern der Markt weiß, dass das Unternehmen im Besitz wertrelevanter Informationen ist, antizipiert er die Ausweisstrategie des Unternehmens. Infolgedessen wird der Nichtausweis von Informationen als ungünstige Information interpretiert und der Marktpreis entsprechend revidiert: Wenn das Unternehmen Informationen $y \in [0; 0,5]$ nicht ausweist, ergibt sich folgender Unternehmenswert:

$$P = E[\pi|y \in [0; 0,5]] = 0,25$$

Das Unternehmen wird dies jedoch ebenfalls berücksichtigen und seine Ausweisstrategie an die geänderten Erwartungen anpassen. Es besitzt somit einen Anreiz, auch eher ungünstige Informationen auszuweisen, nämlich alle $y > 0,25$. Dies führt zu einer neuerlichen Marktpreisrevision von $P = E[\pi|y \in [0; 0,25]] = 0,125$. Dieser Prozess setzt sich fort, bis ein Gleichgewicht erreicht ist. Nicht ausgewiesen werden demzufolge alle Informationen, die bei Ausweis einen geringeren Marktpreis P ergeben als bei Nichtausweis. Formal ist der Nichtausweisbereich N damit die Menge derjenigen Informationen y, die in einem Gleichgewicht nicht ausgewiesen werden:

$$N = \{y|y \leq E[\pi|y \in N]\}$$

Der Erwartungswert von Elementen aus einer Menge muss immer kleiner sein als das größte Element der Menge. Wenn daher N mehr als ein Element enthält, kann die obige Gleichung nicht erfüllt werden. Der Marktpreis P bei Nichtausweis beinhaltet im Gleichgewicht daher die Annahme, dass die aus Sicht des Unternehmens ungünstigste Situation gegeben ist, d.h. $y = 0$ und $N = \{0\}$. Das einzige Gleichgewicht in einer Situation, in der das Unternehmen wertrelevante Informationen besitzt und die Marktteilnehmer dies wissen, setzt sich zusammen aus der Ausweisstrategie, jede Information auszuweisen und bei Nichtausweis die aus Sicht des Unternehmens ungünstigste Situation anzunehmen. Bei Nichtausweis gilt vereinfachend das Motto: „Keine ist auch eine Antwort."[140]

---

[140] Wagenhofer/Ewert (2003), S. 291.

Literaturverzeichnis

Achleitner, Ann-Kristin/Fingerle, Christian H. (2003): Venture Capital und Private Equity als Lösungsansatz für Eigenkapitaldefizite in der Wirtschaft, Center for Entrepreneurial and Financial Studies – Working Paper Series Nr. 03-03, Technische Universität München, KfW-Stiftungslehrstuhl für Entrepreneurial Finance, München

Adams, Michael (1994): Die Usurpation von Aktionärsbefugnissen mittels Ringverflechtungen in der „Deutschland AG". Vorschläge für Reformen im Wettbewerbs-, Steuer- und Unternehmensrecht, in: Die Aktiengesellschaft, 39. Jahrgang, Heft 4, S. 148-158

Adams, Michael (2002): Aktienoptionspläne und Vorstandsvergütungen, in: Zeitschrift für Wirtschaftsrecht, 23. Jahrgang, Heft 30, S. 1325-1344

Ahrweiler, Sonja/Börner, Christoph J. (2003): Neue Finanzierungswege für den Mittelstand: Ausgangssituation, Notwendigkeit und Instrumente, in: Kienbaum, Jochen/Börner, Christoph J. (Hrsg.): Neue Finanzierungswege für den Mittelstand – Von der Notwendigkeit zu den Gestaltungsformen, Wiesbaden, Gabler, S. 3-73

Akerlof, George A. (1970): The Market for „Lemons": Quality Uncertainty and the Market Mechanism, in: Quaterly Journal of Economics, 84. Jahrgang, Heft 3, S. 488-500

Albach, Horst (2000): Shareholder Value und Unternehmenswert. Theoretische Anmerkungen zu einem aktuellen Thema, Forum WHU, Beiträge aus der Otto-Beisheim-Hochschule Nr. 5, Vallendar

Albers, Sönke/Krafft, Manfred (1996): Zur relativen Aussagekraft und Eignung von Ansätzen der Neuen Institutionenlehre für die Absatzformwahl sowie die Entlohnung von Verkaufsaußendienstmitarbeitern, in: Zeitschrift für Betriebswirtschaft, 66. Jahrgang, Heft 11, S. 1383-1407

Alchian, Armen A. (1961): Some Economics of Property, Santa Monica, Rand Corporation

Alchian, Armen A. (1965): Some Economics of Property Rights, in: Il Politico, 30. Jahrgang, Heft 4, S. 816-829

Alchian, Armen A. (1984): Specificity, Specialization, and Coalitions, in: Zeitschrift für die gesamte Staatswissenschaft, 140. Jahrgang, Heft 1, S. 34-49

Alchian, Armen A./Demsetz, Harold (1972): Production, Information Costs, and Economic Organization, in: American Economic Review, 62. Jahrgang, Heft 5, S. 777-795

Alchian, Armen A./Woodward, Susan (1988): The Firm is dead – long live the Firm: A Review of Oliver E. Williamson's The Economic Institutions of Capitalism, in: Journal of Economic Literature, 26. Jahrgang, Heft 1, S. 65-79

Arnold, Christian (2007): Vorstandsverträge auf dem Prüfstand – Folgen des Mannesmann-Urteils, in: Freidank, Carl-Christian/Altes, Peter (Hrsg.): Rechnungslegung und Corporate Governance, Berlin, Schmidt, S. 247-263

Arrow, Kenneth Joseph (1969): The Organization of Economic Activity: Issues Pertinent to the Choice of Market versus Non-Market Allocation, in: The Analysis and Evaluation of Public Expenditures: The PBB-System, Joint Economic Committee, 91. Congress, Band 1, Washington, S. 47-63

Arrow, Kenneth Joseph (1985): The Economics of Agency, in: Pratt, John W./Zeckhauser, Richard J. (Hrsg.): Principals and Agents: The Structure of Business, Boston, Harvard Business School Press, S. 37-51

Assmann, Heinz-Dieter (2003): Corporate Governance im Schnittfeld von Gesellschaftsrecht und Kapitalmarktrecht, in: Ekkenga, Jens/Hadding, Walther/Hammen, Horst (Hrsg.): Bankrecht und Kapitalmarktrecht in der Entwicklung. Festschrift für Siegfried Kümpel zum 70. Geburtstag, Berlin, Schmidt, S. 1-17

Baetge, Jörg/Kirsch, Hans-Jürgen/Thiele, Stefan (2004): Bilanzanalyse, 2. Aufl., Düsseldorf, IDW-Verlag

Baetge, Jörg/Kirsch, Hans-Jürgen/Thiele, Stefan (2007): Bilanzen, 9. Aufl., Düsseldorf, IDW-Verlag

Ballerstedt, Kurt (1971): GmbH-Reform, Mitbestimmung, Unternehmensrecht, in: Zeitschrift für das gesamte Handelsrecht und Wirtschaftsrecht, Band 135, S. 479-510

Ballerstedt, Kurt (1977): Was ist Unternehmensrecht?, in: Pawlowski, Hans-Martin/Wiese, Günther/Wüst Günther (Hrsg.): Festschrift für Konrad Duden, München, Beck, S. 15-36

Ballwieser, Wolfgang (1994): Adolf Moxter und der Shareholder Value-Ansatz, in: Ballwieser, Wolfgang/Böcking, Hans-Joachim/Drukarczyk, Jochen/Schmidt, Reinhard H. (Hrsg.): Bilanzrecht und Kapitalmarkt, Düsseldorf, IDW-Verlag, S. 1377-1405

Ballwieser, Wolfgang (2004): Wertorientierte Unternehmensführung, in: Schreyögg, Georg/Werder, Axel v. (Hrsg.): Handwörterbuch Unternehmensführung und Organisation, 4. Aufl., Stuttgart, Schäffer-Poeschel, Sp. 1615-1624

Ballwieser, Wolfgang/Schmidt, Reinhard H. (1981): Unternehmensverfassung, Unternehmensziele und Finanztheorie, in: Bohr, Kurt/Drukarczyk, Jochen/Drumm, Hans-Jürgen/Scherrer, Gerhard (Hrsg.): Unternehmensverfassung als Problem der Betriebswirtschaftslehre, Berlin, Schmidt, S. 645-682

Bartölke, Klaus/Grieger, Jürgen/Kiunke, Sabine/Koall, Iris (1999): Zur Berücksichtigung unterschiedlicher Interessen im und am Unternehmen, in: Kumar, Brij Nino/Osterloh, Margit/Schreyögg, Georg (Hrsg.): Unternehmensethik und die Transformation des Wettbewerbs. Shareholder Value – Globalisierung – Hyperwettbewerb, Stuttgart, Schaeffer-Poeschel, S. 3-26

Bauer, Jobst-Hubertus/Arnold, Christian (2006): Mannesmann und die Folgen für Vorstandsverträge, in: Der Betrieb, 59. Jahrgang, Heft 10, S. 546-549

Baums, Theodor (1995): Der Aufsichtsrat – Aufgaben und Reformfragen, in: Zeitschrift für Wirtschaftsrecht, 16. Jahrgang, Heft 1, S. 11-18

Baums, Theodor (Hrsg.) (2001): Bericht der Regierungskommission: Unternehmensführung, Unternehmenskontrolle, Modernisierung des Aktienrechts, Köln, Schmidt

Baums, Theodor (2006): Anerkennungsprämien für Vorstandsmitglieder, in: Baums, Theodor/Wertenbruch, Johannes/Lutter, Marcus/Schmidt, Karsten (Hrsg.): Festschrift für Ulrich Huber, Tübingen, Mohr Siebeck, S. 657-675

Baums, Theodor/Fraune, Christian (1995): Institutionelle Anleger und Publikumsgesellschaft: Eine empirische Untersuchung, in: Die Aktiengesellschaft, 40. Jahrgang, Heft 3, S. 97-112

Bayhurst, Andrée/Fey, Andreas/Schreyögg, Georg (1994): Wer kontrolliert die Geschäftspolitik deutscher Großunternehmen?, in: Diskussionsbeiträge des Fachbereichs Wirtschaftswissenschaften der Fernuniversität Hagen, Diskussionsbeitrag Nr. 213, Fernuniversität Hagen

Bebchuk, Lucian Arye/Roe, Mark J. (1999): A Theory of Path Dependence in Corporate Ownership and Governance, in: Stanford Law Review, 52. Jahrgang, Heft 1, S. 127-170

Bechtel, Roman (2006): Humankapitalberechnung zwischen Markt- und Ressourcenorientierung. Eine axiomatische Integration, München/Mering, Hampp

Becker, Gary S. (1976): The Economic Approach to Human Behaviour, Chicago/London, University of Chicago Press

Becker, Manfred/Labucay, Inéz/Rieger, Caroline (2007); Erfassung und Bewertung von Humankapital – Kritische Anmerkungen zur Saarbrücker Formel, in: Betriebswirtschaftliche Forschung und Praxis, 59. Jahrgang, Heft 1, S. 38-58

Bellavite-Hövermann, Yvette/Lindner, Grit/Lüthje, Bernd (2005): Leitfaden für den Aufsichtsrat. Betriebswirtschaftliche und rechtliche Grundlagen für die Aufsichtsratsarbeit, Stuttgart, Schäffer-Poeschel

Bender, Christian/Röhling, Thomas (2001): Ansätze zur Bewertung und Risikomessung von Humankapital, in: Kossbiel, Hugo (Hrsg.): Modellgestützte Personalentscheidungen, Band 5, München, Hampp, S. 27-39

Benedikt XVI. (2009): Die Liebe in der Wahrheit. Die Sozialenzyklika „Caritas in veritate", Freiburg/Basel/Wien, Herder

Berglöf, Erik (1990): Capital Structure as a Mechanism of Control: A Comparison of Financial Systems, in: Aoki, Masahiko/Gustafsson, Bo/Williamson, Oliver E. (Hrsg.): The Firm as a Nexus of Treaties, London/Newbury Park/New Dehli, Sage, S. 237-262

Berle, Adolf Augustus (1954): The 20th Century Capitalist Revolution, New York, Harcourt/Brace

Berle, Adolf August/Means, Gardiner (1932): The Modern Corporation and Private Property, New York, Macmillan

Bernhardt, Wolfgang/Witt, Peter (1999): Unternehmensleitung im Spannungsfeld zwischen Ressortverteilung und Gesamtverantwortung, in: Zeitschrift für Betriebswirtschaft, 67. Jahrgang, Heft 1, S. 825-845

Bernoulli, Daniel (1738): Exposition of a new Theory of the Measurement of Risk [Nachdruck in: Econometrica, 1954, 22. Jahrgang, S. 23-36]

Bhagat, S./Black, B. (2002): The Non-Correlation between Board Independence and Long-Term Firm Performance, in: Journal of Corporation Law, 27. Jahrgang, Heft 2, S. 231-274

Binder, Ulrike (2007) in: Binder, Ulrike/Jünemann, Michael/Merz, Friedrich/Sinewe, Patrick (Hrsg.): Die Europäische Aktiengesellschaft (SE), Wiesbaden, Gabler

Blair, Margaret M. (1995): Ownership and Control – Rethinking Corporate Governance for the Twenty-first Century, Washington, Brookings Institution

Bleicher, Knut (1994): Normatives Management. Politik, Verfassung und Philosophie des Unternehmens, St. Galler Management-Konzept, Band 5, Frankfurt am Main/New York, Campus

Böcking, Hans-Joachim (2003): Corporate Governance und Transparenz: Zur Notwendigkeit der Transparenz für eine wirksame Unternehmensüberwachung, in: Werder, Axel v./Wiedemann, Harald (Hrsg.): Internationalisierung der Rechnungslegung und Corporate Governance, Festschrift Pohle, Stuttgart, Schäffer-Poeschel, S. 247-277

Böckli, Peter (2003): Konvergenz: Annäherung des monistischen und des dualistischen Führungs- und Aufsichtssystems, in: Hommelhoff, Peter/Hopt, Klaus J./Werder, Axel v. (Hrsg.): Handbuch Corporate Governance. Leitung und Überwachung börsennotierter Unternehmen in der Rechts- und Wirtschaftspraxis, Köln, Schmidt/Stuttgart, Schäffer-Poeschel, S. 201-222

Bolsenkötter, Heinz (1967): Zum aktienrechtlichen Begriff des Unternehmens, in: Der Betrieb, 20. Jahrgang, Heft 26, S. 1098-1101

Brammer, Ralf P. (2001): Corporate Governance als Element wertorientierter Unternehmensführung, in: Kirchhoff, Klaus Rainer/Piwinger, Manfred (Hrsg.): Die Praxis der Investor-Relations. Effiziente Kommunikation zwischen Unternehmen und Kapitalmarkt, Neuwied/Kriftel, Luchterhand, S. 96-105

Bredemeier, Sonning/Tholen, Michael (2003): Unternehmensfinanzierung: Die volkswirtschaftliche Perspektive, in: Wiedmann, Klaus-Peter/Heckemüller, Carsten (Hrsg.): Ganzheitliches Corporate Finance Management, Wiesbaden, Gabler, S. 177-192

Brickley, James A./Bhagat, Sanjai/Lease, Ronald C. (1985): The Impact of long-range managerial compensation plans on shareholder wealth, in: Journal of Accounting and Economics, 7. Jahrgang, Heft 1-3, S. 115-129

Brinkmann, Tomas (1983): Unternehmensinteresse und Unternehmensrechtsstruktur. Aufgaben und Grenzen eines normativen Regulativs unternehmenspolitischer Prozesse, Frankfurt am Main/Bern, Lang

Brinkmann, Tomas/Kübler, Friedrich (1981): Überlegungen zur ökonomischen Analyse von Unternehmensrecht, in: Zeitschrift für die gesamte Staatswissenschaft, 137. Jahrgang, Heft 4, S. 681-688

Brünneck, Alexander v. (1984): Die Eigentumsgarantie des Grundgesetzes, Baden-Baden, Nomos

Brunner, Karl/Meckling, William H. (1977): The Perception of Man and the Conception of Government, in: Journal of Money, Credit and Banking, 3. Jahrgang, Heft 1, S. 70-85

Buchanan, James (1975): Microeconomic Theory: Conflict and Contract – A Contractarian Paradigm for Applying Economic Theory, in: American Economic Review, 65. Jahrgang, Heft 2, S. 225-230

Buchheim, Regine (2001): Europäische Aktiengesellschaften und grenzüberschreitende Konzernverschmelzung, Wiesbaden, Gabler/Deutscher Universitäts-Verlag

Bünau, Heinrich v./Jünemann, Michael (2007) in: Binder, Ulrike/Jünemann, Michael/Merz, Friedrich/Sinewe, Patrick (Hrsg.): Die Europäische Aktiengesellschaft (SE), Wiesbaden, Gabler

Bürgers, Tobias/Israel, Alexander (2008) in: Bürgers, Tobias/Körber, Torsten (Hrsg.): Heidelberger Kommentar zum Aktiengesetz, Heidelberg, Müller

Bundesministerium der Justiz (Hrsg.) (1980): Bericht über die Verhandlungen der Unternehmensrechtskommission, Köln, Schmidt

Bundesverband deutscher Banken (2003): Mittelstandsfinanzierung vor neuen Herausforderungen, Berlin

Bundesverband deutscher Banken (2005): Ertragskennzahlen – Überblick über das Bankgewerbe in der Europäischen Union, Berlin

Busse von Colbe, Walther (1997): Was ist und was bedeutet Shareholder Value aus betriebswirtschaftlicher Sicht?, in: Zeitschrift für Unternehmens- und Gesellschaftsrecht, 26. Jahrgang, Heft 2, S. 271-290

Cable, John (1985): Capital Market Information and Industrial Performance: The Role of West German Banks, in: Economic Journal, 95. Jahrgang, Heft 377, S. 118-132

Cadbury, Adrian (2002): Corporate Governance and Chairmanship. A Personal View, Oxford, Oxford University Press

Chauvin, Keith W./Shenoy, Catherine (2001): Stock Price Decreases Prior to Executive Stock Option Grants, in: Journal of Corporate Finance, 7. Jahrgang, Heft 1, S. 53-76

Chmielewicz, Klaus (1993): Unternehmensverfassung, in: Wittmann, Waldemar/Kern, Werner/Köhler, Richard/Küpper, Hans-Ulrich/Wysocki, Klaus von (Hrsg.): Handwörterbuch der Betriebswirtschaft, Band 3, 5. Aufl., Stuttgart, Schäffer-Poeschel, Sp. 4399-4417

Clemens, Wolfgang (1984): Unternehmensinteresse. Betriebswirtschaftliche Begründung einer juristischen Norm, in: Europäische Hochschulschriften: Reihe V, Volks- und Betriebswirtschaft, Band 498, Frankfurt am Main/Bern/New York, Lang

Clemm, Hermann (1996): Reform des Aufsichtsrats? Bemerkungen und Wünsche aus Wirtschaftsprüfer-Sicht, in: Betriebswirtschaftliche Forschung und Praxis, 48. Jahrgang, Heft 3, S. 269-284

Coase, Ronald H. (1937): The Nature of the Firm, in: Economica, 4. Jahrgang, Nr. 16, S. 386-405

Coase, Ronald H. (1960): The Problem of Social Cost, in: Journal of Law and Economics, 3. Jahrgang, S. 1-44

Coenenberg, Adolf Gerhard (2003a): Jahresabschluss und Jahresabschlussanalyse, 19. Aufl., Stuttgart, Schäffer-Poeschel

Coenenberg, Adolf Gerhard (2003b): Kostenrechnung und Kostenanalyse, 5. Aufl., Stuttgart, Schäffer-Poeschel

Coenenberg, Adolf Gerhard/Haller, Axel/Mattner, Gerhard/Schultze, Wolfgang (2007): Einführung in das Rechnungswesen. Grundzüge der Buchführung und Bilanzierung, 2. Aufl., Stuttgart, Schäffer-Poeschel

Colombo, Giovanni E. (1995): Italien, in: Lutter, Marcus (Hrsg.): Die Gründung einer Tochtergesellschaft im Ausland, 3. Aufl., Zeitschrift für Unternehmens- und Gesellschaftsrecht, Sonderheft 3, S. 314-337

Copeland, Tom/Koller, Tim/Murrin, Jack (2002): Unternehmenswert, Methoden und Strategien für eine wertorientierte Unternehmensführung, 3. Aufl., Frankfurt am Main, Campus

Cromme, Gerhard (2004): Stand und Entwicklungen von Corporate Governance in Deutschland, in: Cromme, Gerhard (Hrsg.): Corporate Governance Report 2004, Stuttgart, Schäffer-Poeschel, S. 25-38

Cyert, Richard M./March, James G. (1963): A Behavioral Theory of the Firm, Englewood Cliffs, Prentice-Hall

De Alessi, Louis (1990): Form, Substance and welfare Comparisons in the Analysis of Institutions, in: Journal of Institutional and Theoretical Economics, 146. Jahrgang, Heft 1, S. 5-23

De Jong, Henk Wouter (1997): The Governance Structure and Performance of Large European Corporations, in: The Journal of Management and Governance, 1. Jahrgang, Heft 1, S. 5-27

Deckert, Martina R. (1999): Der Aufsichtsrat in der Diskussion, in: Juristische Schulung, 39. Jahrgang, Heft 8, S. 736-740

DeFusco, Richard A./Johnson, Robert R./Zorn, Thomas S. (1990): The Effect of Executive Stock Option Plans on Stockholders and Bondholders, in: Journal of Finance, 45. Jahrgang, Heft 2, S. 617-627

DeFusco, Richard A./Zorn, Thomas S./Johnson, Robert R. (1991): The Association between Executive Stock Option Plan Changes and managerial Decision-Making, in: Financial Management, 20. Jahrgang, Heft 1, S. 36-43

Demsetz, Harold (1964): The Exchange and Enforcement of Property Rights, in: Journal of Law and Economics, 7. Jahrgang, S. 11-26

Demsetz, Harold (1967): Toward a Theory of Property Rights, in: American Economic Review, 57. Jahrgang, Heft 2, 347-359

Demsetz, Harold (1968): The Technostructure, Forty-Six Years later, in: Yale Law Journal, 77. Jahrgang, Heft 4, S. 802-817

Depenheuer, Otto (1999) in: Mangoldt, Hermann v./Klein, Friedrich/Starck, Christian (Hrsg.): Das Bonner Grundgesetz Kommentar, Band 1, 4. Aufl., München, Vahlen

Deutsche Börse (2008): Historical Index Compositions of the Equity- and Strategy Indices of Deutsche Börse, Version 3.3, September 2008, Frankfurt am Main

Deutsche Bundesbank (2007): Die Ertragslage der deutschen Kreditinstitute im Jahr 2006, Monatsbericht September 2007, Frankfurt am Main, S. 15-40

Deutsche Bundesbank (2008a): Bankenstatistik. Mai 2008, Frankfurt am Main

Deutsche Bundesbank (2008b): Kapitalmarktstatistik, Statistisches Beiheft zum Monatsbericht 2, Mai 2008, Frankfurt am Main

Di Fabio, Udo (2005): Die Kultur der Freiheit, München, Beck

Dittmann, Ingolf (2003): Measuring Private Benefits of Control from the Returns of Voting and Non-Voting Shares, Working Paper, Erasmus University Rotterdam

DIW (2004): Untersuchung der Grundlagen und Entwicklungsperspektiven des Bankensektors in Deutschland (Dreisäulensystem), Gutachten im Auftrag des Bundesministeriums der Finanzen, Berlin

Dreher, Meinrad (1991): Unternehmen und Politik. Die gesellschaftspolitische Kompetenz der Aktiengesellschaft, in: Zeitschrift für das gesamte Handelsrecht und Wirtschaftsrecht, Band 155, S. 349-377

Drinhaus, Florian/Teichmann, Christoph (2007) in: Drinhaus, Florian/Hulle, Karel van/Maul, Silja (Hrsg.): Handbuch zur Europäischen Aktiengesellschaft (SE), München, Beck

Drucker, Peter (1991): Reckoning with Pension Fund Revolution, in: Harvard Business Review, 69. Jahrgang, Heft 2, S. 106-114

Drukarczyk, Jochen (2003): Finanzierung, 9. Aufl., Stuttgart, Vahlen

Drukarczyk, Jochen/Honold, Dirk/Schüler, Andreas (1996): Shareholders and Intensity of Control, Regensburger Diskussionsbeiträge zur Wirtschaftswissenschaft, Nr. 284, Universität Regensburg, Wirtschaftswissenschaftliche Fakultät

Drygala, Tim (2008) in: Schmidt, Karsten/Lutter, Marcus (Hrsg.): Aktiengesetz. Kommentar, Band 1, Köln, Schmidt

Düring, Günter (1977) in: Maunz, Theodor/Düring, Günter: Grundgesetz. Kommentar, Band 3, Art. 17-27, München, Beck

Dufey, Gunter/Hommel, Ulrich/Riemer-Hommel, Petra (1998): Corporate Goverance: European vs. U.S. Perspectives in a Global Capital Markets, in: Scholz, Christian/Zentes, Joachim (Hrsg): Strategisches Euro-Management, Band 2, Stuttgart, Schäffer-Poeschel, S. 45-65

Dutzi, Andreas (2005): Der Aufsichtsrat als Instrument der Corporate Governance, Wiesbaden, Deutscher Universitäts-Verlag/Gabler

Dyck, Alexander/Zingales, Luigi (2004): Private Benefits of Control: An International Comparison, in: The Journal of Finance, 59. Jahrgang, Heft 4, S. 537-600

Ebenroth, Carsten Thomas/Koos, Stefan (1995): Die Verfassungsmäßigkeit des Auskunftsverweigerungsrechts gem. § 131 Abs. 3 AktG bei Aktionärsfragen bezüglich stiller Reserven, in: Betriebs-Berater, Beilage Nr. 8 zu Betriebs-Berater 1995, Heft 30, S. 1-14

Ebers, Mark/Gotsch, Wilfried (2002): Institutionenökonomische Theorien der Unternehmung, in: Kieser, Alfred (Hrsg.): Organisationstheorien, 5. Aufl., Stuttgart, Kohlhammer, S. 199-251

Eisenhardt, Kathleen M. (1989): Agency Theory: An Assessment and Review, in: Academy of Management Review, 14. Jahrgang, Heft 1, S. 57-74

Eisenhardt, Ulrich (2005): Gesellschaftsrecht, 12. Aufl., München, Beck

Emmerich, Volker/Sonnenschein, Jürgen (1997): Konzernrecht, 6. Aufl., München, Beck

Engel, Dirk/Kohlberger, Kai/Paffenholz, Guido/Plattner, Dankwart (2006): Mittelstandsfinanzierung im Lichte des Finanzmarktwandels: Probleme, Herausforderungen und Möglichkeiten, in: KfW Bankengruppe/Institut für Mittelstandsforschung/Rheinisch-Westfälisches Institut für Wirtschaftsforschung/Zentrum für Europäische Wirtschaftsforschung (Hrsg.): Konjunkturaufschwung bei anhaltendem Problemdruck – Mittelstandsmonitor 2006, Frankfurt am Main, S. 139-195

Europäische Kommission (1983): Seventh Council Directive of 83/349 EEC of 13 June 1983 based on the Article 54 (3) (g) of the Treaty on consolidated Accounts, in: Amtsblatt der Europäischen Union, Nr. L 193, 26. Jahrgang, S. 1-17

Europäische Kommission (2003): Commission Regulation (EC) No 1725/2003 of 29 September 2003 adopting certain international accounting standards in accordance with Regulation (EC) No 1606/2002 of the European Parliament and of the Council, in: Amtsblatt der Europäischen Union, Nr. L 261, 46. Jahrgang, S. 1-420

Europäische Kommission (2005): Commission Recommendation of 25 February 2005 on the Role of non-executive or supervisory Directors of listed Companies and on the Committees of the (supervisory) Board, in: Amtsblatt der Europäischen Union, Nr. L 052, 48. Jahrgang, S. 51-63

Europäische Zentralbank (2007): EU Banking Sector Stability, November 2007, Frankfurt am Main

Evers, Heinz (1995): Entgeltpolitik für Führungskräfte, in: Kieser, Alfred/Reber, Gerhard/Wunderer, Rolf (Hrsg.): Handwörterbuch der Führung, Enzyklopädie der Betriebswirtschaftslehre, Band 10, 2. Aufl., Stuttgart, Schäffer-Poeschel, Sp. 297-306

Fama, Eugene F. (1970): Efficient Capital Markets: A Review of Theory and Empirical Work, in: Journal of Finance, 25. Jahrgang, Heft 2, S. 383-417

Fama, Eugene F. (1980): Agency Problems and the Theory of the Firm, in: Journal of Political Economy, 88. Jahrgang, Heft 2, S. 288-307

Fama, Eugene F./French, Kenneth R. (1992): The Cross-Section of Expected Stock Returns, in: The Journal of Finance, 47. Jahrgang, Heft 2, S. 427-465

Fama, Eugene F./Jensen Michael C. (1983): Separation of Ownership and Control, in: Journal of Law and Economics, 26. Jahrgang, Heft 2, S. 301-325

Fastrich, Lorenz (2005): Golden Parachutes und sonstige Landehilfen, in: Lorenz, Stephan/Trunk, Alexander/Eidenmüller, Horst/Wendehorst, Christiane/Adolff, Johannes (Hrsg.): Festschrift für Andreas Heldrich, München, Beck, S. 148-164

Fechner, Erich (1942a): Die Treubindung des Aktionärs. Zugleich eine Untersuchung über das Verhältnis von Sittlichkeit, Recht und Treue, Weimar, Böhlau

Fechner, Erich (1942b): Das wirtschaftliche Unternehmen in der Rechtswissenschaft, Antrittsvorlesung der Rheinischen Friedrich-Wilhelm-Universität Bonn, Heft 7, Bonn, Scheur

Feddersen, Dieter/Hommelhoff, Peter/Schneider, Uwe H. (1996): Corporate Governance – Eine Einführung, in: Feddersen, Dieter/Hommelhoff, Peter/Schneider, Uwe H. (Hrsg.): Corporate Governance. Optimierung der Unternehmensführung und Unternehmenskontrolle im deutschen und amerikanischen Aktienrecht, Köln, Schmidt, S. 1-8

Federmann, Rudolf/International Accounting Standards Committee Foundation (IASCF): IAS/IFRS-stud., 3. Aufl., Berlin, Schmidt

Fich, Eliezer M./Shivdasani, Anil (2004): Are busy Boards effective Monitors?, in: Journal of Finance, 61. Jahrgang, Heft 2, S. 689-724

Financial Accounting Standards Board (2006): Statement of Financial Accounting Concepts, Norwalk, Financial Accounting Standards Board

Fischer, Michael (1996): Der Entscheidungsspielraum des Aufsichtsrates bei der Geltendmachung von Regressansprüchen gegen Vorstandsmitglieder, in: Betriebs-Berater, 51. Jahrgang, Heft 5, S. 225-230

Fitting, Karl/Engels, Gerd/Schmidt, Ingrid/Trebinger, Yvonne/Linsenmaier, Wolfgang (2008): Betriebsverfassungsgesetz, 24. Aufl., München, Vahlen

Fleischer, Holger (2001): Grundfragen der ökonomischen Theorie im Gesellschafts- und Kapitalmarktrecht, in: Zeitschrift für Unternehmens- und Gesellschaftsrecht, 30. Jahrgang, Heft 1, S. 1-32

Fleischer, Holger (2003): Shareholders vs. Stakeholders: Aktien- und übernahmerechtliche Fragen, in: Hommelhoff, Peter/Hopt, Klaus J./Werder, Axel v. (Hrsg.): Handbuch Corporate Governance. Leitung und Überwachung börsennotierter Unternehmen in der Rechts- und Wirtschaftspraxis, Köln, Schmidt/Stuttgart, Schäffer-Poeschel, S. 129-155

Fleischer, Holger (2006): Das Mannesmann-Urteil des Bundesgerichtshofs: Eine aktienrechtliche Nachlese, in: Der Betrieb, 59. Jahrgang, Heft 10, S. 542-545

Fleischer, Holger (2007) in: Spindler, Gerald/Stilz, Eberhard (Hrsg.): Kommentar zum Aktiengesetz, Band 1, §§ 1-178, München, Beck

Flume, Werner (1978): Die Mitbestimmung – Ideologie und Recht, in: Zeitschrift für Unternehmens- und Gesellschaftsrecht, 7. Jahrgang, Heft 5, S. 678-697

Flume, Werner (1980): Um ein neues Unternehmensrecht, Schriftenreihe der juristischen Gesellschaft, Heft 64, Berlin/New York, de Gruyter

Flume, Werner (1983): Allgemeiner Teil des Bürgerlichen Rechts. Die juristische Person, Band 1, Teil 2, Enzyklopädie der Rechts- und Staatswissenschaft, Berlin u.a., Springer

Fock, Till (2007) in: Spindler, Gerald/Stilz, Eberhard (Hrsg.): Kommentar zum Aktiengesetz, Band 1, §§ 1-178, München, Beck

Forstmoser, Peter (2005): Gewinnmaximierung oder soziale Verantwortung?, in: Kiesow, Rainer Maria/Ogorek, Regina/Simitis, Spiros (Hrsg.): Summa. Dieter Simon zum 70. Geburtstag, Frankfurt, Klostermann, S. 207-235

Franke, Günter/Hax, Herbert (2004): Finanzwirtschaft des Unternehmens und Kapitalmarkt, 5. Aufl., Berlin/Heidelberg/New York, Springer

Franks, Julian/Mayer, Colin (1995): Ownership and Control, in: Siebert, Horst (Hrsg.): Trends in Business Organization: Do Participation and Cooperation Increase Competitiveness, Tübingen, Mohr/Siebeck, S. 171-195

Franks, Julian/Mayer, Colin (1997): Corporate Ownership and Control in the U.K,, Germany, and France, in: Chew, Donald H. (Hrsg.): Studies in International Corporate Finance and Governance Systems. A Comparison of the U.K., U.S., Japan, and Europe, New York/Oxford, Oxford University Press, S. 281-296

Franks, Julian/Mayer, Colin (2001): Who disciplines Management in poorly performing Companies?, in: Journal of Financial Intermediation, 10. Jahrgang, Heft 3-4, S. 209-248

Freeman, Robert Edward (1983): Strategic Management – A Stakeholder Approach, in: Advances in Strategic Management, 1. Jahrgang, Heft 1, S. 31-60

Freeman, Robert Edward (1984): Strategic Management – A Stakeholder Approach, Boston, Pitman

Frese, Erich (1992): Organisationstheorie, 2. Aufl., Wiesbaden, Gabler

Frey, Kaspar (2001) in: Hopt, Klaus J./Wiedemann, Herbert (Hrsg.): Großkommentar Aktiengesetz, Band 6, 4. Aufl., Berlin, de Gruyter

Fudenberg, Drew/Tirole, Jean (1991): Game Theory, Cambridge, MIT Press

Furubotn, Eirik G. (1989): A General Model of Codetermination, in: Nutzinger, Hans G./Backhaus, Jürgen (Hrsg.): Codetermination. A Discussion of different Approaches, Berlin/Heidelberg/New York, Springer, S. 41-71

Furubotn, Eirik G. (1999): Economic Efficiency in a World of Frictions, in: European Journal of Law and Economics, 8. Jahrgang, Heft 3, S. 179-197

Furubotn, Eirik G./Pejovich, Svetozar (1972): Property Rights and Economic Theory: A Survey of Recent Literature, in: Journal of Economic Literature, 10. Jahrgang, Heft 4, S. 1137-1162

Galbraith, John Kenneth (1956): American Capitalism. The Concept of Countervailing Power, Boston/Cambridge, Houghton Mifflin/Riverside Press

Gebhard, Reinhard (2007): Kapitalgesellschaften in Italien, in: Ars Legis (Hrsg.): Das Recht der Kapitalgesellschaften in Europa, Heidelberg u.a., Economica, S. 153-170

Gedenk, Karen (1998): Agency-Theorie und die Steuerung von Geschäftsführern, in: Die Betriebswirtschaft, 58. Jahrgang, Heft 1, S. 22-37

Geldmacher, Detlef (2000): Marktorientierte Managerkontrolle. Stimmrechte als Kontrollinstrument, Wiesbaden, Gabler

Gerke, Wolfgang/Mager, Ferdinand (2003): Die Rolle von Banken und Finanzintermediären bei der Corporate Governance, in: Hommelhoff, Peter/Hopt, Klaus J./Werder, Axel v. (Hrsg.): Handbuch Corporate Governance. Leitung und Überwachung börsennotierter Unternehmen in der Rechts- und Wirtschaftspraxis, Köln, Schmidt/Stuttgart, Schäffer-Poeschel, S. 549-567

Gerum, Elmar (1988): Unternehmensverfassung und Theorie der Verfügungsrechte, in: Budäus, Dietrich/Gerum, Elmar/Zimmermann, Gebhard (Hrsg.): Betriebswirtschaftslehre und Theorie der Verfügungsrechte, Wiesbaden, Gabler, S. 22-43

Gerum, Elmar (1992a): Property Rights, in: Frese, Erich (Hrsg.): Handwörterbuch der Organisation, Enzyklopädie der Betriebswirtschaftslehre, Band 2, 3. Aufl., Stuttgart, Poeschel, Sp. 2116-2128

Gerum, Elmar (1992b): Unternehmensverfassung, in: Frese, Erich (Hrsg.): Handwörterbuch der Organisation, Enzyklopädie der Betriebswirtschaftslehre, Band 2, 3. Aufl., Stuttgart, Poeschel, Sp. 2480-2502

Gerum, Elmar (1995): Unternehmensverfassung, in: Corsten, Hans/Reiß, Michael (Hrsg.): Handbuch Unternehmensführung, Wiesbaden, Gabler, S. 123-132

Gerum, Elmar (1998): Organisation der Unternehmensführung im internationalen Vergleich – insbesondere Deutschland, USA und Japan, in: Glaser, Horst/Schröder, Ernst F./Werder, Axel v. (Hrsg.): Organisation im Wandel der Märkte, Festschrift Erich Frese, Wiesbaden, Gabler, S. 135-153

Gerum, Elmar (2004a): Kann Corporate Governance Gerechtigkeit schaffen?, in: Schreyögg, Georg/Conrad, Peter (Hrsg.): Gerechtigkeit und Management, Wiesbaden, Gabler, S. 1-45

Gerum, Elmar (2004b): Unternehmensordnung, in: Bea, Franz Xaver/Friedl, Birgit/Schweitzer, Marcell (Hrsg.): Allgemeine Betriebswirtschaftslehre, Band 1: Grundfragen, 9. Aufl., Stuttgart, Lucius & Lucius, S. 224-309

Gerum, Elmar (2007): Das deutsche Corporate Governance-System. Eine empirische Untersuchung, Stuttgart, Schäffer-Poeschel

Gerum, Elmar/Steinmann, Horst (1984): Unternehmensordnung und tarifvertragliche Mitbestimmung, Berlin, Duncker & Humblot

Gerum, Elmar/Steinmann, Horst/Fees, Werner (1988): Der mitbestimmte Aufsichtsrat, Stuttgart, Poeschel

Geßler, Ernst (1974) in: Geßler, Ernst/Hefermehl, Wolfgang/Eckardt, Ulrich/Kropff, Bruno (Hrsg.): Aktiengesetz, §§ 95-117, München, Vahlen

Gierke, Otto v. (1895): Deutsches Privatrecht, Band 1, München, Duncker & Humblot [Nachdruck von 1936]

Gierke, Otto v. (1902): Das Wesen der menschlichen Verbände, Rede bei Antritt des Rektorats, Köngliche Friedrich-Wilhelms-Universität, Berlin, Schade

Gleißner, Werner (2004): Future Value, Wiesbaden, Gabler

Göbel, Elisabeth (2002): Neue Institutionenökonomik, Stuttgart, Lucius & Lucius

Göbel, Elisabeth (2006): Unternehmensethik, Stuttgart, Lucius & Lucius

Goette, Wulf (2000): Leitung, Aufsicht, Haftung – zur Rolle der Rechtsprechung bei der Sicherung einer modernen Unternehmensführung, in: Geiß, Karlmann/Nehm, Kay/Brandner, Hans Erich/Hagen, Horst (Hrsg.): Festschrift aus Anlass des fünfzigjährigen Bestehens von Bundesgerichtshof, Bundesanwaltschaft und Rechtsanwaltschaft beim Bundesgerichtshof, Köln u.a., Heymann, S. 123-142

Goette, Wulf (2003): Haftung, in: Hommelhoff, Peter/Hopt, Klaus J./Werder, Axel v. (Hrsg.): Handbuch Corporate Governance. Leitung und Überwachung börsennotierter Unternehmen in der Rechts- und Wirtschaftspraxis, Köln, Schmidt/Stuttgart, Schäffer-Poeschel, S. 749-774

Göz, Philipp (2008) in: Bürgers, Tobias/Körber, Torsten (Hrsg.): Heidelberger Kommentar zum Aktiengesetz, Heidelberg, Müller

Gomez, Peter (1993): Wertmanagement. Vernetzte Strategien für Unternehmen im Wandel, Düsseldorf u.a., Econ

Ghoshal, Sumantra/Moran, Peter (1996): Bad for Practice: A Critique of Transaction Cost Theory, in: Academic of Management Review, 21. Jahrgang, Heft 1, S. 13-47

Ghoshal, Sumantra/Barlett, Christopher A./Moran, Peter (1999): A New Manifesto for Management, in: Sloan Management Review, 40. Jahrgang, Heft 3, S. 9-20

Gräfer, Horst (2005): Bilanzanalyse, 9. Aufl., Herne/Berlin, Verlag Neue Wirtschafts-
Briefe

Groh, Manfred (2000): Shareholder Value und Aktienrecht, in: Der Betrieb, 53. Jahrgang, Heft 43, S. 2153-2158

Großmann, Adolf (1980): Unternehmensziele im Aktienrecht, Köln u.a., Heymann

Grundmann, Stefan/Mülbert, Peter O. (2001): ECLR. Corporate Governance – Europäische Perspektiven. Symposium zum 60. Geburtstag von Klaus J. Hopt, in:
Zeitschrift für Unternehmens- und Gesellschaftsrecht, 30. Jahrgang, Heft 2, S.
215-223

Gugler, Klaus/Mueller, Dennis C./Yurtoglu, B. Burcin/Zulehner, Christine (2003): The
Effects of Mergers: An International Comparison, in: International Journal of Industrial Organization, 21. Jahrgang, Heft 5, S. 625-653

Guillén, Mauro F. (2000): Corporate Governance and Globalization: Is there Convergence across Countries?, in: Advances in International Comparative Managment,
13. Jahrgang, S. 175-204

Gutenberg, Erich (1979): Grundlagen der Betriebswirtschaftslehre. Die Produktion,
Band 1, 23. Aufl., Berlin/Heidelberg/New York, Springer

Habermas, Jürgen (1981): Theorie des kommunikativen Handelns, Frankfurt am Main,
Suhrkamp

Habermas, Jürgen (1991): Erläuterungen zur Diskursethik, Frankfurt am Main, Suhrkamp

Habersack, Mathias (2008) in: Goette, Wulf/Habersack, Mathias/Kalss, Susanne
(Hrsg.): Münchener Kommentar zum Aktiengesetz, Band 2, 3. Aufl., München,
Beck/Vahlen

Hackethal, Andreas/Schmidt, Reinhard H. (2000): Finanzsystem und Komplementarität, in: Francke, Hans-Hermann/Ketzel, Eberhart/Kotz, Hans-Helmut (Hrsg.): Finanzmärkte im Umbruch, Beiheft zu Kredit und Kapital, Heft 15, S. 53-102

Hahn, Dietger/Hungenberg, Harald (2001): PuK. Wertorientierte Controllingkonzepte,
6. Aufl., Wiesbaden, Gabler

Haid, Alfred (2001): Proceedings of the 3rd Workshop on Corporate Governance in
Europe, in: Vierteljahresheft zur Wirtschaftsforschung, Nr. 2, DIW Berlin, S.
193-200

Hamel, Winfried (2004): Unternehmenswertorientierte Unternehmensverfassung, in:
Betriebswirtschaftliche Forschung und Praxis, 56. Jahrgang, Heft 5, S. 463-479

Hart, Oliver (1995a): Firms, Contracts and Financial Structure, Oxford, Oxford University Press

Hart, Oliver (1995b): Corporate Governance: Some Theory and Implications, in: The Economic Journal, 105. Jahrgang, Heft 5, S. 678-689

Hartmann, Ulrich (2006): Statement, in: Cromme, Gerhard (Hrsg.): Corporate Governance Report 2006, Stuttgart, Schäffer-Poeschel, S. 63-66

Hartmann-Wendels, Thomas (1992): Agency Theorie, in: Frese, Erich (Hrsg.): Handwörterbuch der Organisation, Enzyklopädie der Betriebswirtschaftslehre, Band 2, 3. Aufl., Stuttgart, Poeschel, Sp. 72-79

Hartmann-Wendels, Thomas (2000): Finanzmärkte im Umbruch – Konsequenzen für die Unternehmensfinanzierung, in: Kredit und Kapital, Beiheft 15, S. 253-272

Haugen, Robert A. (1996): Finance from a New Perspective, in: Financial Management, 25. Jahrgang, Heft 1, S. 86-97

Hauschildt, Jürgen (2001): Unternehmensverfassung – Grundlagen und Anwendung, in: Festel, Gunter/Hassan, Ali/Leker, Jens/Bamelis, Pol (Hrsg.): Betriebswirtschaftslehre für Chemiker, Berlin. Springer, S. 8-22

Haussmann, Fritz (1928): Vom Aktienwesen und vom Aktienrecht, Mannheim, Bensheimer

Hax, Herbert (1963): Rentabilitätsmaximierung als unternehmerische Zielsetzung, in: Zeitschrift für handelswissenschaftliche Forschung, Band 15, S. 337-344

Hefermehl, Wolfgang (1974) in: Geßler, Ernst/Hefermehl, Wolfgang/Eckardt, Ulrich/Kropff, Bruno (Hrsg.): Aktiengesetz, §§ 76-147, Band 2, München, Vahlen

Hefermehl, Wolfgang/Semler, Johannes (2004) in: Kropff, Bruno/Semler, Johannes (Hrsg.): Münchener Kommentar zum Aktiengesetz, Band 3, 2. Aufl., München, Beck/Vahlen

Hefermehl, Wolfgang/Spindler, Gerald (2004) in: Kropff, Bruno/Semler, Johannes (Hrsg.): Münchener Kommentar zum Aktiengesetz, Band 3, 2. Aufl., München, Beck/Vahlen

Hennings, Thomas (2005) in: Manz, Gerhard/Mayer, Barbara/Schröder, Albert (Hrsg.): Europäische Aktiengesellschaft. Kommentar, Baden-Baden, Nomos

Henssler, Martin (2006) in: Habersack, Mathias/Henssler, Martin/Ulmer, Peter (Hrsg.): Mitbestimmungsrecht, 2. Aufl., München, Beck

Henze, Hartwig (2000): Leitungsverantwortung des Vorstandes – Überwachungspflicht des Aufsichtsrats, in: Betriebs-Berater, 55. Jahrgang, Heft 5, S. 209-216

Hesse, Konrad (1995): Grundzüge des Verfassungsrechts der Bundesrepublik Deutschland, 20. Aufl., Heidelberg, Müller

Hill, Wilhelm (1996): Der Shareholder Value und die Stakeholder, in: Die Unternehmung, 50. Jahrgang, Heft 6, S. 411-420

Hirsch-Kreinsen, Hartmut (1999): Shareholder Value. Zum Wandel von Unternehmensstrukturen und Kapitalmarktbedingungen, in: WSI-Mitteilungen, 52. Jahrgang, Heft 5, S. 322-330

Hirschman, Albert O. (1974): Abwanderung und Widerspruch. Reaktionen auf Leistungsabfall bei Unternehmungen, Organisationen und Staaten, Tübingen, Mohr

Hommel, Ulrich/Schneider, Hilmar (2004) Die Bedeutung der Hausbankbeziehung für die Finanzierung des Mittelstands – Empirische Ergebnisse und Implikationen, in: Finanz Betrieb, 6. Jahrgang, Heft 9, S. 577-584

Hommelhoff, Peter (2000): Das Unternehmensrecht vor den Herausforderungen der Globalisierung, in: Schneider, Uwe H./Hommelhoff, Peter/Schmidt, Karsten/Timm, Wolfram/Grunewald, Barbara/Drygala, Tim (Hrsg.): Festschrift für Marcus Lutter, Köln, Schmidt, S. 95-106

Hommelhoff, Peter (2001): Die OECD-Principles on Corporate Governance – ihre Chancen und Risiken aus dem Blickwinkel der deutschen corporate governance-Bewegung, in: Zeitschrift für Unternehmens- und Gesellschaftsrecht, 30. Jahrgang, Heft 2, S. 238-267

Hommelhoff, Peter/Mattheus, Daniela (1998): Corporate Governance nach dem KonTraG, in: Die Aktiengesellschaft, 43. Jahrgang, Heft 6, S. 249-259

Hommelhoff, Peter/Schwab, Martin (1996): Zum Stellenwert betriebswirtschaftlicher Grundsätze ordnungsgemäßer Unternehmensleitung und -überwachung im Vorgang der Rechtserkenntnis, in: Werder, Axel von (Hrsg.): Grundsätze ordnungsmäßiger Unternehmungsführung für die Unternehmensleitung, Überwachung und Abschlussprüfung, Schmalenbachs Zeitschrift für betriebswirtschaftliche Forschung, Sonderheft 36, S. 149-178

Höpner, Martin (2003): Wer beherrscht die Unternehmen? Shareholder Value, Managerherrschaft und Mitbestimmung in Deutschland, Frankfurt am Main/New York, Campus

Höpner, Martin/Jackson, Gregory (2001): Entsteht ein Markt für Unternehmenskontrolle? Der Fall Mannesmann, Max-Planck-Institut für Gesellschaftsforschung, Forschungspapier, Köln

Hopt, Klaus J. (1993): Aktionärskreis und Vorstandsneutralität, in: Zeitschrift für Unternehmens- und Gesellschaftsrecht, 21. Jahrgang, Heft 4, S. 534-566

Hopt, Klaus J. (1996): Handels- und Gesellschaftsrecht, Band 2, München, Beck

Hopt, Klaus J. (1999) in: Hopt, Klaus J./Wiedemann, Herbert (Hrsg.): Großkommentar Aktiengesetz, 4. Aufl., Berlin, de Gruyter

Hopt, Klaus J. (2002a): ECLR. Übernahmen, Geheimhaltung und Interessenkonflikte: Probleme für Vorstände, Aufsichtsräte und Banken, in: Zeitschrift für Unternehmens- und Gesellschaftsrecht, 31. Jahrgang, Heft 3, S. 333-376

Hopt, Klaus J. (2002b): Corporate Governance in Europa: Neue Regelungsaufgaben und Soft Law, in: Der Gesellschafter. Zeitschrift für Gesellschafts- & Handelsrecht, Sonderheft, S. 4-13

Hopt, Klaus J. (2003): Die rechtlichen Rahmenbedingungen der Corporate Governance, in: Hommelhoff, Peter/Hopt, Klaus J./Werder, Axel v. (Hrsg.): Handbuch Corporate Governance. Leitung und Überwachung börsennotierter Unternehmen in der Rechts- und Wirtschaftspraxis, Köln, Schmidt/Stuttgart, Schäffer-Poeschel, S. 29-50

Hopt, Klaus J./Roth, Markus (2005) in: Hopt, Klaus J./Wiedemann, Herbert (Hrsg.): Großkommentar Aktiengesetz, 4. Aufl., Berlin, de Gruyter

Horn, Norbert (2005): Die Europa-AG im Kontext des deutschen und europäischen Gesellschaftsrechts, in: Der Betrieb, 58. Jahrgang, Heft 3, S. 147-153

Huber, Ernst Rudolf (1954): Wirtschaftsverwaltungsrecht, Band 2, 2. Aufl., Tübingen, Mohr

Huber, Peter Michael (1999) in: Mangoldt, Hermann von/Klein, Friedrich/Starck, Christian (Hrsg.): Bonner Grundgesetz Kommentar, Band 1, 4. Aufl., München, Vahlen

Hucke, Anja (2003): Corporate Governance Standards in deutschen Unternehmen – nützlich oder überflüssig?, in: Hucke, Anja (Hrsg.): Aktuelle Entwicklungen im Unternehmensrecht. Stand und Perspektiven, Wiesbaden, Gabler, S. 71-91

Hüffer, Uwe (1997): Aktienbezugsrechte als Bestandteil der Vergütung von Vorstandsmitgliedern und Mitarbeitern – gesellschaftsrechtliche Analyse, in: Zeitschrift für das gesamte Handelsrecht und Wirtschaftsrecht, Band 161, S. 214-245

Hüffer, Uwe (2003): Mannesmann/Vodafone: Präsidiumsbeschlüsse des Aufsichtsrats für die Gewährung von „Appreciation Awards" an Vorstandsmitglieder, in: Betriebs-Berater, Beilage Nr. 7 zu Betriebs-Berater 2003, Heft 43, S. 1-38

Hüffer, Uwe (2006): Die Unabhängigkeit von Aufsichtsratsmitgliedern nach Ziffer 5.4.2 DCGK, in: Zeitschrift für Wirtschaftsrecht, 27. Jahrgang, Heft 14, S. 637-644

Hüffer, Uwe (2008): Aktiengesetz, 8. Aufl., München, Beck

Hungenberg, Harald/Wulf, Torsten (2006): Grundlagen der Unternehmensführung, 2. Aufl., Berlin/Heidelberg, Springer

Hutzschenreuter, Thomas (1998): Unternehmensverfassung und Führungssystem. Gestaltung unternehmensinterner Institutionen, Wiesbaden, Deutscher Universitäts-Verlag/Gabler

Hutzschenreuter, Thomas (2007): Allgemeine Betriebswirtschaftslehre. Grundlagen mit zahlreichen Praxisbeispielen, Wiesbaden, Gabler

Ipsen, Hans Peter (1952): Enteignung und Sozialisierung, in: Veröffentlichungen der Vereinigung der Deutschen Staatsrechtslehrer, Band 10, S. 74-123

Ipsen, Jörn (2006): Staatrecht I, Staatsorganisationsrecht, 18. Aufl., Neuwied, Luchterhand

Jaschke, Thomas (1989): Die betriebswirtschaftliche Überwachungsfunktion aktienrechtlicher Aufsichtsräte, Köln, Müller-Botermann

Jensen, Michael C. (1986): Agency Costs of Free Cash Flow, Corporate Finance and Takeovers, in: American Economic Review, 76. Jahrgang, Heft 2, S. 323-329

Jensen, Michael C./Meckling, William H. (1976): Theory of the Firm: Managerial Behaviour, Agency Costs and Ownership Structure, in: Journal of Financial Economics, 3. Jahrgang, Heft 4, S. 305-360

Jensen, Michael C./Meckling, William H. (1979): Rights and Production Functions: An Application to Labor-managed Firms and Co-determination, in: Journal of Business, 52. Jahrgang, Heft 4, S. 469-506

Jensen, Michael C./Murphy, Kevin (1990): Performance Pay and Top-Management Incentives, in: Journal of Political Economy, 98. Jahrgang, Heft 2, S. 225-264

Junge, Werner (1978): Das Unternehmensinteresse, in: Ficker, Hans Claudius/König, Detlef/Kreuzer, Karl F./Leser, Hans G./Bieberstein, Wolfgang Freiherr Marschall v./Schlechtriem, Peter (Hrsg.): Festschrift für Ernst von Caemmerer, Tübingen, Mohr, S. 547-557

Jürgenmeyer, Michael (1984): Das Unternehmensinteresse, Heidelberg, Verlagsgesellschaft Recht und Wirtschaft

Kallmeyer, Harald (2003): Das monistische System in der SE mit Sitz in Deutschland, in: Zeitschrift für Wirtschaftsrecht, 24. Jahrgang, Heft 34, S. 1531-1536

Kalweit, Christian (2000): Informationsrechte der Aktionäre: Bilanz- und Gesellschaftsrechtliche Überlegungen vor dem Hintergrund der deutschen und us-amerikanischen Unternehmensverfassung, Forschungsbericht 2000-7, Humboldt-Universität zu Berlin, Institut für Management

Kaufmann, Friedrich/Kokalj, Ljuba (1996): Risikokapitalmärkte für mittelständische Unternehmen, in: Schriften zur Mittelstandsforschung, Heft 68 NF, Stuttgart

Kengelbach, Jens/Roos, Alexander (2006): Entflechtung der Deutschland AG. Empirische Untersuchung der Reduktion von Kapital- und Personalverflechtungen zwischen deutschen börsennotierten Gesellschaften, in: M&A Review, Heft 1, S. 12-21

KfW Bankengruppe (2003): Eigenkapital für den breiten Mittelstand – Neue Wege und Instrumente, Abschlussbericht der Arbeitsgemeinschaft „Eigenkapital für den breiten Mittelstand", Frankfurt am Main

Kieser, Alfred/Walgenbach, Peter (2003): Organisation, 4. Aufl., Stuttgart, Schäffer-Poeschel

Kind, Sandra (2000): Darf der Vorstand einer AG Spenden an politische Parteien vergeben?, in: Neue Zeitschrift für Gesellschaftsrecht, 3. Jahrgang, Heft 11, S. 567-570

Kittner, Michael (1997): „Human Ressources" in der Unternehmensbewertung, in: Der Betrieb, 50 Jahrgang, Heft 46, S. 2285-2290

Klein, Benjamin/Crawford, Robert G./Alchian, Armen A. (1978): Vertical Integration, Appropriable Rents, and the Competitive Contracting Process, in: Journal of Law and Economics, 21. Jahrgang, Heft 2, S. 297-326

Kleinsorge, Georg (2004): Die Beteiligung der Arbeitnehmer in der SE, in: Baums, Theodor/Cahn, Andreas (Hrsg.): Die Europäische Aktiengesellschaft, Berlin, de Gruyter, S. 140-151

Kley, Christoph R. (2004): Inwieweit können Hausbankbeziehungen die Finanzierungsprobleme von mittelständischen Betrieben mindern?, in: Finanz Betrieb, 6. Jahrgang, Heft 3, S. 169-178

Kloock, Josef (1981): Mehrperiodige Investitionsrechnungen auf der Basis kalkulatorischer und handelsrechtlicher Erfolgsrechnungen, in: Schmalenbachs Zeitschrift für betriebswirtschaftliche Forschung, 33. Jahrgang, Heft 10, S. 873-890

Koch, Wolfgang (1983): Das Unternehmensinteresse als Verhaltensmaßstab der Aufsichtsratsmitglieder im mitbestimmten Aufsichtsrat einer Aktiengesellschaft, in: Europäische Hochschulschriften: Reihe II, Rechtswissenschaft, Band 340, Frankfurt am Main/Bern/New York, Lang

Köhler, Herbert W. (1956): Unternehmensverfassung und Aktienrechtsreform, in: Juristenzeitung, 11. Jahrgang, Heft 5/6, S. 137-142

Köhler, Horst (2009): Die Glaubwürdigkeit der Freiheit, Berliner Rede 2009 von Bundespräsident Horst Köhler am 24. März 2009, Berlin, Bundespräsidialamt

Köklü, Alper (2007) in: Drinhaus, Florian/Hulle, Karel van/Maul, Silja (Hrsg.): Handbuch zur Europäischen Aktiengesellschaft (SE), München, Beck

Körber, Torsten (2008) in: Bürgers, Tobias/Körber, Torsten (Hrsg.): Heidelberger Kommentar zum Aktiengesetz, Heidelberg, Müller

Koppensteiner, Hans-Georg (2004) in: Kölner Kommentar zum Aktiengesetz, §§ 291-338 AktG, §§ 290-315 HGB, Band 6, 2. Aufl., Köln u.a., Heymann

Kort, Michael (2003) in: Hopt, Klaus J./Wiedemann, Herbert (Hrsg.): Großkommentar Aktiengesetz, 4. Aufl., Berlin, de Gruyter

Kort, Michael (2008): Corporate Governance-Fragen der Größe und Zusammensetzung des Aufsichtsrats bei AG, GmbH und SE, in: Die Aktiengesellschaft, 53. Jahrgang, Heft 5, S. 137-149

Kosiol, Erich (1972): Die Unternehmung als wirtschaftliches Aktionszentrum, Reinbeck, Rowohlt

Koslowski, Peter (1999): Shareholder Value und der Zweck des Unternehmens, in: Koslowski, Peter (Hrsg.): Shareholder Value und die Kriterien des Unternehmenserfolgs, Heidelberg, Physika, S. 1-32

Krämer, Hans-Jörg (2002): Das Unternehmensinteresse als Verhaltensmaxime der Leitungsorgane einer Aktiengesellschaft im Rahmen der Organhaftung, Berlin, Tenea

Krämer, Werner (2003): Mittelstandsökonomik – Grundzüge einer umfassenden Analyse kleiner und mittlerer Unternehmen, München, Vahlen

Kraft, Alfons (1963): Interessenabwägung und gute Sitten im Wettbewerbsrecht, München/Berlin, Beck

Kramarsch, Michael H. (2004): Aktienbasierte Managementvergütung, 2. Aufl., Stuttgart, Schäffer-Poeschel

Kramarsch, Michael H./Filbert, Dirk (2008): Studie Aufsichtsratsvergütung DAX 2007, Frankfurt am Main
http://www.towersperrin.com/tp/getwebcachedoc?webc=HRS/DEU/2007/200709/Studiendokument_ARVergutung_web.pdf (15.02.2009)

Kramer, Karl-Heinz (2000): Die Börseneinführung als Finanzierungsinstrument deutscher mittelständischer Unternehmen, Wiesbaden, Deutscher Universitäts-Verlag

Kremer, Thomas (2008) in: Ringleb, Henrik-Michael/Kremer, Thomas/Lutter, Marcus/Werder, Axel v. (Hrsg.): Kommentar zum Deutschen Corporate Governance Kodex, 3. Aufl., München, Beck

Krieger, Gerd/Sailer, Viola (2008) in: Schmidt, Karsten/Lutter, Marcus (Hrsg.): Aktiengesetz. Kommentar, Band 1, Köln, Schmidt

Kronstein, Heinrich/Claussen, Carsten Peter (1960): Publizität und Gewinnverteilung im neuen Aktienrecht, Frankfurt am Main, Klostermann

Kropff, Bruno (1965a): Aktiengesetz. Textausgabe des Aktiengesetzes und des Einführungsgesetzes mit Begründung des Regierungsentwurfs und Bericht des Rechtsausschusses des Deutschen Bundestages, Düsseldorf, Verlagsbuchhandlung des Instituts der Wirtschaftsprüfer

Kropff, Bruno (1965b): Das Konzernrecht des Aktiengesetzes 1965, in: Betriebs-Berater, 20. Jahrgang, Heft 32, S. 1281-1289

Krüger, Herbert (1961): Verfassung, in: Beckerath, Erwin von/Brinkmann, Carl/Bente, Hermann (Hrsg.): Handwörterbuch der Sozialwissenschaften, Band 11, Stuttgart, Fischer/Tübingen, Mohr, S. 72-82

Kübler, Friedrich (1984): Was leistet die Konzeption der Property Rights für aktuelle rechtspolitische Probleme?, in: Neumann, Manfred (Hrsg.): Ansprüche, Eigentums- und Verfügungsrechte, Schriften des Vereins für Socialpolitik, Gesellschaft für Wirtschafts- und Sozialwissenschaften, N.F. Band 140, Berlin, Duncker & Humblot, S. 105-122

Kübler, Friedrich (1994): Gesellschaftsrecht, 4. Aufl., Heidelberg, Müller

Kübler, Friedrich/Assmann, Heinz-Dieter (2006): Gesellschaftsrecht. Die privatrechtlichen Ordnungsstrukturen und Regelungsprobleme von Verbänden und Unternehmen, 6. Aufl., Heidelberg, Müller

Kürsten, Wolfgang (2000): „Shareholder Value" – Grundelemente und Schieflagen einer polit-ökonomischen Diskussion aus finanzierungstheoretischer Sicht, in: Zeitschrift für Betriebswirtschaft, 70. Jahrgang, Heft 3, S. 359–381

Küting, Karlheinz/Weber, Claus-Peter (2006): Die Bilanzanalyse. Beurteilung von Abschlüssen nach HGB und IFRS, 8. Aufl., Stuttgart, Schäffer-Poeschel

Kuhner, Christoph (2004): Unternehmensinteresse vs. Shareholder Value als Leitmaxime kapitalmarktorientierter Aktiengesellschaften, in: Zeitschrift für Unternehmens- und Gesellschaftsrecht, 33. Jahrgang, Heft 2, S. 244-279

Kuhner, Christoph (2005): Interessenkonflikte aus der Sicht der Betriebswirtschaftslehre, in: Kölner Diskussionspapiere zu Bankwesen, Unternehmensfinanzierung, Rechnungswesen und Besteuerung, Nr. 2, Universität zu Köln

Kunze, Otto (1980): Zum Stand der Entwicklung des Unternehmensrechts, in: Zeitschrift für das gesamte Handelsrecht und Wirtschaftsrecht, Band 144, S. 100-135

La Porta, Rafael/Lopez-de-Silanes, Florencio/Shleifer, Andrei/Vishny, Robert W. (1998): Law and Finance, in: The Journal of Political Economy, 106. Jahrgang, Heft 6, S. 1113-1155

Lammers, Hans Heinrich (1934): Die Staatsführung im Dritten Reich, in: Die Justiz, 96. Jahrgang, S. 1296 ff. [zitiert nach Krämer, Hans-Jörg (2002): Das Unternehmensinteresse als Verhaltensmaxime der Leitungsorgane einer Aktiengesellschaft im Rahmen der Organhaftung, Berlin, Tenea]

Laske, Stephan (1979): Unternehmensinteresse und Mitbestimmung, in: Zeitschrift für Unternehmens- und Gesellschaftsrecht, 7. Jahrgang, Heft 2, S. 173-200

Lehmann, Erik/Weigand, Jürgen (2000): Does the governed Corporation perform better? Governance Structure and Corporate Performance in Germany, in: European Finance Review, 4. Jahrgang, S. 157-195

Levine, Ross (2002): Bank-Based or Market-Based Financial Systems: Which is better?, in: Journal of Financial Intermediation, 4. Jahrgang, Heft 4, S. 398-428

Likert, Rensis (1967): The Human Organization: Its Management and Value, New York u.a., McGraw-Hill

Lohse, Andrea (2005): Unternehmerisches Ermessen. Zu den Aufgaben und Pflichten von Vorstand und Aufsichtsrat, Tübingen, Mohr Siebeck

Lücke, Oliver (2005): Die Angemessenheit von Vorstandsbezügen – Der erste unbestimmbare Rechtsbegriff?, in: Neue Zeitschrift für Gesellschaftsrecht, 8. Jahrgang, Heft 17, S. 692-697

Lücke, Wolfgang (1955): Investitionsrechnungen auf der Grundlage von Ausgaben oder Kosten?, in: Zeitschrift für handelswissenschaftliche Forschung, 7. Jahrgang, S. 310-324

Lutter, Marcus (1981): Stellungnahme zur Abhandlung von Köstler/Schmidt, in: Betriebs-Berater, 36. Jahrgang, Heft 2, S. 91

Lutter, Marcus (1995): Defizite für eine effiziente Aufsichtsratstätigkeit und gesetzliche Möglichkeiten der Verbesserung, in: Zeitschrift für das gesamte Handelsrecht und Wirtschaftsrecht, Band 159, S. 287-309

Lutter, Marcus (2001): Vergleichende Corporate Governance – Die deutsche Sicht, in: Zeitschrift für Unternehmens- und Gesellschaftsrecht, 30. Jahrgang, Heft 2, S. 224-237

Lutter, Marcus (2003a): Corporate Governance und ihre aktuellen Probleme, vor allem: Vorstandsvergütung und ihre Schranken, in: Zeitschrift für Wirtschaftsrecht, 24. Jahrgang, Heft 17, S. 737-743

Lutter, Marcus (2003b): Auswahlpflichten und Auswahlverschulden bei der Wahl von Aufsichtsratsmitgliedern, in: Zeitschrift für Wirtschaftsrecht, 24. Jahrgang, Heft 10, S. 417-419

Lutter, Marcus (2006): Aktienrechtliche Aspekte der angemessenen Vorstandsvergütung, in: Zeitschrift für Wirtschaftsrecht, 27. Jahrgang, Heft 16, S. 733-737

Lutter, Marcus (2008) in: Ringleb, Henrik-Michael/Kremer, Thomas/Lutter, Marcus/Werder, Axel v. (Hrsg.): Kommentar zum Deutschen Corporate Governance Kodex, 3. Aufl., München, Beck

Lutter, Marcus/Kremer, Thomas (2008) in: Ringleb, Henrik-Michael/Kremer, Thomas/Lutter, Marcus/Werder, Axel v. (Hrsg.): Kommentar zum Deutschen Corporate Governance Kodex, 3. Aufl., München, Beck

Lutter, Marcus/Krieger, Gerd (2008): Rechte und Pflichten des Aufsichtsrats, 5. Aufl., Köln, Schmidt

Lutter, Marcus/Quack, Karlheinz (2005): Mitbestimmung und Schadensabwehr, in: Damm, Reinhard/Heermann, Peter W./Veil, Rüdiger (Hrsg.): Festschrift für Thomas Raiser zum 70. Geburtstag am 20. Februar 2005, Berlin, de Gruyter, S. 259-271

Lutter, Marcus/Timm, Wolfram (1978): Zum VEBA/Gelsenberg-Urteil des Bundesgerichtshofs, in: Betriebs-Berater, 33. Jahrgang, Heft 17, S. 836-841

Macharzina, Klaus (2003): Unternehmensführung. Das internationale Managementwissen, 4. Aufl., Wiesbaden, Gabler

Maleki, Aiyana/Schwalbach, Joachim (2004): Enron – The Role of the Board in the Collapse of Enron Corporation, Discussion Papers 2004, Humboldt-Universität zu Berlin, Institut für Management

Malik, Fredmund (2004): Unternehmensführung: Moden, Irrtümer, Irrlehren, in: Guserl, Richard/Pernsteiner, Helmut (Hrsg.): Handbuch Finanzmanagement in der Praxis, Wiesbaden, Gabler, S. 57-76

Malik, Fredmund (2008): Unternehmenspolitik und Corporate Governance, Band 2, Franfurt am Main/New York, Campus

Mangoldt, Hermann v. (1953): Das Bonner Grundgesetz Kommentar, Berlin/Frankfurt am Main, Vahlen

Manne, Henry G. (1965): Mergers and the Market for Corporate Control, in: Journal of Political Economy, 73. Jahrgang, Heft 2, S. 110-120

Maraslis, Apostolos (2007): Die Europäische Aktiengesellschaft (SE). Das Statut der Europäischen Aktiengesellschaft und ihre Vor- und Nachteile im Vergleich zu den nationalen Gesellschaftsformen aus europäischer Perspektive, Aachen, Shaker

March, James G./Simon, Herbert Alexander (1958): Organizations, New York, Wiley & Sons

March, James G./Simon, Herbert Alexander (1976): Organisation und Individuum. Menschliches Verhalten in Organisationen, Wiesbaden, Gabler

Markowitz, Harry M. (1952): Portfolio Selection, in: Journal of Finance, 7. Jahrgang, Heft 1, S. 77–91.

Marsch-Barner, Reinhard (1999): Schutz der Gesellschaft, der Anteilseigner und der Anleger, in: Semler, Johannes (Hrsg.): Arbeitshandbuch für Aufsichtsratsmitglieder, München, Beck/Vahlen, S. 601-676

Marshall, Alfred (1936): Principles of Economics, 8. Aufl., London, Macmillan

Martens, Wolfgang (1969): Öffentlich als Rechtsbegriff, Bad Homburg/Berlin/Zürich, Gehlen

Mayer, Colin (1997): Corporate Governance, Competition, and Performance, in: Journal of Law and Society, 24. Jahrgang, Heft 1, S. 152-176

Meckling, William H. (1976): Values and the Choice of the Model of the Individual in the Social Sciences, in: Schweizer Zeitschrift für Volkswirtschaft und Statistik, 112. Jahrgang, Heft 4, S. 545-559

Merkt, Hanno (2003): Zum Verhältnis von Kapitalmarktrecht und Gesellschaftsrecht in der Diskussion um die Corporate Governance, in: Die Aktiengesellschaft, 48. Jahrgang, Heft 3, S. 126-136

Mertens, Hans-Joachim (1977): Aufsichtsratsmandat und Arbeitskampf, in: Die Aktiengesellschaft, 22. Jahrgang, Heft 11, S. 306-319

Mertens, Hans-Joachim (1989): Kölner Kommentar zum Aktiengesetz, Band 2, 1. Lieferung §§ 76-94 AktG, 2. Aufl., Köln u.a., Heymann

Mertens, Hans-Joachim (1996) in: Kölner Kommentar zum Aktiengesetz, §§ 76-117 AktG und Mitbestimmung im Aufsichtsrat, Band 2, 2. Aufl., Neubearbeitung, Köln u.a., Heymann

Metten, Michael (2007): Mittelstandsfinanzierung im Wandel: Optionen für die Unternehmen und Herausforderungen für die Wirtschaftspolitik, Hamburg, Diplomica

Michaelis, Elke/Picot, Arnold (1987): Zur ökonomischen Analyse von Mitarbeiterrechten, in: FitzRoy, Felix R./Kraft, Kornelius (Hrsg.): Mitarbeiterbeteiligung und Mitbestimmung in Unternehmen, Berlin/New York, de Gruyter, S. 83-127

Middelmann, Ulrich (2004): Corporate Governance – Wertmanagement und Controlling, in: Die Betriebswirtschaft, 64. Jahrgang, Heft 1, S. 101-116

Milgrom, Paul (1981): Good News and bad News: Representation Theorems and Applications, in: Bell Journal of Economics, 12. Jahrgang, Heft 2, S. 380-391

Milgrom, Paul/Roberts, John (1992): Economics, Organization and Management, 11. Aufl., Englewood Cliffs, Prentice-Hall

Milgrom, Paul/Roberts, John (1995): Complementarities and Fit: Strategy, Structure and Organizational Change in Manufacturing, in: Journal of Accounting and Economics, 19. Jahrgang, Heft 2-3, S, 179-208

Möllers, Thomas J. (2003): Treuepflichten und Interessenkonflikte bei Vorstands- und Aufsichtsratsmitgliedern, in: Hommelhoff, Peter/Hopt, Klaus J./Werder, Axel v. (Hrsg.): Handbuch Corporate Governance. Leitung und Überwachung börsennotierter Unternehmen in der Rechts- und Wirtschaftspraxis, Köln, Schmidt/Stuttgart, Schäffer-Poeschel, S. 405-427

Monopolkommission (1998): Ordnungspolitische Leitlinien für ein funktionsfähiges Finanzsystem, Sondergutachten der Monopolkommission, Baden-Baden, Nomos

Monopolkommission (2000): Wettbewerbspolitik in Netzwerkstrukturen, 13. Hauptgutachten der Monopolkommission, Baden-Baden, Nomos

Monopolkommission (2006): Mehr Wettbewerb auch im Dienstleistungssektor, 16. Hauptgutachten der Monopolkommission, in: Deutscher Bundestag, Drucksache 16/2460

Morich, Sven (2007): Steuerung der Effektivität kapitalmarktorientierter Unternehmenspublizität, Deutscher Universitätsverlag, Wiesbaden

Mülbert, Peter O. (1996): Aktiengesellschaft, Unternehmensgruppe und Kapitalmarkt. Die Aktionärsrechte bei Bildung und Umbildung einer Unternehmensgruppe zwischen Verbands- und Anlegerschutz, 2. Aufl., München, Beck

Mülbert, Peter O. (1997): Shareholder Value aus rechtlicher Sicht, in: Zeitschrift für Unternehmens- und Gesellschaftsrecht, 26. Jahrgang, Heft 2, S. 129-172

Müller, Paul R. (1981): Gesellschaftsrecht, Steuern, Buchführung und Rechnungsprüfung in Italien, Bern/Stuttgart, Haupt

Müller, Welf (2004) in: Müller, Welf/Rödder, Thomas (Hrsg.): Beck'sches Handbuch der AG, München, Beck

Müller-Erzbach, Rudolf (1929): Umgestaltung der Aktiengesellschaft zur Kerngesellschaft verantwortungsvoller Großaktionäre, Berlin, Heymann

Müller-Stewens, Günter/Lechner, Christoph (2003): Strategisches Management, 2. Aufl., Stuttgart, Schäffer-Poeschel

Münchow, Malte-Maria (1995): Bankenmacht oder Kontrolle durch Banken. Eine institutionenökonomische Analyse der Beziehung zwischen Banken und Unternehmen in Deutschland, Sinzheim, Pro Universitate

Müssig, Peter (2003): Wirtschaftsprivatrecht, 6. Aufl., Heidelberg, Müller

Nell-Breuning, Oswald v. (1967): Unternehmensverfassung, in: Biedenkopf, Kurt H./Coing, Helmut/Mestmäcker, Ernst-Joachim (Hrsg.): Das Unternehmen in der Rechtsordnung, Festschrift Heinrich Kronstein, Karlsruhe, Müller, S. 47-77

Nenova, Tatiana (2003): The Value of Corporate Voting Rights and Control: A Cross-County Analysis, in: Journal of Financial Economics, 68. Jahrgang, Heft 3, S. 325-352

Netter, Oskar (1929): Probleme des lebenden Aktienrechts, Berlin, Liebmann

Neubürger, Heinz-Joachim (2003): Die deutsche Mitbestimmung aus Sicht eines international operierenden Unternehmens. Reformbedarf unter Corporate Governance Gesichtspunkten?, in: Hommelhoff, Peter/Hopt, Klaus J./Werder, Axel v. (Hrsg.): Handbuch Corporate Governance. Leitung und Überwachung börsennotierter Unternehmen in der Rechts- und Wirtschaftspraxis, Köln, Schmidt/Stuttgart, Schäffer-Poeschel, S. 177-197

Nippa, Michael/Grigoleit, Jens (2006): Corporate Governance ohne Vertrauen? Ökonomische Konsequenzen der Agency-Theorie, Freiberg Working Papers Nr. 1, Technische Universität Bergakademie Freiberg, Fakultät für Wirtschaftswissenschaften

Noorderhaven, Niels G. (1996): Opportunism and Trust in Transaction Cost Economics, in: Groenewegen, John (Hrsg.): Transaction Cost Economics and Beyond, Boston, Kluver Academic Publisher, S. 105-128

Nooteboom, Bart (1999): Voice- and Exit-based Forms of Corporate Control: Anglo-American, European und Japanese, in Journal of Economic Issues, 33. Jahrgang, Heft 4, S. 845-861

Norton, Gary/Schmid, Frank A. (1996): Universal Banking and the Performance of German Firms, NBER Working Paper 5453, Cambridge, National Bureau of Economic Research

Oechsler, Walter A. (1992): Konflikt, in: Frese, Erich (Hrsg.): Handwörterbuch der Organisation, Enzyklopädie der Betriebswirtschaftslehre, Band 2, 3. Aufl., Stuttgart, Poeschel, Sp. 1131-1143

Oetker, Hartmut (2003): Aufsichtsrat/Board: Aufgaben, Besetzung, Organisation, Entscheidungsfindung und Willensbildung – rechtlicher Rahmen, in: Hommelhoff, Peter/Hopt, Klaus J./Werder, Axel v. (Hrsg.): Handbuch Corporate Governance. Leitung und Überwachung börsennotierter Unternehmen in der Rechts- und Wirtschaftspraxis, Köln, Schmidt/Stuttgart, Schäffer-Poeschel, S. 261-284

Oetker, Hartmut (2008) in: Schmidt, Karsten/Lutter, Marcus (Hrsg.): Aktiengesetz. Kommentar, Band 2, Köln, Schmidt

Olson, Manucar (1965): The Logic of Collective Action: Public Goods and the Theory of Groups, Camebridge, Harvard University Press

Osterloh, Margit (1999): Wertorientierte Unternehmensführung und Management-Anreizsysteme, in: Kumar, Brij Nino/Osterloh, Margit/Schreyögg, Georg (Hrsg.): Unternehmensethik und die Transformation des Wettbewerbs. Shareholder Value – Globalisierung – Hyperwettbewerb, Stuttgart, Schaeffer-Poeschel, S. 183-204

Ostrom, Elinor (1990): Governing the Commons. The Evolution of Institutions for Collective Action, Cambridge, Cambridge University Press

Ott, Claus (1977): Recht und Realität der Unternehmenskorporation. Ein Beitrag zur Theorie der juristischen Person, Tübingen, Mohr

Paefgen, Walter (1982): Struktur und Aufsichtsratsverfassung der mitbestimmten AG, Köln u.a., Heymann

Pellens, Bernhard/Crasselt, Nils/Rockholtz, Carsten (1998): Wertorientierte Entlohnungssysteme für Führungskräfte – Anforderungen und empirische Evidenz, in: Pellens, Bernhard (Hrsg.): Unternehmenswertorientierte Entlohnungssysteme, Stuttgart, Schäffer-Poeschel, S. 1-28

Peltzer, Martin (2004a): Keine Aktienoptionen mehr für Aufsichtsratsmitglieder, in: Neue Zeitschrift für Gesellschaftsrecht, 7. Jahrgang, Heft 11, S. 509-511

Peltzer, Martin (2004b): Deutsche Corporate Governance, 2. Auflage, München, Beck

Peltzer, Martin (2006): Das Mannesmann-Revisionsurteil aus der Sicht des Aktien- und allgemeinen Zivilrechts, in: Zeitschrift für Wirtschaftsrecht, 27. Jahrgang, Heft 5, S. 205-210

Perlitz, Manfred (1997) in: Das Shareholder Value-Konzept in der Kritik?, in: Betriebswirtschaftliche Forschung und Praxis, 49. Jahrgang, Heft 5, S. 536-566

Perlitz, Manfred/Seger, Frank (1994): The Role of Universal Banks in German Corporate Governance, in: Business & The Contemporary World (4), S. 49-67

Perridon, Louis/Steiner, Manfred (2007): Finanzwirtschaft der Unternehmung, 14. Aufl., München, Vahlen

Perrow, Charles B. (1986): Economic Theories of Organization, in: Theory and Society, 15. Jahrgang, Heft 1/2, S. 11-45

Pfaff, Dieter/Bärtl, Oliver (1998): Externe Rechnungslegung, internes Rechnungswesen und Kapitalmarkt, in: Zeitschrift für betriebswirtschaftliche Forschung, 50. Jahrgang, Heft 9, S. 757-778

Picot, Arnold (1981): Der Beitrag der Theorie der Verfügungsrechte zur ökonomischen Analyse von Unternehmensverfassungen, in: Bohr, Kurt/Drukarczyk, Jochen/Drumm, Hans-Jürgen/Scherrer, Gerhard (Hrsg.): Unternehmensverfassung als Problem der Betriebswirtschaftslehre, Berlin, Schmidt, S. 152-197

Picot, Arnold/Dietl, Helmut (1994): Informations(de-)regulierung am Kapitalmarkt aus institutionenökonomischer Sicht, in: Herder-Dorneich, Philipp/Schenck, Karl-Ernst/Schmidtchen, Dieter (Hrsg.) Jahrbuch für Neue Politische Ökonomie, Band 13, Tübingen, Mohr, S. 113-138

Picot, Arnold/Dietl, Helmut/Franck, Egon (1999): Organisation. Eine ökonomische Perspektive, 2. Aufl., Stuttgart, Schäffer-Poeschel

Picot, Arnold/Dietl, Helmut/Franck, Egon (2005): Organisation. Eine ökonomische Perspektive, 4. Aufl., Stuttgart, Schäffer-Poeschel

Picot, Arnold/Kaulmann, Thomas (1985): Industrielle Großunternehmen in Staatseigentum aus verfügungsrechtlicher Sicht. Theoretische Aussagen und empirische Befunde, in: Schmalenbachs Zeitschrift für betriebswirtschaftliche Forschung, 37. Jahrgang, Heft 11, S. 956-980

Picot, Arnold/Michaelis, Elke (1984): Verteilung von Verfügungsrechten in Großunternehmen und Unternehmensverfassung, in: Zeitschrift für Betriebswirtschaft, 54. Jahrgang, Heft 3, S. 252-272

Picot, Arnold/Schuller, Susanne (2001): Corporate Governance, in: Jost, Peter-J. (Hrsg.): Der Transaktionskostenansatz in der Betriebswirtschaftslehre, Stuttgart, Schäffer-Poeschel, S. 79-105

Pistor, Katharina (2003): Corporate Governance durch Mitbestimmung und Arbeitsmärkte, in: Hommelhoff, Peter/Hopt, Klaus J./Werder, Axel v. (Hrsg.): Handbuch Corporate Governance. Leitung und Überwachung börsennotierter Unternehmen in der Rechts- und Wirtschaftspraxis, Köln, Schmidt/Stuttgart, Schäffer-Poeschel, S. 157-175

Plattner, Dankwart (2006a): Kleine und mittlere Unternehmen: Verbesserte Finanzierungsstruktur, in: KfW-Research: Mittelstands- und Strukturpolitik, Heft 35, Frankfurt am Main, S. 1-44

Plattner, Dankwart (2006b): Langsame Anpassung an den Finanzmarktwandel: Spezifische Probleme kleiner Unternehmen mit Kredit und Banken, in: KfW-Research: Wirtschafts-Observer Nr. 16, Frankfurt am Main

Porter, Michael E. (1980): Competitive Strategy, New York, The Free Press

Porter, Michael E. (1992): Capital Choices: Changing the Way America Invests in Industry, in: Journal of Applied Corporate Finance, 5. Jahrgang, Heft 2, S. 4-16

Porter, Michael E. (1999): Wettbewerbsstrategie. Methoden zur Analyse von Branchen und Konkurrenten, 10. Aufl., Frankfurt am Main/New York, Campus

Potthoff, Erich (1996): Board-System versus duales System der Unternehmensverwaltung – Vor- und Nachteile, in: Betriebswirtschaftliche Forschung und Praxis, 48. Jahrgang, Heft 3, S. 253-268

Prahalad, Coimbatore K. (1994): Corporate Governance or Corporate Value Added? Rethinking the Primacy of Shareholder Value, in: Journal of Applied Corporate Finance, 6. Jahrgang, Heft 4, S. 40-50

Pross, Helge (1965): Manager und Aktionäre in Deutschland. Untersuchungen zum Verhältnis von Eigentum und Verfügungsmacht, Frankfurter Beiträge zur Soziologie, Band 15, Frankfurt am Main, Europäische Verlagsanstalt

Raisch, Peter (1974): Unternehmensrecht. Aktien- und Konzernrecht, Mitbestimmung und Fusionskontrolle, Band 2, Reinbek, Rowohlt

Raisch, Peter (1976): Zum Begriff und zur Bedeutung des Unternehmensinteresses als Verhaltensmaxime von Vorstands- und Aufsichtsratsmitgliedern, in: Fischer, Robert/Gessler, Ernst/Schilling, Wolfgang/Serick, Rolf/Ulmer, Peter (Hrsg.): Strukturen und Entwicklungen im Handels-, Gesellschafts- und Wirtschaftsrecht. Festschrift für Wolfgang Hefermehl, München, Beck, S. 347-364

Raiser, Thomas (1969): Das Unternehmen als Organisation. Kritik und Erneuerung der juristischen Unternehmenslehre, Berlin, de Gruyter

Raiser, Thomas (1976): Das Unternehmensinteresse, in: Reichert-Facilides, Fritz/Rittner, Fritz/Sasse, Jürgen (Hrsg.): Festschrift für Reimer Schmidt, Karlsruhe, Verlag Versicherungswirtschaft, S. 101-119

Raiser, Thomas (1980): Unternehmensziele und Unternehmensbegriff, in: Zeitschrift für das gesamte Handelsrecht und Wirtschaftsrecht, Band 144, S. 206-231

Raiser, Thomas/Veil, Rüdiger (2006): Das Recht der Kapitalgesellschaften. Ein Handbuch für Praxis und Wissenschaft, 4. Aufl., München, Vahlen

Ranné, Omar (2005): Kreditverbriefung und Mittelstandsfinanzierung, in: KfW-Research: Mittelstands- und Strukturpolitik, Heft 33, S. 43-66

Rappaport, Alfred (1981): Selecting Strategies that create Shareholder Value, in: Harvard Business Review, 59. Jahrgang, Heft 3, S. 139-149

Rappaport, Alfred (1986): Creating Shareholder Value. The new Standard for Business Performance, New York, The Free Press

Rappaport, Alfred (1995): Shareholder Value. Wertsteigerung als Maßstab für die Unternehmensführung, Stuttgart, Schäffer-Poeschel

Rappaport, Alfred (1999): Shareholder Value. Ein Handbuch für Manager und Investoren, 2. Aufl., Stuttgart, Schäffer-Poeschel

Rappaport, Alfred (2006): Die zehn Gebote des Shareholder-Value, in: Harvard Business Manager, 28. Jahrgang, Heft 11, S. 24-41

Rathenau, Wather (1917): Vom Aktienwesen, Berlin, Fischer

Reich, Norbert/Lewerenz, Karl-Jochen (1976): Das neue Mitbestimmungsgesetz, in: Arbeit und Recht, 24. Jahrgang, Heft 12, S. 353-369

Reichs-Oberhandelsgericht (1877): Gutachten über die geeignetsten Mittel zur Abhülfe der nach den Erfahrungen des Reichs-Oberhandelsgerichts bei der Gründung, der Verwaltung und dem geschäftlichen Betriebe von Aktienunternehmungen hervorgetretenen Uebelstände, in: Schubert, Werner/Hommelhoff, Peter (Hrsg): Hundert Jahre modernes Aktienrecht, 1985, Zeitschrift für Unternehmens- und Gesellschaftsrecht, Sonderheft 4, Berlin/New York, de Gruyter

Richter, Stefan (2004): Aktienoptionen für den Aufsichtsrat? Eine kritische Analyse des BGH-Urteils vom 16.2.2004, in: Betriebs-Berater, 59. Jahrgang, Heft 18, S. 949-957

Richter, Rudolf/Furubotn, Eirik G. (2003): Neue Institutionenökonomik, 3. Aufl., Tübingen, Mohr Siebeck

Ridder-Aab, Christa-Maria (1980): Die moderne Aktiengesellschaft im Lichte der Theorie der Eigentumsrechte, Frankfurt am Main/New York, Campus

Ringleb, Henrik-Michael (2008) in: Ringleb, Henrik-Michael/Kremer, Thomas/Lutter, Marcus/Werder, Axel v. (Hrsg.): Kommentar zum Deutschen Corporate Governance Kodex, 3. Aufl., München, Beck

Rissiek, Jörg (1998): Investitionen in Humankapital, Wiesbaden, Deutscher Universitäts Verlag/Gabler

Rittner, Fritz (1971); Zur Verantwortung des Vorstandes nach § 76 Abs. 1 AktG 1965, in: Ballerstedt, Kurt/Hefermehl, Wolfgang (Hrsg.): Festschrift für Ernst Gessler, München, Vahlen, S. 139-158

Rittner, Fritz (1973): Die werdende juristische Person, Tübingen, Mohr

Rittner, Fritz (1976): Die Verschwiegenheitspflicht der Aufsichtsratsmitglieder nach BGHZ 64, 325, in: Fischer, Robert/Gessler, Ernst/Schilling, Wolfgang/Serick, Rolf/Ulmer, Peter (Hrsg.): Strukturen und Entwicklungen im Handels-, Gesellschafts- und Wirtschaftsrecht. Festschrift für Wolfgang Hefermehl, München, Beck, S. 365-381

Rittner, Fritz (1980a): Aktiengesellschaft oder Aktienunternehmen?, in: Zeitschrift für das gesamte Handelsrecht und Wirtschaftsrecht, Band 144, S. 330-337

Rittner, Fritz (1980b): Zur Verantwortung der Unternehmensleitung, in: Juristenzeitung, 35. Jahrgang, Heft 4, S. 113-118

Rittner, Fritz (1987): Wirtschaftsrecht, 2. Aufl., Heidelberg, Müller

Roe, Mark J. (1998): German Co-Determination and German Securities Markets, in: Hopt, Klaus J./Kanda, Hideki/Roe, Mark J./Wymeersch, Eddy/Prigge, Stefan (Hrsg.): Comparative Corporate Governance – The State of the Art and Emerging Research, Oxford, University Pres, S. 341-386

Rönnau, Hohn (2004): Die Festsetzung (zu) hoher Vorstandsvergütungen durch den Aufsichtsrat – ein Fall für den Staatsanwalt?, in: Neue Zeitschrift für Strafrecht, Heft 3, S. 113-123

Rößler, Nicolas/Zeppenfeld, Guido (2007) in: Binder, Ulrike/Jünemann, Michael/Merz, Friedrich/Sinewe, Patrick (Hrsg.): Die Europäische Aktiengesellschaft (SE), Wiesbaden, Gabler

412

Roll, Richard/Ross, Stephen A. (1994): On the Cross-sectional Relation between Expected Returns and Betas, in: The Journal of Finance, 49. Jahrgang, Heft 1, S. 101-121

Roth, Günter H./Wörle, Ulrike (2004): Die Unabhängigkeit des Aufsichtsrats – Recht und Wirklichkeit, in: Zeitschrift für Unternehmens- und Gesellschaftsrecht, 33. Jahrgang, Heft 5, S. 565-630

Roth, Markus (2001): Unternehmerisches Ermessen und Haftung des Vorstandes. Handlungsspielräume und Haftungsrisiken in der wirtschaftlichen Krise, München, Beck

Rupp-von Brünneck, Wiltraut (1969): Zur Grundrechtsfähigkeit juristischer Personen, in: Ehmke, Horst/Schmid, Carlo/Scharoun, Hans (Hrsg.): Festschrift für Adolf Arndt, Frankfurt am Main, Europäische Verlagsanstalt S. 349-383

Sachs, Michael (2007) in: Sachs, Michael (Hrsg.): Grundgesetz. Kommentar, 4. Aufl., München, Beck

Sachverständigenrat zur gesamtwirtschaftlichen Entwicklung (2004): Erfolge im Ausland – Herausforderungen im Inland, Jahresgutachten 2004/2005, Wiesbaden

Sachverständigenrat zur gesamtwirtschaftlichen Entwicklung (2005): Die Chance nutzen – Reformen mutig voranbringen, Jahresgutachten 2005/2006, Wiesbaden

Sachverständigenrat zur gesamtwirtschaftlichen Entwicklung (2007): Das Erreichte nicht verspielen, Jahresgutachten 2007/2008, Wiesbaden

Sachverständigenrat zur gesamtwirtschaftlichen Entwicklung (2008): Das deutsche Finanzsystem. Effizienz steigern – Stabilität erhöhen, Expertise im Auftrag der Bundesregierung, Wiesbaden

Säcker, Franz Jürgen (1989): Unternehmensgegenstand und Unternehmensinteresse, in: Leßmann, Herbert/Großfeld, Bernhard/Vollmer, Lothar (Hrsg.): Festschrift für Rudolf Lukas, Köln u.a., Heymann, S. 547-557

Säcker, Franz Jürgen (2004): Rechtliche Anforderungen an die Qualifikation und Unabhängigkeit von Aufsichtsratsmitgliedern, in: Die Aktiengesellschaft, 49. Jahrgang, Heft 4, S. 180-186

Säcker, Franz Jürgen (2007): Die Unternehmensmitbestimmung – eine Chance zur Verbesserung der Corporate Governance?, in: Annus, Georg/Picker, Eduard/Wissmann, Helmut (Hrsg.): Festschrift für Reinhard Richardi, München, Beck, S. 711-733

Säcker, Franz Jürgen (2008): Die Zukunft der Unternehmensmitbestimmung in Deutschland. Disharmonien im Zusammenspiel der verschiedenen Mitbestimmungsebenen, in: Die Aktiengesellschaft, 53. Jahrgang, Heft 1, S. 17-25

Säcker, Franz Jürgen/Boesche, Katharina Vera (2006): Vom Gutsherren zum Gutsverwalter: Wandlungen im Aufsichtsratsrecht unter besonderer Berücksichtigung des Mannesmann-Urteils, in: Betriebs-Berater, Heft 17, S. 897-904

Sänger, Ingo (2005): Conflicts of Interest of Supervisory Board Members in a German Stock Corporation and the Demand for their Independence. An Investigation in the Context of the Current Corporate Governance Discussion, in: Corporate Governance Law Review, 1. Jahrgang, Heft 1, S. 147-190

Samuelson, Paul A./Nordhaus, William D. (2001): Economics, 17. Aufl., Boston u.a., McGraw-Hill Irwin

Santella, Paolo/Drago, Carlo/Paone, Giulia (2007): Who cares about Director Independence?, MPRA-Paper Nr. 2288
http://mpra.ub.uni-muenchen.de/2288 (04.01.2009)

Santella, Paolo/Paone, Guilia/Drago, Carlo (2006): How independent are independent Directors? The Case of Italy
http://ssrn.com/abstract=839204 (04.01.2009)

Sapusek, Annemarie (1998): Informationseffizienz auf Kapitalmärkten. Konzepte und empirische Ergebnisse, Wiesbaden, Gabler

Savigny, Friedrich von (1840): System des heutigen Römischen Rechts, Band II [zit. nach Schmidt, Karsten (2002): Gesellschaftsrecht, 4. Aufl., Köln u.a., Heymann und Flume, Werner (1983): Allgemeiner Teil des Bürgerlichen Rechts. Die juristische Person, Band 1, Teil 2, Enzyklopädie der Rechts- und Staatswissenschaft, Berlin/Heidelberg/New York/Tokyo, Springer]

Scarso, Alessandro P. (2004): Parmalat: Corporate Governance und die Rolle des Abschlussprüfers nach italienischem Recht, in: Der Gesellschafter, 33. Jahrgang, S. 291-300

Schäfer, Carsten (2005): Die Binnenhaftung von Vorstand und Aufsichtsrat nach der Renovierung durch das UMAG, in: Zeitschrift für Wirtschaftsrecht, 26. Jahrgang, Heft 29, S. 1253-1259

Schall, Alexander (2007) in: Spindler, Gerald/Stilz, Eberhard (Hrsg.): Kommentar zum Aktiengesetz, §§ 1-178, Band 1, München, Beck

Schanz, Günther (1983): Unternehmensverfassungen in verfügungsrechtlicher Perspektive, in: Die Betriebswirtschaft, 43. Jahrgang, Heft 2, S. 259-270

Scheffler, Eberhard (1996): Reform des Aufsichtsrates, in: Betriebswirtschaftliche Forschung und Praxis, 48. Jahrgang, Heft 3, S. 306-322

Scheffler, Eberhard (2003): Rechnungslegung von Unternehmen und Konzernen, in: Hommelhoff, Peter/Hopt, Klaus J./Werder, Axel v. (Hrsg.): Handbuch Corporate Governance. Leitung und Überwachung börsennotierter Unternehmen in der Rechts- und Wirtschaftspraxis, Köln, Schmidt/Stuttgart, Schäffer-Poeschel, S. 625-638

Schenck, Kersten von (1999): Die Überwachung der Geschäftsleitung, in: Semler, Johannes (Hrsg.): Arbeitshandbuch für Aufsichtsratsmitglieder, München, Beck/Vahlen, S. 177-246

Schewe, Gerhard (2005): Unternehmensverfassung. Corporate Governance im Spannungsfeld von Leitung, Kontrolle und Interessenvertretung, Berlin/Heidelberg, Springer

Schilling, Wolfgang (1971): Macht und Verantwortung in der Aktiengesellschaft (Oder das Prinzip der Interesseneinheit), in: Ballerstedt, Kurt/Hefermehl, Wolfgang (Hrsg.): Festschrift für Ernst Gessler, München, Vahlen, S. 159-169

Schilling, Wolfgang (1980): Das Aktienunternehmen, in: Zeitschrift für das gesamte Handels- und Wirtschaftsrecht, Band 144, S. 136-144

Schilling, Wolf Ulrich (1997): Shareholder Value und Aktiengesetz, in: Betriebs-Berater, Heft 8, S. 373-380

Schmeisser, Wilhelm (2007): Zur Ansatz- und Bewertungsproblematik von Humankapital nach IFRS, in: Betriebswirtschaftliche Forschung und Praxis, 59. Jahrgang, Heft 1, S. 1-19

Schmidt, Karsten (1999): Handelsrecht, 5. Aufl., Köln u.a., Heymann

Schmidt, Karsten (2002): Gesellschaftsrecht, 4. Aufl., Köln u.a., Heymann

Schmidt, Karsten (2008) in: Schmidt, Karsten/Lutter, Marcus (Hrsg.): Aktiengesetz. Kommentar, Band 1, Köln, Schmidt

Schmidt, Reinhard H. (2003): Corporate Governance in Germany: An Economic Perspective, Finance & Accounting – Working Paper No. 118, Johann Wolfgang Goethe-Universität Frankfurt, Fachbereich Wirtschaftswissenschaften

Schmidt, Reinhard H. (2007a): Stakeholder-Orientierung, Systemhaftigkeit und Stabilität der Corporate Governance in Deutschland, in: Jürgens, Ulrich/Sadowski, Dieter/Folke Schuppert, Gunnar/Weiss, Manfred (Hrsg.): Perspektiven der Corporate Governance, Baden-Baden, Nomos, S. 31-54

Schmidt, Reinhard H. (2007b): Die Betriebswirtschaftslehre unter der Dominanz der Finanzmärkte, in: Schmalenbachs Zeitschrift für betriebswirtschaftliche Forschung, Sonderheft 56, S. 61-81

Schmidt, Reinhard H. (2007c): Die Transformation des deutschen Finanzsystems und der Corporate Governance deutscher Unternehmen, in: Glaum, Martin/Hommel, Ulrich/Thomaschewski, Dieter (Hrsg.): Internationalisierung und Unternehmenserfolg, Schriften der Schmalenbach-Gesellschaft für Betriebswirtschaft, Stuttgart, Schäffer-Poeschel, S. 317-338

Schmidt, Reinhard H./Maßmann, Jens (1999): Drei Missverständnisse zum Thema „Shareholder Value", Finance & Accounting – Working Paper No. 31, Johann Wolfgang Goethe-Universität Frankfurt, Fachbereich Wirtschaftswissenschaften

Schmidt, Reinhart/Schwalbach, Joachim (2007): Zur Höhe und Dynamik der Vorstandsvergütung in Deutschland, in: Zeitschrift für Betriebswirtschaft, 77. Jahrgang, Special Issue 1/2007, S. 111-222

Schmidt, Reinhard H./Spindler, Gerald (1997): Shareholder-Value zwischen Ökonomie und Recht, in: Assmann, Heinz-Dieter/Brinkmann, Thomas/Gounalakis, Georgios/Kohl, Helmut/Walz, Rainer (Hrsg.): Wirtschafts- und Medienrecht in der offenen Demokratie, Heidelberg, Müller, S. 515-555

Schmidt, Reinhard H./Spindler, Gerald (2002): Path Dependence, Corporate Governance and Complementarity, in: International Finance, 5. Jahrgang, Heft 3, S. 311-333

Schmidt, Reinhard H./Weiß, Marco (2003): Shareholder vs. Stakeholder: Ökonomische Fragestellungen, in: Hommelhoff, Peter/Hopt, Klaus J./Werder, Axel v. (Hrsg.): Handbuch Corporate Governance. Leitung und Überwachung börsennotierter Unternehmen in der Rechts- und Wirtschaftspraxis, Köln, Schmidt/Stuttgart, Schäffer-Poeschel, S. 107-127

Schmidt-Leithoff, Christian (1989): Die Verantwortung der Unternehmensleitung, Tübingen, Mohr

Schmitz, Ronaldo (1996): Reform des Aufsichtsrates, in: Betriebswirtschaftliche Forschung und Praxis, 48. Jahrgang, Heft 3, S. 306-322

Schmitz, Rudolf (1988): Kapitaleigentum, Unternehmensführung und interne Organisation, Wiesbaden, Gabler

Schnapperelle, Alexander (2007): Die Angemessenheit von Vorstandsvergütungen nach § 87 Aktiengesetz – eine rechtstatsächliche Arbeit, Dissertationsschrift, Universität Jena

Schneider, Uwe H. (1995): Wettbewerbsverbot für Aufsichtsratsmitglieder einer Aktiengesellschaft?, in: Betriebs-Berater, 50 Jahrgang, Heft 8, S. 365-370

Schneider, Uwe H./Strenger, Christian (2000): Die „Corporate Governance-Grundsätze" der Grundsatzkommission Corporate Governance (German Panel on Corporate Governance), in: Die Aktiengesellschaft, 45. Jahrgang, Heft 3, S. 106-113

Schoenfeld, Hans Martin W. (1993): Humanvermögen, in: Chmielewicz, Klaus/Schweizer, Marcell (Hrsg.): Handwörterbuch des Rechnungswesens, 3. Aufl., Stuttgart, Schäffer-Poeschel, Sp. 889-896

Scholz, Christian (2007): Ökonomische Humankapitalbewertung – Eine betriebswirtschaftliche Annäherung an das Konstrukt Humankapital, in: Betriebswirtschaftliche Forschung und Praxis, 59. Jahrgang, Heft 1, S. 20-37

Scholz, Christian/Stein, Volker/Bechtel, Roman (2004): Human Capital Management, München/Unterschleißheim, Luchterhand

Schredelseker, Klaus (2002): Shareholder-Value: Was sonst?, in: Siegwart, Hans/Mahari, Julian (Hrsg.): Corporate Governance, Shareholder Value & Finance, Basel u.a., Lichtenhahn u.a., S. 43-63

Schreib, Hans Peter (1996): Reform des Aufsichtsrates aus der Sicht der Aktionäre, in: Betriebswirtschaftliche Forschung und Praxis, 48. Jahrgang, Heft 3, S. 285-291

Schreyögg, Georg/Steinmann, Horst (1981): Zur Trennung von Eigentum und Verfügungsgewalt – Eine empirische Analyse der Beteiligungsverhältnisse in deutschen Großunternehmen, in: Zeitschrift für Betriebswirtschaft, 51. Jahrgang, Heft 6, S. 533-558

Schröder, Albert/Fuchs, Mirjam (2005) in: Manz, Gerhard/Mayer, Barbara/Schröder, Albert (Hrsg.): Europäische Aktiengesellschaft. Kommentar, Baden-Baden, Nomos

Schulte-Noelle, Henning (2006): Statement, in: Cromme, Gerhard (Hrsg.): Corporate Governance Report 2006, Stuttgart, Schäffer-Poeschel, S. 49-54

Schwalbach, Joachim (2004): Effizienz des Aufsichtsrats, in: Die Aktiengesellschaft, 49. Jahrgang, Heft 4, S. 186-190

Schwalbach, Joachim/Schwerk, Anja (2006): Corporate Governance und die gesellschaftliche Verantwortung von Unternehmen, Discussion Papers 2006, Humboldt-Universität zu Berlin, Institut für Management

Seele, Anja (2007): Rahmenbedingungen für das Verhalten von Aufsichtsratsmitgliedern deutscher börsennotierter Unternehmen. Eine ökonomische und verhaltenswissenschaftliche Analyse des Deutschen Corporate Governance Kodex, Dissertationsschrift, Universität Heidelberg

Seibt, Christoph H. (2008) in: Schmidt, Karsten/Lutter, Marcus (Hrsg.): Aktiengesetz. Kommentar, Band 1, Köln, Schmidt

Seifert, Achim (2007): Unternehmensinteresse und Aufsichtsratsmitbestimmung im Spannungsverhältnis, in: Jürgens, Ulrich/Sadowski, Dieter/Folke Schuppert, Gunnar/Weiss, Manfred (Hrsg.): Perspektiven der Corporate Governance, Baden-Baden, Nomos, S. 258-281

Semler, Johannes (1980): Die Überwachungsaufgabe des Aufsichtsrats, Abhandlungen zum deutschen und europäischen Handels- und Wirtschaftsrecht, Band 31, Köln u.a., Heymann

Semler, Johannes (1995): Vom Gesellschaftsrecht zum Unternehmensrecht, in: Schmidt, Karsten/Schwark, Eberhard (Hrsg.): Unternehmen, Recht und Wirtschaftsordnung. Festschrift für Peter Raisch zum 70. Geburtstag, Köln u.a., Heymann, S. 291-308

Semler, Johannes (1996): Leitung und Überwachung der Aktiengesellschaft, Abhandlungen zum deutschen und europäischen Handels- und Wirtschaftsrecht, Band 31, 2. Aufl., Köln u.a., Heymann

Semler, Johannes (1999): Die Kompetenzen des Aufsichtsrates, in: Semler, Johannes (Hrsg.): Arbeitshandbuch für Aufsichtsratsmitglieder, München, Beck/Vahlen, S. 1-66

Semler, Johannes (2004) in: Kropff, Bruno/Semmler, Johannes (Hrsg.): Münchener Kommentar zum Aktiengesetz, Band 3, 2. Aufl., München, Beck/Vahlen

Semler, Johannes/Spindler, Gerald (2004): Allgemeine Handlungsmaximen für unternehmerisches Handeln in der Aktiengesellschaft, in: Kropff, Bruno/Semmler, Johannes (Hrsg.): Münchener Kommentar zum Aktiengesetz, Band 3, 2. Aufl., München, Beck/Vahlen

Semler, Johannes/Stengel, Arndt (2003): Interessenkonflikte bei Aufsichtsratsmitgliedern von Aktiengesellschaften am Beispiel von Konflikten bei Übernahme, in: Neue Zeitschrift für Gesellschaftsrecht, 6. Jahrgang, Heft 1, S. 1-8

Sharpe, William F. (1970): Portfolio Theory and Capital Markets, New York u.a., McGraw-Hill

Shleifer, Andrei/Summers, Lawrence H. (1988): Breach of Trust in Hostile Takeovers, in: Auerbach, Alan J. (Hrsg.): Corporate Takeovers: Causes and Consequences, Chicago/London, The University of Chicago Press, S. 33-68

Shleifer, Andrei/Vishny, Robert W. (1997): A Survey of Corporate Governance, in: The Journal of Finance, 52. Jahrgang, Heft 2, S. 737-783

Smith, Adam (1776): An Inquiry into the Nature and Causes of the Wealth of Nations, 1. Aufl., Glasgow [Nachdruck von 1937, New York, Modern Library]

Spindler, Gerald (2006): Vorstandsvergütungen und Abfindungen auf dem aktien- und strafrechtlichen Prüfstand – Das Mannesmann-Urteil des BGH, in: Zeitschrift für Wirtschaftsrecht, 27. Jahrgang, Heft 8, S. 349-355

Spindler, Gerald (2007) in: Spindler, Gerald/Stilz, Eberhard (Hrsg.): Kommentar zum Aktiengesetz, Band 1, §§ 1-178, München, Beck

Spindler, Gerald (2008) in: Goette, Wulf/Habersack, Mathias/Kalss, Susanne (Hrsg.): Münchener Kommentar zum Aktiengesetz, Band 2, 3. Aufl., München, Beck/Vahlen

Spremann, Klaus (1994): Wertsteigerung als Managementprinzip in Europa?, in: Höfner, K./Pohl, A. (Hrsg.): Wertsteigerungs-Management. Das Shareholder Value-Konzept, Frankfurt am Main/New York, Campus, S. 303-319

Spremann, Klaus (1996): Wirtschaft, Investition und Finanzierung, 5. Aufl., München/Wien, Oldenbourg

Steinmann, Horst (1969): Das Großunternehmen im Interessenkonflikt, Stuttgart, Poeschel

Steinmann, Horst/Gerum, Elmar (1983): Die Unternehmensordnung als Grundnorm für Entscheidungen, in: Bea, Franz Xaver/Dichtl, Erwin/Schweitzer, Marcell (Hrsg.): Allgemeine Betriebswirtschaftslehre, Band 1: Grundfragen, Stuttgart/New York, Fischer, S. 169-242

Steinmann, Horst/Löhr, Albert (1994): Grundlagen der Unternehmensethik, 2. Aufl., Stuttgart, Schäffer-Poeschel

Steinmann, Horst/Schreyögg, Georg/Dütthorn, Carola (1983): Managerkontrolle in deutschen Großunternehmen – 1972 und 1979 im Vergleich, in: Zeitschrift für Betriebswirtschaft, 53. Jahrgang, Heft 1, S. 4-25

Teichmann, Christoph (2004): Gestaltungsfreiheit im monistischen Leitungssystem der Europäischen Aktiengesellschaft, in: Betriebs-Berater, 59. Jahrgang, Heft 2, S. 53-60

Teubner, Gunther (1985): Unternehmensinteresse – das gesellschaftliche Interesse des Unternehmens „an sich"?, in: Zeitschrift für das gesamte Handelsrecht und Wirtschaftsrecht, Band 149, S. 470-488

Theisen, Manuel René (1996a): Grundsätze ordnungsmäßiger Überwachung – Problem, Systematik und erste inhaltliche Vorschläge, in: Werder, Axel v. (Hrsg.): Grundsätze ordnungsmäßiger Unternehmungsführung für die Unternehmensleitung, Überwachung und Abschlussprüfung, Schmalenbachs Zeitschrift für betriebswirtschaftliche Forschung, Sonderheft 36, S. 75-106

Theisen, Manuel René (1996b): Reform des Aufsichtsrates, in: Betriebswirtschaftliche Forschung und Praxis, 48. Jahrgang, Heft 3, S. 306-322

Theisen, Manuel René (2000): Der Konzern. Betriebswirtschaftliche und rechtliche Grundlagen der Konzernunternehmung, 2. Aufl., Stuttgart, Schäffer-Poeschel

Theisen, Manuel René (2003): Aufsichtsrat/Board: Aufgaben, Besetzung, Organisation, Entscheidungsfindung und Willensbildung – Betriebswirtschaftliche Ausfüllung, in: Hommelhoff, Peter/Hopt, Klaus J./Werder, Axel v. (Hrsg.): Handbuch Corporate Governance. Leitung und Überwachung börsennotierter Unternehmen in der Rechts- und Wirtschaftspraxis, Köln, Schmidt/Stuttgart, Schäffer-Poeschel, S. 285-304

Theisen, Manuel René (2004): Zehn Lehren aus dem Mannesmann-Prozess, in: Die Betriebswirtschaft, 64. Jahrgang, Heft 5, S. 517-520

Theisen, Manuel René (2005): Was hat eine gute Corporate Governance mit Erfolg zu tun?, in: Die Betriebswirtschaft, 65. Jahrgang, Heft 6, S. 531-534

Theisen, Manuel René (2007): Wie gut ist „Gute Corporate Governance"? Ein aktueller Praxistest, in: Der Betrieb, 60. Jahrgang, Heft 24, S. 1317-1321

Thompson, Steve/Wright, Mike (1995): Corporate Governance: The Role of restructuring Transactions, in: The Economic Journal, 105. Jahrgang, Heft 5, S. 690-703

Thomsen, Steen/Pedersen, Torben (2000): Ownership Structure and Economic Performance in the Largest European Companies, in: Strategic Management Journal, 21. Jahrgang, Heft 6, S. 689-705

Thonet, Peter J./Poensgen, Otto H. (1979): Managerial Control and Economic Performance in Western Germany, in: Journal of Industrial Economics, 28. Jahrgang, Heft 1, S. 23-37

Thümmel, Roderich C. (1997): Zu den Pflichten des Aufsichtsrats bei der Verfolgung von Haftungsansprüchen gegenüber dem Vorstand der AG, in: Der Betrieb, 50. Jahrgang, Heft 22, S. 1117-1120

Thümmel, Roderich C. (2005): Die Europäische Aktiengesellschaft (SE), Frankfurt am Main, Verlag Recht und Wirtschaft

Thüsing, Gregor (2003): Die Angemessenheit von Vorstandsvergütungen – Mögliche Handlungsoptionen zur Sicherstellung, in: Der Betrieb, 56. Jahrgang, Heft 30, S. 1612-1615

Tipke, Klaus/Lang, Joachim (1998): Steuerrecht, 16. Aufl., Schmidt, Köln

Tirole, Jean (2001): Corporate Governance, in: Econometrica. Journal of the Econometric Society, 69. Jahrgang, Heft 1, S. 1-35

Tirole, Jean (2006): The Theory of Corporate Finance, Princeton, Princeton University Press

Titzrath, Alfons (1997): Corporate Governance: Vertragen sich die deutsche Unternehmensverfassung und das Shareholder Value-Prinzip?, in: Zeitschrift für Betriebswirtschaft, 67. Jahrgang, Ergänzungsheft 3, S. 31-41

Tobin, James (1958): Liquidity Preference as Behavior Towards Risk, in: The Review of Economic Studies, 25. Jahrgang, Heft 2, S. 65-86

TowersPerrin (2008): Vorstandsvergütung DAX 2007: Moderater Anstieg trotz sprudelnder Unternehmensgewinne, Frankfurt am Main http://www.towersperrin.com/tp/showdctmdoc.jsp?url=Master_Brand_2/DEU/Press_Releases/2008/20080403/2008_04_03.htm&country=deu (07.11.2008)

Ulmer, Peter/Habersack, Mathias (2006) in Habersack, Mathias/Henssler, Martin, Ulmer, Peter (Hrsg.): Mitbestimmungsgesetz, 2. Aufl., München, Beck

Ulrich, Peter (2008): Integrative Wirtschaftsethik. Grundlagen einer lebensdienlichen Ökonomie, 4. Aufl., Bern/Stuttgart/Wien, Haupt

Ulrich, Peter/Fluri, Edgar (1992): Management, 6. Aufl., Bern/Stuttgart, Haupt

Unzeitig, Eduard/Köthner, Dietmar (1995): Shareholder Value Analyse, Stuttgart, Schäffer-Poeschel

Varian, Hal R. (1987): Intermediate Microeconomics. A Modern Aproach, New York, Norton

Veil, Rüdiger (2008) in: Schmidt, Karsten/Lutter, Marcus (Hrsg.): Aktiengesetz. Kommentar, Band 2, Köln, Schmidt

Wagenhofer, Alfred (1990): Informationspolitik im Jahresabschluss: Freiwillige Informationen und strategische Bilanzanalyse, Physica, Heidelberg

Wagenhofer, Alfred/Ewert, Ralf (2003): Externe Unternehmensrechnung, Berlin u.a., Springer

Wagner, Franz W. (1988): Allokative und distributive Wirkungen der Ausschüttungs-kompetenzen von Hauptversammlung und Verwaltung einer Aktiengesellschaft. Eine ökonomische Analyse des Art. 50 des Entwurfs einer 5. EG-Richtlinie, in: Zeitschrift für Unternehmens- und Gesellschaftsrecht, 17. Jahrgang, Heft 2, S.210-239

Wagner, Franz W. (1997): Shareholder Value: Eine neue Runde im Konflikt zwischen Kapitalmarkt und Unternehmensinteresse, in: Betriebswirtschaftliche Forschung und Praxis, 49. Jahrgang, Heft 5, S. 473-498

Wastl, Ulrich/Wagner, Franz (1997): Wechselseitige Beteiligungen im Aktienrecht. Eine aktuelle und kritische Bestandsaufnahme, in: Die Aktiengesellschaft, 42. Jahrgang, Heft 6, S. 241-250

Weber, Axel A. (2005): Finanzsysteme im Wettbewerb, Deutsche Bundesbank, Frank-furt am Main

Weber-Rey, Daniela (2008): Gesellschafts- und aufsichtsrechtliche Herausforderungen an die Unternehmensorganisation. Aktuelle Entwicklungen im Bereich Corporate Governance, Compliance und Risikomanagement, in: Die Aktiengesellschaft, 53. Jahrgang, Heft 10, S. 349-359

Weimer, Jeroen/Pape, Joost C. (1999): A Taxonomy of Systems of Corporate Govern-ance, in: Corporate Governance, 7. Jahrgang, Heft 2, S. 152-166

Weiss, Martin/Sterzel, Jeannine (2007): Humankapital bewerten, in: Personal, Heft 6, S. 24-29

Weizsäcker, Carl Christian v. (1984): Was leistet die Property Rights Theorie für aktu-elle wirtschaftspolitische Fragen?, in: Neumann, Manfred (Hrsg.): Ansprüche, Eigentums- und Verfügungsrechte, Schriften des Vereins für Socialpolitik, Ge-sellschaft für Wirtschafts- und Sozialwissenschaften, N.F. Band 140, Berlin, Duncker & Humblot, S. 123-152

Wenger, Ekkehard (1993): Verfügungsrechte, in: Wittmann, Waldemar/Kern, Wer-ner/Köhler, Richard/Küpper, Hans-Ulrich/Wysocki, Klaus von (Hrsg.): Hand-wörterbuch der Betriebswirtschaft, Band 3, 5. Aufl., Stuttgart, Schäffer-Poeschel, Sp. 4495-4507

Wentges, Paul (2002): Corporate Governance und Stakeholder-Ansatz. Implikationen für die betriebliche Finanzwirtschaft, Habilitationsschrift, Wiesbaden, Deutscher Universitäts-Verlag

Werder, Axel v. (1997): Corporate Governance: Vertragen sich die deutsche Unter-nehmensverfassung und das Shareholder Value-Prinzip?, in: Zeitschrift für Be-triebswirtschaft, 67. Jahrgang, Ergänzungsheft 3, S. 10-16

Werder, Axel v. (1998): Shareholder Value-Ansatz als (einzige) Richtschnur des Vorstandshandelns?, in: Zeitschrift für Unternehmens- und Gesellschaftsrecht, 26. Jahrgang, Heft 1, S. 69-91

Werder, Axel v. (2003): Ökonomische Grundfragen der Corporate Governance, in: Hommelhoff, Peter/Hopt, Klaus J./Werder, Axel v. (Hrsg.): Handbuch Corporate Governance. Leitung und Überwachung börsennotierter Unternehmen in der Rechts- und Wirtschaftspraxis, Köln, Schmidt/Stuttgart, Schäffer-Poeschel, S. 3-27

Werder, Axel v. (2004): Überwachungseffizienz und Unternehmensmitbestimmung, in: Die Aktiengesellschaft, 49. Jahrgang, Heft 4, S. 166-172

Werder, Axel v. (2008a) in: Ringleb, Henrik-Michael/Kremer, Thomas/Lutter, Marcus/Werder, Axel v. (Hrsg.): Kommentar zum Deutschen Corporate Governance Kodex, 3. Aufl., München, Beck

Werder, Axel v. (2008b): Führungsorganisation. Grundlagen der Corporate Governance, Spitzen- und Leitungsorganisation, 2. Aufl., Wiesbaden, Gabler

Werder, Axel v./Talaulicar, Till (2007): Umsetzung der Empfehlungen und Anregungen des Deutschen Corporate Governance Kodex. Eine empirische Erhebung der DAX-, MDAX- und SDAX-Gesellschaften, in:Cromme, Gerhard (Hrsg.): Corportae Governance Report 2007, Stuttgart, Schäffer-Poeschel, S. 93-104

Werder, Axel v./Talaulicar, Till (2008): Umsetzung der Empfehlungen und Anregungen des Deutschen Corporate Governance Kodex. Eine empirische Erhebung der DAX-, MDAX- und SDAX-Gesellschaften, in:Cromme, Gerhard (Hrsg.): Corportae Governance Report 2008, Stuttgart, Schäffer-Poeschel, S. 117-127

Wieandt, Axel/Haslinger, Magdalena A. (2007): Neuausrichtung der „Deutschland AG", in: Glaum, Martin/Hommel, Ulrich/Thomaschewski, Dieter (Hrsg.): Internationalisierung und Unternehmenserfolg, Schriften der Schmalenbach-Gesellschaft für Betriebswirtschaft, Stuttgart, Schäffer-Poeschel, S. 339-359

Wiedemann, Herbert (1974): Unternehmerische Verantwortlichkeit und formale Unternehmensziele in einer zukünftigen Unternehmensverfassung. Eine rechtsvergleichende und rechtspolitische Studie, in: Fischer, Robert/Möhring, Philipp/Westermann, Harry (Hrsg.): Wirtschaftsfragen der Gegenwart, Festschrift Carl Hans Barz, Berlin/New York, de Gruyter, S. 561-577

Wiedemann, Herbert (1975): Grundfragen der Unternehmensverfassung, in: Zeitschrift für Unternehmens- und Gesellschaftsrecht, 4. Jahrgang, Heft 4, S. 385-432

Wiedemann, Herbert (1980): Gesellschaftsrecht I, Band 1, München, Beck

Wieland, Joachim (1996) in: Dreier, Horst (Hrsg.): Grundgesetz. Kommentar, Band 1, Artikel 1-19, Tübingen, Mohr

Wiesner, Georg (2007) in: Hoffmann-Becking, Michael (Hrsg.): Münchener Handbuch des Gesellschaftsrechts, Band 4, Aktiengesellschaft, 3. Aufl., München, Beck

Wiethölter, Rudolf (1961): Interessen und Organisation der Aktiengesellschaft im amerikanischen und deutschen Recht, Karlsruhe, Müller

Williamson, Oliver E. (1974): The Economics of Discretionary Behavior: Managerial Objectives in a Theory of the Firm, 2. Aufl., London, Kershaw

Williamson, Oliver E. (1975): Markets and Hierarchies: Analysis and Antitrust Implications, New York/London, The Free Press

Williamson, Oliver E. (1985): The Economic Institution of Capitalism, New York, The Free Press

Williamson, Oliver E. (1990): Die ökonomischen Institutionen des Kapitalismus, Tübingen, J.C.B. Mohr

Williamson, Oliver E. (1991): Comparative Economic Organization: The Analysis of Discrete Structural Alternatives, in: Administrative Science Quarterly, 36. Jahrgang, Heft 2, S. 269-296

Williamson, Oliver E. (1998): Transaction Cost Economics: How it works; Where it is Headed, De Economist, 146. Jahrgang, Heft 1, S. 23-58

Windbichler, Christine (2007): Der gordische Mitbestimmungsknoten und das Vereinbarungsschwert – Regulierung durch Hilfe zur Selbstregulierung?, in: Jürgens, Ulrich/Sadowski, Dieter/Folke Schuppert, Gunnar/Weiss, Manfred (Hrsg.): Perspektiven der Corporate Governance, Baden-Baden, Nomos, S. 282-304

Windolf, Paul/Beyer, Jürgen (1995): Kooperativer Kapitalismus – Unternehmensverfassungen im internationalen Vergleich, in: Kölner Zeitschriften für Soziologie und Sozialpsychologie, 42. Jahrgang, S. 1-36

Winter, Stefan (2001): Aktienoptionspläne und Motivationseffekte, in: Eckardstein, Dudo v. (Hrsg.): Handbuch Variable Vergütung für Führungskräfte, München, Vahlen, S. 85-105

Winter, Stefan (2003): Management und Aufsichtsratsvergütung unter besonderer Berücksichtigung von Stock Options – Lösung eines Problems oder zu lösendes Problem?, in: Hommelhoff, Peter/Hopt, Klaus J./Werder, Axel von (Hrsg.): Handbuch Corporate Governance. Leitung und Überwachung börsennotierter

Unternehmen in der Rechts- und Wirtschaftspraxis, Köln, Schmidt/Stuttgart, Schäffer-Poeschel, S. 335-358

Wirth, Gerhard (2005): Anforderungsprofil und Inkompatibilitäten für Aufsichtsratsmitglieder, in: Zeitschrift für Unternehmens- und Gesellschaftsrecht, 34. Jahrgang, Heft 3, S. 327-347

Witt, Peter (2000): Corporate Governance im Wandel. Auswirkungen des Systemwettbewerbs auf deutsche Aktiengesellschaften, in: Zeitschrift Führung und Organisation, 69. Jahrgang, Heft 3, S. 159-163

Witt, Peter (2001): Corporate Governance, in: Jost, Peter-J. (Hrsg.): Die Prinzipal-Agenten-Theorie in der Betriebswirtschaftslehre, Stuttgart, Schäffer-Poeschel, S. 85-115

Witt, Peter (2002): Grundprobleme der Corporate Governance und international unterschiedliche Lösungsansätze, in: Nippa, Michael/Petzold, Kerstin/Kürsten, Wolfgang (Hrsg.): Corporate Governance. Herausforderungen und Lösungsansätze, Heidelberg, Physica, S. 39-72

Witt, Peter (2003): Corporate Governance-Systeme im Wettbewerb, Wiesbaden, Deutscher Universitäts-Verlag

Witt, Peter (2004): Vergütung von Führungskräften, in: Schreyögg, Georg/Werder, Axel v. (Hrsg.): Handwörterbuch Unternehmensführung und Organisation, 4. Aufl., Schäffer-Poeschel, Stuttgart, Sp. 1573-1581

Witte, Eberhard (1978): Die Verfassung des Unternehmens als Gegenstand betriebswirtschaftlicher Forschung, in: Die Betriebswirtschaft, 38. Jahrgang, Heft 3, S. 331-340

Wöhe, Günter/Döring, Ulrich (2002): Einführung in die Allgemeine Betriebswirtschaftslehre, 21. Aufl., München, Vahlen

Wöhe, Günter/Döring, Ulrich (2008): Einführung in die Allgemeine Betriebswirtschaftslehre, 23. Aufl., München, Vahlen

Wójcik, Dariusz (2003): Change in the German Model of Corporate Governance: Evidence from Blockholdings 1997-2001, in: Environment and Planing, 35. Jahrgang, Heft 8, S. 1431-1458

Wolf, Joachim (2003): Organisation, Management, Unternehmensführung – Theorie und Kritik, Wiesbaden, Gabler

Wolff, Hans J./Bachof, Otto/Stober, Rolf (1994): Verwaltungsrecht I, 10. Aufl., München, Beck

Wollburg, Ralph (2004): Unternehmensinteresse bei Vergütungsentscheidungen, in: Zeitschrift für Wirtschaftsrecht, 25. Jahrgang, Heft 14, S. 646-658

Wucknitz, Uwe D. (2002): Handbuch Personalbewertung, Stuttgart, Schäffer-Poeschel

Wymeersch, Eddy (2001): Gesellschaftsrecht im Wandel: Ursachen und Entwicklungslinien, in: Zeitschrift für Unternehmens- und Gesellschaftsrecht, 30. Jahrgang, Heft 2, S. 294-324

Zald, Mayer N. (1969): The Power of Boards of Directors: A Theoretical Synthesis, in: American Journal of Sociology, 75. Jahrgang, S. 97-111

Zantow, Roger (2004): Finanzierung – Grundlagen modernen Finanzierungsmanagements, München, Pearson

Zimmermann, Volker (2006): Entwicklungen und Determinanten des Zugangs zu Bankkrediten, in: KfW-Research: Mittelstands- und Strukturpolitik, Heft 35, S. 45-76

Zimmermann, Volker/Schumacher, Jan (2005): Unternehmensfinanzierung: Immer noch schwierig, aber erste Anzeichen einer Besserung. Auswertung der Unternehmensbefragung 2005, KfW-Bankengruppe (Hrsg.), Frankfurt am Main

Zingales, Luigi (1998): Corporate Governance, in: Newman, Peter (Hrsg.): The New Palgrave Dictionary of Economics and the Law, Band 1, New York, Macmillan Reference Limited, S. 479-503

Zöllner, Wolfgang (1984) in: Kölner Kommentar zum Aktiengesetz, Einleitungs-Band, 2. Aufl., Köln u.a., Heymann

Zöllner, Wolfgang (1985) in: Kölner Kommentar zum Aktiengesetz, Band 3, §§ 291-410 AktG, Köln u.a., Heymann

Zöllner, Wolfgang (2003): Unternehmensinnenrecht: Gibt es das?, in: Die Aktiengesellschaft, 48. Jahrgang, Heft 1, S. 2-12

Rechtsprechungsverzeichnis

Bundesarbeitsgericht

BAGE	23, 292	Bs. v. 21. April 1971	GS 1/68
BAGE	31, 372	Bs. v. 24. April 1979	1 ABR 43/77

Bundesgerichtshof

BGHSt	47, 187	Urt. v. 06. Dezember 2001	1 StR 215/01
BGHSt	50, 331	Urt. v. 21. Dezember 2005	3 StR 470/04
BGHZ	12, 328	Urt. v. 24. Februar 1954	II ZR 63/53
BGHZ	21, 354	Urt. v. 27. September 1956	II ZR 144/55
BGHZ	36, 91	Urt. v. 26. Oktober 1961	KZR 1/61
BGHZ	36, 296	Urt. v. 29. Januar 1962	II ZR 1/61
BGHZ	62, 193	Urt. v. 04. März 1974	II ZR 89/72
BGHZ	64, 325	Urt. v. 05. Juni 1975	II ZR 156/73
BGHZ	69, 334	Urt. v. 13. Oktober 1977	II ZR 123/76
BGHZ	71, 40	Urt. v. 13. März 1978	II ZR 142/76
BGHZ	71, 234	Urt. v. 21. April 1978	V ZR 235/77
BGHZ	83, 106	Urt. v. 25. Februar 1982	II ZR 123/81
BGHZ	83, 122	Urt. v. 25. Februar 1982	II ZR 174/80
BGHZ	83, 151	Urt. v. 25. Februar 1982	II ZR 145/80
BGHZ	83, 319	Urt. v. 04. Februar 1982	X ZR 61/80
BGHZ	85, 293	Urt. v. 15. November 1982	II ZR 27/82
BGHZ	95, 330	Urt. v. 16. September 1985	II ZR 275/84
BGHZ	102, 209	Urt. v. 09. November 1987	II ZB 49/87
BGHZ	103, 184	Urt. v. 01. Februar 1988	II ZR 75/87
BGHZ	106, 54	Urt. v. 28. November 1988	II ZR 57/88
BGHZ	111, 224	Urt. v. 14. Mai 1990	II ZR 126/89
BGHZ	114, 127	Urt. v. 25. März 1991	II ZR 188/89
BGHZ	119, 257	Urt. v. 28. September 1992	II ZR 299/91
BGHZ	124, 111	Urt. v. 15. November 1993	II ZR 235/92
BGHZ	125, 239	Urt. v. 07. März 1994	II ZR 52/93
BGHZ	129, 30	Urt. v. 20. Februar 1995	II ZR 143/93
BGHZ	129, 136	Urt. v. 20. März 1995	II ZR 205/94
BGHZ	135, 244	Urt. v. 21. April 1997	II ZR 175/95
BGHZ	136, 133	Urt. v. 23. Juni 1997	II ZR 132/93
BGHZ	147, 108	Urt. v. 12. März 2001	II ZB 15/00
BGHZ	149, 10	Urt. v. 17. September 2001	II ZR 178/99
BGHZ	153, 47	Urt. v. 25. November 2002	II ZR 133/01
BGHZ	158, 122	Urt. v. 16. Februar 2004	II ZR 316/02

BGH (1978)[1]	Urt. v. 29. Mai 1978	II ZR 89/76
BGH (1980)[2]	Urt. v. 21. Dezember 1979	II ZR 244/78

Bundeskartellamt

BKartA	Bs. v. 25. Februar 2003	B8 144/02
BKartA	Bs. v. 21. März 2003	B8 24/02

Bundesverfassungsgericht

BVerfGE 7, 198	Urt. v. 15. Januar 1958	1 BvR 400/51
BVerfGE 14, 263	Urt. v. 07. August 1962	1 BvL 16/60
BVerfGE 21, 73	Bs. v. 12. Januar 1967	1 BvR 169/63
BVerfGE 21, 150	Bs. v. 14. Februar 1967	1 BvL 17/63
BVerfGE 25, 371	Urt. v. 07. Mai 1969	2 BvL 15/67
BVerfGE 34, 103	Bs. v. 07. November 1972	1 BvR 338/68
BVerfGE 37, 132	Bs. v. 23. April 1974	1 BvR 6/74, 2270/73
BVerfGE 50, 290	Urt. v. 01. März 1979	1 BvR 532, 533/77, 419/78, 1 BvL 21/78
BVerfGE 75, 192	Bs. v. 14. April 1987	1 BvR 775/84
BVerfGE 83, 130	Bs. v. 27. November 1990	1 BvR 402/87
BVerfGE 87, 114	Bs. v. 23. September 1992	1 BvL 15/85, 36/87
BVerfGE 99, 367	Urt. v. 02. März 1999	1 BvL 2/91
BVerfGE 100, 289	Bs. v. 27. April 1999	1 BvR 1613/94
BVerfGE 101, 239	Urt. v. 23. November 1999	1 BvF 1/94
BVerfGE 111, 289	Bs. v. 12. Oktober 2004	1 BvR 2130/98
BVerfGE[3]	Bs. v. 20. September 1999	1 BvR 168/93

OLG Hamm

FS: AG 1995, 512	Urt. v. 10. Mai 1995	8 U 59/94

OLG München

FS: AG 2003, 164	Urt. v. 27. Februar 2002	7 U 1906/01

---

[1] Dieses Urteil ist nicht in der Sammlung „Entscheidungen des Bundesgerichtshofes in Zivilsachen" verzeichnet. Fundstelle: WM 1978, S. 588 ff.

[2] Dieses Urteil ist nicht in der Sammlung „Entscheidungen des Bundesgerichtshofes in Zivilsachen" verzeichnet. Fundstelle: NJW 1980, S. 1629 f.

[3] Dieser Beschluss ist nicht in der Sammlung „Entscheidungen des Bundesverfassungsgerichts" verzeichnet. Fundstelle: NJW 2000, S. 129 ff.

OLG Stuttgart

FS: ZIP 2001, 1367   Urt. v. 13. Juni 2001   20 U 75/00

LG Düsseldorf

FS: NJW 2004, 3275   Urt. v. 22. Juli 2004   XIV 5/03

Nachwort

Mit Inkrafttreten des Bilanzrechtsmodernisierungsgesetzes (BilMoG) am 29. Mai 2009 und des Gesetzes zur Angemessenheit der Vorstandsvergütungen (VorstAG) am 05. August 2009 haben sich insbesondere die Anforderungen an die Aufsichtsratsmitglieder geändert. Die wichtigsten gesetzlichen Änderungen im Vergleich zu der dieser Arbeit zugrunde liegenden Gesetzeslage sollen nachfolgend kurz skizziert werden: Gemäß § 100 Abs. 5 AktG müssen bei kapitalmarktorientierten Kapitalgesellschaften „mindestens ein unabhängiges Mitglied des Aufsichtsrates über Sachverstand auf den Gebieten Rechnungslegung oder Abschlussprüfung verfügen". Des Weiteren kann gemäß § 100 Abs. 2 Nr. 4 AktG nicht Mitglied des Aufsichtsrates sein, „wer in den letzten zwei Jahren Vorstandsmitglied desselben börsennotierten Gesellschaft war, es sei denn, seine Wahl erfolgt auf Vorschlag von Aktionären, die mehr als 25 Prozent der Stimmrechte an der Gesellschaft halten". Insofern wurden Grundgedanken der Kapitel 6.1.1 und 6.3.2.2 in geltendes Recht übernommen.

Die aktienrechtlichen Grundsätze für die Vorstandsvergütung wurden durch das VorstAG um das Angemessenheitskriterium der Leistung der Vorstandsmitglieder (§ 87 Abs. 1 Satz 1 AktG) sowie um das Ziel einer nachhaltigen Unternehmensentwicklung (§ 87 Abs. 1 Satz 2 AktG) ergänzt. Der in Kapitel 5.5.2.2 diskutierte Ansatz gleitender Durchschnittskurse als Bemessungsgrundlage und die Festsetzung einer längeren Sperrzeit, um manipulativen Tendenzen bzw. einer konkreten Sachverhaltsgestaltung entgegenzuwirken, hat ebenfalls Berücksichtigung gefunden. Mit Inkrafttreten des Gesetzes sollen bei variablen Vergütungsbestandteilen mehrjährige Bemessungsgrundlagen eingeführt werden (§ 87 Abs. 1 Satz 3 AktG). Die Sperrzeit bis zur erstmaligen Ausübung von Aktienoptionen wurde durch die Änderung des § 193 Abs. 2 Nr. 4 AktG von zwei auf vier Jahre angehoben. Zudem wurde dem Aufsichtsrat in § 87 Abs. 2 AktG eine quantitative Begrenzungsmöglichkeit der Vorstandsbezüge im Sinne eines Cap eingeräumt, sofern sich die Lage der Gesellschaft nach Festsetzung der Bezüge nachhaltig verschlechtert.

Mit Sicherheit nicht zuletzt als Reaktion auf die öffentliche Diskussion des Mannesmann-Prozesses wurden die handelsgesetzlichen Publikationsvorschriften durch das VorstAG um die Publikation der Leistungen, die dem Vorstandsmitglied für den Fall der vorzeitigen oder regulären Beendigung seiner Tätigkeit zugesagt worden sind (§ 314 Abs. 1 Nr. 6 aa) HGB).

Der Deutsche Corporate Governance Kodex wurde mit Wirkung vom 18. Juni 2009 infolge der geschilderten Gesetzesänderungen sowie in Reaktion auf die Finanzkrise, insbesondere hinsichtlich der Leitungsmaxime, geändert und ergänzt. So wurde die Präambel um die Verpflichtung von Vorstand und Aufsichtsrat erweitert, „im Einklang mit den Prinzipien der sozialen Marktwirtschaft für den Bestand des Unternehmens und seine nachhaltige Wertschöpfung zu sorgen (Unternehmensinteresse)". Eine etwas weitergehende Konkretisierung findet sich nun in DCGK 4.1.1: „Der Vorstand leitet das Unternehmen mit dem Ziel nachhaltiger Wertschöpfung in eigener Verantwortung und im Unternehmensinteresse, also unter Berücksichtigung der Belange der Aktionäre, seiner Arbeitnehmer und der sonstigen dem Unternehmen verbundenen Gruppen (Stakeholder)." Im Gegensatz zu den vorherigen Fassungen des DCGK wird durch diese Änderung die interessenpluralistische Konzeption der Unternehmensführung akzentuiert und der in Kapitel 3.5.1 entwickelte Ansatz zur inhaltlichen Ausgestaltung unterstrichen. Der Verweis auf die Interessen sonstiger dem Unternehmen verbundener Gruppen geht hingegen über die Verpflichtung zur interessenpluralistischen Unernehmensführung hinaus.

Bei der Zusammensetzung des Aufsichtsrates soll gemäß DCGK 5.4.1 auf „eine festzulegende Altersgrenze für Aufsichtsratsmitglieder sowie auf Vielfalt (Diversity) geachtet werden". Zudem sollen Aufsichtsratsmitglieder, die dem Vorstand einer börsennotierten Gesellschaft angehören, „insgesamt nicht mehr als drei Aufsichtsratsmandate in konzernexternen börsennotierten Gesellschaften wahrnehmen" (DCGK 5.4.5). Hier geht der Kodex noch deutlich über den in Kapitel 6.3.3.1 und DCGK-6 diskutierten Ansatz hinaus.